김기현

서울대학교 법과대학 행정학과를 졸업하고 고려대학교 대학원에서 석사와 박사 학위를 받았다. 플로리다 주립대학교 방문교수(1995~1996)를 지내고, 전북대학교 대학원장(2010~2012)을 역임했으며 전북대학교 사범대학 윤리교육과 교수로 재직 중이다.

주요 저서로 『선비』(성균관저술상 수상), 『천작』, 『선비의 수양학』(세종 우수학술도서 선정), 『퇴계』(공저) 등이 있으며, 논문으로는 「하서 김인후의 도학과 절의정신」, 「주자서절요를 통해 본 퇴계의 학문정신」 등 다수가 있다.

주역 周易

우리 삶을 말하다

下

주역

周易

우리 삶을 말하다

김기현

민음사

1. 이 책의 저술을 위해 『주역』 관련 원전으로 학민문화사의 『주역』(정전과 본의, 그리고 세주가 실린 것), 중화당의 『주역절중』, 경인문화사의 『여유당전서』 등을 참고하였다.

2. 이 책은 괘효사(卦爻辭)의 현대적 의미를 해석하는 데 중점을 두었으며, 따라서 「계사전(繫辭傳)」과 「설괘전(說卦傳)」, 「잡괘전(雜卦傳)」은 괘효사와 관련되는 내용만 인용하였다.

3. 본문에서 괘효사를 풀이하기 전에 각괘(各卦)의 의미를 포괄적으로 살폈다.

4. 각효(各爻)의 음미에 앞서 그것의 토대가 되는 괘효상의 형식 구조를 다른 글꼴로 간단히 풀이하였다.

5. 괘사의 「단전(彖傳)」과 효사의 「상전(象傳)」은 괘효사 속에서 풀이하였다.

6. 인명, 서명, 지명, 중요 개념은 처음 나올 경우에만 한자와 한글을 병기하고, 그 뒤에는 되도록 한글로 표기하였다.

7. 이 책에서는 다음과 같은 부호를 사용하여 인용한 서명과 편명, 글 등을 표기하였다.

　서명: 『 』

　편명과 글: 「 」

　인용문: " "

　원문과 한글을 병기할 때 음이 일치할 경우: ( )

　원문과 한글을 병기할 때 음이 일치하지 않을 경우: [ ]

31 교감의 정신: 함(咸) ☶ 9

32 영원의 소망: 항(恒) ☳ 31

33 물러남의 정신: 둔(遯) ☰ 53

34 힘의 올바른 행사: 대장(大壯) ☳ 71

35 진보의 정신: 진(晉) ☲ 91

36 지성의 박해: 명이(明夷) ☷ 107

37 가정의 법도: 가인(家人) ☴ 125

38 대립과 반목: 규(睽) ☲ 149

39 고난의 대응: 건(蹇) ☵ 171

40 해방 시절의 과제: 해(解) ☳ 191

41 덜어 냄의 정신: 손(損) ☶ 211

42 삶에서 키워야 할 것: 익(益) ☴ 235

43 소인 의식의 척결: 쾌(夬) ☱ 257

44 만남의 정신: 구(姤) ☰ 277

45 공동체의 유대와 결속: 췌(萃) ☱ 295

46 향상의 정신: 승(升) ☷ 313

47 곤경 속 형통의 길: 곤(困) ☱ 331

48 영혼의 샘: 정(井) ☵ 351

49 개혁의 정신: 혁(革) ☱ 371

50 쇄신과 성숙: 정(鼎) ☲ 389

51 흔들림과 거듭남: 진(震) ☳ 409

52 머무름의 정신: 간(艮) ䷳ 429

53 점진의 정신: 점(漸) ䷴ 451

54 결혼의 행복과 불행: 귀매(歸妹) ䷵ 469

55 풍요의 길: 풍(豊) ䷶ 487

56 나그네 인생: 여(旅) ䷷ 505

57 공손의 허와 실: 손(巽) ䷸ 523

58 기쁨의 나눔: 태(兌) ䷹ 539

59 삶의 흐트러짐과 수습: 환(渙) ䷺ 555

60 절제의 미덕: 절(節) ䷴ 573

61 지성이면 감천: 중부(中孚) ䷼ 589

62 파격의 정신: 소과(小過) ䷽ 613

63 성공의 뒤안: 기제(旣濟) ䷾ 633

64 새로운 시작: 미제(未濟) ䷿ 649

차례·上

서문

해설

1 창조적 역량의 온축과 행사: 건(乾) ䷀

2 너그러운 포용의 정신: 곤(坤) ䷁

3 시작의 어려움: 준(屯) ䷂

4 어리석음의 깨우침: 몽(蒙) ䷃

5 기다림의 정신: 수(需) ䷄

6 다툼의 처리: 송(訟) ䷅

7 용병(用兵)의 도(道): 사(師) ䷆

8 교제의 도리: 비(比) ䷇

9 억압의 대응: 소축(小畜) ䷈

10 행보의 자세: 리(履) ䷉

11 소통의 정신: 태(泰) ䷊

12 단절과 불통: 비(否) ䷋

13 어울림의 정신: 동인(同人) ䷌

14 존재의 정신: 대유(大有) ䷍

15 겸손의 미덕: 겸(謙) ䷎

16 삶의 기쁨: 예(豫) ䷏

17 수시처변(隨時處變)의 지혜: 수(隨) ䷐

18 정체와 혁신: 고(蠱) ䷑

19 지도자의 품성: 임(臨) ䷒

20 성찰의 정신: 관(觀) ䷓

21 법의 운용: 서합(噬嗑) ䷔

22 꾸밈의 정신: 비(賁) ䷕

23 상실의 시대: 박(剝) ䷖

24 빛의 회복: 복(復) ䷗

25 순수의 정신: 무망(无妄) ䷘

26 건강한 힘의 축적: 대축(大畜) ䷙

27 가꿈의 정신: 이(頤) ䷚

28 비상시의 위기 관리 : 대과(大過) ䷛

29 거듭되는 시련: 감(坎) ䷜

30 관계의 도리: 리(離) ䷝

31. 교감의 정신

함(咸)

세계는 만물이 서로 얽히고설킨 관계의 그물이요, 사회는 인간관계의 총합이며, 삶은 너와 내가 맺는 관계의 지평이라 할 때, 그 관계란 달리 살피면 상호 교감의 자리다. 그러므로 자타 간 교감의 부재는 관계를 부정하는 일이요, 그만큼 서로 자신의 삶과 세계를 스스로 좁히는 것이나 다름없다. 이와는 반대로 교감의 관계를 넓게 가질수록 그의 삶과 세계는 그만큼 확대될 것이다. 스크루지 같은 이기주의자가 전자의 극단이라면, 성인은 후자의 정점에 있는 인물이라 할 수 있다. 그는 인류와, 나아가 만물과도 교감하기 때문이다. "만물과의 동일체 의식 속에서 그들에 대해 커다란 자비심을 갖는〔同體大悲〕" 부처님이 그 모습을 상징적으로 보여 준다. 〈리(離)〉괘에 이어 〈함(咸)〉괘가 놓인 까닭이 여기에 있다. 이 괘는 교감의 정신을 주제로 한다.

　『주역』의 작자는 이와는 별개로, 그 책을 상경(上經, 30괘)과 하경(下經, 34괘)으로 나누어 하경의 첫머리에 〈함〉괘를 배치하고 있다. 그것으로 괘를 새로 시작하는 것이다. 중국의 성리학자 정이(程頤)는 그 까닭을 다음과 같이 설명한다. "천지는 만물의 근본이기 때문에 상경의 첫머리에 〈건(乾)〉괘와 〈곤(坤)〉괘가 놓였고, 부부는 인류의 시작이기 때문에 〈함〉괘와 〈항(恒)〉괘가 하경의 첫머리에 놓였다."(『주역』) 이를 괘의 순서와 관련지어 말한다면, 부부는 인간관계의 중추이자 교감의 전형이기 때문에 〈리〉괘에 이어 〈함〉괘가 놓인 것이라 할 수 있다.

공자 역시 이와 유사한 인식을 갖고 있었던 것으로 보인다. 다음의 글을 읽어 보자. "하늘과 땅이 생기고 나서 만물이 생겼고, 만물이 생기고 나서 남녀가 생겼고, 남녀가 생기고 나서 부부가 생겼고, 부부가 생기고 나서 부모와 자식이 생겼고, 부모와 자식이 생기고 나서 임금과 신하가 생겼고, 임금과 신하가 생기고 나서 상하의 관계가 생겼고, 상하의 관계가 생기고 나서 예의의 질서가 확립되었다.〔有天地 然後有萬物 有萬物 然後有男女 有男女 然後有夫婦 有夫婦 然後有父子 有父子 然後有君臣 有君臣 然後有上下 有上下 然後禮義有所錯〕"(「서괘전」)

이렇게 하여 옛날부터 〈함〉괘(와 〈항〉괘)는 사랑과 결혼의 부부 생활을 주제로 하는 것으로 여겨져 왔다. 하지만 괘의 의미를 그처럼 너무 특정화하면 그것이 본래 갖고 있는 포괄적 상징성과 은유성을 해칠 염려가 있다. 괘를 해설하는 데 그 의미를 부득이 예시할 수밖에 없다 하더라도, 가급적이면 그것의 상징(은유)성을 살리지 않으면 안 된다. 〈함〉괘를 교감의 정신으로 주제화한 이유가 여기에 있다.

이를 괘의 상징과 속성, 구조상에서 살펴보자. 먼저 이 괘는 상괘 '태(兌)' ☱와 하괘 '간(艮)' ☶으로 이루어져 있다. 그것들은 각각 연못과 산을 상징한다. 이를 조합하면 산 위에 있는 연못, 즉 산정의 호수가 된다. 여기에서 산과 호수가 상호 작용하는 모습을 상상해 보자. 산은 호수를 품어 안고, 호수의 물은 땅속으로 스며들어 산중의 초목에게 수분을 제공한다. 호수와 산이 그렇게 서로 감응하고 상통한다.

상괘 '태'와 하괘 '간'은 인간 사회에서 또 다른 상징을 갖고 있기도 하다. 즉 전자는 (제일 위의 마지막 효가 음(陰)이므로) 소녀요, 후자는 (역시 마지막 효가 양(陽)이므로) 소년을 상징한다. 괘효상에서 살피면 그 둘이 음양으로 호응하므로 역시 교감의 전형적인 예를 보여 준다. 교감의 사례로 남녀만큼 민감한 경우가 없기 때문이다. 게다가 저들은 소녀와 소년이므로 그 순수함과 열정은 타의 추종을 불허할 것이다. 그야말로 춘향이와 이 도령, 로미오와 줄리엣의 사랑이다.

그와 같은 교감의 정신을 다른 관점에서 살펴보자. 머무름을 속성으로 갖는 '간'(하괘)은 마치 산과도 같이 움직일 줄 모르는 두터운 마음을, 기쁨을 속성으로 갖는 '태'(상괘)는 연못이 물고기와 주변의 초목에게 주는 것과 같은 생명의 기쁨을 담고 있다. 이를 위의 상징과 관련시킨다면 〈함〉괘는 소년이 도타운 마음으로 소녀에게 다가감에 소녀가 기쁘게 호응함을 은유한다. 이 역시 교감의 전형이다.

이러한 교감의 정신은 괘의 구조상에서도 드러난다. 지금까지 효사(爻辭)들을 풀이하면서 우리는 상하괘의 효(爻)가 서로 대응하는 효(초효(初爻)와 사효(四爻), 이효(二爻)와 오효(五爻), 삼효(三爻)와 상효(上爻))와 음양으로 상응하는지 여부에 주목했다. 상응이란 달리 말하면 교감을 뜻한다. 그리하여 서로 상응하는 효에 대해서는 긍정적이고 호의적인 판단이, 그렇지 않은 것에 대해서는 그 반대의 판단이 내려지는 것이 보통이다. 〈함〉괘가 전자의 전형적인 예에 해당된다.

물론 효들끼리 상응하는 괘들이 그 밖에도 여럿 있지만, 그것들을 구성하는 상하괘들의 상징과 속성, 그리고 효들의 위치에 따라 함의가 달라진다. 예컨대 〈함〉괘의 상하괘를 바꾸어 놓은 〈손(損)〉괘 역시 효들이 음양으로 상응하지만, 뒤에서 살피는 것처럼 그것의 주제는 〈함〉괘와 전혀 다르다. 그 까닭을 한 가지만 말하면 〈함〉괘의 경우 (하괘의) 소년이 (상괘의) 소녀에게 자신을 낮추어 다가가는 데 반해, 〈손〉괘는 소년이 위에서 남성의 힘으로 소녀를 지배하려 하기 때문에 교감이 이루어지지 않는다. 이는 당사자들이 모든 힘을 내려놓고 상호 평등한 관계를 유지하는 가운데에서만 진정한 교감이 가능하다는 인식을 토대로 하고 있다.

괘사卦辭

교감이 이루어지면 일이 잘 풀릴 것이다.
올바른 정신을 가져야 한다.
여성을 만나 결혼하면 행복을 얻으리라.
咸 亨 利貞 取女 吉

모든 인간관계와 일의 성패는 당사자 사이 교감 여부가 크게 좌우한다. 남녀, 부부, 부모 자식, 친구 사이는 물론, 조직 사회 내 좌우와 상하의 모든 관계가 다 그러하다. 교감의 단절은 일의 실패를 초래할 뿐만 아니라 인간관계 자체까지도 파탄내고 말 것이다. 친구 간의 절교나 부부의 이혼이 그 예다. 이러한 이치는 인간 사회에서뿐만 아니라 초목금수 등 만물의 경우에도 그대로 타당하다. 그들도 암컷과 수컷의 교감 속에서 종족을 번식하며, 더 크게는 하늘과 땅도 두 기운의 내밀한 교감을 통해 만물을 생육한다. 공자는 말한다. "하늘과 땅의 교감 속에 만물이 생성되고, 성인(聖人)이 만민과의 교감 속에서 세상의 평화를 이룬다. 이처럼 교감하는 모습을 보면 천지만물의 이치를 알 수 있으리라.〔天地感 而萬物化生 聖人感人心 而天下和平 觀其所感 而天地萬物之情 可見矣〕"(「단전」)

교감은 '올바른 정신'을 필요로 한다. 마음이 서로 통한다고 해서 다 좋은 것은 아니다. 교감은 서로의 생명 활동을 촉진하고 향상시키는 것이어야 한다. 가령 남녀의 음란한 교제나 폭력 깡패들의 교류는 당연히 교감의 도리에 어긋난다. 그것은 생명 소모적이고 파괴적일 뿐이다. 서로 간 이해득실의 관점에서 이루어지는 교제도 덧없다. 그것은 어느 일방의 이해가 충족되는 순간 끝날 것이며, 결국 양자의 관계도 정리될 것이다. 거기에는 올바른 교감의 정신이 결여되어 있기 때문이다. 불행하게도 이 시대를 지배하는 사무적 인간관계가 잘 보여 주는 것처럼 말이다. 그것은 직장이나 일의 현장뿐만 아니라, 이제는 가정에 이르기까지 일상의 거의 모든 생활 영역을 지배하고 있다.

올바른 교감은 순수한 정신에서만 나온다. 사람들과 교류하는 자리에서 물질이나 권력, 사회적인 지위 따위의 외재적인 힘을 내세우려 해서는 안 된다. 그러한 힘은 상대방을 어떻게든 지배하려는 저의를 갖고 있기 때문에 진정한 교감을 방해할 뿐이다. 남녀의 사랑에서도 만약 남자가 (물리적으로든, 재물과 신분상으로든) 우월한 힘으로 나선다면 그 교감은 깊지 못하며, 결코 오래가지 못할 것이다. 이는 정치나 사회의 모든 인간관계에서도 마찬가지다. 어떤 형태의 것이든 상하와 우열을 의식하는 자리에서는 진정한 교감이 불가능하다.

그러므로 참다운 교감과 교류를 위해서는 힘 있는 사람은 힘없는 사람보다 낮게 처신해야 한다. 공자는 이러한 뜻을 〈함〉괘의 구조와 상징상에서 다음과 같이 말한다. "'함(咸)'이란 교감(感)한다는 뜻이다. 부드러운 기운이 위에 있고, 강한 기운이 아래에 있다. 두 기운이 서로 교감하고 어우러지면서 돈독하게 기쁨을 누린다. 남성이 여성에게 자신을 낮추면 일이 잘 풀릴 것이며, 올바른 정신으로 여성을 만나 결혼하면 행복을 얻을 것이다.(咸 感也 柔上 而剛下 二氣感應 而相與 止而說 男下女 是以 亨利貞 取女吉也]"(「단전」) 여성 상위 시대라고 하는 오늘날에는 오히려 거꾸로 이야기해야 할지도 모르겠으나, 아무튼 자타의 만남에서 상대방에게 "강한 기운"(힘)을 내세워서는 안 된다.

만남(교제)의 자리에서 힘으로 나서서는 안 될 뿐만 아니라 이해득실의 타산까지도 버려야 한다. 사람들을 순수 인격과 영혼으로 만나야 한다. 이 괘에서 '감(感)'의 뜻을 지닌 '함'에 '심(心)'자가 빠진 까닭이 여기에 있다. 느낌을 함께(咸) 나누되, 불순한 의도(心)를 갖지 않는 교감이 '함(咸)'이라는 것이다. 모든 인간관계에서 최상의 행복은 이처럼 순수하게 인격과 영혼을 교감하는 가운데에서만 주어질 수 있다.

괘상卦象

산 위에 호수가 있는 모습이 〈함〉의 형상이다.

군자는 이를 보고서 텅 빈 마음으로 사람들을 포용한다.
山上有澤 咸 君子 以 虛受人

산 위에 물이 고여 호수를 이룰 수 있는 것은 거기에 커다랗게 빈 공간이 있기 때문이다. 그렇게 하여 산정의 호수는 수많은 물고기와 초목금수를 살게 해 준다. 군자도 이와 다르지 않다. 그는 자신의 마음을 텅 비워 만민과, 나아가 만물을 그의 품에 보듬으려 한다. 마음을 비우지 않으면 사람들이나 만물과 교감할 수 없다는 사실을 잘 알기 때문이다. 예컨대 남녀의 자리에서 내가 쾌락의 욕망으로 마음을 채우면 상대방과 순수한 사랑을 교감할 수 없다. 또 마음 한구석에 어떤 관념이나 감정을 담아 두고 있으면 사물을 올바르게 인식할 수 없다. 그것은 마치 얼룩진 거울이 사물을 그 실상대로 비출 수 없는 것과도 같다. 이를테면 마음속에 빵이 들어 있으면 보름달도 빵처럼 보일 것이다.

그리하여 마음의 비움은 군자의 수양론의 중요한 주제 가운데 하나가 된다. 그는 마음을 깨끗한 거울처럼 텅 비고 맑게 가지려 하며, 어떠한 감정과 사념으로도 물들지 않은 마음으로 세상을 순수하게 대면하려 한다. 마치 명경지수와도 같이 "사물이 다가오면 그것을 비추되 담아 두지 않고, 사물이 지나가면 그것을 보내 텅 비우"(『퇴계전서』)려 한다. 아래에 우복(愚伏) 정경세(鄭經世, 1563~1633)의 시를 음미해 보자.

연못 위로 빙 둘린 산 빛이 푸르른데
못 아래 잠긴 모습 더욱 맑고 기이해라.
잠깐 내린 단비에 허정(虛靜)함을 머금으니

잔물결을 일으킬 미풍도 불지 마라.

潭上山光碧四圍　　蘸來潭底較淸奇
須添好雨涵虛靜　　莫遣輕風漾綠漪

　그는 마음의 세계를 이처럼 매우 아름답게 영상화하고 있다. 이를 우리들의 마음과 대비해 보자. 우리들의 마음의 '연못'은 수많은 감정과 생각의 '바람'으로 생겨난 크고 작은 물결에 한없이 출렁거린다. 그러한 마음은 당연히 사물들을 올바르게 비추지 못하고 그야말로 갖가지로 왜곡과 변조를 일삼는다. 물결치는 수면이 하늘의 풍경과 산 빛을 제멋대로 찢어발기고 조각내듯이 말이다. 아무리 '미풍'처럼 사소한 감정이라도 그로 인해 흔들리는 마음의 '잔물결'은 사물에 대한 올바른 인식을 방해한다. 이를테면 마음이 조금만 우울해도 세상이 온통 어둡게 보인다.

　군자는 이러한 문제점을 깊이 인식하고 자각하면서 "텅 비고〔虛〕 고요한〔靜〕" 마음을 기르는 것을 수양의 과제로 삼는다. 이황이 한 제자에게 보낸 시를 읽어 보자. 그 제자는 귀양살이의 고달픔을 선생에게 토로했던 모양이다.

　귀양살이 닭 울어야 겨우 잠든다지만
　나그넷길 기러기 울음에 나도 잠 못 이루네.
　우리들은 생각이 너무 많아 걱정이라
　허정(虛靜)과 염담(恬淡)으로 마음을 길러 보세.

謫裏聽鷄方就睡　　旅中聞雁亦無眠

吾儕患在多思慮　盍把虛恬養寸田

　따지고 보면 귀양살이나 나그넷길이나 그들이 잠 못 이루고 뒤척이면서 펼쳤을 생각들은 대부분 부질없는 내용이었을 것이다. 그들뿐만이 아니다. 우리 역시 살아가면서 이미 지나간 일에 대한 후회와 자책, 또는 미래에 대한 염려와 불안 등 부질없는 생각들로 마음을 끓이며 한없이 번민한다. 당연히 이는 '지금, 이 자리'의 현 존재에 집중하지 못하도록 만든다. 그것은 마치 굴곡지고 흐린 거울로 사물을 비추는 격이다. 그러므로 모든 부질없는 상념들을 떨치고 비위〔虛〕 평온하고 담박 고요한〔恬〕 마음을 가져야 한다. 그러한 마음으로 세계와 사물을 맑게 대면하고 처사해야 한다.

　군자는 '나' 의식조차 버려 마음을 텅 비우려 한다. 자기중심적인 '나'는 사물의 공정한 인식과 판단을 흐리게 만드는 근원적 요인이기 때문이다. 이기주의가 그 전형적인 예다. 당연히 그것은 자타 간의 교감을 가로막아 상호 대립과 갈등, 투쟁을 유발한다. 순수한 교감과 화해로운 인간관계는 그러한 '나'를 버리고 "텅 빈 마음"으로 상대방에게 다가가는 데에서만 가능하다. 공자가 한 제자로부터 사랑〔仁〕에 관한 질문을 받고서, '극기(克己)'하라고 대답한 것도 이러한 문제의식에서였다. 자기중심적인 '나〔己〕'를 초극하라〔克〕는 것이다. 자타가 생명을 교감하고 소통하는 사랑의 마음과 행위는 여기에서만 가능하다.

효사爻辭

初六
엄지발가락에 느낌이 온다.
咸其拇

교감은 몸과 마음으로 이루어지는 것이므로 대부분의 효들이 신체의 각 부위를 들어 은유된다. 초육(初六)은 구사(九四)와 음양으로 교감하지만, 가장 아랫자리에 있으므로 그 교감이 미약하다. 그래서 '엄지발가락'에 해당한다.(효사들이 신체 부위들의 느낌을 말하는 것은 남녀간 육체의 애무에서 교감의 전형을 보았기 때문일 것이다)

어떤 일을 추진하는 데에는 관련 당사자들과 충분한 교감이 이루어져야만 한다. 겨우 "엄지발가락에 느낌이 올" 정도로 교감이 아직 미약한 터에 섣불리 행동에 나서면 실패하기 쉽다. 그러므로 상대방과 무언가 서로 통하는 것 같다는 가벼운 느낌만으로 일에 나서서는 안 된다. 가령 사업의 계약을 성사시키기 위해 당사자에게 화끈하게 술을 대접하고 노래방까지 갔다고 자신해서는 안 된다. 관계를 더욱 다지면서 교감의 깊이를 확인할 필요가 있다. 공자는 말한다. "엄지발가락에 느낌이 오자 마음이 벌써 밖을 향하고 있구나.〔咸其拇 志在外也〕"(「상전」) 이는 약간의 교감을 믿고 성급하게도 문밖으로 발걸음을 내디디려는 태도를 경고한 말이다.

六二

장딴지에 느낌이 온다. 실패할 것이다.

제자리를 지키면 일을 성취하리라.

咸其腓 凶 居 吉

　　육이(六二)는 초육의 발 위에 있으므로 장딴지에 해당되며, 구오(九五)와 음양으로 호응하므로 "장딴지에 느낌이 온다." 그런데 발걸음을 옮기기에 앞서 장딴지의 부위가 먼저 움직이는 것처럼, 음효(陰爻)로서 유약한 육이는 조급한 성질을 띠고 있다. 그가 하괘의 가운데에서 올바른 자세를 갖고 있기는 하지만, 구오의 강한 힘에 이끌려 먼저 나서는 것이다. 이는 실패의 요인이다. 자신의 자리를 굳게 지키면서 구오가 다가오기를 기다려야만 성공할 수 있다.

　　상대방과 교감이 어느 정도 이루어졌다 해서 들뜬 마음으로 나서서는 안 된다. 감정적 처신은 실패의 염려가 크며, 특히 힘의 강약이나 지위의 고하가 다른 관계에서는 일이 불공정하게 진행될 수도 있다. 그러므로 그 순간에도 "제자리를 지키면서" 평온하고 침착한 마음을 잃어서는 안 된다. 상대방이 힘(지위)을 버리고 순수한 마음으로 다가올 때까지 기다려야 한다. 정이는 말한다. "때를 알고 형세를 식별하는 것이 주역을 배우는 큰 방법이다.[知時識勢 學易之大方也]"(『주역』의 주) 그리하여 '형세'가 공평해지면 일이 성공적으로 이루어질 수 있을 것이다. 공자는 말한다. "장딴지의 느낌에 빠지면 실패하겠지만 제자리를 지키면 일을 성취할 수 있을 것이다. 정도(正道)를 따른다면 문제가 없기 때문이다.〔雖凶居吉 順不害也〕"(「상전」) 여기에서 '정도'란 "장딴지의 느낌", 즉 감정에 지배되지 않고 자신을 올바로 지키는 정신을 뜻한다.

九三
넓적다리에 느낌이 온다.
남들이 하는 대로만 따르려 하니, 못난 삶을 살리라.
咸其股 執其隨 往 吝

　구삼(九三)은 초육의 엄지발가락과 육이(六二)의 장딴지에 이어, 위로 넓적다리에 해당된다. 넓적다리는 걸음걸이의 자리에서 발과 장딴지를 따라갈 뿐 자주적으로 움직이지 못한다. 그래서 "남들이 하는 대로만 따른다."고 했다. 구삼이 양효(陽爻)로서 바른 자리를 갖고 있음은 여기에서는 무의미하다.

　우리는 불특정 다수의 사람을 지칭할 때 보통 '대중'이라는 말을 쓰지만, 사실 대중은 공허한 인간 군상이다. 그들은 다른 사람들과 심리적으로 한 무리의 연대를 이루고 서로 부화뇌동하면서 군중 속에 숨어 사는 "익명의 인간"이기 때문이다. 그들은 남들의 이목과 사회의 유행에 민감하게 반응하면서 "남들이 하는 대로만 따라 살려 한다." 남들에게 좋은 것이라면 나에게도 좋은 것이다. 이는 대중적 교감의 천박성을 말해 준다. 공자는 말한다. "넓적다리에 느낌이 오니 제자리에 가만히 있지 못한다. 남들을 따르는 데에만 뜻을 두고 있으니 삶의 태도가 천박하다.〔咸其股 亦不處也 志在隨人 所執下也〕"(「상전」)

　그처럼 대중은 주체적이지 못하다. 자기 책임하에서 독자적인 삶을 추구할 정신 능력(주견과 철학)을 갖지 못한 그들의 생각으로는 남들과 행동을 함께하는 것이 마음 편하다. 그들에게는 남들과 떨어져 지내는 외로움이 오히려 더 견디기 힘들다. 예를 들면 휴대 전화의 실용성 여부를 떠나서 그것을 갖지 않는다는 것이, 또는 여전히 구형을 이용하는 것이 얼마나 창피한 일인가. 휘황한 현대 문명의 한복판에 서 있는 원시인과도 같은 느낌을 어떻게 감내할 수 있단 말인가. 하지만 그 결과 그들이 피할 수 없는 심각한 문제가 생긴다. 자주적 판단력과 주체적 인격성을 상실한 삶의 가벼움과 공허함이다. 이것이 대중적 교감의 실상이다.

九四

마음을 올바로 가지면 교제의 기쁨을 알아 후회할 일이 없으리라.

이리저리 생각을 굴리면 친구만 너의 생각을 따를 것이다.

貞 吉 悔亡 憧憧往來 朋從爾思

　구사(九四)에서 (엄지발가락, 장딴지, 넓적다리와 같은) 느낌의 자리를 말하지 않은 것은 그것이 가슴의 부위에 해당되고, 세 양효의 가운데에 있어서 마음을 상징하기 때문이다. 그는 양효로 음의 자리에 잘못 있으므로 불안하여 "이리저리 생각을 굴린다." 그러므로 다른 사람들과 깊은 관계(교감)를 갖지 못하여 기껏 "(마음 맞는) 친구만 너의 생각을 따를 것이다." '친구'란 초육을 지칭한다. 하지만 초육도 음효로 양의 자리에 잘못 있는 만큼, 그 역시 언제 등을 돌릴지 모른다.

여기에서는 괘사에서 강조한 올바른 교감의 정신을 재차 천명하면서 이에 반하는 사례를 들고 있다. "이리저리 생각을 굴리면 친구만 너의 생각을 따른다."는 것이다. 실제로 많은 사람들은 교제의 자리에서 상대방이 나에게 얼마나 득이 되는지, 손해를 보는 것은 아닌지 "이리저리 생각을 굴린다." 결국 그러한 교제는 서로 마음에 맞는 "친구만 너의 생각을 따르는" 끼리끼리의 수준을 벗어나지 못한다. 이 '친구'는 나와 고락을 함께하는 진정한 벗도 아니다. 기껏 같은 이해관계로 맺어진 사람일 뿐이다. 그러므로 그 친구도 자신에게 득이 되지 않는다고 판단하면 나를 외면하고 말 것이다. "이리저리 생각을 굴리는" 교제는 그렇게 얄팍하다. 공자는 이러한 이치를 자연 세계에서까지 살피면서 다음과 같이 말한다.

이리저리 생각을 굴리면 친구만 너의 생각을 따를 텐데, 무얼 그렇게 생각하고 염려한단 말인가. 이 세상에 수많은 길은 하나로 귀결되며, 갖가지 생각은 하나로 일치하는 것을, 무얼 그렇게 생각하고 염려한단 말인가. 해가 지면 달이 뜨고 달이 지면 해가 떠서 해와 달이 서로 추동하여 빛의 세계를 만들어 내고, 추위가 가면 더위가 오고 더위가 가면 추위가 와서 추위와 더위가 서로 추동하여 세월을 이루어 낸다. 이처럼 가는 것은 사라지고 오는 것은 펼쳐지니, 사라지는 것과 펼쳐지는 것이 서로 감응하여 온갖 이로운 일이 생겨난다. 자벌레가 움츠리는 것은 몸을 펼치기 위해서요, 용과 뱀이 겨울잠을 자는 것은 몸을 보전하기 위해서요, 일의 이치를 깊이 탐구하여 신묘한 지혜를 얻는 것은 실생활에 이용하기 위해서요, 각종의 이기(利器)를 개발하여 삶의 안락을 꾀하는 것은 높은 덕을 성취하기 위해서다. 그 이상의 세계는 사려판단으로 알 수 있는 것이 아니니, 신비의 세계를 통찰하고 천지조화의 이치를 꿰뚫는 지혜는 최고로 성취된 덕의 산물이다.[憧憧往來 朋從爾思 天下 何思何慮 天下同歸 而殊塗 一致 而百慮 天下 何思何慮 日往 則月來 月往 則日來 日月相推 而明生焉 寒往 則暑來 暑往 則寒來 寒暑相推 而歲成焉 往者 屈也 來者 信也 屈信相感 而利生焉 尺蠖之屈 以求信也 龍蛇之蟄 以存身也 精義入神 以致用也 利用安身 以崇德也 過此以往 未之或知也 窮神知化 德之盛也](「계사전」)

이 글은 많은 함축을 갖고 있다. 먼저 "이 세상에 수많은 길은 하나로 귀결되며, 갖가지 생각은 하나로 일치한다"는 말뜻을 생각해 보자. 여기에서 '하나'는 주제상 삶의 기쁨(행복)으로 풀이될 수 있다. 사람들은 제각기 다른 삶의 길을 걸으면서 갖가지의 생각을 굴리지만, 궁극적으로는 모두 삶의 기쁨을 지향한다. 그러므로 인간관계에서 "이리저리 생각을 굴리며" 이해득실이나 계산하려 하지 말고, 진정으로 삶의 기쁨을 줄 수 있는 올바른 교제의 정신을 닦지 않으면 안 된다.

올바른 교제의 정신은 자신의 힘이나 지위를 내세우지 않고, 의견이나 신념을 강요하지 않고 상대방을 '벌거벗은' 존재로 만나려 한다. 그는 연령, 성별, 신분, 인종이나 그 밖의 대립 분별적인 관념들의 외피를 벗어던지고 장애를 뛰어넘어 상대방을 순수 인격으로 마주 대한다. 이야말로 "이리저리 생각을 굴리는" 태도에서 완전히 벗어난 지순한 교제의 정신이다. 다시 한 번 마르틴 부버의 말처럼, "하나와 하나가 하나가 되면 벌거벗은 존재가 벌거벗은 존재 안에서 빛난다." 그리하여 '벌거벗은' 존재가 서로 교감하는 기쁨이 빛날 것이다. 공자는 말한다. "마음을 올바르게 가지면 교제의 기쁨을 알아 후회할 일이 없을 것이니 교감의 장애가 없기 때문이다. 이리저리 생각을 굴리면 교감이 빛나거나 깊지 못할 것이다.〔貞 吉 悔亡 未感害也 憧憧往來 未光大也〕"(「상전」)

종교가 다른 사람들 간의 교제도 이러한 정신을 활용할 필요가 있다. 숭배하는 신이나 예배 의식이 다르다 해서 다툴 일이 아니다. 예를 들면 불교의 불성(佛性)이나 유교의 덕성(德性)이나 기독교의 영혼이 표현 방식은 서로 다르지만, 성인들이 내면 깊은 곳에 이르러 깨달았던 인간의 본성은 '하나'다. 그들이 강조해 마지않는 자비와 인(仁)과 박애의 정신은 결코 우연의 일치가 아니다. 이는 인간의 본성에 대해 똑같은 깨달음의 결과일 것이다. 그러므로 그것들의 표현 방식(언어)에 집착해서는 안 된다. "이 세상에 수많은 길은 하나로 귀결되며, 갖가지 생각은 하나로 일치한다."는 마음으로 상대방을 인정하고 존중하면서 화해로운 관계를 맺어야 한다. 저 '하나'의 세계에서 교감해야 한다.

'벌거벗은' 교감의 정신은 그 이상으로 확대될 수 있다. 우리는 인간 중심 이기주의에 빠져 만물을 외면해서는 안 된다. 그들은 인간을 위해 태어난 것이 아니며, 각자 자기 목적적인 존재다. 자연의 생태계 속에서는 인간이나 만물이나 우열 없이 동등한 구성원이다. 그러므로 나는 고귀한 사람이요 저것들은 하찮은 사물이라는 대립 분별적 의식을 벗어나, 풀 한 포기, 곤충 한 마리까지도 나와 동일한 생명체(존재)임을 알아 존중해야 한다. 그 '하나'의 생명 정신으로 저들과 교감해야 한다.

공자는 교감의 이치를 자연 세계에서도 발견한다. "이리저리 생각을 굴리는" 사람들과 달리, 어떤 의도와 목적도 없이 순수하게 행해지는 자연 세계의 교감은 창조의 위대한 힘을 갖는다. 예를 들면 음양의 두 기운상 "해와 달이 서로 추동(교감)하면서 빛의 세계를 만들어 내고" "추위와 더위가 서로 추동(교감)하면서 세월을 이루어 낸다." 이렇게 모든 "가는(사라지는) 것"들과 "오는(펼쳐지는) 것"들이 서로 '감응'(교감)하면서 시공의 다양한 현상이 전개된다. 달리 말하면 과거와 미래, 빛과 어둠, 생성과 쇠멸 등 "가는 것과 오는 것"들의 끊임없는 감응(교감)의 역정 속에서 자연 세계에 "온갖 이로운 일이 생겨난다."

우리는 이러한 자연의 이치를 배워야 한다. "이리저리 생각을 굴리면서" "가는 것"을 보내지 못하고 "오는 것"을 거부하려 해서는 안 된다. 이를테면 가는 젊음에 매달리지 말고, 오는 늙음을 순순히 맞이해야 한다. 또는 "오고 펼쳐지는" 밝은 세계만 보려 하지 말고, "가고 사라지는" 어두운 세계의 적극적 의의와 가치를 아울러 살펴야 한다. "해와 달이 서로 추동하여 빛의 세계를 만들어 내고", "추위와 더위가 서로 추동하여 세월을 이루어 내는" 것처럼, 인간 만사도 밝은 면과 어두운 면이 서로 '추동'하여 인생을 직조해 낸다는 사실을 깊이 인식해야 한다. 그리하여 어둠에 갇혔을 때에는 좌절하지 말고, 밝은 세계로 나가기 위한 추동의 힘으로 그것을 적극 이용해야 한다.

자벌레와 뱀은 우리에게 이러한 지혜를 알려 준다. 자벌레의 전진은 몸의 움츠림에서부터 시작되며, 뱀의 활동은 동면을 통한 몸의 보전에 토대를 둔다. 마찬가지로 움츠림과 동면의 어두운 시절을 한탄만 하지 말고 삶의 지혜와 역량을 키울 기회로 활용해야 한다. 맹자의 말을 들어 보자. "하늘이 어떤 사람에게 큰일을 맡기려 할 때에는 먼저 그의 의지와 육신을 고달프게 만들고 하는 일마다 안 되게 하여, 그의 마음을 자극 분발시키고 성품을 단련시킨다."(『맹자』)

이를 위해서는 무엇보다도 "일의 이치를 깊이 탐구하는" 공부의 정신을 다지지 않으면 안 된다. 세계와 사회, 인간과 삶의 이치를 탐구하여 뛰어난 지혜를 얻어야 한다. 이는 관념의 유희를 위한 것이 아니라, "실생활에 이용하기 위해서다." 그렇다고 해서 생활의 안락만을 누리려 해서도 안 된다. 그것은 궁극적으로 "높은 덕을 성취하는" 데에, 즉 사람됨의 품격(덕)을 높이는 데에 목표를 두어야 한다. 참다운 기쁨(행복)은 거기에서만 나온다.

공자는 이에 더하여 또 하나의 경지를 상정한다. "신비의 세계를 통찰하고 천지조화의 이치를 꿰뚫는 지혜"의 경지다. 일상의 지혜를 넘어, 세계와 만물을 감도는 존재의 신비를 통찰하고 우주의 제일원리를 관조해야 한다는 것이다. 이는 사려판단의 차원을 넘어선다. 달리 말하면 그 경지는 이성적 사유의 영역을 벗어나, "최고도로 성취된 덕"의 결과로 얻은 고도의 직관력 속에서만 열린다.

九五
등에 느낌을 갖는다면, 후회할 일이 없으리라.
咸其脢 无悔

구오(九五)는 괘의 핵심적인 자리에 있으므로 다른 모든 효를 아우르면서 교제(감)해야 할 지도자다. 그런데 그는 육이와 음양으로 호응하고,

한편으로 자신과 가까운 상육(上六)에 마음을 두고 있다. 이는 교제의 대상을 스스로 제한하는 태도로서 "후회할 일"을 초래하게 될 것이다. 등은 본인이 직접 볼 수 없는 신체 부위로서, "등의 느낌"을 말한 것은 (육이와 상육 이외에) 눈에 보이지 않는 사람들과도 교제하면서 그들의 뜻도 헤아려야 함을 은유한다. 말하자면 지도자는 편파적인 마음을 버리고 모든 구성원에게 공평무사하게 나서야 한다.

조직의 지도자는 자신과 가까운, 또는 자신에게 호응하는 사람들하고만 의견을 나누고 그들에게만 혜택을 베풀려 해서는 안 된다. 그는 중립적이고 올바른 마음으로 모든 구성원과 교감하고 의사소통하면서 일을 공평무사하게 처리해야 한다. 우리는 여기에서도 마음의 비움을 이야기할 수 있다. 예컨대 지역 감정이나 학벌 의식, 종교적인, 정치적인 신념으로 채워진 마음은 편파적인 교감 속에서 처신과 처사의 불공정성을 초래할 것이다. 이러한 지도자는 당연히 불행을 면할 수 없다.

이 문제를 몸에 비유해 보자. 사람들은 신체 중에서 보이는 부분에만, 그것도 주로 얼굴에 신경을 쓰고 단장을 한다. 등(척추)처럼 눈에 보이지 않고 손이 잘 안 닿는 부위에 대해서는 별로 관심을 갖지 않는다. 척추 질환은 이러한 등의 관리(운동)를 소홀히 한 결과다. 그러므로 건강을 유지하기 위해서는 눈에 보이지 않는 신체 부위도 세심하게 주의를 기울여야 한다. 공자는 말한다. "등에 느낌을 갖는다는 말은 몸의 구석구석에까지 마음을 씀을 뜻한다.〔咸其脢 志末也〕"(「상전」) 이러한 은유의 뜻은 다른 데 있지 않다. 지도자는 모든 구성원, 특히 눈에 잘 띄지 않는 사람들과도 공감하고 소통하면서 그들의 건강한 삶을 위해 세심한 배려를 아끼지 말아야 한다는 것이다.

上六
느낌이 턱과 뺨과 혀에 온다.
咸其輔頰舌

상육은 괘의 제일 위에 있으므로 신체상으로는 얼굴(턱, 뺨, 혀) 부위에
해당된다. 이는 교감을 입, 즉 말로만 하는, 즉 '입만 살아 있는' 사람을
은유한다. 그는 (기쁨을 속성으로 갖는 상괘의 주된 효이므로) 말로 상대방의
환심을 사는 데에 능란하다. 여기에서는 '길흉(吉凶)'(행불행) 여부를 말하
고 있지 않지만, 그는 당연히 불행을 자초할 것이다.

사람들과 교감(교제)하는 데에는 순수하고 진실하며 정성스러운 마
음만큼 중요한 것이 없다. 그러한 마음으로 깊이 나누는 교감, 즉 인격
과 영혼의 교류만이 교제의 참기쁨을 가져다줄 것이다. 그것을 결여한
채 오직 "턱과 뺨과 혀"로만 교감하려 한다면, 즉 입바른 말로만 상대
방의 환심을 사려 한다면 그 교제는 틀림없이 실패하고 말 것이다. 공
자는 말한다. "느낌이 턱과 뺨과 혀에 온다는 말은 그 느낌이 입과 말
에 올라 있음을 뜻한다.[咸其輔頰舌 滕口說也]"(「상전」) 이는 교감을 마음
깊이 하지 못하고 기껏 입과 말로만 하는 얄팍한 태도를 은유적으로
지적하는 뜻을 갖는다. 입과 말로만 세상을 살려 하지 말라는 것이다.

32. 영원의 소망

항(恒)

순수한 교감의 전형이라 할 수 있는 소녀와 소년은 교제가 깊어지면서 결혼까지 소망할 것이다. 둘이 한 살림 속에서 사랑을 지속적으로 나누고 싶은 것이다. "검은 머리가 파뿌리 될 때까지" 말이다. 우리는 그 맹세를 신랑과 신부가 영원한 사랑을 약속하는 결혼식장에서 흔히 듣는다. 공자는 말한다. "부부의 도리는 영원하지 않으면 안 된다. 그래서 〈함(咸)〉에서 〈항(恒)〉으로 이어졌다. '항'이란 영원하다는 뜻이다.〔夫婦之道 不可以不久也 故受之以恒 恒 久也)"(「서괘전」)

　여기에서 영원이란 인간 사회를 초월해서 존재하는, 사람들이 사후에 영생하고 싶어 하는 천상의 세계를 말하는 것이 아니다. 부부의 도리에서 예시되는 것처럼, 그것은 현세에서 사람들이 각자 추구하는 영원한 이념(삶의 의미와 가치)을 뜻한다. 우리는 그처럼 영원한 것을 성취하기 위해서는 당연히 '항심(恒心)', 즉 변함없이 한결같은 마음을 갖지 않으면 안 된다. 변덕스럽고 우유부단한 마음으로는 그것을 결코 성취할 수 없다.

사람들은 남녀의 교제나 부부의 결혼 생활에서만 영원을 소망하지 않는다. 사람들은 자신이 행하는 일에서 영원한 의미를 찾으려 한다. 그것이 사람의 본능이다. 평소 자신의 일거일동에서 덧없음만 느낀다면 어떻게 살 수 있을까. 그러한 허무주의자는 결국 자살로 삶을 마감할 수밖에 없을 것이다. 사람들은 인생이 아침이슬과도 같다고 때때로 탄식하지만, 오히려 바로 그 때문에 더욱더 영원한 무엇을 소망한다. 허무의 삶에 빠지지 않기 위해서다. 종교의 세계가 여기에서 열린다. 그것은 사람들이 죽음 이후에도 영원히 살기 위해 고안된 자기 구원의 장치다. 도스토옙스키는 말한다. "인간은 죽지 않기 위해 신을 상상해 냈다." 인간이 갖고 있는 영원의 소망을 훌륭하게 읊은 서정주(1915~2000) 시인의 시 「바위와 난초꽃」을 읽어 보자.

바위가 저렇게 몇천 년씩을
침묵으로만 웅크리고 앉아 있으니
난초는 답답해서 꽃피는거라.
답답해서라기보단도
이도령을 골랐던 춘향이 같이
그리루 시집이라도 가고파 꽃피는거라.
역사 표면의 시장 같은 행위들
귀 시끄런 언어들의 공해에서 멀리 멀리
고요하고 영원한 참목숨의 강은 흘러
바위는 그 깊이를 시늉해 앉았지만
난초는 아무래도 그대로는 못 있고

"야" 한마디 내뱉는거라.

속으로 말해 나즉히 내뱉는거라.

인간의 삶만 그러한 것이 아니다. 자연의 세계도 영원한 지속의 과정
이다. 섭리 자체가 그러하지만, 만물 또한 거시적으로 살피면 섭리에 따
라 영원히 생성 변화한다. 공자의 말을 들어 보자. "해와 달은 섭리에
따라 이 땅을 영원히 비추고, 사계절은 순환 변화 속에서 세월을 영원
히 이루어 내며, 성인은 진리와 영원히 함께 하면서 사람들을 교화하고
문명의 세계를 성취한다. 이들의 영원한 실상을 보라. 천지만물의 이치
를 알 수 있으리라.〔日月得天 而能久照 四時變化 而能久成 聖人久於其道 而
天下化成 觀其所恒 而天地萬物之情 可見矣〕"(「단전」)

해와 달이 무심히 떴다가 지고, 사계절이 아무런 뜻도 없이 순환하는
것 같지만, 그것들은 자연의 영원한 섭리에 따라 만물의 생성을 지속적
으로 돕는다. 이러한 이치를 본받는 성인은 "진리와 영원히 함께 하면
서" 인간 세상에 영원한 이념과 가치를 천명하고 실현하려 한다. 사람
들은 아무런 뜻도 없이 태어났다가 사라지는 인생의 덧없음을 탄식하
지만, 성인은 하늘이 인간에게 내린 본성과 삶의 본래적 과제를 통찰
하여 자아를 완성할 뿐만 아니라, 타자까지도 성취시켜 주어 아름다운
문명의 세계를 이루려 한다.

이제 〈항〉괘의 주제를 괘 안에서 살펴보자. 이 괘는 〈함〉괘와 달리
(상괘의 초효(初爻)가 양이므로) 장남과, (하괘의 초효가 음이므로) 장녀의
상징을 갖는다. 이는 장성한 남녀가 교감하는 모습을 보여 준다. 이는
〈함〉괘와 다른 뜻을 함축한다. 즉 소년과 소녀가 교감하는 〈함〉괘와 달

리, 〈항〉괘는 적령기의 남녀가 결혼을 통해 사랑을 영원히 나누려는 소망을 은유한다.

이를 괘의 속성과 자연적 상징상에서 살펴보자. 상괘 '진(震)' ☳은 행동의 속성과 우레의 상징을, 하괘 '손(巽)' ☴은 공손의 속성과 바람의 상징을 갖고 있다. 이에 입각하여 공자는 말한다. "'항'이란 영원하다는 뜻이다. 강한 힘이 위에 있고 약한 힘이 아래에 있으며, 우레와 바람이 함께 일어나며, 공손하게 행동에 나서며, 강한 힘과 약한 힘이 서로 호응한다. 영원의 길이 여기에 있다.(恒 久也 剛上 而柔下 雷風相與 巽而動 剛柔皆應 恒)"(「단전」) 여기에서 "강한 힘"과 "약한 힘"은 각각 상괘의 양효와 하괘의 음효를 지칭한 것이다. 이는 양자가 음양으로 호응하면서 관계를 영속시킬 수 있는 조건을 말하려 하고 있다.

매우 난해하지만 문제를 이렇게 제기해 보자. 현실적으로 "강한 힘"(강자)과 "약한 힘"(약자)이 존재할 수밖에 없는 사회 속에서 우리는 어떻게 하면 안정과 평화를 영속시킬 수 있을까? 그것은 양자의 관계를 어떻게 조정하는가에 달려 있다. 동물의 세계가 잘 보여 주는 것처럼, 강약의 상하 위계질서가 분명해야만 인간관계와 사회는 안정과 평화를 얻을 수 있다. 만약 약자가 강자 위에서 강자를 지배하려 한다면 양자의 관계는, 나아가 사회는 혼란과 파탄을 면치 못할 것이다.

물론 상하의 위계질서가 강자의 지배력을 강화하는 수단으로 악용되어 약자와의 관계를 무너트리거나 대립 투쟁의 상황으로 발전해서는 안 된다. 마치 "우레와 바람이 함께 일어나" 서로의 기세를 올려 주듯이, 양자가 서로 상대방의 삶을 어우르고 북돋아 주어야 한다. 사람들이 모두 강하거나 약하기만 할 수는 없는 사회 현실 속에서 서로를 인정하고 존중하며 받들어야 한다. 약자를 착취하고 약탈하는 강자는 타도의 대상이 될 수밖에 없으며, 강자를 이유 없이 비난하고 멸시하는 약자는 결국 자멸하고 말 것이다.

또한 강자와 약자 모두 "공손하게 행동에 나서"야 하며, 마음 깊이 "서로 호응"해야 한다.(〈항〉괘 역시 〈함〉괘와 마찬가지로 상하괘의 대응하는 각 효가 서로 음양으로 호응하고 있다.) 특히 그 호응은 〈함〉괘가 말하는 교감의 정신을 토대로 해야 한다. 〈항〉괘는 그것의 연장선상에 있기 때문이다. 그리하여 현실적으로 "강한 힘이 위에 있고 약한 힘이 아래에 있을" 수밖에 없지만, 그 순간에도 강자가 약자에게 자신을 낮추어 "서로 (교감하고) 호응"할 때 인간관계든 사회 조직이든 영속적인 안정과 평화를 이룰 수 있다.

괘사卦辭

영원의 길을 따르면 행복을 얻으리라.
허물거리를 갖지 않을 것이다.
올바른 정신을 가져야 하며
수시변통의 유연성을 가져야 한다.
恒 亨 无咎 利貞 利有攸往

사람들은 다양한 방식으로 행복을 추구한다. 그중에서도 대부분의 사람은 감각적 쾌락을, 물욕이나 권력욕의 충족을, 또는 명예의 획득을 행복으로 여긴다. 하지만 그러한 행복은 일시적이어서 덧없다. 그것은 오히려 삶에서 수많은 허물거리를 지어낼 것이다. 그것을 추구하는 과정에서 다른 사람들과의 경쟁과 반목, 대립과 다툼이 불가피하기 때문이다. 아니 그전에 그러한 것들은 본인의 마음을 거칠고 피폐하게 만들어 참다운 행복을 누릴 능력을 아예 갖지 못하게 만든다.

참다운 행복과 허물거리 없는 삶은 "영원의 길"을 따르는 데에서만 주어진다. 그 길은 물론 사람에 따라 다를 것이다. 예를 들면 각종의 종교는 제각각의 교리를 내세워 사람들이 생사를 넘어 추구해야 할 "영원의 길"을 제시한다. 하지만 그중에는 '사교(邪敎)'도 있을 수 있으므로 주의해야 한다. 그것은 삶을 불행에 빠트리고 수많은 허물거리를 지어낼 것이다. 그러므로 누가 "영원의 길"을 말한다 해서 그것을 무조건 믿어 따르려 해서는 안 된다. 그것이 참다운 행복을 키워 주는지, 허물거리가 없는 삶을 살게 줄 것인지 주의 깊게 판단하는 "올바른 정신"을 가져야 한다.

"올바른 정신"은 진리 위에서만 펼쳐진다. 공자는 말한다. "영원의 길을 따르면 행복을 얻어 허물거리를 갖지 않을 것이니, 올바른 정신으로 진리에 영원히 머물러야 한다.〔恒 亨 无咎 利貞 久於其道也〕"(「단전」) 사실 진리만큼 영원한 삶의 길은 없다. 삶의 행복은 진리 속에서만 주어질 수 있다. 진리를 벗어난 삶의 길은 결코 영원할 수 없으며, 행복은커녕 허물거리만 지어낼 것이다. 그러므로 우리가 불행을 느낄 때에는 자신이 과연 진리에 머무르고 있는지 여부를 반성해 볼 필요가 있다. 진리는 온갖 고난과 핍박 속에서도 나를 곧추세워 주는 힘이다. 『성경』의 말처럼, "진리가 너희를 자유케 하리라."

진리의 정신은 원칙(원리)주의를 고집하지 않는다. 그는 진리를 실천하는 데 때와 장소에 따라 변통할 줄 아는 유연한 자세를 갖는다. 아무리 훌륭한 이념(진리)이라 하더라도 상황을 고려하지 않는 경직된 실천은 현실적인 적응력을 상실하면서 폐단이 생긴다는 사실을 잘 알기 때문이다. 『주역』은 이를 '시중(時中)'의 지혜로 가르치려 한다. 그것은 한마디로 상황윤리의 정신을 뜻한다.

진리 정신의 유연성은 〈수(隨)〉괘에서도 간단히 말한 바 있지만 "수경행권(守經行權)"의 정신에서 잘 나타난다. 원칙(經)을 지키되 상황에 따라 권도(權道)를 발휘해야 한다는 것이다. 권도란 저울(權)에 비유된 상황 윤리의 정신을 뜻한다. 사람들은 무게를 잴 때 물건을 저울판 위에 올려놓고서 저울추를 움직여 그것과 평형을 이루는 저울대의 눈금을 찾는다. 우리의 행위도 이와 마찬가지다. 원리 원칙은 일정한 상황의 무게와 형평을 이루는 것으로 여겨진, 사람들이 미리 그어 놓은 행위의 눈금이다. 하지만 행위의 상황이 항상 일정하기만 한 것은 아니다. 변칙적이고 가변적인 경우도 수없이 많다. 이를테면 약속을 지켜야 하는 것이 원칙이지만 그것을 깨트릴 수밖에 없는 부득이한 상황도 있다. 권도는 이처럼 비상시의 또는 변칙적인 상황의 무게와 형평을 이룰 새로운 행위의 눈금을 저울질하는 상황 윤리의 정신이다.

진리 정신도 이와 마찬가지다. 그것은 결코 융통성 없이 교조적인 태도를 취하지 않는다. 이와 관련하여 공자의 말을 들어 보자. "자연의 섭리는 영원히 작용하여 그침이 없다. 그러므로 수시변통의 유연성을 가져야 하니, 끝이 있으면 시작이 있는 법이기 때문이다.〔天地之道 恒久而不已也 利有攸往 終則有始也〕"(「단전」) 매우 난해한 말이다. 공자는 수시변통의 유연성을 말하면서 어째서 갑자기 자연의 섭리를 상념했을까? 진리 정신의 유연성이 자연의 섭리와 무슨 상관이 있단 말인가.

이렇게 생각해 보자. 만물의 생성에 작용하는 자연의 섭리는 결코 획일적이지 않다. 그것은 계절에 따라, 만물 제각각의 존재 상황에 따라 달리 작용한다. 이를테면 "뿌리가 깊은 나무는 길러 주고, 기울어진 나무는 쓰러트린다."(『중용』) 이처럼 자연의 섭리는 만물의 생장 쇠멸에 유연하게 작용한다. 사물 개개의 관점에서 말하면 자연의 섭리는 한 사물의 '끝'에 이어 새로운 '시작'을 마련하여 그 사물이 존재의 연쇄 속에서 영원한 생성에 참여하도록 역동적으로 작용한다. 자연은 그러한 사물들, 즉 만물의 생장(시작)과 쇠멸(끝)의 총체적이고 역동적인 세계다.

진리 정신의 유연성도 이와 다르지 않다. 수시변통을 모르는 원칙주의는 마치 초목이 한겨울에도 푸른 잎을 고집하는 태도와도 같다. 이와는 달리 유연한 진리 정신은 일의 '시작'과 '끝'을, 즉 상황의 앞뒤(변화)를 면밀히 판단하여 수시변통할 줄 안다. 마치 가을철에 잎을 '끝'으로 자신의 생명을 거두어 안으로 함장하면서 다가올 봄철의 새로운 '시작'을 준비하는 초목처럼 말이다. 진리가 시대와 사회를 넘어 영원할 수 있는 것도 이러한 정신 때문일 것이다. 우리는 이러한 진리의 정신을 키워야 한다.

괘상卦象

우레와 바람이 함께 일어나는 모습이 〈항〉의 형상이다.

군자는 이를 보고서 영원의 길에 변함없이 굳건히 선다.

雷風 恒 君子 以 立不易方

우레는 바람을 타고 그 위세를 멀리까지 뻗치고, 바람은 우레의 힘을 빌려 더욱 세차게 분다. 사람들은 바람과 함께 울리는 우렛소리를 들으면서 두려움으로 몸을 움츠린다. 양자는 이와 같이 서로 호응하면서 무서운 기세를 떨치지만, 그 순간에도 자연의 섭리는 저 깊은 곳에서 만물을 변함없이 생육한다.

군자는 바로 그 점에 주목하여 삶의 정신을 배운다. 그는 우레와 바람이 몰아치는 것과도 같은 격동의 시대 상황이나 고달픈 삶의 환경 속에서도 동요하지 않고 "영원의 길에 변함없이 굳건히 선다." 그에게 "영원의 길"이란 다른 것이 아니다. 그것은 바로 '구도(求道)'의 길이다. 자연의 섭리가 만물을 생육하는 것처럼, 그는 부단히 진리와 도의(사랑, 의로움)의 길을 따라 자신의 삶을 완성한다.

효사爻辭

初六
항심을 갖지 못하고 성급하게 군다.
아무리 좋은 뜻이라 해도 실패를 면치 못하리라.
좋을 일이 없다.
浚恒 貞 凶 无攸利

초육(初六)이 구사와 음양으로 상응하여 그를 추종하지만, 음효로서 양의 자리에 잘못 있으므로 나약한 성질에 뜻이 너무 앞서는 자다. 그는 (초효이므로) 일의 출발점에서 착실하게 준비하고 점차적으로 추진해야 할 텐데 (구사에게) 성급하게, 고집을 부리며 매달린다. 하지만 구사와의 사이에는 구이와 구삼의 장애물까지 있으므로 실패할 수밖에 없다.

무슨 일이든 인내심을 갖고서 변함없이 한결같은 마음으로 추진하지 않으면 안 된다. "급하게 서두르면 뜻을 이루지 못하는[(欲速則不達)]"(『논어』) 법이다. 특히 뜻과 꿈이 크고 이상이 높을수록 현실적 난관이 많은 법인데, 그것들을 착실하게 극복해 나가지 않고 성급한 마음으로 나서면 무리수를 두어 실패를 면할 수 없다. 그러므로 어떤 장애물 앞에서도 변치 말고 자신의 소망을 이루려는 '항심'을 가져야 한다. 영원한 생명을 얻기 위해 『천로역정』의 길을 찾아 나선 주인공처럼 말이다.

일상의 예를 들어 보자. 사람들은 결혼식에서 서로에게 영원한 사랑을 약속한다. 그런데 부부의 사랑이란 수많은 갈등과 우여곡절을 거치면서 인내심을 갖고 평생에 걸쳐 추구해야 할 난제 중의 난제다. 사랑을 결혼과 함께 완성된 것으로, 또는 단시일 내에 완성할 것으로 기대한다면 그러한 결혼 생활은 불행을 면하기 어렵다. 오늘날 신혼 부부들이 적잖이 파경에 이르는 한 가지 이유도 여기에 있을 것이다. 사랑은 영원한 과제임을 모르기 때문이다. 공자는 말한다. "항심을 갖지 못하고 성급하여 실패를 면치 못하는 것은 처음부터 너무 깊은 것을 바라기 때문이다.[浚恒之凶 始求深也]"(「상전」) 여기에서 '깊은 것'이란 커다란 성취를 은유한다. 이를테면 한두 번 만난 사이에서 깊은 우정을 기대한다든지, 어떤 일에 입문하자마자 대가가 되기를 바란다든지 하는 것과 같은 경우가 그 예다.

九二
후회가 없으리라.

悔亡

구이(九二)는 양효로서 음의 자리에 잘못 있으므로 그의 자세가 올바르지는 않지만 (따라서 후회스러운 일이 생길 법 하지만), 하괘의 가운데에서 굳은 의지로 중도(中道)를 지키므로 "후회가 없으리라" 했다.

진리든 종교의 교리든 영원의 상징을 추구하는 데에는 자신이 처한 시대와 삶의 상황을 고려하는 '시중(時中)'의 정신을 가질 필요가 있다. 이를테면 기독교 신앙도 한국화되어야 한다. 거기에 담긴 개인주의적 사고를 우리의 공동체 정신과 융합시켜야 한다. 이에 대해 근본주의자(원리주의자)들은 그것이 기독교의 교리에 어긋나는 잘못을 범한다고 여기면서 못마땅하게 생각할지 모른다.

하지만 신학 사상의 역사적 변천이 말해 주는 것처럼 교리의 해석은 시대와 사회에 따라 끊임없이 달랐으며, 그럴 수밖에 없다. 오히려 근본주의적 사고를 버리지 않는 한 후회스러운 결과를 면할 수 없을 것이다. 물론 '시중'의 정신으로 종교나 이념을 새로운 사회와 삶의 상황에 맞게 재해석하는 과정에서 종종 시행착오와 오류가 생기기도 할 것이다. 하지만 그렇다고 해서 그것을 두려워하면서 포기하는 것은 구더기가 무서워 장을 담그지 않는 것이나 마찬가지다.

게다가 종교 신앙이든 이념이든 모든 사상은 본래 현실과 간극을 갖기 마련이다. 그것이 과거에 형성된 것이라면 현재의 삶과 거리를 가질 것이며, 나 자신의 창안이라면 실제의 현실과 일정한 괴리를 보일 것이다. 현재는 과거와, 현실은 관념과 다르기 때문이다. 그러한 간극(거리, 괴리) 속에서 나는 자신의 사상(신앙, 이념)을 재해석하고 보완하며, 심지어 수정해 나갈 수밖에 없다. 이를테면 아무리 독실한 신앙인이라도 하느님의 사랑을 오늘날 한국 사회에서, 그리고 그 자신의 삶 속에서 독자적으로 실천하기 마련이다. 사실 신앙은 그러한 과정에서 자신의 것이 되어 가면서 깊어진다. 그렇게 자신의 것으로 녹아들지 못하는 신앙은 단지 "신앙을 신앙하는" 저급한 수준을 벗어나지 못한다.

종교 신앙이나 이념을 재해석(보완, 수정)하는 과정에서 주의해야 할 점이 한 가지 있다. 피상적이고 자의적이어서는 안 된다는 것이다. 일차적으로 신앙(이념)의 본질을 분명하고 확실하게 이해하지 않으면 안 된다. 그리고 재해석의 과정에서 교리와 현실의 어느 한쪽에 치우치지 말고 양자를 아우를 수 있는 중립적 사고의 공간을 확보해야 한다. 신앙의 참다운 발전은 여기에서만 가능할 것이다. 공자는 말한다. "후회 없는 삶은 시중(時中)의 정신을 변함없이 지키는 데에서 이루어진다.〔九二悔亡 能久中也〕"(「상전」) 물론 이는 신앙의 세계를 넘어 삶의 모든 영역에서도 타당하다.

九三

덕성을 기르는 일에 항심을 갖지 않으면 부끄러운 삶을 살리라.
아무리 올바른 뜻을 갖는다 해도 존재의 빈곤을 면치 못할 것이다.
不恒其德 或承之羞 貞 吝

　구삼(九三)이 양효로서 양의 자리에 올바로 있기는 하지만, 그는 제자리
에 오래 있지 못한다. 그가 상육을 음양으로 만나 추종하기 때문이다. 여
기에서 상육은 괘의 마지막 효로서, (구삼의) 내면의 덕성과는 거리가 먼
바깥 세상의 일들을 은유한다. 구삼이 그러한 상육을 추종한다는 사실은
그가 덕성을 기르려 하지 않고 세상사에만 관심을 두고 있음을 암시한다.

　일찍이 공자는 다음과 같이 말한 적이 있다. "남녘 사람들의 말에, '사
람이 항심을 갖지 않으면 무당이나 의사도 될 수 없다.' 하니, 좋은 말이
로구나! 덕성을 기르는 일에 항심을 두지 않으면 부끄러운 삶을 면치 못
하리라."(『논어』) 옛날에는 무당은 말할 것도 없고, 의사까지도 천한 직종
의 사람으로 여겨졌다. 오늘날 의사는 돈벌이가 잘 되는 직업으로 각광
을 받고 있지만, 사람됨의 평가 기준을 도덕에 두었던 그 시절에는 순전
히 약의 조제와 처방이라는 기능적인 일만 한다 해서 천시되었다. 그처
럼 천한 일조차도 항심을 갖지 않는다면 습득할 수 없다는 것이다.

　우리는 무슨 일을 하든 '항심'을 가져야 한다. 공부든, 사랑이든, 우
정이든 일에 진득하지 못하고 금방 싫증을 내는 마음은 그 일의 진수
를 맛볼 수 없다. 평생의 목표를 세워 항심을 갖고서 추구해야만 보람
된 성과를 얻을 수 있다. 그중에서도 우리가 평생 살아가면서 버려서는

안 될 항심이 있다. 고결한 덕성(영혼, 인격)을 기르려는 마음이다. 덕성은 하늘이 내려준 사람됨의 본질로서, 사람이 사람다울 수 있는 것은 바로 거기에 있기 때문이다. 지식에서든 기술에서든 아무리 탁월한 전문성도 덕성의 토대가 없다면 사람의 훈김과 체취를 발할 수 없다. 그러므로 덕성을 저버리면 '부끄러운 삶'을 살 수밖에 없다. 공자는 말한다. "덕성을 기르는 일에 항심을 갖지 않으면 아무도 받아들여 주지 않으리라.〔不恒其德 无所容也〕"(「상전」)

부끄럽지 않은 삶을 위해 덕성을 기르는 노력이 왜 꼭 필요한 것일까? 일반 대중이 그러는 것처럼, 덕성에 관심을 갖지 않더라도 일상의 처사에 올바른 뜻만 가지면 되지 않는가. 그러나 이렇게 생각해 보자. 맑은 영혼이 숨 쉬지 않는 마음에 올바른 뜻이 얼마나 깃들 수 있을까? 그것은 가뭄으로 메마른 땅에서 푸른 새싹이 돋아나기를 기대하는 것이나 다름없다. 참으로 올바른 삶의 뜻은 덕성에서만 싹터 나올 수 있다. 거기에서만 존재의 풍요를 누릴 수 있다.

九四
사냥을 나가 짐승 한 마리도 잡지 못하는구나.
田无禽

구사(九四)는 양효로 음의 자리에 잘못 있으므로, 삶의 제자리를 찾지 못한 채 헤매고 있는 사람이다. 그는 마치 텅 빈 들판에 "사냥을 나가 짐승 한 마리 잡지 못하는" 사람과도 같다.

사람은 누구나 살아가면서 의미를 추구한다. 의미를 포기한 삶은 곧 죽음이나 다름없다. 실제의 예를 들어 보자.『죽음의 수용소에서』의 저자 빅터 프랭클의 체험적인 보고에 의하면 제2차 세계대전 당시 아우슈비츠 수용소에 갇힌 유태인들을 살게 해 준 힘 가운데 하나는 가족이었다. 그들에게는 가족이 삶의 의미요 희망이었기 때문에 그처럼 혹심한 고통 속에서도 살아남을 수 있었던 것이다. 언젠가는 가족과 재회하리라는 기대를 갖고서 말이다. 하지만 그들이 편지를 통해 가족의 사망 소식을 접하면 대부분 절망 속에서 죽고 말았다고 한다. 이러한 사실을 토대로 빅터 프랭클은 다음과 같이 단언한다. "인간은 의미 추구의 존재다." 달리 말하면 삶이란 의미 추구의 과정이다.

　사람들이 추구하는 의미는 각양각색이다. 혹자는 재물에서, 또는 권력이나 명예에서, 남녀의 사랑에서 찾는다. 문제는 그 내용에 따라 삶의 무게가 달라진다는 점이다. 부귀영화를 추구하는 사람은 의미(존재)의 빈곤을 면할 수 없다. 그것은 마치 짐승 한 마리도 없는 들판으로 사냥을 나가 빈손으로 돌아오는 것과도 같다. 공자는 이를 다음과 같이 은유한다. "잘못된 자리에 오래도록 머물러 있으니, 어떻게 짐승을 잡겠는가![久非其位 安得禽也]"(「상전」) 부귀영화처럼 "잘못된 자리"에서는 삶의 참다운 의미를 건질 수 없기 때문이다. 이황은 이렇게 읊는다. "부귀는 공중에 떠 있는 연기나 다름없고 / 명예는 이리저리 날아다니는 파리와도 같다네."(『퇴계전서』) 연기는 불이 꺼지면 이내 사라지고 말며, 음식물에 달려드는 파리는 신경이 쓰일 뿐만 아니라, 먹거리가 없어지면 다른 곳으로 날아가 버린다.

　이에 반해 진리와 도의(사랑과 의로움)에서 참삶의 의미를 찾는 사람은 열악한 환경 속에서도 존재의 풍요를 누릴 수 있다. 선비들의 '안빈낙도(安貧樂道)'의 생활이 이를 잘 말해 준다. 그들은 진리와 도의의 정신 속에서 가난도 잊은 채 삶의 즐거움을 누렸다. 그들에게는 진리와 도의야말로 삶의 의미의 시작이자 끝으로서, 그것의 획득과 실천이 영원한 소망이었다. 『춘추좌씨전』이 말하는 "죽어도 사라지지 않는[死且不朽]" 영원한 삶의 세 가지 유형을 들어 보자. "최상은 덕을 확립하는 데에 있고, 그다음은 공을 세우는 데에 있으며, 그 다음은 언론을 세우는 데에 있다.[太上有立德 其次有立功 其次有立言]" 여기에서 '덕'은 진리와 도의의 이념을 자신의 인격으로 내면화하고 실천하여 인류의 삶을 비추어 주는 성인의 경지이고, '공'은 '덕'을 확립하지는 못했지만 뛰어난 공적을 세우는 위인의 수준이며, '언론'은 이들보다는 못하지만 진리와 도의의 이념을 말과 글로 천명하는 지식인의 수준이다.

六五

항심을 갖고 있으니 올바르다.
부인은 행복하겠지만 남편은 불행하리라.
恒其德 貞 婦人 吉 夫子 凶

　육오(六五)는 구이와 음양으로 호응하며 다른 효들에 눈을 두지 않는다. 이는 마치 남편에게 "항심을 갖고 있는" '올바른' 부인과도 같다. 그런데 부인의 '항심'이 곧 부부 생활의 행복을 보장하는 것은 아니다. 만약 부인이 위에서 '항심'으로(고집스럽게) 남편을 지배하려고만 하면 "부인은 행복하겠지만, 남편은 불행할 것이다." 이는 육오의 자리가 구이의 위에 있는 데에서 착안된 것이다.

부부의 사랑은 서로에게 항심을 갖는 것만으로 완성되지 않는다. 그것은 필요 조건일 뿐 충분한 것은 아니다. 항심에 더하여 서로 인격을 존중하고 예의를 갖추지 않으면 안 된다. "남편은 부인에게 온화하면서 올바르게 다가가고, 부인은 남편에게 부드러우면서 올바르게 다가가야 한다.〔夫和而義 婦柔而正〕"(『소학』) 달리 말하면 온화함과 부드러움과 올바름의 정신 속에서만 부부의 사랑이 완성될 수 있다.

이러한 정신을 결여한 채 남편이든 부인이든 거칠고 강압적으로 나선다면 상대방은 불행감을 느낄 것이다. 엄처시하(嚴妻侍下)의 예를 들어 보자. 만약 부인이 드센 성질로, 또는 어떤 (예컨대 재물이나 높은 신분으로) 우월감을 갖고서 남편을 휘어잡으려 한다면, 부인은 그것을 행복으로 여기겠지만 남편은 불행할 수밖에 없다. 공자의 말을 들어 보자. "부인은 자신이 올바르고 행복하다고 여기면서 변함없이 살겠지만, 남편은 주체성을 잃고서 부인을 따르므로 불행한 것이다.〔婦人貞吉 從一而終 也 夫子制義 從婦 凶也〕"(「상전」) 이 말은 부인이 주체성을 잃는 "여필종부"의 부부 관계에서도 그대로 타당하다. 참다운 사랑은 상호 존중의 정신 위에서 상대방의 삶을 북돋아 주는 가운데에서만 실현될 수 있기 때문이다.

이 문제를 일반화해 보자. 부부 사이의 윤리 정신은 모든 인간관계에서도 필요하다. 서로의 인격을 존중하고 삶을 북돋아 주는 정신 말이다. 상대방을 나의 휘하에 두고 지배하려는 자기중심적인 태도는 자타의 관계를 파탄내고 말 것이다. 설사 조직의 필요상 상하의 신분을 인정할 수밖에 없다 하더라도 윗사람은 아랫사람의 인격을 존중하고, 그의 업무를 지원할 필요가 있다. 그렇게 해야만 업무의 성과는 물론 더 나아가 조직 사회에 사람의 따스한 숨결이 감돌 것이다.

이 문제를 또 달리 주체성의 관점에서 이야기해 보자. 부인한테서 핍박받는 남편이나 남편한테 억눌려 사는 부인, 윗사람으로부터 인격적인 존중을 받지 못하는 아랫사람은 다 같이 주체성의 위기를 겪는다. 그런데도 상대방에게 부당하게 복종만 하는 것은 결코 올바른 처사가 아니다. 그것은 자학이요, 심하게 말하면 상대방의 강압을 즐기는 정신적 '매저키즘'의 일종일 뿐이다. 그러므로 그들은 상대방 앞에서 자신의 주체적 인격(자아)을 올바르게 내세워야 한다. 참다운 행복은 남에게 지배되거나 예속되지 않는 주체적 삶의 정신 속에서만 나온다.

주체적 삶의 정신은 인간관계를 떠나 학문이나 신앙의 세계에서도 필요하다. 사람들이 진리나 신에 대해 '항심'을 갖고서 그것을 추구하는 모습은 매우 아름답다. 하지만 만약 진리와 신의 뜻을 주체적이고 실천적으로 자신의 삶에서 밝히려 하지 않고, 맹목적으로 떠받들기만 한다면 이는 올바른 태도가 아니다. 우리는 그 사례를 신앙인들이 부처의 자비나 예수의 사랑을 자신의 삶 속에서 주체적으로 실천하려 하지 않고, 자신의 생활과 심지어 가정까지도 버린 채 종교 집단에 매몰되는 경우에서 볼 수 있다. '학문을 위한 학문'도 마찬가지다. 종교와 학문을 나의 삶에 봉사하게 하지 않고, 거꾸로 내가 그것들에 봉사하는 것은 주객이 전도된 일이다. 이와 같이 어떤 일에서나 주체성을 갖지 못하는 데에서 삶의 불행이 시작된다.

아래에 매우 심오한 뜻을 담고 있는 게송(偈頌)을 한 편 읽어 보자. 중국 당나라 시절 동산양개(洞山良价)라는 선사가 물에 비친 자신의 그림자를 보고서 깨달음을 얻어 쓴 것이라 한다. 그는 사람들에게 삶에서 모든 '그림자'를 실체인 양 추구하는 어리석음을 버리고 영원한 '참나(眞我)'의 본래 면목(주체성)을 찾으라고 말한다. 그 '그림자'란 일상에서 '나'라고 여겨지는 모든 것들, 예컨대 육신이나 직함, 신분 따위의 허상(虛像)을 뜻한다. 불행하게도 사람들은 그러한 '그림자'만 추구할 뿐, 정작 주체적 본성을 각성하려 하지 않는다. 이 게송에서 '남'은 나를 두고 이리저리 부르고 평가하는 사람들이요, '나'란 '참나'의 본래 면목이며, '그'란 '그림자'를 지칭하는 말이다.

절대로 남에게서 찾지 말라.
나와는 멀리 떨어져 있으니
나는 지금 혼자 가거니와
곳곳에서 그를 만난다.
그는 바로 지금의 나지만
나는 지금 그가 아니다.
모름지기 이를 알아야만
본래 면목을 만날 수 있으리라.

切忌從他覓　　迢迢與我疎
我今獨自往　　處處得逢渠
渠今正是我　　我今不是渠
應須恁麽會　　方得契如如

上六

항심을 갖지 못하고 끊임없이 헤매니

불행하다.

振恒 凶

상육(上六)은 괘의 제일 위 마지막 효이므로 어떤 일에든 항심을 갖지
못하고 표피적인 만족에 그치는 자다. 게다가 그는 강단지지 못한 음효
인 데다가 동적인 속성을 갖고 있는 상괘 '진'의 마지막 자리에 있으므로
불안한 마음으로 "끊임없이 헤맨다."

오늘날 많은 사람들은 어떤 일이든 진득하게 대면하면서 그것을 깊
이 있게 음미할 수 있는 능력을 잃어버렸다. 한마디로 항심이 결여되
어 있다. 상업 문명과 정보 사회의 이 시대가 그들을 그렇게 만들어 버
렸다. 그들은 끊임없이 쏟아져 나오는 신상품과 유혹적인 광고, 하루가
다르게 개발되어 나오는 새로운 정보들을 뒤쫓느라 정신이 없다. 잠시
라도 한눈을 팔면 낙오되고 말리라는 불안감은 그들에게 항심의 여지
를 빼앗아 버린다.

그러하니 그들은 영원한 진리와 이념의 무게를 더더욱 감당하지 못
한다. 그들의 신앙도 당연히 얄팍할 수밖에 없다. 기껏해야 '신앙을 신
앙할' 뿐이다. 우리가 아인슈타인의 어려운 공식을 이해는 못하지만 그
의 권위 때문에 믿는 것처럼, 남들이 신을 믿으므로 나도 따라서 믿는
것이다. 그들의 삶(존재)이 참을 수 없도록 가벼울 수밖에 없는 이유도
여기에 있다. 진리와 도의의 영원한 가치는 말할 것도 없고, 일상의 어

떤 일에도 항심을 갖지 못하는 태도가 그들의 마음을 끊임없이 헤매게 만들면서 삶의 불행을 자초하는 것이다. 공자는 말한다. "항심을 갖지 못하고 밖에서 끊임없이 헤매니, 무엇 하나 성취하지 못할 것이다.〔振恒 在上 大无功也〕"(「상전」) 이것이 오늘날 대중의 삶의 현주소다.

33. 물러남의 정신

둔(遯)

사람은 누구나 영원을 소망하고 추구하지만, 과연 삶에서 영원한 것이 있을까? 설사 그렇다 하더라도 그것을 획득하는 것이 가능한 일일까? 세상만사가, 그리고 내 마음이 끊임없이 변하지 않는가. 부부가 만인 앞에서 영원한 사랑을 맹세하고서도 뒷날 헤어지는 사례를 우리는 일상으로 보고 듣는다. 신앙인들이 갖는 영생의 믿음도 그렇다. 그들 가운데 그것을 절대로 확신하는 사람은 아마도 거의 없을 것이다.

　물론 사실이 그렇다 하더라도 사랑과 신앙은 사람들을 허무의 늪에 빠지지 않게 해 주는 강력한 힘을 띠고 있다. 만약 그것들을 부정한다면 우리의 삶은 신산하고 허망하기 그지없을 것이다. 평생을 기약할 수 없는 사랑이라 하여 그것을 포기하고 거부한다면 무슨 낙으로 살 것인가. 영생을 확신할 수 없다 하여 신앙을 포기한다면 실존의 불안과 죽음의 공포를 어떻게 극복할 것인가. 그러므로 그것들은 사람들의 삶에 여전히 중차대한 의의를 갖는다.

　아니 위와 같은 회의는 어쩌면 영원의 의미를 오해하고 있는 데에서 생긴 것일 수도 있다. 일반적으로 사람들은 '영원' 하면, 변화하는 세상 너머 불변의 무시간적인 세계를 상상한다. 하지만 이 세상(의 시간)과 단절된 영원이란 아무런 의미도 없으며 공허하기 짝이 없다. 그것은 세상 사람들의 삶 속에서 작동될 수 있는 것이어야 한다. 순간의 반대로서가 아니라 순간 속의 영원이어야 한다. 그러한 영원의 표상을 우리는 진리와 도의(사랑과 의로움)의 가치에서 발견한다. 신앙인의 영생의 소망도 그것의 실천을 통해서만 이루어질 수 있다.

그러므로 우리는 현재의 삶 속에서 영원을 추구해야 한다. "물 긷고 땔나무하는 것이 모두 도[運水搬柴 皆是道]"라는 어느 선사의 말처럼, 진리(와 도의)가 바로 지금, 이 자리에 있음을 깨달아 일거일동에서 실천해야 한다. 당연히 이를 위해서는 사리판단의 깊은 지혜와, 나아가 상황을 헤아릴 줄 아는 높은 안목을 갖출 필요가 있다. 그러한 지혜와 안목을 갖지 못하고 단순한 생각으로 무작정 나서면 오류와 실패를 면치 못할 것이다. 개인적인 경우도 그러한데 하물며 진리의 사회적 구현을 도모할 경우에는 더 말할 것이 없다.

예를 들어 보자. 만약 진리가 부정당하는 암울한 시대라면 어떻게 해야 할까? 그런데도 무모하게 도전한다면 그것은 마치 한겨울에 꽃을 피우려는 초목처럼 자칫 자멸을 면하기 어려울 것이다. 그러한 상황에서는 사회로부터 한발 물러나 '지혜롭게 몸을 보전[明哲保身]'할 필요도 있다. 이황은 한 제자에게 말한다. "도(道)가 행해지지 않는 자리에서 물러나지 않는 것은 시중(時中)의 정신을 잃는 일입니다."(『퇴계전서』) 여기에서 '시중의 정신'이란 시의판단의 지혜를 말한다.

물론 이러한 물러남은 기껏 자신의 한 몸을 보호하기 위한 것이 아니다. 이황이 고향으로 물러나 강학(講學)에 몰두했던 것처럼, 진리를 보전하여 후세에 전하기 위해서다. 우리는 〈둔〉괘를 이러한 관점에서 접근해 볼 수 있다. 진리 자체는 영원하지만 거짓과 불의의 어둠이 지배하는 사회에서는 빛을 잃고 은폐된다. 그처럼 궁핍한 시대에 진리의 수행자는 물러나 '명철보신'할 필요가 있다. 선비들이 부조리한 현실에 직면하여 치국평천하의 이념을 접고는 벼슬길에서 물러나 학문에 전념한 것처럼 말이다. 공자의 말을 들어 보자. "'항'이란 영원하다는 뜻이다. 하지만 이 세상에 변함없이 머물러 있는 것은 아무것도 없다. 그래서 〈항(恒)〉에서 〈둔(遯)〉으로 이어졌다. '둔'이란 물러난다는 뜻이다.(恒者久也 物不可以久居其所 故受之以遯 遯者 退也)"(「서괘전」)

물러남의 정신을 괘의 상징과 구조상에서 살펴보자. 〈둔〉괘는 상괘 '건(乾)' ☰과 하괘 '간(艮)' ☶이 조합된 것이다. 이는 산이 하늘 높이 솟아 있는 영상을 보여 준다. 하지만 산이 하늘을 치받아 올리지만 하늘은 산과 다투지 않고 저 멀리 물러나 있다. 이는 하늘처럼 높은 진리의 정신으로 세상 멀리 물러나는 은둔의 뜻을 은유한다.

한편 이 괘는 아래의 두 음효와 위의 네 양효로 이루어져 있다. 음효들이 아래에서 양효들을 치받아 올리고 있는 모습이다. 이는 음흉한 소인배들이 세력을 키우면서 군자를 몰아내는 형세를 암시한다. 군자는 그와 같은 상황 속에서 부득이 뒤로 물러나지 않을 수 없게 되었다. 하지만 그는 물러남의 전후를 막론하고 어느 자리에서든 진리의 실천자로서의 역할을 잊지 않는다.

물론 물러남만이 능사는 아니다. 때에 따라서는 소인배들에게 강력하게 맞서 싸워야 할 경우도 있을 것이다. 공자는 이를 괘의 구조에 입각하여 다음과 같이 은유적으로 말한다. "강한 힘으로 올바른 자리에서 상황에 따라 대응해야 한다.[剛當位而應 與時行也]"(「단전」) 이는 네 양효의 강력한 힘과 구오의 주도적 위상을 염두에 둔 판단이다. 상황에 따라서는 진리와 정의의 "올바른 자리"에서 강력하게 행동에 나서야 한다는 것이다. 그러므로 물러남의 정신은 세상을 아예 잊고서 등지는 은둔주의자의 그것과는 차원을 달리한다.

물러나는 데에는 적절한 시점이 중요하다. 그것은 자신의 입지나 일의 형편, 사세의 흐름, 더 크게는 사회적인 상황 등등에 대한 면밀한 판단을 필요로 한다. 만약 잘못된 판단으로 물러날 시기를 놓치면 이러저러한 비난과 화를 면치 못할 것이다. 공자는 말한다. "물러나는 때의 의의가 크다![遯之時義 大矣哉]"(「단전」) 맹자가 공자를 일러 "시의를 헤아릴 줄 아는 성인[聖人聖之時者]"이라 하여 그토록 흠모했던 것도 이 때문이었다. 그는 말한다. "속히 떠나야 할 때에는 속히 떠나시고, 오래 머물러야 할 자리는 오래 머무르시고, 물러나야 할 경우는 물러나시고, 벼슬해야 할 경우는 벼슬하셨던 분이 공자이시다."(『맹자』)

괘사卦辭

물러나면 삶이 형통하리라.
조그만 일에서부터 올바른 정신을 지켜야 한다.
遯 亨 小利貞

불리한 사세 속에서 물러나는 것은 현실의 회피이거나 용기 없는 짓이 아니다. "사마귀가 앞발을 들고 제 앞의 수레를 막으려는" 당랑거철(螳螂拒轍)의 만용을 부려서는 안 된다. 저 물러남에는 '2보 전진을 위한 1보 후퇴'의 전략이 내재되어 있다. 앞서 인용한 것처럼 "자벌레가 움츠리는 것은 몸을 펼치기 위해서요, 용이나 뱀이 겨울잠을 자는 것은 몸을 보전하기 위해서다."(「계사전」) 달리 말하면 물러남은 미래에 삶을 형통케 하려는 숨은 뜻을 갖고 있다. 그 중심에는 진리와 도의의 정신이 놓여 있다.

군자는 물러난 삶 속에서도 진리(도의)의 정신을 잃지 않는다. 진리의 사회적 실천이 불가능한 상황이기에 오히려 더욱 진리를 보전하면서 뒷날의 융성을 도모한다. 과거에 많은 선비들이 정치적 좌절 속에서 은둔하면서 학문 활동에 주력했던 까닭이 여기에 있다. 암흑의 상황에 매몰되지 않고 최소한 자신의 삶에서만이라도 진리의 빛을 밝히기 위해서였다. 공자는 말한다. "조그만 일에서부터 올바른 정신을 지켜야 할 것이니, 어둠의 힘이 점점 자라기 때문이다.〔小利貞 浸而長也〕"(「단전」) 여기에서 "조그만 일"이란 일거수일투족을 비롯하여 일상의 작은 일들을 뜻한다. "도(道)는 한순간도 떠날 수 없는 것"(『중용』)이므로, 아무리 사소한 일에도 진리 실천의 "올바른 정신"을 놓아서는 안 된다는 것이다. 이는 "어둠의 힘"에 굴복하여 진리의 정신을 포기하지 말도록 충고하는 뜻을 갖고 있다.

괘상卦象

하늘 아래 산이 높이 솟아 있는 모습이 〈둔〉의 형상이다.
군자는 이를 보고서 소인들을 멀리한다.
하지만 그들을 증오하는 것은 아니며, 위엄으로 나선다.
天下有山 遯 君子 以 遠小人 不惡而嚴

산이 높고 험준하여 하늘을 찌를 듯하지만, 그 정상에 오르고 보면 하늘은 더욱 아스라이 멀리 떨어져 있다. 군자는 산에 올라 이러한 모습을 보면서 처세의 지혜를 배운다. 그는 소인들이 지배하는 어지러운 세상에 무모하게 저항하지 않고 물러나, 안으로 하늘과도 같은 창조 정신을 기른다. 그는 사회로부터 한발 물러나 학문 활동을 통해 진리와 도의의 정신을 부단히 키운다. 한겨울에 나무가 잎을 모두 떨어트린 채 움츠리고 서 있지만 새봄을 위해 안으로 쉼 없이 생명의 힘을 키우고 있는 것처럼 말이다.

군자는 사회의 어둠을 조장하는 소인들을 멀리하지만, 그렇다고 해서 그들을 증오하는 것은 아니다. 그는 증오심이 자신의 마음을 거칠고 피폐하게 만들어 진리의 정신을 흐리게 한다는 사실을 잘 안다. 한편으로 증오심은 소인들의 반발심과 투쟁 의식을 불러일으켜 결국 사회를 더욱 혼란과 어둠으로 몰아넣기도 할 것이다. 의관을 바로 차리지 않은 사람과는 함께 서 있지 않을 만큼 결백하기로 이름난 백이(伯夷)와 숙제(叔齊)를 공자가 칭찬한 까닭도 여기에 있었다. "백이 숙제는 사람들이 과거에 저지른 악을 마음에 담아 두지 않았다. 그래서 원망을 듣는 일이 거의 없었다."(『논어』)

그렇다고 해서 군자가 "(진리의) 빛을 감추고 세상에 묻혀 살면서〔和光同塵〕"(『노자도덕경』) 자신의 보전에만 열중하는 것은 아니다. 그는 어느 순간 어떤 자리에서나, 당연히 소인들 앞에서도 진리의 수호자로서 의연하고 당당하게 처신한다. 소인들은 이러한 군자에 대해 범접하기 어려운 위엄을 느끼면서 진리의 무서움을 알게 될 것이다. 내심으로 진리의 정신을 우러를 것이다. 우리는 군자의 그와 같은 위엄을 "열 정승이 한 왕비만 못하고 열 왕비가 산림에 은둔해 있는 선비 한 사람만 못하다."는 옛 속담의 선비에게서 엿본다.

효사爻辭

初六
물러나는데 후미에 뒤처져 있다. 위태롭다.
나서지 않는 것이 좋다.
遯尾 厲 勿用有攸往

〈둔〉괘는 물러남을 주제로 하고 있으므로 효가 위로 올라갈수록 일찌감치 멀리 물러나 있음을 암시한다. 그러므로 초육(初六)은 제일 늦게 물러나 때를 놓친 셈이 된다. "후미에 뒤처져 있다."는 말은 이를 두고 한 것이다. 이는 초육이 음효로서 우유부단한 데에 기인하기도 한다. 다만 그가 제일 아래의 낮은 지위를 갖고 있으므로 심각한 후유증은 없다. 그러므로 위태롭기는 하지만, 더 이상 일에 "나서지 않는 것이 좋다."고 했다.

만약 어떤 일이나 자리에서 물러나야 할 때를 놓쳐 뒤늦게서야 결행했다면 어떻게 될까? 중요한 일이라면 실패할 것이요, 높은 직책이라면 응분의 문책을 면하기 어려울 것이다. 하지만 사소한 일이나 낮은 직책이라면 위태롭기는 하지만 심각한 후유증은 없을 것이다. 그리고 그러한 상황에서는 무슨 일을 벌이려 해서는 안 된다. 그것은 새로운 위해를 불러올 수 있기 때문이다. 그 자리에서는 자신을 드러내려 하지 말고 조용히, 새로운 때를 기다리는 것이 좋다. 공자는 말한다. "물러나는데 후미에 처지면 위태롭지만, 나서지 않는다면 무슨 해악이 있겠는가.〔遯尾之厲 不往 何災也〕"(「상전」)

점을 통해 이 효를 얻은 사례를 하나 소개한다. 성리학자 주희가 시골에서 강학 생활을 하던 중에 당시 한탁주(韓侂冑)라고 하는 권력자를 탄핵하기 위해 상소문을 작성하여 올리려 했다. 한탁주는 도학(道學)을 "거짓된 학문〔僞學〕"이라 하여 학자들을 탄압한 소인배였다. 그의 제자들은 그 상소문을 염두에 두고 주역점을 쳤는데, 〈둔〉괘의 초육효(初六爻)를 얻고는 선생의 상소를 만류했다. 이에 선생은 자신의 상소문을 불태워 버리고는 스스로 '둔옹(遯翁)'이라고 호를 지었다.

六二
붙들어 매는데 황소의 가죽끈을 이용하니
그것을 풀 수가 없다.

執之 用黃牛之革 莫之勝說

육이(六二)는 음효로서 음의 바른 자리에, 그것도 하괘의 가운데에 있다. 이는 물러남에 있어서 지켜야 할 올바른 정신을 암시하고 있다. 그는 자신의 뜻을 정도에 입각하여 조금도 흔들림 없이 실행하는 사람이다. "붙들어 매는데 황소의 가죽끈을 이용한다."는 은유의 뜻이 여기에 있다. 한편으로 위의 구오가 음양으로 호응함으로써 육이의 물러남을 동조하며 지지한다.

일의 형편이나 객관적인 상황상 자리에서 물러나는 것이 옳다고 판단되면 마치 질긴 황소가죽으로 만든 끈으로 물건을 붙들어 매듯이 자신의 뜻을 확고하게 지켜 관철해야 한다. 한편으로 재물이나 권력 등 현실적인 이득의 유혹거리에 마음이 흔들리기도 하겠지만 거기에 굴복해서는 안 된다. 게다가 원근의 사람들까지도 나의 물러남을 동의하고 권고한다면 더 말할 것도 없다. 그런데도 물러남을 거부한다면 수많은 허물거리를 얻게 될 것이다. 그러므로 "황소 가죽으로 붙들어 매듯 뜻을 굳게 지켜야 한다.〔執用黃牛 固志也〕"(「상전」)

九三
묶여 있어서 물러나지 못하여 괴롭고 위태롭다.
임금이 신첩을 다루듯이 사람들을 대하면 좋으리라.
係遯 有疾 厲 畜臣妾 吉

구삼(九三)이 양효로서 아래의 음효와 가까이 있으면서 그에게 매어 있기 때문에 "묶여 있어서 물러나지 못하여 괴롭고 위태롭다." 하지만 기왕에 그렇게 된 터에 그는 현재의 상황에서 올바른 처신책을 찾아야 한다. 사람들과의 대면에 "임금이 신첩을 다루듯" 하는 것이 그 한 예다.

물러나야 하지만 여건이 허락하지 않아 고통스러운 마음에 위태로운 느낌이 드는 경우도 있을 것이다. 가령 직장을 그만두고 싶어도 부모와 처자의 부양 문제 때문에 그러지 못하는 예를 들 수 있다. 공자는 말한다. "물러나려 하지만 매어 있어 위태로우니 괴롭고 고달플 것이다.〔係遯之厲 有疾 憊也〕"(「상전」)

이럴 경우에는 어떻게 처사해야 할까? 기왕에 물러날 수 없는 상황이라면 주어진 현실을 적극 끌어안아야 한다. 언제까지나 "괴롭고 고달픈" 마음으로 살 수는 없는 일이다. 무엇보다도 먼저, 당초 자신의 뜻과 기대에 반하는 조직 생활을 견디기 어려워했던 만큼, 이제 그 뜻(기대)을 일단 접고서 자신의 마음을 새롭게 추스를 필요가 있다. 이를테면 조직의 구조와 생리 자체를 부정만 하려 하지 말고, 시선을 돌이켜서 자신의 부정적인 사고방식을 점검해 볼 일이다. 조직에 대한 부적응은 성격의 결함에 기인할 수도 있기 때문이다.

한편으로 조직 내에서 나를 견제하고 비방하는 사람들 때문에 고통을 당하는 경우도 있을 것이다. 그때에는 그들과 다투려 하지 말고, 마치 "임금이 신첩을 다루듯이" 그들을 대할 필요가 있다. 신첩(臣妾)이란 왕비나 후궁이 임금 앞에서 자칭하는 말이다. 임금은 그들을 대할 때 신경을 쓰지 않으면 안 된다. 너무 가까이하면 그들은 임금의 머리

꼭대기에 올라앉으려 하고, 반대로 멀리하면 임금을 원망하려 들기 때문이다. 그러므로 임금은 그들에게 가까이도, 멀리도 하지 않는 태도를 취할 필요가 있다.

나를 비방하는 사람들도 이와 같이 대해야 한다. 그들이 나를 싫어한다 하여 그들을 배척하고 무찌르려 해서는 안 된다. 그것은 그들의 반발을 불러일으키면서 괴롭고 고달픈 마음만 가중시킬 것이다. 공자는 말한다. "임금이 신첩을 다루듯이 사람들을 대하는 것이 좋지만, 큰일을 하려 해서는 안 된다.[畜臣妾 吉 不可大事也]"(「상전」) 여기에서 "큰일"이란 이를테면 저들을 퇴출시키는 시도를 들 수 있다.

조직을 넘어 세상에 나서는 일도 그렇다. 세상사가 모두 마음에 안 든다 해서 지구를 떠날 수는 없다. 세상이 이미 삶의 터전일진대 그것과 다투려고만 하지 말고 오히려 적극 수용하면서 진리의 정신으로 나서야 한다. 달리 말하면 "(세상을) 증오하지 말고 (진리로) 위엄을 갖추어야 한다." 만 가지 어려움을 이겨 낼 힘은 진리의 정신에만 있다. 그것은 나아가 삶을 관조하는 그윽한 눈빛까지 길러 줄 것이다.

九四
흔쾌하게 물러난다. 군자다. 복을 얻으리라.
소인이라면 그렇게 하지 못할 것이다.
好遯 君子 吉 小人 否

　　구사(九四)는 음양으로 서로 호응하는 초육을 좋아하지만 상쾌 '건'의 정신상 강단진 '군자'의 성품을 갖고 있다. 이 때문에 초육에 대한 미련을 버리고 과감하게 물러난다. 다만 그가 음의 자리에 있어서 혹시 그 본연의 성품을 잃고 초육을 따르는 '소인'으로 전락할까 염려하여, "소인이라면 그렇게 하지 못할 것"이라고 경고했다.

물러나야 할 시점에서는 평소 좋아하고 누려 온 모든 것들, 이를테면 기득권이나 높은 지위 같은 것들을 과감하게 내던질 줄 알아야 한다. 미련을 갖는 한 물러나기가 어려울 것이며, 설사 물러난다 하더라도 여전히 그 자리를 기웃거리면서 복귀하려는 간교한 마음만 키울 것이다. 고금을 막론하고 정치인들이 높은 자리에서 물러난 이후에도 지난날의 영화를 계속 누리고자 안달하는 추한 모습이 그 실례를 잘 보여 준다.

군자와 소인의 차이가 여기에서 드러난다. 공자는 말한다. "군자는 흔쾌하게 물러나지만, 소인은 그렇게 하지 못한다.[君子好遯 小人否也]" (「상전」) 진리를 숭상하는 군자는 각종 이득의 유혹을 과감하게 물리치면서, 설사 궁핍을 겪는다 하더라도 자신의 자리에서 흔쾌하게 물러나 진리의 정신으로 자족의 삶을 산다. 하지만 삶의 의미를 권세나 재물 등 외재적인 힘에서 찾는 소인은 자신의 자리에 미련을 버리지 못하고 집착한다. 그는 그렇게 해서 불명예와 오욕을 자초한다.

九五
아름답게 물러난다.
바르고 복되다.

嘉遯 貞 吉

구오(九五)는 양효로서 강건하고 바르며, 상괘의 가운데에 있으므로 중용의 정신을 지킨다. 그러므로 나아가고 물러남에 시의적절하다. 그가 음효인 육이와 음양으로 호응하지만 육이 역시 바른 자리에서 중용의 정신을 지키므로 둘 다 정에 얽매이지 않고 물러날 시점을 잘 안다. "흔쾌하게 물러나는" 구사와 다른 점이 여기에 있다. 즉 구사는 욕망과 미련을 억누르는 아픈 마음을 갖지만, 구오는 그러한 아픔 없이 편안한 마음으로 물러나는 사람이다. 그러므로 "아름답고, 바르고, 복되다." 구사처럼 경고의 말이 없는 까닭이 여기에 있다.

물러나면서 그동안 자신이 갖고 있던 것들을 내려놓기란 여간 어려운 일이 아니다. 그것은 상실의 아픔을 수반할 것이다. 그 아픔을 최소화하는 방법은 없을까? 욕망과 미련을 버리는 일이다. 하지만 그것은 더욱 어려운 일이며, 하루아침에 될 수 있는 일이 결코 아니다. 그러므로 평소 일상생활에서 사사로운 욕심을 갖지 않고 오직 사리에 따라 처사하는 정신을 꾸준히 길러야 한다.

과거에 선비들이 "욕망을 버리고 하늘의 이치를 따르는[絶人欲 存天理]" 것을 평생의 공부 과제로 여겨 수행의 노력을 그치지 않았던 이유가 여기에 있다. 여기에서 "하늘의 이치"란 하늘의 비결을 뜻하는 말이 아니다. 그것은 세상만사에, 그리고 우리의 일거일동과 심지어 사려와 감정에까지 내재되어 있는 이치를 뜻한다. 인간으로서 천부적으로 타고나는 존재(생명)의 이치를 살펴 그에 따라 살겠다는 것이다. 그것을 거스르는 행동(삶)은 고통과 불행감만 키울 뿐이다. 이를테면 세월의 흐름을 탄식하면서 언제까지나 젊은 피부를 유지하려는 허망한 노력이다.

그러므로 "욕망을 버려야 한다." 욕망은 "하늘의 이치"를 거스르게 만드는 주 요인이다. 욕망을 내려놓고 진퇴와 거취를 삶(존재)의 이치에 따라 해야 한다. 그리하여 무욕의 정신은 삶을 아름답게, 바르게 인도해 주며, 세상사 무엇에도 얽매이지 않는 자유를 누리게 해 줄 것이다. 공자는 말한다. "물러남이 아름답고 바르고 복된 것은 그것이 올바른 삶의 정신에서 나오기 때문이다.〔嘉遯 貞 吉 以正志也〕"(「상전」)

上九
초연하게 물러난다.
풍요로운 삶을 살리라.
肥遯 无不利

상구(上九)는 초육과 육이에서 멀리, 그리고 하괘의 효에 전혀 호응하지 않고 초연히 떨어져 있다. 그는 저 높은 곳에서 만물을 아우르는 (상괘의) 맑은 하늘과도 같이 자신의 존재를 밝고 맑게 가꾸어 만물을 품에 보듬어 안으려 한다. 초연하면서도 "풍요로운 삶"의 모습이다. 욕망과 관련해서 말한다면 그것을 의식적으로 다스리는 구오와 달리, 상구는 그러한 노력을 넘어 초연히 무욕의 정신으로 사는 사람이다.

세상에는 욕망을 찬양하는 사람들도 많지만, 자고로 인류의 스승들은 욕망의 절제와, 나아가 무욕의 삶을 이구동성으로 강조해 왔다. 욕망이 불만족과 고통을 넘어, 삶을 미망 속으로 빠트린다는 사실을 깊이 통찰했기 때문이다. 실제로 우리는 개인 간, 집단 간, 국가 간 각종의 욕망이 빚어내는 크고 작은 대립과 충돌과 투쟁을 수없이 목격하며, 우리들 자신의 삶 속에서 실제로 체험한다.

하지만 그런데도 일상생활에서 수시로 틈입하는 크고 작은 욕망들을 어쩌란 말인가. 그것은 욕망의 허상을 철저하게 깨닫지 못한 데에 기인한다. 비유적으로 말하면 어떤 음식이 맛은 있지만 몸에 백해무익하다는 사실을 모르는 사람은 그 음식을 버리려 하지 않을 것이다. 욕망도 이와 마찬가지다. 사람들은 권력이, 재물이, 사회적 지위가 자신의 존재를 살찌운다고 착각하면서 그것들을 끊임없이 욕망한다. 그러고 나서 뒤늦게야 "부귀영화가 춘몽 중에 또다시 꿈같다."고 탄식한다.

하지만 정작 문제는 그 '꿈같다'는 데에 그치지 않는다. 사람들은 부귀영화의 욕망이 자신의 존재를 빈곤하게 만든다는 사실을 깨닫지 못한다. 인간 존재(자아)는 그러한 외재적 사물로 채워질 수 있는 것이 아니며, 진리와 도의(사랑과 의로움)의 정신으로만 풍요로워질 수 있다는 이치를 말이다. 동서를 막론하고 성현들이 인류의 마음속에 여전히 살아 존경을 받는 것도 그들이 저 이치를 온몸으로 깨달아 실현한 때문이다. 이에 반해 억만금을 갖고도, 최고의 권력자로 떵떵거리며 살고도 죽음의 어둠 속에 사라져 버린 사람이 얼마나 많은가.

그러므로 부귀공명의 욕망에서 "초연하게 물러날" 필요가 있다. 초연한 물러남은 부귀공명에 대한 미련의 마음속에서 일어나는 의심과 회의를 개운하게 떨치고 세계와 삶을 관조하는 정신을 갖게 해 줄 것이다. 공자는 말한다. "초연하게 물러나 풍요로운 삶의 정신은 어떠한 회의도 품지 않을 것이다.〔肥遯 无不利 无所疑也〕"(「상전」) 이제 그는 바깥 사물로부터 눈을 안으로 돌려 존재의 모든 외피를 벗어 버린 참자아를 깨달으면서 "풍요로운 삶"의 지평 속에서 살아갈 것이다. 그의 참자아의 정신은 자타 간 분별과 대립을 넘어 남들을, 나아가 만물을 따뜻한 눈빛으로 대면하고 사랑으로 깊이 보듬어 안을 것이다. 이만큼 "풍요로운 삶"이 어디 있을까.

34. 힘의 올바른 행사

대장(大壯)

사람들의 삶의 근저에는 '힘에 대한 의지'(니체)가 작용한다. 아니 그것은 사람뿐만 아니라 모든 생명체에게도 공통될 것이다. 먹이를 획득할 힘을 갖지 못한 자들은 이 세상에 살아남을 수가 없다. 한편으로 그들은 자신의 '씨'를 번식시키기 위해서도 힘을 추구한다. 그것 역시 본능이다. 나아가 인간에 이르면 그것은 본능의 차원을 넘어 이성의 영역에서도 흔히 작동된다. 사람들은 힘을 얻고 유지하고 강화하기 위해 부단히 이성 활동을 한다. 이성이 이념과 가치를 발견하려는 노력을 포기하고, 이기적 목적(의지)의 실현에만 봉사한다고 비판을 받기도 하지만 말이다.

위에서 "초연한 물러남"에 관해서 이야기했지만, 사실 그것은 힘을 포기할 것을 권장하고 찬양하려는 뜻이 아니다. 거기에도 또 다른 '힘에 대한 의지'가 작용한다. 그는 참자아의 힘, 즉 진리와 도의의 정신을 잃지 않기 위해, 오히려 그것을 더욱 키우기 위해 세속적인 것들로부터 초탈하려 한다. 왜냐하면 세속적인 것들이 참자아의 정신을, 즉 부귀공명의 욕망이 진리와 도의의 정신을 약화시키고 부정한다는 사실을 잘 알기 때문이다. 그러므로 그의 물러남은 결코 패배 의식의 산물이 아니다. 그는 참자아의 힘을 얻고 행사하기 위해 전략적으로 물러나는 것일 뿐이다.

아니 시야를 확대해 보면 모든 생명체는 각기 생존의 힘을 얻기 위해 나름대로 진퇴의 전략을 갖고 있다. 심지어 낮밤이나 사계절의 순환 현상에서조차 우리는 자연의 '진퇴 전략'을 읽을 수 있다. 예컨대 음의 현상인 밤이 등장했다 해서 양의 현상인 낮이 영원히 물러나 사라지는 것은 아니다. 낮은 새로운 힘을 얻어 다음 날 재등장한다. 그렇게 낮과 밤이 힘의 길항 속에서 영원한 세월을 이루어 낸다. 공자는 이러한 이치를 괘의 순서와 관련하여 다음과 같이 말한다. "'둔'이란 물러난다는 뜻이다. 하지만 이 세상에 영원히 물러나 있기만 한 것은 아무것도 없다. 그래서 〈둔(遯)〉에서 〈대장(大壯)〉으로 이어졌다.〔遯者 退也 物不可以 終遯 故受之以大壯〕"(「서괘전」). 물러나서 축적한 강한 힘으로 세상에 다시 나선다는 것이다. 그리하여 〈대장〉괘는 힘의 올바른 행사 방법을 주제로 한다.

인간 사회에서 힘은 여러 차원이 있을 수 있다. 대비적으로 예시한다면 부정적인 것과 긍정적인 것, 파괴적인 것과 창조적인 것, 이기적인 것과 이타적인 것 등등이 있다. 그중에서 전자는 비난의 대상이 되고, 후자는 칭송의 대상이 된다. 그러므로 맹목적으로 힘만 추구할 일이 아니다. 그 힘이 과연 어떠한 성질을 띠고 있는지에 관해서 깊이 성찰할 필요가 있다. 자신의 힘이 자타의 생명(존재)을 억압하고 침해하는 병적인 것인지, 아니면 북돋우고 꽃피우는 건강한 것인지를 말이다. 단순히 남들을 지배하기 위해 힘을 추구해서는 안 된다. 건강한 힘을 추구하고, 그것을 올바르게 행사할 방법을 진지하게 모색해야 한다.

예를 들어 보자. 사람들은 그동안 문명의 건설이라는 이름 아래 자연 만물에게 파괴적인 힘을 행사해 왔다. 특히 서양 문명의 발전사는 자연의 정복 역사다. 불행하게도 우리는 그들의 궤적을 뒤따라가고 있다. 과학 기술의 힘으로 갯벌을 매립하고 강물의 자연스러운 흐름을 인위적으로 조작한다. 일상적인 사례를 예시하면, 눈엣가시와도 같은 잡초를 제초제로 죽여 버린다. 저들도 생명의 신비를 품고 있으며, 제각각 아름다움을 현시한다는 사실을 몰각한 채 오만하게도 저들에게 파괴적인 힘을 자행하고 있는 것이다. 하지만 그 힘이 부메랑이 되어 우리의 삶과 존재 자체를 파괴하고 있음은 오늘날 심각하게 겪고 있는 대로다. 그러므로 더 늦기 전에 우리는 힘의 행사 방식을 바꾸어 만물의 존재와 생명을 존중하면서 그들과 화해롭게 살기 위한 방안을 강구하지 않으면 안 된다.

〈대장〉괘의 주제를 괘효상에서 살펴보자. 상괘 '진(震)'☳은 우레를, 하괘 '건(乾)'☰은 하늘을 상징으로 갖는다. 이는 하늘에서 우렛소리가 울려 퍼지는 영상을 보여 준다. 우레는 흔히 사람들을 움츠리며 떨게 만드는 위력으로 상념되지만, 여기에서는 생명을 고무시켜 주는 힘으로 은유된다. '소식괘(消息卦)'(《임(臨)》괘 괘사 해설 참조)로 따지면 〈대장〉괘는 음력 2월의 괘로서, 한겨울 움츠려 있던 뭇 생명들을 우렛소리가 일깨워 주는 것으로 상상되기 때문이다. 우리의 힘도 그래야 한다. 다른 사람들의 생명을 움츠리게 하지 말고, 오히려 고양시켜 주는 방향으로 행사되어야 한다.

한편 이 괘는 아래의 네 양효에 위의 두 음효로 이루어져 있다. 이는 안으로 축적된 (양효의) 생명의 힘이 강력하게 작용하여 밖의 (음효의) 음특한 기운을 몰아내는 형상이다. 공자는 이를 다음과 같이 말한다. "〈대장〉은 강한 힘이 성대함을 뜻한다. 그 힘이 강력하게 작용하므로 성대한 것이다.〔大壯 大者 壯也 剛以動 故壯〕"(「단전」) 역시 '소식괘'의 형상을 빌리면 마치 음력 2월 초봄의 생기가 겨울의 음산한 기운을 물리치고 초목에게 새 생명의 싹을 트게 해 주는 것과도 같다. 인간 사회에서 힘의 행사도 이와 같아야 한다. 우리는 각종의 생명 부정적인 힘을 퇴치하여 자타의 생명을 순결하게 기르고 꽃피우며 결실해야 한다.

괘사卦辭

강한 힘은 올바른 정신에서 나온다.
大壯 利貞

『논어』에 이러한 대화가 나온다. 공자가 말을 꺼낸다. "나는 강한 사람을 여태껏 보지 못했다." 혹자가 응대한다. "신정(申棖)이 그런 사람입니다." 이에 공자가 말한다. "그는 욕심으로 가득한 사람이다. 어떻게 강하다고 할 수 있겠느냐." 이에 의하면 신정은 아마도 '힘에 대한 의지'가 매우 강했던 사람이었던 것으로 보인다. 하지만 그것만으로 사람을 칭찬할 일은 아니다. 그것의 이면을 주의 깊게 살펴보아야 한다. 만약 그것이 순전히 재물이나 권력, 명예의 힘을 얻기 위한 것이라면, 그는 욕심으로 똘똘 뭉친 사람에 지나지 않는다. 그러한 사람을 '강한' 사람이라 할 수는 없다. 왜냐하면 그는 재물과 권력과 명예 앞에서 약하기 짝이 없는 사람이기 때문이다. 말하자면 욕망의 노예일 뿐이다. 공자가 보기에 신정은 그러한 사람이었다.

우리는 힘과 정의를 별개로 여겨서는 안 된다. 힘은 정의에 입각해서 행사될 때에만 진정성과 정당성을 얻을 수 있다. 부정하게 얻은 힘이나 힘의 부정한 행사는 자신의 삶을 망칠 뿐만 아니라 남들에게까지 해악을 끼친다. 이러한 이치는 인간 사회를 넘어서 자연 세계까지 지배한다. 자연은 만물에 대해 부정적이거나 파괴적이지 않으며, 생명 양육의 올바른 힘을 행사한다. 위의 괘사를 풀이한 공자의 말을 들어 보자. "강한 힘은 올바로 행사되어야 한다. 강한 힘과 그것의 올바른 행사 모습에서 천지의 실상을 볼 수 있다.〔大者 正也 正大 而天地之情 可見矣〕"(「단전」)

정약용에 의하면 여기에서 "천지의 실상"은 사랑이라 한다. 그는 말한다. "천지의 실상은 사랑이다. 그래서 〈복(復)〉괘에서는 천지의 마음을 볼 것을 말했고, 〈대장〉에서는 천지의 실상을 볼 것을 말했다. 마음은 내재적이고, 실상은 마음이 밖으로 드러난 모습이다."(『여유당전서』) 이는 사랑을 남녀 간에 오가는 열정쯤으로 여기는 우리들의 사고로는 터무니없는 주장처럼 들릴 수도 있다. 하지만 자식을 사랑하는 부모의 마음에서 잘 드러나는 것처럼 생명을 보살피고 키운다는 뜻으로 사랑의 의미를 이해한다면 정약용의 주장은 충분히 납득될 수 있다. 그는 자연 세계에서 만물이 부단히 생육되는 실상에서 천지의 '사랑'을 본 것이다. 사실 그전에 성리학자들 역시 "천지의 사랑〔天地之仁〕"을 당연한 이치로 여겼다. 아니 흥미롭게도 오늘날 몇몇 과학자들조차 이와 유사한 주장을 한다. 서양 어느 학자의 말을 들어 보자.

최근 생명 과학 분야로부터 좋은 소식이 들려온다. 자연은 경쟁적 집
단이 주도하고 있다는 다윈주의자들의 주장과는 달리, 생물권은 공생적
이고 이타적이고 자립적인 체계라는 증거가 축적되고 있는 것이다. 전일
적(全一的) 과학자들은 마르틴 부버의 "사랑은 보편적인 힘"이라는 말을
확신해도 좋을 것이다. 이 우주의 목적은 생명을 양육하는 것이다.(『지식
의 다른 길』)

아무튼 (사랑으로) 만물을 생육하는 섭리의 힘은 더할 수 없이 강하
다. 언젠가는 쇠멸하게 되어 있는 인간의 힘과 달리 그것은 만물의 생
육을 영원히 주관하기 때문이다. 자연(섭리)의 위대한 힘이 바로 여기에
있다. 또한 자연의 섭리는 거짓된 뜻을 조금도 갖고 있지 않다. 하느님에
게서 실오라기만큼의 거짓도 상상할 수 없는 것처럼 말이다. 그리하여
자연의 섭리는 만물에게 생명을 올바르게 부여해 준다. 사람에게는 사
람의 생명을, 개에게는 개의 생명을, 그 밖에 나무와 풀, 곤충 등 모든
구성원에게 제각각 고유한 생명을 준다. 앞서 〈곤(坤)〉괘(육이효)에서 인
용한 바 있지만, 송시열(宋時烈)이 유배지에서 서울로 압송되던 중 정읍
에서 사약을 받고 쓴 글귀를 다시 한번 읽어 보자. "하늘과 땅이 만물
을 생육하고 성인이 만사에 대응하는 데에는 오직 올곧음의 정신이 있
을 뿐이다.〔天地生萬物 聖人應萬事 惟一直字而已〕" 여기에서 '올곧음'이란
왜곡되거나 뒤틀리지 않은 올바른 생명 정신을 뜻한다. 자연은 그렇게
올곧은 힘으로, 올바른 정신으로 만물의 생장 쇠멸을 주관해 나간다.

인간 사회에서 참으로 강한 힘도 이와 같다. 그는 재물이나 권력, 명예의 욕망과 유혹에 전혀 흔들리지 않는다. 그는 총칼의 위협에도 결코 굴하지 않는다. 그것들을 전혀 안중에 두지 않고 오직 진리와 도의(사랑과 의로움)의 정신으로 자신의 존재를 실현하며 생명의 꽃을 순결하게 피운다. 이것이 바로 사람들이 갖추어야 할 '올곧음'의 정신이다. 이처럼 모든 유혹과 위협에서 초탈하여 세상에 우뚝 서서 진리와 도의를 실현하려는 "올바른 정신"에서만 진정으로 강한 힘이 나온다. 맹자는 이를 대장부의 정신으로 다음과 같이 웅변한다.

세상에서 가장 넓은 집(사랑)에서 살고, 세상에서 가장 바른 자리에 서며(예의), 세상에서 가장 큰 길(의로움)을 걷나니, 뜻을 펼 기회가 주어지면 만민과 더불어 그것을 행하고, 그렇지 않으면 혼자만이라도 그 길을 가리라. 부귀도 이 뜻을 어지럽히지 못하고, 빈천도 이 뜻을 변절시키지 못하며, 권세나 무력도 이 뜻을 꺾지 못할 것이니, 이를 일러 대장부라 한다.〔居天下之廣居 立天下之正位 行天下之大道 得志 與民由之 不得志 獨行其道 富貴不能淫 貧賤不能移 威武不能屈 此之謂大丈夫〕(『맹자』)

괘상卦象

우렛소리가 하늘 위에서 울려 퍼지는 모습이 〈대장〉의 형상이다.
군자는 이를 보고서 예가 아니면 행하지 않는다.
雷在天上 大壯 君子 以 非禮弗履

군자는 춘삼월 하늘에서 울려 퍼지는 우렛소리를 들으면서 다음과 같이 일련의 상념을 펼친다. '겨우내 잠들어 있던 온갖 생명이 천지를 뒤흔드는 우렛소리를 듣고는 놀라 깨어 일어나는구나. 이제 저들이 제각각 타고난 생명의 이치와 질서에 따라 활동을 시작하리라. 자연은 이처럼 위대한 힘으로 온갖 생명을 탄생시키고 영원히 이끌어 가는구나.' 이처럼 위대한 자연의 힘을 군자는 자신의 삶에서 본받아 실현하고자 한다. 자연이 만물에 대해 그러는 것처럼, 그는 만민을 따뜻하게 보듬어 안는 생명적 사랑의 힘을 키운다. 이황은 말한다. "하늘과 땅은 이 세상 만물의 큰 부모이므로, 만민은 모두 나의 형제요 만물은 나와 더불어 사는 이웃이다"(『퇴계전서』) 그가 소나무, 대나무, 국화, 매화 등에 대해 우정과 애정을 보였던 것도 이러한 인식에 연유한다.

군자는 이를 위해 자기 안의 생명 부정적인 힘들을 제거하여 밝은 생명 정신을 함양하기 위한 노력을 다한다. 생명적 사랑은 그러한 정신 속에서만 펼쳐질 수 있음을 알기 때문이다. 수양론의 핵심이 바로 여기에 있다. 그것은 자신의 존재를 '닦고〔修〕' 기르기〔養〕' 위한 노력이다. 그야말로 "날마다, 또 날마다 새롭게〔日新 又日新〕" 닦아 생명애의 정신을 충만되게 하여 우주적 사랑을 펼치려는 것이다.

군자는 수양의 일환으로 '예(禮)'의 실천에 힘쓴다. 그에게 예는 단순히 교제의 원리에 불과한 것이 아니다. 그것은 자타 간 생명적 교류의 질서를 도덕 규범화한 것이다. 그러므로 그 근저에는 생명 정신이 깔려 있다. 실제로 사람들이 일상생활 속에서 주고받는 예에는 그러한 뜻이 내재되어 있다. 사람들이 무례한 상대방에게 느끼는, 생명 불통의 부정적 감정이 그 반증이다. 공자는 말한다. "사람이 인(仁)을 모른다면 예를

행한들 무슨 의미가 있겠는가.〔人而不仁 如禮何〕"(『논어』) 여기에서 '인'은
생명 정신에서 발원하는 사랑을 뜻한다. 생명적 사랑이 결여된 의례적
행위는 자타의 교류를 가로막는 요인임을 공자는 그렇게 지적한 것이다.

그러므로 군자가 인간관계에서 "예가 아니면 행하지 않는" 것은 자타
간 생명적인 교류를 행하기 위해서이며, 상대방에게 예를 갖추는 것은
궁극적으로 생명적 사랑을 위해서다. 예의를 모르는 사랑은 관능적인
열정일 뿐이다. 그것은 참다운 사랑이 아니다. 이는 (사랑은 물론) 예야
말로 인간관계를 생명적이게 해 줄 크나큰 힘임을 일러 준다. 공자의 이
른바 '사물(四勿)'은 그러한 인식을 바탕에 깔고 있다. "예가 아니면 보
지도 말고, 예가 아니면 듣지 말며, 예가 아니면 말하지 말고, 예가 아
니면 행동하지 말라.〔非禮勿視 非禮勿聽 非禮勿言 非禮勿動〕"(『논어』)

효사爻辭

初九
발꿈치에 힘이 넘친다.
그렇게 나서면 틀림없이 실패하고 말리라.
壯于趾 征 凶有孚

초구(初九)는 양효로서 양의 자리에 올바로 있으므로 일반적으로 살피
면 제자리를 얻었지만, 〈대장〉괘에서는 그렇지 않다. 괘가 기본적으로 강
한 힘을 함축하고 있으며, 게다가 하괘 '건'의 강건한 속성까지 갖고 있

으므로 초구는 그 힘이 지나치게 드러난다. 그래서 "발꿈치에 힘이 넘친다."고 했다. 발꿈치는 제일 아래 초효의 자리를 염두에 둔 비유다. 이는 일의 시초부터 넘치는 힘을 자제하지 못하고 마음대로 행사하는 태도를 은유한다.

힘이 있다 해서 일을 처음부터 밀어붙이려 해서는 안 된다. 성급한 마음은 객관적인 상황 판단에 소홀하기가 쉽다. 하물며 무작정 힘으로만 나서면 실패를 면하기가 어렵다. 공자는 말한다. "발꿈치에 힘이 넘치니, 틀림없이 궁액을 당할 것이다.〔壯于趾 其孚窮也〕"(「상전」) 그러므로 설사 힘이 충만하다 하더라도 그것을 어떻게 행사할 것인가를 숙고하지 않으면 안 된다. 특히 힘의 행사시에는 유연한 자세를 가질 필요가 있다. 참고로 부드럽고 유연한 힘을 강조하는 노자(老子)의 말을 들어보자. "사람이 살아 있을 적에는 몸이 유연하지만, 죽으면 뻣뻣해진다. 살아 있는 초목은 부드럽지만, 죽으면 딱딱하게 메말라 버린다. 그러므로 뻣뻣함은 죽음의 속성이요, 유연함은 살아 있음의 속성이다." "힘만 앞세우는 자는 제명에 못 산다."(『노자도덕경』)

九二
올바른 정신을 가졌다.
삶의 기쁨을 얻으리라
貞 吉

〈대장〉괘는 중용의 정신을 숭상한다. 진정한 힘은 강함과 부드러움이 조화를 이룰 때에만 생겨나기 때문이다. 양효가 양의 자리에 있어 너무 강한 초구와는 달리, 양효로서 부드러운 음의 자리에 있는 구이(와 구사)가 좋은 평가를 받는 것은 이 때문이다. 게다가 그것은 하괘의 한가운데에 있으므로 부드러우면서도 중도를 지킨다.

『중용』을 보면 공자의 제자 자로(子路)가 선생에게 '강한 힘'에 관해 여쭙는 장면이 나온다. 이에 공자는 너그러움과 부드러움에서 강한 힘을 찾는 남방 사람들의 기질과, 무력과 용맹을 숭상하는 북방 사람들의 그것을 소개하고 나서, 군자가 추구해야 할 진정한 힘을 다음과 같이 웅변조로 말한다.

군자는 사람들과 화해롭게 지내지만 그들에게 휩쓸리지 않나니, 강하도다, 그 꿋꿋함이여! 중용의 정신을 지켜 어떤 일에든 한쪽으로 편향되지 않나니, 강하도다, 그 꿋꿋한 힘이여! 치세(治世)에 부귀를 얻는다 하더라도 진리 실현의 초심을 잃지 않나니, 강하도다, 그 꿋꿋한 힘이여! 난세에 빈천 속에서 죽는다 하더라도 절개와 지조를 변치 않나니, 강하도다, 그 꿋꿋한 힘이여!

위에서 부드러움의 힘을 강조하는 노자의 글을 읽었지만, 사실 진정한 힘은 부드러움만 가지고는 안 된다. 그것은 자칫 나약함에 빠져 비생명적인, 또는 생명 부정적인 악행까지 관용할 수도 있다. 진정한 힘은 부드러운 마음으로 사람들을 너그럽게 끌어안으면서도 그들을 생명 세계로 인도하려는 강한 의지를 동반한다. 노자가 물을 칭송한 것도 이 때문이었다. 물은 부드럽게 흐르면서 다른 것들과 다투지 않지만, 만물에게 생명의 자양분을 주는 위대한 힘을 가졌기에 말이다. 무력과 용맹이 숭상되어서는 안 되는 이유도 여기에 있다. 그것은 승부와 투쟁의 심리를 유발하여 자타 간 생명적 교류를 가로막기 때문이다.

다시 말하지만 "강한 힘은 올바른 정신에서 나온다."(괘사) 그러므로 진리와 도의(사랑과 의로움)의 '올바른 정신'을 부단히 수행하지 않으면 안 된다. 위에 인용한 『중용』의 글을 풀어 말하면, 사람들과 화해롭게 지내되 그들에게 뇌동하지 않는 사랑과 의로움의 정신을, 일에 임해서 편향된 마음을 갖지 않는 중용의 정신을, 부귀와 빈천 속에서도 변함없는 진리의 정신을 기르고 실천해야 한다. 크나큰 삶의 기쁨이 여기에서 생길 것이다. 공자는 말한다. "올바른 정신 속에서 얻는 삶의 기쁨은 중용의 정신을 지키는 데에서 생겨난다.〔九二貞吉 以中也〕"(「상전」)

九三
소인은 힘으로 나서지만, 군자는 힘을 이용하지 않는다.
힘을 정의로 여기면 위험하다.
숫양이 울타리를 들이받아 그 뿔이 걸리는 격이다.
小人用壯 君子用罔 貞 厲 羝羊觸藩 羸其角

구삼은 하괘 '건'의 제일 위에서 양효로 양의 자리에 있으므로 힘이 너무 넘치는 사람이다. 그러한 위치에 있는 사람이 만약 소인이라면 그는 자신의 힘을 자제하지 못하고 무슨 일이든 저지르려 할 것이다. 그는 마치 숫양과도 같다. 숫양은 원래 그 성질이 물체를 들이받기를 좋아한다. 하지만 제 앞의 '(나무)울타리'(구사효)를 들이받다가는 결국 거기에 뿔이 걸려 빼도 박도 못하는 낭패를 당할 수도 있다. 이것이 "힘을 정의로 여기는" 소인의 결말이다. 당연히 군자는 그와는 다르다. 공자는 말한다. "소인은 힘으로 나서지만 군자는 그러지 않는다.[小人用壯 君子 罔也](「상전」)

"힘이 곧 정의"라고 믿는 사람들이 있다. 그들은 "칼이 붓보다 강하다."는 믿음 속에서 힘이 모든 것을 정당화한다고 여긴다. 군사 쿠데타도 성공만 하면 '구국의 혁명'으로 찬양된다. 그리하여 그들은 힘을 얻기 위해 수단 방법을 가리지 않는다. 그들에게 사랑과 의로움, 진리 따위는 중요하지 않다. 그러한 가치와 이념은 그들의 마키아벨리즘적인 사고 속에서는 오히려 '뿔'로 받아 부수어 버려야 할 장애물에 지나지 않는다. 그러한 정신은 자신이 택하는 수단과 방법에 자꾸만 이의를 제기하면서 장애물이 되기 때문이다.

하지만 고결한 인간 정신을 무시한다면 사람의 삶이 동물의 세계와 다를 게 무엇 있을까. 사회에 아무리 밀림의 법칙이 지배한다 하더라도 사람들의 삶에 인간적인 숨결을 불어넣어 주는 진정한 힘은 사랑과 의로움, 진리의 정신에서 나온다. 지난날 우리 사회에서 군부 출신들의 철권 통치에도 사람들이 삶의 희망을 잃지 않았던 것은 당시 정의의 회복을 위해 헌신했던 대학생들과 민주 인사들의 덕분이었다. 이제는 물질의 힘이 지배하는 이 사회에서 사람들에게 희망을 줄 '군자'를 우리는 어디에서 찾아야 할까? 눈을 밖으로 돌릴 필요가 없다. 우리 모두 자신 안에서 군자의 정신을 찾아 키워야 한다.

　이러한 자각 없이 사회의 풍조를 따라 세속적인 힘만 추구하는 사람은 필연적으로 다른 사람들의 힘과 부딪치면서 싸울 수밖에 없을 것이다. 마치 숫양이 울타리를 들이받다가 제 뿔이 거기에 걸리듯, 또는 서로 박치기를 하다가 뿔들이 서로 얽히듯 말이다. 게다가 그러한 힘을 크게 가질수록 서로 얽히고 부딪치는 일도 더 많아질 것이다. 결국 세속적인 힘은 자기 안에 거친 심성만 키우고 "상처뿐인 영광"만 안겨 줄 것이다. 실상이 그러한데도 숫양들처럼 평생 남들과 머리받기 싸움이나 할 것인가.

九四
올바른 정신을 가지면 삶의 기쁨을 얻으며, 후회가 없으리라.
울타리가 뚫려서 걸릴 게 없다.
크고 튼튼한 수레바퀴가 굴러 가듯이 힘을 얻었다.
貞 吉 悔亡 藩決不羸 壯于大輿之輹

　구사(九四)는 아래 세 양효의 힘(후원)을 업고 있어서, 마치 "크고 튼튼한 수레바퀴"를 얻은 것과도 같다. 그는 그렇게 막강한 힘을 갖고서 일을 진행할 수 있게 되었다. 게다가 위의 두 효가 음이므로 그를 가로막고 있던 "울타리도 뚫렸다." 다만 그가 양효로서 음의 자리에 있기 때문에 올바름을 잃을까 염려하여 "올바른 정신을 가지면"이라고 조건을 달았다. "올바른 정신을 가졌다."고 단정한 구이와 다른 점이 여기에 있다. 구이 역시 음의 자리에 있기는 하지만, 그는 중용의 정신을 얻고 있는 점에서 구사와 다른 것이다.

"올바른 정신을 가지면 삶의 기쁨을 얻을" 것이 당연한 일인데, 여기에서는 왜 "후회가 없으리라."고 했을까? 그것은 힘의 과대한 사용을 경고하려는 뜻을 담고 있다. 즉 올바른 정신에 입각하여 힘을 충분히 축적했다 하더라도, 그것을 함부로 과도하게 사용하면 후회할 일이 생긴다는 것이다. 힘의 자만은 실패를 낳는 법이다. 그러므로 (구이에서 강조한 것처럼) 힘을 행사하는 데에는 강온을 잘 조절하는 중용의 정신이 필요하다.

이와 같이 올바른 정신에 강력한 힘, 그리고 중용의 실천 정신까지 갖고 있다면 일의 성패를 떠나서 삶의 기쁨을 누릴 수 있을 것이다. 어디에도 부끄러울 일 없이 자신의 최선을 다했기 때문이다. 만약 거기에다가 후원의 세력이 있다면, 그는 마치, "울타리가 뚫려서 걸릴 게 없는" 것처럼, 그리고 "크고 튼튼한 수레바퀴가 굴러 가듯이" 수월하게 나아가 소기의 목적을 이룰 수 있을 것이다. 공자는 말한다. "울타리가 뚫려서 걸릴 게 없으므로 앞으로 나아갈 수 있다.〔藩決不羸 尚往也〕"(「상전」)

六五
양들을 평화롭게 놓아 두면 후회가 없으리라.
喪羊于易 无悔

'양들'은 (힘이 위로 솟아오르는) 아래의 네 양효를 가리킨다. 음효인 육오(六五)는 이들을 힘으로 가두지 않고 자유롭게 방목하고 있다.(가운데가 뚫려 있는 음효의 모습이 이를 은유한다.) 그들이 좁은 우리에 갇히면 울타리를 들이받는 등 우악스러운 성질을 드러내겠지만, 방목하면 온순하고 평화롭게 살리라는 것을 알기 때문이다. 공자는 말한다. "양들을 평화롭게 놓아 두는 것은 그들을 한자리에 가두는 것이 옳지 않기 때문이다.[喪羊于易 位不當也]"(「상전」) 이는 아래의 양효들을 다스릴 힘을 갖지 못한 육오에게 "후회가 없을" 지혜로운 책략을 알려 주려는 뜻을 담고 있다.

사람들을 힘으로 강제하고 행동을 탄압할수록 그들은 저항하는 법이다. 그러므로 사람들을 다스리는 최선의 방법은 자유롭게 놓아 두는데 있다. 이는 물론 방종을 허용해야 한다는 말이 아니다. 자유에는 자율의 과제가 내포되어 있다. 에른스트 카시러는 말한다. "자유란 여러 구속적 규칙으로부터 면제되어 있는 것은 아니다. 도리어 자유란 도덕적 의지가 자신에게 부과하는 규칙이다. 그것은 '자율'의 의미이며, 자기 규제와 개인적 책임을 의미하는 것이다. 칸트가 말하듯이 자유는 주어진 것이 아니라 부과된 것이다. 그것은 증여된 선물이 아니라 하나의 과제이며, 아마도 우리가 스스로에게 부과할 수 있는 가장 어려운 과제이다."(『상징 신화 문화』)

혹자는 "만인의 만인에 대한 투쟁"의 현실을 말하면서 사람들을 강력한 법으로 다스려야 한다고 주장할지도 모른다. 하지만 법의 의의를 부정하는 것은 아니지만, 법으로만 지탱되는 사회는 평화를 가장한 암흑일 뿐이다. 사회의 문제들을 법과 같은 공권력으로 해결하려는 태도는 도덕적, 인격적 자율성을 부정하려 하기 때문이다. 법의 통제 아래에서는 사람의 숨결이 잦아들 수밖에 없다.

그리고 사람들이 그처럼 투쟁적이고 악질적이기만 한 것은 아니다. 그들의 마음 깊은 곳에는 양처럼 온순한 성질이 잠재해 있다. 그것이 악질적인 성질보다 더 본래적이다. 알랭 핑켈크로트라는 학자는 말한다. "대타적 존재의 원래 의미는 투쟁이 아닌 윤리이다. 타인과의 대면은 우리에게 책임감을 느끼게 할 뿐, 투쟁으로 인도하지는 않는다."(『사랑의 지혜』) 그러므로 사회의 지도자는 사람들을 힘으로 다스리려 하기 이전에, 그들의 도덕의식을 일깨워 삶을 자율하고 자치할 수 있도록 계도해야 한다. 도덕이야말로 가장 강력한 사회적 자본이다. 사회의 진정한 평화와 인간다운 삶을 이룰 수 있는 힘이 바로 거기에 있다.

上六
숫양이 울타리를 들이받다가 그 뿔이 걸려서
뒤로 물러서지도, 앞으로 나아가지도 못한다.
좋을 일이 없다.
어려운 줄 알면 괜찮으리라.
羝羊觸藩 不能退 不能遂 无攸利 艱則吉

상육(上六)의 위에 효가 없는데도 "숫양이 울타리를 들이받는" 것은 걸핏하면 힘으로 나서려는 사람의 타성을 지적하려는 말이다. "뒤로 물러서지도, 앞으로 나아가지도 못함"은 상육이 괘의 마지막(막다른) 자리에 있어서 진퇴가 어려운 상황에 빠졌음을 가리킨다. 이는 강한 힘에 화려했던 과거로 되돌아갈 수도, 그렇다고 힘 빠진 삶을 계속할 수도 없음을 은유한다. 그가 구삼과 음양으로 호응하기는 하지만 힘이 없는 데다가, 둘 사이를 가로막고 있는 강력한 구사가 있어서 어떤 의의도 갖지 못한다.

아무리 강성한 힘도 세월이 흐르면 쇠약해지는 법이다. 그러므로 힘을 자랑했던 옛 시절을 그리워하면서, 또는 타성적으로 여전히 "숫양이 울타리를 들이받듯이" 일에 나서면 진퇴양난의 곤경에 시달리게 될 것이다. 물러나자니 헛된 자존심이 상하고, 계속 나서자니 힘에 부치기 때문이다. 뒤늦게라도 그러한 어려움을 깨달아 뉘우쳐 이제는 힘에 대한 의지를 버리고, 어깨에 힘을 빼고 지금, 이 자리에서 자신의 처지에 알맞은 새로운 삶의 길을 찾을 필요가 있다. 공자는 말한다. "뒤로 물러서지도, 앞으로 나아가지도 못하는 것은 자신의 처지를 신중하게 판단하지 못한 결과다. 어려운 줄 알면 괜찮을 테니, 뉘우치면 곤경이 오래가지 않을 것이다.〔不能退 不能遂 不詳也 艱則吉 咎不長也〕"(「상전」)

35. 진보의 정신

진(晉)

사람은 힘이 넘치면 무슨 일이든 하고 싶어 한다. 젊은 나이에는 '몸이 근질거려' 지나가는 사람에게 공연히 시비를 걸기도 하고, 재력이 쌓이면 사업을 벌이려 한다. 사람만 그러는 것이 아니다. 초목금수도 성장기의 강한 힘은 자기네들의 생존 영역을 확대해 나가며, 심지어 흙이나 물도 그것들이 모여 힘을 얻으면 무언가 '사고를 낸다.' 이러한 이치를 공자는 다음과 같이 말한다. "이 세상에 어떠한 존재도 자신의 성대한 힘을 끝내 갖고 있기만 하지는 않는다. 그래서 〈대장(大壯)〉에서 〈진(晉)〉으로 이어졌다. '진'이란 나아간다는 뜻이다.〔物不可以終壯 故受之以晉 晉者 進也〕"(「서괘전」) 여기에서 '나아감'이란 어떤 일을 진행하는 것 이외에 향상과 진보, 발전의 뜻까지 내포한다. 〈진〉괘는 이를 주제로 갖는다.

사람들이 일을 진행할 때에는 깊이 유의해야 할 점이 있다. 즉 그 일이 자신의 삶이나 사회를 발전 향상시키는 것인지, 아니면 도리어 퇴보하락시키는 것인지를 지속적으로 점검해야 한다. 예를 들면 왕성한 체력으로 격투기를 배우느냐, 아니면 무도를 수련하느냐에 따라 삶의 내용이 크게 달라질 것이다. 전자는 파괴적일 뿐이다. 또 풍부한 재력으로 재벌의 왕국을 세우느냐, 아니면 공공의 이익을 창출하는 일에 힘을 쏟느냐에 따라 사람들의 평가가 달라질 것이다. 참다운 진보와 발전은 개인의 삶에서나 사회생활상에서나 인간의 존엄성을 제고하고 생명을 고결하게 꽃피우는 일이어야 한다. 우리 사회에서 흔히 일어나는 진보와 보수의 논쟁도 좌파니 우파니 하며 이데올로기만 따질 것이 아니라, 이처럼 근본적 관점에서 차원 높게 전개되어야 한다.

진보의 문제를 괘효상에서 살펴보자. 〈진〉괘의 상괘 '리(離)' ☲와 하괘 '곤(坤)' ☷은 각각 불(태양)과 땅의 상징을 갖고 있다. 밝은 태양이 지상으로 떠오르는 영상이다. 태양이 땅속으로 지지 않고 위로 올라온다는 점에서 그것은 향상과 진보, 발전의 은유를 갖는다. 특히 온 누리를 밝게 비추고 만물의 생명 활동을 촉진하는 태양은 진보의 핵심 정신을 시사한다.

이에 입각하면 삶과 사회의 진보는 단순히 경제적 안락을 추구하거나 문명의 이기를 개발하는 일에 그쳐서는 안 된다. 고결한 인간 정신을 제고하는 것이어야 한다. 사람들이 자기 안의 어둠을 씻어 천부의 밝은 심성(영혼)을 회복하고 존엄한 생명을 실현하는 데에 진보의 초점을 맞추어야 한다. 사회의 진보도 그렇게 인간성과 생명 정신으로 대낮처럼 밝은 삶의 자리를 추구하는 것이어야 한다. 공자가 "진은 대낮〔晉 晝也〕"(「잡괘전」)이라 말한 까닭도 여기에 있다. 이러한 정신을 결여한 진보는 인간성과 생명 정신이 실종된 허울일 뿐이다. 겉만 번지르한 현대 문명이 그 모습을 잘 보여 준다.

괘사卦辭

진보의 시절에 나라를 평화롭게 이끄는 제후가
천자로부터 여러 필의 말을 하사받고
또 하루에 세 번이나 천자를 알현한다.
晉 康侯 用錫馬蕃庶 晝日三接

『맹자』에 의하면 중국의 고대 사회에서 천자는 정기적으로 제후국들을 순방했다고 한다. 그 순방은 제후들의 공적을 평가하고 그에 따라 상벌을 내리기 위한 것이었다. "제후가 천자로부터 여러 필의 말을 하사받고 또 하루에 세 번씩이나 천자를 알현하는" 은총을 입는 것이 그 한 예다. 이는 천자가 제후의 치적에 대한 포상의 의미를 갖는 것이었다.

공자는 이를 자연의 이치로까지 확대하여 다음과 같이 말한다. "밝은 태양이 지상으로 떠오르니 만물이 자연스럽게 빛을 쫓고, 연약한 생명까지 성장하여 삶의 제자리에 오른다.〔明出地上 順而麗乎大明 柔進而上行〕"(「단전」) 여기에는 깊은 은유가 담겨 있다. 태양이 연약한 초목에게까지 따뜻한 빛을 내려 주어 제가끔 생명을 구가하게 해 주는 것처럼, 지도자는 숭고한 이념의 빛으로 사회의 어두움을 걷어 내고 모든 사람들의 삶을 밝게 이끌어야 한다는 것이다. 참다운 진보의 정신이 여기에 있다. 이러한 철학과 역량을 갖는 지도자만이 만민의 찬사와 존경을 얻을 수 있다.

괘상卦象

태양이 지상으로 밝게 떠오르는 모습이 〈진〉의 형상이다.
군자는 이를 보고서 밝은 덕성을 밝힌다.
明出地上 晋 君子 以 自昭明德

달은 태양의 빛을 빌려 밝지만 태양은 자신의 빛으로 스스로 밝으며, 이 땅의 어둠을 밝혀 만물에게 생명의 빛을 내려 준다. 태양이 그러한 것처럼 사람도 본래 "밝은 덕성"을 타고났다. '덕성'이란 사람이 고유하게 갖고 있는 도덕 생명의 품성을 말한다. 그것을 '밝다'고 형용한 것은 체험적 깨달음의 산물이다. 부단한 수양을 통해 자신의 내면 깊은 곳에서 밝은 광채 같은 것을 자각한 것이다. 기독교의 성인들이 자기 안에서 하느님의 빛을 체험했던 것처럼 말이다. 군자는 그것을 사랑과 의로움과 예의와 진리의 네 가지 덕목으로 범주화한다. 그것들은 역시 삶과 사회를 인간성으로 밝게 해 주는 의의를 갖는다.

하지만 덕성은 일상의 욕망 때문에 항상 은폐될 위험에 있다. 욕망은 도덕심을 따돌리고 자기만족을 추구하려 하기 때문이다. 군자의 수양 과제가 여기에서 주어진다. 그것은 덕성이 태양과도 같이 밝게 드러나도록 하려는, 욕망의 구름을 벗어나 사랑과 의로움과 예의와 진리의 정신으로 밝게 살려는 노력이다. 군자의 진보(향상) 의식이 여기에서 드러난다. 그는 자신의 존재(자아)를 "날마다 새롭게, 또 날마다 새롭게〔日新又日新〕" 닦음〔修〕으로써 천부의 밝은 덕성을 기르려〔養〕 한다.

군자의 수양 노력은 사후 극락이나 천당의 세계에 가기 위한 것이 아니다. 태양이 이 땅의 어둠을 밝히고 만물에게 생명의 빛을 주는 것처럼, 그는 이 땅의 만민과 만물을 향해 나선다. '구원'이라는 표현을 빌려 말하면, 그는 자기 한 개인만의 구원에 관심 갖는 것을 이기적인 태도로 여겨 배척한다. 덕성(도덕 생명)의 근간인 사랑과 의로움과 예의와 진리의 정신은 본래 다른 사람과 사회를 향해 열려 있다. 그러므로 "밝은 덕성을 밝히는" 군자의 수양은 인간 사회를 생명의 빛으로 밝히려는 노력과 다름없다. 군자가 천명하는 사회적 진보의 이상이 여기에서 드러난다. "온 세상에 밝은 덕성을 밝힌다.〔明明德於天下〕"는 『대학』의 글귀가 이를 대변한다.

효사爻辭

初六
나아가거나 물러나거나 간에 올바른 정신을 지키면
삶의 기쁨을 알리라.
사람들의 인정을 받지 못한다 하더라도 풍요로운 마음을 가지면
삶의 허물을 범하지 않을 것이다.
晉如 摧如 貞 吉 罔孚 裕 无咎

초육(初六)은 괘의 처음이므로 일이나 삶을 진행하는 기본 자세를 말한다. 그는 제일 낮은 자리에 있기 때문에 남들한테서 인정을 받지 못하고 있다. 그는 구사와 음양으로 호응하므로 구사의 인도 속에서 잘 나갈 것

처럼 보이지만, 양자 모두 바른 자리를 얻지 못했기 때문에 호응의 효과가 없다. (초육은 양의 자리에 음효로, 구사는 음의 자리에 양효로 머물러 있다.) "풍요로운 마음을 가지는" 자세를 운운한 것은 "올바른 정신"을 격려하는 말이다.

삶에서 중요한 것은 목표의 달성 자체에 있지 않다. 목표를 이루기 위해 취해야 할 삶의 정신이 무엇보다 중요하다. 정신이 올바르지 못하면 설사 온 세상을 거머쥔다 하더라도 남들의 지탄을 면치 못할 것이며, 그의 존재는 죽음과 함께 잊히고 말 것이다. 공자는 말한다. "제(齊)나라 경공(景公)이 병거(兵車)를 천 대나 갖는 큰 나라의 왕이었지만, 그가 죽자 백성 어느 누구도 그의 덕을 칭송하는 사람이 없었다. 하지만 백이와 숙제는 수양산 아래에서 굶주리며 살았지만 백성이 지금까지 두 분을 칭송한다."(『논어』)

'병거'란 전쟁을 위해 제작된 수레를 말한다. 잘 알려져 있는 것처럼 백이와 숙제는 은나라 말기의 현자들이다. 그들은 천자의 나라인 은(殷)에게 반기를 든 제후 무왕(武王)에게 '불충(不忠)'이라 하면서 그의 말고삐를 잡고 제지했는데, 무왕이 말을 듣지 않자 수양산에 은둔하여 고사리로 연명하면서도 후회 없는 삶을 살았다. 공자는 또한 말한다. "백이와 숙제는 자신들의 뜻을 굽히지 않았고, 자신들의 몸을 욕되게 하지 않았다."(『논어』)

그러므로 어느 자리에 "나아가거나 물러나거나 간에" 올바른 정신을 가지지 않으면 안 된다. 게다가 올바른 정신은 일에 임해서만 필요한 것이 아니다. 그것은 자아의 향상과, 나아가 사회의 진보를 위해서도 절실하게 요구되는 조건이기도 하다. 백이와 숙제가 수양산에서 굶주린 삶을 택한 것도 자신들의 "올바른 정신"을 조금도 의심하지 않았기 때문이었다. 결국 그들의 정신과 삶은 역사 속에서 후세의 사람들에게 올바른 정신이 무엇인지 끊임없이 되새기게 만들어 주면서 사람들의 삶과 사회를 진리와 도의의 빛으로 밝혀 주는 등불이 되었다. 그러므로 "나아가거나 물러나거나 간에 오직 올바른 길을 걸어야 한다.〔晉如摧如 獨行正也〕"(「상전」) '물러나는' 순간에조차 진리의 발걸음으로 자아를 향상시키려는 노력을 다 해야 한다.

진리(도의)의 올바른 정신을 세상이 알아주지 않는다고 한탄해서는 안 된다. 사계절에 추운 겨울이 있는 것처럼 진리에도 시련의 시절이 있는 법이다. 거짓과 불의가 횡행하는 시대에 진리의 정신은 아름다운 꽃을 피우고 결실을 맺기가 어렵다. 하지만 나무들이 한겨울에도 새봄을 위해 생명 활동을 한순간도 중단하지 않는 것처럼, 궁핍한 시대에도 자신의 삶을 진리의 정신으로 풍요롭게 가꾸어 나가야 한다. 만약 진리의 삶을 회의하면서 세상에 영합하려 한다면 이는 곧 정신적 백치로 살겠다는 것이나 다름없다. 공자는 말한다. "풍요로운 마음을 가져야 삶의 허물을 범하지 않을 것이다. 좋은 때를 만나지 못했을 뿐이다.〔裕无咎 未受命也〕"(「상전」) 달리 말하면 궁핍한 시대일수록 더욱 진리의 정신을 자족하면서 삶을 풍요롭게 영위해야 한다는 것이다.

六二
앞으로 나아가지만 걱정이다.

올바른 정신을 지키면 삶의 기쁨을 알리라.

조상 할머니한테서 큰 복을 받을 것이다.

晉如 愁如 貞 吉 受玆介福于其王母

　육이(六二)는 육오와 음양으로 호응하지 않으므로 자신의 뜻을 알아
주는 사람이 없어서 "앞으로 나아가지만 걱정이다." 하지만 음효로서 하
괘의 가운데 음의 자리에 있으므로 "올바른 정신"에 삶의 중심을 두는 한
"삶의 기쁨을 알 것"이며, 훗날 "큰 복을 받을 것이다." "조상 할머니"란
육오를 지칭한 말이다. 육오가 음효이기 때문에 할아버지라 하지 않고 할
머니라 했다. 육이가 육오와 서로 호응하지는 않지만 올바른 정신을 잃지
않는다면 언젠가는 육오의 음덕을 입으리라는 것이다.

　자신이 훌륭한 덕과 뛰어난 능력을 갖고 있는데도 응원해 주는 사람
이 없다 해서 회의하며 걱정에 빠져서는 안 된다. 그럴수록 착실하게
일을 진행하고, 자아를 향상시켜 나가야 한다. 이를 위해서는 어느 순
간, 어떤 자리에서도 "올바른 정신"으로 삶의 중심을 지키지 않으면 안
된다. 흔들림 없는 "올바른 정신"이야말로 자아를 향상시켜 줄 지렛대
이다. 그는 뒷날 틀림없이 신(조상 할머니)의 가호 속에서 소기의 목표를
이룰 것이다. 공자는 말한다. "큰 복을 받는 것은 올바른 정신으로 삶
의 중심을 지키기 때문이다.〔受玆介福 以中正也〕"(「상전」) 아니 올바른 정
신을 갖고 있는 사람은 '복' 여부를 떠나 어떠한 상황에서도 자신의 삶
을 자부하며 자족할 것이다.

六三
사람들이 믿어 따른다.
후회 없으리라.
衆允 悔亡

　육삼(六三)이 하괘의 끝에서 음효로 양의 자리에 잘못 있으므로 판단이나 행위에 때로는 후회스러운 경우가 있을 수 있다. 하지만 만물의 생육에 헌신적인 하괘 '곤'의 속성상 그는 일의 진행에 최선을 다하므로 "사람들이 믿어 따른다." '사람들'이란 초육과 육이를 지칭한다. 그들도 육삼과 마찬가지로 상괘 '리'의 밝은 세계를 지향하기 때문이다. 그리하여 모두가 함께하는 향상과 발전의 도정에서 그는 후회의 마음을 떨칠 것이다.

　어떤 사람이 일에 사심 없이 헌신적이라면 그가 때로 잘못된 판단과 행위를 범한다 하더라도 사람들은 그를 관대하게 받아들일 것이다. 그들은 오히려 그의 노력을 격려하려 할 것이다. 만약 그의 헌신이 이상 사회의 실현을 위한 것이라면 더더욱 그렇다. 어둠을 견디지 못하고 밝음을 지향하는 것은 인간뿐만 아니라 모든 생명의 본성이다. 그러므로 사람들은 고결한 이념으로 앞장서서 삶의 빛을 밝히는 사람의 헌신적인 태도를 믿어 따를 것이다. 공자는 말한다. "사람들이 믿어 따르니, 그들도 밝은 삶을 지향하기 때문이다.〔中允之志 上行也〕"(「상전」) 그러므로 우리가 갖춰야 할 것은 오류 없는 판단과 행위가 아니라, 고결한 이념으로 밝은 삶과 사회를 이루기 위해 헌신하는 정신이다.

九四

나아가는 것이 쥐새끼와도 같다.

그 태도를 버리지 않는다면 위험하다.

晉如 鼫鼠 貞 厲

　구사(九四)는 양효로서 음의 자리에 잘못 있으므로 부당하게도 (상괘의) 높은 지위를 차지하고 있다. '쥐새끼처럼' 행동해서 그 자리를 얻은 것이다. 그는 (상괘 '리'의) 밝은 세상에는 무관심하며, 그러므로 아랫사람들 (아래의 세 음효)의 존경을 얻지 못한다. 그처럼 '쥐새끼'와도 같은 태도를 버리지 않고 더욱 위로 오르려고만 하면 위험할 수밖에 없다.

　무능함에도 농간과 술수를 부려서 높은 자리에 오르는 사람은 애초부터 자신의 직무를 성실하게 수행하는 데에는 관심을 갖지 않는다. 그는 아랫사람들의 뜻을 존중하려 하지 않고, 민중이 주인 되는 밝은 세상을 두려워하면서, 오직 자신의 자리와 이익을 보전하는 일에만 힘을 쓴다. 그런 사람은 자신의 무능을 폭로할 올바른 정신을 두려워하고 배척하면서, 자신의 모습과 행동을 감추어 줄 어두운 세상에서 살기를 좋아할 것이다. 말하자면 그는 밝은 사회를 지향하는 진보의 노력을 거부하고 어둠의 이익을 누리는 자다.

　그러므로 그는 마치 어두운 창고의 곡식을 사람들 몰래 훔쳐 먹으면서 제 배만 불리는 쥐새끼와도 같다. 선비들은 이를 일러 "시위소찬(尸位素餐)"이라 비아냥했다. 하는 일 없이 시체처럼 자리만 지키고 앉아 국록(國祿)이나 축낸다는 뜻이다. 하지만 사람들한테 비난과 경멸을 당하고, 본인 자신조차 불안하게 여길 그의 자리가 얼마나 오래 갈까? 공자는 말한다. "쥐새끼와도 같은 태도를 버리지 않는다면 위험할 테니, 그 자리가 정당하지 않기 때문이다.[鼫鼠 貞 厲 位不當也]"(「상전」) 한번 되돌아 생각해 보자. 나는 어떤 일을 진행하는데, 세상을 살아가는데 혹시 저처럼 '쥐새끼'와도 같은 어두운 심사와 태도를 다소라도 갖고 있지 않은가?

六五
후회 없으리라. 이해득실을 따지지 말라.
사심 없이 나서면 삶의 기쁨을 알 것이며
좋은 결과를 얻을 것이다.
悔亡 失得勿恤 往 吉 无不利

육오(六五)는 음효로서 양의 높은 자리에 잘못 있어서 후회될 일을 겪을 것처럼 보인다. 하지만 상괘 '리'의 한 중심에서 밝은 지혜를 갖고 있는 데다, 하괘의 세 음효가 모두 그를 따르므로 "후회 없으리라" 했다. 다만 자신의 지혜로 이해득실이나 계산하려 하면 사람들의 신뢰를 잃어 후회스러운 결과를 얻을 것이다. 그래서 "이해득실을 따지지 말고", "사심 없이 나서도록" 조언했다.

오늘날 이성은 지능의 수준으로 전락했다. 사람들은 이념을 추구하고 윤리를 실천하려는 고귀한 정신 활동을 버리고, 자신의 목표를 어떻게 하면 효과적으로 달성할 수 있을까 하는 문제에만 머리를 굴린다. 일등과 일류 지향의 학교 교육이 온통 지능 교육이다. 아니 가정에서부터 어른들이 아이들에게 출세와 부귀영화의 목표 의식만 심어 주면서 지능의 개발에만 열을 올린다. 삶에서 진정으로 의미 깊고 가치 있는 것이 무엇인지에 대해 고민하고 모색하도록 용납하지 않는다. 그러하니 부귀영화를 얻는다 하더라도 자아의 빈곤을 면할 수 없다. 이는 정신의 퇴보 현상과 다름없다.

어떻게 하면 이를 벗어날 수 있을까? 이념 이성을 회복하는 일이다. 인간의 이념과 삶의 참가치를 모색하고 실현하기 위한 정신 능력과 지혜를 계발해야 한다. 이해득실만 따지는 '사심(私心)'을 버리고 너와 내가, 우리 모두가, 인간과 초목금수가 공생하고 공동 번영을 누릴 수 있는 세상을 만들어야 한다. 여기에서 '사심'에 관해 주목해 보자. 그것은 남들과의 생명적인 공감과 소통을 가로막는 자기중심적이고 자폐적인 의식을 뜻한다. 선비들은 이러한 사심의 극복을 수양의 커다란 과제로 삼았다. 이황의 말을 들어 보자. "유아(有我)의 사(私)를 깨트려 무아(無我)의 공(公)을 넓혀 나가야 한다."(『퇴계전서』) 여기에서 "유아의 사"란 자기 안에 갇혀 있는 사심을, "무아의 공"이란 그러한 사심을 극복하여 타자를 나의 존재의 품에 아우르는 우주적인 마음을 말한다. 그리하여 "무아의 공"은 궁극적으로 "천지를 한 집안으로, 만민을 형제로 여겨 그들의 가려움과 아픔을 모두 내 몸의 것처럼 느끼는 사랑의 정신을 얻게 해 준다."(『퇴계전서』)

우리는 이념 이성과 지혜를 남들에게서만 기대할 것이 아니라 나 자신 안에서 부단히 키워야 한다. 이는 당연히 이해득실이나 따지는 사심을 극복하는 수양의 노력을 동반한다. 참삶의 기쁨은 그와 같은 노력을 통해서만 주어질 것이다. 나아가 그 과정에서 인간관계와 사회도 이념과 지혜의 빛으로 점차 밝아지는 좋은 결과를 얻을 것이다. 공자는 말한다. "이해득실을 따지지 않고 사심 없이 나서면 복을 받을 것이다.〔失得勿恤 往有慶也〕"(「상전」) 사심 없는 태도는, 마치 가을의 풍성한 수확을 가져다주는 곡식의 파종처럼, 복의 씨앗을 뿌리는 일과도 같다.

上九
뿔을 앞세우고 나아간다.
그 뿔로 자신의 물건을 들이받는다면 위험하기는 하지만
효과가 있을 것이며 남들의 비난을 듣지 않으리라.
하지만 올바른 정신으로 보면 거기에는 한계가 있다.
晉其角 維用伐邑 厲 吉 无咎 貞 吝

　　상구(上九)는 양효로 괘의 제일 윗자리에 있으므로 짐승머리의 단단한 뿔을 상징으로 취한다. 상괘의 상징상에서 살피면 태양이 중천을 지나 석양에 접어들었다. 그러므로 그는 사물의 인식에 올바른 정신을 잃고서 무작정 "뿔을 앞세우고 나아가는", 즉 일을 힘으로만 밀어붙이려는 사람이다. 이는 당연히 불행을 초래할 것이다. '그 뿔로 자신의 물건을 들이받는다면'이라는 말은 이에 대한 충고의 뜻을 담고 있다. 즉 그 힘으로 남을 해치려 하지 말고 자신의 잘못된 태도를 먼저 고치라는 것이다. 그 '뿔 같은' 성질이 원래 "위험하기는 하지만" 자신의 약점을 다스리는 데에는

"효과가 있을 것이며, 남들의 비난을 듣지 않을 것이다." 그렇지만 "올바른 정신으로 보면 거기에는 한계가 있다." 그것이 적극적으로 자아를 향상시켜 주는 것은 아니기 때문이다.

어떠한 일이든 밝은 지혜로 나서야 하지, 힘으로 밀어붙이려 해서는 안 된다. 사리를 면밀히 따져 보지도 않고, 마치 숫양이 근질거리는 뿔로 사람들에게 무작정 덤벼들듯이 행동한다면 일의 실패를 면할 수 없다. 그러므로 자신이 걸핏하면 불끈하는 성질을 갖고 있다고 여겨지면 일에 나서기에 앞서 스스로를 먼저 다스리지 않으면 안 된다. 그 '뿔 같은' 힘을 안으로 돌려 자신의 저돌적 성격을 고쳐야 한다.

하지만 그러한 태도가 수양의 정도는 아니다. 경우에 따라서는 그 '뿔 같은' 힘이 자신을 다스리는 데 도움이 되는 것은 사실이지만, 수양은 그 이상으로 자신의 존재를 향상 변화시키기 위한 전인적인 노력이기 때문이다. 달리 말하면 '뿔 같은' 힘은 자신의 문제점을 고치는 데에만 유용할 뿐, 정작 내면의 고결한 정신을 향상시키고 존엄한 생명을 실현하는 일에는 도움이 되지 않는다. 그러므로 "거기에는 한계가 있다." 공자는 말한다. "그 뿔로 자신의 물건을 들이받지만, 그렇게 해서 진리의 길이 밝혀지는 것은 아니다.〔維用伐邑 道未光也〕"(「상전」)

36. 지성의 박해

명이(明夷)

세상만사가 앞으로 나아가기만 하는 이치는 없다. 오르막길이 있으면 반드시 내리막길이 있는 것처럼 진보가 있으면 퇴보가 있으며, 상승이 있으면 하강도 있는 법이다. 사회와, 나아가 문명에도 영고성쇠가 있다. 이러한 이치를 헤아려 시의에 맞게 처신할 줄 모르고, 무조건 앞으로 나아가기만, 위로 오르기만 고집하는 사람은 어떤 형태로든 상처를 입고 말 것이다. 공자는 말한다. "'진(晉)'이란 나아간다는 뜻이다. 하지만 나아가기만 하면 반드시 다치기 마련이다. 그래서 〈진〉에서 〈명이(明夷)〉로 이어졌다. '이(夷)'란 다친다는 뜻이다.〔晉者 進也 進必有所傷 故受之以明夷 夷者 傷也〕"(「서괘전」) '명이'란 문자 그대로 풀이하면 밝음〔明〕이 다친다〔夷〕는 말이다.

〈명이〉괘는 이러한 뜻을 사회적인 문제로 주제화했다. 앞의 〈진〉이 밝은 대낮이라면 〈명이〉는 어두운 밤과도 같다. 이는 단순히 자연 현상을 말하는 것이 아니다. 거기에는 은유가 있다. 즉 그것은 밝은 빛에게 상처를 입히는 '어두운 밤'이다. 좀 더 분명하게 말하면 밝은 지성이 어둠의 세력에 의해 박해를 받는 상황이다. 지성인은 이러한 시절을 살면서 어떻게 하면 어둠에 동화되지 않고 자신의 빛을 지킬 수 있을까? 나아가 어떻게 하면 사회의 등불이 될 수 있을까?

이를 괘의 상징과 속성상에서 살펴보자. 〈명이〉괘는 〈진〉괘와 정반대로 땅의 '곤(坤)' ☷을 상괘로, 태양의 '리(離)' ☲를 하괘로 갖고 있다. 그러므로 그것의 영상도 밝은 태양이 지상으로 떠오르는 〈진〉괘와 반대로, 태양이 서산 너머로 넘어가 이 땅에 어둠이 깔린 모습을 보여 준다. 공자는 말한다. "밝은 빛이 땅속으로 사라진 것이 명이(明夷)다.〔明入地中 明夷〕"(「단전」) 사람들은 이처럼 어두운 세상에서 삶의 길을 밝혀 줄 (지성의) 빛을 갈구할 것이다. 하지만 어둠의 세력들은 그러한 빛을 결코 용납하려 하지 않는다. 자신들의 추악한 모습이 그것으로 인해 폭로되기 때문이다. 암흑 사회에서 비판적 지성인들이 박해받는 이유가 여기에 있다.

한편 이 괘의 속성, 즉 하괘 '리'의 빛과 상괘 '곤'의 너그러움은 지성인이 취해야 할 자세를 암시한다. 그는 어둠의 세력이 아무리 자신을 박해한다 하더라도 대지와도 같은 마음으로 시대적 불운을 받아들이면서 지성의 빛을 안으로 소중하게 키워야 한다. 그 빛을 끄는 순간 그역시 어둠 속으로 빠져들고 말 것이며, 사람들의 실망과 비난을 면할수 없을 것이다. 예나 지금이나 어둠의 세력에 유혹되어 변절한 많은학자들이 그 실례를 잘 보여 준다.

우리는 암흑의 사회에서도 지성을 부단히 연마해야 하지만, 그것을 밖으로 무모하게 휘두르려 해서는 안 된다. 무슨 일이든 지나치면 부작용이 뒤따르는 법이다. 어둠의 세력은 자신들의 어두운 모습을 드러내는 지성의 빛을 혐오하면서 그 빛을 제거해 버리려 할 것이다. 그러므로 그는 안으로 지성을 품으면서도 밖으로는 너그러운 태도를 취할 필요가 있다. 공자는 말한다. "나라에 도(道)가 있을 때에는 말과 행동을 올곧게 해야 할 것이요, 나라에 도가 없을 때에는 행동은 올곧게 하지만 말은 조심해야 한다."(『논어』)

지성이 단순히 일의 시시비비만 따지는 진리의 정신에 불과한 것이어서는 안 된다. 그 근저에는, 한겨울의 추위 속에서도 만물에게 자양분을 공급하는 대지와도 같이, 만민을 보듬어 안으면서 그들의 삶을 보살피려는 사랑의 정신이 있어야 한다. 물론 그는 그 순간에도 진리의 빛으로 그들을 깨우치고 그들의 삶을 계도하려는 뜻을 잊지 않는다. 이러한 지성이라면 그는 어둠의 세력들까지도 너그러운 자비심으로 끌어안으려 할 것이다.

공자는 그러한 지성인의 실례를 문왕(文王)에게서 살피면서 다음과 같이 말한다. "안으로 밝게 빛나는 덕을 갖고 있었지만 밖으로는 온유하게 나서서 커다란 위기에 대처한 분이 바로 문왕이시다.〔內文明 而外柔順 以蒙大難 文王以之〕"(「단전」) 문왕은 은나라 말기에 당시 중국 천하의 삼분의 이를 영지로 소유했던 막강한 힘을 갖고서도 폭군 주(紂)를 섬긴 제후였다. 하지만 주임금은 위협을 느껴 문왕을 감옥에 가두었는데, 문왕은 위와 같은 태도로 그 위기를 면했다고 한다. 전하는 말로는 『주역』은 문왕이 감옥 생활을 하면서 쓴 것이라 한다.

괘사卦辭

빛이 사라진 캄캄한 어둠 속에서도 어려움을 참으면서
올바른 정신을 지켜야 한다.

明夷 利艱貞

세상이, 삶이 암흑에 싸여 아무리 희망의 불빛을 찾기 어렵다 하더
라도 진리와 도의(사랑과 의로움)의 올바른 정신을 버려서는 안 된다. 그
것의 포기는 곧 자기 자신을 암흑 속으로 내던지고 백치로 사는 것이
나 다름없다. 삶은 진리와 도의의 빛 속에서만 아름다울 수 있으며, 세
상의 암흑도 그러한 불빛을 통해서만 벗겨질 수 있다. 공자는 그 역사
적 실례를 기자(箕子)에게서 찾는다. "어려움을 참으면서 올바른 정신
을 지켜야 한다는 말은 지성의 빛을 감추라는 뜻이다. 환란에 처해서
올바른 정신을 지킨 분이 바로 기자이시다.〔利艱貞 晦其明也 內難 而能正
其志 箕子以之〕"(「단전」) 기자의 행적은 아래 육오(六五)의 효사 풀이에서
소개하려 한다.

괘상卦象

밝은 빛이 땅속으로 사라진 모습이 〈명이〉의 형상이다.
군자는 이를 보고서 사람들 앞에서 총명을 감추고 지성을 펼친다.

明入地中 明夷 君子 以 莅衆 用晦而明

군자는 "밝은 빛이 땅속으로 사라진" 암흑의 사회에서 한발 물러나 지성을 보전하면서 자신의 총명을 감추려 한다. 재승덕박(才勝德薄)한 사람들에게서 흔히 드러나는 것처럼 총명은 시비와 대립, 다툼의 요인임을 알기 때문이다. 특히 지성이 박해를 받는 사회에서 총명을 드러내는 태도는 어둠의 세력에게 아부하며 봉사하지 않는 한 위험하다.

총명은 암흑의 사회 이전에 일상의 인간관계에서도 문제가 될 수 있다. 사람들은 총명한 사람의 눈빛 앞에서 편안한 마음을 갖지 못하고 자기도 모르게 움츠러드는 느낌을 갖는다. 무심코 던진 말 한마디, 행동 하나조차 그에게 책잡힐까 불안하고 조심스러워 한다. 그처럼 위축되고 경계심을 갖는 사람들과 그가 서로 마음을 터놓고 교류하고 인정을 나누기는 지극히 어려운 일이다. 게다가 그가 그들을 밝은 지혜로 일깨워 주기는 아예 무망할 것이다.

군자가 "총명을 감추는" 까닭이 여기에 있다. 그는 그렇게 해서 사회적 박해를 피할 뿐만 아니라, 인간관계에서 사람들의 마음을 편안하게 해 주고, 그들과 밝은 지혜의 세계로 함께 나가려 한다. "만물을 너그럽게 포용하고 윤택하게 길러 그들이 번영을 이루게 해 주는"(《곤(坤)》괘「단전」) 대지와도 같은 도량을 길러 사람들을 널리 아우르고 그들을 보살피려 한다. 군자가 펼치고자 하는 지성의 궁극 목표가 여기에 있다.

옛날 임금의 면류관에 드리운 끈에 구슬들이 주렴처럼 매달려 있던 것도 이러한 까닭에서였다. 그것은 임금이 신하들의 행동을 너무 예리(총명)하게 바라보려 하지 말고 넉넉하게 용납해야 한다는 상징성을 띤 것이었다. 조선 시대에 실행되었는지는 모르지만, 『예기』에 의하면 임금은 귀마개까지 하도록 되어 있었다. 그것도 임금이 신하들의 말을 너무 총명하게 들으려 하지 말고 정당한 대의만 받아들여야 한다는 상징적 의미를 갖는 것이었다. 요컨대 참다운 지성은 자신의 총명을 마음껏 드러내지 않고, 오히려 "총명을 감추어야만" 펼쳐질 수 있다.

효사爻辭

初九
빛이 사라진 캄캄한 어둠 속에서 새가 날아오르려다가 날개를 접는다.
군자가 길을 떠나 사흘 동안 아무것도 먹지 않는다.
그의 행각을 두고 사람들이 이런저런 말을 한다.
明夷于飛 垂其翼 君子于行 三日不食 有攸往 主人有言

초구(初九)는 어둠의 세력(상괘)에서 제일 멀리 떨어져 있지만, 총명한 머리로 미구에 닥칠 위기를 예감하는 군자다. 그는 사회 이념의 날개를 접고는 은둔의 길을 떠난다. 그는 마치 어둠 속에서 새가 날려다 말고 제 둥지에서 휴식을 취하는 모습과도 같다. 그가 "길을 떠나 사흘 동안 아무것도 먹지 않는" 것은 어둠의 해악을 서둘러 피하려는 마음에서다. 어둠의 세력이 제공하는 음식조차 거부하면서 말이다. 사람들은 그의 이와 같은 행각을 두고 어쩌면 너무 '결벽적'이라고 비난할지도 모른다. 하지만 어둠에 휩싸인 뒤에야 그 피해를 벗어나려는 그들의 근시안으로는 그의 원려(遠慮)를 도저히 이해할 수 없을 것이다.

군자는 어둠이 점점 깊어 가는 시절을 살면서 어둠의 세력에 무모하게 저항하여 이념의 날개를 펼치려 하지 않는다. 자칫 상처를 입고 말리라는 것을 잘 알기 때문이다. 그는 오히려 "일의 낌새를 헤아려 처사하는〔見幾而作〕"(「계사전」) 지혜로 어둠의 현장으로부터 멀리 벗어난다. 사람들은 이를 이해하지 못하겠지만, 그는 어떠한 비난과 곤궁도 감내하면서 다만 안으로 자신의 이념을 굳게 지키며 묵묵히 올바른 길을 걷는다. 공자는 말한다. "군자가 길을 떠나는 것은 저들이 제공하는 음식을 먹어서는 안 된다고 여기기 때문이다.〔君子于行 義不食也〕"(「상전」) 저들은 군자를 갖가지의 이권으로 유혹하고 회유하겠지만, 그의 진리(도의) 정신은 그것을 단연코 거부할 것이다.

우리는 그 예를 김인후(金麟厚, 1510~1560)의 행적에서 본다. 그는 을사사화가 터지기 2년 전에 조정의 벼슬에서 물러나 지방의 현감을 자청해 부임했으며, 사화 직후에는 그것마저도 버리고 고향으로 은둔했다. 그의 한 제자는 다음과 같이 기록했다. "을사(乙巳) 병오(丙午) 년간에 인종(仁宗)의 동궁(세자) 시절의 옛 동료들이 거의 쉴 새 없이 유배되고 죽음을 당했다. 선생님이 이때 외직(外職)에 계시기는 했지만 사람들은 선생님을 매우 위태롭게 여겼는데, 해악이 끝내 미치지 않았다." (『하서집(河西集)』) 김인후 역시 인종의 동궁 시절의 스승이었음을 생각하면, 뒷날 선비들이 그를 두고 "사태의 긴박한 흐름 속에서 어떤 낌새를 알아차려 조정의 권력 쟁탈 현장에서 멀리 벗어났다."는 평은 매우 합당할 것이다. 사화 뒤 왕위에 오른 명종(明宗)이 여러 차례 벼슬을 제수했지만 그는 거절했고, 가족에게는 "을사년 이후에 주어진 관작을 기록하지 말도록" 유언을 남겼다. 이이(李珥)의 평가를 한번 들어 보자.

"선생의 올바른 거취는 이 나라에 비교될 만한 사람이 없다.""맑은 물 위의 연꽃이요, 화창한 바람에 비 개인 뒤의 달과도 같다."(『하서집』)

六二
빛이 사라진 캄캄한 어둠 속에서 왼쪽 허벅지를 다친다.
건장한 말을 얻으면 구원받을 수 있으리라.
明夷 夷于左股 用拯馬 壯 吉

육이(六二)는 상괘의 '어둠'에 가까워 가므로 상처를 입는다. 다만 그는 밝은 지혜로 유연하게 처신하므로 심하게 다치지는 않는다.(육이는 하괘의 가운데 음효로서 음의 자리에 있으므로 유연하게 중심을 지킨다.) "왼쪽 허벅지"를 말한 뜻이 여기에 있다. 전통적으로 사람들은 오른 손발을 많이 사용하기 때문에 상대적으로 왼쪽을 덜 중요시했다. 그래서 "왼쪽 허벅지"를 말한 것은 그 상처가 심하지 않음을 시사한다. 그렇다 하더라도 그와 같은 상황을 빨리 벗어나야 하기 때문에 "건장한 말"을 상정했다. 그 '말'은 꼭 외부의 힘만을 뜻하는 것은 아니며, 그전에 내면의 올바른 정신을 은유하기도 한다.

누누이 이야기했지만 암흑사회에서 지성의 빛은 어둠의 세력에게 질시와 박해를 면하기 어렵다. 그가 그들에게 적극적으로 저항해서가 아니라, 그의 빛 자체가 그들의 어둠에 위협적이기 때문이다. 다만 그가 그들과 거리를 둔다면 그들은 그를 심하게 탄압하지는 않을 것이다. 그들은 그가 반체제의 활동을 하지 못하도록 그의 "왼쪽 허벅지"에 상처를 내는 정도에 그칠 것이다. 주임금이 문왕을 감옥에 가둔 것이 그 한 예다.

그러한 상황에서 지성인은 자기 구원의 길을 찾아야 한다. 무엇보다도 눈앞의 어둠에 몸부림하려 해서는 안 된다. 긴 안목으로 시대의 영고성쇠를 통찰할 필요가 있다. 그리고 올바른 정신으로 자신의 중심을 지키면서도 세상에 유연하게 나서야 한다. 그것이 암흑의 세상에서 그를 구원해 줄 "건장한 말"이다. 비록 바깥 사회는 어둠에 휩싸여 있다 하더라도, 올바른 정신(지성)은 그를 밝은 삶의 세계로 인도할 것이다. 공자는 말한다. "그 구원은 지성의 길을 유연하게 따르는 데에서 이루어질 수 있다.〔六二之吉 順以則也〕"(「상전」)

九三
빛이 사라진 캄캄한 어둠 속에서
남쪽으로 사냥을 나가 큰 짐승을 잡는다.
많은 것을 조급하게 얻으려 해서는 안 된다.
明夷于南狩 得其大首 不可疾貞

구삼(九三)은 양효로 하괘의 제일 위에서 아래 두 효의 지지를 얻고 있으므로 뛰어난 지성에 강력한 결의와 힘까지 갖추었다. 그는 상육과 음양으로 상응하는데, 이는 그가 (상괘의) 어둠의 세력 중에서도 그 최정점에 있는 상육과 대적하고 있음을 은유한다. "큰 짐승"이란 상육을 지칭한다. '남쪽'은 원래 생명이 잘 자라는, 밝고 따뜻한 지역을 상정한 것이다. 그러므로 "남쪽으로 사냥을 나간다."는 말은 밝은 사회를 향한 지성인의 분투 노력을 은유한다. 다만 사냥에서 "큰 짐승"만 잡아야지 "많은 것을 조급하게 얻으려 하지 말라."고 충고한 데에는 어둠의 주동자만 처벌해야 하지, 그 밖에 어둠에 젖어 있는 사람들에 대해서는 관용을 베풀어야 한다는 함의가 들어 있다. 옛날에 사냥은 식량을 확보할 뿐만 아니라, 사람들의 생명을 위협하는 사나운 짐승들을 제거하려는 두 가지의 목적을 띠고 있었다. 그러므로 모든 짐승을 싹쓸이하는 것은 사냥의 목적에 어긋난다.

우리는 현실의 어둠에 침묵하거나 순응하기만 해서는 안 된다. 어둠을 물리치기 위해 부단히 지성을 갈고 닦으면서, 때가 되면 축적된 힘으로 적극 행동에 나서야 한다. 어둠의 세력을 제거해야 한다. 그렇게 하여 생명이 약동하는 밝은 세상을 만들어 나가야 한다. 공자는 말한다. "남쪽으로 사냥을 나가야 큰 뜻을 이룰 수 있다.〔南狩之志 乃大得也〕"(「상전」) 여기에는 또 다른 함의가 있다. 어둠을 물리치는 것은 밝은 생명 사회를 이룩하기 위한 지성의 명령인 만큼 그 공으로 권력이나 부를 누리려 해서는 안 된다는 것이다. 그러한 욕심은 지성을 배반하는 일이며, 또 다른 어둠을 조성하게 될 것이다.

주의해야 할 점이 또 한 가지 있다. 어둠의 비호 세력, 즉 어둠을 이용하여 적극적으로 이익을 챙기려 했던 자들은 정의의 이름으로 분명히 단죄해야 하지만, 단순히 어둠에 젖어 있는 사람들까지 모두 다스리려 해서는 안 된다. 사실 엄밀히 따지면 암흑사회에서는 어느 누구도 어둠으로부터 자유로울 수가 없다. 어쩌면 모두가 어쩔 수 없는 상황에서, 적극적으로는 아닐지라도 어둠을 방조하고 방관해 왔으며, 어느 사이에 어둠에 다소 물들어 있기 때문이다. 그러므로 그들에게는 관용을 베풀어 그들 스스로 지난날의 어둠을 반성하고, 각자 자기 내부의 어둠을 씻어 내도록 계몽할 필요가 있다. 밝은 생명 사회의 조성을 위해서다.

당연히 이는 긴 인내심을 요한다. 그동안 젖어 살아온 어둠을 사람들의 삶에서 일거에 제거할 수는 없다. 우리의 현대사는 그 실례를 마음 아프게 보여 준다. 일제의 어둠의 그늘이 해방 이후에도, 아니 아직까지도 드리워져 있으며, 유신 독재의 잔재가 여전히 우리의 정치와 사회를 주름잡고 있기 때문이다. 그러므로 지성인은 사냥의 목표를 "큰 짐승"을 잡는 일에만 둘 것이 아니라, "큰 짐승"으로 인해 교란된 산야(사회)의 질서를 바로잡기 위해 장기적인 안목으로 참을성 있게 노력해야 한다. 암흑사회의 "큰 짐승" 몇 마리를 잡는 것으로 밝은 세상이 도래할 것을 조급하게 기대해서는 안 된다.

六四
그들의 은밀한 복심을 들여다보니
빛을 해치려는 마음을 갖고 있음을 알겠다.
그들의 집에서 나와야 하리라.
入于左腹 獲明夷之心 于出門庭

육사(六四)는 음효이므로 온순한 지성인이며, 빛의 하괘를 넘어 어둠의 상괘로 진입했기 때문에 "그들의 은밀한 복심을 들여다보니"했다. 여기에서 '그들'이란 "빛을 해치려는" 어둠의 주동자들(특히 상육)을 가리킨다.

지성인이라면 당연히 그들의 식객이 되어서는 안 된다. 그래서 "그들의 집에서 나와야 하리라."고 했다.

아무리 절망적인 사회라 해도 우리는 지성의 빛을 포기해서는 안 된다. 빛을 밝히고 널리 펼칠 수 있는 자리를 얻으면 지성인의 본분을 다해야 한다. 그것이 그가 취해야 할 자세다. 주의할 것은 그 자리가 어둠의 세력에 이용되어서는 안 된다는 점이다. 혹시 어둠의 세력이 그러한 자리를 제안하는 데에는 어둠의 이익을 강화하려는 그들의 복심이 깔려 있을 수 있기 때문이다.

독재자들이 학자들을 자기 휘하에 두려는 까닭이 여기에 있다. 그들은 학자들을 앞에 내세움으로써 자신들의 어둠을 숨기고 일반 대중에게 밝음을 가장하려 한다. 이에 대해 일부 학자들은 지성인의 본분을 궤변으로 늘어놓으면서 자신들의 권력(명예)욕을 채우려 한다. 설사 그러한 욕심을 갖지 않았다 하더라도 학자들이 이용 가치를 잃게 되면 이내 '팽(烹)'당하면서 불명예의 낙인을 얻을 것이다. 어둠의 세력은 그처럼 간교하다.

정말 지성인이라면 그들의 어둠에 이용당하거나 봉사하려 하지 않을 것이다. 공자는 말한다. "그들의 은밀한 복심을 들여다보면 빛을 해치려는 뜻을 알 수 있다.〔入于左腹 獲心意也〕"(「상전」) 그는 그렇게 그들의 복심을 간파하고는 그들의 '집'(영역)에서 멀리 벗어날 것이다. 하지만 그가 소중하게 지키는 지성의 빛이야말로 많은 사람들에게 희망과 진정한 삶의 길을 밝혀 줄 것이다. 드물기는 해도 우리 사회에서 재야의 지성인으로 많은 사람들의 추앙을 받아 온 몇몇 인물이 그 예다.

六五

기자가 빛을 감추었던 어둠의 시절이다.

올바른 정신을 지켜야 한다.

箕子之明夷 利貞

육오(六五)는 상육, 즉 어둠의 주동자에게 가장 가까이 다가가 있다. 그러므로 어둠의 박해를 심하게 당하는 사람이다. 그럼에도 그는 상괘의 가운데에서 중심을 잃지 않고 빛을 감추어 안으로 간직하고 있다. 기자가 그 전형적인 예다. 다만 육오가 음효로서 나약하게 마음이 흔들릴까 염려하여 "올바른 정신을 지켜야 한다."고 충고했다.

기자는 은나라 주임금의 가까운 친척이었던 현인이다. 그는 임금의 실정(失政)에 간언을 하여 감옥에 갇혔다가 거짓 미친 체하여 노예가 되었다. 얼마 뒤 문왕의 아들인 무왕이 은나라에 혁명을 일으켜 주나라를 건국하고서 기자를 찾아가 조언을 구하자, 그는 무왕에게 '홍범구주(洪範九疇)'(『서경』)라는 정치 이념을 진언했다고 한다. 이에 무왕은 기자를 조선 땅의 제후로 봉했다고 하며, 고래의 '기자조선설(箕子朝鮮說)'이 여기에서 나왔다. 참고로 앞서 소개한 김인후는 기자의 "거짓 미친" 행적에 대해 다음과 같이 찬양의 글을 쓴 바 있다. "그러한 처신은 자학하기 위한 것이 아니라 오히려 자신을 보전하기 위한 것이었고, 자신의 보전은 진리와 의로움의 정신을 보전하여 궁극적으로는 나라를 보전하기 위한 것이었다."(『하서집』)

위의 사례는 지성이 심하게 박해받고 탄압당하는 암흑의 시절에 무모하게 대항하려 해서는 안 됨을 일러 준다. 그것은 자칫 돌이킬 수 없는 화를 초래할 수도 있기 때문이다. 예컨대 기자와 마찬가지로 주임금의 친척이었던 비간(比干)이라는 사람의 말로가 그러하다. 그가 임금의 폭정을 심하게 따지자 임금은 그에게, "내 들으니, 성인의 심장에는 일곱 개의 구멍이 있다고 하는데, 정말 그런지 당신에게서 확인해 보겠다." 하면서 그를 죽여 심장을 갈라 보았다고 한다.

그러므로 어둠을 물리칠 힘을 갖지 못했으면 일단 "빛을 감추고서" "올바른 정신"을 지킬 필요가 있다. 올바른 삶의 정신이야말로 진리(생명)의 빛을 꺼트리지 않고 키워 나갈 수 있기 때문이다. 공자는 말한다. "기자와 같은 올바른 정신 속에서만 빛이 꺼지지 않을 것이다.〔箕子之貞 明不可息也〕"(「상전」) 만약 시절이 어둡다 하여, 사는 게 곤고하다 하여 올바른 정신을 버린다면, 그 순간 진리의 빛도 꺼지고 말 것이다. 동서고금을 막론하고 만민의 삶을 인도하는 찬란한 빛은 어둠의 박해와 탄압에도 굴하지 않았던 올바른 정신 속에서 나왔다. 아래에 김인후의 시를 한 편 읽어 보자. 당나라 한유(韓愈, 768~824)가 올바른 정신을 버리고 권력에 굴종했던 태도를 그는 다음과 같이 개탄한다.

우주 안에 우뚝 선 남아 대장부
진리 도덕 지녔으니 다시 무얼 구하리오.
세상살이 궁핍과 영달은 때가 있으니
한 몸의 춥고 주림 걱정할 일 아니네.
달동네 보리밥도 즐거움이 족한데
그대 어찌 급급하게 제 한 몸 위해 일을 꾀했나.

(중략)

백이(伯夷)는 수양산 아래 굶주려 죽었어도

높은 이름 천추에 늠름히 떨치네.

벼슬길에 쓰임 버림 남의 손에 달린 것을

나 홀로 그대 위해 마음이 가없네.

명성 이익 쫓아 사는 세상의 사람들아

원망 허물 그만두고 각자 제 몸 닦으라.

男兒特立宇宙內　　抱德負道夫何求

世上窮達各有時　　一身飢寒非所憂

陋巷簞瓢聊足樂　　公何汲汲爲身謀

(中略)

伯夷枯死西山下　　英名凜凜垂千秋

用舍在人其苟得　　我獨爲君心悠悠

寄語當年名利客　　各自修身休怨尤 (「독창려삼상서(讀昌黎三上書)」)

上六

빛이 없어 어둡다.

처음에는 하늘까지 오르지만

나중에는 땅속으로 빠지리라.

不明 晦 初登于天 後入于地

　　상육(上六)은 괘의 마지막 효로서 어둠의 극치요 주동자다. 그는 처음에는 어둠의 힘으로 기세등등하게 "하늘까지 오르지만", 끝내는 자기의 어둠에 스스로 갇혀 망하고 말 것이다. 그래서 "나중에는 땅속으로 빠지리라." 하였다. 여기서 "땅속으로 빠진다."는 것은 상괘 '곤'(땅)이 함의하는바, 어둠의 세력 자신이 조성한 어둠의 함정에 제 스스로 빠진다는 말이다.

암흑의 시대에 어둠의 세력은 악마와도 같이 지성의 빛을 탄압하고 해치면서, 마치 "하늘까지 오를" 듯 기세등등할 것이다. 유신 독재의 시절에 그들이 무소불위의 권력으로 인권을 탄압했던 과거가 그 예를 잘 보여 준다. 하지만 그들은 그것이 바로 자신들의 함정임을 모른다. 그들은 자신들이 조성한 어둠에 스스로 빠지고 말 것이기 때문이다. 극단적으로는 어둠 속에서 죽임을 당할 것이며, 그렇게까지 되지는 않는다 하더라도 뒷날 역사의 빛은 그들의 어두운 모습을 낱낱이 비출 것이다. 공자는 말한다. "처음에는 하늘까지 올라 천하에 모습을 드러내겠지만, 나중에는 땅속으로 빠져 삶이 길을 잃고 말 것이다.〔初登于天 照四國也 後入于地 失則也〕"(「상전」)

37. 가정의 법도

가인(家人)

인간은 이 세상에 외롭게 내던져진 개인으로 태어나 삶을 출발하지 않는다. 그는 부모와 본질적인 유대를 갖고서 가족의 일원으로 살아간다. 사람들이 '가정' 하면 본능적으로 푸근한 느낌을 갖는 것도 이러한 사실에 연유할 것이다. 물론 가족에 대해 혐오감을 갖는 사람도 종종 있지만, 그것은 그의 성장 과정에서 부모 자식 간의 유대 의식이 상처를 입은 결과일 뿐이다. 오히려 그러한 사람들일수록 가정의 따뜻한 분위기를 내심 더 그리워할 것이다.

그러므로 가정은 최상의 안식처다. 그것은 사회생활의 온갖 긴장과 피로와 상처를 풀어 준다. 탕아가 끝내는 가정의 품을 그리워하는 것도 이러한 이유에서다. 공자는 이를 괘의 순서와 관련하여 다음과 같이 말한다. "'이(夷)'란 다친다는 뜻이다. 사람이 밖에서 다치면 반드시 집안으로 돌아오기 마련이다. 그래서 〈명이(明夷)〉에서 〈가인(家人)〉으로 이어졌다.〔夷者 傷也 傷於外者 必反於家 故受之以家人〕"(「서괘전」) '가인'이란 가족을 말한다. 그리하여 이 괘는 가정의 평화를 위해 집안의 어른들이 갖추어야 할 자세를 주제로 내놓고 있다.

이를 괘의 구조와 상징상에서 살펴보자. 〈가인〉괘는 초효에서 구오 효까지 모두 양효는 양의 자리에, 음효는 음의 자리에 올바르게 있다. 이는 가족 구성원들이 각자의 자리에서 본분과 도리를 다하고 있음을 암시한다. 특히 구오와 육이가 음양으로 호응함은 가정의 핵심인 남편과 부인의 교감(사랑)과 올바른 역할을 은유한다. 가정의 평화와 행복이 여기에서 비롯된다.

한편 이 괘의 상괘 '손(巽)'☴과 하괘 '리(離)'☲는 각각 바람과 불의 상징을 갖고 있다. 이는 아래에서 불이 타오르면서 그 열기로 바람을 치솟아 올리는 영상을 보여 준다. 불빛은 사방을 환하게 밝히며, 그 열기는 주위 사람들의 몸과 마음을 따뜻하게 만들어 준다. 야영장에서 장작더미 위에 높이 타오르는 모닥불과도 같다. 사람들은 그 주변에서 심신을 풀면서 각종의 유희를 즐긴다.

엉뚱한 것처럼 보이지만 선비들은 거기에서 가정의 중요성과 사회적 의의를 상념했다. 인간 생활의 바탕은 가정이다. 한 가정의 밝은 불빛은 자녀의 삶은 물론, 이웃과 사회를 광명하고 따뜻하게 해 준다. 사회적인 문제아는 결손 가정에서 나온다는 사실이 그 반증의 하나다. 극단적인 예이기는 하지만 어느 사형수의 편지 일부를 읽어 보자. 그는 딴집 살림을 차려 살고 있는 아버지의 소생이었다. 그는 말한다.

어머니가 태중에 새 생명이 자라고 있음을 안 것은 그즈음이었습니다. 남편에 대한 미움과 원망이 컸던 어머니는 낙태를 결심하고 독초를 달여 마셨습니다. 부엌을 구르다 정신까지 잃었지만 뱃속의 생명은 끈질기게 버렸습니다. 몇 달 후 저는 세상에 나왔습니다. 그러나 어머니에게는 바람난 남편의 자식을 품어 줄 모성이 남아 있지 않았습니다. 어머니의 젖 대신 큰누나가 쑤어 준 미음 국물을 먹어야 했습니다. 어머니와 아버지가 저를 서로에게 떠넘기면서 태어난 지 2년이 되도록 출생 신고도 하지 않았습니다. (중략) 고민 끝에 병무청을 찾아가 해병대 지원 신청서를 냈습니다. 그러나 "소년원이라도 6개월 이상 수감 생활을 하면 실형 전과로 간주한다."며 불합격 판정이 났습니다. 절망은 깊어졌고 "세상엔 너란 놈은 필요치 않아. 아무짝에도 쓸모없는 너에게 누구도 호의적이지 않아."라는 야유 소리가 들리는 것 같았습니다. (《경향신문》, 2015. 4. 25. 「어느 사형수의 편지」)

누가 이 사람에게 돌을 던지면서 그의 살인을 비난할 수 있을까. 가정과 사회의 어른들이 그를 범죄의 구렁텅이로 몰아넣고는 "죽어 마땅하다."고 판결하는 것이 과연 타당한 생각일까? 그의 고백은 한 개인의 인격 형성에 부모의 사랑과 가정의 화목이 미치는 영향이 그야말로 거의 절대적이라는 사실을 극명하게 일러 준다. 그러므로 범죄자들의 인격 파탄과 사회의 혼란을 개탄만 하려 하지 말고, 사람들 모두 부모로서 자신의 가정을 먼저 올바로 꾸려 나가야 한다. 청나라 대진(戴震, 1723~1777)의 말처럼, "범부도 세상의 혼란에 책임이 있다." 요컨대 가정이야말로 사회 평화의 원천이므로 '제가(齊家)'를 잘 해야 한다.

사람들이 흔히 오해하는 것처럼 유교는 결코 가족 이기(폐쇄)주의를 조장하지 않는다. 선비들이 가정(가족 관계)을 중요시한 것은 그것이 사람들의 인격 형성과 사회에 미치는 영향이 심대함을 깊이 인식했기 때문이다. 오늘날 사람들의 오해는 어쩌면 자기의식의 투영일 수도 있다. 각박한 사회생활 속에서 남들에 대해서는 무관심한 채 가정만을 돌보려는 태도를 괴롭게 자책할 수 없어서 그것을 지난날의 전통으로 탓하는 것이다. 아니면 전문적 관점에서는 서양 사조의 유입 속에서 서구적 가족관으로 우리의 전통을 비판하는 오류를 일부의 학자들이 범하고 있는지도 모른다. 동서양의 가족관을 비교한 장경섭의 글을 보자.

가족과 사회 공동체의 공존 가능성을 긍정하는 동양적 사상에 반해 서구적 사상의 흐름은 대체로 가족의 내적 통합성이 사회 전체의 통합성을 저해시키는 작용을 하며, 따라서 효율적 통치를 위해 가족의 정치적 역할은 억제되어야 하는 것으로 보았다. 이는 '가족을 통한 통치'를 원리로 삼는 동아시아의 유교 이념과는 근본적으로 다른 것이다. 플라톤은 시민들의 가정에 대한 사적 집착이 도시 사회(polis) 전체의 공동체적 권위 확립에 중요한 장애가 된다고 보았고, 따라서 사적 가정을 제거해야 할 것으로 여겼다.(『동아시아 문화와 사상』 제5호)

사실 선비들은 가정과 사회 공동체를 별개의 것으로 여기지 않았다. 오히려 사회를 가정의 연장선상에서 살폈다. 사회는 확대된 가정이었던 것이다. 이 점은 오늘날 우리에게 아직까지도 친숙한, "천하일가(天下一家)요 사해동포(四海同胞)"라는 명구에서 잘 드러난다. 그들이 사회 윤리를 가정 윤리의 일환으로 정립하려 했던 것도 이러한 까닭에서였다. 『대학』은 말한다. "군자는 집안을 벗어나지 않고 나라에 교화를 성취한다. 어버이에게 효도하는 마음으로 임금을 섬기고, 형님을 공경하는 마음으로 어른을 섬기며, 자식을 사랑하는 마음으로 백성을 부린다." 이에 의하면 사회는 차갑고 경쟁적인 인간관계의 장이 아니라, 가정과도 같이 따뜻하고 친밀한 분위기 속에서 사랑과 공경을 나누면서 어우러져야 할 화합의 자리다. 그러므로 선비들에게 가정은 "사회 전체의 통합성을 저해시키"기는커녕 오히려 사회를 윤리적이고 인격적으로 통합시켜 주는 중요한 의의를 갖고 있었다.

괘사卦辭

가정에서 부인은 올바른 도리를 다해야 한다.

家人 利女貞

재미있는 이야기를 하나 소개한다. 1980년대 어느 여성 잡지에 실린 주한 프랑스 대사 부인의 글에 나온 것이다. 그녀는 한국의 남편들이 월급을 부인에게 봉투째 갖다 주는 사실에 문화적 충격을 받았다 한다. 그것은 서양의 개인주의적 사고에서는 상상할 수 없는 일이었기 때문이다. 그런데 곰곰이 생각한 결과 그녀는 그것의 합리성에 찬탄을 금치 못했다. 남편이 부인에게 월급을 몽땅 갖다 준다는 사실에는 부인의 인격과 자주적 태도를 존중한다는 뜻이 담겨 있더라는 것이다. 남편이 부인의 자율적인 돈 씀씀이를 허용하고, 부인의 독자적인 가사 운영을 인정하며, 남편의 용돈까지도 감독 관리할 정도로 막강한 경제권을 부인에게 넘기고 있기 때문이다. 한편으로 거기에는 부인이 가사 운영에 월급 이상의 돈을 쓰면 가정이 파탄 나고 말 것이라는 경고의 뜻도 내포되어 있더라고 한다.

사실 그처럼 부인이 남편의 월급봉투를 독차지하는 것은 우리 어머니들이 갖고 있었던 '광 열쇠'의 전통이 현대적으로 변형된 모습이다. 과거에는 어머니가 집안의 광에 있는 물건을 재량껏 이용하고 소비했는데, 나이가 들면 그 열쇠를 큰 며느리에게 물려주었다. 그것을 물려주는 날 어머니는 혼자서 광에 들어가 눈물을 흘리기도 했다고 한다. 가지고 있던 권한이 상실되고, 그리하여 한 집안의 중심에서 주변으로 밀려난다는 사실에 허전함을 느꼈기 때문이다.

우리의 전통에는 이처럼 부인이 가사 운영에 막강한 힘을 갖고 있었다. 그러므로 집안이 잘 되려면 부인이 올바른 정신을 갖지 않으면 안 되었다. 아니 그러한 월급봉투의 문화가 아직까지도 지배하는 우리 사회에서 그것은 여전히 중요하다. 부인의 그릇된 사고는 가정을 파탄 내고 말 것이기 때문이다.

물론 이는 남편의 입장에서 강조된 것이다. 만약 부인이라면 당연히, "가정에서 남편은 올바른 도리를 다해야 한다."고 말할 것이다. 남편이나 부인이나 다 같이 자녀의 양육이나 가사의 처리에 '올바른 도리'를 다하지 않으면 안 되기 때문이다. 공자는 말한다. "〈가인〉은 부인이 집안에서 도리를 다하고, 남편이 집 밖에서 도리를 다한다는 뜻을 함축한다. 남편과 부인이 안팎으로 도리를 다하는 것, 그것이 하늘과 땅의 커다란 이치다.〔家人 女正位乎內 南正位乎外 男女正 天地之大義也〕"(「단전」)

여기에서 "하늘과 땅의 이치"를 말한 것은 가정 내 남편과 부인의 역할을, 나아가 삶 전체를 자연의 이치에 맞추고자 했던 사고에서 나온 것이다. 앞서 〈건〉괘와 〈곤〉괘에서 살핀 것처럼 이 세상 만물은 하늘과 땅의 산물이다. 공자는 말한다. "건은 하늘이므로 아버지라 부를 수 있고, 곤은 땅이므로 어머니라 부를 수 있다.〔乾 天也 故稱乎父 坤 地也 故稱乎母〕"(「설괘전」) 그리하여 만물의 생육은 생명의 기운을 창도하는 하늘과, 그들에게 생명의 질료를 부여하는 땅의 상호 작용 속에서 이루어진다.

이를 지상에 있는 생명체들의 관점에서 바라보자. 하늘은 저 위 '밖에서', 그리고 땅은 이 아래 '안에서' 활동하여 서로 호응하면서 만물을 생장시켜 나간다. 이와 마찬가지로 부인과 남편도 '내외간'에 각각 집안과 집 밖에서 도리를 다하지 않으면 안 된다. 부부의 도리를 이처럼 안팎으로 나누는 것은 여성의 바깥 활동이 자유로운 오늘날의 관점에서 보면 어이없는 발상이다. 철학적으로 따지면 그것은 사람의 도리(도덕과 인격)를 성별에 따라 차별화하는 치명적인 문제점을 갖고 있다.

하지만 '내외간'의 사고방식을 넘어 우리는 부부의 의미와 역할을 하늘 땅의 생명 정신으로 새롭게 해석해 볼 수도 있다. 즉 하늘과 땅이 만물의 생명을 길러 내듯이, 부부는 '내외'를 불문하고 가정을 소중한 생명 성취의 장으로 만들어야 한다. 양자가 서로의 생명을 억압하거나 침해해서는 안 된다. 가정 안에 생명의 빛이 충만하도록 온 힘을 기울이는 것, 그것이 부부가 다해야 할 '올바른 도리'다.

가정은 부부만의 공간이 아니다. 남남이 만나 맺어진 부부 이외에 그들의 소생인 자식 역시 엄연한 가족 구성원이다. 그러므로 부모는 당연히 자식과의 관계에서도 '올바른 도리'를 다하지 않으면 안 된다. 『춘추좌씨전』은 이를 다음과 같이 말한다. "아버지는 올바르게 처사하고 어머니는 자애로워야 한다.〔父義母慈〕" 자식 앞에서 올바른 처사와 자애로운 태도는 부모 모두에게 필요하지만, 이와 같이 양자를 나누어 강조한 것은 자식의 조화로운 인격을 길러 주기 위한 것이다.

무릇 자식은 어려서부터 부모에게서 삶의 정신을 자연스럽게 배운다. 자식에게 어머니는 넉넉한 사랑의 품으로, 아버지는 시비 분별의 준거로 여겨진다. 에리히 프롬의 말대로 아버지의 사랑은 이성적이고 조건적이며 정의롭다면, 어머니의 사랑은 감성적이고 무조건적이며 자애롭다. 예를 들어 보자. 아버지가 자식의 잘못을 엄하게 따지면서 회초리로 바로잡으려 할 때, 어머니는 자식의 잘잘못을 떠나 치마폭으로 감싸려 한다. 속담에 "열 손가락 깨물어 안 아픈 손가락 없다."고 하지만, 사실 이는 아버지보다는 어머니의 사랑에 더 적합한 말이다.

아무튼 자식은 이러한 부모로부터 옳고 그름의 판단력과 사랑의 마음을 동시에 배운다. 만약 부모가 자식 앞에서 시시비비의 태도로만 일관한다면 자식은 사람들을 포용하는 넓은 도량을 배우기 어려울 것이다. 이와 반대로 부모가 사랑으로만 나선다면 자식은 옳고 그름의 판단력을 키우기 어려울 것이다. 부모의 과잉 사랑으로 자기중심적인 태도만 키우는 아이들의 모습이 그 예다. 그러므로 아버지의 올바른 처사와 어머니의 자애로운 마음은 자식으로 하여금 사랑과 의로움의 정신을 조화롭게 갖추게 해 주는 의의를 갖는다.

이는 아버지에게는 자애로운 마음이, 어머니에게는 올바른 처사가 불필요하다는 뜻이 아니다. 그것은 자식의 눈에 비친 아버지와 어머니의 모습이나 아버지(남자)와 어머니(여자)의 자연적인 성향에 따른 역할 분담일 뿐이다. 실제의 생활에서 부모는 올바른 처사 속에서도 사랑을, 사랑 속에서도 올바른 처사를 보여 줄 수 있으며, 당연히 그래야 할 것이다. 그러므로 어머니의 사랑이라 해서 자식의 방종까지 무조건 용납하는 것이어서는 안 된다. 옛사람들은 무조건적인 사랑을 "어미소가 새끼를 핥아 주는 사랑"이라 하여 비난하기도 했다.

한편으로 부모는 자식 앞에서 위엄과 권위를 가져야 한다. 부모가 그것을 갖지 못한다면 자식은 부모에게서 사랑이든 의로움이든 올바른 삶의 정신을 배우려 하기는커녕 오히려 부모를 우습게 알고 무시하려 들 것이다. 물론 부모의 위엄과 권위가 가식적이어서는 안 된다. 가식적인 태도는 자식의 비난과 반발을 야기하는 역효과만 낼 뿐이다. 진정한 위엄과 권위는 부모가 평소 자신들의 삶을 올바르게 영위하는 가운데에서 형성된다. 자식은 그러한 부모에게 존경심을 갖고서 자연스럽게 올바른 삶의 정신을 익혀 나갈 것이다. 공자는 말한다. "가정에는 존엄한 어른이 있어야 한다. 부모가 그러한 사람이다.〔家人 有嚴君焉 父母之謂也〕"(「단전」)

화목하고 행복한 가정은 이처럼 부부가, 그리고 부모가 "올바른 도리"를 다하는 가운데에서만 조성된다. 그 밖에 자식과 형제자매의 도리 또한 매우 중요하지만, 그전에 어른(부부, 부모)의 도리를 성실하게 실천해야 한다. 그리하여 어른을 비롯하여 가정의 모든 구성원이 각자 자신의 도리를 다할 때 "가화만사성(家和萬事成)"할 것이다. 이때 '만사'를 집안의 일로만 국한할 필요는 없다. 사회의 평화도 가정의 화목에서 비롯된다. 공자는 말한다. "어버이는 어버이답게, 자식은 자식답게, 형은 형답게, 동생은 동생답게, 남편은 남편답게, 부인은 부인답게 행동하면 집안의 도리가 바로 설 것이다. 집안이 바로서면 온 세상이 안정될 것이다.〔父父子子兄兄弟弟夫夫婦婦 而家道正 正家 而天下定矣〕"(「단전」)

공자의 정명[正名] 정신이 여기에서도 드러난다. 이에 의하면 사람들이 사회생활상 주고받는 호칭[名]에는 모종의 도리(직분과 과제)가 담겨 있는 만큼 그것을 올바로 실현해야[正] 한다. '~다움'이란 그러한 도리의 실현 여부를 평가하는 말이다. 만약 '~답게' 행동하지 않는다면 그는 자신의 존재를 스스로 부정하는 것이나 마찬가지다. 공자는 말한다. "술잔이 술잔 같지 않다면 그것을 술잔이라 할 수 있겠는가![觚不觚 觚哉 觚哉]"(『논어』)

우리는 이 '술잔'에 수많은 호칭을 대입해 볼 수 있다. 내가 아버지답지 않으면 아버지라 할 수 있는가, 남편답지 않으면 남편이라 할 수 있는가, 아니 사람답지 않으면 사람이라 할 수 있는가. 결국 '~답지' 못한 행동으로 인해 나는 자신이 누려 온 호칭과 직위, 심지어 나의 존재까지도 박탈당할 것이다. 부부의 이혼이나 부모 자식의 관계 파탄이 그 예에 해당된다. '정명'의 정신에 담긴 무서운 뜻이 여기에서 드러난다.

다만 문제는 '~다움'을 누가, 어떻게 규정하느냐 하는 데 있다. 엄밀히 따지면 그것은 전통의 산물이다. 과거에 사람들이 호칭을 만들어 주고받으면서 거기에다가 일정한 도리(직분과 과제)를 담아 놓은 것이다. 이를테면 남편(남자)다움과 부인(여자)다움은 나 자신의 이성으로 구성한 것이 아니다. 그것은 전통으로 주어져 학습되면서 나의 것으로 내면화되었다. 그렇게 하여 우리는 그 '~다움'을 의심할 여지없이 당연한 이치로 생각한다.

하지만 사실 그것은 지금의 삶과 항상 다소의 틈을 갖기 마련이다. 선조들의 삶의 정신과 지금 나의 그것이 같을 수는 없기 때문이다. 부부(남녀)관에서 잘 드러나는 것처럼 신구 세대의 갈등이 여기에서 비롯된다. 그러므로 사회생활상에서나 가정 안에서나 '~다움'의 의미, 즉 '올바른 도리'를 깊이 숙고하고, 구성원들 사이에 논의를 통해 새롭게 모색할 필요가 있다. 가정이나 사회의 안정과 평화도 이를 통해서만 이루어질 수 있다.

괘상卦象

불에서 바람이 이는 모습이 〈가인〉의 형상이다.
군자는 이를 보고서 말은 진실하게, 행동은 도리에 맞게 한다.
風自火出 家人 君子 以 言有物 而行有恒

바람의 세기는 불의 열기에 좌우된다. 큰 불은 큰 바람을, 작은 불은 작은 바람을 일으키며, 불이 사그라지면 바람도 잦아든다. 마찬가지로 가정 내에서 어른의 영향력(바람)은 그의 언행(불) 여하에 따라 달라진다. 불처럼 밝은, 즉 숨기는 것 없이 진실되고 도리에 맞는 언행은 가정에 좋은 바람을 일으킬 것이요, 어두운 불빛 속에 감추듯 하는 거짓되고 부도덕한 언행은 나쁜 바람을 일으킬 것이다.

그러므로 가정의 어른은 불이 사방을 밝게 비추면서 바람을 통해 밖으로 열기를 발산하듯 진리의 빛을 크게 밝혀야 한다. 그로써 가족에게 삶과 세상의 길을 인도하고, 사랑의 열기로 가정 전체를 훈훈하게 만들어야 한다. 이를 위해 그는 평소 말 한마디, 행동 하나도 조심하지 않으면 안 된다. 공자의 말처럼 "말은 진실하고 신의 있게, 행동은 신실하고 경건하게[言忠信 行篤敬]"(『논어』) 해야 한다.

군자가 "불에서 바람이 이는 모습"을 보면서 진실한 말과 도리에 맞는 행동을 수행의 과제로 생각하는 것은 이러한 이유에서다. 물론 그는 가정생활 이전에 언제, 어디에서든 자신의 참자아를 실현하기 위해 수행의 노력을 다한다. 그렇지만 그는 집안의 어른으로서 더욱 "말은 진실하게, 행동은 도리에 맞게" 하려 한다. 거짓된 말은 가족의 판단력을 미혹시키고, 부도덕한 행동은 가족의 마음을 고통에 빠트려 가정 전체의 불화와 파괴를 초래하는 요인이 된다는 사실을 잘 알기 때문이다. 저와 같은 수행 노력의 바탕에는 역시 가정을 사랑의 열기와 진리의 빛으로 충만케 하려는 염원이 담겨 있다.

효사爻辭

初九
가정에 법도를 세우면 후회거리가 없으리라.
閑有家 悔亡

초구(初九)는 괘의 시작이므로 가정을 처음 이루는 시점을 말하고 있다. 그는 양효로 양의 바른 자리에 있으므로 가정의 법도를 아는 자다.

가정은 본래 사랑의 정서가 지배하는 삶의 자리이지만, 바로 그렇기 때문에 더욱 가족 간에 예의와 법도가 확립되지 않으면 안 된다. 예컨대 부부가 한 이불 속에서 지내는 사이라 하여 서로 조심성 없이 함부로 대하다 보면 사랑도 점점 식어 권태와 불만만 쌓이기 쉽다. 예법은 이의 방지책이다. 아니 그것은 사랑의 실천 윤리로서, 부부의 사랑을 더욱 깊고 긴밀하게 해 준다. 아래에 이황이 갓 결혼한 손자에게 보낸 편지를 한 통 읽어 보자. 오늘날의 부부들에게도 정말 소중한 사랑의 지침서가 될 만하다.

부부는 인륜의 시작이요 만복의 근원이므로, 아무리 친밀하다 해도 역시 서로 올바르게 행동하고 조심해야 하는 사이다. 세상 사람들 모두 예의와 공경심을 잃고서 그저 가깝게만 지내다가, 마침내는 서로 얕보고 업신여겨 못하는 짓이 없다. 이 모두 서로 손님처럼 공경하지 않는 데에서 생겨나는 일이다. 그러므로 집안을 올바르게 지켜 나가려면, 마땅히 부부 사이부터 조심하지 않으면 안 된다. 천만 경계하거라.(『퇴계전서』)

그는 제자들에게도 부부간에 오래 떨어져 있다가 재회할 경우에는 서로 큰절을 하도록 가르쳤다고 한다. 이 역시 "서로 공경하기를 손님 대하듯이〔相敬如賓〕" 하는 마음에서 나온 것이다. 이러한 공경의 마음은 당연히 상대방의 인격을 존중하고 예의바르게 다가가려 할 것이다. 혹자는 그것이 서로 간에 거리감을 느끼게 만든다고 반발할지 모른다. 하지만 그 거리감은 애정이 식어서 생기는 것과는 차원이 다르다. 서로 공경하며 예의를 갖추는 태도는 오히려 상대방에 대한 그리움을 키워 주고 사랑의 마음을 더욱 간절하게 해 준다. 그러므로 '상경여빈(相敬如賓)'의 정신이야말로 사랑을 깊게 해 줄 비결이다. 이는 부부는 물론 남녀의 사랑에도 당연히 해당된다.

가정의 예법은 부부 생활의 출발 시부터 확립할 필요가 있다. 부부간 순수한 사랑과 아름다운 뜻이 생활 속에서 퇴색되면 공경과 예의의 정신을 일으키기가 어렵기 때문이다. 공자는 말한다. "가정의 법도는 부부 사이에 뜻이 흐트러지기 이전에 확립되어야 한다.〔閑有家 志未變也〕" (「상전」) 부부 사이에서만 그러한 것이 아니다. 부모와 자식 간에도 처음부터 인격 존중과 예의의 자세를 익히지 않으면 안 된다. 그리하여 가족이 서로 사랑 속에서 공경하고 인격을 존중하며 예의를 나눌 때, 그 가정은 행복으로 충만한 삶의 공간이 될 것이다.

六二
부인이 여러 가지 일을 자기 마음대로 하지는 않지만
집안의 살림을 주관한다.
부인의 올바른 도리가 가정을 화평하게 해 주리라.
无攸遂 在中饋 貞 吉

육이(六二)는 음효로서 하괘의 가운데 자리에 올바로 있으므로, 유순하고 올바른 정신으로 가정의 중심 노릇을 하는 부인을 상징한다. 그녀는 한편으로 역시 (상괘의 가운데에서 양효로 있어서) 올바른 구오의 남편에 음양으로 호응한다. 즉 집 밖의 일을 잘 처리하는 남편에 호응하여 부인이 집안의 일을 지혜롭게 주관함으로써 "가정의 화평"을 이룬다.

이는 "부인은 집안에서 도리를 다하고, 남편은 집 밖에서 도리를 다해야 한다"(『단전』)는 뜻을 다시 부연한 것이다. "집안의 살림"이란 이를테면 자녀의 양육이나 음식의 준비 등을 말한다. 오늘날 집안 살림의 내용과 방법은 크게 달라졌지만, 직장 생활을 하지 않는 전업주부의 "올바른 도리"는 여전히 중요한 의의를 갖는다. 그렇게 부인의 대내적인 살림과 남편의 대외적인 활동이 서로 잘 맞물릴 때 그 가정은 화평을 이룰 것이다.

"부인의 올바른 도리"란 과연 무엇일까? 그것은 시대와 사회, 심지어 부부관계에 따라 다를 수밖에 없을 것이다. 시공을 넘어 만인에게 공통된 도리를 찾기란 불가능한 일이다. 하지만 기본적인 것은 생각해 볼 수 있다. 공자의 말을 들어 보자. "가정의 화평은 부인의 온유함과 겸손함에서 온다.〔六二之吉 順以巽也〕"(『상전』) 부인의 사납고 오만한 성격은 남편과 수시로 부딪치면서 가정의 불화를 초래할 것이기 때문이다. 그러므로 부인은 온유하고 겸손한 태도를 가져야 한다. 물론 남편도 마찬가지다. 남편의 거칠고 불성실한 태도 역시 가정 불화의 요인이 된다. 『소학』이 강조하는 것처럼, "남편은 부인에게 온화하면서 올바르게 다가가고, 부인은 남편에게 부드러우면서 올바르게 다가가야 한다.〔夫和而義 婦柔而正〕"

九三
가족들이 볼멘소리를 하니
엄한 가풍에 대해 회의의 마음이 들기도 하겠지만, 괜찮다.

처자와 시시덕거리기나 한다면 끝내 창피스러운 일을 겪으리라.

家人嗃嗃 悔厲 吉 婦子嘻嘻 終吝

　구삼(九三)은 양효로 양의 자리에 있으므로 지나치게 강한 성품을 갖고 있다. 그는 집안을 너무 엄하게 규율하여 때로는 "가족들의 볼멘소리"를 듣기도 할 것이다. "처자와 시시덕거림" 운운한 것은 구삼의 성질이 아니라, "가족들의 볼멘소리"와 대조되는 상황을 가정하여 차라리 "엄한 가풍"이 나음을 말하려 한 것이다.

　어떠한 인간관계에서나 마찬가지이지만, 가족 간에도 사랑과 예법(예의와 법도)은 다분히 이율배반적이다. 예법을 중시하는 사람은 사랑의 진솔한 표현을 경계하면서 그것을 예법으로 꾸미려 할 것이요, 이에 반해 사랑의 감정은 예법을 무시하고 상대방에게 곧장 다가가려 할 것이기 때문이다. 예법으로 가풍을 세우려는 집안이 전자의 예에 해당된다. 그러한 사례는 조선조 사대부의 집안에서 일반적이었을 뿐만 아니라, 드물게나마 우리의 주변에서도 목격된다. 그러한 집안은 '가족들의 볼멘소리'를 피할 수 없을 것이다. 예법으로 인해 가족 사이에서조차 진솔한 사랑의 교류가 막혀 거리감이 느껴지기 때문이다.

　이에 반해 예법보다 사랑을 앞세우는 사람은 부모 자식조차 친구처럼 허물없이 농담을 주고받는 관계를 선호할 것이다. 그러한 집안의 가장은 "처자와 시시덕거리기도" 하면서 날마다 웃음꽃이 피어나는 것을 더없는 행복으로 여길 것이다. 참으로 편안하고 화목한 모습이다. 그런데 어째서 그들이 "창피스러운 일"을 겪게 될 것이라고 경고하고 있을까? 온 가족이 모여 '시시덕거리는' 것이 왜 잘못된 일일까?

이는 기본적으로 사랑에 관한 인식의 차이에 연유한다. 선비들에 의하면 사랑은 단순히 좋아하는 감정의 표현과 교류에 불과한 것이 아니다. 사랑이란 자타 간 생명적 동일체 의식 속에서 서로의 생명을 북돋아 주고 제고시키려는 이성적인 노력을 동반한다. 그러므로 거기에는 당연히 서로 다가가는데 예의와 법도가 요구된다. 한번 생각해 보자. 서로 존중할 줄 모르고 무례하게 언행을 주고받는 사랑이 아름다운 생명의 꽃을 피우고 결실할 수 있을까? 사랑의 이름으로 그저 '히히덕거리기'만 해서는 안 되는 이유가 여기에 있다.

사랑의 예법은 남녀나 친구 간에도 필요한데, 하물며 부모 자식 사이에서는 더 말할 것이 없다. 요즈음 많은 부모가 자식을 친구처럼 대하는 것을 자랑으로 여기는 경향이 있다. 그것은 아마도 부모가 쓸데없이 권위를 내세우지 않고 자식과 충분히 의사소통하겠다는 뜻으로 보인다. 하지만 그것만으로는 충분하지 않다. 부모는 자식 앞에서 역시 어른으로서의 위엄과 권위를 가져야 한다.

물론 진정한 위엄과 권위는 나이나 신분이 아니라 인격과 지혜에서 나온다. 그러한 위엄과 권위, 인격과 지혜는 자식에게 공경심과 예의의 마음을 자연스럽게 불러일으킬 것이다. 그것은 자식의 부모 사랑을 약화시키기는커녕 오히려 고상하게 만들어 줄 것이다. 사실 존경심을 동반하는 사랑과, 단지 허물없이 오가는 사랑 사이에는 커다란 차이가 있다. 만약 이를 인식하지 못하고 부모가 자식과 그저 히히덕거리면서 친구처럼 지내려고만 한다면 그들은 언젠가 "창피스러운 일"을 겪게 될 것이다. 부모를 존경할 줄 모르는 자식의 방자한 언행이 심기를 건드리고 자존심에 상처를 줄 수밖에 없기 때문이다.

그러므로 엄한 가풍도 문제가 있지만 히히덕거리는 분위기보다는 차라리 낫다. 엄한 가풍 속에서 부모는 물론이고 자식도 언행의 예의와 절제를 익히고, 은근하고 조용한 사랑을 배울 것이기 때문이다. 공자는 말한다. "가족들이 볼멘소리를 하겠지만 잘못되지는 않을 것이요, 처자와 히히덕거리면 가정의 법도를 잃게 될 것이다.〔家人嗃嗃 未失也 婦子嘻嘻 失家節也〕"(「상전」) 덧붙여 이상적인 윤리 정신을 한 가지 소개한다. 이는 남녀나 친구뿐만 아니라 가정 내 부부와 부모 자식의 관계에서도 훌륭한 법도가 될 수 있다. "현자는 남들과 친하게 지내면서도 그들을 공경할 줄 알고, 조심하면서도 사랑할 줄 안다.〔賢者 狎而敬之 畏而愛之〕"(『예기』) 이러한 '공경'과 '조심' 속에서 예의 바른 태도가 우러나오며, 그것이 부부나 부모 자식의 사랑을 고상하게 만들어 줄 것이다.

六四
부인이 집안을 번창하게 한다.
큰 행복을 이루리라.
富家 大吉

육사(六四)는 음효로 음의 자리에 올바로 있으므로 온유한 덕을 갖고 있는 부인이다. 게다가 그것이 상괘에 진입해 있음은 아래의 효들(집안 사람들)을 통솔할 수 있는 지위와 덕을 갖고 있음을 은유한다.

괘사와 육이효, 육사효가 계속 부인의 덕을 강조하는 것은 어째서일까? 그것은 가정의 평화와 행복에 부인의 역할이 매우 중요하다는 인식 때문이다. 우리는 이와 관련하여, "남편은 하늘(이요 부인은 땅)"이라는 말뜻을 깊이 캐 볼 필요가 있다. 세간에서 그것은 흔히 부인의 절대복종을 요구하는 말로 쓰이지만, 남편-하늘, 부인-땅의 연상은 원래 그러한 뜻을 담고 있는 것이 아니었다. 그것은 만물의 생성에 하늘과 땅의 기능이 서로 다른 것처럼 남편과 부인도 가정에서의 역할이 다름을, 그리고 하늘과 땅이 조화로운 상호 작용을 통해 만물을 생성시키는 것처럼 남편과 부인도 상호 화합 속에서만 가정의 행복과 번창을 기할 수 있음을 말하려는 것이었다. 그러므로 부인이 남편을 하늘처럼 받들어야 한다면, 남편도 부인을 대지의 여신에게 경배하듯이 공경해야 한다.

땅이란 무엇인가? 그것은 만물을 생육시켜 주는 '어머니 대지(Mother Earth)'다. 이 세상 모든 것을, 쥐나 뱀처럼 징그러운 녀석들까지도 빠짐없이 너그럽게 받아들여 살게 해 주는 생명의 요람이다. 자식을 끌어안는 어머니의 품도 이와 다를 바 없다. 옛날에 부인이 집의 안채(남편은 사랑채)를 차지했던 것도 이러한 상징성을 띤 것이었다. 아니 요즈음에는 "남편이 큰아들"이라는 우스갯소리도 있고 보면, 부인(어머니)은 남편까지도 포함된 온 가족을 끌어안는 너그러운 품이라 할 수 있다. 그러므로 남편은 부인을 공경하고, 자식은 어머니를 소중히 모셔야 한다.

이렇게 살피면 결혼했다 해서 자동적으로 부인이 되는 것은 아니다. 부인은 온 가족을 아우르는 덕을 갖추어야 한다. 그러한 덕으로 가정에 사랑과 생기가 충만하도록 중심적인 역할을 해야 한다. 공자는 말한다. "집안의 번창과 큰 행복은 부인이 온유한 덕으로 바른 자리를 지킴으로써 이루어질 수 있다.〔富家大吉 順在位也〕"(「상전」)

물론 그것은 부인의 도리만으로 될 수 있는 일이 아니다. 하늘과 땅의 상호 작용 속에서 만물이 생장하는 것처럼, 가정의 번창과 행복을 위해서는 남편의 "올바른 도리"가 당연히 보합되어야 한다. 그러므로 역시 아무나 남편이 될 수 있는 것도 아니다. 이는 앞서 지적한 것처럼 남편과 부인의 도리를 차별화하려는 뜻이 아니다. 어느 시대, 어느 사회에서나 남편과 부인 각자의 도리가 있는 만큼, 그것을 잘 행함으로써 생산적 조화를 이루어야 함을 강조하려는 것이다. 『예기』는 말한다. "부모 자식의 두터운 사랑과 형제의 화목, 부부의 화합이 집안의 번창을 이룰 것이다.〔父子篤 兄弟睦 夫婦和 家之肥也〕"

九五
가장이 온 가족을 감화시키니
걱정하지 않아도 행복을 이루리라.
王假有家 勿恤 吉

구오(九五)는 상괘의 가운데에서 양효로 양의 자리에 있으므로 가정의 중심에서 가족을 올바르게 이끄는 가장(남편)이다. 한편 아래의 육사부터 초구에 이르기까지 모두가 음양의 바른 자리를 지키고 있음은 온 가족이 각자의 본분을 다하고 있음을 은유한다. 이는 가장이 수신과 제가를 잘한 결과로 여겨진다.

가정의 행복을 이루기 위한 또 하나의 관건은 가장(남편)의 수신(修身)에 있다. 부인이 아무리 너그러운 덕을 갖고 올바른 도리를 행한다 하더라도, 남편이 어긋난 처사와 비뚤어진 행동을 하면 그 가정은 불행해질 수밖에 없다. 그러므로 『대학』은 말한다. "제가(齊家)를 하려면 수신을 먼저 해야 한다." 제가란 일반적으로 "집안을 잘 다스리는 일" 정도로 풀이되지만, 선비들은 그것을 가정 내 '정명(正名)'의 실현 노력으로 이해했다. 즉 "어버이는 어버이답게, 자식은 자식답게, 형은 형답게, 동생은 동생답게, 남편은 남편답게, 부인은 부인답게 행동하게 함으로써 집안의 도리가 바로 서도록" 하려는 것이었다. 그것이 가장에게 주어진 제가의 과제였다.

이러한 과제의 실현을 위해서 가장은 당연히 '수신'하지 않으면 안 된다. 그것은 '어버이답게', '남편답게' 가장의 도리를 다하는 것으로 그치지 않는다. 그전에 그는 자아를 "날로 새롭게, 또 날로 새롭게 하려는" 노력을 게을리해서는 안 된다. 그야말로 매일매일을 거듭나야 한다는 것이다. 『대학』은 그 구체적인 내용을 '정심(正心)' '성의(誠意)' '격물치지(格物致知)'로 항목화한다. 간단히 말하면 편견 없는 마음으로 사물을 올바르게 대면하고(정심), 진실하고 순수한 뜻으로 매사에 임하며(성의), 세상사의 이치를 탐구하여 지혜를 키워야 한다(격물치지)는 것이다. 이와 같은 수행의 삶을 가장이 일상으로 보여 줄 때 가족들은 자연스럽게 감화되면서 자신들도 그처럼 올바른 삶의 길을 따를 것이요, 가정의 행복과 평화를 이룰 것이다. 공자는 말한다. "가장의 감화로 온 가족이 서로 사랑하리라.[王假有家 交相愛也]"(「상전」)

上九

가장이 성실한 생활로 위엄을 지키면

집안이 오래도록 행복을 누리리라.

有孚 威如 終吉

상구(上九)는 양효로 괘의 제일 위에 있으므로, 가장이 갖추어야 할 도리를 총결하고 있다. 여기에서 그가 음의 자리에 잘못 있음은 문제시되지 않는다.

가장은 한 집안의 기둥과도 같은 존재다. 기둥이 튼튼해야 집이 오래 갈 수 있는 것처럼 가장이 든든해야 집안의 화평과 행복을 이룰 수 있다. 그 든든함은 경제력에 있지 않다. 가장이 아무리 돈을 잘 벌어온다 하더라도 가정생활에 성실하지 못하다면, 그는 가족의 신뢰와 존경과 위엄을 얻지 못할 것이다. 따라서 그 집안은 결코 행복할 수 없다. 그러므로 가장은 가족에게 성실성을 다해야 한다. 성실성이란 가정생활의 매사에, 그리고 가족 모두에게 가장 자신의 존재를 거짓 없이, 진실하게 드러내는 태도를 말한다.

물론 이는 결코 쉬운 일이 아닌 만큼 가장은 역시 '수신', 즉 부단한 자기 성찰과 수행의 노력을 기울이지 않으면 안 된다. 가장의 수신이야 말로 가정의 평화와 행복의 처음이자 끝이다. 가장의 진정한 권위와 위엄은 여기에서만 확립될 것이며, 그러한 가장 아래에서 "집안은 오래도록 행복을 누릴" 것이다. 공자는 말한다. "가장의 위엄과 집안의 행복은 수신에서 나온다.〔威如之吉 反身之謂也〕"(「상전」)

38. 대립과 반목

규(睽)

지금까지 계속 살펴온 것처럼 이 세상 만사만물은 한순간도 고정되어 있지 않다. 그것들은 끊임없는 변화의 진행 중에 있다. 그러한 변화는 사물에 작용하는 힘들의 불균형에서 비롯된다. 음양론으로 따지면 "양지가 음지 되고 음지가 양지 되는" 것은 양(의 기운)과 음(의 기운)이 균형을 잃기 때문에 일어나는 현상이다. 우리 태극기의 원 안에 그려진 곡선이 이러한 뜻을 깊이 함축하고 있다. 만약 원의 중앙이 직선으로 가로질러졌다면, 사람들은 그 모습에서 위아래 두 부분의 영원한 평형과 정체, 그리고 서로 넘나들 수 없는 분단을 상상했을 것이다.

　불균형의 변화를 우주 자연의 이치로 정식화한 과학자 콜럼 코츠의 말을 들어 보자. "우주의 동력 체계는 원래부터 불균형을 바탕으로 발생한다. (중략) 평형 상태란 정지, 정체, 획일, 단조로움을 의미한다. 만약 균형 잡힌 평형 상태가 가능하다면 발전이나 진화가 이루어지지 않는 정체된 상태가 가능하며, 이 상태에서는 어떠한 변화나 생산 활동도 이루어지지 않을 것이다. 그러나 그런 곳은 우주 그 어디에도 존재하지 않는다."(『살아 있는 에너지』)

인간사도 마찬가지다. 세상만사가 그야말로 영고성쇠와 생장 쇠멸의 역정 속에 있다. 당연히 삶의 행복과 사회의 평화도 영원히 지속될 수 없다. 행복과 불행, 평화와 혼란이 부단히 반복된다. 노자의 말처럼, "화(禍)는 복(福)에 의지해 있고, 복은 화 속에 숨어 있다."(『노자도덕경』) 공자가 괘의 순서와 관련하여 다음과 같이 말한 것도 이러한 뜻을 함축하고 있다. "집안의 도리가 곤궁해지면 가족이 서로 어긋나기 마련이다. 그래서 〈가인(家人)〉에서 〈규(睽)〉로 이어졌다. '규'란 반목한다는 뜻이다.〔家道窮 必乖 故受之以睽 睽者 乖也〕"(「서괘전」) 가정이 언제까지나 화목할 수만은 없는 법이며, 가족이 서로 등을 돌리면서 대립 반목하기도 한다는 것이다. 그리하여 이 괘는 반목과 갈등, 그리고 이를 해소하고 조정하기 위한 노력을 주제로 내놓는다.

이를 괘의 구조상에서 살펴보자. 〈규〉괘의 상괘 '리(離)' ☲와 하괘 '태(兌)' ☱는 각각 불과 연못을 상징으로 갖고 있다. 이는 양자가 조합될 수 없음을 보여 준다. 그림상으로 둘이 서로 어울리지 않을 뿐만 아니라, 성질상 불은 위로 타오르고 연못의 물은 아래로 흘러들어 서로 다른 방향으로 나아가기 때문이다. 이는 그들이 서로 대립 반목하고, 괴리 분열되는 모습을 보여 준다.

이를 또 다른 상징상에서 살펴보자. 하괘는 (음효가 제일 끝에 있으므로) 한 가정 내에서 막내딸을, 상괘는 (음효가 가운데에 있으므로) 둘째딸을 상징한다. 이는 두 딸이 한 집에서 살다가 적령기가 되면 각기 다른 집으로 시집갈 처지에 있음을 은유한다. 그들이 반목하는 것은 아니지만 서로 떨어져 각자의 길을 가는 것이다. 공자는 말한다. "〈규〉는 불이 위로 타오르고 연못의 물이 아래로 흘러들며, 두 딸이 함께 살지만 동행의 뜻을 갖지 않는 모습을 보여 준다.〔睽 火動而上 澤動而下 二女同居 其志不同行〕"(「단전」)

한편 상괘와 하괘는 각각 지혜와 기쁨의 정신을 속성으로 갖는다. 이는 사람들이 대립과 분열 속에서도 지혜를 발휘하여 화해의 기쁨을 찾으려 함을 은유한다. 대립과 반목, 불화 자체를 즐기는 사람은 없다. 누구나 그러한 인간관계를 불편해하고 괴로워한다. 그러므로 대립과 반목의 고통을 애써 감추면서 상대방을 외면하려 해서는 안 된다. 그것은 번민과 괴로움을 누적시킬 뿐이다. 어떻게든 그 상태를 해소하고 상황을 극복하여 다시 화합할 수 있는 길을 모색해야 한다. 〈규〉괘에 담긴 주지가 여기에 있다.

괘사卦辭

대립과 반목의 즈음에 작은 일부터 풀어 나가면
좋은 결과를 얻으리라.

睽 小事 吉

자타 간 대립 반목의 상태에 있으면 그로 인해 생긴 갈등의 골을 단번에 메우기는 쉽지 않다. 그것이 사소한 감정이나 의견의 차이에서 나온 것이라면 모르거니와, 만약 서로 다른 인생관이나 세계관에 기인한다면 아마도 평생토록 지속되기도 할 것이다. 그러므로 자타 간의 대립과 갈등이 어디에서 비롯된 것인지 세심하게 살펴보아야 한다. 그리고 그것을 단번에 해결하려 하지 말고 '작은 일'부터 차근차근 풀어 나가야 한다. 예컨대 상대방의 인생관을 바꾸려는 '큰일'을 시도하는 것은 오히려 문제를 더 악화시키기만 할 것이다. 그보다는 그의 인생관을 존중하면서 서로 대립과 마찰을 피하기 위해 일상의 작은 일들에 신경을 쓰는 것이 좋다.

곰곰이 생각해 보면 인간관계의 대립 반목과 갈등은 감정이든 의견이든, 처지든 입장이든 서로의 차이를 인정하지 않으려 하는 데에서 비롯되는 경우가 허다하다. 부부간 갈등의 한 가지 요인도 여기에 있다. 그들은 각자 자신의 취미나 심지어 입맛까지도 상대방에게 강요하다가 곧잘 다툼을 벌인다. 이는 그들이 '다름'과 '틀림'을 혼동하는 데에 기인한다. 감각이나 생각이 나와 다를 뿐인데도 상대방이 틀렸다고 생각하여 그것을 자신의 방식대로 바로잡으려 하는 것이다.

하지만 "사물들의 제각기 다른 모습이야말로 그것들의 실상"이라고 맹자가 말한 것처럼, 이 세상에 똑같은 것은 아무것도 없다. 겉으로 보기에 유사한 돌멩이들조차도 그 구조나 생성의 역사를 들여다보면 서로 크게 다르다. 사람의 경우 제각기 다른 출생 신분과 성격까지 고려하면 더 말할 것이 없다. 오히려 '제각기 다른 모습'이야말로 세상에 다양한 아름다움을 주는 중요한 요소가 아닐 수 없다. 몇몇의 한정된 수목으로 조성된 정원과 온갖 다양한 초목이 어우러진 들판을 비교하며 상상해 보라.

자연은 그러한 다양성 속에서 조화로운 모습을 보여 준다. 아니 만사 만물이 제각기 다르기 때문에 다채로운 생성과 변화를 펼쳐 나간다. 암컷과 수컷이, 움직임과 정지가, 낮과 밤이 다르게 존재하기 때문에 그것들이 상호 작용하면서 온갖 생성과 변화를 이루어 낸다. 그렇게 만물은 제각기 다르면서도 서로를 부정하지 않고 오히려 받아들이면서 부단히 새로운 세계를 전개해 나간다. 『중용』은 말한다. "만물은 함께 생장하면서 서로를 침해하지 않고, 계절과 일월은 순환 운행되면서 서로를 거스르지 않는다. 만물의 생장과 계절·일월의 운행은 마치 냇물이 쉬임 없이 흐르는 것과도 같고, 섭리는 저 생장과 운행을 영원무궁하게 주재해나간다. 천지가 위대한 까닭이 여기에 있다."

요컨대 범자연적으로 살펴면 만물이 제각기 '다름'은 그들의 조화와 생성, 발전의 토대로 작용한다. 인간 사회도 마찬가지이다. 그러므로 단지 의견이 서로 다르다는 이유 때문에 대립하고 반목하며 갈등에 빠져서는 안 된다. 설사 대립하고 반목하며 갈등한다 해서 그것을 부정적으로만 여길 일은 아니다. 오히려 서로 다름을 인정하고 존중하면서 조화, 발전의 토대로 이용해야 한다. 일사불란(一絲不亂)의 획일적인 사고를 버리고 '다사불란(多絲不亂)'의 정신을 키워야 한다. 대립 반목과 갈등 속에서도 새로운 화합과 좀 더 돈독한 관계를 조성하기 위한 지혜를 모아야 한다.

공자는 대립의 생산적 의의를 우주론으로까지 확대하여 다음과 같이 말한다. "하늘과 땅이 서로 대립하지만 그들이 하는 일은 같고, 남자와 여자가 대립하지만 그들의 뜻은 서로 통하며, 만물이 서로들 대립하지만 그들이 하는 일은 비슷하다. 대립의 시절이야말로 커다란 의의를 갖는다.〔天地暌 而其事同也 男女暌 而其志通也 萬物暌 而其事類也 暌之時用 大矣哉〕"(「단전」) 하늘과 땅, 남자와 여자, 만물이 서로 대립하면서

도 교감하고 상호 작용하면서 창조적 생명 세계를 무궁하게 펼쳐 낸다
는 것이다.

우리는 이러한 이치를 본받아 삶에서 벌어지는 각종의 대립과 반목
을 생명 정신을 제고하기 위한 계기로 활용해야 한다. 분열과 괴리, 반
목과 갈등에 체념해서는 안 된다. 그러한 상황에 적극 나서서 모든 지
혜를 동원하여 생명적 화합의 길을 모색해야 한다. 공자의 말을 들어
보자. "기쁜 마음으로 밝은 지혜를 찾고, 유연한 마음과 높은 안목으로
중도를 취하여 흔들림 없이 나서야 한다. 그렇게 하여 작은 일부터 풀
어 나가면 좋은 결과를 얻을 것이다.〔說而麗乎明 柔進而上行 得中而應乎
剛 是以小事吉〕"(「단전」) 글이 난삽하지만 그 뜻을 쉽게 풀이해 보자.

먼저 "기쁜 마음"이란 대립과 반목의 상대방이 나의 한정된, 또는 편
협한 사고를 깨트려줄 수도 있다는 기대감을 표현한 것이다. 이는 보
통 사람들에게서는 상상하기 어려운 일이다. 하지만 이렇게 생각해 보
자. 동서고금을 막론하고 모든 사상(철학)은 서로 대립하고 충돌하면서
발전되어 왔으며, 우리의 사고와 삶도 자타 간 각종의 갈등과 대립 속
에서 성장해 왔다. 그처럼 대립과 갈등은 성장과 발전을 위한 토대이
자 요소다. 그야말로 '타산지석'이다. 『시경』은 말한다. "다른 산의 돌
로 옥을 가공하는 것이 좋다.〔他山之石 可以攻玉〕" 중국의 소옹(邵雍,
1011~1077)은 이에 대해 다음과 같이 풀이한다. "옥이란 부드럽고 윤택
한 물건인 만큼, 만약 두 개의 옥 덩어리를 서로 갈면 그것들은 결코 갈
아지지 않는다. 그것은 거칠거칠한 물건을 가지고 해야 된다."(『근사록』)
"다른 산의 돌"이 필요한 이유가 여기에 있다. 그것은 옥을 캔 산의 석
질(石質)과 달라서 거칠기 때문이다.

사람의 경우도 그렇다. 나와 생각(이념, 철학)을 함께하는 사람하고만 어울려서는 성장과 발전을 기대하기가 어렵다. 오히려 대립된 주장을 경청할 필요가 있다. 그의 생각은 '타산지석'이 되어 나의 생각을 넓고 깊게 만들어 주며, 나의 존재를 옥처럼 아름답게 '가공'해 줄 수 있다. 그러므로 어려운 일이기는 하지만 대립과 갈등을 "기쁜 마음"으로 받아들이도록 노력해야 한다. 만약 대립자에 대해 분노의 마음을 갖는다면 자신의 생각에 갇혀 더 이상 향상 발전할 수 없을 것이다. 대립자에게서 나의 발전을 기대하는 (기쁜) 마음으로 자타의 합의점을 찾고 향상 발전하기 위해 "밝은 지혜"를 찾아야 한다. 이황이 말한 "발병구약(發病求藥)"의 정신(《몽(蒙)》괘 구오효 참조)도 이와 다르지 않다.

이를 위해서는 평소 "유연한 마음과 높은 안목"을 부단히 길러야 한다. 자신의 생각에 파묻힌 독존적이고 고집스러운 태도는 "밝은 지혜"는커녕 대립자에 대한 분노의 마음만 키울 것이다. 그러므로 유연한 마음으로 상대방의 생각을 아량 있게 받아들이면서 보다 높은 안목으로 그에게 다가가야 한다. 서로의 생각이 다를 수 있으며, 심지어 자신의 생각이 틀렸을 수도 있음을 인정하면서 말이다. 그렇다고 해서 그에게 무조건 동조해야 하는 것은 아니다. 그것은 불만을 감추고 있어서 진정한 화합의 길을 가로막을 뿐이다.

"유연한 마음과 높은 안목"은 대립자와 화합하고 공존할 수 있는 제3의 길, '중도'를 찾으려 할 것이다. 대립자의 의견을 무시하면서 나의 주장만 앞세우지 않고, 그가 나와 다를 수 있음을 너그럽게 인정하면서 자타 간 대립의 중간에서 서로가 통할 수 있는 길이다. 물론 이는 수학 공식의 해법처럼 간단한 것이 아니므로 일상적으로 "작은 일"부터 꾸준히 시도해 나가야 한다. 또한 이러저러한 장애들이 있을지라도 인내심을 갖고 "흔들림 없이 나서야 한다." 우리가 힘들게 겪고 있는 남북한의 대립과 반목도 이상의 노력 속에서만 해소될 수 있을 것이다.

괘상卦象

위에는 불, 아래에는 연못의 모습이 〈규〉의 형상이다.
군자는 이를 보고서 대동을 추구하면서도 서로 다름을 인정한다.
上火下澤 暌 君子 以 同而異

사람에게는 자기에게 익숙한 것에 대해서는 친근감을 갖고, 낯선 것에 대해서는 불안해하는 경향이 있다. 이는 진화의 산물이 아닐까? 인류는 오랜 진화의 역정을 통해 낯선 것(환경)보다는 익숙한 것 속에서 생존할 확률이 높다는 사실을 체감해 온 것이다. 많은 사람들이 민족적으로나 지역적으로, 또는 개인적으로 자기와는 다른 문화와 사고방식에 일차적으로 거부감을 갖는 것도 이에 기인할 것이다. 한편으로 그들은 자기들과 뜻을 함께하는 사람들과는 배타적인 당파를 이루기까지 한다.

하지만 사람들의 얼굴이나 용모가 제각각인 것처럼 생각이나 느낌이 저마다 다를 수밖에 없는 것이 엄연한 사실이고 보면, 우리는 자신과 다른 상대방을 인정하고 존중하지 않으면 안 된다. 만약 만사를 자신의 잣대로만 재단하려 한다면 나는 자기중심적이라는 비난을 받을 것은 물론, 내 밖의 다른 세계를 폭넓게 인식할 수 없을 것이다. 그것은 마치 자기에게 익숙하여 자신이 좋아하는 음식만 편식함으로써 그 밖의 맛들에 대해 무지한 것과도 같다.

하지만 그렇다고 해서 서로의 차이를 인정하는 것으로만 그쳐서는 안 된다. 서로가 다르므로 "너는 너의 방식으로, 나는 나의 방식으로" 각자 지내면 된다는 태도를 취해서는 안 된다. 그러한 개인주의는 자타 공동체의 삶을 부정할 뿐만 아니라 극단적으로는 사회의 무정부 상태를 초래할 수도 있다. 그것은 인간적으로 서로 공유할 세계와 사회생활상 지켜야 할 공공의 규범을 포기하기 때문이다. 그러한 사회는 뭉치지 못하고 뿔뿔이 흩어지기만 하는 모래알들의 세계나 마찬가지다.

그러므로 다름(차이) 속에서도 서로 화합하고 유대를 맺을 수 있는 방법을 모색해야 한다. 삶의 행복과 사회의 평화도 거기에서만 조성될 수 있다. 이를 위해 우리는 인간 존재의 근원적 동일성, 즉 사람이라면 누구나 천부적으로 타고나는 심성에 주목해 보아야 한다. 그것은 자타의 화합과 유대, 삶의 행복과 사회의 평화에 가장 확실한 기반을 제공할 것이다. 예를 들면 지난날 성현들은 그것을 불성(불교), 덕성(유교), 또는 영혼(기독교)에서 발견했다. 그들은 그것에서 발로되는 자비와 인(사랑)과 박애의 정신을 강조했다. 신앙의 '다름' 속에서도 '대동(大同)'을 추구할 수 있는 길을 우리는 바로 여기에서 발견한다. 즉 서로의 차이를 인정하면서도 인간의 근원적 동일성을 자각하여 생명을 교감하고 화합하는 사랑의 세계를 가꾸어 나가는 것, 달리 말하면 다양성 속에서 서로 조화를 이루는 것이다. 그것이 '대동'의 이념이다.

효사爻辭

初九
후회 없으리라.
말을 잃었지만 찾아 나서지 않아도 제 스스로 돌아올 것이다.
보기 싫은 사람까지 만나야 허물거리가 생기지 않으리라.
悔亡 喪馬 勿逐 自復 見惡人 无咎

초구(初九)는 대응 관계에 있는 구사와 (둘 다 양효이기 때문에) 서로 어울리지 못하여, 외로운 처지에서 회한의 마음을 갖고 있다. 하지만 그가 (양효로서 양의 자리에 있으므로) 올바른 정신을 지키는 한, (음효의 자리에서 올바름을 얻지 못하여 마음 둘 곳을 알지 못하는) 구사가 언젠가 그를 찾아올 것이다. 말의 비유가 이렇게 해서 나왔다. 다만 "내가 올바르다"는 믿음이 남들의 의견을 무시하는 독선으로 발전할까 염려하여, "보기 싫은 사람까지 만나야 허물거리가 생기지 않는다."고 충고했다.

살다 보면 사람들이 나와 뜻을 달리하며, 오히려 서로 대립하는 경우가 비일비재하다. 그럴 때에는 그들을 승복시키기 위해 억압하고 다투려 해서는 안 된다. 그것은 오히려 대립과 반목을 증폭시키기만 할 것이다. 이는 마치 달아나는 말을 잡으려고 뒤쫓을수록 그 말이 더 멀리 도망하는 것과도 같다. 그러므로 이런 경우에는 대립자를 무리하게 회유하려 하지 말고, 무엇보다도 먼저 나 자신의 정신과 삶의 자세를 가다듬을 필요가 있다. 올바른 삶의 정신을 견지한다면 "후회 없을 것이다." 말도 뒤쫓기를 중단하면 저절로 되돌아오는 것처럼, 그도 나의 진심을 이해하면서 화합의 길을 모색할 것이다.

한 가지 유념해야 할 일이 있다. 내가 옳다 해서 대립자, 즉 "보기 싫은 사람"을 무조건 외면하고 무시하려 해서는 안 된다는 점이다. 그의 생각이나 행동이 틀린 것이 아니라, 나와 다른 것뿐일 수 있기 때문이다. 사실 대립 자체가 허물이 아니라, 대립 속에서 상대방을 부정하는 태도가 각종의 허물거리를 지어낸다. 그러므로 그런 사람까지도 "유연한 마음과 높은 안목"으로 너그럽게 포용할 필요가 있다. 공자는 말한다. "보기 싫은 사람까지 만나야만 허물거리를 피할 수 있다.〔見惡人 以辟咎也〕"(「상전」)

자타의 대립은 나 자신의 편견이나 사고방식의 주관성 여부를 되돌아보게 해 주어서 사물과 세계를 폭넓게, 객관적으로 바라볼 수 있게 해 주는 긍정적인 의의를 갖고 있기도 하다. 이황은 한 제자에게 다음과 같이 말한다. "무릇 나의 의견에 동의하지 않는 이야말로 정말 나를 도와주는 사람이요, 나를 멀리하고 질책하는 이야말로 정말 나를 존중해 주는 사람입니다."(『퇴계전서』) 우리는 일상으로 일어나는 대립과 반목의 현장에서 이처럼 포용적이고 열린 정신을 가져야 한다.

九二
임을 골목길에서 만난다.
허물거리가 없으리라.

遇主于巷 无咎

구이(九二)는 육오(의 '임')와 음양으로 호응하지만, (전자는 양효로서 음의 자리에, 후자는 음효로서 양의 자리에 잘못 있어서) 둘 다 제자리를 얻지 못하고 있다. 그래서 상호 간 무언가 불안감과 괴리감을 떨칠 수 없다. 그는 그러한 상황을 타개하기 위해 그동안의 교류 방식을 버리고 새로운 만남을 시도해야 한다. 그동안 왕래했던 큰길을 버리고 은밀한 '골목길'에서 만나는 것이 한 가지 대안이다.

평소 가까이 지내던 사이도 때때로 무언가 괴리감을 가지면서 미묘한 갈등을 겪는 경우가 있다. 예컨대 부부간에 사랑이 변치 않았음에도 종종 알지 못할 거리감이 느껴지는 때가 있다. 친구 사이에도 우정이 점점 식어 서먹해지기도 한다. 그 요인은 여러 가지 있을 것이다. 만약 딱히 짚어 낼 만한 잘못이 없는 것 같은데도 그러한 상황이 벌어진다면 문제를 어떻게 처리해야 할까?

하지만 그러한 경우에도 잘못이 없는 것은 아니다. 설사 언행의 잘못은 없었다 해도, 구태의연한 교류의 태도가 서로의 관계를 진부하고 식상하게 만들 수도 있다. 이는 드문 일이 아니다. 예를 들어 보자. 사람들은 열렬한 사랑 끝에 결혼하지만, 한 이불 속의 생활이 오래 지속되다 보면 서로에 대해 점점 무덤덤해지는 것을 느낀다. 권태의 감정이 그 징표다. 그러면서도 많은 사람들은 상투적이고 습관적으로 사랑을 나누면서 살아간다. 친구의 경우도 마찬가지다. 역시 많은 사람들은 깊은 우정의 기쁨을 나누기보다는 그저 만나서 세상 돌아가는 이야기나 하면서 시간을 보낸다. 그러한 만남이 반복되다 보면 당연히 친구에 대한 그리움보다는 만나고 있는 자리에서조차 무언가 알 수 없는 거리감이

들 것이다. 그렇게 하여 친구 관계가 자연스럽게 소원해진다.

대립과 반목까지는 아니더라도 그처럼 권태로움과 괴리감을 느끼는 이유는 어디에 있을까? 아마도 그들이 쇄신과 향상의 노력을 기울이지 않는 데에 기인할 것이다. 사실 모든 인간관계와 삶 자체가 그렇지만, 사랑과 우정도 "일신 우일신"의 노력이 필요하다. 사랑과 우정은 지난날 한때의 감정과 인연만으로 되는 것이 아니다. 그것들은 부단히 성숙시켜야 할 평생의 과제다. 그렇게 하지 않으면 그것들은 과거의 빛바랜 추억으로만 남으면서 현재의 환희로운 활력으로 작용할 수 없다.

그러므로 자타의 관계에 식상함과 권태, 괴리감 같은 느낌이 들면 지금까지 교류해 온 태도를 되돌아 살펴볼 필요가 있다. 이를테면 지난날의 사랑과 우정을 계속 우려내려고만 할 뿐, 그것들을 갈수록 쇄신하고 더욱 심화하기 위한 세심한 노력을 결여하고 있는 것은 아닌지 반성해 보아야 한다. 그리하여 기왕의 상투적이고 습관적인 태도를 버리고 새로운 마음가짐으로 만남의 자리에 부단히 새롭게 나서야 한다.

가령 그동안 임을 번번이 '큰길'에서만 만나 온 것이 재미없다면, 이제는 으슥한 '골목길'에서 만나 보는 것이다. 여기에서 '큰길'이란 사람들이 늘상 오가는 상투적 관계의 통로를 은유한다. 하지만 언행의 상투는 곧 진부함의 다른 표현이기도 하다. 이에 반해 사람들의 왕래가 빈번한 '큰길'과 달리 '골목길'에는 은밀함과 정감이 배어 있다. 게다가 어느 날 만남의 장소를 '골목길'로 바꿈은 새로운 기분을 느끼게 해 준다. 여기에서 '골목길'이란 그동안 드러나지 않았던 은밀하고 새로운 내면의 인격 세계를 은유할 수도 있다.

그러므로 만약 자타의 관계에 무언가 괴리감과 권태가 느껴지면 그러한 '골목길'을 한번 찾아볼 일이다. 그동안의 상투적인 만남을 벗어나 순수한 인격으로, 타성적인 관념들을 벗어던지고 '벌거벗은' 존재로 상대방에게 다가가라는 것이다. 상대방이 새로운 모습으로 다가올 것이다. 평소에 그러한 노력을 한다면 괴리감과 권태도 미연에 방지할 수 있을 것이다. 공자는 말한다. "임을 골목길에서 만나면 삶의 길을 잃지 않을 것이다.〔遇主于巷 未失道也〕"(「상전」)

六三
사람들이 뒤에서는 내 달구지를 끌어당기고
앞에서는 소를 막아 세우면서 내 머리를 잡아채고 코를 베려 한다.
시작은 불미스럽지만 결말은 좋으리라.
見輿曳 其牛掣 其人 天且劓 无初 有終

　육삼(六三)이 음효로 양의 자리에 잘못 있어서 올바름을 얻지 못해 위아래의 두 양효와 반목 불화의 관계에 있다. 그래서 구이가 "뒤에서 내 달구지를 끌어당기고", 구사가 "앞에서 소를 막아 세운다." 심지어 그들은 육삼의 "머리를 잡아채고 코를 베려" 하기까지 한다. 그러하니 "시작이 불미스러울" 수밖에 없다. 하지만 그처럼 반목과 불화의 시절에도 그가 "좋은 결말"을 얻을 수 있는 여지는 있다. 그것은 그가 자신의 잘못된 자리(처신)를 바로잡는 노력 여하에 달려 있다. 그가 지혜의 속성을 갖는 상괘의 상구에게 도움을 청하는 것도 그 한 방안이다. 상구는 그의 진심에 (음양으로) 호응하여 조언과 충고를 해 줄 것이다.

내가 소달구지를 채비하여 길을 나서는데 "사람들이 뒤에서는 내 달구지를 끌어당기고 앞에서는 소를 막아 세우면서, 내 머리를 잡아채고 코를 베려는" 일이 생긴다면, 그것은 순전히 그들의 못된 심술에서일까? 그렇지 않을 것이다. 거기에는 어떤 까닭이 있을 것이다. 어떤 연유에서든 내가 그들과 반목하고 갈등하고 있기 때문에 그러한 일이 벌어지는 것이다. 그것이 길에 나서는 '시작'을 불미스럽게 만든다.

이처럼 어떤 일의 시작부터 사람들과 반목하고 갈등하는 상황에 부딪친다면 나는 어떻게 처신해야 할까? 결기를 세우고 그들과 싸워야 할까? 하지만 그것은 일의 성취는 고사하고, 자칫 이전투구의 격이 되어 자신의 체면을 구기게 만들 것이다. 그러므로 그러한 상황에서는 일의 진행을 중단하고, 반목 갈등의 요인과 자신의 문제점을 성찰해야 한다. 그래야만 일의 성취든 반목의 화해든 좋은 결말을 이끌어 낼 수 있다. 이를 위해 지혜로운 사람의 조언과 충고를 듣는 것도 좋다. 공자는 말한다. "사람들이 내 달구지를 끌어당기는 것은 나의 처신이 바르지 않기 때문이요, 시작은 불미스럽지만 결말이 좋은 것은 지혜로운 사람을 만나기 때문이다.〔見輿曳 位不當也 无初有終 遇剛也〕"(「상전」)

九四

대립과 반목 속에서 외롭다.
좋은 사람을 만나 깊은 교분을 나눈다면
힘들기는 하지만 허물거리가 생기지 않으리라.
睽孤 遇元夫 交孚 厲 无咎

구사(九四)는 육삼과 육오의 사이에서 그들과 교류하지 못하고 혼자서 외롭게 있다. 서로 음양으로 통할 법하지만 그들에게는 각자 어울리는 자들이 있다. 육삼에게는 상구가, 육오에게는 구이가 그들이다. 하지만 구사에게도 초구의 동지가 있다. 그가 초구와 마찬가지로 양효이기는 하지만, 외로운 시절에 그처럼 강단진 사람이야말로 "깊은 교분을 나눌" 수 있는 "좋은 사람"이다. "힘들기는 하지만"이라는 단서는 초구가 음의 자리에 있어서 허약한 심리를 갖고 있음을 염두에 둔 말이다.

생활 속에서 진리와 도의의 이념을 추구하는 사람은 일상의 안락만을 추구하는 대중들과 어떤 형태로든 대립하고 갈등할 수밖에 없다. 아마도 그는 중국 춘추 전국 시대의 혼란기를 살았던 굴원(屈原)과 똑같은 심정을 가질지도 모른다. 그는 탄식한다. "온 세상이 다 혼탁한데 나 혼자 깨끗하고, 세상 사람들이 모두 취해 있는데 나 혼자 깨어 있구나!〔擧世皆濁 我獨淸 擧世皆醉 我獨醒〕"(「어부사」) 그러하니 그는 대중의 한가운데에서 외로움을 느낄 수밖에 없다.

원래 인간은 이 세상에 외롭게 내던져진 존재라 하지만, 이처럼 시대가 야기하는 외로움과 아픔을 어떻게 하면 이겨 낼 수 있을까? 은둔주의자처럼 세속의 모든 일과 단절하고는 오직 자신의 내면에서 삶의 열락을 추구하는 방법이 있을 수 있다. 하지만 이는 그가 세상을 외면한다는 비난을 면하기 어렵다. 사실 아무리 세상이 자기와 맞지 않는다 하더라도, 세상과 절연해서는 살아갈 수 없다.

이와는 달리 외로움의 한가운데에서도 삶의 열락을 추구할 길이 있을 수 있다. 진리와 도의의 이념을 공유할 수 있는 "좋은 사람을 만나 깊은 교분을 나누는"것이다. 위에 말한 굴원도 그런 사람을 만났다면 끝내 강물에 뛰어들어 생을 마감하는 "허물거리"도 생기지 않았을 것이다. 아니 그 이상으로 "좋은 사람"과 합심 협력하여 당시의 혼란한 정치 상황을 바로잡을 수도 있었을 것이다. 공자는 말한다. "좋은 사람과 깊은 교분을 나누면 허물거리가 생기지 않을 뿐만 아니라, 자신의 뜻을 이룰 수도 있다.〔交孚无咎 志行也〕"(「상전」)

물론 그러한 이념을 공유할 수 있는 "좋은 사람"을 만나기란 현실적으로 쉬운 일이 아니다. 하지만 곰곰이 생각해 보면 그리 어려운 일도 아니다. 나의 외로움을 풀어 줄 "좋은 사람"은 이 사회를 넘어 동서고금으로 많이 있기 때문이다. 성현들이나 위대한 사상가, 예술가들이 그들이다. 그들을 직접 대면할 수는 없지만, 노력만 한다면 그들의 책과 음악, 그림 등을 통해 그들과 무언으로 대화하면서 "깊은 교분을 나눌" 수 있다. 그들로부터 고상한 뜻을 격려 받으면서 삶의 열락을 누릴 수도 있다.

六五
후회 없으리라.
친구가 내 살을 깨문다.
하지만 그와 함께 가는데 그를 비난할 일이 무엇 있겠는가.
悔亡 厥宗噬膚 往 何咎

육오(六五)는 음효로 양의 자리에 있어서 문제가 있지만, 상괘의 속성인 밝은 지혜를 갖고 있으므로 "후회 없으리라." 했다. "친구가 내 살을 깨문다."에서 '친구'는 구이를 두고 말한 것이다. 육오는 구이와 (음양으로 호응하여) 가깝게 교류하는 사이이기 때문이다. 그가 "내 살을 깨무는" 것은 깊은 우정과 사랑에서 나의 문제점을 충고해 주는 뜻을 갖는다. 그러므로 삶의 동반자인 그를 비난할 일이 아니다.

친구 간에는 장난 중에 상대방이 내 살을 깨물어 심지어 피가 난다 하더라도 그를 원망하거나 허물하지 않는다. 즉 가까운 사이는 상대방이 손해를 끼쳐도 대수롭지 않게 넘긴다. 게다가 만약 친구가 나의 잘못에 대해 '살이 깨물리도록' 아픈 충고를 한다면, 나는 오히려 그에게 감사할 일이다. 이러한 일들은 모두 아름다운 사랑과 우정의 모습이다. "그(친구)와 함께 가는" 기쁨이 거기에서 생긴다.

하지만 대립하고 반목하는 사이라면 사정이 달라진다. 그들은 조금만 침해를 당해도 달려들어 다투려 한다. 역으로 자신의 이익을 키우기 위해서라면 상대방에게 손해를 끼치는 일도 서슴없이 한다. 이는 관용과 배려, 사랑의 정신이 결여한 데에 기인한다. 이처럼 삭막하고 불행한 인간관계(사회)를 어떻게 하면 개선할 수 있을까? 이를 답하기에 앞서 자타 간 만남의 현장을 살펴보자.

오늘날 인간관계는 주로 일을 매개로 이루어진다. 당연히 그 자리에는 이해타산의 의식이 지배한다. 물건을 흥정하는 데에서 잘 드러나는 것처럼, 상대방의 이익과 손해는 거꾸로 나의 손해와 이익이다. 학교 성적이나 운동 경기에서처럼 상대방이 실수를 해야 나에게 유리하다. 그러므로 나는 사람들과의 관계에서 항상 대립 경쟁자로서 때때로 반목도 하면서 긴장하지 않을 수 없다. 회사의 동료와 겉으로는 웃고 지내지만 승진이나 연봉을 생각하면 시기와 질투심이 일어난다. 아니 길거리에서 마주치는 낯선 사람들조차도 잠재적인 경쟁자로 다가온다. 그리하여 극단적으로 말하면 사회는 전쟁터와도 같다. 그러므로 역시 다시 한 번 "파이팅(fighting)"을 다짐할 수밖에 없는 것 같다.

현실 사회의 추세로 보면 인간관계의 이와 같은 불행을 줄일 묘안이 없어 보인다. 그렇다고 해서 체념 속에서 긴장과 갈등의 불행을 견디기만 할 것인가? 어렵지만 행복의 길을 찾아야 한다. 갈등과 대립이 발생하기 이전에 평소 인간관계에서 인격적 교류를 도모하는 것이 한 가지 방안이다. 설사 일의 성사를 위한 만남이라 하더라도 이해타산만 하려 하지 말고 인간적 진정성을 갖고 상대방에게 다가갈 필요가 있다. 그것이 대립과 갈등을 최소화할 수 있는 길일 것이다.

그리하여 때로는 "내 살이 깨물리는" 아픔을 겪을지라도 관용의 마음과 인격 존중의 정신을 버려서는 안 된다. 일의 현장에서조차 상대방의 처지를 헤아리고 배려하면서 상생과 공영의 길을 모색할 필요가 있다. 공자는 말한다. "친구가 내 살을 깨물지만 그와 함께 간다면 좋은 일이 있을 것이다.〔厥宗噬膚 往有慶也〕"(「상전」) 여기에서 '친구'란 교제의 벗을 가리키는 것이 아니라, 어떤 자리에서든 인간적 진정성과 신뢰감을 토대로 교류하는 사이를 은유한다.

上九

대립과 반목 속에서 외롭다.
그녀를 마치 흙을 잔뜩 뒤집어쓴 돼지 보듯이

마귀를 가득 실은 수레를 만난 듯이 한다.

처음에 활을 들어 겨냥했다가 나중에는 그것을 내려놓는다.

그녀가 도둑이 아니라 청혼을 하기 때문이다.

함께 길을 나서서 비를 만나면 좋은 일이 있으리라.

睽孤 見豕負塗 載鬼一車 先張之弧 後說之弧 匪寇 婚媾 往遇雨 則吉

상구(上九)는 상괘의 속성상 원래 지혜를 갖고 있지만, 괘의 마지막 상황 속에서 너무 지나친 판단으로 인해 의심과 오해를 잘하는 성격이다. 그래서 육삼이 (음양으로 호응하면서) 그를 따르는데도 육삼을 의심하면서 반감을 품고는 제 스스로 외로움에 빠진다. 육삼이 음효로서 양의 자리에 잘못 있는 데다가, 구이와 구사의 사이에서 이들과 놀아나는 것처럼 오해하기 때문이다. 그래서 그는 육삼을, "마치 흙을 잔뜩 뒤집어쓴 돼지 보듯이, 마귀를 가득 실은 수레를 만난 듯이," 집에 침입하는 도둑을 대하듯이 "활을 들어 겨냥한다." 하지만 깨끗한 돼지를 흙 뒤집어쓴 듯이 보거나, 빈 수레에서 마귀를 보거나, 또는 자기 집에 오는 사람을 도둑으로 의심하는 것은 피해망상일 뿐이다. 그는 육삼이 자기에게 진심을 갖고 있음을 모르는 것이다. 나중에 그는 육삼이 자기에게 '청혼'한다는 사실을 알고는 "활을 내려놓는다." "함께 길을 나서 비를 만난다."는 말은 평생의 반려로 운우(雲雨)의 정을 나눈다는 뜻을 함의한다. 모든 의심과 반목, 갈등이 사라지고 행복한 생활이 여기에서 펼쳐진다.

어떠한 인간관계에서든 의심은 오해를 낳고 자타 간 갈등과 불화를 조성하여 자신을 외로움에 빠트린다. 평소 의심이 많은 사람들은 상대방의 진심 어린 말이나 행동조차 왜곡하고 제멋대로 상상하면서 그를 비난하고, 한편으로 자신을 고통 속에 몰아넣는다. 이는 마치 의처증이나 의부증 환자가 자기 배우자를 "흙을 잔뜩 뒤집어쓴 돼지 보듯이" 더럽게 여기는 것과도 같다. 또는 어떤 사람이 그에게 청혼하기 위해 수레에 선물을 싣고서 오는데, 그는 상대방이 마귀를 싣고 자신을 공격하려는 것인 줄 착각하고 활시위를 당기는 것과도 같다.

　말할 것도 없이 이러한 태도는 외로움과 고통만 가중시킬 뿐이다. 이를 벗어날 수 있는 방법은 한 가지밖에 없다. 상대방을 의심하기에 앞서 자신의 의심(생각)을 의심해 보아야 한다. 과연 그것이 객관적인 사실에 근거한 것인가, 내가 멋대로 만들어 낸 상상은 아닌가 하는 등 냉정하게 자기 성찰을 하지 않으면 안 된다. 이를 위해 평소에 마음을 비우고 세상과 사물을 바라보는 노력을 할 필요가 있다. 온갖 선입견이 갖가지의 상상과 의심을 지어내기 때문이다. 얼룩을 갖지 않은 거울이 사물을 있는 그대로 비추는 것처럼, 밝고 맑은 지혜는 선입견을 버린, 텅 빈 마음에서만 나온다. 대립과 반목, 갈등과 불화를 넘어 너와 내가 "함께 길을 나서" 서로 화합할 수 있는 근본 토대가 여기에 있다. 공자는 말한다. "비를 만나는 행복은 모든 의심이 해소되어야 주어질 것이다.〔遇雨之吉 羣疑亡也〕"(「상전」)

39. 고난의 대응

건(蹇)

자타 간 대립과 반목은 각종의 어려움을 야기한다. 부부의 반목은 가정의 불화를, 이데올로기의 대립은 사회의 분열과 혼란을, 국가 간 반목은 전쟁을 초래한다. 당연히 이로 인해 생겨나는 어려움은 이루 말할 수 없을 것이다. 가정의 불화는 부부의 것으로 그치지 않고 가족에게 고통을 끼치며, 사회의 혼란은 국민들을 불안으로 내몬다. 전쟁은 수많은 인명을 살상할 뿐만 아니라 산 사람의 심성까지 황폐화시킨다. 이라크전에 참전했던 미군 병사들의 정신적 외상(트라우마)이 그것을 잘 증언한다.

　〈건(蹇)〉괘는 이처럼 대립과 반목이 이후로 야기하는 어려움을 다룬다. 공자는 말한다. "'규(睽)'란 반목한다는 뜻이다. 반목하면 어려운 일들이 생기기 마련이다. 그래서 〈규〉에서 〈건〉으로 이어졌다. '건'이란 어려움을 뜻한다.[睽者 乖也 乖必有難 故受之以蹇 蹇者 難也]"(「서괘전」) 원래 '건'은 절름발이라는 뜻을 갖고 있다. 두 다리로 세상에 나서서 살아가기도 힘든 일인데, 하물며 한 발로 걸어야 할 형편이다. 그처럼 어려운 상황에서 어떻게 하면 자신을 온전히 지켜 낼 수 있을까?

이를 괘의 상징과 속성상에서 살펴보자. 〈건〉괘의 상괘는 '감(坎)'☵ 이요, 하괘는 '간((艮))'☶이다. 그것은 각각 물과 산을 상징으로 갖는 다. 이 둘을 조합하면 앞에는 깊은 강물이 있고, 뒤로는 높은 산이 있 어서 진퇴양난의 난관에 빠져 있다. 괘의 속성도 이러한 은유적 상황을 함축하고 있다. 상하괘는 각각 험난함과 머물러 있음의 속성을 갖는다. 이는 위험한 상황에 직면하여 앞으로 나아가지 못하고 상심 속에서 그 자리에 머물러 있는 모습을 보여 준다.

이러한 난관에 어떻게 대처해야 할까? 하괘 '머무름'의 속성이 그 해 답을 암시한다. 난관을 뚫고 나갈 역량이 없다면 무모하게 저항하려 하 지 말고 일단 물러서서 침착하게 사태를 살피면서 힘을 길러야 한다 는 것이다. 수영을 잘 하지도 못하면서 깊은 강물을 헤엄쳐 건너는 것 은 어리석은 만용이다. 공자는 말한다. "'건'은 어려움을 뜻한다. 위험이 앞에 도사리고 있다. 위험을 보고서 물러나 머무를 줄 아는 것, 그것이 지혜다.〔蹇 難也 險在前也 見險而能止 知矣哉〕"「단전」) 〈건〉괘는 그처럼 고난을 헤쳐 나갈 지혜의 깨침을 주제로 한다.

괘사卦辭

어려운 상황에서는 서남쪽으로 가야 하지, 동북쪽으로 가서는 안 된다.
현자를 만나 볼 것이요
올바른 정신을 지키면 기쁨을 알리라.
蹇 利西南 不利東北 利見大人 貞 吉

여기에서 '서남쪽', '동북쪽'은 〈곤〉괘 괘사의 그것과 달리, (문왕의 그림으로 알려진) 「후천팔괘도(後天八卦圖)」상 각각 '곤'과 '간(艮)'의 방향을 지칭한 것이다. 일설에 의하면 전자는 평평한 땅으로 퇴각의 뜻을, 후자는 험준한 산으로 전진의 뜻을 은유한다. 그러므로 "서남쪽으로 가야 하지, 동북쪽으로 가서는 안 된다."는 말은, 험난한 상황에서는 일단 안전하게 뒤로 물러나야 하지, 나방이 불속에 뛰어들 듯이 무모하게 나서서는 안 된다는 충고다.

이를 좀 더 부연해 보자. 일이 역경과 난관에 봉착했을 때에는 우선 당황하지 말고 한발 물러날 필요가 있다. 이는 소극적이고 도피적인 태도를 권장하는 뜻이 아니다. 그것은 사태를 침착하게, 객관적으로 살펴 올바른 처사의 방법을 찾기 위해서다. 공자는 말한다. "험난한 상황에서 서남쪽으로 가면 중도를 얻을 것이요, 동북쪽으로 가면 길이 막히고 말 것이다.〔蹇利西南 往得中也 不利東北 其道窮也〕"(「단전」) 여기에서 '중도'란 진퇴와 거취에 시의적절한 방책을 은유하며, '길이 막힌다'는 말은 더욱 궁지에 몰린다는 뜻을 함축한다.

한편 고난의 시절에 무엇보다도 가장 중요한 것은 진리와 도의의 "올바른 정신"을 잃지 않는 일이다. 많은 사람들은 위험과 역경에 굴복하여 그러한 정신을 포기하고는 자존 의식도 버린 채 세상에 아부하는 짓을 마다하지 않는다. 하지만 그렇게 해서 역경을 벗어난다 한들 그들에게 남는 것은 무엇일까? "올바른 정신"을 저버린 채 고난을 벗어나 안락만을 추구하는 태도는 삶의 알맹이(의미)를 갖지 못한 쭉정이에 지나지 않을 것이다.

"올바른 정신"은 고난 속에서도 삶의 기쁨을 알게 해 준다. 사람됨의 의미와 참삶의 가치가 바로 거기에 있기 때문이다. 제 몸을 돌보지 않고 진리의 사회적 실현을 위해 노력하는 사람들의 삶이 이를 잘 보여 준다. 그 기쁨은 본인의 것으로 그치지 않는다. 우리가 역사에서 흔히, 아니 현실에서도 종종 확인할 수 있는 것처럼, 고난 가운데에서도 올바른 삶의 정신을 잃지 않는 사람은 많은 사람들에게 기쁨을 안겨 준다. 사람들은 그의 올바른 정신에 감동하여 본받기까지 할 것이다. 올바른 정신의 사회적 파급 효과는 그렇게 크다. 공자는 이렇게 말한다. "제자리에서 올바른 정신을 지키는 기쁨은 나라까지 바로 세워 줄 것이다.[當位貞吉 以正邦也]"(「단전」) 여기에서 '제자리'란 고난의 상황일수록 더욱 잃어서는 안 될 인간 본연의 자리를 뜻한다. 삶이 아무리 고단하다 하더라도 존엄하고 고결한 인간성의 자리를 지켜 "올바른 정신"을 펼쳐야 한다는 것이다.

어려운 상황을 이겨 내기 위해서는 '현자', 즉 뛰어난 식견과 지혜를 갖고 있는 사람을 찾아가 그의 조언과 충고를 들을 필요도 있다. 현자를 반드시 현존하는 사람에만 국한할 필요는 없다. 동서고금에는 우리에게 가르침을 줄 대인, 즉 위대한 스승들이 많이 있다. 이를테면 우리는 불경과 사서삼경, 성경에 기록된 성인들의 말씀을 접하면서 크고 작은 고민과 고통, 고난에 위로를 받고 삶의 힘을 얻는다. 공자는 말한다. "현자를 만나는 것이 좋은 까닭은 그를 찾아가면 힘을 얻을 수 있기 때문이다.[利見大人 往有功也]"(「단전」)

현자는 역경 속에서도 동요하지 않고, 오히려 의연하게 대처하면서 자신을 더욱 곧추세워 진리와 도의의 올바른 정신을 밝힌다. 마치 세찬 비바람 속에서도 변함없이 생명을 고수하고 성숙시키는 소나무처럼 말이다. 그가 고난 속에서도 행복의 마음을 잃지 않는 것도 이 때문이다. 한겨울의 추위 속에서 고고하게 꽃을 피우는 매화처럼 어떠한 고난에도 굴하지 않는 진리와 도의의 정신은 그에게 자부심을 줄 것이다. 공자가 고난의 적극적 의의를 다음과 같이 찬탄한 뜻도 여기에 있다. "어려운 시절의 의의가 크구나![蹇之時用 大矣哉]"(「단전」) 고 윤동주 시인의 「팔복(八福)」도 이러한 속뜻을 담고 있지 않을까? 한 번 음미해 보자.

　　슬퍼하는 자는 복이 있나니
　　슬퍼하는 자는 복이 있나니
　　슬퍼하는 자는 복이 있나니
　　슬퍼하는 자는 복이 있나니
　　슬퍼하는 자는 복이 있나니
　　슬퍼하는 자는 복이 있나니
　　슬퍼하는 자는 복이 있나니
　　슬퍼하는 자는 복이 있나니

　　저희가 영원히 슬플 것이요

　시인이 상념한 '슬픔'은 어떤 유형의 것일까? 그것은 단순히 사랑하는 사람이나 아끼는 물건을 잃어서 생기는 아픈 마음만은 아닐 것이다. 물론 그러한 아픔을 통해 지혜가 성숙된다고 여기면 그것도 복일 수는 있다. 하지만 좀 더 고차원의 슬픔을 생각해 볼 수도 있다. 그것은 자기 안에서 진리와 도의의 올바른 정신이 위축되고 사라지는 것 같은 느낌, 즉 참자아의 상실감에서 나오는 슬픔이다. 자신이 가난의 시련과 사회적 핍박 때문에 올바른 정신을 버리고 이제는 백치처럼 살아야 한다고 생각할 때, 아마 그 이상으로 깊은 존재의 슬픔은 없을 것이다. 하지만 그것을 슬퍼할 줄 안다는 것은 아직 그가 올바른 정신을 버리지 않고 있다는 반증이다. 그렇다면 우리는 "영원히 슬플" 필요가 있다. 올바른 정신으로 사는 행복을 얻기 위해서다.

괘상卦象

산 위에서 물이 흘러내려오는 모습이 〈건〉의 형상이다.
군자는 이를 보고서 자신을 돌이켜 성찰하면서 덕을 닦는다.
山上有水 蹇 君子 以 反身修德

〈건〉괘의 상하괘의 상징은 두 가지로 풀이할 수 있다. 앞서 말한 것처럼 그것은 앞에는 물, 뒤에는 산이 가로막고 있어서 진퇴양난의 형편에 처해 있음을 은유한다. 그런데 수행의 시각에서 살피면 그것은 다른 모습으로 다가올 수도 있다. 즉 앞뒤가 아니라 위아래의 관점에서 산상의 물줄기가 아래로 골짜기를 거쳐 강으로 흘러드는 모습으로 비칠 수도 있다. 그 흐름은 흙과 바위, 웅덩이 등 갖가지 장애물을 만나 물길을 바꾸어 나간다. 계곡의 물 흐름이 직선으로 뻗지 못하고 꾸불꾸불한 까닭도 여기에 있다.

삶도 이와 마찬가지다. 사람들은 온갖 난관들을 겪으면서 수많은 애환이 서린, 구불구불한 삶의 계곡들을 각자 형성해 나간다. 그것들은 수려한 것, 황량한 것, 단조로운 것, 복잡한 것, 긴 것, 짧은 것 등등 역사상 살아온 사람들의 숫자만큼이나 많고 다양하다. 어쨌거나 거기에는 그들이 삶에서 만난 온갖 난관과 그것을 처리해 온 다양한 지혜가 사람들마다 특징적으로 드러난다. 사람들이 역사를 공부해야 할 이유가 여기에 있다. 각국의 전통과 문화는 그 민족들이 역사 속에서 축적해 온 지혜의 보고다.

이를 군자와 소인의 삶에서 살펴보자. 소인은 난관을 피할 편법과 술수만 찾는다. 그에게 올바른 삶의 정신은 관심 밖이다. 부정과 불의, 사기와 중상모략 등 어떤 수단을 써서라도 난관을 벗어날 궁리만 한다. 『중용』의 말처럼, "소인은 위험한 짓을 해서라도 요행수만 찾는다." 그의 삶이 남들에게 보여 줄 아무런 아름다움도 갖지 못한 것도 이 때문이다. 그것은 마치 사람들이, 아니 짐승들조차 찾지 않는 황량한 불모의 계곡이나 다름없다.

하지만 군자는 그와 다르다. 군자는 아무리 어려운 난관을 만나도 올바른 정신을 잃지 않는다. 그에게 일생의 과제는 진리와 도의로 삶을 성취하는 것이므로, 그는 어떠한 난관 앞에서도 그러한 정신으로 의연하게 대응한다. 금재(欽齋) 최병심(崔秉心, 1874~1957)의 글을 읽어 보자. "이제 날이 추워 천지도 얼어붙어 버렸으니, 너는 추운 겨울 푸르른 소나무가 되어야지, 시들어 죽는 풀이 되어서는 안 된다."(『금재집(欽齋集)』) 이는 그가 일제의 탄압에 단식 저항하면서 자신에게 다짐한 글이다. 군자의 삶이 아름다운, 그리하여 사람들이 그를 흠모하고 칭송하는 까닭이 여기에 있다.

올바른 정신은 진리와 도의가 억압당하는 상황에서만 요구되는 것이 아니다. 산상의 물줄기가 계곡으로 흘러들기 전에 나무뿌리나 흙더미, 바위, 웅덩이 등 갖가지 장애물을 만나는 것처럼, 삶에는 자신의 뜻을 방해하는 대소의 난관들이 수없이 많다. 당연히 그 각각의 자리에서도 올바른 정신으로 처신해야 한다.

이를 위해서는 수시 수처에서 '자신을 돌이켜 성찰할' 필요가 있다. 예를 들면 "내가 어떤 사람을 사랑하는데 그가 받아들여 주지 않으면 자신의 사랑을 반성하고, 사람들을 다스리는데 그들이 다스림을 받으려 하지 않으면 자신의 지혜를 반성하며, 어떤 사람에게 예의를 갖추었는데 그가 답례하지 않으면 자신의 공경심을 반성해야 한다.〔愛人不親 反其仁 治人不治 反其知 禮人不答 反其敬〕"(『맹자』) 사랑하는 사람의 외면과 국민들의 반정부 시위, 상대방의 무례라고 하는 '난관(고난)' 앞에서 상대를 비난하기에 앞서 자신의 태도를 되돌아보라는 것이다.

군자의 수행 정신의 한 가지 특징이 여기에서 드러난다. 자기 성찰의 정신이다. 난관을 만나면 "군자는 하늘을 원망하지 않고 남을 탓하지도 않는다."(『중용』) 오히려 시선을 안으로 돌려 자신에게 어떤 문제가 있는지 "자신을 돌이켜 성찰하면서 덕을 닦는다." 산상에서 흘러내리는 물줄기의 수원처럼 정신의 원천을 심화시키려는 것이다. 수원이 약하면 물줄기가 금방 말라 버리는 것처럼, 난관 앞에서 당혹해하는 것은 자신의 정신이 깊지 못한 데에 기인한다. 심오한 정신은 아무리 커다란 난관에도 흔들림 없이 나아갈 것이다. 마치 산상의 수원이 깊다면 물이 끊임없이 흘러내리면서 모든 장애물을 넘어 강과 바다에 이를 것처럼 말이다. 중국 성리학자 정이는 이 괘상의 글을 다음과 같이 해설한다.

군자는 어려운 일을 만나면 반드시 돌이켜 문제점을 자기 자신에게서 찾아 수행을 더한다. 맹자의 말씀에, "일이 뜻대로 되지 않으면 문제점을 돌이켜 자신에게서 찾는다." 하니, 그러므로 어려운 일을 만나면 반드시 자성을 해서 자신에게 어떤 잘못이 있어서 이러한 결과를 얻은 것이 아닌가 하고 생각하는 것이 "자신을 돌이켜 성찰하"는 태도요, 자신에게 옳지 않은 점이 있으면 그것을 고치고 마음에 부끄러울 게 없으면 더욱 노력하는 것이 "덕을 닦는" 방법이다.(『주역』)

효사爻辭

初六
나서면 어려움을 겪지만
돌아오면 명예를 얻으리라.
往蹇 來譽

초육(初六)이 음효로서 힘이 없는 데다가 호응해 주는 이가 없으므로, 난관에 무모하게 대응하면 어려움을 면하기가 어렵다. 하지만 (초효로서) 아직은 고난의 초기이므로 일의 처음 자리로 '돌아와' 때를 잘 살피면서 힘을 기른다면 난관을 벗어날 뿐만 아니라 사려 깊은 처신으로 '명예'까지 얻을 수 있다.

난관에 처했을 때에는 곧바로 대응해서 나서려 해서는 안 된다. 먼저 상황을 주의 깊게 파악하고, 그것을 헤치고 나갈 방법을 강구해야 한다. 만약 그것이 발견되지 않으면, 처음의 자리로 돌아와 상황을 면밀하게 점검해야 한다. 초심으로 돌아가 일의 추진 동기나 조건, 목표 등을 말이다. 거기에서 자신의 오류나 실책을 발견할 수도 있을 것이다. 이를 무시하고 처음부터 난관에 당혹해하거나 무모하게 나선다면 실패를 면하기 어렵다.

그러므로 난관 앞에서 처음의 자리로 돌아오는 자세가 일차적으로 중요하다. 맹자의 말대로 "일이 뜻대로 되지 않으면 문제점을 돌이켜 자신에게서 찾는"(『맹자』) 태도를 가져야 한다. 사실 "일이 뜻대로 되지 않는" 난관이야말로 자신을 성찰하고 힘을 기를 수 있는 절호의 기회이기도 하다. 공자는 말한다. "나서면 어려움을 겪지만 돌아온다면 명예를 얻을 것이니, 기다리는 것이 좋다.〔往蹇來譽 宜待也〕"(「상전」) 이 '기다림'은 아무 일도 하지 않아도 좋다는 뜻이 아니다. 거기에는 역시 자신을 성찰하고 역량을 강화하기 위한 노력이 부대된다. 그러한 노력은 주위 사람들의 찬사를 받을 것이다. 그것 또한 일상의 소중한 '명예'가 될 수 있다.

六二
왕의 신하가 거듭되는 어려움으로 고생한다.
자기 한 몸을 위해서가 아니다.
王臣蹇蹇 匪躬之故

육이(六二)는 구오의 임금과 음양으로 상응하는 신하의 위치에 있다.

그는 하괘의 가운데에서 험난한 중에도 흔들림 없이 임금을 보필하려 한다. 설사 그가 (음효로서) 힘이 부쳐 소기의 과업을 이루지 못한다 하더라도, 그것은 "자기 한 몸을 위해서가 아니므로" 비난받을 일이 아니다.

제갈량이 유비의 삼고초려를 받아들여 유비를 도와 촉한의 부흥에 힘썼던 일은 잘 알려진 사실이다. 유비의 사후 그는 적과의 전투를 앞두고 군대를 출동하기에 앞서, 당시 임금이었던 유선(劉禪, 유비의 아들)에게 유명한 「출사표(出師表)」를 지어 올렸다. 거기에는 유비의 은혜에 대한 감격과, 나라에 대한 충성심이 절절하게 피력되고, 한편으로 임금이 갖추어야 할 정치적 도량이 간곡하게 적시되어 있다. 또 이어 올린 「후출사표(後出師表)」에서 그는 다음과 같은 말로 끝을 맺는다. "신은 몸과 마음을 다하여 죽은 다음에야 일을 놓을 것이거니와 성공과 실패, 이득과 손해 여부는 신의 지혜로 예측할 수 있는 바가 아닙니다." 뒷날 선비들은 이러한 제갈량의 행적에서 '왕의 신하'의 모범적인 사례를 보았다.

어떤 일에 일정한 책임과 의무를 진 사람은 그 일을 진행하는 데 어려움을 만났을 경우에 그로부터 도망하려 해서는 안 된다. 비록 자신의 능력이 부치더라도 그 일을 맡은 이상 어려움의 극복을 위해 몸과 마음을 다해야 한다. 물론 이때 개인적인 이해의 타산을 해서는 안 된다. 중국 한나라 때 동중서(董仲舒, 기원전 179~104)의 말처럼, "일의 바른 가치를 올바로 수행할 뿐 이득 여부를 따지지 않고, 삶의 도리를 밝힐 뿐 공명을 계산하지 말아야 한다.[正其義 不謀其利 明其道 不計其功]" 그러면 설사 어려움을 극복하지 못한다 하더라도, 그는 실패자가 아니라 책임과 의무를 다한 사람으로 칭송될 것이다. 제갈량처럼 말이다. 공자는 말한다. "왕의 신하가 거듭되는 어려움으로 고생하지만, 그는 종내 비난을 듣지 않을 것이다.[王臣蹇蹇 終无尤也]"(「상전」)

九三
나서면 어려움을 겪지만
돌아오면 제자리를 얻으리라.
往蹇 來反

구삼(九三)이 하괘에서 양효로서 올바른 제자리를 얻었지만, 상괘 '감'의 위험한 상황에 인접해 있다. 그러므로 밖으로 "나서면 어려움을 겪을 것이다." 하지만 그가 (하괘) 안으로 돌아와 '제자리'를 지킨다면 실패를 면할 것이다.

가정이든 사회든 조직의 지도자는 당면의 난관을 타개하려는 노력을 마땅히 해야 하지만, 그전에 해야 할 일이 있다. 안으로 돌아와 제자리의 직분과 책임을 다하면서 내부의 결속을 다져야 한다. 정작 조직의 위기는 바깥의 어려움보다는 내부의 부실함에 기인하기 때문이다. 허약한 체질은 찬바람만 불어도 감기에 걸려 눕고 말지만, 건강한 사람은 한겨울의 추위에도 끄떡하지 않는다. 그러므로 지도자는 평소 조직의 체질을 강화할 뿐만 아니라, 바깥바람으로부터 구성원들을 보호하면서 내부의 힘을 다져야 한다. 물론 그것은 본인이 제자리를 찾는 데에서부터 시작되어야 한다. 제자리의 역량과 책임을 다하지 못하는 지도자의 조직은 무너질 수밖에 없다. 공자는 말한다. "나서면 어려움을 겪지만 돌아와 제자리를 얻으면 내부의 사람들이 기뻐할 것이다.〔往蹇來反 內喜之也〕"(「상전」)

주제를 인간학적 관점에서 생각해 보자. 사람들은 삶의 의미와 가치를 흔히 부귀영화와 같은 외재적인 것에서 찾는다. 하지만 그것은 그야말로 고난의 길이 아닐 수 없다. 그들은 자타 간 경쟁과 승부, 질투와 시기심으로 하루도 편할 날이 없기 때문이다. 그러므로 '(부귀영화를 찾아) 나서면 어려움을 겪는다.'

이와는 달리 바깥 지향의 마음을 버리고 안으로 돌아오면 우리가 머물러야 할 제자리를 발견할 수 있다. 부귀영화 등 세속적인 욕망을 떨쳐 버린 뒤 현전하는, 고요하고 명징한 마음에 주의를 기울여 보자. 불교의 "회광반조(廻光返照)"의 논리로 말하면, 바깥만을 바라보던 눈빛을 안으로 돌려 자신의 내면 깊은 곳에서 존재의 빛(본래적인 자아)을 각성하는 것이다. 중국 어느 선사의 「오도송(悟道頌)」을 찬찬히 음미해 보자.

종일토록 봄을 찾아다녔지만 봄을 보지 못했네.
짚신이 다 닳도록 구름 낀 산머리까지 가 보았네.
돌아와 집안에서 우연히 매화 향기를 맡으니
봄은 가지 위에 벌써 가득 와 있구나.
終日尋春不見春　　芒鞋踏破嶺頭雲
歸來偶把梅花臭　　春來枝上己十分

봄이 되면 사람들은 꽃구경을 하기 위해 명승지를 찾아 나선다. 그들은 아름답고 행복한 환상을 쫓아 '짚신이 다 닳도록', 평생토록 부귀영화 등 바깥의 유혹거리들을 따라다닌다. 하지만 "오월 어느 날 그 하루 무덥던 날 / 떨어져 누운 꽃잎마저 시들어 버리고는 / 천지에 모란은 자취도 없어지고 / 뻗쳐오르던 내 보람 서운케 무너"져(김영랑, 「모란이 피기까지는」) 봄을 여읜 슬픔을 사람들은 어떻게 감당할까. 정작 그들은 사계절을 막론하고 변함없이 아름다움과 행복을 누릴 수 있는 '제자리'가 자신의 내면에 있음을 모른다.

그러므로 바깥으로만 나서는 마음을 거두어 인간 본연의 제자리로 돌아와야 한다. 회광반조를 통해 자신의 내면 깊은 곳에서 은은히 피어오르는 존재의 향기를 느낄 필요가 있다. 이를 위해 육근(六根: 눈, 귀, 코, 혀, 몸, 생각)의 욕망을 정화하는 수행의 노력을 부단히 해야 한다. 그 욕망은 허망하게도 바깥 세계만 쫓아다니기 때문이다. 그처럼 수행을 통해 자기 안에서 존재의 제자리를 발견하는 사람은 '매화 향기'와도 같은 열반의 기쁨을 알 것이다. 위에 인용한 공자의 말을 우리는 이러한 관점으로 해석할 수도 있다. "나서면 어려움을 겪지만, 돌아와 제자리를 얻으면 안으로 기쁨을 알 것이다."(「상전」)

六四

나서면 어려움을 겪지만
돌아오면 도와줄 사람이 생기리라.
往蹇 來連

육사(六四)는 음효로 유약하므로 점점 더 어려워져가는 상황에 빠진다. 하지만 그가 제자리에 성실하게 임한다면 아래의 구삼과 같은 주변의 사람들이 그를 도우려 할 것이다.

사람이 수렁에 빠져 허우적거릴수록 몸이 점점 더 가라앉는 법이다. 마찬가지로 어려움에 나서 허둥댈수록 올바로 대처하기가 힘들어지면서 더욱 곤경에 빠지게 될 것이다. 불안과 공포가 커 가면서 이성적 판단력을 잃고 말기 때문이다. 그러므로 어려워져가는 상황에서 우왕좌왕하지 말고, 일의 처음 자리로 돌아와 문제를 냉정하게 점검할 필요가 있다. 더 철저하게는 삶의 근본 자리로 돌아와 고요한 눈빛으로 일도 많고 탈도 많은 세상사를 대면하다 보면 마음이 차분해질 것이다.

그렇게 하여 평온한 마음으로 어려움을 극복하기 위해 최대한 성실하게 노력해야 한다. 그러면 도와줄 사람이 생길 것이다. "지성이면 감천"이라고, 그의 정성스러운 노력이 주위 사람들의 마음을 움직일 것이기 때문이다. 이에 반해 자신의 삶에, 난관의 해결에 성실성을 보이지 않는 사람에게는 어느 누구도 도움의 손길을 내밀지 않을 것이다. 공자는 말한다. "돌아온다면 도와줄 사람이 생길 것이니, 제자리에 성실하기 때문이다.〔往蹇來連 當位實也〕"(「상전」) 여기에서 '제자리'란 앞서 말한 것처럼, 인간 본연의 자리, 즉 존엄하고 고결한 인간성의 자리를 뜻한다. 어려운 상황에서도 그 자리에 성실하게 임하여 올바른 삶의 정신을 펼치는 사람에게는 반드시 도움의 손길과 신의 가호가 있을 것이다.

九五

큰 어려움 속에서 벗들이 찾아온다.

大蹇 朋來

구오(九五)는 상괘 '감'(어려움)의 중심에 있으므로 험난한 시절의 한가운데에서 "큰 어려움 속"에 처해 있다. 그는 〈건〉괘의 중심적 위치에서 다른 사람들(사회, 시대)을 구원하려는 뜻을 갖고서 "큰 어려움"을 자청하는 사람이다. 그는 그렇게 "큰 어려움" 속에서도 (양효로 상괘의 한가운데에서) 흔들림 없는 마음으로 중심을 지킨다. 그러므로 그와 뜻을 함께하는 "벗들이 찾아와" 그를 도우려 할 것이다. '벗'이란 구오에게 음양으로 호응하는 육이뿐만 아니라, 그동안 "나서지 않고" 제자리에 돌아가 있는 여러 효를 모두 포함한다.

고난과 역경의 시절에는 자기 한 몸도 지켜 내기 힘든 일인데, 하물며 다른 사람들을 도와주고 사회를 구원하려는 사람은 참으로 어렵게 살 수밖에 없다. 우리는 그 실례를 지난날 자신의 가정을 버리고 항일 전선에 나섰던 독립 운동가들이나 과거 독재 정치 시절에 민주화를 위해 헌신했던 사람들에게서 본다. 그들은 사회의 구원을 위해 그처럼 큰 어려움을 자청했다.

그들이 큰 어려움 속에서도 흔들림 없이 버틸 수 있었던 힘은 바로 인간에 대한 사랑과 불의를 지나치지 못하는 의로움의 정신에서 나왔을 것이다. 많은 사람들이 남들에게 무관심하고, 무도한 사회에 적당히 타협하고 아부하면서 살려는데 말이다. 인간의 삶과 사회를 밝혀 줄 숭고한 빛은 거기에서만 나온다. 사실 사랑과 의로움(과 진리)의 정신이 사라진 사회는 암흑이나 다름없다. 사람들이 독립 운동가와 민주 열사를 기리는 것도 그러한 정신의 빛을 열망하는 마음의 자연스러운 발로다.

큰 어려움을 자청하는 사람에게 벗들이 찾아오는 것은 바로 그러한 마음에서 나온다. 공자는 말한다. "큰 어려움 속에서 벗들이 찾아오는 것은 그가 올바른 정신을 갖고 있기 때문이다.〔大蹇朋來 以中節也〕"(「상전」) 여기에서 '벗'은 그와 행동을 함께하는 가까운 동지만 뜻하지 않는다. 남남으로 모르는 사이라 하더라도 멀리서 무언으로 지지하고 격려하며 박수를 쳐 주는 평범한 사람들도 '벗'이 될 수 있다. 큰 어려움을 맡은 사람에게는 그들도 반갑고 고맙고, 자신에게 힘을 실어 주는 벗이 아닐 수 없다. 그러므로 사람들은 그에게 유무형으로 응원할 필요가 있다. 아니 의무가 있다. 우리들이 지금 누리고 있는 삶은 그의 희생적인 헌신 덕분이기 때문이다.

上六
나서면 어려움을 겪지만 돌아오면 큰 것을 얻을 테니
삶의 보람을 알리라.
현자를 만나 보는 것이 좋다.
往蹇 來碩 吉 利見大人

상육(上六)이 괘의 마지막 효이므로 "(밖으로) 나서면" 어려움을 벗어날 수 있을 것 같지만, 그는 어려움의 한계 상황에 직면해 있어서 그렇지 못하다. 그러므로 그는 음양으로 호응하는 구삼에게로 "(안으로) 돌아와서" 그와 동심 협력하여 어려움을 헤쳐 나갈 필요가 있다. 또한 구삼과 함께 구오의 '대인'을 찾아가 그들과 난관 극복의 일을 도모하는 것이 좋다.

우리는 궁핍한 시대, 고난의 사회를 살면서 지성의 아픔을 견디기 어려운 나머지 뒤로 물러나 시장 속의 은둔자처럼 살 수도 있다. "빛을 감추고 세상에 묻혀 살〔和光同塵〕"듯이 말이다. 하지만 세상에 영합하지 못하고 지성이 깨어 있는 한, 그는 어디에서 살든 시대의 궁핍을 겪으면서 아픔을 피할 수 없을 것이다. 그 극단의 사례를 우리는 1910년 한일병탄으로 국권을 완전히 상실당한 아픔을 견디지 못하고 자결한 선비들에게서 본다. 계제에 그 어려움과 아픔을 매천(梅泉) 황현(黃玹, 1855~1910)의 「절명시(絶命詩)」에서 느껴 보자.

새와 짐승도 슬피 울고 강산도 얼굴을 찡그리네.
무궁화 세상 우리나라가 망해 버렸구나.
가을등불 아래 책을 덮고서 천년의 역사를 되돌아보니
세상에서 문자 아는 사람 되기가 참으로 어렵구나.
鳥獸哀鳴海岳嚬　　槿花世界已沈淪
秋燈掩卷懷千古　　難作人間識字人

오늘날 "문자 아는 사람", 즉 지식인은 주로 부귀영화를 얻기 위한 간지(奸智)만 키운다. 그는 남들보다 더 빨리, 그리고 더 많이 이익을 챙기는 일에만 열중한다. 그런데 선생에게 "문자 아는 사람", 즉 지식인이란 누구였기에 거기에 담긴 의미를 이기지 못해 자결로 삶을 마감했을까? 한마디로 지식인은 인간에 대한 사랑과, 정의 사회를 일구려는 의로움의 정신을 평생의 과제로 삼는 사람이었다. 선생은 일제의 큰 어려움 앞에서 그러한 지식인 의식에 자괴감을 견디지 못해 죽음을 택했다.

물론 많은 선비들은 은둔이나 자결의 길을 거부하고, 사회의 현장으로 돌아와 시대적 고난에 맞서는 삶을 택하기도 했다. 그들은 의로움의 정신으로 창의(倡義)의 동지, 즉 '대인'들을 규합하여 의병 활동과 독립 투쟁에 나서기도 했다. 그들은 그것을 지식인의 대의명분과 삶의 큰 의미를 얻을 수 있는 유일한 방법으로 여겼다. 그들에게는 그것이 고난 속에서 얻는 삶의 보람이었다. 사회적인 어려움과 아픔을 피하지 않고 지식인의 소명을 다하는 것만큼 의미 있는 삶은 없었기 때문이다.

그것은 어느 시대, 어떤 사회에서나 마찬가지다. 공자의 말을 통해 지식인의 과제를 생각해 보자. "돌아오면 큰 것을 얻을 테니 뜻을 안에 두어야 한다. 현자를 만나는 것은 그의 고귀한 뜻을 따르기 위해서다.〔往蹇來碩 志在內也 利見大人 以從貴也〕"(「상전」) 즉 지식인은 시대와 사회의 현장으로 '돌아와' 안으로 사랑과 의로움에 뜻을 두어야 한다. 그래야만 "큰 것", 즉 삶의 의미와 보람을 얻을 수 있다. 만약 혼자서 외로움과 어려움을 느낀다면 자신과 뜻을 함께하는 현자를 만나 위로를 받고, 그의 고귀한 뜻으로 격려를 받아도 좋을 것이다. 그러한 현자를 현실에서 만나기 어렵다면, 시공을 뛰어넘어 책과 역사 속에서 접할 수도 있다.

40. 해방 시절의 과제

해(解)

세상에 시종 어렵기만 한 일은 없다. 만사만물이 끊임없이 변화하는 이치상 어렵던 상황도 때가 지나면 풀리기 마련이다. 자연 현상으로 예를 든다면, 한밤의 깊은 어둠도 새벽이 오면 물러나고, 한겨울 그토록 춥던 날씨도 극에 달하면 따뜻한 봄에 밀려난다. 한마디로 "어떤 일이든 극에 이르면 반드시 반전하는[物極必反]" 법이다. 공자는 이러한 이치를 괘의 순서와 관련하여 다음과 같이 말한다. "'건(蹇)'이란 어렵다는 뜻이다. 어떤 일이든 끝까지 어려운 법은 없다. 그래서 〈건〉에서 〈해(解)〉로 이어졌다.[蹇者 難也 物不可以終難 故受之以解]"(「서괘전」) 말하자면 고난으로부터의 해방이다.

하지만 해방을 얻었다 해서 곧바로 평화와 행복이 다가오는 것은 아니다. 한겨울이 지나 새봄이 오면 씨앗을 뿌리고 가꾸어야 하는 것처럼, 우리는 지난날 어려웠던 상황을 추스르면서 삶과 사회에 평화와 행복을 일구어 나가야 한다. 간난신고의 세월이 지나고 구원과 해방을 얻었다 해서 그 자체로 만족하려 하면, 새로운 어려움에 봉착하게 될 것이다. 마치 봄을 맞아 겨울에 억눌렸던 기분을 푸느라 논밭의 일을 소홀히 하는 농부처럼 말이다. 이와 같은 관점에서 〈해〉괘는 어려움에서 해방된 뒤에 사람들이 수행해야 할 과제를 주제로 다룬다.

이를 괘의 상징과 속성상에서 살펴보자. 상괘 '진(震)'≡≡과 하괘 '감(坎)'≡≡으로 이루어진 〈해〉괘는 각각 우레와 물을 상징한다. 그러므로 그것은 천둥 번개가 치면서 비가 내리는 모습을 보여 준다. 하늘에서 서로 막혀 있던 음전기와 양전기가 충돌(교감, 소통)하여 천둥 번개와 비를 일으키면서 그동안 억눌려 있던 생명 활동을 촉진시킨다. 말하자면 생명의 해방이다. 공자는 다음과 같이 찬탄한다. "하늘과 땅의 막혔던 기운이 열려 서로 교감하면서 우레와 함께 비가 내리고, 그 안에서 온갖 과일나무와 초목이 싹을 틔우니, 해방의 시절이야말로 위대하도다![天地解 而雷雨作 雷雨作 而百果草木 皆甲拆 解之時 大矣哉]"(「단전」)

이는 생명 해방의 의의를 자연 철학적 관점에서 말한 것이다. 자연은 그렇게 위대하다. 자연은 만물을 영원히 동토의 추위 속에 가두어 두지 않고 봄날을 열어 그들의 생명을 싹 틔우고 발육 성장시킨다. 생명이 해방을 얻어 아름답게 빛난다. 그야말로 생명의 빛의 회복이다. 이는 숭고한 자연의 섭리가 빚어낸 모습이다. 돌이켜 생각하면 그것은 인간의 삶 속에서 해방 이후 생명의 개화와 결실을 과제로 내놓는다.

해방에 담긴 과제 의식은 괘의 속성상에서도 드러난다. 상괘는 움직임을, 하괘는 위험을 속성으로 갖는다. 이를 조합하면 위험을 떨치고 위로 일어나는 모습이다. 공자는 말한다. "〈해〉는 위험 속에서 행동에 나서는 것이다. 행동에 나서 위험을 벗어나니, 해방이다.[解 險以動 動而免乎險 解]"(「단전」) 하지만 해방을 누릴 일만은 아니다. 그동안 억압과 질곡의 위험 속에서 흐트러질 수밖에 없었을 삶의 질서를 회복해야 할 과제가 남아 있다.

예를 들어 보자. 우리는 일제로부터의 해방을 '광복(光復)'이라고도 말한다. 문자 그대로 해석하면 '빛의 회복'이다. 하지만 그 빛은 여명일 뿐이다. 정작 진정한 광복의 과제가 남아 있기 때문이다. 일제 강점기에 흐트러진 가치 의식과 사회 질서를 바로잡고, 친일분자들을 정리해야 하는 역사적 과제 말이다. 그것을 외면한다면 우리 민족은 여전히 어둠에서 벗어나지 못할 것이다. 실제로 반민특위(反民特委)의 좌절 이후 친일 분자들과 그 후계 세력들이 누려 온 부귀영화는 옳고 그름에 대한 사람들의 가치 의식에 혼란을 야기하고 부추겨 왔다. 오늘날 우리 사회가 여전히 '광복'되지 못하고 정신의 어둠에 빠져 있는 한 가지 요인이 여기에 있다. 이러한 역사적 사례가 주는 교훈은 자명하다. 사회적으로든 개인적으로든 '해방' 자체에 만족하지 말고, 이후 자신이 수행해야 할 과제에 대해 심사숙고하고 실천해야 한다는 점이다.

괘사卦辭

해방의 시절에는 서남쪽으로 가야 한다.
갈 곳이 없으면 되돌아오는 것이 좋으며
갈 길을 서둘러 찾아야 한다.
그러면 기쁨을 알리라.

解 利西南 无所往 其來復 吉 有攸往 夙 吉

'서남쪽'이란 〈건〉괘 괘사의 경우와 마찬가지로 평평한 땅을 은유한다. 울퉁불퉁한 땅과 달리 평평한 땅은 사람의 마음을 편안하고 여유롭게 만들어 준다. 우리가 어떤 일에서 해방될 때의 마음도 그와 같아야 한다. 마음이 들뜨거나 방자해져서는 안 된다. 환난과 고통과 억압으로 인해 그동안 신산하고 피폐해진 마음을 너그럽게 달래고 안정시킬 필요가 있다. 이를테면 서남쪽으로 여행이라도 가서 휴식을 취할 일이다. 지난날의 아픈 기억에 사로잡혀서, 아니면 긴장된 현실을 잊지 못하여 몸과 마음에 스트레스를 주어서는 안 된다. 공자는 말한다. "해방의 시절에 서남쪽으로 가면 많은 것을 얻을 것이다.〔解利西南 往得衆也〕"(「단전」) 여기에서 "많은 것"이란 해방의 휴식 속에서 주어지는 안락거리들을 말한다.

하지만 안정과 휴식도 한계가 있다. 일 없이 빈둥거리는 사람에게서 잘 드러나는 것처럼 끝없는 휴식은 오히려 마음을 나태하고 침체하게 만들 뿐이다. 예컨대 여행도 적당한 정도를 넘어서면 지루하고 피곤해진다. 그러므로 여행 중에 이제는 갈 곳이 없다 싶으면 집에 돌아오는 것처럼, 해방의 자유를 적절하게 누렸으면 몸과 마음을 추스르고 이제는 현실 생활로 "되돌아오는 것이 좋다." 해방이 생활을 흐트러트리거나 올바른 삶의 정신을 이완시켜서는 안 된다. 공자는 말한다. "되돌아오는 것이 좋다. 중심을 잡기 위해서다.〔其來復吉 乃得中也〕"(「단전」) 여기에서 '중심'은 올바른 삶의 정신을 뜻한다.

해방의 시절에는 올바른 삶의 정신을 회복하는 일이 매우 중요하다. 지난날의 고초로 인해 상처받은 마음과 뒤틀린 가치 의식이 자칫 세계와 삶의 올바른 향유를 방해할 수 있기 때문이다. 예컨대 가난으로 고

생했던 사람이 부자가 되어서도 여전히 빈티를 벗어나지 못하거나 졸부 노릇을 하는 경우가 그렇다. 그러므로 해방의 기쁨을 구가하기 전에 지난날의 불행과 고통으로 일그러져 있는 심신의 모습을 바로잡아야 한다. 세상과 삶을 올바르게 바라볼 수 있는 정신을 길러야 한다. 그것이 해방 이후 "서둘러 찾아야 할" 삶의 길이다. 공자는 말한다. "갈 길을 서둘러 찾아야만 기쁨을 알 테니, 그래야 보람을 얻을 것이다.〔有攸往夙吉 往有功也〕"(「단전」)

　한 가지 예를 들어 보자. 많은 사람들이 과거 유신 독재 정권이 우리 국민을 가난으로부터 해방시켜 주었다고 칭송한다. 하지만 사람에게는 먹거리 이상으로 중요한 것이 있다. 인권이나 민주 정신과 같은 인간의 존엄한 가치이다. 그것을 억압하고 해치면서 사람들에게 먹거리나 제공한다면 그것은 사람을 가축 취급하는 것이나 마찬가지다. 우리 현대사의 불행이 여기에 있다. 인간의 존엄한 가치를 무시해 버리면서 세워 놓은 졸부 사회는 정신의 어둠을 면할 수 없기 때문이다. 그것이 우리 사회의 현주소다. 이는 역시 저 독재자들이 가난으로부터의 해방이 추구해야 할 과제, 즉 인간다운 삶의 정신을 외면했을 뿐만 아니라 오히려 탄압한 데에 기인한다. 우리의 현대사를 총괄해서 말하면 우리가 일제로부터, 가난으로부터, 독재로부터 해방되고 나서 중진국의 민주 사회를 이루었다고 사람들은 자부하지만, 가치 의식과 사회의 기강이 여전히 후진적인 상태를 면치 못하고 있는 것도 해방의 과제를 제대로 수행하지 못한 결과다.

괘상卦象

우레 속에서 비가 내리는 모습이 〈해〉의 형상이다.
통치자는 이를 보고 과실범은 용서하고 고의범은 벌을 경감해 준다.
雷雨作 解 君子 以 赦過宥罪

사람들은 인권과 생명을 억압하는 사회의 폭력적인 구조 속에서 어쩔 수 없이 크고 작은 죄악을 범하기도 한다. 평화로운 세상에서는 선량하게 살아갈 그들을 폭력 사회가 죄악의 세계로 인도하는 것이다. 철거민들이나 부당하게 해고된 노동자들이 생존권의 투쟁 과정에서 저지르는 범법 행위가 그 한 예다. 그러므로 통치자는 그들에게 관용과 사랑을 베풀어야 한다. 마치 하늘이 가뭄 끝에 단비를 내려 이 땅의 모든 생명을 소생시켜 활기차게 만들어 주는 것처럼 그들에게도 생명의 삶을 살 기회를 주어야 한다. 이를 위해서는 그들을 정책적으로 배려하고 사회 구조를 제도적으로 개선하는 노력이 뒤따라야 할 것이다.

효사爻辭

初六
남들의 비난을 듣지 않으리라.
无咎

초육(初六)이 음효로 괘의 제일 아래에 있으므로, 해방의 초기에 심신이 쇠약해진 사람이다. 다만 양효인 구이와 가까이, 구사와 음양으로 교감하고 있음은 그가 쇠약한 가운데에서도 올바른 삶의 정신을 놓지 않고 있음을 암시한다. 공자는 말한다. "강한 정신과 교류하고 있기 때문에 당연히 남들의 비난을 듣지 않을 것이다.[剛柔之際 義无咎也]"(「상전」)

삶이 간난고초에서 막 해방되었을 즈음에는 일단 휴식과 안정을 취하는 것이 좋다. 그동안 심신이 많이 쇠약해졌을 것이기 때문이다. 만약 해방되었다 해서 쇠약한 심신으로 곧바로 무슨 일을 도모하려 하면, 또 다른 어려움과 위험에 봉착할 것이다. 그것은 마치 병상에서 막 벗어난 사람이 무리하게 활동하다가 다시 병을 얻는 것과도 같다.

해방의 즈음에는 휴식과 안정을 취하는 것이 중요하지만, 그는 그 순간에도 미래의 삶을 전망하고 설계해야 한다. 그것은 올바른 삶의 정신을 지렛대로 삼아야 한다. 그렇지 않으면 그 해방은 혼란과 방종을 면치 못할 것이며, 당연히 남들의 비난을 듣게 될 것이다. 우리는 그 흔한 사례를 수능 시험에서 해방된 대학 신입생들이 1학년 동안 대학 생활을 무계획하고 무절제하게 보내는 모습에서 목격한다. 1945년 해방 공간의 혼란 또한 그 사회적인 예에 해당될 것이다.

九二
사냥을 나가서 여우 세 마리를 잡으니 황금 화살의 포상을 받는다.
올바른 정신을 지키니 평화를 얻으리라.

田獲三狐 得黃矢 貞 吉

구이(九二)는 (양효로서) 강직하면서도 (하괘의 가운데에서) 중심을 지키는 군자다. 그는 음양으로 호응하는 육오의 신임을 얻어 해방의 공간에서 치안의 일을 맡고 있다. "여우 세 마리"란 육오를 제외한 세 개의 음효로서 소인들을 은유하며, "황금 화살"은 여우들을 잡은 공로에 대한 포상의 의미를 갖는다. '화살'은 직선으로 날아가는 물건이다. 그러므로 구이가 "황금 화살의 포상을 받는다." 한 것은 그가 사회의 한 중심에 정직(정의)의 가치를 확립함을 은유한다. 그것이 사회 평화의 요건이다.

사회가 포악한 통치에서 해방을 얻었다 해서 곧 광명을 보장받는 것은 아니다. 그동안 암흑의 세상에서 득세하고 활개를 치던 '여우' 같은 자들을 단죄하고 정리하지 않는 한, 그 사회는 계속 고난을 면치 못할 것이다. 그들이 간사하게도 자신들의 소행을 변명하고 정당화하며, 기득권을 지키고 지배 질서를 유지하기 위해 온갖 술수와 음모를 꾸며 사회를 다시 혼란에 빠트릴 것이기 때문이다.

그 역사적인 사례를 중종반정(1506)에서 살펴보자. 당시 연산군의 폭정에 일조했던 많은 자들이 마지막 순간에 '반정(反正)'의 거사에 가담함으로써 공신의 훈장을 받은 터에, '정도의 회복(반정)'은 처음부터 기대난망이었다. 그러므로 '반정'은 결과가 아니라 하나의 과제였다. 이러한 문제의식 속에서 그 과제를 명실상부하게 수행하고자 정계에 진출했던 선비들이 바로 신진 사류들이었다. 그들은 저 '거짓된 훈장[僞勳]'을 박탈할 것을 강력하게 주장했다. 이에 위협을 느낀 훈구파들이 가만히 있을 리가 없었다. 그들은 자신들의 기득권을 보수하기 위해 갖가지로 음모를 꾸몄다. 신진 사류들을 도륙한 기묘사화(1519)가 그 결과였다. 그렇게 하여 사회가 다시 혼란에 빠졌음은 우리가 역사에서 보는 대로다.

우리의 현대사 또한 그러한 예를 생생하게 보여 준다. 앞서 말한 것처럼 1945년의 해방 정국에서 "올바른 정신"이 확립되지 못하여 친일 분자들이 애국자로 둔갑하면서 정치 사회의 주도권을 장악하는 마당에 나라의 혼란은 이미 예정된 것이나 다름없었다. 이후 정권이 여러 차례 바뀌었지만 우리가 사회 정치적으로, 그리고 가치 의식상에서 여전히 혼란을 벗어나지 못하고 있는 것은 원초적으로 저 '여우'들을 정리하지 못한 데에 기인한다. 오히려 그들이 세력을 얻어 국운을 좌지우지하고 있음은 우리가 가슴 아프게 겪고 있는 대로다.

통치자라면 이러한 문제의식을 확실하게 갖고 있어야 한다. 그는 자신에게 위임된 과제를 흔들림 없이 수행하면서 사회의 중심적 가치로서 정직과 정의의 "올바른 정신"을 확립하지 않으면 안 된다. 이를 위해 그가 해방의 공간에서 유념해야 할 일은 '여우' 같은 자들을 퇴치하고, 그들이 사회의 질서와 가치를 혼란시키지 못하도록 하는 것이다. 그처럼 "올바른 정신"의 확립 속에서만 사회가 평화를 얻을 수 있다.

'여우'를 잡는 일은 개인의 삶에서도 중요한 과제다. 우리가 고난에서 해방되었다 해도 마음은 여전히 과거에서 자유롭지 못하고, 마치 여우처럼 도사리고 있는 응어리를 갖는 경우가 많다. 그것은 과거의 고통이 클수록 더할 것이다. 심하게는 정신적 외상(트라우마)이 되어 심리 치료의 대상이 되기도 한다. 그러므로 참다운 해방은 과거 고난의 세월

속에서 자신도 모르게 갖게 되었을 '여우' 같은 의식을 떨쳐 버리고 밝고 올바른 생명 정신을 삶의 중심에 세워야 한다. 삶의 평화와 행복은 거기에서만 이루어질 것이다. 공자는 말한다. "올바른 정신을 지켜 평화를 얻는다 함은 중심적 가치를 확립함을 뜻한다.〔九二貞吉 得中道也〕" (「상전」) 사회든 개인의 삶이든 해방의 공간에서 올바른 정신으로 중심적 가치를 확립해야 한다는 것이다.

六三
등짐을 지어야 할 자가 수레를 탄다.
도적을 자초하리라.
그와 같은 태도를 계속 견지한다면 수모를 겪을 것이다.
負且乘 致寇至 貞 吝

육삼(六三)은 음효이므로 "등짐을 지면서" 살아야 할 천한 인물이다. 하지만 그는 하괘의 제일 위 양의 자리에 있으므로 부당하게도 "수레를 타고 다니는" 귀한 신분을 얻었다. 사람들은 그 꼴사나운 모습을 경멸하면서 그의 수레를 빼앗고 싶어 할 것이다. "도적을 자초하리라."고 말한 뜻이 여기에 있다. 그러므로 그에게 '수레'는 명예이기보다는 오히려 '수모'일 뿐이다.

해방의 공간에서는 그동안 억눌려 있던 사람들의 욕망과 주장들이 갖가지로 분출되기 마련이어서 잘못하면 또 다른 혼란을 야기할 수도 있다. 그러므로 통치자는 그 상황을 잘 다스려야 한다. 정당한 욕망과 주장은 당연히 들어주어야 하지만, 그렇지 않은 것들은 적절하게 지도하고 단속해야 한다. 이를테면 특별한 재능이나 식견도 없어 '등짐'이나 지고 살아야 할 사람에게는 그가 자신의 분수에 맞게 살도록 조처할 필요가 있다. 만약 해방의 분위기에 편승하여 터무니없이 '수레'를 타고 살려는 그의 욕망을 허용한다면 사회는 욕망의 과잉으로 인한 새로운 혼란을 면치 못할 것이다. 왜냐하면 모든 사람들이 너나 할 것 없이 욕망의 '수레'를 훔쳐 타려 함으로써 자타 간 갈등하고 투쟁할 수밖에 없겠기 때문이다. 공자는 말한다.

주역의 작자는 도적에 대해서 알고 있구나! 주역에 이르기를, "등짐을 지어야 할 자가 수레를 탄다. 도적을 불러들일 것"이라 하니, 등짐은 소인이 하는 일이요, 수레는 군자가 타는 물건이다. 그런데 소인이 군자의 수레를 타니, 도적이 그것을 보고서 탈취할 생각을 하는 것이다. 소인이 높은 자리에 앉아 교만을 부리면서 아랫사람들에게 포악을 부리니, 사람들이 그를 제거하려 할 것이다. 이는 마치 재물의 보관을 허술하게 함으로써 도적을 불러들이고, 여자가 용모를 야하게 꾸밈으로써 치한의 음탕한 마음을 자극하는 것이나 다름없다. 주역에 이르기를, "등짐을 지어야 할 자가 수레를 탄다. 도적을 불러들일 것"이라 하니, 이는 도적을 자초할 것임을 말한 것이다.〔作易者 其知盜乎 易曰 負且乘 致寇至 負也者 小人之事也 乘也者 君子之器也 小人而乘君子之器 盜思奪之矣 上慢下暴 盜思伐之矣 慢藏誨盜 冶容誨淫 易曰 負且乘致寇至 盜之招也〕(「계사전」)

예를 들어 보자. 능력(자격)도 없는 사람이 어느 조직의 고위직을 차지하고 있다면, 주변의 다른 사람들이 그를 경멸하고 밀어내려 할 것이다. 게다가 그가 교만과 폭력적인 언행까지 드러낸다면 사람들은 그를 적대시하기도 할 것이다. 실제로 우리는 그처럼 "등짐을 지어야 할 자가 수레를 타는", 그리고는 결국 '수레'를 빼앗겨 수모를 겪는 모습을 주변에서, 특히 정치 사회에서 종종 목격한다. 과거 군사 정권의 권력자들이 그 실례다.

다소 지나치게 유추하는 감이 있기는 하지만, 욕망이 해방된 우리 사회의 문제점을 우리는 이러한 관점에서 지적해 볼 수도 있다. 오늘날 시장 바닥과도 같은 사회에서 사람들은 누구나 남들이 갖고 있는 것을 자신도 갖고 싶어 하며, 각종의 언론과 광고 매체들은 그러한 욕망을 끊임없이 부추긴다. 그리하여 많은 사람들이 자신의 분수를 모르고 상품 구매와 소비에 열을 올린다. 그야말로 "등짐을 지고 살아야 할 사람이 수레를 타려는" 격이다. 결국 그들의 삶은 "손님은 왕"이라 하면서 소비를 미덕으로 부추기는 기업가들에 의해 끝없이 도적질당한다. 물론 이러한 '수모'는 소비자 자신이 자초하는 것이나 다름없다. 근본적으로는 사리분별력을 잃고 욕망에만 이끌리는 그 자신에게 문제가 있기 때문이다. 공자는 말한다. "등짐이나 지어야 할 자가 수레를 타는 모습이 역시 추악하다. 제 스스로 도적을 불러들이니 또 누구를 원망할 수 있겠는가.〔負且乘 亦可醜也 自我致戎 又誰咎也〕"(「상전」)

九四

너의 엄지발가락을 도려내야 한다.

그러면 벗이 다가와 너와 하나가 되리라.

解而拇 朋至 斯孚

'엄지발가락'이란 구사(九四)와 음양으로 호응하는 초육을 가리킨다. 초육이 양의 자리에서 음효로서 올바른 자리를 얻지 못하고 있으므로 (해방의) 발걸음에 방해가 된다. 그래서 "엄지발가락을 도려낼" 것을 요구하고 있다. 공자는 말한다. "엄지발가락을 도려내는 것은 그것이 올바른 자리에 있지 않기 때문이다.[解而拇 未當位也]"(「상전」) '벗'은 (구사와 마찬가지로 양효인) 구이를 가리킨다. '벗'이라고 했지만 구이가 하괘의 가운데 효임을 고려하면, 구사 자신의 내면 깊은 곳에 도사리고 있는 참자아를 뜻할 수도 있다. 참자아의 회복이 해방의 궁극 목표가 되어야 하는 것이다. "벗이 다가와 너와 하나가 된다."는 말뜻을 이렇게 풀이할 수도 있다.

해방은 우리의 삶을 구속하고 억압하는 외적인 힘들을 제거하는 것만으로는 안 된다. 사실 우리를 핍박하는 가장 큰 요소는 우리 자신의 내부에 있다. 예를 들면 환난과 고통에서 해방되었다 하더라도 우리의 의식은 과거로부터 자유롭지 못하고 여전히 적의, 원망, 분노 등 인격 장애에서 벗어나지 못할 수도 있다. 그것은 과거의 고통이 클수록 더할 것이다.

그러므로 진정한 해방을 위해서는 과거 간난신고의 세월 속에서 자신도 모르게 형성되었을 부정적 의식을 깨끗이 정화하지 않으면 안 된다. 엄지발가락에 종기가 났으면 과감하게 도려내야 하는 것처럼 말이다. 철저한 자기 쇄신 속에서만 참다운 자유를 얻을 수 있다. 그동안 세속적인 일들로 구속되고 은폐된 참자아도 여기에서만 회복될 것이다. 참고로 해방 속에서 열리는 참자아의 세계를 장자의 관점에서 한 번 엿보자. 그는 공자와 안자(顔子)의 대화를 빌려 다음과 같이 말한다.

안자 : 선생님 저는 어떤 경지를 얻었습니다.

공자 : 무슨 말이냐?

안자 : 인의(仁義)를 잊었습니다.

공자 : 좋구나. 하지만 아직은 아니다.

(얼마 뒤 다시)

안자 : 선생님, 저는 어떤 경지를 얻었습니다.

공자 : 무슨 말이냐?

안자 : 저는 예악(禮樂)을 잊었습니다.

공자 : 좋구나. 하지만 아직은 아니다.

(다시 얼마 뒤)

안자 : 선생님, 저는 어떤 경지를 얻었습니다.

공자 : 무슨 말이냐?

안자 : 저는 좌망(坐忘)에 이르렀습니다.

공자 : (놀라며) 좌망이라니, 무슨 말이냐?

안자 : 몸의 욕망을 떨치고 총명한 사고를 버려, 육신을 여의고 지혜도 잊어 대도(大道)와 하나가 되는 것, 이것을 좌망이라고 합니다.

공자 : 대도와 하나가 되면 좋아할 것도 없고, 섭리를 따르면 집착할

것도 없으니, 너는 정말 훌륭하구나! 나도 너의 뒤를 따르련다.(『장자』)

잘 알려진 것처럼 '좌망'은 장자가 추구했던 무아의 경지를 형용한
말이다. 그는 인의와 예악의 도덕의식은 물론 모든 감각적 욕망과 자타
분별적 지식을 엄지발가락의 종기처럼 여겨 '도려내려' 했다. 인간사 어
떤 일에도 거칠 것 없는 해방과 자유의 세계를 누리기 위해서였다. 그
야말로 해탈의 경지다. 그러한 해방의 공간에 현전하는 참자아를 장자
는 '지인(至人)'(진인(眞人), 신인(神人))이라 부른다.

'좌망'은 전혀 비현실적이고 불가능한 일이지만, 우리에게 커다란 가
르침을 준다. 우리는 누구나 갖가지의 욕망과 지식에 갇혀 산다. 욕망
의 노예로 자처할 뿐 아니라 관념(지식)의 감옥에 우리 자신을 가두고
있다. 자본주의와 공산주의, 남자와 여자, 한국인과 외국인, 인간과 동
물, 그 밖에 호오(好惡)와 선악과 미추와 성속(聖俗) 등에 관한 분별적
생각들 속에 갇혀 자기를 내세우고 남들과 시비 대립한다. 이는 욕망과
지식이 많을수록 더 심해진다. 삶의 불행은 바로 여기에서 비롯된다.

그런데 따지고 보면 그것은 우리가 자초하는 결과이다. 내가 만들
어 놓은 관념의 함정에 내 스스로 빠지는 것이다. 이를테면 젊음은 좋
은 것이라는 생각은 늙음을 못 견디게 만들며, 부에 대한 선망이 가난
을 죄악으로 여기게 만든다. 그 밖에 일상생활에서 작용하는 다른 관념
들도 모두 그렇다. 그러므로 자유롭고 행복한 삶을 위해서는 '좌망'까지
는 아니더라도, 자신을 구속하는 관념들의 '엄지발가락'을 도려내야 한
다. 노자가 '무지'를 주장하면서 "어린아이의 상태로 돌아갈 것〔復歸於
嬰兒〕"을 강조한 까닭도 여기에 있다. 어린아이는 인위적 관념에 물들지

않아 밝고 맑은, 그야말로 천진한 생명으로 놀기 때문이다.

六五
군자의 정신으로 풀어 나가면 기쁨을 알리라.
사람들의 신뢰를 얻을 것이다.
君子 維有解 吉 有孚于小人

　육오(六五)는 이 괘의 중심으로 해방 사회의 핵심적 과제를 말하고 있다. "군자의 정신"이다. 그에게 "군자의 정신"을 강조한 이유는 그가 허약한 음효이기 때문이다. 만약 그가 그것을 지킨다면 구이와 구사의 양효는 물론 나머지 음효들도 그를 신뢰할 것이다.

　지금까지 해방 시절의 과제들을 단편적으로 말했지만, 그 근저에는 우리가 한순간도 놓아서는 안 될 정신이 있다. "군자의 정신"이다. 해방은 결코 아무런 구속도 없이 제 마음대로 행동할 수 있는 자유를 뜻하지 않는다. 그것은 의미 깊은 삶(참자아)의 성취를 위한 기초요 조건일 뿐이다. 에리히 프롬의 표현을 빌려 말하면, "~로부터의 자유"만 누리려 하지 말고, "~로의 자유"를 추구해야 한다. 억압으로부터의 해방에 만족하지 말고, 이제는 "군자의 정신"으로 참자아의 삶을 영위해야 한다는 것이다. 참삶의 기쁨은 거기에서만 생겨날 것이다.
　"군자의 정신"은 한 사회 내에서도 당연히 필요하다. 통치자는 그 정신을 사회의 중심 가치로 확립해야 한다. 그리하여 해방의 어수선한 정국에서 분출되어 나오는 각종 '소인적' 요구와 주장들을 "군자의 정신"
으로 지도하고 다스리지 않으면 안 된다. 공자는 말한다. "군자의 정신
으로 풀어 소인적인 것들을 물리쳐야 한다.[君子有解 小人退也]"(「상전」)
만약 "군자의 정신"을 결여하거나 그것의 확립에 실패한다면 통치자는
사람들의 신뢰를 잃고 사회를 또다시 혼란에 빠트리고 말 것이다.

上六
군자가 높은 담장 위의 사나운 매를 쏘아 잡는다.
일이 잘되리라.
公用射隼于高墉之上 獲之 无不利

　상육(上六)은 괘의 맨 윗자리에 있으므로 "높은 담장"이요, 해방의 시
절에 마지막까지 억척스럽게 남아 있는 음효이므로 "사나운 매"로 상정되
고 있다. 매는 숲속에서 살아야 할 짐승인데, 민가의 담장에 내려와 앉아
호시탐탐 가축을 노리고 있기 때문에 사람들이 불안할 수밖에 없다. 군
자가 그것을 쏘아 잡는 이유가 여기에 있다.

　오늘날 많은 사람들은 자신이 신분적, 제도적, 폭력적인 억압과 구속
에서 해방되어 자유롭게 살고 있다고 여긴다. 하지만 정말 그럴까? 우
리는 알게 모르게 누군가의 감시와 조종을 끊임없이 받고 있기 때문이
다. 이 문명 사회가 사람들을 갖가지 방식으로 사찰하고 관리한다는
사실은 상식이 된 지 오래다. 예를 들면 저 '윗'사람들은 도로 곳곳의

감시 카메라와 신용카드의 정보를 이용하여 우리들의 생활 동선을 소상하게 추적할 수 있다.

이처럼 모든 정보 조직을 갖고 있는 권력의 '빅 브라더'는 마치 "높은 담장 위의 사나운 매"와도 같다. 저들은 집안의 가축들을 낚아채려고 노려보는 매와도 같이 우리들의 삶을 사찰하고 위협한다. 그러므로 조지 오웰의 『1984년』은 이미 지나간 시절이 아니라 끊임없는 현재 진행형의 시간이다. 우리는 그렇게 기계 문명과 정보 사회의 통제를 받으면서 우울하게 살아가고 있다. 자유인이 아니라 기계와 정보의 노예로 전락한 것이다. 물론 이는 우리가 자청한 것이나 다름없다. 그것들을 만들어 이용하는 사람은 바로 우리 자신이기 때문이다.

하지만 그러한 노예의 삶을 거부하고 자신이 진정한 삶의 주인공이 되고자 한다면, 지금부터라도 "사나운 매를 쏘아 잡기" 위한 준비와 노력을 하지 않으면 안 된다. 우리의 자유를 구속하고 위협하는 모든 정치적, 경제적, 사회적, 문화적인 패악거리들을 찾아 제거해야만 한다. 공자는 말한다. "군자가 사나운 매를 쏘는 것은 패악에서 벗어나기 위해서다.〔公用射隼 以解悖也〕"(「상전」) 진정한 해방은 여기에서만 가능하다.

오늘날 '군자'가 실현해야 할 또 다른 과제가 여기에 있다. 이 '군자'는 일반적으로 말하면 사회 각계각층의 지도적 인사들을 총칭한 말이다. 아니 그러한 과제를 그들에게만 맡겨서는 안 된다. 모든 사람들이 '군자'가 되어 그것을 실행해야 한다. 이를 위해 모두들 "사나운 매"를 식별할 줄 아는 안목을 기르고, 그것을 "쏘아 잡을" 수 있는 힘을 키워야 한다. 공자의 말을 들어 보자.

매는 새요, 활과 화살은 도구요, 쏘는 것은 사람이다. 군자가 도구를 준비하여 때를 기다려서 행동에 옮긴다면 되지 않을 일이 무엇 있겠는가. 과감하게 행동에 나서 사나운 매를 잡으니, 이는 그가 힘을 갖춘 뒤에 일에 나섬을 말한 것이다.〔隼者 禽也 弓矢者 器也 射之者 人也 君子藏器於身 待時而動 何不利之有 動而不括 是以 出而有獲 語成器而動者也〕(「계사전」)

41. 덜어 냄의 정신

손(損)

어떤 일이나 상황으로부터 일단 해방을 얻으면 사람의 마음이 느슨해지기 쉽다. 통제와 구속, 억압에서 벗어나면 달라진 환경에 맞추어 마음을 새롭게 다잡으려 하기보다는, 이제는 무엇이든 마음 가는 대로 살아 보고 싶은 것이다. 아마도 그것이 인지상정일 것이다. 우리는 그 모습을 대학 입학 시험에서 해방된 학생들이나 복권 당첨으로 가난에서 해방된 사람들에게서 본다. 하지만 그러한 해방은 자칫 각종의 손실을 초래하기도 한다. 대학 신입생들의 허송세월은 많은 사람들이 직접 체험한 바일 것이요, 통계에 의하면 복권 당첨자는 대부분 생활의 파탄을 겪는다고 한다. 공자는 이러한 뜻을 다음과 같이 말한다. "'해(解)'는 느슨해짐을 뜻한다. 느슨해지면 반드시 잃는 것이 있기 마련이다. 그래서 〈해(解)〉에서 〈손(損)〉으로 이어졌다.〔解者 緩也 緩必有所失 故受之以損〕"(「서괘전」)

이에 따르면 〈손〉괘는 해방으로 인한 손실의 문제를 다루는 것처럼 보인다. 하지만 그것은 손익 계산상 부정적인 결과를 말하려 하지 않는다. 그전에 사람들이 삶에서 덜어 내야[損] 할 것이 무엇인지를 주제로 내놓는다. 이 '덜어 냄'은 광범한 뜻을 갖는다. 해방의 공간에서 덜어 내야 할 욕망뿐만 아니라, 자신이 가진 것을 덜어 남들에게 헌신 봉사하는 일, 또는 분별적인 지식, 심지어 자아의식까지도 덜어 내 텅 빈 마음으로 우주 만물을 품 안에 아우르는 일에 이르기까지 그 정도와 층차가 다양하다.

이를 해방과 관련하여 살펴보자. 해방은 역설적으로 우리에게 삶에서 덜어 내고 버려야 할 것이 무엇인지 성찰하게 해 주는 계기가 될 수도 있다. 해방되었다 해서 그동안 억눌려 있던 욕망을 남김없이 이루려 해서는 안 된다. 그것은 방만하고 방종한 생활을 자초할 뿐이다. 이제는 억압에서 벗어나 무언가를 내 뜻대로 할 수 있는 자유를 얻은 만큼 자신이 삶에서 진정으로 이루고자 하는 것이 무엇인지 깊이 생각해야 한다. 그러면 덜어 내고 버려야 할 일들이 또한 자연스럽게 떠오르면서 정리될 것이다.

사람들은 살아가면서 재물이든 명예든 권력이든 세속적인 것들을 덜어 내려 하기보다는 오히려 끊임없이 부풀리려 한다. 그것들이 삶의 안락과 행복을 보장하는 길이라고 여긴다. 하지만 이는 착각일 뿐이다. 무엇이든 차지하려면 남들과 다투어야 하며, 한편으로 자신의 것을 잃지 않기 위해 경계심을 늦추어서는 안 되는 등 항상 긴장과 불안 속에서 살아야 하기 때문이다. 우리 속담을 빌리면, "만석꾼에게는 만 가지 근심이 있고, 천석꾼에게는 천 가지 근심이 있다." 그러므로 그것들은 오히려 구속거리이다.

이에 반해 자신의 것을 덜어 낼수록 마음의 평화가 깊어질 것이다. 생활의 긴장과 근심이 그만큼 줄어들기 때문이다. 고 법정 스님이 제창했던 '무소유'의 정신에 많은 사람들이 환호했던 것도, 적어도 마음으로는 그와 같은 이치를 공감해서일 것이다. 나아가 내 것을 덜어 남에게 베풀고, 나의 주장을 덜어 남을 관용한다면 삶의 행복이 배가될 것이다. 이에 반해 남의 것을 빼앗아 자신의 욕망을 채우는 사람은 소유의 만족을 느낄지언정, 존재(사람됨)의 빈곤을 면치 못할 것이다. 공자는 이를 다음과 같이 말한다. "자신을 덜어 내는 사람은 풍요로울 것이요, 자신을 채우는 사람은 결핍을 겪을 것이다.〔自損者益 自益者缺〕"(『공자가어』)

노자 또한 덜어 냄의 정신을 크게 강조한다. 그는 당시의 학문 풍조가 지식을 쌓는 데에만 열중하고 있다고 비판했는데, 이는 오늘날에도 여전히, 아니 오히려 더욱 절실한 충고거리다. 정보(지식)의 과잉이 사람들을 혼란과 불행으로 내몰고 있기 때문이다. 그는 말한다. "학문을 하면 지식과 욕망이 날마다 늘어날 것이요, 도(道)를 닦으면 그것들이 날마다 덜어질 것이다. 그것들을 덜어 내고 또 덜어 내어 무위(無爲)의 삶을 영위해야 한다.〔爲學日益 爲道日損 損之又損 以至於無爲〕"(『노자도덕경』)

이에 의하면 "아는 것이 힘"이라는 서양 어느 학자의 주장은 크게 잘못되었다. 지식의 힘은 파괴적이다. "아는 것이 많으면 하고 싶은 일도 많아진다."는 말처럼, 지식은 사람들의 욕망(재물욕, 출세욕, 권력욕 등)을 부추기고 강화하면서 자타의 관계와 사회를 대립과 다툼의 장으로 내몰기 때문이다. 나아가 우리가 생생하게 목격하는 것처럼, 자연을 착취하고 정복하는 (과학) 지식의 파괴적인 위력은 두렵기만 하다. 불행하게도 그것이 오늘날 지식 사회의 현주소다.

그러므로 '도(道)'를 닦아야 한다. 노자가 말하는 도는 진리나 도덕

같은 것이 아니다. 그의 생각으로는 진리나 도덕도 지식과 욕망의 유형에 지나지 않는다. 그의 도는 천지만물의 생성 근원으로써 언어를 초월한다. 사물의 단면만을 지시하기에 적합한, 본래 그러한 의도로 고안된 언어를 가지고 만물의 근원을 규정하기란 불가능하기 때문이다. 노자는 말한다. "도를 도라고 말한다면 그것은 영원한 도가 아니다."(『노자도덕경』) 어느 학자 역시 말한다. "무한자가 선명하게 정의된다면 이는 곧 무한자일 수 없게 된다."(『선학(禪學)의 황금시대』) 그러므로 '도'는 인식의 대상이 아니며, 직관적 깨달음을 통해서만 접근될 수 있다. 인식(지식) 활동은 오히려 도를 닦는 데 방해가 될 뿐이다.

그러면 어떻게 하면 도를 닦을 수 있을까? 그 방법은 천지만물의 신성한 근원으로 돌아가는 행로에서 발견된다. 이를 위해 우리는 마치 매미가 허물을 벗듯이 자아를 탈각해야 한다. 자아는 지식과 욕망의 진원지이기 때문이다. 앞서 말한 장자의 '좌망(坐忘)'도 이러한 문제의식 속에서 나온 것이었다. 그렇다고 해서 자신의 현존 자체를 부정해야 한다는 말은 아니다. 내가 닦아야 할 도는 만물이 생장 쇠멸하는 일상의 현장에 내재해 있다. 즉 도는 나 자신을 포함한 만물의 생장 쇠멸의 이치다.

그리하여 도의 닦음이란 모든 지식과 욕망을 떨치고 자연의 섭리와 그것이 현시된 만물의 이치를 따르는 노력이다. 이를 통해 나는 점점 각종의 구속으로부터 자유로워질 것이며, 지식과 욕망이 지어내는 인위적 조작을 넘어서 '무위자연(無爲自然)'의 삶을 살게 될 것이다. 그리하여 분별적 지식과 아집적 욕망이 온갖 대립과 경쟁, 불만족과 고통의 씨앗이라면, 그것을 근절한 무위자연의 삶은 최고의 행복을 가져다줄 것이다. 이는 그 어떤 지식과 욕망으로도 꾸며지지 않은, 생명을 회의하거나 부정할 줄 모르고 밝고 맑은 눈빛으로 세상을 바라보는 어린아이의 삶과도 같다. 그러나 그처럼 꾸밈없는 단순함은 세상 물정 모르고 남들한테 돌림이나 당하는 어리석음이 아니다. 그것은 지식과 욕망을 털어 내는 깊은 수행을 통해서만 이르를 수 있는 '숭고한' 단순함이다. 노자는 말한다. "어린아이로 돌아가라〔復歸於嬰兒〕", "꾸밈없는 상태로 돌아가라〔復歸於樸〕"

이는 도사(道士)의 경지를 말한 것이지만, 우리 역시 구도자(求道者)로서 평소 부단히 "지식과 욕망을 덜어 내고 또 덜어 내", 궁극적으로는 자신의 존재(자아)까지도 탈각시켜 나갈 필요가 있다. 독일의 신비 사상가 마이스터 에크하르트는 말한다. "인간은 태어날 때부터 실로 가난하면서도 자기 생명의 의지로부터 자유로워야 한다. (중략) 어떤 의도도 갖지 않고, 아무것도 모르며, 어떤 욕구도 없는 자, 그만이 진정 영적으로 가난하다."(『영원의 철학』) 이 '가난'은 영적인 열망을 품고 있다. 그는 세속적인 지식과 욕망을 다 덜어 내 버린 '가난' 속에서 최상의 자유를 얻으려 한다. 이를 통해서만 신과의 영적인 합일이 가능함을 알기 때문이다. 이슬람교의 어느 신비주의자는 말한다. "가슴이 잃어버린 것을 슬퍼하며 울고 있을 때, 영(spirit)은 찾은 것을 즐거워한다."(『영원의 철학』)

이제 덜어 냄의 정신을 〈손〉괘 속에서 살펴보자. 그것의 상괘 '간(艮)' ☶과 하괘 '태(兌)' ☱는 각각 산과 연못을 상징으로 갖는다. 이 둘을 조합하면 그것은 산 아래 연못의 모습이다. 연못은 산에 서식하는 온갖 초목에게 수분을 공급한다. 연못이 자신의 것을 '덜어 내어' 초목의 생명을 길러 주는 것이다. 그것도 ('태'의 속성인) 기쁜 마음으로 말이다. 이것이 은유하는 바는 다른 데 있지 않다. 나를 낮추고 덜어 내어 남들을 받들고 이익되게 하라는 것이다. 참삶의 기쁨이 거기에서 생겨날 것이다.

이러한 덜어 냄의 정신은 정치적으로는 역설적인 뜻을 함축하기도 한다. 남의 것을 덜어 내(빼앗아) 자기 것으로 보태는 일이다. 이를 괘효의 구조상에서 살펴보자. 〈손〉은 원래 〈태(泰)〉가 변한 것이다. 즉 〈태〉괘의 구삼효와 상육효가 서로 자리를 바꾼 것이 〈손〉괘다. 덜어 냄과 보탬의 관점에서 보면 이는 상괘가 하괘의 물건을 빼앗아(육삼의 허한 음효) 자신의 욕심을 채우는(상구의 실한 양효) 모습을 띤다. 이는 윗사람(치자)이 아랫사람(국민)의 물건을 착취함을 은유한다. 공자는 말한다. "〈손〉은 아래를 덜어 위를 보태고 있으니, 그 길이 위로만 통한다.〔損 損下益上 其道上行〕"(「단전」) '아래'와의 소통이나 '아래'에 대한 베풂이 없는 것이다.

이처럼 〈손〉괘의 덜어 냄의 정신이 정치적으로 악용될 경우에는 악덕이 된다. 당연히 그것이 자행되는 나라는 망할 수밖에 없다. "백성이야말로 나라의 토대로서, 토대가 튼튼해야 나라가 안정을 얻는〔民惟邦本 本固邦寧〕"(『서경』) 법인데, 치자가 자신의 '토대'를 허물어 버리기 때문이다. 옛날 중국의 경개봉(耿開封)이라는 학자는 〈손〉괘의 이와 같은 뜻에 착안하여 다음과 같이 말한다. "윗사람에게는 아랫사람이 토대다. 그러므로 윗사람이 아랫사람을 이익 되게 하면 양자가 다 함께 이익을 얻을 것이요, 윗사람이 아랫사람에게 손해를 끼치면 양자가 다 함께 손해를 입을 것이다."(『주역』의 주)

이와 관련하여 〈손〉괘와 상반된 〈익(益)〉괘의 정신을 미리 살펴보자. 그것은 〈비(否)〉가 변한 것이다. 즉 〈비〉괘의 구사효와 초육효가 서로 자리를 바꾼 것이 〈익〉괘다. 이 역시 덜어 냄과 보탬의 관점에서 보면 〈손〉괘와는 반대로, 상괘가 자신의 물건을 덜어(육사의 허한 음효) 하괘를 보태 주는(초육의 실한 양효) 모습이다. 이는 윗사람(치자)이 자신을 희생하여 아랫사람(국민)을 이익되게 함을 은유한다.

우리는 여기에서 선비들의 사회(정치)사상을 읽을 수 있다. 그들은 사회적 관점에서 손익의 기준을 아랫사람에게 두었다. 그리하여 아랫사람의 것을 덜어 내(빼앗아) 윗사람을 배불리는 것을 (사회적) 손실로, 이와는 반대로 윗사람의 것을 덜어 아랫사람에게 베푸는 것을 이익으로여겼다. 오늘날로 따지면 부익부 빈익빈의 사회 구조가 전자라면, 부자증세를 통한 서민 복지의 강화가 후자에 해당될 것이다. 공자는 말한다. "〈익(益)〉은 위를 덜어 아래를 보태는 것이니, 사람들이 한없이 기뻐할 것이요, 위에서 아래로 내려오니 삶의 길이 크게 빛난다.[益 損上益下民說无疆 自上下下 其道大光]"(〈익(益)〉괘「단전」) 여기에서 "위에서 아래로내려온다."는 말은 윗사람의 베풂과 위아래의 소통을 뜻한다. '위'의 가진 자들이 자신들의 것을 덜어 '아래'의 못 가진 사람들에게 베풀고, 그들보다 낮게 처신해야만 사회는 상하의 사람들 사이에 형평과 조화를얻을 수 있다는 것이다.

괘사卦辭

덜어 내는 일에 성실하면 큰 행복을 얻으리라.
그것은 잘못된 일이 아니다.
오히려 올바른 삶의 길이 여기에 있다.
그 길을 찾아야 한다. 어떻게 해야 할까?

음식물 두 접시만으로도 제사를 지낼 수 있다.

損 有孚 元吉 无咎 可貞 利有攸往 曷之用 二簋 可用享

사람들은 살아가면서 자신을 비우려(덜어 내려) 하기보다는 채우는 데에만 골몰한다. 재물은 물론, 그 밖에 명예든 권력이든 지식이든, 심지어 사람까지도 자신에게 득이 된다 싶으면 그를 손에 넣어 자신의 소유로 만들려 한다. 그들은 거기에서 자신의 존재감을 찾으며, 반대로 그것들을 갖지 못하면 열등감과 상실감에 빠진다. 그러므로 오늘날 사람들에게 삶의 제일 명제는 "나는 소유한다. 고로 존재한다."이다.

하지만 그러한 소유주의적 태도는 고통과 허망함을 초래하기 일쑤다. 세상사가 결코 자기 뜻대로 되지 않으며, 설사 아무리 많은 재물과 막강한 권력, 뛰어난 학식을 갖는다 하더라도 나의 존재(인격)는 결코 그것들로 채워질 수 없기 때문이다. 그러므로 우리는 그러한 욕망을 "덜어 내고 또 덜어 내지" 않으면 안 된다. 거기에서만 '열반'의 행복이 주어질 것이다. '열반'이란 인도 산스크리트어 'nirvāna'를 중국말로 음역한 것으로, 원래 (불을 입으로 불어 끄듯이) '불어서 없앤다.'는 뜻이라 한다. 온갖 그릇된 식견과, 그로부터 나오는 욕망을 끈다는 것이다. 그렇게 하여 욕망이 사라진 고요한 마음에 생기는 무상의 즐거움, 그것이 열반의 행복이다.

사람들은 열반의 불교 정신에 대해서는 말할 것도 없고, 자신을 덜어 내고 비워야 한다는 주장에 쉽게 동의하려 하지 않는다. 그리 해서 세상을 어떻게 살겠느냐고 반문하면서, '덜어 냄'의 정신을 오히려 잘못된 것으로 비난하려 한다. 하지만 그것은 삶 자체를 버려야 한다는 말이 아니다. 삶에서 비본질적인 것들을 버려야 한다는 뜻일 뿐이다. 거기에는 참삶의 의미와 가치를 추구하려는 적극적인 의지가 내재되어 있다. 그것도 세상을 버리고서가 아니라 일상생활 안으로 들어와 지금, 이 자리에서 이루어진다. 예를 들면 불교만 하더라도 무욕과 무소유를 주장하지만, 스님들은 그 위에서 중생을 구원하려는 보살의 자비심으로 자신의 존재를 채우려 한다.

덜어 냄의 정신을 어떻게 실천해야 할지 일상의 현장에서 구체적으로 살펴보자. 제사가 그 한 예다. 그것은 삶에서 경건의 정신이 크게 요구되는 자리다. 이승과 저승의 가교요, 산 사람이 죽은 사람의 혼령을 만나기 위해 베푸는 의식이기 때문이다. 우리 조상이 제사의 예를 그토록 중시했던 까닭도 여기에 있었다. 그중에는 과일이나 어육 등 음식물을 차리는 예법도 당연히 포함된다. 그것은 발생학적으로 따지면 사람이 저승에서도 여전히 살아가기 때문에 그를 불러 생전처럼 모신다는 원시 신앙의 잔재일 것이다. 어떤 학자의 주장에 의하면 죽음이 오늘날처럼 '존재의 완전한 소멸'이라는 뜻으로 쓰이게 된 것은 인류 문화사상 그렇게 오래 되지 않는다고 한다.

하지만 음식물을 많이 차리는 것이 제사의 요건은 아니다. 음식물을 아무리 풍성하게 갖춘다 하더라도 경건하고 정성스러운 마음이 없으면 그 제사는 아무런 의의를 갖지 못한다. 거기에는 돌아가신 분과 영적으로 교감하려는 정신이 결여되어 있기 때문이다. 그러면 "어떻게 해야 할까?" 경건한 마음속에서 돌아가신 분에 대한 추모의 정성만 지극하면, 형편에 따라서는 "음식물 두 접시만으로도 제사를 지낼 수 있다."

삶도 마찬가지다. 외형적으로 많은 것을 갖는다 해서 삶이 의미 깊어지는 것은 결코 아니다. 우리가 오늘날 실제로 겪고 있는 것처럼, 의식 주상 겉으로만 요란한 문화적 치장은 오히려 마음의 고요와 평화를 빼앗으며 존재의 빈곤을 야기한다. 그러므로 비누 풍선처럼 겉만 찬란한 삶의 허상에 속아 넘어가지 말고, 그것을 끊임없이 "덜어 내고 또 덜어 내지" 않으면 안 된다. 그것이 "올바른 삶의 길"이다.

물론 '덜어 내는' 것만으로는 안 된다. 그 가운데 추슬러야 할, 아니 키워야 할 것이 있다. 경건하고 진지한 삶의 정신이다. 마치 제사에 임하듯이 삶을 경건히 영위해야 한다. 특히 오늘날처럼 문명의 화려함만을 숭상하는 시대에서 외형적 치장을 최대한 덜어 내고 내면의 정신을 삶의 중심에 확립하지 않으면 안 된다. 공자의 말을 들어 보자. "음식물 두 접시만으로 제사를 지내야 할 때가 있는 것처럼, 지나친 것을 덜어 내고 부족한 것을 보태야 할 때가 있다. 덜어 내고 보태며, 채우고 비우는 일을 때에 맞게 해야 한다.〔二簋 應有時 損剛益柔 有時 損益盈虛 與時 偕行〕"(「단전」) 즉 외형적으로 지나친 문명의 치장을 덜어 내고, 내면적으로 부족한 삶의 정신을 채우는 것이 오늘날의 시대적 과제다.

괘상卦象

산 아래에 연못이 있는 모습이 〈손〉의 형상이다.
군자는 이를 보고서 분노를 다스리고 욕망을 억제한다.
山下有澤 損 君子 以 懲忿窒欲

사람들이 일상생활에서 제일 먼저 덜어 내야 할 것은 무엇일까? 그것은 욕망과 분노다. 불만족과 고통, 대립 다툼을 야기하는 요인이 거기에 있기 때문이다. 불교가 '삼독심(三毒心)'을 근절할 것을 역설한 까닭도 여기에 있다. '욕망〔탐(貪)〕, 분노〔진(瞋)〕, 어리석음〔치(痴)〕' 세 가지가 사람들의 마음에 독을 주입한다는 것이다. 그중에서도 어리석음이 가장 문제다. 욕망도 분노도 거기에서 비롯되기 때문이다. 어리석음을 벗어나 깨달음의 지혜를 얻은 사람은 욕망과 분노로부터 자유롭다.

　하지만 깨달음의 지혜가 하루아침에 주어질 수 있는 것이 아니고 보면, 우리가 평소 유념해야 할 사항은 "분노를 다스리고 욕망을 억제하는" 일이다. 이는 일에 임해서만 필요한 것이 아니다. 그것은 사전에 분노와 욕망의 마음을 갖지 않으려는 수양의 노력을 요구한다. 평소 마음을 맑고 밝고 평화롭게 갖고, 사물과 세계와 삶의 이치를 명징하게 바라보기 위해 부단히 마음을 닦고〔修〕 길러야〔養〕 한다. 그렇지 않으면 시시때때로 분출하는 분노와 욕망의 사태를 막을 길이 없다.

　군자가 "산 아래에 연못이 있는 모습"을 보면서 엉뚱하게도, "분노를 다스리고 욕망을 막으리라."고 생각하는 것은 이러한 문제의식의 투사 결과다. 그는 산을 바라보면서 치솟는 분노를, 그리고 깊은 연못에서는 물처럼 고이는 욕망을 상상한다. 그리하여 산을 깎아 평지로 만들듯이 평소에 분노를 제거하고, 연못을 메우듯이 욕망을 막아 없애는 수양의 노력을 다한다. 고요하고 화평한 정신과 삶의 세계가 여기에서 열릴 것이다. 군자가 누리고자 하는 삶의 열락이 바로 여기에 있다.

효사爻辭

初九
일을 마치면 빨리 떠나야 허물거리가 없으리라.
덜어 냄의 뜻을 헤아려야 한다.
已事 遄往 无咎 酌損之

초구(初九)는 아래에서 육사와 음양으로 호응하므로 자신의 강한 힘을 덜어 내 약한 사람을 돕는 뜻을 은유한다. 다만 그가 그러한 호응에 연연할까 염려하여 "일을 마치면 빨리 떠나야 한다."고 충고했다. "덜어 냄의 뜻" 운운한 것은 효의 처음 자리에서 '덜어 냄'의 기본 정신을 말한 것이다.

남을 위한 헌신과 희생, 선행과 봉사는 자기 자랑이나 공로 의식을 갖지 않아야만 아름답다. 만약 그것을 남들에게 과시하려 하거나 그것을 통해 어떤 보답을 받으려 한다면, 그것은 그의 선행에 허물거리가 될 것이다. 그러므로 "오른손이 하는 일을 왼손이 모르게 하듯이", "일을 마치면 빨리 떠나" 자신의 선행을 마음에 담아 두지 말아야 한다. 사람들은 그러한 뒷모습을 아름답게 여길 것이다. 공자는 말한다. "일을 마치고 빨리 떠나면 사람들이 흡족해할 것이다.(已事遄往 上合志也)"(「상전」)
덜어 냄의 뜻을 좀 더 깊이 헤아려 보자. 그것은 나의 선행을 남들이 알지 못하게 하겠다는 겸손의 차원에 그쳐서는 안 된다. 그러한 겸손은 은근한 자부심을 낳아 뒷날 오만한 마음의 뿌리가 될 수도 있다. 참다운 덜어 냄의 정신은 자신의 선행을 조금도 마음속에 담아 두지 않는다. 선행뿐만 아니라 그는 이미 지난 일들을 모두 덜어 내고, 오직 지금, 이 자리에 충실한 눈빛을 갖는다. 노자는 말한다. "낳지만 소유하지 않고, 무슨 일을 하면서도 자부하지 않으며, 길러 주지만 주재하지 않는 것을 일러 현묘한 덕이라 한다.[生而不有 爲而不恃 長而不宰 是謂玄德]"(『노자도덕경』) 하늘과 땅이 이 세상 만물을 낳고 길러 주지만 그것들을 소유하거나 주재하거나, 또는 그 일을 자랑하지 않는 것처럼 자신의 선행도 그래야 한다는 것이다. 아니 선행뿐만 아니라 삶의 갖가지 군더더기를 끊임없이 덜어 내야 하지 않을까? 무엇이 '군더더기'인지 깊이 생각해 볼 일이다.

九二
올바른 정신을 지켜야 한다.
일에 나서면 불행하리라.
덜어 내지 않아야 보탬이 될 것이다.
利貞 征 凶 弗損 益之

구이(九二)는 육오와 음양으로 호응하므로 당연히 자신을 덜어 육오를 보태 줄 것처럼 보인다. 하지만 (양의 자리에 음효로 있어서 부도덕한) 육오에게 봉사하는 것은 구이가 자신의 "올바른 정신"을 버리는(덜어 내는) 일이 되고 만다. 그래서 "일에 나서면 불행하리라."고 했다. 그의 처지에서는 오히려 "덜어 내지 않고" 물러나 올바른 정신을 지키는 것이 자신은 물론, 사회를 위해서도 '보탬'이 될 것이다.

자신을 희생하여 남을 위해 봉사하는 것은 고귀하고 아름다운 일이지만, 그 순간에도 '덜어 내서(버려서)'는 안 될 일이 있다. 진리와 도의의 "올바른 정신"이다. 참다운 헌신과 봉사는 올바른 정신을 앙양하여 그것으로 의미 깊은 삶과 밝은 사회를 성취하기 위한 것이어야 한다. 그것을 고려하지 않는 맹목적 헌신 봉사는 자신의 삶을 불행으로 내몰 것이다. 불의를 위해 서로 희생하는 깡패들이나 독재 권력에 봉사하는 사람들의 말로가 그 예다.

그러므로 어떤 상황이, 또는 사회가 나에게 헌신과 봉사를 요구할 경우에는 "일에 나서는" 것이 과연 "올바른 정신"을 제고하고 실현할 기회인지 아닌지를 신중하게 판단해야 한다. 앞서 소개했던바 김인후가 을사사화 이후에 임금의 수차례 부름에 응하지 않았던 것도 그러한 판단에서였다. 그는 을사사화 이후 무도한 정치권에서 자신의 "올바른 정신"이 용납될 수 없음을 알고 있었다. 그의 고고한 절의가 훗날 선비들의 정신을 크게 고무시켰던 까닭이 여기에 있다. 이이는 그를 다음과 같이 칭송한다. "맑은 물 위의 연꽃이요, 화창한 봄바람에 비 개인 뒤의 달과도 같다.〔淸水芙蓉 光風霽月〕"

"덜어 내지 않아야 보탬이 될 것"이라는 말의 숨은 뜻이 여기에서 드러난다. 김인후처럼 진리와 도의의 "올바른 정신"을 버리지 않아야만 자신의 삶은 물론 남들과 사회에 '보탬'이 될 수 있다. "올바른 정신"이야말로 개인적으로나 사회적으로나 가장 중심적인 가치이기 때문이다. 공자는 말한다. "올바른 정신은 중심적 가치를 지키려는 뜻에서 나온다.〔九二利貞 中以爲志也〕"(「상전」)

六三
셋이 가는 길에서는 한 사람을 빼고
혼자 가는 길에서는 벗을 얻는다.
三人行 則損一人 一人行 則得其友

'셋'이란 앞서 말한 것처럼 〈태(泰)〉괘상 세 개의 음효와 세 개의 양효를
가리킨다. 그중 음효인 상육과 양효인 구삼이 교환됨으로써 〈손〉괘가 되
므로, "셋이서 가는 길에서는 한 사람을 뺀다." 하고, 이 과정에서 육삼
과 상구가 만나므로, "혼자 가는 길에서는 벗을 얻는다."고 했다.

한 사물이 존재하고 생성하기 위해서는 반드시 다른 사물을 기다려
야 한다. 예컨대 자식은 부모를 기다려서 삶을 얻을 수 있으며, 부모 또
한 자식을 기다려서만 사후에도 자신의 존재(종족)를 지속할 수 있다.
남편은 부인을 기다려서만 남편의 존재 자리를 얻고, 부인 또한 남편을
기다려서만 부인의 자리를 얻는다. 인간사와, 더 나아가 세상의 만사만
물이 다 그러하다. 그것이 자연의 이치다. 사람들이 "혼자 가는 길에서
는 벗을 얻으려" 하는 이유도 여기에 있다. 그것은 삶이 외롭기 때문만
이 아니라, 근본적으로는 존재의 결핍감을 견디기 어려워서일 것이다.
아니 '혼자'만으로는 존재 자체가 불가능하다.
　물론 상대를 얻는 것만으로는 충분하지 않다. 양자 사이에는 상호 교
감과 소통이 있어야 한다. 마치 원수를 대하듯이 서로 등을 돌리고 배
척한다면 어떠한 생산적 결실도 얻을 수 없다. 아니 그전에 그는 존재
의 외로움과 결핍감에서 결코 벗어날 수 없을 것이다. 그러므로 서로

교감하고 소통할 수 있는 '벗'을 얻어야 한다. 그 '벗'은 동년배의 친구만을 뜻하지 않는다. 나와 삶의 뜻을 같이하는 사람이라면 나이와 성별과 신분을 막론하고 누구나 '벗'이 될 수 있다.

하지만 왜 '셋이 가는 길에서는 한 사람을 빼려는' 것일까? 오히려 교감과 소통의 대상이 많을수록 좋지 않을까? 이는 은유의 어법이다. 그것은 자타 간 순수하고 성실한 교감과 진정한 소통의 정신을 강조하려는 뜻을 담고 있다. 우리가 일상에서 흔히 겪는 일이지만, 친구 셋이서 만나면 한 사람은 나머지 둘에 대해 질투와 시기의 마음을 갖곤 한다. 두 사람의 돈독한 우정에 자신이 소외되는 것 아닌가 하는 의심에서다. 남녀의 삼각관계도 그 한 예에 해당된다. 공자는 말한다. "혼자 가는 길에서는 벗을 얻지만, 셋이면 서로 의심하리라.〔一人行 三則疑也〕"(「상전」)

그러므로 "셋이 가는 길에서는 한 사람을 빼려는" 것은 그와의 관계를 단절하려는 뜻이 아니다. 그것은 어떠한 인간관계에서든 순수하고 성실하게 교류해야 한다는 뜻을 갖는다. 따라서 '셋'이라는 숫자는 전혀 중요하지 않다. 설령 열 사람이 가는 길이라 하더라도, 서로 순수하고 성실하기만 하다면 문제가 되지 않는다. 순수하고 성실한 교류는 자타의 관계를 아름답게 만들어 줄 것이다.

삶의 외로움과 존재의 결핍감을 극복할 수 있는 길이 또한 여기에서 열린다. 남녀의 사랑에서 잘 드러나는 것처럼, 순수하고 성실한 교류의 정신은 서로의 존재를 하나로 합일시켜 줄 것이며 자타 간 밝고 화해로운 삶의 세계를 열어 줄 것이다. 공자는 이러한 이치를 인간 사회뿐만 아니라 자연 세계에까지 확대하여 다음과 같이 말한다.

하늘과 땅의 기운이 교감하여 만물 생성의 기운이 무르익고, 수컷과 암컷이 교접하여 만물이 생성된다. 주역에, "셋이 가는 길에서는 한 사람을 빼고, 혼자 가는 길에서는 벗을 얻는다." 하니, 이는 그들이 하나로 합일됨을 말한 것이다.〔天地絪縕 萬物化醇 男女構精 萬物化生 易曰三人行 則損一人 一人行 則得其友 言致一也〕(「계사전」)

六四
병을 고치는 데 서두르면 기쁨을 얻으리라.
후유증이 없을 것이다.
損其疾 使遄 有喜 无咎

사람의 심신이 음양의 조화를 이루지 못하여 어느 한쪽이 과도하면 병을 얻게 된다. 육사(六四)는 음의 자리에 음효요, 또한 그의 위아래 역시 모두 음효이므로 음기가 지나친 병을 얻었다. 다만 그는 음양으로 호응하는 초구의 도움으로 자신의 병을 고칠(덜어 낼) 수 있다. 여기에서 '병'은 자신의 약점이나 병통, 죄악 같은 것을 은유한다. 그것 역시 우리가 '덜어 내야' 할 사항 중의 하나다.

사람은 누구나 제각각 병통(약점, 잘못)이 없을 수 없지만, 문제는 그것을 어떻게 빨리 고치느냐에 달려 있다. 자신의 병통을 서둘러 고치는 사람은 건강한 삶의 기쁨을 누릴 수 있다. 공자는 말한다. "병을 고치니 기쁠 것이다.〔損其疾 亦可喜也〕"(「상전」) 이와는 달리 개과천선할 줄 모르는 사람은 여러 가지 병통이 계속 쌓이면서 불행한 삶을 면할 수 없다. 그것은 마치 어떤 사람이 자신의 질병을 감추고 보호하다가 뒷날 커다란 후유증을 겪는 것이나 마찬가지다. 그러므로 자신의 병통을 성찰하여 서둘러 다스리지 않으면 안 된다.

하지만 사람들이 자신의 병통을 자각하기란 쉽지 않다. 그것은 우리가 자신의 입 냄새를 스스로 맡지 못하는 것과도 같다. 그것은 주변 사람들의 지적을 통해서만 알 수 있다. 병통도 이와 마찬가지다. 그러므로 우리는 평소 교류하는 사람들의 충고와 비판을 겸허하게 받아들여 자신의 병통을 고쳐야 한다. 그것에 인색하다면 친한 사람들조차 나를 멀리할 것이요, 그렇게 되면 우정(애정)어린 교류의 기쁨이 그만큼 줄어들 것이다. 자신의 병통을 고치지 않음으로써 얻게 될 삶의 '후유증'이 거기에서 드러난다.

六五
사람들이 도와주므로 영험한 거북도 너를 외면하지 않을 것이다.
큰 성과를 얻으리라.
或益之 十朋之龜 弗克違 元吉

육오(六五)는 높은 자리에 있으면서도 음효로서 유순한 태도로 마음을 비워(덜어 내어) 아랫사람들, 특히 (음양으로 상응하는) 구이의 의견을 경청하는 사람이다. 그처럼 자신을 비우는 겸허한 '너'에 대해서 "사람들은 도와주려는" 마음을 가질 것이다. 그리하여 그는 자신이 하고자 하는 일에 "큰 성과를 얻을 것이다." "영험한 거북" 운운한 것은 거북으로 점을 쳐도 좋은 점괘가 나오리라는 뜻이다. 옛날에는 사람들이 거북의 등껍데 기를 불에 넣어 그것의 균열 상태를 보고서 점을 쳤다. 참고로 원문의 '붕 (朋)'은 옛날의 화폐 단위로서, '십붕(十朋)'은 비싼 값을 함의한다. 그렇게 값비싼 거북은 점을 치는 데 영험한 능력을 갖는 것으로 여겨진다.

사람은 높은 자리에 있을수록 독단적인 태도를 (덜어 내) 버리고 마음을 비워 아랫사람들의 의견을 겸허하게 들어야 한다. 그의 의사 결정이 사람들에게 지대한 영향을 미치기 때문이다. 물론 아랫사람들의 생각이 반드시 옳은 것만은 아니다. 그들은 개인적, 집단적인 이기심으로 자신들의 의견을 주장할 수도 있다. 실제로 오늘날 정치인들이 촉각을 세우는 대중의 여론조차도 피상적이고 감각적이며, 진실에서 벗어난 경우가 많다.

그러므로 지도자는 다중의 의견이나 여론을 앞세우면서 따르려 하기 이전에, 문제를 올바르게 파악할 줄 아는 지성인의 의견을 경청해야 한다. 지성인의 비판을 싫어하지 말고 오히려 자신을 도와주려는 뜻으로 받아들여야 한다. "영험한 거북"의 신령(하늘)도 그러한 지도자를 도와 주려 할 것이다. 지성인의 의견과 비판이 곧 '하늘'의 뜻이기 때문이다. 공자는 말한다. "큰 성과를 하늘의 도움으로 얻으리라.〔六五元吉 自上佑 也〕"(「상전」) 참고로 인재를 등용하는 자리에서 임금에게 지성적 판단을 강조한 맹자의 말을 들어 보자. 이는 오늘날의 통치자에게도 매우 절실한 충고의 말이 아닐 수 없다.

어떤 사람을 두고 임금님 좌우의 사람들이 모두 "그 사람 뛰어나다."
고 말해도 믿지 마시고, 대부들이 모두 "그 사람 뛰어나다."고 말해도 믿
지 마시며, 백성들이 모두 "그 사람 뛰어나다."고 말하면, 그를 검증하여
실제로 그의 뛰어남을 확인한 뒤에 그를 등용하십시오. 어떤 사람을 두
고 좌우의 사람들이 모두 "그 사람 안 된다."고 말해도 듣지 마시고, 대
부들이 모두 "그 사람 안 된다."고 말해도 듣지 마시며, 백성들이 모두
"그 사람 안 된다."고 말하면, 그를 검증하여 실제로 그의 문제점을 확인
한 뒤에 그를 배제하십시오.(『맹자』)

上九
남들의 것을 빼앗지 않고
오히려 그들을 이익되게 한다면 비난을 면하리라.
올바른 정신을 가지면 행복한 삶을 살 것이다. 그 길을 찾아야 한다.
그러면 많은 사람들의 찬사를 얻으리라.
弗損 益之 无咎 貞 吉 利有攸往 得臣无家

이미 말한 것처럼 상구(上九)는 원래 〈건〉괘의 제3효가 위로 이동하여
〈손〉괘의 주된 효가 된 것이다. 이는 그가 아랫사람들로부터 최대의 수혜
를 받은 사람임을 암시한다. 이미 그러한 터에 만약 "남들의 것을 빼앗으
려" 한다면 그는 '비난'을 면할 수 없다. 오히려 자신의 수혜를 되돌려주
어 "그들을 이익되게" 해 주어야 한다. 그처럼 "올바른 정신"을 갖는 것이
"행복한 삶"의 길이다. 원문의 "득신무가(得臣无家)"란 글자 그대로 "임금

이 신하들의 신망을 어느 한 집도 빼놓지 않고 얻는다."는 뜻인데, 이는 지도자가 모든 사람들의 신뢰와 찬사를 받음을 은유한다.

나의 출세와 성공, 영달은 나 자신의 뛰어난 능력에만 힘입은 것이 아니다. 그것은 따지고 보면 남들의 희생과 봉사, 그리고 본의는 아닐지라도 내가 그들에게 안겨 준 패배의 고통 같은 것이 있었기에 가능한 일이다. 예컨대 한 사람의 훌륭한 성장 뒤에는 부모님의 후원과 선생님들의 가르침이 있으며, 재벌 기업은 노동자들의 피땀 위에서 이루어진 것이다. 그런데도 남들에게서 무언가를 더 빼앗아 내려 한다면 강도의 심보와 다름 없으며, 그러한 태도는 그들의 비난을 면치 못할 것이다. 당연히 '행복한 삶'의 길은 거기에 있지 않다.

"행복한 삶"은 지금의 나를 있게 해 준 모든 사람들에게 항상 감사의 마음을 갖는 데에서 시작된다. 거기에 더하여 자신이 받아 온 각종의 혜택과 은혜를 그들에게 되돌려준다면 나는 사람들의 찬사와 존경을 받을 것이다. 가진 사람들이 특히 지켜야 할 "올바른 정신"과, 추구해야 할 "행복한 삶"의 길이 여기에 있다. 그것은 마치 가을철 단풍잎이 아름답게 물들어 가는 것과도 같다. 단풍의 아름다움은 나뭇잎이 봄여름 동안 뿌리로부터 줄기와 가지를 통해 공급받아 온 영양분을 찬바람 속에서 그들에게 되돌려주면서 일어나는 현상이라 한다.

삶의 아름다움도 이와 하나도 다를 게 없다. 남들과 세상으로부터 받은 것들을 그들에게 되돌려주는 사람의 모습이야말로 아름답기 그지없다. 군자가 바로 그러한 사람이다. 공자는 말한다. "남에게 손해를 끼치지 않고 그를 이익되게 하는 일에서 군자는 삶의 큰 뜻을 찾는다.〔弗損益之 大得志也〕"(「상전」) 그러므로 그의 치국평천하 이념은 자신의 공명심이나 지배 욕구를 미화하는 말이 아니다. 오히려 그는 자신의 마음 한구석에서 일어날지도 모를 권력 의지를 극도로 경계하면서, 진리와 도의가 지배하는 아름다운 삶과 사회를 꿈꾼다. 이를 위해 그는 자신이 먼저 진리와 도의의 "올바른 정신"을 부단히 갈고 닦는다.

42. 삶에서 키워야 할 것

익(益)

우리는 앞에서 "도(道)를 닦아 지식과 욕망을 덜어 내고 또 덜어 내어 무위(無爲)의 삶을 영위해야 한다."는 노자의 말을 간단하게 음미했다. 이는 일견 삶 자체를 '덜어 내야', 즉 포기해야 한다는 말처럼 들린다. 사람들에게는 지식과 욕망이야말로 세상살이의 모든 것으로 여겨지기 때문이다. 그러나 노자가 염세하거나 삶을 부정했던 것은 결코 아니다. 그는 '덜어 냄' 이후에 삶에 진정으로 '보태야' 할 것이 있음을 사람들에게 알려 주려 했다. 앞서 이야기한 것처럼 무위자연(無爲自然)의 정신이다. 모든 분별적 지식과 아집적 욕망을 '덜어 내고서' 자연의 가르침(道)을 따라야 한다는, 달리 말하면 '도의 정신을 키워야 한다는 것이다.

일상의 도덕 세계에서도 '덜어 냄'과 '보탬'의 상관관계가 작용한다. 즉 욕망이 강할수록 도덕심은 약화되고, 그 반대도 마찬가지다. 말하자면 욕망을 '덜어 내면' 도덕심이 '보태진다.' 그처럼 도덕심과 욕망은 상반적이다. 나아가 그러한 논리를 우리는 이 세상의 상대적이고 상반적인 모든 현상과 사물들에게까지 확대해서 말할 수 있다. 건강과 질병,

선과 악, 남성성과 여성성, 빛과 어둠, 존재와 무 등 어느 한쪽이 줄어들면(덜리면) 다른 한쪽이 불어난다(보태진다). 그것은 마치 풍선의 한쪽을 누르면 다른 쪽이 부풀어오는 이치와도 같다. 공자는 이를 다음과 같이 표명한다. "덜리는 일이 계속되면 반드시 보태지는 것이 있기 마련이다. 그래서 〈손(損)〉에서 〈익(益)〉으로 이어졌다.〔損而不已 必益 故受之以益〕"(「서괘전」) 이렇게 하여 〈익〉괘는 〈손〉괘와 반대로 사람들이 삶에서 보태고 채우며 키워야 할 것을 주제로 내놓는다.

우리는 자신의 삶에 무엇을 보태고 키워야 할까? 사람들은 수많은 욕망거리를 먼저 생각할 것이다. 오늘날 자본주의 사회에서 가장 흔하게는 돈(물질)일 것이요, 그 밖에 권력, 명예, 사회적인 지위 같은 것도 있다. 그런데 우리는 여기에서 한 가지 심각하게 자성해야 할 일이 있다. 내가 지금 삶에 채우고자 하는 것들이 과연 자신의 삶을 의미 깊게 하는 것인지 여부다. 만약 그처럼 비본질적인 것들로 나의 존재를 채우려 한다면 삶은 무의미하고 허망하기 짝이 없을 것이다. 고결한 인격과 영혼은 내팽개치고 돈으로만 채우는 삶은 여운과 향기를 전혀 갖지 못한다.

이와 달리 삶을 인간의 본질 가치로 채우고자 하는 사람들도 있다. 석가모니와 공자, 예수 등 인류의 스승들이 모두 그러하지만, 우리 역사 속에서는 선비들이 또한 그 전형적인 예를 보여 준다. 그들은 부귀공명의 비본질적인 것들을 단호하게 '덜어 내' 버리고, 진리와 도의(사랑과 의로움)의 정신으로 자신의 삶을 충만케 하려 했다. 그들의 청빈(淸貧) 사상이 이를 잘 증언한다. 사람들은 흔히 그것을 '맑은 가난'이라고 풀이하지만, 거기에는 심오한 철학이 담겨 있다. 여기에서 '청'은 존재의 맑음을, '빈'은 소유의 가난을 뜻한다. 소유의 가난에도 불구하고 존재의 맑음을 추구하겠다는 것이다. 물론 선비들이 존재의 맑음 자체를 즐기려 했던 것은 아니다. 그들은 맑은 존재 속에서 자연스럽게 현전하는 진리와 도의의 정신으로 살고자 했다. 나아가 그들은 사회까지도 그러한 정신이 지배하는 곳으로 만들고자 했다. 그의 '대동(大同)' 사회의 이상이 이를 잘 말해 준다.

이제 이 괘의 주제를 그 상징상에서 살펴보자. 그것의 상괘 '손(巽)' ☴과 하괘 '진(震)' ☳은 각각 바람과 우레를 상징으로 갖는다. 우레는 바람 때문에 더 멀리 울려 퍼지고, 바람은 우레의 힘으로 더욱 사나운 느낌을 준다. 우레와 바람이 만나 상대에게 힘을 보태 주고 서로에게서 힘을 얻는 것이다. 이와 마찬가지로 우리는 세상만사를, 심지어 역경까지도 삶의 힘을 키울 기회로 받아들일 필요가 있다. 이황은 옛글을 빌려 말한다. "부귀와 다복은 나의 삶을 풍요롭게 해 주는 수단이요, 가난과 소외와 근심 걱정은 너를 옥과도 같이 아름답게 만들어 주려는 것이다.[富貴福澤 將厚吾之生也 貧賤憂戚 用玉汝於成也]" 앞서 〈대유(大有)〉괘 (구삼효)에서 말한 것처럼 여기에서 "삶의 풍요"란 물질적 안락을 뜻하는 말이 아니다. 그것은 부귀의 자리에서 진리와 도의를 실현함으로써 얻는 존재의 풍요를 뜻한다.

한편 〈손〉괘에서 이미 말한 것처럼, 이 괘는 〈비(否)〉의 구사효와 초육효가 서로 자리를 바꾼 것이다. 이는 상호 간 교감이 막혀 버린 (〈비〉괘의) 상황에서 위의 구사가 아래의 초효로 내려가 하괘와 교류하면서 그에게 힘을 보태 주는 모습을 띤다. 이는 모든 일에서 근본의 힘을 증진하고 강화해야 한다는 은유를 갖는다. 예컨대 생명 에너지의 중심을 아래로 내려 강화해야 건강을 유지할 수 있고, 머리(관념)보다는 발(행동)의 삶이 중요하다. 한의학에 의하면 '(上氣, 기운이 얼굴과 머리로 올라 감)'는 질병의 요인이요 증상이다.

이러한 뜻은 사회 정치적으로도 응용될 수 있다. 〈손〉괘에서 이미 인용했지만, 공자의 말을 다시 한 번 들어 보자. "〈익〉은 위를 덜어 아래를 보태는 것이니, 사람들이 한없이 기뻐할 것이요, 위에서 아래로 내려오니 삶의 길이 크게 빛난다.(「단전」)" 이는 오늘날의 관점으로는 유럽 사회주의의 복지 정책을 연상케 한다. '위'의 부유층에 대한 중과세를 통해 '아래'의 하층민이나 노동자들을 잘살게 해 주어야 한다는 것이다. 그들이 기쁨으로 살도록, "삶의 길이 크게 빛나도록" 말이다. 이는 '위'의 부유층을 괴롭히는 일이 아니다. 그렇게 분배 정의를 실현하여 하부 토대인 민중의 삶을 보호해야만 상부 구조도 튼튼해질 수 있으며, 사회 전체가 안정과 평화를 누릴 수 있다.

괘사卦辭

힘을 키우면 하고자 하는 일이 잘되리라.
큰 강물도 건널 수 있을 것이다.
益 利有攸往 利涉大川

일의 성패는 힘의 유무에 달려 있다. 정신력이든 체력이든, 아니면 재력이든 힘을 가져야 하고자 하는 일을 성공적으로 수행할 수 있다. 예컨대 수영 실력이 뛰어나면 한강은 말할 것도 없고, 부산과 제주도 사이의 바다까지도 건널 수 있을 것이다. 그리하여 강인한 힘은 아무리 심한 난관과 역경을 만나도 굴하지 않고 극복할 수 있다. 공자는 말한다. "하고자 하는 일이 잘된다는 말은 중심을 바르게 지켜 복을 얻는다는 뜻이요, 큰 강물도 건널 수 있다는 말은 마치 배를 타고 가듯 한다는 뜻이다.〔利有攸往 中正有慶 利涉大川 木道乃行〕"(「단전」) 사실 힘과 복은 "중심을 바르게 지키는" 가운데에서만 생긴다. 어떤 자리에서든 중심을 잃으면 힘을 쓸 수 없으며 일의 실패를 면할 수 없다. 반대로 중심을 지키면 어떠한 역경도 "배를 타고 가듯" 수월하게 넘을 수 있다.

그렇다고 해서 힘을 아무렇게나 써서는 안 된다. 힘이 넘친다 하여 과도하게 사용하면 그 폐해를 면하기 어렵다. 예컨대 건강을 자신하면서 무절제하게 생활하다가 병을 얻거나 재력이 충분하다 하여 무리하게 사업을 확장하다가 패망하는 경우이다. 힘의 과시가 도전자를 불러들이는 것도 마찬가지다. 그러므로 "힘을 키워 행사하는 데에는 겸손해야만 그 성취가 날로 증진될 것이다.〔益 動而巽 日進无疆〕"(「단전」) 말하자면 힘의 행사에는 겸손과 절제가 중요한 덕목이다.

그러면 우리가 삶에서 진정으로 키워야 할 건강한 힘은 무엇일까? 물욕이나 출세욕 같은 것에 오염되지 않은, 인간 존재의 근원에서 나오는 순수 생명의 힘이다. 성현들이 강조해 마지 않았던 고결한 영혼(덕성)의 힘이 그 예이다. 그 힘은 삶의 표면에서 덧없이 부침하는 욕망의 그것과는 달리, 그 근저에서 인간 존재의 참다운 의미와 가치를 제공해 준다. 거기에서만 진정한 행복을 누릴 수 있다. 그러므로 세속적인 힘을 지향할 것이 아니라, 오히려 그것을 '덜어 내고' 삶의 근저에 놓여 있는 순수 생명의 힘을 '키우지' 않으면 안 된다.

순수 생명의 정신은 자신의 힘을 자기 안에서 폐쇄적으로 행사하지 않는다. 본래 이기적이고 독점적이며 배타적인 성질을 띠고 있는 세속적 힘과 달리, 그것은 자타 간 생명적 공감과 소통의 열린 마음속에서 모든 살아 있는 것을 향해 생명애의 손길을 뻗친다. 우리는 그 실례를 성현들의 삶에서뿐만 아니라, 일반 대중이 국내외적으로 굶주림이나 질병, 기타 재난에 빠진 사람들을 위해 자발적으로 성금을 내는 아름다운 모습에서 본다. 우리는 그들에게서 세속적인 힘에 대한 의지를 전혀 느낄 수 없다. 인간의 순수한 생명 정신은 그처럼 남들에게, 나아가 만물에 대해서까지 열려 있다.

우리는 그러한 힘을 일회적이고 단편적으로만 펼칠 것이 아니라, 평소 일상생활 속에서 부단히 키워 몸에 젖어들게 만들어야 한다. 성인은 그러한 힘을 체현한 전형적 인물이다. 그는 천지자연이 만물을 생육하듯 순수 생명의 정신을 부단히 만민에게 펼친다. 공자는 말한다. "하늘은 생명의 기운을 펼치고 땅은 생명의 싹을 틔워 만물을 약동시키니, 성인이 세상을 이익되게 하려는 마음도 (하늘과 땅처럼) 어느 한순간도 쉬지 않는다.〔天施地生 其益无方 凡益之道 與時偕行〕"(「단전」)

괘상卦象

바람과 우레가 서로 힘을 키워 주는 모습이 〈익〉의 형상이다.
군자는 이를 보고서 남들의 선한 점을 보면 자신도 배워 행하고
자신의 잘못을 깨달으면 바로 고친다.

風雷 益 君子 以 見善則遷 有過則改

앞서 말한 것처럼 바람은 우레 때문에, 그리고 우레는 바람 때문에 더욱 사나운 느낌을 준다. 양자가 서로에게서 힘을 받아 키우는 것이다. 군자는 그러한 자연 현상을 보면서 눈을 자기 자신으로 돌려 삶의 힘을 강화할 방안을 찾는다. 그중에서도 그는 인격과 도덕의 힘을 제고하는 일에 마음을 다한다. 그 힘이야말로 인간다움의 근본 동력으로서, 그것이 결여된 힘의 추구는 폭력적, 약탈적, 파괴적인 성질을 면키 어렵다는 사실을 알기 때문이다.

이와 같은 문제의식은 일차적으로 내면에 선 의지를 키우고, 한편으로 자신의 잘못을 바로잡으려는 노력으로 이어진다. 그리하여 그는 "남들의 선한 점을 보면" 바람처럼 신속하게 "자신도 배워 행하고", "자신의 잘못을 깨달으면" 우레처럼 무섭게 그것을 "바로 고치려" 한다. 공자는 말한다. "남의 선한 점을 보면 그와 같이 될 수 있도록 노력하고, 불선한 점을 보면 자신에게는 그러한 점이 없는지 자성해야 한다.〔見賢思齊焉 見不賢 而內自省也)"(『논어』)

공자의 제자 자공(子貢)이 군자의 잘못을 일(월)식에 비유한 뜻도 이와 다르지 않다. 자신의 잘못을 감추는 것은 물론, 궤변으로 꾸며 대는 소인배들과 달리, 군자는 그것을 마치 일(월)식처럼 남들에게 솔직하게 드러내 인정한다. 그리고 일식이 이내 사라지는 것처럼 자신의 잘못을 바로 고친다. 그처럼 그는 때와 장소를 가리지 않고 부단히 인격의 힘을 키운다. "일신 우일신(日新 又日新)"의 정신이 여기에서도 작동됨은 물론이다.

初九
큰일을 해야 한다. 커다란 기쁨을 얻을 것이며
남들의 비난을 듣지 않으리라.
利用爲大作 元吉 无咎

앞서 말한 것처럼 초구(初九)는 〈비〉괘의 구사가 아래로 내려온 것이므로, 윗사람(다른 사람)의 도움으로 힘을 얻은 사람을 은유한다. 그러므로 효사는 그 보답의 과제를 말하고 있다. '큰일'이란 커다란 보답의 일을 일컫는다. 크게 보답해야 한다고 한 것은 은혜를 모르고 자기 자신만 챙기려는 태도를 경고하는 뜻을 담고 있다. 보답은 본인에게 커다란 기쁨을 줄 것이며, 배은망덕은 남들의 비난을 면치 못할 것이다.

남들의 도움과 후원으로 삶의 힘을 얻은 사람은 보답의 마음을 잊어서는 안 된다. 물론 보답을 당사자에게만 해야 하는 것은 아니다. 어느 누구든 도움을 필요로 하는 사람들을 위해 자신의 힘을 덜어 그들을 보태 주는 것도 (사회적) 보답에 해당된다. 이를테면 선비들의 효도 의식이 그 한 예가 될 수 있다. 효도란 부모님의 은혜에 대한 보답에 그치지 않고, 임금에 대한 충성과, 궁극적으로는 진리와 도의를 이 세상에 밝히는 일까지 의미한다. 『효경』은 말한다. "효도란 부모를 섬기는 일에서 시작하여 임금을 섬기는 일로 나아가, 자아를 확립하는 일에서 끝을 맺는다.[夫孝 始於事親 中於事君 終於立身]" 그중에서도 시종 관류되는 정신은 진리와 도의로 '자아를 확립'하는 일이다. 부모를 섬기거나 임금을 섬기거나 간에 진리와 도의에서 벗어난 것은 효도와 충성에서 벗어난다.

우리는 어려서부터 수많은 사람들의 도움으로 성장해 왔다. 부모의 희생은 물론 지금 이 순간도 농민과 노동자의 피땀 어린 생산물에 의존하여 살아간다. 그러므로 우리는 모든 이에게, 더 나아가 세상과 만물에게 감사해야 하며 크나큰 빛을 지고 있는 셈이다. 그처럼 겸손한 마음을 갖지 않고, 은혜와 보답의 의식 없이 자신의 이익만 추구하려 한다면 그는 유아독존적이라는 비난을 면할 수 없다. 아니 남들의 비난 이전에 그는 이타적 삶의 고상한 기쁨을 결코 알 수 없을 것이다. 공자는 말한다. "커다란 기쁨을 얻으며, 남들의 비난을 듣지 않는 것은 겸손한 마음속에서 힘을 이기적으로 사용하지 않기 때문이다.〔元吉无咎下不厚事也〕"(「상전」)

六二
사람들이 도와줄 것이며, 영험한 거북도 너를 외면하지 못하리라.
변함없이 올바른 정신을 지키면 성과를 이룰 것이다.
임금이 하늘의 상제에게 제사를 올리니, 국운이 융성하리라.
或益之 十朋之龜 弗克違 永貞 吉 王用享于帝 吉

〈익〉괘의 육이(六二)는 〈손〉괘의 육오와 마찬가지로 다른 사람에게서 도움을 받는다는 점에서 서로 유사하다.(전자는 구오와, 후자는 구이와 음양으로 호응한다.) 그래서 두 효사도 비슷하다. 다만 〈익〉괘의 육이는 음효로 음의 자리에 있으므로 그것의 유약한 성질을 경계하여 "변함없이 올바른 정신을 지킬" 것을 주문했다. 육이는 〈손〉괘의 유오와 마찬가지로 겸손한 마음으로 세상에 나서기 때문에 사람들이 그를 좋아하여 도와주려 할 것이며, 역시 "영험한 거북"으로 점을 쳐도 좋은 점괘가 나올 것이다. 심지어 임금이 국사를 처리하는데, "하늘의 상제에게 제사를 올리듯이" 경건하고 겸손한 마음으로 나선다면 "국운이 융성할 것이다."

"만초손(滿招損)이요 겸수익(謙受益)"(『서경』)이라는 말이 있다. 교만은 손해를 부르고, 겸손은 이익을 얻는다는 뜻이다. 이 말은 다음과 같이 비유적으로 살피면 더 깊은 의미를 얻을 수 있다. 즉 잔에 물이 가득 채워져 있으면 더 이상 물을 부을 수 없을 뿐만 아니라, 자칫 물이 흘러넘칠 수도 있다. 이에 반해 잔이 비어 있으면 그만큼 물을 더 부을 수 있다. 우리의 마음도 마찬가지다. 마음속에 어떤 생각(관념)이 이미 채워져 있으면 그만큼 우리의 마음은 새로운 생각을 받아들일 수가 없게 된다. 이를테면 어떤 이데올로기나 종교에 사로잡혀 있으면 다른 유형의 것을 용납하지 못한다. 당연히 그러한 사고방식이 밖으로 흘러넘치면 남들과의 대립 갈등을 피할 수 없다. 이는 자신의 세계를 스스로 그만큼 좁히는 일과 다름없다.

그러므로 교만을 버리고 겸손한 마음을 가져야 한다. 그 마음은 빈 잔과도 같아서 자신의 삶과 세계를 넓히고 깊게 만들 것이다. 무지를 자각하는 겸손한 마음은 모든 일에 열린 자세로 임하여 자신의 지식을 확장시켜 나갈 것이며, 남들의 의견을 존중하고 경청할 줄 아는 겸손한 태도는 그들의 호의를 얻으면서 자타 간 교류의 세계를 넓혀 나갈 것이다. 그는 궁핍과 시련까지도 자신을 단련시켜 줄 '하늘'의 뜻으로 겸허하게 받아들일 것이다. 그러므로 고난의 운명도 그를 어쩌지 못한다. '영험한 거북'도 그를 외면하지 못하고 도우려 할 것이다. 공자는 말한다. "사람들의 도움은 기대하지 않은 데에서 온다.[或益之 自外來也]"(「상전」) 겸손의 '성과'를 이렇게 말한 것이다.

그러므로 세상에 겸손하게 나서야 한다. 겸손이야말로 삶의 힘을 증진시킬 수 있는 "올바른 정신"이다. 이에 반해 자만은 삶의 모든 자리에서 힘을 손상시키는 악덕이다. 물론 겸손을 힘의 획득을 위한 처세의 방편으로 이용하려 해서는 안 된다. 처세술은 표리가 부동한 가식일 뿐이며, 거기에는 자만의 심리가 언제든 튀어나올 수 있다. 올바른 겸손의 정신은 순수한 인격에서 발원한다. 근본적으로는 세상사에 대한 무지와 무능의 자각이 그를 '변함없이' 겸손하게 만든다.

한 나라의 흥망도 지도자의 교만과 겸손 여부에 달려 있다. 사람들은 교만한 지도자를 도와주려 하지 않을 것이다. 그의 주변에는 아첨꾼만 모일 뿐 비판적 지성인들은 멀리 떠나 버릴 것이다. 당연히 그러한 나라는 암울할 수밖에 없다. 이에 반해 "하늘의 상제에게 제사를 올리듯" 국민 앞에 겸손하게 나서는 지도자는 국민의 지지는 물론 '상제'의 도움까지 받아 국운을 융성시킬 것이다. 공자는 말한다. "백성 부리기를 마치 큰 제사 받들듯이 해야 한다.[使民如承大祭]"(『논어』)

六三

시련을 분발의 계기로 삼아야 한다. 과오가 없으리라.

성실하게 나서고 중심을 지켜야 하며
윗사람에게 진정성을 보여야 한다.
益之用凶事 无咎 有孚 中行 告公用圭

　육삼(六三)은 (하괘의 제일 위, 양의 자리에 음효로 잘못 있으므로) 올바른 정
신을 갖지 못하여 처세에 갈팡질팡하는 사람이다. 그러므로 그는 이런저
런 '시련'을 겪는다. 하지만 한편으로 하괘 '진'에는 그 성질상 분발의 정
신도 있으므로, 그는 시련을 벗어나려는 의지를 갖고 있기도 하다. 그래
서 "시련을 분발의 계기로 삼아야 한다."고 격려했다. '과오'의 삶을 면할
수 있는 길이 여기에 있다. 다만 시련의 상황에 "성실하게 나서고, 중심
을 지켜야 한다." 불성실하고 중심을 잡지 못하면 시련에 더욱 깊이 빠져
들고 말 것이다. 가령 그 시련이 '윗사람'과의 갈등으로 인한 것이라면 그
에게 나의 진정성을 보여 줄 방법을 찾아야 한다. 참고로 원문의 '규(圭)'
란 옛날에 제후들이 천자를 알현하거나 제후들끼리 회동할 때 신표로 지
녔던, 옥으로 만든 물건으로서 그 모양이 집의 문패와 같이 생겼다.

　많은 사람들은 시련과 역경에 처하면 자신의 불운과 무능력을 한탄
하면서 좌절에 빠진다. 하지만 삶은 원래 우여곡절의 연속이다. 이 세
상에 시련과 고통에서 면제된 사람은 단 한 명도 없다. 그러므로 시련
과 고통을 삶의 기본 조건으로 받아들여야 한다. 아니 그것은 오히려
삶의 힘을 키워 줄 자극제가 되기도 한다. 육체적으로 보더라도 고통이
주어지면, 우리의 생명은 자신을 보위하기 위한 생리적 기제를 발동한
다. 만약 고통을 못 느낀다면 우리는 생명 손상의 현상에 대비하지 못

하여 치명적인 결과를 면할 수 없을 것이다. 이러한 이치는 사람뿐만 아니라 모든 생명체에 해당된다.

그러므로 시련과 역경에 좌절해서는 안 된다. 좌절은 오히려 자신을 더욱 고통과 불행에 빠트릴 뿐이다. 육체가 그러는 것처럼 우리는 시련과 역경에 대항하여 자신의 삶을 보위하고, 더 나아가 성장하고 발전하기 위한 계기로 이용해야 한다. 맹자는 말한다. "하늘이 어떤 사람에게 큰일을 맡기려 할 때에는 먼저 그의 의지와 육신을 고달프게 만들고, 하는 일마다 안 되게 하여 그의 마음을 자극 분발시키고 성품을 단련시킨다."(『맹자』)

이를 위해서는 시련의 상황에 성실하게 나설 필요가 있다. 불성실한 태도는 결코 시련을 극복할 수 없다. 그것은 마치 자신의 질병을 치료하는 일에 정성을 다하지 않는 것이나 다름없다. "왜 나만 이러한 시련을 당하느냐"고 하면서 세상을 원망하거나 불평불만하지 말고, 그것을 자신의 삶의 조건이요 출발점으로 전적으로 받아들여야 한다. 공자는 말한다. "시련을 분발의 계기로 삼아, 그 시련이 나의 삶에 고유한 것처럼 여겨야 한다.〔益用凶事 固有之也〕"(「상전」) 시련에 흔들리지 않는 마음의 고요한 '중심'도 여기에서만 확립될 수 있다.

예를 들어 보자. 가정이나 조직 사회에서 '윗사람'과 갈등하고 대립함으로써 어려움을 겪을 경우에는 어떻게 해야 할까? 불평불만의 토로는 스트레스를 일시적으로 풀어 줄지언정 문제 해결의 근본 대책이 결코 되지 못한다. 불편한 상황을 풀어 나가기 위해서는 일차적으로 자기 자신을 되돌아보아야 한다. 갈등의 원인이 나의 불성실에 기인하는 것은 아닌지를 말이다. 만약 자신이 성실성을 다하고 있는데도 문제가 풀리지 않는다면, 그것은 윗사람이 나에 대해 갖는 오해에 기인할 수도 있다. 그러한 경우에는 그에게 나의 진정성을 알려 줄 소통의 방법을 찾아야 한다.

六四
중도의 정신으로 진언하면 임금이 너의 말을 따르리라.
민심의 지지를 받아 수도도 이전할 수 있을 것이다.
中行 告公從 利用爲依 遷國

육사(六四)는 민생에 보탬이 되는 정치적 사례를 들고 있다. 정치에서 "중도의 정신"을 지켜야 한다는 것이다. 그것은 민생의 이익을 목표로 한다. "수도의 이전"도 그 한 예에 해당된다. 〈익〉괘에서 육사는 위로 구오의 임금을 보필하여 (하괘의) 백성들의 삶을 이익되게 해야 할 책임을 맡은 '너'다. 그런데 그가 (상괘의 가운데에 있지 못하여) 중도를 벗어나 있기 때문에 "중도의 정신"을 충고받고 있다. "민심의 지지"란 육사가 아래의 초구로부터 음양의 호응을 얻는 데 따른 것이다. 옛날에 수도의 선정과 이전은 풍수지리설에만 입각하지 않았다. 그것은 일차적으로 민생의 편익 여부를 판단 기준으로 했다.

관료와 정치인들은 민생의 이익(복지)을 도모하는 데 "중도의 정신"을 지키지 않으면 안 된다. 이를테면 계층적으로나 지역적으로 모든 사람들이 공평하게 이익을 누릴 수 있도록 정책을 입안하고 집행해야 한다.

더 나아가 그러한 정신은 이데올로기의 문제에까지 활용되어야 한다. 정치의 궁극 과제는 좌든 우든 이데올로기의 수호가 아니라, 국민이 모두 행복한 삶을 영위하도록 하는 데에 있기 때문이다. '중도'의 목표 지점이 거기에 있다.

그러면 '중도'의 실행 여부를 어떻게 확인할 수 있을까? 그것은 민심에서 드러난다. 계층의 상하와 지역의 동서와 이데올로기의 좌우를 아우르는 '중도'의 실행은 사람들의 마음을 환호하게 만들 것이다. 공자는 말한다. "임금이 너의 중도를 따르는 것은 그것이 민생을 이익되게 하기 때문이다.〔告公從 以益志也〕"(「상전」) 지난날 크게 논란되었던 '행정 수도의 이전' 문제를 우리는 여기에서 거론해 볼 수 있다. 그것이, 또는 그것의 백지화가 과연 '중도'의 정신에 입각한 것이었는지, 아니면 단지 정략적 계산에 따른 것이었는지 말이다.

훌륭한 정치 지도자는 정치적 이해타산을 넘어 민심의 지지를 무엇보다도 중요하게 여긴다. 맹자의 말을 들어 보자. "천하를 얻는 데에는 방법이 있다. 민심을 얻는 일이다. 민심을 얻는 데에는 방법이 있다. 백성들이 원하는 것은 이루어 주고, 싫어하는 것은 하지 않는 일이다." (『맹자』) 이천 몇백 년전 봉건 시절을 살았던 그가 이러한 주장을 했는데, 오늘날 민주주의를 신봉한다는 정치인들은 과연 얼마나 민심을 중요하게 여기고 있을까? 많은 사람들 역시 걸핏하면 민심을 들먹이지만, 실제로는 정치 권력의 장악과 유지를 위해 그것을 왜곡하며 악용하고 있지 않은가.

九五

사랑을 순수하게 베풀 것이요 스스로 공치사해서는 안 된다.

큰 기쁨을 얻을 것이며

사람들이 나의 은덕에 진심으로 감동하리라.

有孚惠心 勿問 元吉 有孚 惠我德

구오(九五)는 "위를 덜어 아래를 보태 주는" 상쾌의 핵심적인 효다. 그는 (상쾌의 한가운데 양효로 양의 자리에서) 과불급 없이 알맞게, 그리고 올바르게 사람들에게 사랑을 베푸는 사람이다. 그의 순수한 사랑은 그 자체로 삶의 기쁨을 주는 만큼 남들에게 드러내 보이면서 공치사하려 하지 않는다. 그처럼 순수한 사랑에 감동하지 않을 사람이 있을까.(음양으로 호응하는 육이는 물론 나머지 모든 음효들이 그를 우러른다.)

우리는 남을 위해 무슨 일을 하면서 어떤 대가와 보상을 바라서는 안 된다. 베풂의 정신은 순수해야 한다. 예수의 말처럼 "오른손이 하는 일을 왼손이 모르게 해야 한다." 그것만으로도 "큰 기쁨"이다. 만약 남에게 사랑이나 선행을 베풀면서 대가와 보상을 바라거나 하느님의 은총을 기대한다면 그것은 위선에 지나지 않는다. 그것은 자신의 이익을 꾀하려는 이기적인 마음을 숨겨 두고 있기 때문이다. 사람들은 그러한 사랑(선행)을 결코 칭송하지 않을 것이다.

이는 오늘날 각급 학교에서 학생들의 봉사 활동을 점수화하는 제도의 문제점을 일러 준다. 그것은 학생들에게 사랑의 마음을 키워 주기는 커녕 오히려 위선적인 태도를 권장할 뿐이다. 많은 성직자들이 기복 신앙을 부추기는 것도 마찬가지다. 사랑(선행) 자체에 뜻을 두어야 하지, 그것으로 평가(보상)받으려 해서는 안 된다. 공자는 말한다. "사랑을 순수하게 베풀 뿐 스스로 공치사하지 않으며, 사람들이 나의 은덕에 감동하는 걸 보니 삶의 뜻을 크게 이루었다.〔有孚惠心 勿問之矣 惠我德 大得志也〕"(「상전」)

물론 내가 사람들에게 사랑의 은덕을 베푸는 것은 그들의 감동을 기대해서가 아니다. 순수한 정신은 그것에 관심을 갖지 않는다. 그는 인간의 본질 가치를 사랑에서 찾아 그것을 실현하는 일에서 삶의 뜻을 찾고 기쁨을 느낄 뿐, 남들의 칭찬이나 보답을 바라지 않기 때문이다. 오히려 사람들의 칭송에 불편하고 불안하며 어지러운 마음을 가질 것이다. 그는 자신의 사랑이 하느님이나 성자들의 그것에 비하면 정말 보잘것없다고 여길 것이기 때문이다. 그의 사랑은 그처럼 겸손하기에 더욱 아름답다.

上九
네가 누구도 도와주려 하지 않으니, 불의의 공격을 받으리라.
네가 항심을 갖고 있지 않기 때문이다.
불행하다.
莫益之 或擊之 立心勿恒 凶

상구(上九)는 괘의 마지막에서 (양효로 음의 자리에서) 올바른 자리를 벗어나 있으므로, 남을 도와주려 하기보다는 자기 이익을 챙기기에 혈안이

된 사람이다. 그가 육삼과 음양으로 만나고 있지만, 음효의 육삼처럼 없는 사람에게서까지 무엇을 빼앗으려 한다. 이를테면 "구천 원 가진 사람이 천 원 가진 사람의 돈을 빼앗아 만 원을 채우려는" 격이다. 그처럼 그는 자기만 알기 때문에 사람들에게 "불의의 공격"을 면하기 어렵다. 사람들이 언제 어디에서든, 전혀 예기치 않게 그를 해치려 할 것이라는 뜻이다. 이는 그가 사람이라면 항상 잃어서는 안 될 마음[(恒心)], 즉 양심을 갖고 있지 않은 데에 기인한다. 공자는 말한다. "네가 누구도 도와주려 하지 않으니 자기 편향적이요, 불의의 공격은 예상치 못한 가운데에서 일어날 것이다.[莫益之偏辭也 或擊之自外來也]"(「상전」)

이기적인 태도는 모든 악의 뿌리다. 이익을 자기 혼자서만 누리려는 것은 필연적으로 남들과의 대립을 야기하여 자타 간 공동체적 유대와 조화의 삶을 저해하기 때문이다. 공자는 말한다. "자기의 이익만 추구하면 원망의 말을 많이 듣게 될 것이다.[放於利而行 多怨]"(『논어』) 아니 사람들은 비난과 원망에 그치지 않고, 그가 못되기를 바랄 것이다. 결국 남을 배려하지 않는 이기심은 자타의 관계에 경계와 대립과 투쟁의 분위기를 조성하여 자신의 삶조차도 황량하고 살벌하게 만들 것이다.

남들과 아픔을 함께하면서 그들을 품에 아우르며 보살피고자 하는 사랑의 정신을 오늘날 찾아보기 어려운 까닭이 여기에 있다. 사람들은 오직 이기적인 욕망만 채우려 할 뿐, 양심의 목소리에 귀를 기울이려 하지 않는다. "측은지심이 없으면 사람이 아니다."(『맹자』)라는 말은 이제 과거에 묻혀 버린 화석의 언어가 되고 말았다. 오히려 대부분의 사람들은 경쟁에서 살아남고, 남들보다 앞서 가기 위해서는 그처럼 여리고 따뜻한 마음을 가져서는 안 된다고 생각한다.

하지만 우리는 심각하게 자문해야 한다. 자타 간 교류되어야 할 생명의 온기가 사라지고, 고슴도치처럼 남들에게 털을 곤두세우며 사는 삶이 과연 행복할까? 이기심이 야기하는 자기 폐쇄적인 삶의 외로움과 불행을 어떻게 하면 해소할 수 있을까? 공자가 제시하는 군자의 삶을 통해 이를 모색해 보자.

군자는 편안한 처신으로 교제에 나서고, 평화로운 마음으로 대화를 하며, 두터운 정분으로 서로를 기대한다. 군자는 이 세 가지를 수행하므로 온전한 삶을 영위한다. 만약 네가 불안하게 처신하면 사람들이 너를 불신할 것이고, 네가 사람들을 경계하면 그들도 너를 멀리할 것이며, 서로 정분도 없는데 네가 사람들에게 무얼 기대하면 그들은 너에게 호응하지 않을 것이다. 네가 그처럼 사람들과 어울리지 못하면 그들이 너를 해치는 일까지 있을 것이다. 주역은 말한다. "네가 누구도 도와주려 하지 않으니, 불의의 공격을 받으리라. 네가 항심(恒心)을 갖고 있지 않기 때문이다. 불행하다.〔君子安其身而後動 易其心而後語 定其交而後求 君子脩此三者 故全也 危以動 則民不與也 懼以語 則民不應也 无交而求 則民不與也 莫之與 則傷之者至矣 易曰 莫益之 或擊之 立心勿恒 凶〕(「계사전」)

여기에서 군자가 삶의 정신으로 견지하는 "편안한 처신"과 "평화로운 마음"과 "두터운 정분"은 이기심을 떨치고 자타의 관계에서 상호 교감과 신뢰를 얻고자 하는 도덕 수행의 조목을 예시한 것이다. "편안한 처신"이란 상대방에게 편안한 느낌을 주는 교제의 태도를 말한다. 인간관계는 그러한 가운데에서만 지속될 것이다. 이에 반해 불안한 처신은 상대방에게 불신감을 주어 결국 관계의 단절을 초래하고 말 것이다.

한편 "평화로운 마음"으로 나누는 대화는 상대방의 신뢰감을 일으켜 역시 교제를 긴밀하게 해 주는 의의를 갖는다. 경계심이 섞인 대화는 상대방을 긴장시킴으로써 서로의 관계를 결코 좁히지 못할 것이다. 그리고 "두터운 정분" 속에서만 서로에게 무엇이든 기대할 수 있다. 소원한 관계에서는 그러할 여지가 없다. 군자는 이와 같은 일련의 도덕 수행을 통해 자타 간 화해롭게 교류하고 소통하는 삶을 살려 한다.

43. 소인 의식의 척결

쾌(夬)

사방의 산골에서 흘러드는 물을 저수지에 가득 채우기만 하면 물이 넘칠 뿐만 아니라 잘못하면 그로 인해 제방이 터질 위험이 있다. 그러므로 수위를 적절히 조절하기 위해 때때로 수문을 열어 물을 방류해야 한다. 특히 여름철 같으면 그렇게 해야만 물의 부패(녹조) 현상도 예방할 수 있다. 삶도 마찬가지다. 우리는 자신에게 이익이 되는 것이라 해서 무조건 추구하고 채우려 해서는 안 된다. 그것이 참삶의 의미와 가치를 더해 주는지, 인간의 존엄성을 제고해 주는지 여부를 깊이 성찰해야 한다.

　그리하여 만약 삶에 덧없거나 영혼을 타락시키는 일이라고 여겨지면 과감하고 결연하게 버려야 한다. 마치 수문을 열어 물을 방류하듯이 말이다. 그렇게 해야만 삶의 부패를 막을 수 있다. 공자는 이러한 이치를 괘의 순서와 관련하여 다음과 같이 말한다. "무엇이든 끊임없이 보태기만 하면 반드시 문제가 터지기 마련이다. 그래서 〈익(益)〉에서 〈쾌(夬)〉로 이어졌다. '쾌'란 터진다는 뜻이다.〔益而不已 必決 故受之以夬 夬者 決也〕"(「서괘전」) 여기에서 '터진다'는 말은 표면적으로는 저수지의 제방이 터지는 것과 같은 자연 현상을 뜻하지만, 〈쾌〉괘에서는 제방을 터트리듯이 일을 결연하게 처리해야 한다는 함축적인 의미를 내포한다. 원래 옥편상 으로도 '쾌'는 제방을 터트린다는 '결(決)'의 의미를 갖고 있기도 하다.

그러면 우리는 삶에서 무엇을 척결해야 할까? 사실 우리가 지금까지 살핀 모든 괘는 명시적으로든 암시적으로든 그 문제를 다루어 왔다. 나머지 괘들도 마찬가지다. 다만 〈쾌〉괘는 그것의 상징과 구조상 또 다른 관점에서 그 문제를 주제화한다. 소인(의식)의 척결이다. 소인 의식이란 간단히 말하면 남에 대해서는 무관심한 채 오직 자신의 이익만 챙기려는 이기적인 사고방식을 뜻한다. 그러므로 그것은 공동체 생활의 커다란 해악이다. 사회 질서와 가치의 혼란 또한 이에 기인함은 물론이다.

이를 괘의 상징과 구조상에서 살펴보자. 먼저 상괘 '태(兌)' ☱와 하괘 '건(乾)' ☰은 각각 연못과 하늘을 상징으로 갖고 있다. 이를 조합하면 연못이 하늘 위에 있는 모습을 보여 준다. 이는 실제로는 있을 수 없는 현상이지만, 거기에는 연못의 물이 증발하여 하늘에서 비구름을 형성했다가 땅에 뿌려지리라는 상상이 작용한다. 이의 은유는 다른 데 있지 않다. 즉 그것은 비가 세상 만물의 때를 벗겨 주는 것처럼 혼탁한 삶과 사회를 어떻게 하면 맑고 깨끗하게 씻을 것인가 하는 문제의식을 담고 있다. 소인(의식)의 척결이 그 한 가지 방법이다.

한편 이 괘는 아래의 다섯 양효가 위의 한 음효를 치받아 밀어내는 구조를 갖고 있다. 여기에서 양과 음은 군자와 소인을 상징한다. 그러므로 이 괘는 군자가 건강한 정신과 이념으로 사회에 내재하는 소인의 병적인 가치를 척결해 나가는 모습을 은유한다. 공자는 말한다. "'쾌'는 결단한다는 뜻이다. 건강한 정신으로 퇴폐적인 것들을 결딴내는 것이다.〔夬 決也 剛決柔也〕"(「단전」) 군자는 그렇게 해서 사회를 건강한 생명 정신으로 충만하게 하려 한다.

이러한 뜻은 '소식괘(消息卦)'에서 〈쾌〉가 (음력) 3월에 해당하는 데에서 도 암시된다. 3월은 음산한 겨울을 지나 화창한 생명이 약동하는 계절 이다. 이와 마찬가지로 군자는 사회를 겨울처럼 황량하게 만드는 소인 적 가치를 척결하여 아름답고 발랄한 생명 정신을 온 세상에 펼치려 한 다. 이황의 표현처럼, "만민과 만물이 하나도 빠짐없이 따사로운 봄바람 속에서 생동적으로 삶을 영위해 나가게끔"(『퇴계전서』) 하려는 것이다.

괘사卦辭

소인의 척결은 정치 현장에서부터 이루어져야 한다.
군자는 사람들에게 진정으로 호소하여
소인에 대해 경계의 마음을 갖도록 해야 한다.
하지만 이에 앞서 자기 내부의 소인 의식을 먼저 다스려야 한다.
소인의 척결에 폭력적인 방법을 동원해서는 안 된다.
그러면 좋은 결과를 거두리라.
夬 揚于王庭 孚號 有厲 告自邑 不利卽戎 利有攸往

우리는 자기 내부의 소인 의식을 적당히 용인하거나 덮어 두려 해서 는 안 된다. 양심의 법정에 용기 있게 나서서 그것의 생명 부정적이고 인격 파괴적인 실상을 파헤치고 드러내 과감하게 척결해야 한다. 만약 경계심을 늦추고 안일하게 처신하면 소인 의식은 결코 사라지지 않고, 오히려 세균처럼 번식하여 자신의 영혼과 삶을 병들게 만들 것이다.

모든 사람들이 소인 의식을 자기 내부에서 스스로 척결하는 것이 급선무이지만, 사회 현장에서 말한다면 그중에서도 시급한 대상은 정치인들일 것이다. 동서고금을 막론하고 그들은 겉으로는 항상 민생의 안녕과 공공의 이익을 표방하지만, 속내를 들여다보면 거의 모두가 권력 지향적이고 권위주의적이며, 표리가 부동하고 정치적 이해타산에 아주 능하다. 한마디로 말하면 그들은 매우 '소인적'이다. 오늘날 전 세계적으로 직업군 속에서 가장 신뢰도가 낮은 부류가 정치인이라는 통계는 결코 우연이 아닐 것이다.

문제는 그들이 자신의 소인 의식을 스스로 척결하지 못한다는, 달리 말하면 자정 능력을 갖고 있지 못하다는 점에 있다. 우리는 그 사실을 수없이 목격해 왔다. 이에 대해 사람들은 선거를 통한 심판을 이야기하지만, 정치인들이 우월한 정보와 막강한 조직력으로 여론을 조작하는 실정이라 선거도 그리 믿을 만한 일이 못 된다. 우리는 공자의 말을 이러한 관점으로 해석할 수 있다. "소인의 척결은 정치 현장에서부터 이루어져야 한다. 음험한 힘 하나가 밝은 힘 다섯 개를 농락할 수 있기 때문이다.〔揚于王庭 柔乘五剛也〕"(「단전」) 이는 직접적으로는 괘 안에서 제일 위의 음효 하나가 아래의 다섯 양효를 지배하는 모습을 염두에 둔 말이지만, 여기에는 은유가 있다. 다수의 국민이 아무리 올바른 의식(밝은 힘)을 갖고 있다 하더라도 소수의 소인배(음험한 힘)들이 위에서 제멋대로 농간을 부려 여론을 호도할 수 있다는 것이다.

그러면 소인배들을, 또는 정치인들의 소인 의식을 어떻게 하면 척결할 수 있을까? 우리는 여기에서 군자의 사회적 역할을 생각해 볼 수 있다. 세상사를 깊이 통찰하고 사람들에게 올바른 가치와 삶의 방향을 제시해 줄 수 있는 지성인의 사회 활동 말이다. 그는 자신의 관념 세계에 파묻혀 지낼 것이 아니라, 정치 사회 지도자들의 소인적인 의식과 행태를 끊임없이 감시하고 비판해야 한다. 그렇게 하여 사람들이 저들의 감언이설에 속지 않고 허구적 실상을 분명히 알 수 있도록 계몽해야 한다. 공자는 이렇게 말한다. "군자는 사람들에게 진정으로 호소하여 소인에 대해 경계의 마음을 갖도록 해야 한다. 사람들이 소인의 위험성을 알아야 군자의 도가 밝혀질 수 있다.〔孚號有厲 其危乃光也〕"(「단전」)

우리는 그 역사적 실례를 과거에 선비들에게 숭상되었던 춘추필법(春秋筆法)에서 본다. 맹자는 말한다. "공자께서 『춘추(春秋)』라는 책을 지으시니, 나라를 혼란시키는 정치인들과 집안의 패륜아들이 두려움에 떨었다."(『맹자』) 오늘날 학자들이나 언론 종사자들에게 정론직필(正論直筆)의 정신이 절대적으로 필요한 것도 이 때문이다. 물론 이들은 남들의 소인 의식과 행태를 비판하기에 앞서 자기 내부의 소인 의식을 깊이 점검하고 다스리지 않으면 안 된다. 『대학』은 말한다. "군자는 자신이 선(善)을 갖춘 뒤에 남에게 선을 요구하며, 악(惡)을 버린 뒤에 남의 악을 비판한다." 그러므로 지성인은 평소 몸과 마음의 수행을 철저히 해야 한다. "똥 묻은 개가 겨 묻은 개를 나무라듯이" 해서는 아무 소용이 없다.

소인배를 척결하는 데에는 폭력적인 방법을 동원해서는 안 된다. 폭력은 또 다른 소인적 행태이기도 하다. 공자는 말한다. "소인배의 척결에 폭력적인 방법을 동원해서는 안 된다. 힘으로 몰아세우면 곤경에 봉착할 것이다.〔不利卽戎 所尙乃窮也〕"(「단전」) 사실 무슨 일이든 힘으로만 밀어붙이면, 설사 상대방을 제압한다 하더라도 승패의 대립 감정이 양자의 관계를 악화시킬 수밖에 없다. 더구나 소인배들은 간사한 계교와 책략으로 반전의 기회를 노릴 것이다.

소인배의 척결은 그들을 사회에서 완전히 제거하기 위한 것이 아니다. 그것은 궁극적으로 사회에 군자의 정신, 즉 밝고 건강한 생명 정신과 올바른 가치를 확립하여, 소인배를 포함한 모든 사람이 환희롭고 화해롭게 살도록 하려는 목적이 있다. 그러므로 소인을 대하거나 소인배를 척결하는 자리에서조차 따뜻한 인간애의 정신을 놓아서는 안 된다. 그들을 증오하지 말고 긍휼히 여기는 가운데 그들이 공공의 가치를 더 이상 침해하지 못하도록 조치를 취하고, 한편으로 스스로 개과천선하도록 부단히 교도해야 한다. 이를 위해 무엇보다도 먼저 사회에 군자의 정신을 확립해야 함은 물론이다. 어둠을 몰아내는 데에는 빛을 밝히는 것 이상의 방법이 없기 때문이다.

공자가 "'쾌(夬)'란 건강한 정신으로 퇴폐적인 것들을 결딴내는 것"이라 하고는 이어 다음과 같이 덧붙인 뜻이 여기에 있다. "확고한 의지 속에서 환희로운 세상을, 결연한 태도 속에서 화해로운 세상을 이룩해야 한다.〔健而說 決而和〕"(「단전」) 이는 하괘 '건'의 강건함과, 상괘 '태'의 기쁨에 입각하여 소인배의 척결 방법을 말한 것이다. 소인배를 척결하는 데 확고한 의지와 결연한 태도를 가져야 할 뿐만 아니라, 궁극적으로는 그들까지도 아우르는 환희롭고 화해로운 세상을 도모해야 한다는 것이다. 그러한 목적 의식의 부재는 자칫 그들의 결사투쟁을 야기하여 사회를 또 다른 갈등과 대립, 혼란에 빠트릴 수 있기 때문이다. 이러한 문제의식 속에서 소인배를 척결해 나가면, "좋은 결과를 거두어 종내에는 군자의 정신이 지배하는 사회를 이룰 수 있을 것이다.〔利有攸往 剛長乃終也〕"(「단전」)

괘상卦象

연못이 하늘 위에 있는 모습이 〈쾌〉의 형상이다.
군자는 이를 보고서 사람들에게 덕을 베풀며, 자만심을 경계한다.
澤上於天 夬 君子 以 施祿及下 居德則忌

군자가 연못가에 서서 상상을 한다. '연못의 물이 증발하여 하늘 위에서 비구름을 만들리라. 그 구름은 언젠가 터져〔決〕 이 땅에 비를 뿌려 만물을 촉촉이 적시리라.' 이어 그는 자신이 만인의 메마른 삶을 적셔 주는 '생명의 단비'가 될 것을 내심 다짐하면서 학문에 정진한다. 물론 그의 학문 활동은 이론의 탐구와 관념의 유희에 머무르지 않고, 이 사회를 건강한 생명 정신으로 충만하게 하려는 염원을 갖고 있다.

군자는 자신의 학문을 결코 자만하지 않는다. 무한한 진리와 무궁한 실천의 세계에서 겸손해야 한다는 사실을 잘 알기 때문이다. 그러므로 그는 설사 심오한 학문과 높은 자리와 커다란 힘을 갖고 있다 하더라도, 그것으로 자부하지 못하고 겸허한 마음으로 나선다. 그리고 그것들을 혼자서 차지하려 하지 않고 모든 사람들과 함께 누리려 한다. 증발된 연못의 물이 만물에게 생명의 힘을 주는 것처럼 말이다. 바로 그것이 군자의 '여민동락(與民同樂, 모든 사람들과 즐거움을 함께함)'의 정신이기도 하다. 이와 관련하여 연암 박지원의 글을 읽어 보자. 그는 경상도 안의 고을의 현감 시절 관아의 폐허에 집을 짓고는 그 사연과 함께, 당호(堂號)를 '하풍죽로당(荷風竹露堂)'(연꽃 바람과 댓잎 이슬의 집)이라 명명한 뜻을 다음과 같이 말한다.

(전략) 아, 뒷날 이 자리에 머무르는 사람은 아침에 연꽃이 벌어져 향기를 멀리까지 퍼트리는 모습을 보면서, 그처럼 백성들을 덕으로 감화시킬 것이요, 새벽 이슬이 대나무들을 골고루 적시는 모습을 보면서, 그처럼 백성들의 삶을 두루 보살필지어다. 내가 이름을 그와 같이 지은 까닭이 여기에 있다.(『연암집(燕巖集)』)

효사爻辭

初九
발걸음을 용감하게 내딛고 나서지만
일을 감당하지 못하니 실패하리라.
壯于前趾 往 不勝 爲咎

초구(初九)는 하괘 '건'에서 초효이므로 입지상 아직 준비가 안 된 사람이다. 그런데도 자신의 강한 힘만 믿고 "용감하게 발걸음을 내딛는다." 이를테면 상부 사회(상육)의 소인 의식을 척결하겠다고 돈키호테처럼 나서는 것이다.(괘 안에서 유일한 음효인 상육은 소인의 전형이다.) 하지만 뜻은 좋지만 그의 무모한 태도는 실패를 면치 못할 것이다.

개인적으로나 사회적으로나 장애물을 척결하는 데에는 선의와 용기만 가지고는 안 된다. 그것은 "맨손으로 호랑이를 때려잡고, 맨몸으로 큰 강을 건너려는[暴虎馮河]" 것과도 같은 무모한 만용일 뿐이다. 공자는 말한다. "감당하지도 못하면서 일에 나서는 것이 실패의 요인이다.[不勝而往 咎也]"(「상전」) 한편 혹자는 다음과 같이 주석한다. "전투에 나서기 전에 승리를 계산하는 사람은 승리할 것이요, 승리를 계산하지도 않고 전투에 나서는 사람은 패배할 것이다."(『주역』)

그러므로 장애물을 척결하려는 의지를 갖는 것은 좋지만, 그 일을 성공적으로 수행할 수 있는 힘과 지혜를 키워야 한다. 특히 그 장애물이 사회 구조나 제도와 같은 것이 아니고 사람들의 소인 의식일 때에는 그들을 각성시켜 군자의 길로 인도할 지혜는 물론 일정한 사회적 권위도 갖추어야 한다. 그것이 없으면 사람들이 그의 말을 들으려 하지 않을 것이기 때문이다.

九二
스스로 조심하고 경계하는 마음을 잊지 않으면
야밤에 강도가 들더라도 염려하지 않아도 되리라.
惕號 莫夜有戎 勿恤

구이(九二)는 양효이지만 음의 자리에 있고, (하괘의 가운데에서) 중도(中

道)를 얻었으므로 초구처럼 성격이 조급하지 않다. 오히려 그는 상육을 물리치는 일에 나서기 전에, 안으로 자신의 정신을 점검하고 밖으로 불의의 사태에 대비하는 치밀함을 갖는다. 그처럼 "스스로 조심하고 경계하는 마음을 잊지 않는다." 그러므로 상육과 같은 '강도'의 침입을 염려하지 않아도 된다. 공자는 말한다. "강도가 들더라도 염려하지 않아도 될 테니, 중도를 얻었기 때문이다.[有戎勿恤 得中道也]"(「상전」)

사람들은 남들의 소인적 행태에 대해서는 곧잘 흉을 보고 비난을 퍼부으면서, 정작 자신의 모습은 되돌아보려 하지 않는다. "제 눈의 대들보는 못 보면서 남의 티끌만 찾는" 격이다. 하지만 이 또한 소인적 태도에 지나지 않는다. 자신에 대해서는 관대하고 남에게는 엄중한 것이 바로 소인의 특징이기 때문이다. 맹자는 탄식한다. "사람들은 제 밭은 버려 두고 남의 밭만 김을 매려 한다. 그들은 남에게 요구하는 것은 많은데, 정작 자신이 스스로 해야 할 일에 대해서는 별로 생각을 하지 않는다."(『맹자』)

그러므로 우리는 남들의 잘못을 비난하기에 앞서 나 자신에게는 그러한 것이 없는지 "조심하고 경계하며" 자성하지 않으면 안 된다. 이에 관해 이황의 편지 한 통을 읽어 보자. 당시 기대승이 일재(一齋) 이항(李恒, 1499~1576)과 태극(太極) 논쟁을 벌였는데, 서로 상대방의 논리적 약점만 지적하는 모습을 보고서 이황은 기대승에게 다음과 같이 충고한다.

남의 약점은 잘 알면서 자신의 약점은 자각하지 못하는 것이 보통 사람들의 태도입니다. 그런데 우리가 학문을 한다 하면서 그러한 병통을 면치 못한다면 어찌 학문에 득력했다 할 수 있겠습니까. (중략) 바라건대 두 분은 각자 자기 주장만 하면서 상대방의 단점을 공격하려고만 하지 말고, 돌이켜 자기 성찰에 힘써서 각자 자신의 잘못을 바로잡으십시오. 그렇게 해서 서로 학문을 진보시켜 준다면 더 이상 다행이 없을 것입니다.(『퇴계전서』)

소인들이 행세하는 사회에서 그들의 비방과 중상모략을 최소화할 수 있는 길이 여기에 있다. 자기 성찰을 통해 그들에게 책잡히는 일을 갖지 않도록 해야 한다는 것이다. 그들은 자신의 어두운 모습을 반면의 거울로 비춰 주는 군자의 언행에 대해 매우 민감하며, 자기들의 이해관계에 조금이라도 걸리는 일이 있으면 즉각 방어와 반격에 나선다. 군자가 조심과 경계, 자성을 강조하는 까닭이 여기에 있다. 그것은 소인과의 관계 이전에 기본적으로 자아의 향상을 위한 것이지만, 동시에 '야밤의 강도'와도 같이 군자를 음해하려는 소인들의 계략에 걸리지 않으려는 뜻도 있다.

九三

광대뼈가 불거져 험상궂다.

군자가 결연한 뜻으로 혼자 길을 나서서 비를 만난다.

사람들은 비아냥거리겠지만, 그를 허물할 일은 아니다.

壯于頄 有凶 君子夬夬 獨行遇雨 若濡有慍 无咎

구삼(九三)은 하괘 '건'의 마지막에서 양효로 양의 자리에 있으므로, 소인을 척결하려는 군자의 결연한 의지에 "광대뼈가 붉어질" 정도다. 그러한 모습은 '험상궂게' 보이기까지 한다. 하지만 그가 상육(의 소인)과 음양으로 호응하고 있음을 보면 그의 척결 방식은 무언가 다르다. 그는 소인을 힘으로 물리치는 것이 아니라 도덕과 인격으로 감화시키려 하는 것이다. 일반적으로 괘효사에서 "비를 만난다."는 말은 음양이 서로 교감하고 화합하는 모습을 형상한 것이다. 사람들(다른 양효들)은 그러한 뜻을 알지 못하고, 그가 "혼자 길을 나서서" 상육을 만나는 것을 두고 (변절하여 소인과 내통한다고) 비아냥거릴 것이다. 하지만 소인을 도덕으로 감화시키려는 그의 뜻과 감화의 노력을 허물할 일은 아니다.

소인배의 척결은 힘으로 될 수 있는 일이 아니다. 가령 범죄를 저지른 사람을 감옥에 가두어 사회로부터 일정 기간 격리시킬 수는 있지만, 그것이 그의 의식(가치관)을 변화시키지는 못한다. 그러므로 그들의 행태를 예방하고 제재하는 제도가 필요한 것은 사실이지만, 근본적으로 그들의 그릇된 의식을 교정하기 위한 노력이 없어서는 안 된다.

앞서 말한 것처럼 그 근저에는 인간애의 정신이 놓여야 한다. 비유적으로 말하면 한 사람의 두꺼운 외투를 벗기는 데에는 강한 바람이 아니라 따뜻한 햇빛이 필요한 것과도 같다. 소인들을 힘으로 강압하려 할수록 그들은 자신들의 입지를 놓치지 않으려고 더욱 기를 쓸 것이다. 그러므로 그들을 너그럽게 아우르면서 그들의 도덕심을 자극하고 일깨워 스스로 소인 의식을 떨칠 수 있도록 해야 한다. 물론 이는 그들의 죄과를 불문에 붙여야 한다는 말이 아니다. 그들에게 응분의 책임을 묻되, 그들이 그것을 마음으로 승복하고 회개하게끔 해야 한다는 것이다. 이는 그들이 벌을 받으면서도 따뜻한 사랑을 느끼는 데에서만 가능할 것이다. 군자는 그렇게 소인들을 감화시키려 한다.

이에 대해 많은 사람들은 불만을 가질 것이다. 그들은 소인들에 대한 가차 없는 응징만이 최선이라고 여기기 때문이다. 그리하여 사람들은 그러한 군자를 두고 소인들과 야합한다느니, 변절했다느니 온갖 비난과 악담을 해댈지도 모른다. 군자가 외롭게 "혼자 길을 나설" 수밖에 없는 이유가 여기에 있다. 하지만 그를 비난해서는 안 된다. 무릇 사람들 내면의 어두움을 사랑의 빛으로 밝혀 주려는 노력만큼 이 세상에 숭고한 일은 없다. "원수를 사랑하라."는 말까지 있지 않은가. 공자는 말한다. "군자의 결연한 뜻이 마침내는 비난을 벗어나리라.[君子夬夬 終无尤也]" (「상전」) 사람들이 예수의 말을 깊이 헤아리는 것처럼, 군자의 본심을 뒷날 이해하여 비난을 거두리라는 것이다.

九四
엉덩이에 살이 없고, 걸음을 머뭇거린다.
양이 목자를 따르듯 하면 후회하지 않으련만
충고를 듣고도 받아들이지 않는다.
臀无膚 其行次且 牽羊 悔亡 聞言 不信

구사(九四)는 양효로서 상괘 '태'의 아래 음의 자리에 있으므로 올바르지 못하다. 그래서 그는 그 자리에 머물러 앉자니 "엉덩이에 살이 없어"

불편하고, 떠나자니 의지가 약하여 "걸음을 머뭇거린다." 이는 소인의 척결에 결연한 의지를 갖지 못한 태도를 은유한다. '양이 목자를 따르듯 하면 후회하지 않을' 것이라는 말은 이에 대한 충고의 뜻을 함축한다. 양들(인류)이 '선한 목자'(예수)의 인도 속에서만 편안한 보금자리로 돌아갈 수 있는 것처럼, 구사도 하괘 '건'(군자)의 정신에 따라 소인 척결의 길에 나서야 후회 없이 행복의 길로 나아갈 수 있다는 것이다. 하지만 그의 허약한 의지는 그러한 충고를 듣고도 받아들이려 하지 않는다. 공자는 말한다. "'걸음을 머뭇거림은 그 자리가 바르지 않기 때문이요, 충고를 듣고도 받아들이지 않는 것은 어리석음 때문이다.[其行次且 位不當也 聞言不信 聰不明也]"(「상전」)

소인들은 어느 사회에서나 척결의 대상이지만, 특히 소인적인 것들의 척결이 시대적인 과제로 떠오르는 경우도 있다. 그것은 흔히 사회의 변혁기에 생긴다. 예컨대 1970년대 유신 독재의 종말에도 불구하고 여전히 위세를 떨쳤던 '유신 잔당'을 정리해야 할 과제를 들 수 있다. 하지만 불행하게도 우리는 그것을 제대로 수행하지 못하여, 그 정치적 후예들이 아직까지도 우리 사회를 좌지우지하고 있다.

왜 그렇게 되었을까? 이에 대해서는 다각도의 분석이 필요하겠지만, 그중 한 가지는 아마도 그러한 과제를 불안하고 불편하게 여기는 상당수 국민들의 잘못된 의식에 있을 것이다. 그들은 인권과 민주 정신에 무관심할 것을 강요하는 독재 정권하에서 오직 먹고사는 일에만 전념해 왔다. 그 결과 생활이 어느 정도 안락해지면서 형성된 그들의 보수적 사고는 새로운 사회에 참다운 민주주의를 확립하려는 사람들의 진보적 활동에 불편하고 불안한 마음을 드러낼 수밖에 없다. 그들은 진보적 이념이 자신들의 안정된 생활 토대를 흔들 것처럼 여기기 때문이다. 거기에는 사람들이 독재 정권의 회유와 협박에 순응하여 스스로 내면화한 '유신' 이데올로기가 작용할 것이다. 아무튼 그렇게 하여 그들은 사회 발전에 동참하는 "걸음을 머뭇거린다."

우리 사회가 여전히 가치 혼란을 벗어나지 못하는 한 가지 이유가 여기에 있다. 그것은 근본적으로는 사람들이 그동안 민주주의의 "엉덩이살"(민주 정신)을 제대로 키우지 못한 데에 기인한다. 우리는 민주주의의 제도만 갖추었을 뿐, 지난날 조성된 소인 의식에 여전히 머무르고 있는 것이다. 이는 소인(의식)의 척결이 여전히 우리 사회의 중요한 시대적 과제임을 일러 준다. 만약 이러한 "충고를 듣고도 받아들이지 않는다면" 우리 국민은 불행한 미래를 피할 수 없을 것이다. 마치 목자(牧者)의 지시를 따르지 않는 양 떼가 갈 길을 잃고 좌충우돌하면서 혼란에 빠지듯이 말이다.

九五
쇠비름을 잘라내듯이 단호하게 해야 한다.
중심을 지켜야 폐해가 없으리라.
莧陸夬夬 中行 无咎

구오(九五)는 양효로 상쾌의 가운데에 있으므로 올바른 중심을 지키는 군자다. 하지만 그는 자기와 가까이 지내는 상육의 소인을 내치기가 어려운 처지에 놓여 있다. 그래서 "쇠비름을 잘라내듯이 단호하게 해야 한다." "중심을 지켜야" 한다고 충고했다.

쇠비름은 길가나 밭에서 잘 자라는 식물로서 번식력이 매우 강해 근절하기가 매우 어렵다. 그것은 수분이 많아 햇빛에도 잘 마르지 않으며, 그것을 뽑아 밭고랑에 던져 두면 다시 땅에 뿌리를 내려 줄기를 뻗는다. 소인(의식)도 마찬가지다. 그의 음흉하고 끈질긴 생명력은 쇠비름 이상으로 강하다. 우리는 그것을 사회 내에서뿐만 아니라, 자신의 내면에서 끊임없이 돋아나는 이기심과 욕심의 소인 의식에서 체감한다.

사람들은 누구나 소인(의식)을 수치로 여기면서 제거하고 싶어 할 것이다. 소인을 칭송하거나 자신의 소인 의식을 자랑으로 여기는 사람은 없다. 하지만 소인(의식)이 그처럼 끈질기다는 사실을 직간접으로 겪으면서 사람들은 대부분 그 척결의 노력에 지치고 피로감을 느낀다. 그리하여 그들은 소인(의식)을 적당히 용납하고 그와 타협하려 한다. 오늘날 많은 사람들이 욕망과 이기심을 적극 긍정하고 심지어 찬양까지 하는 것은 이의 반사적 산물처럼 보인다. 하지만 아무리 그럴싸하게 포장한다 하더라도 그것의 해독이 사라지는 것은 아니다. 공자는 말한다. "중심을 지켜야 폐해가 없을 텐데, 마음이 밝지 않구나.[中行无咎 中未光也]"(「상전」) 여기에서 '중심'이란 군자의 올바른 삶의 정신을 함의한다.

이처럼 '밝지 않은' 마음속에 잠재해 있는 소인 의식은 개인적으로나 사회적으로나 많은 문제를 야기한다. 그것은 곰팡이와도 같아서, 방치하면 점점 만연하여 사회와 자신의 삶을 부패시키고 말 것이다. 그러므로 우리는 공공의 영역에서든 사사로운 자리에서든 소인(의식)과 타협하려 하지 않는지 수시로 자기 성찰을 해야 한다. 그것을 끊임없이 경계하고 단속하며, 때로는 단호하게 "쇠비름을 잘라내듯이" 제거해야 한다. 삶의 한 중심에 군자의 정신을 확고하게 세워 세상에 올바르게 나서지 않으면 안 된다.

上六
경계의 마음을 놓으면 뒷날 불행해지리라.
无號 終有凶

상육(上六)은 음효(소인)로서 아래의 양효(군자)들에 의해 밀려 사라지는 형국이다. 하지만 군자의 입장에서는 그 순간에도 경계심을 늦추어서는 안 된다. 소인은 숨을 죽이고 있다가 군자의 방심을 노려 불시에 반격하기도 하기 때문이다. 소인은 끈질긴 잡초와도 같다. 참고로 원문의 '무호(无號)'에 대해 정이와 주희는 "(소인이) 호소할 데가 없다."고 해석했지만, 정약용 등 몇몇 학자들은 "경계의 마음을 놓는다."는 뜻으로 이해했다.

그동안 사회를 혼란시켰던 소인들이 이제는 척결되었다 하여 마음을 놓아서는 안 된다. 소인배는 어느 사회에서나 있는 법이며, 기회가 되면 언제든 다시 준동할 것이기 때문이다. 이황이 선조(宣祖)에게, "태평 시절일수록 경계하여 환락에 빠지지 말 것"을 강조한 이유도 여기에 있었다. 물론 이는 정치 지도자에게만 해당되는 교훈이 아니다. 모든 사람이 사회생활 속에서 유념해야 할 사항이다. 어느 자리에서나 도덕적 긴장을 늦추어서는 안 된다. 공자는 말한다. "경계의 마음을 놓으면 불행해질 것이므로 소인 의식이 끝내 자라나지 못하도록 해야 한다.〔无號之凶 終不可長也〕"(「상전」)

우리는 그 노력을 자신의 내부를 점검하는 일에서부터 시작해야 한다. 도덕 정신이 느슨해지는 순간 소인 의식이 고개를 들기 때문이다. 역시 이황은 『서경』을 인용하여 선조에게 다음과 같이 충고한다. "성인도 자기 성찰을 하지 않으면 미치광이가 되고, 미치광이도 자기 성찰을 하면 성인이 됩니다.〔惟聖罔念作狂 惟狂克念作聖〕"(『퇴계전서』) 선비들이 "일신 우일신"의 수행을 게을리하지 않았던 것도 이러한 이유에서였다. 그것은 소인 의식의 틈입을 막고 군자의 정신을 함양하기 위한 것이었다.

44. 만남의 정신

구(姤)

한 사회가 소인(적 가치)들을 척결했다 해서 곧 이상향이 되는 것은
아니다. 그 위에 적극적으로 군자의 정신을 확립해야 한다. 밭에 잡초
를 뽑는 일만 가지고는 안 되며, 거기에다가 채소를 심고 가꾸어야 하
는 것처럼 말이다. 그것은 다각도로 이루어져야겠지만, 올바른 사회 윤
리의 정립도 그중 하나가 될 것이다. 윤리란 한마디로 요약하면 자타
간 만남의 도리를 뜻하는 말로, 사회의 번영과 삶의 행복은 거기에서
비롯된다.

〈쾌(夬)〉쾌에 이어 〈구(姤)〉쾌가 놓인 뜻이 여기에 있다. 그것은 만남
의 정신을 주제로 한다. 공자는 말한다. "'쾌(夬)'는 터진다는 뜻이다.
터지면 다시 만나게 되어 있다. 그래서 〈쾌〉에서 〈구〉로 이어졌다. '구'
란 만난다는 뜻이다.〔夬 決也 決必有遇 故受之以姤 姤 遇也〕"(「서괘전」)
여기에서 '터진다'는 말은 갈라지고 나누어진다는 뜻이다. 가령 제방이
터지면 이리저리 갈라져 흐르던 물들이 하류에서 다시 만난다. 이를 인
간 사회의 당위론으로 바꾸어 말하면, 소인배의 척결에 어수선하게 흐

트러진 민심을 다시 통합해야 한다는 과제를 함축한다. 그리하여 그것은 자타 간 만남의 정신에 주목하게 해 준다.

인생은 만남이다. 만남이 없는 삶을 우리는 상상할 수 없다. 아니 만사만물이 만남 속에서만 생성과 변화를 이루어 나갈 수 있다. 만남을 거부하는 자는 자신의 존립을 스스로 부정하는 것이나 다름없다. 물론 만남에는 여러 종류가 있을 것이다. 사적인 만남과 공적인 만남, 업무상의 만남과 인간적인 만남, 우정의 만남과 애정의 만남 등 각양각색이다. 어떤 경우든 만남의 자리는 삶의 성패에 중차대한 의의를 갖는다.

만남은 진실하고 순수해야 한다. 거짓되고 불순한 만남은 자타 간 거리감과 경계심을 조성하기 때문에 화해로운 삶의 장을 열 수 없다. 예컨대 상대방의 인격을 존중할 줄 모르는 만남은 거칠고 삭막한 관계를 면할 수 없다. 그러한 만남의 자리에서는 자신의 인격도 은폐되고 말 것이다. 마르틴 부버의 말대로 "'그것'이라고 말할 때는 짝말 '나-그것'의 '나'도 함께 말해진다."(『나와 너』) '그것'이란 내가 상대방을 온전한 인격으로 대하지 않고 사물화하는 것을 뜻한다. 위계 사회의 인간관계가 그 전형이다. 이를테면 군대에서 사람들은 계급으로만 취급된다.

결국 인격의 교류와 인간적 교감이 결여된 만남은 가벼워서 쉽게 깨질 뿐만 아니라, 자타의 삶을 불행에 빠트리기까지 한다. 신문이나 잡지에 종종 기사화되는 것처럼 재물이나 사회적 지위로 맺어지는 결혼 생활의 파탄이 그 한 예다. 이에 반해 성실하고 순수한 만남의 정신은 역시 마르틴 부버의 말처럼 "하나와 하나가 하나가 되어 존재가 존재 안에서 빛나게 해 준다."

공자는 진실하고 순수한 만남의 원형을 하늘과 땅에서 보면서 다음과 같이 말한다. "하늘과 땅이 서로 만나니 만물이 제각기 생명의 빛을 발한다.[天地相遇 品物咸章也]"(「단전」) 만물의 눈부신 생명은 하늘과 땅의 순수한 만남(교감)에서 비롯된다는 것이다. 이는 〈구〉괘 초육의 음효가 양효들의 아래에 자리하면서 음양의 교감을 이루는 괘의 구조에서 얻어 낸 영상이다. 앞서 소개했던 '소식괘'상에서 살피면 〈구〉괘는 만물의 생명이 활짝 펼쳐지는 음력 5월에 해당된다. 하늘과 땅의 만남이 그렇게 찬란한 생명 세계를 여는 것처럼 사람들의 만남도 자타 간 생기발랄한 삶을 위한 것이어야 한다.

이를 괘의 상징상에서 살펴보자. 〈구〉괘의 상괘 '건(乾)' ☰과 하괘 '손(巽)' ☴은 각각 하늘과 바람을 상징으로 갖고 있다. 이는 바람이 하늘에서 불어 땅으로 내려오는 모습을 보여 준다. 여기에는 하늘과 땅의 만남이 바람의 기운을 매개로 이루어진다는 암시가 깔려 있다. 그리하여 하늘은 바람을 통해 지상 만물의 생명을 일깨우고 번창시킨다. 자타의 만남도 서로의 생명을 일깨우고 번창하게 해 주는 노력 속에서만 삶의 환희를 얻을 수 있다.

괘사卦辭

만나는 여자가 드세다.

그러한 여자와 결혼해서는 안 된다.

姤 女壯 勿用取女

이는 만남의 부정적인 형태를 예시한 것이다. 괘의 외형상으로 살펴면 초효의 음과 나머지 다섯 양효의 만남은 부적절하다. 그것은 마치한 여자가 다섯 남자를 상대하는 것처럼 보인다. 게다가 음기가 아래에서 점점 자라나고 이에 따라 양기가 줄어들어 가는 형국이므로, 그러한 여자는 기질이 드셀 수밖에 없어서 배우자로서는 결격이다. 그러한부인은 남편을 '잡아먹을' 상이다. 무릇 음양의, 그리고 남녀의 교감과화합은 상호 균형과 조화 속에서만 이루어질 수 있다. 공자는 말한다."'구'란 만난다는 뜻이다. 하나의 음기가 다섯의 양기를 만나는 것이니,그러한 여자와 결혼해서는 안 된다. 그녀와는 더불어 오래 살 수 없기때문이다.〔姤 遇也 柔遇剛也 勿用取女 不可與長也〕"(「단전」) 물론 여성의입장에서 말한다면 드센 남편 역시 부인을 '잡아먹을' 것이다.

이러한 이치는 남녀 사이뿐만 아니라 모든 인간관계에서도 마찬가지다. 균형과 조화의 정신은 남녀를 넘어 모든 만남에서도 필요하다. 자신의 의견을 고집하면서 상대방을 지배하려는 '드센' 성격과의 만남은결코 오래 지속되지 못한다. 무엇보다도 자기중심적인 태도를 버려야만자타 간 균형과 조화를 이룰 수 있다. 중심의 관점에서 말하면 나나 상대방이나 모두 자기 세계(삶)의 중심이다. 그러므로 우리는 자신의 중심성을 남들로부터 인정받고 싶은 것처럼 남들의 중심성을 존중해 주지않으면 안 된다.

올바른 만남의 자리가 여기에서 펼쳐진다. 자타가 서로 중심성을 인정하고 존중하는 가운데에서만 만남이 아름다울 수 있다. 공자는 말한다. "흔들림 없는 마음으로 중심을 지키면서 올바르게 만나야만 삶의길이 크게 열릴 것이니, 만남의 의미가 심대하다.〔剛遇中正 天下大行也

姤之時義 大矣哉]"(「단전」) 여기에서 "흔들림 없는 마음"이란 확고한 중심
성을 강조한 말이다. 이는 괘효상에서는 구이와 구오가 둘 다 양효로서
각각 상하괘의 중심인 점에 착안한 것이다.

괘상卦象

하늘 아래 바람이 부는 모습이 〈구〉의 형상이다.
임금은 이를 보고서 명을 내려 나라의 백성들을 일깨운다.
天下有風 姤 后 以 施命誥四方

　하늘은 무언의 바람으로 만물을 호령하여 그들의 생명을 흔들어 깨
운다. 바람은 공중의 정체된 기운을 쓸어 내 만물의 생기를 촉진시킨
다. 하늘처럼 영향력이 지대한 사회 지도자도 이와 같아야 한다. 그의
정책과 명령은 마치 봄날의 훈풍이 만물에 대해 그러한 것처럼, 국민의
삶을 화창하게 하는 것이어야 한다. 정책의 '바람'이 그들의 마음을 얼
어붙고 삶을 황량하게 만들어서는 안 된다.
　이를 위해 통치자는 그들의 삶을 정체시키는 요인들을 찾아 제거해
야 하며, 사회의 한 중심에 밝고 존엄한 인간상을 세워 사람들이 고결
한 정신으로 살도록, 마치 봄바람이 만물의 생기를 촉진시키듯, 그들을
부단히 일깨워야 한다. 물론 그가 어떠한 정책의 바람을 일으키는가에
따라 사람들의 삶은 크게 달라질 것이다. 이를테면 경제의 '바람'만 불
러일으키는 정책은 국민들을 물질의 노예로 전락시키고, 소유욕의 투

쟁으로 인간관계와 사회를 황폐하게 만든다. 이 점에서 공자의 말은 만고의 진리다. "치자의 덕은 바람과도 같고 피치자의 덕은 풀과도 같다. 바람이 불면 풀은 바람의 방향으로 쓰러지기 마련이다.〔君子之德 風 小人之德 草 草上之風 必偃〕"(『논어』)

효사爻辭

初六
돼지를 쇠말뚝에 매어 두어야 한다.
올바르게 매면 평화로우리라.
만약 풀어놓으면 흉한 꼴을 보게 될 테니
돼지가 아무리 여위었다 하더라도 날뛰는 성질을 막을 수 없다.
繫于金柅 貞 吉 有攸往 見凶 羸豕 孚蹢躅

〈구〉괘는 초효(初爻)의 음기가 자라는 형국이므로, 그것을 억제하지 않으면 "흉한 꼴을 보게 될 것이다." 그러므로 그것을 '쇠말뚝'에, 그것도 풀리지 않도록 '올바르게' 매어 두어야 한다. 그렇게 하지 않으면 "돼지가 아무리 여위었다 하더라도 날뛰는 성질을 막을 수 없어" "흉한 꼴을 보게 될" 것이다.('여윈 돼지'는 초육(初六)의 미약한 힘을 상징한 것이다.) 공자는 말한다. "돼지를 쇠말뚝에 매어 두는 것은 그 나쁜 성질을 견제하기 위해서다.〔繫于金柅 柔道牽也〕"(「상전」) 괘의 변화로 말하면 〈구(姤)〉☰가 〈둔(遯)〉☰과 〈비(否)〉로 발전하여 음기가 갈수록 성행해 가는 악화일로의 사태를 막으려는 것이다.

우리는 만남의 자리에서 자타의 관계를 소원하게 만드는 요인이 발생하지 않도록 처음부터 조심해야 한다. 만약 출세나 돈벌이, 욕망 충족의 수단으로 이용하려는 불순한 마음으로 남에게 다가간다면, 그 자리에서는 자타 간 인정을 주고받는, 나아가 순수 인격과 영혼으로 교감하는 만남의 기쁨이 전혀 생기지 않을 것이다. 자신의 뱃속만 채우려는 '돼지'와도 같은 삶을 과연 행복하다고 할 수 있을까? 세상에는 "배고픈 소크라테스보다 배부른 돼지가 낫다."고 말하는 사람들도 있지만, 그들도 돼지 같은 탐욕이 빚어낼 인간관계의 대립과 투쟁을 삶의 의미와 보람이라고 주장하지는 않을 것이다.

그러므로 성인(聖人)이 아닌 이상 만남의 자리에서 불순한 마음이 종종 일어나는 것은 어쩔 수 없다 하더라도, 그것이 활개 치지 못하도록 "쇠말뚝에 매어 두어야 한다." 그렇게 하지 않으면 그러한 마음이 마치 돼지처럼 날뛰어 통제할 수 없을 것이며, 결국 만남을 파탄지경으로 내몰 것이다.

불순한 마음을 제어하는 데에도 '올바른' 방법이 있다. 그러한 마음을 막무가내로 덮어 두려고만 해서는 안 된다. 그것은 오히려 강박관념을 야기하여 정신 건강에 해로울 수도 있다. 이를 피하기 위해서는 자타의 만남이 어떠한 의미를 갖는지, 무엇이 삶에 참다운 의미와 기쁨을 가져다줄지, 근본적으로 인간이란 어떠한 존재인지 하는 등의 문제를 진지하게 성찰해야 한다. '올바른' 만남의 길이 여기에서 밝혀질 것이다. 이와 관련하여 주희의 글을 한번 읽어 보자. 그는 삶에서 일어나는 갖가지 불순한 욕망을 제거하기 위해 근본적 성찰이 중요함을 아래와 같이 비유적으로 말한다.

모든 일은 뿌리가 있는 법이다. 집의 기둥은 뿌리가 없으므로 그것이 부러지면 집이 바로 무너지지만, 나무는 뿌리가 있으므로 가지를 자른다 해도 계속 자라날 것이다. 사람들은 부귀를 바라는데 그걸 가지고 무얼 하겠다는 것일까? 틀림없이 그것을 써먹고자 하는 뜻이 있을 것이니, 그것을 찾아내서 그 병통의 뿌리를 잘라내면 문제가 없어질 것이다.(『심경』)

九二
어물을 꾸러미로 싸니 문제가 없으리라.
손님 접대용으로는 적절하지 않다.
包有魚 无咎 不利賓

초육은 〈구〉괘의 유일한 음효이므로 나머지 다섯 양효가 모두 만나고 싶어 하는 대상이다. 하지만 구이(九二)가 제일 가까이에서 아래로 그를 품고 있다. "어물을 꾸러미로 싼다."는 말은 이를 함축한다.(어물은 부패하기 쉬운 음물(陰物)이므로 초육을, 그리고 '꾸러미'는 구이를 가리킨다.) 이때 구이는 초육의 비린내에 배지 않도록 하기 위해 (양효로서) 올바른 정신을 변치 말아야 하며, 그러면서도 너무 강직하지 않게 (하괘의 가운데에서) 중용의 정신을 지켜 "어물을 꾸러미로 싸듯" 초육을 포용해야 한다. 한편 초육과 음양으로 호응 관계에 있는 구사는 멀리 떨어져 서로 만나지 못하고 겨우 '손님'의 처지에 놓여 있다. 구이가 그를, 그리고 나머지 양효들을 손님으로 초대한다면 초육과 거리를 두게 할 필요가 있다. 초육의 비린내와 부패 가능성 때문이다. 그래서 "손님 접대용으로는 적절하지 않다."고 하였다.

인생은 다양한 사람들과 다양한 만남의 자리요 역정이다. 상대방이 소인배 같다 해서, 심지어 음험한 인물이라 해서 만남을 피할 수 없는 것이 현실이다. 만약 그들을 외면하고 배척한다면 도처에서 어려운 문제들을 겪을 것이다. 아니 사는 것 자체가 불가능해질 수도 있다. 그러므로 "(비린내 나는) 어물을 꾸러미로 싸듯이" 넓은 도량으로 그들을 포용할 필요가 있다. 다만 주의해야 할 일이 있다. 그들의 '비린내'를 경계해야 한다는 점이다. 그들을 포용하되 그들에게 오염되지 말고 자신의 중심을 지켜 올바르게 사는 군자의 정신을 잃지 말아야 한다.

나아가 그들의 부패한 의식이 남들에게 전염되지 않도록 경계하면서, 그들을 "꾸러미로 싸는" 등 대응책을 강구할 필요도 있다. 어물을 밖에 내놓으면 부패하기 쉬우며, 날것으로 먹으면 병에 걸리기 쉬운 것처럼 음험한 그들의 활동을 제재하지 않고 방치하면 사회가 부패하고 말기 때문이다. 공자는 이를 다음과 같이 은유한다. "어물을 꾸러미로 싸는 것은 손님 접대용으로 합당하지 않기 때문이다.〔包有魚 義不及賓也〕"(「상전」) 그러므로 "꾸러미로 싼다."는 말에는 포용의 자세와 함께 그들의 활동을 일정하게 제한한다는 뜻도 들어 있다.

九三

엉덩이에 살이 없고 걸음을 머뭇거린다.

위험을 깨닫는다면 큰 허물거리는 없으리라.

臀无膚 其行次且 厲 无大咎

구삼(九三)은 양효로서 음효의 초육을 만나고 싶어 하지만 구이에 가로막혀 있어서, 마치 "엉덩이에 살이 없는" 사람처럼 좌불안석이다. 위로는 상구와 음양으로 상응하지도 않으므로 갈 곳을 몰라 "걸음을 머뭇거린다." 이처럼 불리한 여건 속에서 무리하게 만남을 시도하면 위험에 빠지고 말 것이다. 이를 깨달아 자신의 본래 성품(양효로 양의 자리에 있는 구삼의 바르고 굳센 성질)을 되찾아 지킨다면 "큰 허물거리는 없을 것"이라 하였다.

우리는 살아가면서 부적절한 만남의 유혹을 종종 받는다. 남녀의 자리가 그 한 예다. 부적절하므로 "걸음을 머뭇거리지만", 유혹을 뿌리치기 어려워 좌불안석이다. 하지만 그러한 만남이 초래할 위험을 인식하여 그 유혹을 과감하게 뿌리치지 않으면 안 된다. 이를 위해서는 자신의 본분과 도리를 잊지 말고 바르게, 굳게 지키려는 의지를 곧추세울 필요가 있다. 공자는 말한다. "걸음을 머뭇거림은 그 걸음이 켕기지 않기 때문이다.〔其行次且 行未牽也〕"(「상전」) 말하자면 마음에 "켕기지 않는" 만남은 정중하게 사양하는 것이 좋다. 특히 그 만남이 이권의 유혹을 받는 것이라면 단호하게 거절해야 한다. 그렇지 않으면 훗날 크고 작은 허물을 면하기 어려울 것이다.

九四
꾸러미에 어물이 없다.
불행한 일이 생기리라.
包無魚 起凶

구사(九四)는 초육과 음양으로 호응할 처지에 있지만, 초육이 구이와
어울리면서 그를 외면하고 있다. 그래서 구이와 달리 "꾸러미에 어물이
없어" 식생활의 어려움을 겪는다. 이는 초육에게도 문제가 있지만, (양효
가 음의 자리에 있는) 구사의 올바르지 못한 모습도 초육의 외면을 야기하
고 있다. 여기에서 '올바르지 못한 모습'이란 남들에게 예의와 도리를 지
킬 줄 모르는 태도를 말한다.

어떤 사람이 나를 만나려 하지 않고 외면할 경우에는 그를 비난하기
전에 돌아서서 나 자신에게 어떤 문제점이 없는지 자성할 필요가 있다.
이를테면 사람들을 배려할 줄 모르는, 옹졸하고 무례한 나의 태도가
그들의 외면을 야기한다. 그렇게 남들과 어울리지 못하는 삶은 마치 아
무것도 들어 있지 않은 텅 빈 꾸러미처럼 공허해지고 존재의 빈곤감에
빠질 것이다. 공자는 말한다. "꾸러미에 물고기가 없는 불행은 사람들
을 멀리하기 때문에 생겨난다.〔无魚之凶 遠民也〕"(「상전」) 달리 말하면 그
불행은 자초한 결과다.
　그러므로 만약 사람들과의 관계가 소원해지거나 사람들이 나를 떠
나 가고 있다고 느낄 때에는 그들을 탓하기 전에 내 마음의 '꾸러미',
즉 포용력이나 배려심에 문제가 없는지 먼저 반성해야 한다. 사람들을

따뜻하게 품어 안는 넓은 마음이야말로 더할 수 없는 삶의 행복을 가져다줄 것이다. 행복은 그렇게 사람들을 아우르는 마음의 용량에 달려 있다. 남들을 관용하며 나의 품에 아우르는 사람일수록 행복을 많이 느끼며, 이에 반해 마음이 닫히는 만큼 불행감이 커질 것이다.

九五
커다란 나무 잎사귀로 오이를 감싼다.
아름다운 덕을 품고 있다.
하늘의 복을 받으리라.
以杞包瓜 含章 有隕自天

구오(九五)는 아래에 음양으로 호응하는 효를 갖고 있지 않으므로 누구도 만나고 있지 않다. 하지만 이는 그의 옹졸함으로 인한 것이 아니다. 그는 당파적인 만남을 거부하는 것일 뿐이며, 세상의 한 중심에서 만인을 아우르는 "아름다운 덕을 품고 있다." 이는 상괘의 가운데에 양효로 양의 자리에 올바르게 있음에 착안한 것이다. "커다란 나무 잎사귀로 오이를 감싼다."는 말의 숨은 뜻이 여기에 있다. "커다란 나무 잎사귀"는 넓은 도량을, 그리고 주렁주렁 열리는 '오이'는 다중의 사람들을 은유한다.(원문의 '기(杞)'는 잎사귀가 큰 교목(喬木)이라 한다.) 그처럼 "아름다운 덕"을 품고 있으므로 당연히 "하늘의 복을 받을 것이다."

맹자에 의하면 "만물이 모두 나의 존재 안에 있다."(『맹자』) 이는 만물이 나의 존재 안에 돌무더기처럼 쌓여 있다는 말이 아니다. 그것은 내가 출생 이후 겪어 온 모든 일들이 나의 존재의 피가 되고 살이 되어 있음을 뜻한다. 나의 존재를 한 번 들추어 보자. 그 안에는 부모와 처자, 직장의 동료들은 물론 하늘과 땅과 만물이 나의 존재를 형성하여 스멀거린다. 그러므로 만물은 나와 무관한 사물들에 불과한 것이 아니며, "모두 나의 존재 안에 있다." 존 브룸필드라는 학자는 말한다.

　　당신이 순수하고 숭고한 마음으로 들판을 걷게 된다면 모든 돌, 자라나는 모든 생명체의 영혼에서 발하는 빛이 당신 속에 스며드는 것을 느낄 것이다. 그러면 그것들은 정화되어 당신 안에서 신성한 불꽃을 지피게 된다.(『지식의 다른 길』)

　　이러한 이치를 몰각하고 남들과 세상사를 외면하는 것은 나 자신의 존재를 그만큼 위축시키고 빈곤하게 만드는 것이나 다름없다. 스크루지와 같은 사람의 삶이 그 한 예다. 그러므로 열린 마음으로 사람들을, 만물을 대면할 필요가 있다. 이황의 말처럼 "만민은 나의 형제요, 만물은 나와 더불어 사는 이웃〔民吾同胞 物吾與〕"이라는 우주적 대아(大我)의 정신으로 만민과 만물을 감싸 안으며 자비를 베풀어야 한다. 공자는 말한다. "아름다운 덕은 세계의 중심에서 만사를 올바르게 성찰하는 데에서 생긴다.〔九五含章 中正也〕"(「상전」) 최상의 환희는 이러한 우주적 대아의 아름다운 덕에서 나올 것이다.

　　위에서 "만물이 모두 나의 존재 안에 있다."고 했지만, 우리는 그 뜻을 천명(天命)의 관점에서 풀어 볼 수도 있다. 만물은 저마다 고유의 존재성을 갖고 그것을 실현하면서 자연의 영원한 생성에 기여한다. 이를 단지 우연적이고 기계적인 일로 치부해 버릴 수 있을까? 만물의 존재와 생성의 신비에 경탄하다 보면 그 근원에서 '하늘'(신)을 상념할 수도 있다. 하늘이 세계 만물을 창조했다는 것이다. 『시경』은 노래한다. "하늘의 뜻은, 오호라, 심원하여 한순간도 쉬임이 없구나!〔維天之命 於穆不已〕"

그러면 인간을 이 세상에 내놓은 '하늘'의 뜻은 무엇일까? 그것은 인간과 동물의 차이를 통해 추측할 수 있다. 동물은 자신만을 위해 생명 활동을 하는 폐쇄적 존재인 데 반해, 인간은 생명을 널리 개방할 줄 안다. 인간의 도덕성은 그가 천부적으로 타고난 생명의 개방적 행사 능력을 표명한 것이다. 달리 말하면 내가 동물처럼 자신의 존재 안에 갇히지 않고, '나의 존재 안에 있는' 만물의 존재성을 실현케 해 줄 정신적 능력이 바로 천부의 도덕성이다. 만민과 만물을 따뜻하게 보듬어 안고 보살피려는 생명애는 그것의 핵심적 덕목이다.

이를 생물학의 관점에서 생각해 보자. 에드워드 윌슨에 의하면 사람에게는 '생물호성(生物好性)'(또는 생명 사랑의 성향(biophilia))이 있다고 한다.(『생명의 편지』) 그것은 인류가 진화해 오면서 갖게 된 유전적인 성질이다. 즉 사람들이 무생물보다는 생물에, 사멸적인 것보다는 생명적인 것에 친화감과 안정감을 느끼는 것은 유사 이래 인류의 경험 속에서 전해져 온 유전 인자의 작용이라는 것이다. 그러므로 사람은 역시 생명을 애호하는 심성을 자연적으로 타고났다.

'하늘'이 사람에게 부여한 삶의 과제가 여기에서 구체적으로 밝혀진다. '나의 존재 안에 있는' 만인과 만물을 널리, 그리고 깊이 사랑하라는 것이다. 그것이 나의 존재를 남김없이 실현하는, 즉 우주적 대아를 성취하는 최상의 방법이다. 당연히 삶(존재)의 지복이 여기에서 주어질 것이다. 공자는 말한다. "하늘의 복을 받음은 네가 하늘의 뜻을 저버리지 않기 때문이다.〔有隕自天 志不舍命也〕"(「상전」)

그러고 보면 과거에 성인들이 자비와 인(仁)과 박애를 강조하면서 거기에서 지복을 얻도록 가르친 것은 결코 우연의 일치가 아니다. 맹자의 말을 들어 보자. "만물이 모두 나의 존재 안에 있다. 그 이치를 내 몸에 돌이켜서 성실히 행하면 이보다 큰 즐거움이 없을 것이다. 사랑을 배우는 데에는 충서(忠恕)의 노력만큼 긴요한 것이 없다.〔萬物皆備於我矣 反身而誠 樂莫大焉 强恕而行 求仁莫近焉〕"(『맹자』) '충서'란 간단히 말하면 역지사지를 통한 배려와 보살핌의 노력을 뜻한다. 그러한 노력은 남을 이해하고 아우르는 사랑의 마음을 자연스럽게 길러 줄 것이다.

上九
사람들을 만나는데 뿔을 들이대니 사는 게 각박하다.
남을 비난할 일이 아니다.
姤其角 吝 无咎

상구(上九)는 (상응 관계에 있는 구삼은 물론) 다른 효들과 음양으로 호응하지 못하므로 만날 대상을 잃었다. 이는 그가 '뿔'처럼 단단하고 뾰쪽한 성질로 남들을 치받아 대는 데에 기인할 수 있다. '뿔'의 연상은 그가 양효로서 괘의 제일 높은 위치에 있음에서 나온 것이다. 그처럼 고약한 성질을 갖고 있으니 만남의 파탄을 두고 누구를 비난할 수 있겠는가.

세상을 살다 보면 대화할 때에 뿔을 들이밀듯이 하는, 성질 고약한 사람을 종종 만난다. 그러한 사람은 부드럽게 처리할 수 있는 사안인데도 당사자의 마음에 상처를 주는 언동을 서슴지 않는다. 당연히 사람들은 그를 멀리할 것이며, 그리하여 그의 삶의 입지는 좁아질 수밖에 없다. 이는 자업자득의 결과이므로 누구를 탓할 수도 없는 일이다. 공자는 말한다. "사람들을 만나는데 뿔을 들이대니, 끝내 궁지에 몰려 각박한 삶을 자초할 것이다.〔姤其角 上窮 吝也〕"(「상전」)

그런데 저 '뿔'은 성질이 고약한 사람에게만 있는 것이 아니다. 오늘날 무한 경쟁의 사회를 살면서 사람들은 은근히, 때로는 노골적으로 다른 사람들에게 '뿔'을 들이댄다. 친구마저도 잠재적인 경쟁자요 부부 사이조차 믿기 어려운 세상에서 자신이 살아남기 위해서는 방어용이든 공격용이든 '뿔'을 날카롭게 갈아세우지 않으면 안 되게 되었다. 이러한 풍토 속에서 화해롭고 인간미 넘치는 만남(姤)을 주장하는 것은 꿈속의 이야기처럼 들린다. 하지만 언제까지 그렇게 동물적인 생존의 수준에서 '각박하게' 살 것인가. 남을 비난하기 이전에 자신의 '뿔'을 제거하고, 향기로운 인격으로 만남의 자리에 나서야 한다. 하늘의 복도 거기에서만 받을 수 있다.

45. 공동체의 유대와 결속

췌(萃)

만남은 다양한 모임(공동체)을 이루어 낸다. 가정에서부터 시작하여 각종의 친목 단체와 동창회, 나아가 합리적으로 조직된 기업이나 정당 같은 것에 이르기까지 각양각색이다. 사회는 그러한 모임의 총체적인 장이다. 공자는 이러한 뜻을 괘의 순서와 관련하여 다음과 같이 말한다. "'구(姤)'는 만난다는 뜻이다. 사람들은 서로 만나 무리를 이룬다. 그래서 〈구〉에서 〈췌(萃)〉로 이어졌다. '췌'란 무리를 이룬다는 뜻이다.〔姤者 遇也 物相遇而后聚 故受之以萃 萃者 聚也〕"(「서괘전」) 이렇게 하여 〈췌〉괘는 '무리', 즉 공동체의 정신을 주제로 다룬다.

그런데 올바른 만남의 정신상에서 살피면 모든 공동체가 다 바람직하기만 한 것은 아니다. 폭력 조직은 말할 것도 없고, 경제적 이윤을 목표로 결성된 회사 공동체 역시 인간적 유대와 응집력을 갖지 못하여 사람들에게 만남의 기쁨과 참삶의 의미를 거의 주지 못한다. 이에 반해 동창회나 향우회 등 각종의 친목 단체는 서로들 따뜻한 인정을 나누고 마음껏 회포를 풀 수 있는 자리로서, 사람들은 거기에서 조직 생활의 긴장을 벗어나 많은 즐거움을 얻는다.

우리는 여기에서 바람직한 공동체 의식의 토대를 발견한다. 예를 들면 경제적 합리성만 강조하는 기업이나 사람들의 관리와 통제를 본업으로 하는 관료의 조직 속에서는 결코 공동체 의식을 키우지 못한다. 거기에는 원자와도 같은 개별자들의 이해타산 의식과, 그들의 덧없는 이합집산만 있을 뿐이다. 오늘날 사람들이 물질의 풍요를 누리고 합리적인 사회를 살면서도 삶의 외로움을 면치 못하는 커다란 이유가 여기에 있을 것이다. 조직 생활 속에서 자타 간 인간적 유대와 결속을 추구할 여지가 거의 박탈되어 버린 것이다.

건강하고 아름다운 공동체는 개인적, 사회적 타산을 떠나 남들과 더불어 살고자 하는 인간적 열망과 본질 의지 위에서만 형성될 수 있다. 인간은 본질적으로 공동체적인 존재로서, 자타 간의 유대와 결속을 통해서만 실존의 외로움을 해소할 수 있다는 것을 사람들은 본능적으로 안다. 사실 '무리'(공동체)의 본능은 사람만 갖고 있는 것이 아니다. 동식물의 군거(군락)생활이 잘 보여 주는 것처럼 모든 생명체가 다 그러하다. 이러한 뜻을 공자는 다음과 같이 말한다. "사람들이 무리를 이루는 뜻을 생각해 보라. 자연 만물의 이치까지 알 수 있다.〔觀其所聚 而天地萬物之情 可見矣〕"(「단전」)

이러한 '무리'(공동체)의 정신을 괘 안에서 살펴보자. 〈췌〉괘의 상괘 '태(兌)' ☱와 하괘 '곤(坤)' ☷은 각각 연못과 땅의 상징을 갖고 있다. 이는 지상의 연못이 사방의 물을 모아들이는 모습을 연상케 해 준다. 삶의 공동체 역시 연못과도 같은 구심적 정신과 가치를 마련하지 않으면 안 된다. 그렇게 하여 구성원들을 자연스럽게 흡인하고 결속해야 한다.

그들을 쉽게 흐트러지는 모래 더미처럼 방치해서는 안 된다.

그러면 공동체 생활 속에서 자타 간 친목과 유대를 이루어 낼 구심적 정신(가치)을 어떻게 하면 찾을 수 있을까? 그것은 괘의 속성에 암시되어 있다. 상괘와 하괘는 각각 기쁨과 순리의 정신을 갖는다. 이는 공동체의 관점에서 다음과 같이 풀이될 수 있다. 즉 공동체의 규범과 가치는 구성원들의 삶을 행복(기쁨)으로 인도하는 것이어야 한다. 다만 그들에게 물질적 행복 관념을 심어 주어서는 안 된다. 그것은 소유 의식을 조장하고 자타 간 투쟁을 야기하여 그들을 결속시키기는커녕 오히려 흐트러지게 만들 뿐이다. 사람들은 목적물을 쟁취하기 위해 온갖 이기적인 술수와 경쟁과 승부 의식에 빠질 것이기 때문이다. 그러므로 그러한 행복은 인간성이 결여된 표피적 쾌락이요, 남들과의 쟁투 끝에 얻어 낸 "상처뿐인 영광"에 지나지 않는다.

참삶의 행복은 '순리'에서, 즉 올바른 도리를 따르는 데에서 생긴다. 마음을 열어 남을 사랑으로 아우르고, 진리와 의로움을 추구하며, 자타 간 만남의 자리에서 정중하게 예의를 갖추는 것만큼 커다란 기쁨은 없다. 그러므로 그것을 공동체의 중심 가치로 확립하지 않으면 안 된다. 공자는 말한다. "'췌'란 무리를 이룸을 뜻한다. 순리의 정신으로 기쁨을 불러일으키고, 무리의 중심에 올바른 도리를 확고하게 세워 사람들을 이끌어야 한다. 그렇게 하여 한 무리가 되게 해야 한다.〔萃 聚也 順以說 剛中而應 故聚也〕"(「단전」)

괘사卦辭

무리를 이루면 형통하리라.

임금이 종묘를 세워 제사를 지내듯 해야 한다.

현자를 만나야 일을 성취할 수 있다.

올바른 정신을 확립해야 한다.

제물을 풍성하게 장만하는 것이 좋다.

하고자 하는 일이 잘 되리라.

萃 亨 王假有廟 利見大人 亨 利貞 用大牲 吉 利有攸往

'종묘'란 왕조 시절 선대 임금들의 위패를 모신 사당을 말한다. 당시 임금이 신하들을 대동하여 그곳에서 제사를 지낼 때에는 음악까지 연주하면서 매우 장엄한 광경을 연출했다. 그것은 나라의 시조와 후예가 이룩한 공덕을 기리고, 나라의 무궁한 번영을 기원하는 자리였기 때문이다. 공자는 말한다. "임금이 종묘를 세우는 것은 효성을 극진히 하기 위해서다.〔王假有廟 致孝享也〕"(「단전」) 그리하여 왕조 사회에서 종묘의 제사는 신민(臣民)을 결속시키는 중요한 역할을 했다.

이와 같은 제사의 의의는 오늘날에도 여전하다. 불행하게도 이제는 점점 약화되고 있지만, 제사는 가족(친족) 공동체의 성원들을 결속시켜 준다. 사람들이 이리저리 흩어져 갈수록 파편화되어 가는 상황에서 그것은 그들을 하나로 묶어 주는 역할을 한다. 명절의 민족 대이동이 그 모습을 상징적으로 보여 준다. 그러므로 사람들은 우리 전통의 가문(문중) 의식을 비판하기 전에 그것의 긍정적인 의의를 살펴볼 필요가 있다.

사회 구성원들의 유대와 통합이라는 문제 또한 이러한 관점에서 생각해 볼 수 있다. 가정이나 문중의 제사와 같이 사회에도 어떤 구심적 정신과 가치를 정립할 필요가 있다. 태극기나 애국가나, 국기에 대한 맹세와 같은 형식에 그치지 말고, 사람들을 진정으로 유대 결속시켜 줄 가치와 이념을 모색하고 개발해야 한다. 그것이 부재한 사회는 혼란에 빠질 것이며, 그 사회에서 사람들은 모래알처럼 흐트러진 삶을 면치 못할 것이다.

공동체의 가치와 이념을 모색하고 정립하는 것은 물론 쉬운 일이 아니다. 그것은 어쩌면 '현자'만이 수행할 수 있는 과제다. 편견과 독단을 벗어나 세계의 중심적인 위치에서 만사를 성찰하고 사람들의 삶을 올바르게 인도할 수 있는 지성인 말이다. 그러한 지성을 갖지 못한 사람은 공동체를 파멸의 길로 이끌 수도 있다. 지난날 유신 독재를 지지하기 위해 일부 지식인들이 '충(忠)·효(孝)·예(禮)'의 가치를 개발하고 전파했던 것이 그 한 사례다. 그들은 그것을, 국민들의 상하 복종적인 위계 의식을 강화하는 독재 정치의 방책으로 악용했기 때문이다. 그래서 공자는 말한다. "현자를 만나야 일을 성취할 수 있을 테니, 그가 사람들을 올바른 정신으로 결속할 수 있기 때문이다.〔利見大人 聚以正也〕"(「단전」)

제사의 사례를 다시 한 번 생각해 보자. 과거에는 한 집안의 제사에 다수의 친척들이 참여할 뿐만 아니라 제사가 끝난 뒤에는 그 음식을 이웃들과 나누어 먹었다. 동네 사랑방에서는 늦은 밤 제사가 끝나기를 기다려 제사 음식을 얻어 가기까지 했다. 하물며 종묘의 제사에서는 그 음식을 대소의 관료들과 나누어 먹기 위해 많이 장만해야 했음은 더 말할 필요가 없다. 이처럼 제사 음식을 여럿이서 나누는 이유는 조상신이 맛본 음식으로 복을 함께하려는 것이었다. 음복(飲福)의 전통이 그 편린이다. 그러므로 "제물을 풍성하게 장만하는 것이 좋다. 하고자 하는 일이 잘 되리라."

여기에 담긴 은유적인 뜻은 다른 데 있지 않다. 공동체의 이념은 소수의 사람들이나 어느 한 계층만을 위한 것이어서는 안 되며, 구성원 모두에게 혜택을 줄 수 있는 것이어야 한다는 것이다. 공자가 위의 말에 대해, "그것이 하늘의 뜻을 따르는 일[順天命也]"(「단전」)이라 풀이한 까닭이 여기에 있다. '하늘'이 만물에게 골고루, 공평하게 생명의 혜택을 주는 것처럼, 공동체의 가치와 이념도 구성원 모두의 행복을 증진시킬 수 있는 것이어야 한다는 것이다. 공동체의 유대와 결속, 번영은 그러한 가치와 이념 속에서만 가능하다.

괘상卦象

연못이 지상에 있는 모습이 〈췌〉의 형상이다.
군자는 이를 보고서 법규를 정비하여 예상치 못한 일들에 대비한다.
澤上於地 萃 君子 以 除戎器 戒不虞

일반적으로 연못은 땅이 파인 곳에 물이 고여 생기지만, 여기에서 말하는 '지상의 연못'은 제방으로 물을 가두어 놓은 저수지를 가리킨다. 당연히 저수량이 많아지면 제방이 터질 염려가 있으므로 그것을 잘 관리하지 않으면 안 된다. 공동체 역시 이와 마찬가지다. 사람들이 많이 모일수록 개인들 사이에 이해관계의 충돌이 잦아지면서 자칫 공동체 전체가 무너지고 말 염려가 있다. 그러므로 지도자는 공동체를 유지할 '제방'들, 즉 법규(제도)를 정비하고, 다른 한편으로 공동체의 이념과 철학, 윤리를 모색하고 확립하여 '예상치 못한 일들에 대비하지' 않으면 안 된다. "예상치 못한 일들"이란 공동체를 혼란시키고 파괴하여 구성원의 삶을 불행에 빠트리는 일들을 말한다.

효사爻辭

初六
처음에는 진지하다가 끝까지 가지 못하고
마음이 산란해져 대중 속에 매몰되고 만다.
초심을 불러일으킨다면 일단의 사람들로부터 비웃음을 당하겠지만
괘념하지 말고 자신의 길을 가도록 해야 한다.
허물없는 삶을 살리라.
有孚 不終 乃亂乃萃 若號 一握爲笑 勿恤 往 无咎

이는 공동체 생활의 기본 자세를 말하고 있다. 초육(初六)은 본래 음양으로 호응하고 있는 구사(괘사에서 말하는 '현자', 혹은 삶의 이념과 가치)를 지향하지만, 한편으로 하괘의 나머지 음효들과 서로 어울려 지내기도 한다. 이는 그가 마음 깊은 곳에서는 참삶의 가치를 진지하게 소망하면서도, 일상의 세속적 유혹거리들에 "마음이 산란해져 대중 속에 매몰됨"을

은유한다. 그것을 벗어나려면 (구사를 지향하는) '초심(初心)'을 불러일으켜 "자신의 삶의 길"을 찾아나서도록 해야 한다. 이에 대해 대중은 세상을 거스르는 그의 외로운 발걸음을 두고 "비웃겠지만", 그는 자신의 "허물없는 삶"에 자부심을 가질 것이다.

사람은 누구나 처음에는 삶에 진지하게 나선다. 젊은 시절의 순수한 열정과 이상이 이를 잘 예증한다.(오늘날에는 아닌가?) 하지만 일단 현실 사회에 발을 들여놓으면 대부분의 사람들은 점점 그러한 마음을 잃고서 남들과 마찬가지로 출세와 부귀영화만을 추구한다. 류시화 시인은 다음과 같이 탄식한다. "순백의 눈도 / 하루 만에 / 세상의 때가 묻는구나."(「일곱 편의 하이쿠」) 사실 그것이 인격과 영혼을 잃은 '익명의 인간', 즉 대중의 공허한 삶의 양식이다.

이에 대해 사람들은 세속과 시류를 따르지 않으면 도태되고 말 것이라고 항변할지도 모른다. 하지만 소중하기 그지없는 삶을 부귀영화의 허망함에 바칠 수는 없지 않은가. 정신의 뿌리가 없는 부평초처럼 시류만 따르는 대중의 삶을 거역해야 한다. 진리와 도의(사랑과 의로움) 등 참자아의 정신에 입각하여 "허물없는 삶"을 살아야 한다. 저들이 삶의 의미를 진지하게 추구하는 나를 두고 "세상 물정을 모른다."고 비웃는다 하더라도 괘념할 것 없다. 오히려 저들이야말로 삶의 진정을 모르는 사람들이기 때문이다.

진짜 문제는 사람들의 조롱이 아니라 세속적인 유혹거리들로 '산란해진' 나 자신의 마음에 있다. 그 마음을 떨쳐 버리지 않는 한, 나는 그들의 조롱을 견디지 못할 것이다. 공자는 말한다. "마음이 산란해져 대

중 속에 매몰되는 것은 마음이 미혹에 빠져 있기 때문이다.[乃亂乃萃 其
志亂也]"(「상전」) 그러므로 삶의 의미를 바깥의 부귀영화에서 찾는 미혹
에서 벗어나, 자신의 존재 깊은 곳에서 울려 나오는 목소리를 진지하게
경청하면서 진리의 길을 걷지 않으면 안 된다. "죽는 날까지 하늘 우러
러 한 점 부끄럼이 없"이 "나에게 주어진 길을 걸어가리라."(윤동주의 「서
시」)고 스스로 다짐할 필요가 있다.

六二
부름에 응하면 자족하면서 허물없는 삶을 살리라.
정성스러운 마음을 갖는다면 제사를 간소하게 차려도 괜찮다.
引 吉 无咎 孚乃利用禴

육이(六二)는 하괘의 가운데 음의 자리에 음효로 있으므로 자신의 중
심을 올바르게 지키는 사람이다. 하지만 그는 중심을 잃고 흔들리는 대중
(음효로서 양의 자리에 잘못 있는 위아래의 초육과 육삼) 사이에서 외로움을 느
낀다. 다행히 구오가 그와 음양으로 호응하므로, "(구오의) 부름에 응하
면 자족하면서 허물없는 삶을 살리라." 하였다. 구오는 괘사에서 말하는
'현자'(지성, 이념)의 전형적 상징이다. 구오와의 관계에서는 "정성스러운
마음"이 중요하지, 만남의 형식을 따질 필요는 없다. 이는 마치 제사 때
에 신명과의 교감을 위해 제물의 꾸밈보다는 정성을 중요시하는 것과도
같다. 원문의 '약(禴)'이란 여름 제사를 일컫는다. 여름에는 식량이 넉넉
하지 않기 때문에 간소한 제사를 차리도록 했다.

세상이 어지럽고 인간관계가 야박해졌다 해서 외로워하거나 분노할 필요가 없다. 외로움이나 분노는 자신의 마음을 더욱 황량하게 만들 뿐이며, 결국 세상에 영합하는 요인이 되기도 한다. 바깥 세상이 그러할수록 안으로 되돌아 자신의 존재 깊은 곳에서 '(하늘의) 부름', 즉 '하늘'이 나에게 부여한 뜻을 깊이 헤아리고 그에 성실하게 응해야 한다. 하느님의 부르심에 귀를 기울이는 사제와도 같이 말이다. 그렇게 하여 순결한 영혼으로 삶의 중심을 올바르게 지키면, 설령 아무도 알아주지 않는다 하더라도 자족하면서 '허물없는 삶'을 살 수 있을 것이다.

그러한 삶의 정신은 개인을 넘어 사회생활에서도 매우 중요하다. 부귀영화의 외형적인 꾸밈만 추구하는 사람들은 '하늘'의 부름에 따른 삶을 처음에는 이해하지 못할 것이다. 하지만 그들 역시 그렇게 꾸며진 자아의 공허함과 인간관계의 부실함을 체험하면서, 순수한 인격과 영혼이야말로 자아를 풍요롭게 해 주고 자타의 유대를 긴밀하게 해 주는 핵심임을 깨달을 것이다. 제사 때에 돌아가신 분과의 교감에는 제물의 꾸밈이 아니라 정성이 중요한 것처럼 말이다. 공자는 말한다. "부름에 응하여 자족하면서 온전하게 사는 삶은 중심을 변치 않는 데에서만 가능하다.〔引吉无咎 中未變也〕"(「상전」) 여기에서 '중심을 변치 않는다.'는 말은 가치가 전도된 혼란한 세상에서 '하늘' 또는 지성의 "부름에 응하여" 삶에 흔들림 없이 나서는 자세를 일컫는다. 이것이 자타 간 진정한 유대와 결속을 가능하게 해 줄 방법이기도 하다.

六三

무리와 어울리지 못하여 자탄을 한다.

좋을 일이 없다.

어울릴 사람을 찾아 나서서 그와 허물없이 지내겠지만

일말의 회한을 떨치지 못하리라.

萃如嗟如 无攸利 往 无咎 小吝

육삼(六三)은 하괘의 마지막 양의 자리에 음효로 잘못 있다. 그러므로 위아래의 구사와 육이가 그와 어울리려 하지 않는다. 게다가 아래의 음효들이 육삼과 한 무리라 하더라도, 그들은 구사 및 구오와 음양으로 호응하기 때문에 그를 외면한다. 그래서 "무리와 어울리지 못하여 자탄을 한다."고 했다. 다만 상육도 자기와 같은 처지에 있으므로 그를 찾아 나선다. 공자는 말한다. "어울릴 사람을 찾아 나서서 그와 허물없이 지내는 것은 그가 순순히 받아들이기 때문이다.[往无咎上巽也]"(「상전」) 하지만 그렇다 하더라도 그는 "일말의 회한을 떨치지 못할 것이다." 그가 상육을 처음부터 희구했던 것이 아니요, 겨우 동병상련의 처지로 만나기 때문이다.

사람들과의 깊은 유대는 올바른 삶의 정신 위에서만 가능하다. 아무런 원칙도 없이 "이런들 어떠하며, 저런들 어떠하리." 하면서 자기 안일만 도모하고 시류나 타려는 사람과는 어느 누구도 진지하게 사귀려 하지 않을 것이다. 그가 언제 배반할지 모르며, 한편 그와의 교류에 인간적인 깊이와 기쁨을 느낄 수 없기 때문이다. 그는 남들이 자기를 받아들여 주지 않는다고 자탄하고, 심지어 남들을 비난하기도 하겠지만, 그의 외로움은 자신의 잘못된 인생관에 기인한 것일 뿐이다.

이러한 상황에서 그는 어떻게든 자신과 어울릴 사람들을 찾아 나서 그들과 유유상종하려 할 것이다. 예를 들면 자신의 이해와 관심에 따라 철새처럼 떠도는 정치인들이 그렇다. 하지만 그들의 교류가 얼마나 깊을 수 있을까? 그들은 삶의 정신을 근본적으로 바꾸지 않는 한 마음 한구석 허전함과 쓰라림을 면할 수 없을 것이다. 그들의 어울림은 인간적 교류와 유대를 갖기 어렵기 때문이다. 결국 그들은 여전히 마음 한구석에서 일어나는 '일말의 회한'을 떨치지 못할 것이다.

이 또한 오늘날 사람들의 공동체 생활의 한 단면을 일반적으로 드러내 보여 준다. 사람들은 처세의 외로움을 면하기 위해 각종의 인간관계를 맺고 공동체에 참여한다. 어른들이 비싼 돈을 들여 골프를 하는 것은 남들로부터 소외되지 않기 위해서라거나, 초등학생들까지도 드라마를 열심히 시청하는 것이 친구들과 대화할 때에 왕따당하지 않기 위해서라는 세간의 말들이 이를 증언한다. 하지만 그것으로 채워지지 않는 인간의 근원적 열망(이를테면 사랑)이나 영혼의 갈망을 그들은 어떻게 충족할 수 있을까? 많은 사람들은 종교에 귀의함으로서 그 문제를 풀려 하지만 그것 또한 사교 모임(친목 단체)의 일종으로 전락하고 말았으니, 뒷날 일생을 공허하게 살았다는 "일말의 회한"을 여전히 떨치지 못할 것이다.

九四
올바른 정신을 지켜야 허물없는 삶을 살리라.

大吉 无咎

구사(九四)는 (구오와 함께) 나머지 음효들의 중망을 얻고 있으며, 특히 아래의 초육과 음양으로 어울려 유대를 맺고 있다. 하지만 그는 음의 자리에 양효로 잘못 있다. 그러므로 그의 명망과 유대는 올바른 정신에서 나온 것이 아니다. 그래서 "올바른 정신을 지켜야" 한다고 충고했다. 공자는 말한다. "올바른 정신을 지켜야 허물없는 삶을 살 수 있으니, 그의 자리가 바르지 않기 때문이다.[大吉无咎 位不當也]"(「상전」) 참고로 원문의 '대길'이란 커다란 행복이나 기쁨을 말하는 것이 아니라, 언제 어디서든 행동거지에 흠 잡히지 않을 올바른 정신을 지킴을 뜻한다.

많은 사람들이 나에게 모여든다고, 친구가 많다고 좋아할 일만은 아니다. 그처럼 대중적인 명망과 어울림은 인격적으로 깊은 유대를 결여한 경우가 많다. 부귀 권세의 향방에 따라 이합집산하는 군상이 이를 잘 보여 준다. 고사를 하나 들어 보자. 옛날에 어떤 사람이 조정에서 실각당하자 사람들의 발길이 뚝 끊어졌는데, 얼마 지나서 복귀하니 다시 사람들이 집에 모여들었다. 이에 그는 대문에 다음과 같이 써서 붙였다. "한 번 죽고 한 번 살아나니 교제의 정을 알겠고, 한 번 가난하고 한 번 부유해지니 교제의 태도를 알겠으며, 신분이 한 번 높아지고 한 번 낮아지니 교제의 정이 드러나는구나."(『고문진보』)

그러므로 사람들과 유대를 맺고 결속을 다지는 것 자체가 중요한 것이 아니다. 어떠한 상황에서도 유대와 결속이 무너지지 않을 강한 응집력을 갖추어야 한다. 그것은 바로 "올바른 정신" 속에서 나온다. 예를 들면 현실적 이해타산을 떠나 순수 인격으로 맺어진 관계나 진리와 도의의 정신을 공유하는 사이는 그 무엇으로도 갈라놓을 수 없을 것이다. 유비와 관운장과 장비의 '도원결의(桃園結義)'가 그 한 예에 해당된다. 그러한 정신을 결여한 '무리'(공동체)의 사람들은 마치 손가락 사이를 빠져나가는 한 줌의 모래알과도 같이 허망하기 그지없다.

九五
무리 속에서 높은 지위를 갖고 있다.
잘못이 없는데도 사람들의 신뢰를 얻지 못했을 경우에는
어진 품성과 변함없는 마음, 올바른 정신을 다지도록 해야 한다.
그래야 후회할 일이 생기지 않으리라.
萃有位 无咎 匪孚 元永貞 悔亡

구오(九五)는 상괘의 가운데 양의 자리에 양효로 올바로 서서 괘 전체의 중심적 지위를 갖고 있다. 그러므로 그는 무리(공동체)를 이끄는 데 "잘못이 없는" 지도자다. 그렇지만 사람들의 신뢰 여부는 이와는 별개의 문제다. 사람들이 그의 진정성을 알지 못하고 오해할 수도 있기 때문이다. 그래서 "어진 품성과 변함없는 마음, 올바른 정신"을 더욱 다지도록 요구했다. 사람들과 밀착된 신뢰를 얻기 위해서다. 이는 구오가 구사에게 가로막혀 아래 세 음효의 무리로부터 떨어져 있음에 기인한다. 공자는 말한다. "무리 속에서 높은 지위를 갖고 있지만, 그의 뜻이 아직 빛을 발하지 못하고 있다.[萃有位 志未光也]"(「상전」)

사람들이 나를 찾아오고 모여드는 것은 나의 인격과 행동에 대한 신뢰 때문만은 아니다. 나의 높은 지위나 강한 힘의 덕을 보고 싶어서일 수도 있다. 그러므로 "무리 속에서 높은 지위를 갖고 있다." 하더라도 득의만만해서는 안 된다. 그들이 나를 지도자 이전에 인격적으로 신뢰하고 존경하도록 해야 한다. 그들과의 유대도 여기에서만 깊어질 수 있다. 이를 위해 지도자는 한시도 자만해서는 안 되며, 특히 사람들의 신뢰를 얻지 못했으면 자기 성찰과 함께 대응의 노력을 해야 한다.

어떻게 하면 사람들의 신뢰와 존경을 얻을 수 있을까? 그것은 지도자의 덕목과 관련하여 아래와 같이 세 가지로 나누어서 이야기해 볼 수 있다. 첫째 "어진 품성"이다. 지도자는 사람들을 널리 품어 안는 도량을 가져야 한다. 대지가 만물을 생육하는 것처럼 사람들을 너그럽고 따뜻하게 보살펴 주는 사랑의 마음을 잊어서는 안 된다. 그것이 사람들과의 유대를 깊게 할 수 있는 도덕적 관건이다. 물론 이는 지도자에게만 해당되지 않는다. 일반적으로 말하더라도 물아일체의 사랑만큼 이 세상에 자타의 유대와 결속을 강화시켜 주는 힘은 없다. 그러므로 지도자는 사랑의 정신을 공동체의 최고 이념으로 확립할 필요가 있다.

둘째 "변함없는 마음"이다. 변덕스러운 지도자를 좋아할 사람은 세상에 아무도 없다. 사람들은 특히 지도자에게서 일관된 말과 행동을 바란다. 정치인들에게서 흔히 나타나는 것처럼 어제와 오늘이 다른 지도자는 사람들의 불신과 외면을 면치 못한다. 아니 지도자와 구성원 사이에서뿐만이 아니다. "변함없는 마음"은 모든 인간관계의 핵심 요소다. 부부의 사랑과 친구의 우정을 말할 때 사람들이 종종 인용하는 다음의 글귀가 이를 잘 알려 준다. "어려운 시절을 함께한 아내는 내쫓지 않으며, 빈궁할 때 외면하지 않은 친구는 잊을 수 없다.〔糟糠之妻 不下堂 貧賤之交 不可忘〕"

셋째 "올바른 정신"이다. 그릇된 정신으로 사람들을 규합하고 통솔하는 것은 깡패 집단에서나 있을 수 있는 일이다. 그 정신은 당연히 구성원을 불행의 길로 인도하고 말 것이다. 우리는 그 실례를 히틀러의 인종주의가 유대인의 대량 학살을 초래한 비극의 인류사에서 본다. 그러므로 어떤 규모의 집단에서든 지도자는 진리와 정의의 올바른 정신으로 사람들을 이끌어 나가야 한다. 물론 그것 역시 지도자에게만 요구되는 덕목이 아니다. 그동안 수없이 강조해 온 것처럼 그것은 자타의 공동 생활 이전에 개개인이 의미 깊은 삶을 살기 위해 반드시 갖추어야 할 정신이다.

上六
탄식하면서 눈물, 콧물을 흘린다.
누구를 탓할 수도 없다.
齎咨涕洟 无咎

상육(上六)은 기쁨을 속성으로 갖는 상괘 '태'의 마지막 효로서, 그는 공동체의 바깥에 머물러 자기 혼자서 삶을 즐기려 하고 있다. 이러한 이기적 태도 때문에 어느 누구도 그와 무리를 이루려 하지 않는다. 결국 그는 외로움을 못 이겨 "탄식하면서 눈물, 콧물을 흘린다." 이는 자초한 결과이므로 "누구를 탓할 수도 없다."

사람은 결코 혼자서 살 수 없다. 사람은 본질적으로 남들과 어울리며 살아가야 하는 사회적, 공동체적 존재다. 외롭다는 느낌조차 이미 남들과의 어울림을 전제하고 있다. 하이데거의 말을 빌리면, "독존은 공존의 반증이다." 이러한 이치를 거역하여 자기중심적 사고 속에서 남들을 배제하고 제 삶만 즐기려 하는 이기적인 사람은 필연적으로 존재의 진공 상태, 즉 말할 수 없는 외로움에 빠지고 말 것이다.

　극단적으로 부모와 처자식까지 나의 삶 밖으로 내친다면, 자식도 남편도 아버지도 아닌 나는 자신의 존재감을 어디에서, 어떻게 가질 수 있을까. 그러므로 "탄식하면서 눈물, 콧물을 흘리"는 것은 필지의 결과다. 공자는 말한다. "탄식하면서 눈물, 콧물을 흘리는 것은 무리 바깥에서는 안락을 얻을 수 없기 때문이다.〔齎咨涕洟 未安上也〕"(「상전」) 이는 역으로 우리가 삶의 안락을 어디에서 찾아야 할 것인지에 관해 중요한 가르침을 준다. 공동체 내에서 사람들을 나의 존재의 품에 깊이 보듬어 안으면서 자타 간 긴밀한 유대를 이룰 때, 나는 자아의 충만감과 참삶의 기쁨을 얻으리라는 것이다. 성현들의 삶이 이러한 사실을 무언으로 증언한다.

46. 향상의 정신

승(升)

사람은 공동체(무리)를 떠나서는 살 수 없지만, 그렇다고 해서 공동체의 단순한 일원(부속품)에 불과한 것은 아니다. 개인을 떠난 공동체를 우리는 상상할 수 없다. 그러므로 공동체가 삶의 토대라 해서 그것을 지나치게 강조해서는 안 된다. 공동체의 강조는 자칫 개인의 자유와 인권을 침해할 염려가 있다. 국가주의가 그 한 예다. 그것은 "나라의 융성이 나의 발전의 근본임"(유신 정권 시절의 '국민교육헌장')을 주장하면서 개인의 희생을 강요한다. 일찍이 맹자는 그 문제점을 다음과 같이 간파한 바 있다. "사람들은 걸핏하면 천하와 국가를 말하지만, 천하의 근본은 국가에 있고, 국가의 근본은 가정에 있으며, 가정의 근본은 개인에게 있음을 모른다."(『맹자』)

사실 사람들이 공동체를 구성하는 것은 그들 자신의 안전과 행복을 도모하기 위해서다. 그러므로 공동체가 구성원들 개개인의 삶의 향상과 자아의 실현에 목표를 두어야 함은 더 말할 나위가 없다. 국가든 기업이든, 그 밖에 어떤 단체든 그 구성원들을 억압하거나 착취해서는 안 되며, 그들이 인간다운 삶을 살 수 있도록 배려하고 지원해야 한다. 아래에 공자가 괘의 순서와 관련해서 한 말을 우리는 이러한 관점으로 풀이해 볼 수 있다. "'췌(萃)'란 무리를 이룬다는 뜻이다. 무리 속에서 삶의 향상을 꾀하는 것을 '승(升)'이라 한다. 그래서 〈췌〉에서 〈승〉으로 이어졌다.〔萃者 聚也 聚而上者 謂之升 故受之以升〕"(「서괘전」) '승'은 원래 아래에서 위로 오른다는 향상의 뜻을 갖는다.

우리가 삶에서 참으로 향상시켜야 할 것은 무엇일까? 경제력이나 사회적 지위의 향상일까? 아니다. 참다운 향상은 인간성을 계발하고 아름답게 꽃피우기 위한 것이어야 한다. 우리는 거기에서만 진정한 행복을 얻을 수 있다. 경제력이나 사회적 지위는 무상하기 짝이 없다. 우리가 종종 직간접으로 목격하는 것처럼 억만장자도 하루아침에 빈털터리가 될 수 있으며, 높은 지위도 어느 한순간에, 또는 언젠가는 떨어져 나간다. 그러므로 그러한 것들에 삶의 목표를 두는 사람들은 어느 날자아(존재)의 진공 상태에 빠져 허무감에 시달릴 것이다.

이 문제를 괘의 상징상에서 살펴보자. 상괘 '곤(坤)'☷과 하괘 '손(巽)'☴은 각각 땅과 나무를 상징으로 갖고 있다. 이는 나무의 새싹이 지표를 뚫고 솟아오르는 모습을 보여 준다. 그리하여 〈승〉괘는 새싹과도 같이 순결한 생명의 성장과 발전을, 또는 고결한 인간성의 향상을 주제로 갖는다. 이는 삶을, 자아를 "일신 우일신"하기 위해 어떻게 처신하고 처사해야 할 것인가 하는 문제를 숙고하게 해 준다.

괘의 속성은 그 방법을 암시한다. 하괘 '손'은 유연하고 겸손한 정신을, 그리고 상괘 '곤'은 순리의 정신을 속성으로 갖는다. 이는 향상을 위한 내적 요건이 두 가지 있음을 말한 것으로 볼 수 있다. 첫째, 어떠한 삶의 자리에서든 향상을 도모하는 데에는 조급하고 경직된 마음을 가져서는 안 된다. 나무는 하루아침에 자라지 않는다. 그것은 긴 세월에 걸쳐 수많은 어려움을 겪으면서 조금씩 마디게 성장한다. 삶도 마찬가지다. 상황에 침착하고 유연하게 대응하면서 일을 착실하게 진행해 나가야 한다. "속히 이루려 하면 성공할 수 없다.[欲速則不達]"(『논어』) 특히 인격의 향상은 우여곡절의 인생 속에서 평생 수행의 노력을 요한다. 그러므로 무슨 일이든 "유연한 정신으로 상황에 맞추어 향상을 꾀해야 한다.[柔以時升]"(「단전」)

둘째, 일을 추진하는 데에는 겸손과 순리의 정신을 갖추어야 한다. 자신의 능력을 자만하거나 도리에 어긋난 태도는 설사 일에 성공한다 하더라도 남들의 비난을 면치 못한다. 가령 돈이나 권모술수 등 수단과 방법을 가리지 않는 향상의 의지는 자아를 전락시키는 독소일 뿐이다. 앎과 실천의 한계를 자각하면서 삶과 세상에 겸손하게 나서되 올바른 도리를 잃지 말아야 하며, 도중에 포기하지 않고 변함없는 마음으로 일을 추진해야 한다. 참다운 향상은 여기에서만 가능하다. 공자는 말한다. "겸손하고 순리적이며, 흔들림 없는 마음으로 세상에 나서야만 삶이 크게 형통할 것이다.[巽而順 剛中而應 是以大亨]"(「단전」)

괘사卦辭

향상의 정신은 삶을 크게 형통케 하리라.
현자를 찾을 것이요, 회의하지 말라.

남쪽으로 나서면 행복을 얻으리라.

升 元亨 用見大人 勿恤 南征 吉

　사람은 누구나 향상하고자 한다. 건강, 지식, 경제력, 사회적 지위 등 어떤 일에서든 향상을 추구한다. 이 세상에 하락이나 퇴보의 삶을 달가워할 사람은 아무도 없다. 만약 어떤 사람이 향상의 의지를 결여하거나 향상의 노력을 포기한다면, 그는 매일 똑같이 되풀이되는 무의미한 일상을 견딜 수 없을 것이다. 그러한 사람들이 마약이나 도박, 오토바이 폭주 등 퇴폐적이고 파멸적인 생활에 빠지는 것도 따지고 보면 향상의 목표를 갖지 못한 데에 기인한다. 여기에서 자신에게 한번 물어보자. 지금 나의 삶은 향상의 길을 걷고 있는가? 그 길은 올바른가?

　향상의 정신은 삶의 활력소이자 촉진제다. 다만 그것을, 무엇을 위해, 어떻게 행사할 것인지 깊이 생각할 필요가 있다. 그것이 참삶의 의미와 가치를 실현하기 위한 것인가, 정당한 방법을 동원하고 있는가 하는 등의 문제들을 수시로 성찰해야 한다. 이를 위해 '현자', 즉 사려 깊고 지혜 있는 사람을 찾아 자문하는 것도 좋을 것이다. 그는 현존의 인물이 아니어도 좋다. 우리는 독서를 통해 인류의 스승들의 가르침을 경청할 수도 있다. 사람들은 흔히 현자의 조언과 충고를 적자생존의 세상살이에 도움이 되지 않는다고 회의하지만, 그것은 지혜로운 태도가 아니다. 독실한 종교인들이 성인들의 말씀에서 느끼는 것처럼, 사람들은 오히려 현자를 만남으로써 축복을 느낄 것이다. 공자는 말한다. "현자를 찾아 그의 말에 회의하지 않는다면 축복이 있을 것이다.〔用見大人 勿恤 有慶也〕"(「단사」)

향상의 정신은 밝은 생명의 세계를 열어 나가기 위한 것이어야 한다. 무엇보다도 이기심이나 물욕 등이 빚어내는 내면의 어둠을 씻어 인간성을 향상시켜 밝게 빛내야 한다. 그것이 '남쪽'의 삶의 정신이다. 남쪽은 따뜻한 기후에 생명이 번성하는 지방이다. 사람들이 남향의 집을 지어 집안에 햇빛을 최대한 받아들이려 하는 것처럼, 우리도 생명의 삶을 지향하여 생명의 빛으로 자신의 존재와 삶을 밝게 가꾸고 아름답게 꽃피우며 알차게 결실해야 한다. 공자는 말한다. "남쪽으로 나서면 행복을 얻을 것이니, 삶의 뜻을 이루리라.〔南征吉 志行也〕"(「단전」)

괘상卦象

땅속에서 나무가 자라나는 모습이 〈승〉의 형상이다.
군자는 이를 보고서 덕을 착실히 닦으며
조그만 일부터 쌓아 나가 높고 큰 세계를 이루어 낸다.
地中生木 升 君子 以 順德 積小以高大

나무의 싹이 땅속에서 처음 올라올 때에는 아주 작지만, 그것은 눈에 보이지 않게 조금씩, 한순간도 쉬임 없이 자라나 마침내 하늘을 뒤덮는다. 이와 마찬가지로 군자도 자신의 덕을, 자아의 품격을 착실하게 향상시켜 나간다. 그는 큰 세계를 일거에 이루려 하지 않으며, 마치 나무가 자라는 것처럼 일상의 지금, 이 자리에 충실히, 한 치의 허위도 없이 덕성(영혼)의 힘을 길러 나간다. 그처럼 부단한 자아 향상의 노력은 마침내 만물을 그의 존재 깊이 아우르는 우주적 대아(大我)의 "큰 세계"를 이루어 낼 것이다. 성현들이 부단한 수행 끝에 물아일체의 정신으로 펼치는 자비와 인과 박애의 세계가 이를 잘 말해 준다.

효사爻辭

初六
성실하게 위로 오른다.
커다란 기쁨을 얻으리라.
允升 大吉

초육(初六)은 하괘 '손'의 제일 아래에 있으므로 마치 나무의 뿌리와도 같다. 그 뿌리가 땅속의 자양분을 흡수하여 생명의 싹을 틔우는 것처럼, 그는 제일 낮은 삶의 자리에서 겸손한 마음으로 내면에 뿌리 깊은 인간성을 기르고 향상시켜 나간다. 향상의 정신에 성실한 모습이 여기에서 드러난다. 괘의 구조상에서 살피면 초육의 향상 의지는 바로 위의 양효, 구이를 지향하는 모습에서 드러난다. 구이는 군자의 정신으로 풀이된다.

어떤 일에서든 "위로 오르는" 일에 가장 기본적으로 요구되는 정신은 성실함이다. 성실함이야말로 향상의 근본 조건이다. 세상사에, 삶에 진지하지 못하고 불성실한 태도는 자신을 아래로 끌어내릴 뿐이다. 군자와 소인의 차이가 거기에서 드러난다. 성실성 여부가 향상과 전락의 결과를 빚어낸다. 공자는 이렇게 말한다. "군자는 위로 오르고, 소인은 아래로 내려간다.〔君子上達 小人下達〕"(『논어』)

물론 소인도 자신이 "위로 오르는" 일에 성실하고 진지하다고 여길 것이다. 하지만 그의 성실함은 기껏 부귀영화를 겨냥한 것일 뿐이다. 정작 그는 자신의 본래적 자아(존재)의 깨달음과 향상에는 불성실하기 짝이 없다. 부귀영화를 향한 길이 자아를 아래로 전락시키는 불성실한 삶의 길임을 그는 자각하지 못한다. 부귀영화의 길에 성실한 태도는 곧 참자아에 대한 불성실성과 다름없다.

그처럼 불성실한 태도로 밖으로부터 얻는 기쁨이 얼마나 갈까? 이는 군자가 관심을 안으로 돌려 참자아를 찾아 "위로 오르는" 삶의 커다란 기쁨과 확실하게 대조된다. 공자는 말한다. "성실하게 위로 오르는 커다란 기쁨은 군자의 정신을 따르는 데에서 생긴다.〔允升大吉 上合志也〕"(「상전」) 자아(존재)를 "날마다 새롭고, 또 날마다 새롭게 하는" 구도의 기쁨이 바로 그것이다. 그것은 직장의 업무를 뒤로 하고 집에 돌아와 샤워하면서 느끼는 상쾌함과도 같을 것이다.

九二
정성스러운 마음을 갖는다면 제사를 간소하게 차려도 괜찮다.
허물없는 삶을 살리라.
孚乃利用禴 无咎

구이(九二)는 육오와 음양으로 호응하므로 육오를 향해 "위로 오르는"

사람이다. 그는 (하괘의 가운데 양효로서) 중심을 굳건하게 지키면서 "정성스러운 마음"으로 육오에게 다가간다. 육오는 괘의 지존의 자리로서 구이의 입장에서는 하늘과도 같은 존재다. "간소한 제사"에 관해서는 〈췌〉괘 육이의 효사에서 말한 바 있다.

앞서 〈췌〉괘의 육이효에서 '부름'에 성실하게 응할 것을 말했다. 신명과 교감하는 제사의 자리에서 그러한 것처럼, '하늘'의 뜻을 깨치는 데에는 성실한 마음이 관건이지 외형적인 꾸밈은 그렇게 중요하지 않다는 것이었다. 이는 자아의 향상을 추구하는 자리에서도 그대로 타당하다. "군자는 위로 오른다."고 했거니와, 군자가 자아를 향상시켜 도달하려는 궁극의 경지는 '하늘'이다. 달리 말하면 군자는 "하늘과 하나가 되는〔天人合一〕" 삶을 이상으로 추구한다. 종교적인 관점에서 말하면 그는 순결하고 진실한 마음으로 신의 세계에 오르려 한다.

이처럼 '하늘', 또는 신의 세계에 오르는 데에는 어떠한 꾸밈도 필요치 않다. 아니 절대자와의 교감은 모든 세속적인 외피를 벗어던진 자아(존재)의 순수 상태에서만 가능하다. 절대자 앞에서 재산이나 사회적인 신분이나 권력 따위가 무슨 의미가 있단 말인가. 그것들을 명함으로 꾸미는 불순한 의식 앞에는 절대자가 결코 현전하지 않을 것이다. 마찬가지로 진정으로 자아의 향상을 추구하는 사람은 세속적인 꾸밈거리들을 단호하게 거부하고 순결하고 진실한 마음으로 삶에 나서야 한다. 마치 경건하게 제사를 받들듯이 세상사에 임하지 않으면 안 된다. 허물을 넘어 참삶의 기쁨이 거기에서 나올 것이다. 공자는 말한다. "정성스러운 마음은 기쁨을 알게 해 줄 것이다.〔九二之孚 有喜也〕"(「상전」)

九三
텅 빈 고을에 진입한다.
升虛邑

　구삼(九三)은 양효로 양의 자리에 있으므로 행동에 과감하고, 위로 '곤'의 세 음효가 열려 있으므로, 마치 "텅 빈 고을에 진입"하듯 거칠 것 없이 상승 가도를 달리는 자이다. 하지만 그의 지나친 과감성은 (상하괘 의 가운데에 있는) 구이와 육오의 중도(中道) 정신이나, 초육과 육사의 음효 처럼 유순한 정신과 달라서 반드시 좋은 것만은 아니다.

　사람들은 자신이 역경과 시련 없이 순탄한 환경과 여건 속에서 삶 의 목표에 오르기를 소망한다. 마치 "텅 빈 고을"에 아무런 제지도 받 지 않고 진입하여 그 고을을 손쉽게 장악하듯이 말이다. 하지만 그것 이 반드시 좋은 것만은 아니다. 순탄한 환경은 마치 온실과도 같다. 온 실의 화초가 바깥의 추위에 견디지 못하는 것처럼, 순탄하게만 살아온 사람은 작은 난관과 고초만 만나도 쉽게 당황하고 쓰러진다. 그는 실패 와 좌절 속에서 단련되는 뚝심과 지혜를 갖추지 못했기 때문이다. 오늘 날 우리 젊은이들의 자살률이 과거에 비해 높은 이유 중의 하나도 여기 에 있을 것이다. 농사(생계)에 여념이 없는 부모 밑에서 적극적인 보살핌 을 받지 못하고 일찍부터 온갖 어려움을 겪으면서 자라 온 기성 세대와 달리, 세상 어려운 줄 모르고 곱게만 자란 요즘의 젊은이들은 역경을 만나면 그것을 견디지 못하고 삶을 너무나 쉽게 포기해 버린다.

　설사 순탄한 생활 환경 속에서 소망하는 일들을 이루었다 하더라도,

이 역시 축하할 일만은 아니다. 그는 삶의 우여곡절 속에서만 깨달을 수 있는 세상사의 이치에 무지할 수도 있기 때문이다. 이는 마치, 그가 목적지인 고을에 진입했다 하더라도 그곳이 텅 비어서 사람들을 만나지 못하고, 아무것도 보고 취할 게 없는 것과도 같다. 그러므로 순탄한 환경 속에서 상승 가도를 달리는 사람은 이와 같은 문제점을 깊이 인식하고 염려하지 않으면 안 된다. 그는 때로는 자신의 거침없는 행로를 되돌아보고 회의도 하면서 삶의 전후좌우를 돌아보는 폭넓은 안목을 기를 필요가 있다. 이에 대해 공자는 아래와 같이 넌지시 충고한다. "텅 빈 고을에 진입하니, 회의할 일이 없구나.〔升虛邑 无所疑也〕"(「상전」) 사실 철학은, 아니 의미 깊고 가치 있는 삶은 반성과 회의에서부터 시작된다.

六四

태왕이 기산에 올라 제사를 지낸다.

복을 받을 것이며, 허물없는 삶을 살리라.

王用亨于岐山 吉 无咎

육사(六四)는 상괘 '곤'으로 진입하여 기본적으로 유순한 데다가, 음효로 음의 자리에 있으므로 지극히 유순한 성품을 갖고 있다. 이러한 성품으로 위의 육오를 섬기고, 한편으로 아래에서 올라오는 두 양효를 받아들이므로 '복을 받고 허물없는 삶을 살 것이다.'(태왕이 기산에서 제사 지낸 고사에 관해서는 〈수〉괘 상육의 효사 참조)

사람은 사회적으로 높은 신분과 지위에 오를수록 더욱 너그럽고 겸손해야 한다. 너그러운 마음으로 아랫사람들을 널리 포용하고, 겸손한 태도로 그들의 의견을 진지하게 경청해야 한다. 이는 그가 편협하고 오만한 태도로 그들의 비난을 받을까 염려해서가 아니다. 그렇게 함으로써 개인적으로는 자신의 부족한 식견과 역량을 확대하고, 사회적으로는 상하의 위계질서 속에서 자칫 잃기 쉬운 인간적 교류를 깊게 갖기 위해서다.

이를 위해 그는 '하늘'에, 또는 신에게 올리는 제사의 정신을 배울 필요가 있다. 공자가 말한 것처럼 "사람들을 부릴 때에는 마치 큰 제사를 받들듯이 해야 한다."(『논어』) 물론 이러한 섬김의 자세는 본인 자신의 경건한 삶의 정신을 전제한다. 방자한 마음에서는 "제사를 받들듯" 하는 섬김의 자세가 불가능하기 때문이다. 무엇보다도 먼저 경건한 정신으로 자신의 존재 깊이 새겨진 '하늘'(신)의 뜻을 성찰하면서 사회생활에서 그것을 실천해야 한다. 공자는 말한다. "태왕이 기산에 올라 제사를 지내니 하늘을 공손히 섬기는구나.〔王用亨于岐山 順事也〕"(「상전」)

이처럼 "제사를 지내면서 하늘을 공손히 섬기는" 태도는 절대자나 천국을 지향한 것이 아니다. 군자는 "사람이 바로 하늘〔人乃天〕"이라는 자각 속에서 자기 자신은 물론 모든 사람들을 하늘처럼 받들 것이다. 그야말로 "사람 섬기기를 하늘처럼 하는〔事人如天〕" 것이다. 앞서 〈태〉괘(구이효)에서 인용한 바 있지만, 신동엽 시인의 「금강」을 또 다른 관점에서 섬김의 구체적인 모습으로 음미해 보자.

(전략)

어느 여름
동학교도 서(徐)노인 집에서
저녁상을 받았다

수저를 들으려니
안방에서 들려오는 베짜는 소리

"저건
무슨 소립니까?"

"제 며느리 애가
베 짜는가 봅니다"

"서선생
며느리가 아닙니다
그 분이 바로 한울님이십니다

어서 모셔다가
이 밥상에서
우리 함께 다순 저녁
들도록 하세요"
(후략)

六五

올바른 정신을 가져야 기쁨을 얻으리라. 계단을 오르듯 해야 한다.
貞 吉 升階

　유오(六五)는 위로 올라 최고의 중심적인 자리를 점하고 있으므로, 향
상의 정점에 서 있다. 다만 그가 음효로 양의 자리에 있어서 일을 하는
데 성급한 마음을 가질 수도 있기 때문에 "올바른 정신을 가져야 한다."
고 충고했다. 여기에서 "올바른 정신"은 두 가지의 뜻을 함축하고 있다.
(그가 구이와 음양으로 호응한다는 점에서 구이와 같은) 군자의 정신을 가져야
하며, 한편으로 성급한 마음을 버리고서 마치 "계단을 오르듯" 점차적으
로, 차근차근하게 일을 진행해야 한다는 것이다. '계단'의 비유는 향상의
기본 정신을 환기시킨 것이다.

　많은 사람들은 대소의 조직에서 높은 자리에 오르면 들뜬 마음으로
그것이 주는 각종의 권한과 이익에 일차적인 관심을 둔다. 그들은 자
리가 높을수록 부담해야 할 과제와 의무가 그만큼 많아진다는 사실에
는 별로 유념하지 않는다. 하지만 "올바른 정신"을 가진 사람이라면 자
리에 안주하지 않고, 자신이 거기에서 해야 할 일이 무엇인지 끊임없이
숙고할 것이다. 높은 자리의 권익만 누리려는 사람들과 달리, 그는 자
신의 과제와 의무를 수행하는 데에서 기쁨을 찾을 것이다.

　그가 높은 자리에서 수행해야 할 과제란 무엇일까? 그것은 자리의
성격에 따라 다르겠지만, 그것의 수행에 앞서 그에게 요구되는 철학이
있다. 사람들을 효율적으로 관리하고 조직 이익의 극대화만을 목표로

삼지 말고, 진리와 도의의 정신 가치를 조직의 중심 지표로 삼아야 한다는 것이다. 그러한 가치는 학자나 성직자의 독점물이 아니다. 그것은 일반인들도 일상에서 추구해야 할 삶의 긴요한 내용이기도 하다. 조직의 지도자는 사람들이 그것을 실현하여 행복을 누리도록 도와주어야 한다. 이를 비현실적이라고 웃어 버릴 일이 아니다. 아래의 글을 읽어 보자.

연구자들은 경영자를 성공하게 하는 여러 요인들을 분석했다. 그 결과 최고 사분위수에 속하는 경영자들과 최저 사분위수의 경영자들을 구분시켜 주는 요인은 단 하나임을 밝혀 냈다. ……그것은 바로 높은 '애정' 점수였다.……그들은 최저 25퍼센트보다 타인에게 더 많은 온정을 베풀며, 성과가 부실한 간부들보다 남과 더 가깝게 지내고, 생각과 감정을 공유하는 데 더 개방적이다.……모든 조건이 그대로라면 우리는 우리가 좋아하는 사람을 위해 더 열심히, 더 능률적으로 일한다. 그리고 우리가 그들을 좋아하는 것은 그들이 우리에게 어떤 느낌을 갖게 하는지와 직접적인 관계가 있다.(『너의 내면을 검색하라』)

물론 조직 사회에서 '애정'과 같은 인격 가치를, 그리고 "올바른 정신"을 단시일에 확립하는 것은 불가능한 일이다. 한 개인에게도 어려운 일인데, 조직의 경우는 더 말할 게 없다. 하지만 그것이 참삶의 기쁨을 창출해 줄 긴요한 가치임을 인정한다면, 우리는 그것을 실현할 방법들을 일상생활 속에서 끊임없이 모색할 필요가 있다. 성급하게 생각하지 말고, 마치 "계단을 오르듯" "올바른 정신"을 부단히 찾아 향상시켜야 한다. 그러면 최상의 경지에는 오르지 못한다 하더라도, 그 노력이 주는 기쁨은 다른 무엇과도 비교될 수 없을 것이다. 공자는 말한다. "올바른 정신을 가져야 기쁨을 얻을 것이요, 계단을 오르듯 하면 크게 만족하리라.〔貞吉升階 大得志也〕"(「상전」)

上六
상승에 눈이 어둡다.
마음을 올바른 정신의 부단한 향상에 쓰도록 해야 한다.
冥升 利于不息之貞

상육(上六)은 음효로 괘의 마지막 자리에 있으므로 만족할 줄 모르고 위로 오르기만 하려는, "상승에 눈이 어두운" 자다. "올바른 정신" 운운한 것은 그에 대한 충고다.

재물이나 사회적 지위, 권력 등에 눈이 멀어 끝없이 높은 것만을 추구하는 삶은 불행하다. 그처럼 외재적인 것들의 득실이 무상함은 물론, 그것들에 대한 관심은 반사적으로 자신의 본래적 존재(참자아)에 대한 성찰과 추구의 노력을 소홀하게 만들기 때문이다. 게다가 더 높은 자리에 오르기 위해서 남들과 대립·경쟁하고 승부해야 하는 현실 속에서 그는 외로움에 빠질 수밖에 없다.

높은 자리만을 탐하는 마음에서 올바르고 따뜻한 인간성을 기대할 수는 없다. 운동 경기를 예로 들어 보자. 선수들은 경쟁자의 약점과 실수를 은근히 빌고 기뻐하며, 승자는 우승을 환호하는 나머지 수많은 패배자들의 쓰라린 열패감을 거의 동정하지 않는다. 관중도 승자에게만 눈을 돌린다. 그야말로 약육강식의 비정한 현장이다. 운동 경기만이 아니다. 1등을 지향하는 모든 분야가 다 그러하다. 결국 "상승에 눈이 어두운" 삶은 인간성의 빈곤을 초래할 수밖에 없다. 공자는 탄식한다. "상승에 눈이 어두워 위로만 오르니, 허망하게도 빈곤에 빠지는구나![冥升在上 消不富也]"(「상전」) 되돌아 살펴보자. 나는 이러한 빈곤감을 자신의 내부에서 느끼지 않는가?

47. 곤경 속 형통의 길

곤(困)

모든 향상의 노력에는 방황과 고통이 뒤따른다. 괴테의 말대로 "인간은 노력하는 한 방황하는 법이다." 설령 하느님의 나라를 독실하게 믿으며 추구하는 종교인이라 하더라도 '천로역정'의 험난한 인생 여정에서 번민과 방황을 피할 수 없다. 하물며 신의 뜻을 알지 못하는 일반인들이 겪는 삶의 방황은 더 말할 필요가 없다. 안으로 인간성을 밝히고, 진리와 도의의 정신을 향상시키려 하는 사람은 더더욱 그렇다. 그는 내면의 다른 한편에 도사리고 있는 세속적 자아와의 싸움 속에서 수많은 고통을 느끼며 방황할 것이다. 게다가 향상의 걸음은 또 얼마나 더딘가. 공자의 말은 이러한 뜻을 함축하고 있다. "향상의 뜻을 내려놓지 않는다면 곤경을 겪기 마련이다. 그래서 〈승(升)〉에서 〈곤(困)〉으로 이어졌다.〔升而不已 必困 故受之以困〕"(「서괘전」)

하지만 곤경이 꼭 부정적이기만 한 것은 아니다. 그것은 오히려 분발과 향상의 의지를 곧추세워 주기도 한다. 질병의 고통이 육체적으로나 정신적으로나 생명의 의지를 강화시키는 것처럼 말이다. 또한 평탄한 삶이 정신의 해이를 야기하는 것과 달리, 곤경은 정신을 맑게 해 주기도 한다. 이상(李箱, 1910~1937) 시인의 말처럼 "육신이 흐느적거릴수록 정신은 은화처럼 맑소." 옛 수행자들이 고행의 삶을 자청했던 이유도 여기에 있었다. 그들의 고행은 결코 자학을 위해서가 아니었다. 그들은 육신의 고통이 깨달음의 토대라고 여겼다. 물론 그렇다고 해서 우리가 곤경을 자청할 일은 아니지만, 그것에 좌절하거나 노예가 되어서는 안 된다. 그것을 향상과 성숙의 계기로 역이용할 필요가 있다. 〈곤〉괘는 이를 주제로 한다.

이러한 뜻을 괘의 상징과 구조상에서 살펴보자. 〈곤〉괘의 상괘 '태(兌)'☱는 연못을, 그리고 하괘 '감(坎)'☵은 물을 상징한다. 이는 연못의 물이 땅 아래로 스며들어 연못의 바닥이 드러난 모습을 보여 준다. 가뭄으로 인해 물이 그처럼 메말라 버린 연못 앞에서 농민들은 참담한 심정을 드러낼 것이다. 하지만 그들은 가뭄에 좌절하지 않고 그것을 극복할 수 있는 기술을 모색한다. 즉 가뭄의 곤경은 사람들을 삶의 지혜로 이끌어 준다. 공자는 말한다. "곤경은 궁지 속에서 통할 길을 열어 준다.[困 窮而通]"(「계사전」)

한편 괘의 구조를 보면 상괘는 두 개의 양효가 하나의 음효 아래에 놓여 있고, 하괘는 하나의 양효가 두 개의 음효 사이에 끼어 있다. 여기에서 양과 음을 군자와 소인의 상징으로 본다면, 상하의 괘 모두 소인들이 지배하는 사회에서 군자가 곤욕을 치르고 있는 모습을 보여 준다. 공자는 말한다. "곤경은 군자의 강한 정신이 억눌림을 뜻한다.[困 剛揜也]"(「단전」) 하지만 그것이 군자의 올바른 정신을 꺾지는 못한다. 그는 곤경의 상황 속에서 오히려 진리와 도의의 정신을 더욱 곧추세운다.

예를 들어 보자. 공자는 자신의 정치적 이상을 실현하기 위해 여러 나라를 돌아다니는 중에 몇 끼니를 거른 일이 있었다. 뒤따르던 제자들이 몸을 일으키기도 어려운 허기 속에서 한 제자가 공자에게 화를 낸다. "군자도 곤궁을 겪습니까?" 이에 공자는 대답한다. "군자는 곤궁 속에서도 올바른 정신을 잃지 않을 것이요, 소인은 곤궁을 만나면 변절하고 만다.〔君子固窮 小人窮斯濫矣〕"(『논어』) 그러므로 곤경은 한 사람의 정신적 역량의 크기를 알려 줄 가늠자이기도 하다. 공자는 또한 말한다. "곤경은 사람들의 덕을 구별시켜 준다〔困 德之辨〕"(『계사전』)

이러한 뜻을 괘의 속성상에서 살펴보자. 상괘 '태'는 기쁨을, 하괘 '감'은 험난함을 속성으로 갖는다. 이는 군자가 험난하고 곤궁한 처지 속에서도 올바른 정신으로 삶의 기쁨을 잃지 않음을 은유한다. 그는 자신을 곤경으로 내모는 사회를 원망하거나 운명을 탓하지 않는다. 공자는 말한다. "군자는 곤궁하다 해서 누구를 원망하려 하지 않는다.〔困以寡怨〕"(『계사전』) 오히려 그는 곤경 앞에서 자신을 먼저 성찰하면서 오직 올바른 정신으로 삶에 나서려 한다. 원망의 마음이 고통과 분노의 뿌리라면, 올바른 삶의 정신은 기쁨의 원천이다. 공자는 또 말한다. "하늘을 원망하지 않고 사람들을 비난하지 않으며, 세상사를 배워 그 깊은 도리를 깨치리라.〔不怨天 不尤人 下學而上達〕"(『논어』)

괘사卦辭

곤경 속에도 형통의 길이 있다.

올바른 정신을 가져야 한다.

군자는 곤경 속에서도 삶을 자족하며, 비난받을 일을 하지 않는다.

남들에게 하소연을 늘어놓으면 믿음을 얻지 못하리라.

困 亨 貞 大人 吉 无咎 有言 不信

많은 사람들은 곤경에 빠지면 비탄 속에서 좌절하거나 곤경을 벗어나기 위해 어떤 짓도 마다하지 않는다. 변절과 타락은 일상의 예요, 자살은 그 극단적인 모습이다. 하지만 군자는 곤경에 굴하지 않고 "올바른 정신"으로 삶의 바른 자리를 찾아 부끄럼 없이 처신한다. 공자는 말한다. "험난한 가운데에서도 기쁨을 알며, 곤경 속에서도 형통의 길을 잃지 않음은 군자만이 할 수 있으리라!〔險以說 困而不失其所亨 其唯君子乎〕"(「단전」) 여기에서 '형통의 길'이란 단순히 곤경을 벗어날 방책만을 뜻하는 것이 아니다. 그것은 "올바른 정신"을 성취할 길을 함축한다. 그는 곤경 속에서도 진리와 도의의 정신을 놓지 않고 실현하려 한다.

군자가 삶을 자족하는 정신적 원천이 여기에 있다. 그에게는 진리와 도의의 '올바른 정신'이야말로 자신의 존재를 지탱해 주고 삶을 의미 깊게 해 주는 막강한 힘이다. 공자는 말한다. "군자가 곤경 속에서도 자족하는 것은 올바른 정신으로 삶의 중심을 굳건하게 지키기 때문이다.〔貞大人吉 以剛中也〕"(「단전」) 그리하여 그의 몸은 곤고하지만 정신은 만민의 푯대로 우뚝 설 것이다. 주희는 말한다. "몸은 곤고하지만 진리는 형통하리라.〔身困道亨〕"(『주역』의 주)

우리는 그 실례를 과거에 사화(士禍)의 죽음 앞에서도 당당했던 선비들의 삶에서 본다. 그들은 자신들이 곤경 속에서도 지키는 진리와 도의의 정신이야말로 고귀한 인간성을 빛나게 해 주고 사람들의 삶을 고무시켜 주리라고 믿어 마지않았다. 앞서 〈감〉괘(구오효)에서 인용한 바 있지만, 성삼문의 단가를 다시 한 번 읽어 보자. "이 몸이 죽어 가서 무엇이 될고 하니/ 봉래산 제일봉에 낙락장송(落落長松) 되었다가/ 백설(白雪)이 만건곤(滿乾坤)할제 독야청청(獨也靑靑)하리라." 이처럼 '낙락장송'이 '독야청청'하듯 진리가 형통할 것이다.

군자가 자신의 곤경을 남들에게 하소연하지 않는 것도 이러한 삶의 정신에 연유한다. 하소연은 기본적으로 소신과 철학이 깊지 못함에 기인하며, 남들의 위로를 받고 싶어서든, 그들의 도움을 기대해서든, 아니면 자기 변명이든, 곤경 앞에서 힘찬 대응력을 약화시킬 뿐이다. 공자는 말한다. "남들에게 하소연을 늘어놓으면 믿음을 얻지 못할 테니, 말로만 곤경을 헤쳐 나가려 하면 더욱 궁지에 빠질 것이다.〔有言不信 尙口乃窮也〕"(「단전」) 이와는 달리 군자는 곤경 속에서도 자신이 해야 할 도리를 다하면서 천명을 기다리며〔盡人事待天命〕, "하늘을 원망하지 않고 사람들을 비난하지 않는다." 아니 그는 "하늘의 뜻을 편안히 받아들이고 그것을 깊이 깨친다. 그러므로 마음속에 근심을 두지 않는다.〔樂天知命 故不憂〕"(「계사전」)

괘상卦象

연못에 물이 없는 모습이 〈곤〉의 형상이다.
군자는 이를 보고 하늘의 뜻을 받아들이며 자신의 도리를 다한다.

澤无水 困 君子 以 致命遂志

연못의 물이 말라서 바닥이 갈라지듯 삶이 메말라 황량한 시절을 만나면, 많은 사람들은 자신의 궁핍한 운명을 탄식하면서 삶의 의욕을 떨어트린다. 하지만 자신의 불운을 마지못해 견디려 하는 사람은 상실과 패배의 부정적인 감정에 끝없이 시달리면서 불행한 삶을 면치 못할 것이다. 운명에 수동적으로만 반응하는 그가 삶에서 성취할 수 있는 일이 무엇일까?

군자는 "하늘의 뜻", 즉 운명을 다소곳이 받아들이지만, 그렇다고 해서 모든 일을 운명에 내맡기지는 않는다. 그는 지금, 이 자리에서 "자신의 도리를 다한다." 이는 체념 섞인 처신이 아니다. 거기에는 운명도 어쩌지 못할 적극적 자유의 정신이 작동한다. 그는 깊은 숙고 속에서 최선의 삶의 길을 선택하여 운명을 밀치고 나아가 자신의 삶을 완성하려 하는 것이다. 마르틴 부버는 말한다. "운명과 자유는 서로를 기약해 준다. 자유를 실현한 자만이 운명과 조우할 수 있다. 자유로운 인간은 자유의 반대 이미지인 운명과 조우한다. 자유와 운명이 만나 서로 의미를 만드는 것은 인간의 한계가 아니라 완성이다."(『지식의 다른 길』)

효사爻辭

初六
나무의 그루터기에 엉덩이를 힘겹게 걸치고 앉아 있다.

어두운 골짜기로 들어가 3년이 되도록 빠져나갈 길을 알지 못한다.

臀困于株木 入于幽谷 三歲不覿

초육(初六)은 괘의 제일 아래에, 그것도 하괘의 험난한 상황에 놓여 있어서 "엉덩이를 나무의 그루터기에 힘겹게 걸치고 앉아 있다."고 했다. "나무의 그루터기"는 아랫자리를 은유한 것이다. (원문의 '주목(株木)'에 대해서는 이설이 있지만, 정약용은 "나무가 땅위로 올라온 부분", 즉 그루터기라고 풀이한다.) 그가 음효라서 힘을 갖지 못했기 때문에 "힘겹게 걸치고 앉아" 있으며, 밝은 지혜가 없기 때문에 "어두운 골짜기 속으로 들어가 3년이 되도록 빠져나갈 길을 알지 못한다."고 했다. 여기에서 '3년'이란 긴 세월을 뜻한다. 그가 구사와 음양으로 호응하지만, 구사 역시 음의 자리에서 곤경에 처해 있으므로 그에게 아무런 도움이 되지 못한다. 그런데도 그는 잘못되게도 구사만 바라보면서 무얼 기대하고 있다.

삶은 어찌 보면 곤경의 연속이다. 산을 하나 넘으니 또 하나의 산이 앞에 버티고 있는 것과도 같다. 사실 평지처럼 순탄하기만 한 인생은 세상에 없다. 누구나 다 각자 크고 작은 곤경을 수시로 겪으면서 살아간다. 그런데 곤경은 매우 상대적이다. 어떤 사람은 조그만 어려움도 커다란 곤경으로 여겨 괴로워하는가 하면, 또 다른 사람은 커다란 곤경도 대수롭지 않게 넘기기도 한다. 나아가 인생을 달관한 사람에게는 곤경이라 할 만한 것이 없다. 세상살이가 다 "새옹지마(塞翁之馬)" 아닌가.

사실 달관의 눈으로 보면 인생에서 잘못된 것은 하나도 없다. 어두운 밤이 하루의, 추운 겨울이 일년(세월)의 정상적인 과정이요, 장마와 태풍조차 자연의 '합리적인' 현상인 것처럼 일의 실패, 질병과 고통, 심지어 죽음까지도 인생의 자연스러운 과정이요 양상일 뿐이다. 그러므로 그러한 일들에 대해 따지거나 몸부림칠 일이 아니다. 다만 곤경의 와중에서도 맑고 고요한 마음으로 세상만사를 대하면서 자신이 지금, 이 자리에서 행할 수 있는 최선만 다하면 된다. 만약 종교인이라면 곤경 속에 담겨 있는 신의 뜻을 경건히 헤아려 따르려 할 것이다.

하지만 사람들은 대부분 그러하지 못하다. 그들은 나약한 마음으로 스스로 부풀려 놓은 갖가지의 곤경에 짓눌려 평생 "어두운 (삶의) 골짜기"를 헤매면서 어렵게 살아간다. 그들은 상황의 변화나 남의 도움 말고는 스스로 곤경을 벗어날 길을 찾지 않는다. 하지만 설사 상황이 호전되고 도움의 손길을 얻는다 하더라도 그들은 "어두운 골짜기"를 벗어날 뿐, 정상의 세계에는 오르지는 못할 것이다. 그들에게는 자신의 삶을 스스로 개척해 나가려는 강인한 의지와 노력이 결여되어 있기 때문이다. 공자는 말한다. "어두운 골짜기로 들어가니, 사람이 어둡고 어리석다.〔入于幽谷 幽不明也〕"(「상전」)

九二

술을 마시고 밥을 먹으면서도 마음이 답답하다.
붉은 제복을 입고서 제사를 받들듯이 해야 한다.
함부로 처신하면 흉한 꼴을 면할 수 없을 테니
누구를 원망할 수도 없다.
困于酒食 朱紱方來 利用亨祀 征 凶 无咎

〈곤〉괘의 양효와 음효는 군자와 소인의 곤경스러운 처지를 은유한다. 물론 양자의 관심사는 다르다. 군자는 진리와 도의의 타락을 염려하지만, 소인은 자기 한 몸의 불운을 걱정한다. 구이(九二)는 진리와 도의가 땅에 떨어진 궁핍한 시대에 "술을 마시고 밥을 먹으면서도 마음이 답답하다." 한편 구이와 구오가 음양으로 호응하지는 않지만, 〈곤〉괘는 양이 음에 의해 핍박받는, 즉 군자의 정신이 억압당하는 상황이므로 둘이 서로 합심하여 그러한 곤경을 헤쳐 나가려 한다. 이때 구이로서는 위에 있는 구오의 정신을 엄숙하게 받아들일 필요가 있다. 마치 "붉은 제복"을 입고 신을 받들듯이 해야 한다. ('제복'은 제사 시에 입는 옷인데, 신과 교감하는 자리이기 때문에 옷을 붉은색으로 화려하게 치장했다.) 진리와 도의의 과제를 엄숙하게 받들라는 것이다. "함부로 처신하면 흉한 꼴을 면할 수 없을" 것이라는 것은 엄숙성을 결여한 처신을 경고한 말이다.

소인은 부귀영달이 뜻대로 되지 않음을 걱정하지만, 군자는 진리와 도의의 타락을 평생의 근심거리로 여긴다. 그러므로 진리(도의)가 실종된 궁핍한 시대와 사회에 살면서 그는 "술을 마시고 밥을 먹는" 순간조차도 답답한 마음을 풀지 못한다. 조선 중기에 조식이 경상도 산청 땅에 은둔해 살면서도 암울한 조정의 소식을 들으면 눈물까지 흘리곤 했던 것도 군자의 정신에서 나온 것이었다. 공자는 말한다. "술을 마시고 밥을 먹으면서도 마음이 답답하지만, 삶의 중심을 잃지 않으니 칭송을 받으리라.[困于酒食 中有慶也]"(「상전」) 여기에서 "삶의 중심을 잃지 않는다."는 말은 진리와 도의를 중심 푯대로 세워 생활함을 뜻한다. 특히 어두운 사회에서 사람들은 그 우뚝하고 당당한 모습에 감동하여 그를 흠모할 것이다.

오늘날 지성인은 이러한 군자의 정신으로 진리와 도의의 이념을 마치 제사에 임하듯이 경건하고 엄숙하게 받들어 실천하지 않으면 안 된다. 만약 그가 그 이념을 망각하고 사적인 이익이나 추구하면서 "함부로 처신하면" 지성인의 명예를 잃어 "흉한 꼴을 면할 수 없을 것이다." 이는 스스로 초래한 결과인 만큼 "누구를 원망할 수도 없다." 더욱 심각한 문제는 사람들이 지성인의 이중적 인격을 비난하면서 더 이상 지성의 권위를 인정하려 하지 않는다는 점이다. 그렇게 되면 시대와 사회는 갈수록 암흑 속에 빠져들 수밖에 없다. 이는 오늘날 학자들이 깊이 유념하고 자성해야 할 내용이다.

六三

바위에 머리를 부딪치고 납가새 풀 위에 앉아 있다.
집에 들어가도 아내를 볼 수 없으니
불행하다.
困于石 據于蒺藜 入于其宮 不見其妻 凶

육삼(六三)은 하괘의 제일 위에서 음효로 양의 자리에 잘못 있으므로 곤경에 대처할 능력이 부족하다. 그래서 앞으로 나아가자니 위로 구사에 막혀 마치 "바위에 머리를 부딪치"듯 아프고, 뒤로 물러나자니 아래로 구이가 버리고 있어서 "납가새 풀 위에 앉은" 듯 엉덩이가 찔린다. (납가새는 가시와 털을 가진 식물 이름이다.) 그렇다고 해서 제자리에 머무르자니 "아내가 없는 텅 빈 집"과도 같아 역시 마음이 허전하다. 여기에서 '집'은 육삼 자신을, '아내'는 상육을 가리킨다. 육삼이 상육과 둘 다 음효라서 호응하지 않으므로 "집에 들어가도 아내를 볼 수 없으니 불행하다."고 했다.

삶에서 무엇보다도 중요한 일은 어떤 상황에도 흔들리지 않는, 마치 태풍의 눈과도 같은 중심을 갖추는 것이다. 그 중심이 무엇인가는 물론 일률적으로 말할 수 없다. 이를테면 아무리 강한 적도 두려워하지 않는 기개나 심지어 사교(邪敎)의 신앙까지도 삶의 중심으로 작용할 수 있다. 하지만 우리가 갖추어야 할 지고한 중심은 역시 진리와 도의에 있다. 그것은 개인의 이해득실을 떠나 세계와 만민을 널리 아우르기 때문이다. 성현들의 삶이 이를 실제로 보여 준다.

중심을 갖지 못한 사람은 목전의 일들에 끊임없이 흔들리고 부침하면서 덧없이 일생을 마치고 말 것이다. 하물며 곤경을 만나면 중압감에 시달리며 갈팡질팡하다가 결국 삶의 위기에 빠지기도 한다. 비유하자면 그는 곤경 앞에서 "납가새 풀 위에 앉은" 듯 좌불안석하고, "바위에 머리를 부딪치"듯 침착성을 잃고는 좌충우돌한다. 공자는 말한다. "납가새 풀 위에 앉아 있으니, 강한 힘에 떠밀리고 있다.〔據于蒺藜 乘剛也〕"(「상전」) 여기에서 "강한 힘"이란 그를 짓누르는 곤경을 말한다.

이는 역시 삶의 중심에 "편안한 마음으로 하늘의 뜻을 세우는〔安心立命〕" 정신(철학)을 갖지 못한 데에 기인한다. 가령 독실한 신앙인처럼 하느님의 뜻을 삶의 한가운데에 세운다면 아무리 극심한 곤경이라도 평화로운 마음으로 대처할 것이다. 순교자의 모습이 그 실례다. 그러므로 곤경의 체감 정도는 그러한 중심의 유무에 달려 있다. 정신의 중심을 갖지 못한 사람은 마치 "아내가 없는 텅 빈 집"과도 같이 외롭고 쓸쓸하고 황량한 삶을 살 수밖에 없다. 그는 자신의 존재를 편안하게 머무르게 할 곳을 알지 못하여 끝없이 방황할 것이다. 공자는 말한다. "제 집에 들어가도 아내를 볼 수 없으니 조짐이 불길하다.〔入于其宮 不見 其妻 不祥也〕"(「상전」)

결국 정신의 중심을 갖지 못하므로 하나의 곤경이 또 다른 곤경의 상황을 지어낸다. 처음의 곤경에 의연하게, 올바르게 대처하지 못하기 때문에 잇달아 다른 곤경거리들이 파생되는 것이다. 말하자면 곤경의 끝없는 악순환이다. 당연히 이는 불행을 넘어 삶의 실패를 초래할 수밖에 없다. 공자는 말한다.

곤경을 겪을 일이 아닌데 그것을 자초하니 명예가 더럽혀질 것이요, 머무를 자리가 아닌데 머무르니 몸이 위태로울 것이다. 명예가 더럽혀지고 몸이 위태로워 죽을 날이 얼마 남지 않았으니 아내를 어떻게 만나 볼 수 있겠는가.〔非所困而困焉 名必辱 非所據而據焉 身必危 旣辱且危 死期將 至 妻其可得見邪〕(「계사전」)

九四

천천히 나서야 한다. 금마차에 가로막혀 있기 때문이다.
수모를 겪기도 하겠지만 아름다운 끝을 보리라.
來徐徐 困于金車 吝 有終

구사(九四)는 초육과 음양으로 호응하므로 초육을 곤경으로부터 구해 주려 한다. 하지만 구이에 가로막혀 초육에게 다가가기가 쉽지 않으며, 초육 또한 가까이 있는 구이의 양효에 반해 있다. '금마차'란 황금을 실은 마차로서, 구이를 가리킨다. 한편으로 구사 자신도 (구오와 함께) 상육의 핍박을 받고 있는 터라서 "수모를 겪기도 한다." 그러나 곤경 속에서도 초육을 구원하려는 장한 뜻을 버리지 않는다면 "아름다운 끝을 볼 것이다."

세상 사람들은 황금 만능주의에 사로잡혀 '금마차'만 뒤따르려 한다. 모두들 자신의 존재를 돈(물질)으로만 치장하려 한다. 그러므로 자본주의는 존재의 절대 빈곤을 야기한다는 마르크스의 예언을 우리는 현실에서 실감하고 있다. 소유욕의 환상 속에서 존재의 궁핍을 겪고 있는 것이다. 그처럼 빈곤한 존재의 모습을 남의 일로 돌리면서 안타까워하거나 비난할 일이 아니다. 되돌아 살펴보면 나 역시 '금마차'만 뒤따르려 하기 때문이다.

이처럼 황금 만능의 풍조 속에서 인간 존재의 정수라 할 수 있는 진리와 도의의 정신은 수모와 곤경을 겪을 수밖에 없다. 사람들은 그를 두고 세상 물정을 모르고 이상만 쫓는다고 비난할 것이기 때문이다. 하지만 정작 그들은 '금마차'만 쫓는 것이 곧 자신의 존재를 스스로 모욕하는 짓이라는 사실을 모른다. 거기에 인간은 사라지고 물질만 남기 때문이다. 자고로 인류의 스승들이 사람들의 구원에 나섰던 것도 그러한 모습을 차마 두고 볼 수 없는 연민의 마음에서였을 것이다.

이처럼 인간이 실종된 암흑의 시대에 어떻게 하면 그를 다시 살려 낼 수 있을까? 이에 대해 우리는 성급하게 나서 사람들을 일거에 깨우치고 세상을 개혁하려 해서는 안 된다. 사회 제도와 사람들의 의식을 단시일에 바꿀 수는 없는 터에, 성급한 태도는 좌절감만 안겨 줄 것이다. 그리하여 자칫 옛날의 죽림칠현(竹林七賢)처럼 세상과 담을 쌓고서 자기만의 행복을 추구하는 삶으로 빠져들 수도 있다. 이는 진리와 도의를 올바로 숭상하는 자세가 아니다. 진리와 도의는 인간 사회를 떠나서는 아무런 의의를 갖지 못하기 때문이다.

무엇보다 진리와 도의의 정신이 "금마차에 가로막힌" 곤경의 현실 속에서도 흔들림 없이, 그리고 인내심을 갖고 "천천히 나서야 한다." 사람들의 외면과 비아냥을 받는다 하더라도 연민과 자비의 마음을 잃지 말고 그들을 부단히 계몽하고 설득할 필요가 있다. 그렇게 노력하다 보면 진리와 도의의 정신이 점차로 사람들을 감동시키면서 마침내 "아름다운 끝을 볼 것이다." 공자는 말한다. "천천히 나서서 마음을 아래에 두어야 한다. 비록 현실이 불합리하다 하더라도 뜻을 함께하는 사람들이 있으리라.〔來徐徐 志在下也 雖不當位 有與也〕"(「상전」) 여기에서 "마음을 아래에 두어야 한다."는 말은 자신이 발을 딛고 있는 아래의 현실이 아무리 불합리하다 하더라도 이를 외면하지 말라는 뜻이다. 이는 곤경에 지치고 불합리한 현실에 피로감을 느낀 나머지 고답적으로 자기 혼자만의 세계에 빠질까 염려한 말이다.

九五
코를 베이고 발꿈치를 잘리며
붉은 제복을 입은 사람들에게 핍박을 받지만

점차로 기쁨을 얻으리라.

하늘에 제사를 지내듯 해야 한다.

劓刖 困于赤紱 乃徐有說 利用祭祀

　"코를 베이고 발꿈치를 잘림"은 구오(九五)가 높은 자리에 있음에도 위아래의 음효들에게 힘을 빼앗겼음을 은유한다. "붉은 제복을 입은 사람들"이란 바로 그들을 두고 말한 것이다. (여기에서 '붉은 제복'은 구이의 경우와 다르다.) 그들이 제사의 절차나 분위기를 좌지우지하는 것이다. 하지만 구오가 (상괘의 가운데 양효로 양의 자리에 있어서) 올바른 정신을 갖고 있으므로, 그는 심한 곤경의 와중에서 구이의 동지를 얻는다. 그리하여 둘이서 합심협력하여 곤경을 벗어나면 "점차로 기쁨을 얻을 수 있다." 다만 그는 구이의 응원을 기대하기 전에, 마치 "하늘에 제사를 지내듯" 경건하고 성실하게 곤경의 현실에 임하지 않으면 안 된다. 그것이 괘사에서 강조한 "군자의 올바른 정신"이기도 하다.

　이상 사회를 추구하는 지도자에게 큰 곤경 중의 하나는 여전히 사회에서 행세하는 "붉은 제복을 입은 사람들", 즉 어둠의 세력이다. 그들은 어떻게든 자신들의 이익을 지키고 키우기 위해 온갖 궤변으로 그를 비난하고 훼방한다. 그들은 그의 "코를 베고 발꿈치를 잘라" 추한 병신으로 만듦으로써 사람들이 그에게서 등을 돌리도록 수작을 부린다. 그가 고립무원의 처지를 느껴 자신의 사회적 이상을 포기하고 자리를 물러나도록 하려는 것이다. 이는 오늘날 우리 사회에서 종종 목격되는 현상이기도 하다.

그러한 자리에서 그는 어떻게 처신해야 할까? 이에 대해서 일률적으로 대답하기는 어려울 것이다. 정말 그가 시대를 너무 앞서 가기 때문에, 또는 사회가 너무 타락하여 일반 사람들의 올바른 이해를 얻지 못한다면 그는 자신의 뜻을 접어야 할지 모른다. 하지만 그처럼 핍박을 받는 순간에도 그는 자신의 고상한 뜻을 포기해서는 안 된다. 그의 자존감과 명예는 바로 거기에서 나오기 때문이다. 게다가 비록 소수라 하더라도 그와 뜻을 함께하는 사람들이 있을 것이므로, "코를 베이고 발꿈치를 잘리는" 고통에도 불구하고 서로 의지하면서 사회를 구원하려는 노력을 포기해서는 안 된다. 나의 자포자기는 그들을 외롭게, 아니 진리와 도의가 설 자리가 없게 만든다는 사실을 잊어서는 안 된다.

무엇보다도 그는 악조건의 바깥 상황으로부터 시선을 안으로 돌려 자신의 올바른 뜻을 끊임없이 점검하고 더욱 다지지 않으면 안 된다. 진리와 도의에 흔들림 없이 자리하여 "하늘에 제사를 지내듯" 경건한 정신으로 삶에 나서야 한다. 자신의 내면 깊은 곳에서 '하늘'의 말씀을 들어 성실하게 봉행해야 한다. 곤경 속에서도 삶의 기쁨과 행복을 얻을 수 있는 길이 여기에 있다. 공자는 말한다. "코를 베이고 발꿈치를 잘리니 일이 뜻대로 되지 않지만, 점차로 기쁨을 얻는 것은 올바른 정신을 지키기 때문이며, 하늘에 제사를 지내듯 하면 복을 받을 것이다.〔劓刖 志未得也 乃徐有說 以中直也 利用祭祀 受福也〕"(「상전」) 여기에서 '점차로' 얻는 기쁨은 "코를 베이고 발꿈치를 잘리는" 고통을 벗어나 "올바른 정신"을 서서히 회복하는 데에서 일어난다.

上六

칡넝쿨에 칭칭 감긴 듯 당혹감을 느끼면서
"하는 일마다 후회뿐"이라고 여긴다.
회개하면서 길을 나서면 행복을 얻으리라.

困于葛藟 于臲卼 曰動悔 有悔 征 吉

　　상육(上六)은 괘의 마지막 효이므로 이제는 곤경의 상황도 거의 종료
시점에 와 있다. 하지만 그는 (음효로서) 나약한 성격에 그동안 곤경에 시
달려 온 나머지 거의 노이로제에 걸려 있다. 그래서 자신의 불운한 삶이
마치 "칡넝쿨에 칭칭 감긴 듯"하다고, "하는 일마다 후회뿐"이라고 여긴
다. 만약 그가 이러한 좌절감과 패배 의식을 벗어나지 못한다면 그는 평
생 곤고한 삶을 면치 못할 것이다. 그래서 그처럼 버릇된 태도를 "회개하
면서" 삶의 길에 새롭게 나설 것을 그에게 충고했다.

　　심약한 사람들은 곤경을 만나면 당혹하고 황망하여 자신의 불운을
탓하곤 한다. 곤경은 누구에게나 있는 일이며, 그것은 오히려 삶의 힘
을 강화시켜 주고 지혜를 키워 준다는 사실을 그들은 모른다. 그러니
곤경 속에서도 진리와 도의를 굳게 지키는 대인 군자의 정신을 그들에
게서는 처음부터 기대할 수도 없다. 그들은 다만 이러저러한 곤경에 시
달리면서 좌절(패배) 의식만 길러 나간다. 결국 그들은 모든 일에 자신
감을 갖지 못하고 곤경의 노예가 되어 후회만 하면서 한평생을 우울하
게 살아갈 것이다.

　　하지만 "칡넝쿨에 칭칭 감긴 듯" 여겨지는 당혹감은 그들 자신의 나

약한 마음이 만들어 내는 환각에 불과하다. 아무리 작은 불행도 자꾸 들여다보면 현미경 속의 물체처럼 엄청나게 확대되는 법이다. 매사에 미시적인 사고방식이 '칡넝쿨'의 환상을 만들어 내는 것이다. 그리하여 일상생활에서 겪는 크고 작은 곤경의 '칡넝쿨' 환상으로 자신의 삶을 칭칭 감아 대다 보면 그들은 무기력과 패배 의식에 빠질 수밖에 없다. 공자는 말한다. "칡넝쿨에 칭칭 감긴 듯 여기는 당혹감은 곤경에 잘못 대응하기 때문이다.〔困于葛藟 未當也〕"(「상전」)

　이의 해결책은 한 가지밖에 없다. 자신의 잘못된 사고방식을 철저히 회개하는 것이다. 두려움과 패배 의식을 떨치고 곤경 앞에서 쾌사의 이른바 "형통의 길"을 모색하는 적극적인 태도를 가져야 한다. 이를 위해서는 쓸데없는 '칡넝쿨'의 환상을 버리고, 사태를 냉정하고 객관적으로 바라보는, 그리고 세상만사를 거시적인 안목으로 내려다보는 자세를 평소에 길러야 한다. 거기에다가 삶의 중심에 진리와 도의의 정신을 세운다면, 시련과 곤경을 넘어 더할 수 없는 행복을 얻기까지 할 것이다. 공자는 말한다. "'하는 일마다 후회뿐'이라는 생각을 회개하는 것이 행복의 길이다.〔動悔有悔 吉行也〕"(「상전」)

48. 영혼의 샘

정(井)

사람은 누구나 곤경에 빠질수록 안식과 평화를 갈구한다. 주간의 피로를 밤잠으로 풀고, 바깥 생활의 고단함을 가정으로 돌아와 달래며, 극단적으로는 삶의 고통을 죽음으로 내려놓으려고까지 한다. "사람들은 혼란이 극에 이르면 평화를 소망한다.〔亂極則思治〕" 또는 독일의 시인 횔덜린의 말을 빌리면, "위기가 있는 곳에 구원이 자라난다." 공자는 이러한 이치를 괘의 순서와 관련하여 다음과 같이 말한다. "위로 오르면서 곤경을 겪다 보면 반드시 아래로 돌아가고자 하는 마음이 생긴다. 그래서 〈곤(困)〉에서 〈정(井)〉으로 이어졌다.〔困乎上者 必反下 故受之以井〕"(「서괘전」) '정'은 일상의 뜻으로는 우물을 말하지만, 이 괘에서는 영혼의 샘이라는 은유로 풀이하려 한다.

곰곰이 생각해 보면 사람들의 삶은 끊임없이 "위로 오르려는" 노력의 연속이다. 학생은 점수를, 직장인은 연봉과 직위를 올리려 한다. "힘에 대한 의지"(니체)라는 표현을 빌려 말하면, 사람은 누구나 지식과 재물과 지배력과 명예 등 삶의 모든 방면에서 힘을 얻고 향상시키려 한다. 그리하여 사회는 어쩌면 사람들의 힘의 각축장처럼 보이기도 한다. 당연히 거기에는 우승과 성취의 기쁨뿐만 아니라 패배와 좌절의 고통도 뒤따르기 마련이다.

사람들에게 "아래로 돌아가고자 하는 마음"이 여기에서 자연스럽게 생겨난다. 이 '아래'란 막연한 말이지만, 요컨대 남들과의 각축을 야기하는 '힘에 대한 의지'를 모두 내려놓고 안식과 평화를 얻을 수 있는 저변의 심리 공간을 뜻한다. 사람들은 소란스럽기만 한 사회생활을 뒤로하고 자기 안으로 돌아와, 깊게는 존재의 고향으로 내려가 쉬고 싶은 것이다. 마치 탕아가 온갖 고생 끝에 어머니의 품으로 돌아가 어린아이처럼 잠들고 싶어 하는 것처럼, 또는 신앙인이 피곤한 현실 너머 절대자에게 귀의하듯이 말이다.

〈정〉괘의 '우물'은 사람들이 돌아가야 할 자리의 상징을 갖기도 한다. 그것은 원래 사람들에게 식수를 제공하는 데 필요불가결한 시설로서, 거기에 고이는 맑은 지하수는 영혼의 자양분이라는 시적 상상을 불러일으킨다. 그러므로 우물은 영혼의 샘을 은유한다. 사람들은 그것을 소중하게 관리해야 하며, 소란한 사회생활 속에서 존재의 목마름을 느낄 때마다 내면 깊은 곳으로 돌아와 영혼의 샘물을 떠 마셔야 한다. 공자는 말한다. "우물은 덕을 기르는 자리다.[井 德之地]"(「계사전」) 이것이 〈정〉괘의 주제다.

이를 괘의 상징과 구조상에서 살펴보자. 〈정〉괘의 상괘 '감(坎)' ☵과 하괘 '손(巽)' ☴은 각각 물과 나무의 상징을 갖고 있다. 양자를 응용적으로 조합하면 그것은 우물과 그 안의 나무 두레박의 모습을 상상하게 해 준다. 사람이 우물 속으로 두레박을 내려 물을 길어 올리려는 것이다.(하괘 '손'은 '받아들인다'는 속성을 갖고 있기도 하다.) 이의 은유는 다른 데 있지 않다. 우리는 자신의 존재 깊은 곳에서 맑은 영혼의 샘물을 길러 메마른 세속 생활의 갈증을 풀 뿐만 아니라, 그것을 남들에게도 베풀어야 한다는 것이다. 우물이 맑은 물을 행인들에게까지 제공하는 것처럼 말이다. 공자는 말한다. "두레박을 넣어 물을 퍼 올리는 곳이 우물이다. 우물은 고갈되지 않고 사람들의 생명을 길러 준다.〔巽乎水而上水 井 井 養而不窮也〕"(「단전」)

한편 이 괘의 구조적 핵심은 구오(九五)에 있다. 그것은 양효로 상괘의 가운데 양의 자리에 올바르게 있다. 이는 가뭄 속에서도 변함없이 맑고 시원한 물이 흘러나오는 샘의 원천을 상징한다. 「용비어천가」의 말 그대로, "샘이 깊은 물은 가뭄에도 그치지 않고 내를 이루어 바다에 이르나니라." 이는 역시 개인적, 사회적, 시대적인 '가뭄'에도 마르지 않는 맑은 영혼을, 순수한 생명 정신을 기를 것이며, 그것으로 만인의 메마른 삶을 적셔 주어야 한다는 가르침을 담고 있다.

괘사卦辭

우물로 말하면, 거주지를 옮길 수는 있어도 우물을 옮길 수는 없다.
우물은 마르지도 않고 넘치지도 않으며
오고가는 사람들이 누구나 이용한다.
두레박이 거의 올라왔다 하더라도
그 줄을 우물 위까지 끌어올리지 않고

두레박을 엎어 버리면 낭패를 겪으리라.

井 改邑 不改井 无喪无得 往來 井井 汔至 亦未繘井 羸其瓶 凶

모든 사람의 존재 깊은 곳에는 맑은 영혼의 우물이 있다. 영혼은 우리가 살아가면서 거주지를 바꾸듯이 버리고 취할 수 있는 성질의 것이 아니다. 그것은 '하늘'(신)이 부여한 인간 정신의 원천으로서 결코 고갈되는 법이 없다. 공자는 이렇게 은유한다. "거주지를 옮길 수 있어도 우물을 옮길 수 없는 것은 물의 원천이 거기에 있기 때문이다.〔改邑不改井乃以剛中也〕"(「단전」. 원문에서 '강중(剛中)'은 구오효, 즉 샘의 원천을 은유한다.) 영혼은 우물의 원천과도 같다. 사람들이 어디에서 무얼 먹고 살든 물이 있어야 하는 것처럼, 영혼은 사람이 사람답기 위해 필요불가결한 정신의 원천이다.

영혼은 성현이라 해서 넘치게 받고, 범인이라 해서 부족하게 타고난 것이 아니다. "하느님은 인간에게 고결한 영혼을 부여하셨"(기독교)으며, "중생이 모두 불성(佛性)을 갖고 있"으며(불교), "사람은 누구나 밝은 덕성을 타고났다."(유교) 사람들은 이러한 말씀들 중 하나에 집착하여 다른 신앙들을 비판할지 모르지만, 이는 어리석은 태도다. 그것들은 인간 정신의 원천을 서로 다른 방식으로 표현한 것일 뿐이다. 그러므로 그 명칭이야 어떻든 우리는 그것을 자기 안에서 깨닫고 밝히기만 하면 된다. 명칭에 집착하는 사람은 인간 정신의 원천을 자각하지 못했음을 자인하는 것이나 다름없다. 그가 일상생활에서 영혼을 외면하고 방치하는 것은 이의 당연한 결과다.

많은 사람들, 특히 종교인들은 영혼을 신앙한다. 하지만 그들조차도 대부분은 그것을 사후의 내세에서 살아갈 실체나 윤회의 존재 정도로만 여긴다. 죽음의 두려움을 해소하기 위한 수단, 즉 기복 신앙의 방편으로만 믿는다. 그러나 영혼이 현세의 삶을 아름답고 행복하게 해 주는 것이 아니라면 무슨 의의가 있을까? 하느님이 인간에게 영혼을 부여하신 것은 이승에서 맑고 고결하게 살라는 뜻일 텐데 말이다. 이를 외면하는 것은 마치 어떤 사람이 목마름에 우물물을 떠 마시려 하기는커녕 두레박의 끈을 끊어 버리는 짓이나 다름없다. 공자는 말한다. "두레박이 거의 올라왔다 하더라도 그 줄을 우물 위까지 끌어올리지 않는다면 아무런 쓸모가 없으며, 두레박을 엎어 버리므로 낭패를 겪는 것이다.〔汔至 亦未繘井 未有功也 羸其甁 是以 凶也〕"(「단전」) 결국 영혼 부재의 삶은 필연적으로 존재의 갈증을 야기하고 말 것이다. 이것이 우리의 실상이라면 지나친 말일까? 사람들은 영혼의 맑은 샘물은 외면하고, 콜라처럼 자극적인 욕망의 음료수만 찾는다.

우리는 이제부터라도 자기 안에서 영혼의 샘을 찾아야 한다. 영혼의 샘물로 자신의 존재를 아름답고 고결하게 길러야 한다. 일상에서 각종의 욕망으로 더러워지기 쉬운 자신의 존재를 맑은 영혼으로 부단히 정화하지 않으면 안 된다. 혼탁한 세상의 정화도 이렇게 해서만 가능하다. 마치 행인들이 우물물로 목마름을 달래는 것처럼, 사람들은 맑은 영혼을 만나 자신의 존재(삶)의 갈증을 풀 것이다. 공자는 이를 다음과 같이 은유한다. "우물은 그 자리에 있지만 사람들에게 널리 혜택을 펼친다.〔居其所而遷〕"(「계사전」) 그러고 보면 인류의 스승들은 만인의 갈증을 풀어 주는, 세상의 우물과도 같은 존재다. 하지만 그 우물은 바로 나 자신에게도 있다. 스승은 그것을 일깨워 주는 안내자일 뿐이다.

괘상卦象

나무 위로 수액이 오르는 모습이 〈정〉의 형상이다.
군자는 이를 보고서 사람들을 위로하고
서로 도우며 살도록 계도한다.
木上有水 井 君子 以 勞民勸相

　군자가 나무를 바라보고 있다. 그 나무는 우물가의 것일 수도 있겠다. 그는 나무 안에 수액이 흐르는 모습을 상상한다. 그것은 뿌리로부터 올라와 줄기와 가지, 잎 등에 골고루 생명의 자양분을 공급한다. 그는 다시 우물로 눈을 돌린다. 나무가 수액으로 생명 활동을 유지하는 것처럼, 사람들은 우물물을 끌어올려 그것으로 목마름을 풀고 삶을 영위한다.

　그는 이러한 이치를 정신 생활에 활용한다. 그는 인간 정신의 근원, 즉 맑은 영혼으로 자신의 삶을 윤택하게 할 뿐만 아니라 사람들의 고단한 삶을 위로하며 생명의 길로 인도한다. 그의 영혼은 자타 간 분리와 대립을 넘어 정신적 일체감 속에서 만민을, 나아가 만물까지도 따뜻하게 품어 안는다. 그의 영혼의 눈빛으로는 자신이 나무의 뿌리라면 사람들과 만물은 줄기와 가지요 잎사귀다. 그리하여 그는 그들에게 생명의 수액을 제공하려 한다. 자신의 영혼의 샘물로 그들의 삶(존재)의 갈증을 풀어 주고자 한다. 그야말로 "자타 간 동일체 의식 속에서 행하는 커다란 자비[同體大悲]"의 삶이다.

　당연히 군자에게 사회는 사람들이 서로 대립하면 투쟁하는 약육강식의 장이 아니다. 나무의 각 부분들이 서로 의존하고 보완하면서 하나의 통일체를 이루어 생명 활동을 하는 것처럼 사회 또한 거대한 유기체와도 같다. 그러므로 사람들은 마치 세포와도 같이 "서로 의존하고 서로 기다리며, 서로 낳아 주고 서로 이루어 주면서[相依相待 相生相成]" 유기적으로 관계를 맺고 살아야 한다. 그렇게 하지 않으면 모두가 함께 망하고 말 것이다. 세포들이 제멋대로 굴면서 혼란에 빠지면, 유기체가 질병에 이어 죽음에까지 이르는 것처럼 말이다.

군자는 여기에서 자신의 사회적 과제를 찾는다. 그는 사람들에게 대립 투쟁을 그치고 서로 더불어 화해롭게 살도록 계도한다. 그가 교육을 중시하는 까닭이 여기에 있다. 그것은 사람들의 영혼(덕성)을 일깨우려는 노력이다. 『대학』은 이러한 뜻을 책의 첫머리에서 다음과 같이 선언한다. "대학의 이념은 밝은 덕성을 회복하고, 남들의 덕성을 계발시켜 주며, 모두가 진리의 세계에 머물도록 하는 데에 있다.[大學之道 在明明德 在新民 在止於至善]" 여기에서 '밝은'이라는 말은 공자가 덕성에 대한 체험적 깨달음 속에서 행한 형용이다.

효사爻辭

初六
우물의 바닥이 진흙탕이어서 물을 떠먹지 못한다.
오래된 우물이라 짐승들도 오지 않는다.
井泥不食 舊井 无禽

〈정〉괘에서 양효는 맑은 샘물이요, 초육(初六)은 괘의 제일 아래에 있으므로 우물의 바닥에 쌓여 있는 진흙탕이다. 오랫동안 폐기된 우물인 셈이다. 그러니 사람은 물론 짐승조차도 물을 마실 수 없게 되었다. 초육이 육사와 음양으로 호응하지 않음은 어느 누구도 그에게 접근하지 않음을 은유한다.

사람들은 영혼(덕성, 불성)의 빛으로 삶을 밝히려 하지 않는다. 아니 그들은 아예 그러한 관념 자체를 갖고 있지 않다. 그저 세속에 영합하면서 각종 욕망의 진흙탕 속에서 질척거리면서 살아갈 뿐이다. 그러하니 그들에게서 아름답고 고결한 삶을 어떻게 기대할 수 있을까. 그처럼 영혼 없이 진흙탕 속에서 사는 사람들의 인간관계 역시 공허하기 짝이 없을 것이다. 그들은 영혼 없는 만남의 불행을 그렇게 자초하고 있다. 공자는 말한다. "우물물이 진흙탕이어서 물을 떠먹지 못하는 것은 바닥이기 때문이요, 오래된 우물이라 짐승들도 오지 않는 것은 세상의 버림을 받았음을 뜻한다.〔井泥不食 下也 舊井无禽 時舍也〕"(「상전」) 말하자면 정신적으로 '바닥' 생활을 하는 사람과는 아무도 어울리려 하지 않을 것인 만큼 그는 세상의 버림을 받을 수밖에 없다.

九二
우물물이 옆으로 흘러나와 물골을 이루니 붕어가 서식한다.
두레박도 망가져 물이 샌다.
井谷 射鮒 甕敝漏

구이(九二)는 양효이므로 맑은 물의 형상을 갖는다. 하지만 (위로 호응하는 효가 없어) 아무도 그 물을 떠 마시려 하지 않으니, 물이 "옆으로 흘러나와 물골을 이루며", 거기에는 "붕어가 서식한다."고 하였다. '붕어'는 초육을 가리킨 말이다. 그처럼 사람들이 이용하지 않으므로 "두레박도 망가져 물이 샐" 수밖에 없게 되었다.

오늘날 사람들은 편리한 수돗물 생활에 익숙하다. 설령 맑은 우물물, 약수가 있다 하더라도 멀리까지 가서 그것을 떠다가 마셔야 할 불편함 때문에 이제는 우물의 생활 문화를 외면한다. 그리하여 우물이 있다 해도 그것을 더 이상 관리하지 않으니 "우물물이 옆으로 흘러나와 물골을 이루고", "두레박도 망가져 물이 새며", 심지어는 거기에 "붕어가 서식한다." 결국 사람들의 삶에서 우물은 소박하고 그리운 전설이 되었다. 공자는 말한다. "우물물이 옆으로 흘러 물골을 이루면서 붕어가 서식하는 것은 아무도 그것을 이용하지 않기 때문이다.〔井谷射鮒 无與也〕"(「상전」)

우리의 삶에 영혼도 그렇게 되지 않았을까? 물론 처음부터 혼탁한 영혼으로 살려는 사람은 없을 것이다. 누구나 맑은 영혼의 삶을 동경한다. 이를테면 많은 사람들은 젊은 시절 진흙탕의 현실에 반발하면서 순수한 삶의 이상을 품는다. 하지만 그들은 깨끗한 마음, 맑은 영혼이 세상을 살아가는 데 아무런 실익이 없으며, 오히려 핍박을 당함을 점차로 깨닫는다. 결국 사람들은 대부분 영혼의 '샘'을 관리하려는 노력을 이제는 포기하고, 영혼을 길러 올리는 '두레박'도 방치해 버린다. 하지만 세속의 온갖 독소에 오염된 존재의 질병을, 영혼이 새어 나간 삶의 공허를 어떻게 견딜 수 있을까?

九三

우물을 깨끗이 쳐냈건만 아무도 이용하지 않으니
내 마음이 슬프다.
맑은 물을 떠 마실 수 있으련만
임금이 현명하다면 모두 다 같이 복을 받으리라.

井渫不食 爲我心惻 可用汲 王明 幷受其福

구삼(九三)은 양효로 하괘의 제일 위에 있으므로, "우물(바닥의 진흙)을 깨끗이 쳐내" 이제는 사람들이 마실 수 있는 맑은 물이다. 하지만 아직 하괘를 벗어나지 못했으므로 사람들이 물을 길어 올리려 하지 않는다. 음효인 상육의 호응이 있기는 하지만, 그는 힘이 약하여 두레박을 이용할 수가 없다. '현명한' 지도자라면 그런 사람을 기용하여 조직(사회) 구성원을 행복하게 해 줄 것이다.

우리는 자신의 맑은 영혼을 남들이 알아주지 않는다 해서 서운하게 여기거나 영혼을 정화하는 노력을 포기해서는 안 된다. 영혼은 명예를 얻기 위한 처세의 방편이 아니다. 영혼의 샘을 깨끗이 쳐내는 것은 '하늘'(신)이 나를 이 세상에 내놓으신 뜻을 다하기 위해서다. 공자는 사람들이 자신을 알아주지 않음을 자탄하면서도 다음과 같이 말한다. "나는 하늘을 원망하지 않고 사람들을 탓하지 않으며, 세상사를 배워 하늘의 뜻을 깨치려 한다. 나를 알아주는 자는 하늘이리라."(『논어』)

우리는 선비의 공부 정신을 여기에서 짐작해 볼 수 있다. 그는 인간 존재의 심연을 파고들어 그 근저에서 맑은 영혼의 샘물('하늘'의 뜻)을 길어 올려, 그로써 자신의 존재를 정결하게, 삶을 윤택하게 하려 했다. 이황의 시를 한 수 읽어 보자. 그는 〈정〉괘를 소재로 다음과 같이 아름답게 읊는다.

돌 사이 우물물 달고도 시원하네.
찾는 이 없으나 마음 어찌 상하리오.
은둔 생활 여기에 집을 지으니
표주박 한잔 물에 뜻이 서로 맞는구나.
石間井冽寒　　自在寧心惻
幽人爲卜居　　一瓢眞相得(「열정(冽井)」)

아름다운 동영상을 보는 듯하며, 자꾸 읽을수록 많은 여운을 전해 준다. 산속의 우물은 사람들이 자기를 찾아와 떠 마시지 않는다 해서 서운해하지 않는다. 그 또한 남들이 자신을 알아주거나 찾아 주지 않는다 해서 마음 상하지 않는다. 저 "달고도 시원한" 우물물과도 같이 쉬임 없이 맑게 솟아오르는 영혼과, 그로써 정결해진 존재만으로도 기쁨이 넘친다. 그의 평생 공부는 바로 이를 위한 것이었다. 그것은 자신의 '존재의 우물'을 부단히 쳐내 영혼을 맑히는 노력이었다. 그의 시를 한 수 더 음미해 보자.

어제는 샘을 쳐서 맑고 깨끗했는데
오늘 아침 다시 보니 반절쯤 흐려졌네.
알겠구나, 맑은 물도 사람 힘에 달렸으니

공들이길 하루라도 그치지 말아야 함을.

昨日修泉也潔淸　　今朝一半見泥生
始知澈淨由人力　　莫遣治功一日停(「수천(修泉)」)

　오늘날 우리는 자신의 영혼을 정화하려는 노력을 얼마나 하고 있는가? 동서고금으로 성현들이 깨끗이 쳐낸 영혼의 맑은 물을 얼마나 떠마시고 있는가? 성직자는 물론 선생과 정치인에 이르기까지 각급 조직의 지도자들은 영혼의 삶에 얼마나 관심을 갖고 있는가? 공자는 말한다. "우물을 깨끗이 쳐냈건만 아무도 이용하지 않으니 마음에 슬픔이 인다. 임금의 현명함을 고대하는 것은 백성이 복을 받을 수 있기 때문이다.〔井渫不食 行惻也 求王明 受福也〕"(「상전」)

　정말 현명한 지도자라면 구성원들의 물질적 안락 이상으로 정신적 풍요에 관심을 쏟을 것이다. 국민들의 행복지수가 전 세계적으로 높다는 부탄 왕국이 그 사례다. 한편 극소수이기는 하지만 영성(spirituality)의 제고에 관심을 갖는 지도자도 있다. 『메가 트렌드』의 저자에 의하면 그것을 직장 생활의 한 가지 방침으로 내세우는 회사들이 있다고 한다. 이를테면 직원들이 회사에 출근하면 업무에 앞서 사내 방송으로 잠시 명상 음악을 들으면서 마음의 평화와 영혼의 안식을 찾도록 하는 방침이 그 한 예다. 그 결과 직원들의 생활 만족도는 물론 업무의 성취도도 현저하게 향상되었다고 한다.

六四

우물의 돌벽을 쌓으면 오염이 없으리라.

井甃 无咎

초육(初六)은 오래된 우물 속의 진흙탕인데 구삼이 그것을 깨끗이 쳐내고, 구이는 옆으로 새는 우물인데 육사가 돌벽을 수리하여 그 틈을 막는다. 우물의 내부를 청소하여 맑은 물을 고여 둔 하괘의 구삼에 더해, 상괘의 육사는 우물의 외벽을 수리하여 밖으로부터의 오염을 예방하는 것이다.

맑은 영혼을 샘솟게 하는 것은 내면의 정신 수양만 가지고는 안 된다. 일상의 행동거지가 나태하고 방탕하면 마음도 흐트러지면서 영혼이 타락하고 말 것이다. 이를테면 거친 말투와 폭력적 행동에서는 맑은 영혼을 결코 기대할 수 없다. 이러한 이치는 우물의 그것과 다를 게 없다. 즉 우물이 그 원천에서 아무리 맑은 물을 공급한다 하더라도 밖의 오염 물질을 차단하지 않으면 우물물이 더러워질 수밖에 없다. 사람들이 우물에 돌벽을 세우고, 수시로 그 틈새들을 수리하는 이유가 여기에 있다. 공자는 말한다. "우물의 돌벽을 쌓으면 오염이 없을 테니, 우물을 수리했기 때문이다.〔井甃无咎 修井也〕"(「상전」)

그러므로 마음 한순간은 물론 일거수일투족에 이르기까지 경건하고 엄정하게 처신하지 않으면 안 된다. 무리한 생활에 질병이 침입하는 것처럼 방종한 행동거지는 영혼의 눈빛을 흐리게 만든다. 수도사들이 손발의 놀림은 물론 옷매무새에서까지 단아하고 엄숙한 것도 이러한 이유에서다. 그들은 그렇게 해서 맑은 영혼으로 살고자 한다. 이황이 임금에게 올린 『성학십도(聖學十圖)』 가운데 「경재잠(敬齋箴)」의 한 대목을 읽어 보자.

의관을 바르게 차리고, 시선을 존엄하게 가지며, 마음을 고요히 상제를 우러르듯 하라. 발걸음은 장중하게, 손놀림은 조신하게, 땅도 가려서 밟아 개미 두둑까지도 돌아서 가라. 문을 나서 사람들을 만날 때는 손님을 대하듯 하고, 일에 임해서는 제사를 받들듯이 하여, 경건하고 조심스럽게 처신하여, 감히 조금도 안일하게 나서지 말라. 입 지키기를 병마개 막듯 하고, 사심(私心) 막기를 성문 지키듯 하면서 공경하고 엄숙하게 거동하여, 감히 조금도 경솔하게 나서지 말라.(후략)

이 글에서 '사심'이란 '나' 의식을 뜻한다. 일상생활에서 수시로 겪는 일이지만, 우리가 남들과 대립하고 경쟁하며 갈등하는 것은 근본적으로 '나' 의식에 기인한다. '나'가 남들 앞에서 자신의 존재와 자리를 입증하고 인정받으며 강화하려다 보니 그러한 일들이 일어나는 것이다. 모든 부정적 심리, 예컨대 불안, 불화, 질투, 시기, 분노, 저항 등의 감정들은 그러한 '나'가 위협받을 때 나타나는 일반적인 현상이다. 거기에서 남들을 아우르며 더불어 화해롭게 살려는 도덕심이 생겨날 수 없음은 당연하다. 나아가 자타 간 존재(생명)의 순수한 교감을 가능케 해 줄 맑은 영혼은 아예 기대할 수조차 없다. 그러므로 "사심 막기를 성문 지키듯 하면서 공경하고 엄숙하게 거동하는" 것은 도덕심의 함양뿐만 아니라 영혼의 정화를 위해서도 긴요한 방책이다.

九五

우물의 샘물이 맑고 시원하니 마시기가 좋구나.

井洌寒泉食

구오(九五)는 양효로 상괘의 가운데 양의 자리에 올바로 있으므로, 그 원천이 깊고 품질이 순정하다. 그래서 "우물의 샘물이 맑고 시원하다."고 했다. 또 그것이 높은 자리에 있다(샘물이 높은 수위까지 올라와 있다)는 점에서 사람들의 손에 쉽게 닿는다. 그러므로 "마시기 좋다."

우물의 샘물이 마르는 것은 그 원천이 깊지 못하기 때문이다. 아니 설사 원천이 깊다 하더라도 물맛이 좋지 않으면 사람들한테 외면을 당한다. 공자는 말한다. "맑고 시원한 샘물을 사람들이 마시기 좋아하는 것은 그 원천이 깊고 순수하기 때문이다.〔寒泉之食 中正也〕"(「상전」) 마찬가지로 참으로 맑은 영혼은 세속에 부침하는 부박한 자아, 즉 '나'의 식에서는 현전하지 않는다. 그것은 인간 존재의 심연으로 파고드는 수행의 노력 속에서만 체험될 수 있다. 수도자가 세상과 거리를 두고 끝없이 자신의 내면에 침잠하는 이유도 여기에 있다. 신라 때 혜초(慧超)(704~787) 대사가 그처럼 뼈를 깎는 고통으로 혹독한 환경의 파미르 고원을 건너는 구도의 여행을 한 것도 이를 위해서였을 것이다. 그의 시를 읽어 보자.

그대는 서역길 멀다 탄식하지만
나는 동방길 먼 것을 슬퍼하네.

길은 거칠고 산마루엔 눈도 많이 쌓였는데

험한 골짜기엔 도적 떼 우글거리네.

나는 새는 깎아지른 산에 놀라고

떠나는 사람은 기울어진 다리에 난색하네.

평생토록 눈물 씻어 본 일 없었는데

오늘은 걷잡을 수없이 흘러내리네.

君恨西蕃遠　　余嗟東路長

道荒宏雪嶺　　險澗賊途倡

鳥飛驚峭嶷　　人去難偏檥

平生不捫淚　　今日灑千行(「우중한사입번음(遇中漢使入蕃吟)」)

　이러한 고행은 맹목적인 자기 학대가 아니라 세속적 자아를 부정하는 수행의 노력이었다. 육신의 안락이나 추구하면서 현실 생활에 만족하는 한 불법(佛法)에 따라 사는 것이 불가능하기 때문이다. 불성(佛性)(영혼)의 깨달음은 힘(권력이나 재물이나 명예)에 대한 의지와 욕망을 버리는 데에서만 가능하기 때문이다. 그렇게 하여 맑은 영혼으로 사는 그 모습은 아름다움을 넘어 숭고하고 성스럽기까지 하다.

　세속의 생활에 지친 사람들이 그의 가르침에 정신이 상쾌해지는 것도 이 때문이다. 맑고 시원한 물로 목마름을 해소하는 것처럼, 그들은 선각자의 영혼의 말씀으로 존재의 갈증을 푼다. 그러므로 주변에 나의 영혼을 일깨우고 정화시켜 줄 사람이 있다면 나는 더없이 행복할 것이다. 물론 그러한 사람은 반드시 현존의 인물이어야만 하는 것은 아니다. 과거의 성현들이야말로 모두 우리가 받들어 따라야 할 위대한 영혼의 스승들이다.

上六
누구나 물을 떠 마실 수 있도록 우물의 덮개 장치를 하지 않는다.
원천이 깊으니 커다란 기쁨이 샘솟는다.
井收勿幕　有孚　元吉

　　상육(上六)은 괘의 제일 높은 자리에 있으므로 우물 위로 물을 길어 올림을, 그리고 (가운데가 끊어진) 음효이므로 우물의 덮개가 열려 있음을 은유한다. 그러므로 누구나 그 물을 떠 마실 수 있다. "깊은 원천"이란 구오를 가리킨다.

　　우물은 모든 사람들을 위해 존재하며, 그 깊은 원천은 가뭄에도 결코 마르지 않고 사람들에게 맑은 물을 제공한다. 마찬가지로 나와 남의 분별과 대립을 알지 못하는, 이른바 물아일체(物我一體)의 위대한 영혼은 만민을, 나아가 만물을 자신의 품 안에 보듬어 안고 무한한 사랑을 펼친다. 석가모니, 공자, 예수와 같은 성인들이 이를 실제로 보여 준다.
　　이를 우물로 비유해 보자. 사람들은 자신의 삶의 '우물'을 남들이 이용하지 못하도록 덮개로 씌워 사유화한다. 게다가 그들의 우물은 혼탁하기조차 하다. 하지만 위대한 영혼은 그 덮개를 항상 열어 맑은 샘물을 남들과 함께 나눈다. 자타의 분별 의식 속에서 남들을 배제하고 자기만을 위해 사는 혼탁한 '나'의 영혼과 달리, 맑고 깊은 영혼은 그렇게 위대한 사랑으로 산다. 거기에서 샘솟는 기쁨이 어떠할까. 공자는 말한다. "커다란 기쁨이 샘솟아 오르는 것은 자신의 뜻을 크게 성취하기 때문이다.〔元吉在上 大成也〕"(「상전」) "자신의 뜻"이란 맑은 영혼의 샘물로 사람들의 존재의 갈증을 해소시켜 주려는 위대한 사랑의 뜻을 말한다.

49. 개혁의 정신

혁(革)

거듭 말하지만 만사만물은 끝없는 변화의 과정 속에 있다. 이 세상에 불변하는 것은 아무것도 없다. 인생의 파란만장한 변화도 한마디로 압축하면 '생로병사'의 역정이다. 공자는 흐르는 시냇물 앞에서 이러한 이치를 직관하면서 다음과 같이 감탄한다. "모든 변화가 마치 물의 흐름과도 같구나. 밤낮으로 그침이 없도다!"(『논어』) 사실 지금까지 살펴온 것처럼, 『주역』은 이러한 변화의 이치를 삶 속에서 적절히 응용하려는 지혜의 책이다.

괘의 변화도 당연히 그러한 이치를 담고 있다. 앞선 모든 괘들이 그러했지만, 〈혁(革)〉괘에서도 마찬가지다. 공자의 말을 들어 보자. "우물의 시설을 바꾸지 않으면 안 된다. 그래서 〈정〉에서 〈혁〉으로 이어졌다.〔井道 不可不革 故受之以革〕"(「서괘전」) 즉 우물도 변하는 만큼, "우물을 깨끗이 치고"(〈정〉괘 구삼효), "우물의 벽돌을 수리하는"(육사효) 등 "시설을 바꾸어야" 한다는 것이다. 그렇게 하지 않으면 물이 오염되어 그것을 마실 수 없기 때문이다. 과거 시골에서 공동 우물을 이용할 당시에 동네 사람들이 1년에 한두 차례씩 반드시 우물을 쳤던 까닭도 여기에 있었다.

삶과 사회도 마찬가지다. 시대는 변하는데 기존의 것을 고수하려는 사람은 도태와 파멸을 면치 못한다. 그러므로 우리는 자신의 사고나 생활방식이 삶을 건강하게 촉진하는지, 또는 현재의 사회 체제나 지도 이념이 여전히 생산적 의의를 갖고 있는지 여부를 항상 성찰하면서 부단히 혁신을 꾀해야 한다. 공자는 말한다. "(무슨 일에서든) 곤궁하면 변화를 꾀해야 한다. 변하면 형통의 길을 얻을 것이며, 형통하면 오래도록 누릴 수 있다.〔窮則變 變則通 通則久〕"(「계사전」) 물론 곤궁을 겪기 전에 능동적으로, 시의 적절하게 변화를 도모하는 것이 최상의 지혜다.

"궁즉통(窮則通)"이라는 말이 여기에서 나왔을 것이다. 이에 대해 사람들은 흔히, "궁지에 몰리면 변통수가 생기는 법"이라는 뜻으로 이해한다. 하지만 궁지에서 변통수를 찾지 못하는 경우도 허다하다. 아니 궁지 속에서도 변화를 꾀하지 않고 여전히 구태의연하게 나서는 사람들도 많다. 수구적인 인물들이 그 예에 해당된다. 그들은 기왕의 사회질서(체제)에 안주하면서 한사코 변화를 거부한다. 자신들의 입지와 기득권이 위협받을 것을 염려해서다. 하지만 시대와 민심의 변화를 읽지 못하는 그들은 필연적으로 패망하거나 도태되고 말 것이다.

이를 괘의 상징과 속성상에서 살펴보자. 상괘 '태(兌)'==와 하괘 '리(離)'==는 각각 연못과 불의 상징을 갖는다. 이는 불이 연못(의 물) 아래에 있어서 상극의 모습을 보여 준다. 즉 물이 불을 끄려 하고, 불이 물을 말려 버리려 한다. 즉 서로를 변혁시키려 한다.(육십사괘의 마지막 직전 〈기제(旣濟)〉괘 또한 물과 불의 상징을 갖지만 후술하는 것처럼 이와는 함의가 다르다.) 결국 양자는 대립과 상극 속에서 무언가 달라진 모습을 드러내게 될 것이다.

또한 상괘와 하괘는 각기 음효를 하나씩 갖고 있으므로 막내딸(상괘의 마지막 효)과 둘째딸(하괘의 가운데 효)의 상징을 갖고 있기도 하다. 그들은 부모의 사랑을 얻기 위해 사사건건 서로 부딪치고 다툴 것이다. 이는 부정적인 뜻만을 갖지 않는다. 그들의 대립과 갈등은 서로를 변화(성장)시켜 주고, 나아가 가정의 분위기를 변화시키기도 할 것이다. 공자는 말한다. "〈혁〉은 물과 불이 상극하며, 두 딸이 한 집에 살면서 뜻이 서로 맞지 않는 상이다. 이는 변혁을 예고한다.〔革 水火相息 二女同居 其志不相得 曰革〕"(「단전」)

한편 상괘는 기쁨을, 하괘는 밝은 지혜를 속성으로 갖는다. 이는 사람들이 개혁의 자리에서 갖추어야 할 자세를 일러 준다. 사세의 흐름을 읽을 줄 아는 지혜로운 안목으로 삶의 기쁨을 창출할 개혁을 꾀해야 한다는 것이다. 안목이 없는 사람은 개혁하려 하지 않을 것이요, 설사 개혁한다 하더라도 자칫 불행과 고통을 자초할 수 있다. 〈혁〉괘는 이러한 뜻을 주제로 갖는다. 그것은 특히 사회 개혁의 문제를 논의의 중심에 둔다.

괘사卦辭

개혁은 때가 무르익어야 신뢰를 얻을 수 있다.

크게 성공하리라.

올바른 정신을 지켜야 후회가 없을 것이다.

革 巳日乃孚 元亨 利貞 悔亡

어떤 일이든 오래 지속되다 보면 그 내부에 갖가지 갈등과 대립, 모순들이 쌓이면서 위기의 사태를 빚어낸다. 거시적으로 살피면 자연 현상의 변화 역시 이의 한 예에 해당된다. 하늘과 땅 사이에서 음양의 기운이 서로 대립하고 추동하면서 사계절의 변화가 일어나고, 그 가운데에서 만물이 끊임없이 생장 쇠멸한다. 앞서 인용한 바 있지만 공자의 말을 다시 한 번 들어 보자. "해가 지면 달이 뜨고 달이 지면 해가 떠서 해와 달이 서로 추동하면서 빛의 세상을 만들어 내고, 추위가 가면 더위가 오고 더위가 가면 추위가 와서 추위와 더위가 서로 추동하면서 1년 사계절을 지어낸다."(「계사전」)

인간 사회도 예외가 아니다. 이를테면 하나의 사회 체제가 오래 지속되다 보면 침체를 면치 못하며, 따라서 그에 저항하여 개혁을 요구하는 세력이 생겨나기 마련이다. 모든 세대, 모든 사람들에게 유효한 불변의 체제는 없다. 특히 그 체제가 사람들의 삶을 핍박하고 억압하는 경우에는 더욱 그렇다. 혁명도 여기에서 비롯된다. '혁명'이란 문자 그대로 풀이하면 천명[命]을 바꾼다[革]는 뜻이다. 왕조 시절 하늘이 구 체제의 임금에게 민생을 잘 보살피라고 내렸던 통치의 명령을 거두어, 민심을 대변하는 새로운 인물에게 통치의 임무를 맡긴다는 것이다.

이러한 '천명'은 신비적인 것이 아니다. 그것은 바로 민심에 담겨 있다. 말하자면 "민심이 천심"이다. 맹자는 말한다. "하늘이 바라보는 것은 우리 백성들이 바라보는 데에, 하늘이 듣는 것은 우리 백성들이 듣는 데에 있다."(『맹자』) 그러므로 혁명은 민심의 신뢰와 동의 속에서만 정당성을 얻을 수 있다. 그 대표적인 사례로 중국 고대 사회에서 탕(湯) 임금과 무왕(武王)이 일으킨 혁명을 들 수 있다. 공자는 이를 범자연적인 이치로까지 살펴 다음과 같이 찬탄한다. "천지의 기운이 바뀌면서 사계절이 이루어지고, 탕 임금과 무왕이 혁명을 일으켜 하늘의 뜻을 따르고 민심에 호응하니, 변혁의 때가 위대하구나![天地革而四時成 湯武革命 順乎天而應乎人 革之時 大矣哉]"(「단전」) 탕 임금은 하(夏)나라의 마지막 임금 걸(桀)을 혁명하여 은나라를 건국하고, 무왕은 은나라의 마지막 임금 주(紂)를 혁명하여 주나라를 건국한 인물들이다.

물론 혁명은 말할 것도 없고 한 사회를 개혁하기란 결코 쉬운 일이 아니다. 개혁의 대상인 기존의 사회 질서와 체제에 안주해 온 많은 사람들은 개혁 자체에 대해 본능적으로 거부감을 느낄 것이기 때문이다. 오늘날 정치 지형의 변화를 싫어하는 중산층의 보수적 성향이 이를 잘 말해 준다. 그러므로 사회의 개혁을 꾀하는 데에는 사람들의 신뢰와 지지를 얻기 위한 설득의 노력이 무엇보다 선행되어야 한다. 개혁의 때를 놓쳐서도 안 되지만, 너무 앞질러 나감으로써 사람들의 외면을 받는다면 실패를 면할 수 없다. 개혁의 때가 무르익었는지 여부를 판단할 척도가 여기에 있다. 즉 개혁의 성공은 "사람들의 신뢰" 속에서만 가능하다. 공자는 말한다. "때가 무르익어야 신뢰를 얻을 수 있으니, 개혁을 하려면 사람들의 신뢰를 쌓아야 한다.[巳日乃孚 革而信之]"(「단전」)

또 하나의 조건이 있다. "올바른 정신"을 지켜야 한다는 것이다. 일차적으로 개혁의 명분이 정당해야 한다. 그것은 모든 사람들의 행복을 증진하는 것이어야 하지, 개혁에 나선 사람들의 사적인 이익을 위한 것이어서는 안 된다. 정치 현장에서 예를 들면 혁명과 쿠데타의 차이점

한 가지가 여기에 있다. 또한 개혁의 명분뿐만 아니라, 그 구체적인 실행 방법까지도 올바르지 않으면 안 된다. 만약 비민주적이거나 간교한 수단을 동원한다면 그러한 개혁은 설사 성공한다 하더라도 또 다른 폐해를 초래할 것이다. 공자는 말한다. "지혜롭고 또 기쁨을 주어야 크게 성공하고 정의로울 것이며, 개혁이 도리에 합당해야만 후회가 없을 것이다.[文明以說 大亨以正 革而當 其悔乃亡]"(「단전」)

괘상卦象

연못 가운데 불이 있는 모습이 〈혁〉의 형상이다.
군자는 이를 보고서 역법을 정리하여 시절의 원리를 밝힌다.
澤中有火 革 君子 以 治歷明時

"연못 가운데 불"이라 했지만, 상하괘의 위치를 고려하면 "연못 속의 불"이라 말하는 것이 정확하다. 그리하여 물과 불이 상극 관계로 서로를 변화시키면서 새로운 사태를 야기한다. 사계절의 변화도 이와 마찬가지다. 그것은 음기와 양기의, 오행으로 따지면 수기(水氣)와 화기(火氣)의 상호 대립과 추동 속에서 전개되는 시간 변화의 양상이며, 만물은 이에 따라 생성 소멸의 변화를 영원히 거듭한다. 태극기의 네 변에 건(乾)☰ 곤(坤)☷ 감(坎)☵ 리(離)☲의 단괘가 놓인 것도 이러한 인식을 토대로 한다. 하늘(건)과 땅(곤)의 운행 속에서 물(감)과 불(리)이 작용하여 만물의 생성 변화가 일어난다는 것이다.

군자는 이러한 변화 현상을 관찰하여 거기에 내재된 자연의 이치를 인간의 삶에 응용한다. '역법(曆法)'이 그것이다. 역법이란 천체의 변화에 입각하여 계절별, 또는 월(일)별로 따라야 할 생활의 원리를 정해 놓은 것으로 오늘날 달력과도 같다. 예컨대 입춘이 되면 농사를 준비하고, 입추를 전후해서는 김장용 채소를 심는 것이 좋다는 식이다.

삼복(三伏)의 세시풍속도 그 한 유형에 해당된다. 삼복의 날짜는 음양오행의 원리를 응용한 것으로, 옛사람들이 한여름 무더위의 추이를 그처럼 초·중·말복으로 나눈 데에는 건강 정보의 뜻이 담겨 있다. 삼복날 사람들이 보신탕을 찾는 풍속도 거기에서 나왔을 것이다. 옛날만 하더라도 한여름의 무더위를 이기기 위해 보양할 수 있는 방법으로는 개고기만 한 것이 없었기 때문이다. 그 밖에 세시풍속을 적은 각종의 책은 그와 같은 생활의 지혜를 다양하게 일러 준다.

효사爻辭

初九
황소 가죽의 끈으로 단단하게 매어 두어야 한다.
鞏用黃牛之革

초구(初九)는 시기적으로나 그 위상으로나, 또는 성질상 일의 개혁에 적절하지 않다. 초효이므로 아직은 때가 무르익지 않았고, 제일 아랫자리에 있어서 호응하는 이도 없으며, (하괘 '리'의) 불 같은 성질상 일에 너무 성급한 경향이 있기 때문이다. 그러므로 그가 개혁의 일에 나섰다가는 실패를 면치 못할 것이다. 이를 피하기 위해서는 "황소 가죽의 끈"과 같은 것으로 자신의 성급함을 단단하게 묶어 두지 않으면 안 된다. 소는 유순한 짐승이요 황소의 누런색은 적청황흑백(赤靑黃黑白)의 다섯 색깔 가운데 중앙의 색이다. 여기에는 은유가 담겨 있다. 개혁에 성급하게 나서지 말고 중용의 정신으로 자신을 단단하게 묶어, 아직은 일의 추이를 조용히 관망해야 한다는 것이다.

앞서 괘사에서 강조한 것처럼 어떤 일이든 때가 무르익어야 변하는 법이다. 그러므로 시대가, 사람들이 나를 부를 때까지 기다려야 한다. 옛격언은 말한다. "나라가 어지러울 때에는 사람들이 충신의 출현을 고대한다.〔國難則思忠臣〕" 만약 사람들이 그러한 염원을 갖고 있지 않다면, 그것은 아직 개혁의 때가 도래하지 않았다는 반증이다. 그런데도 자신의 충정만으로 성급하게 일에 나선다면 실패를 면할 수 없다. 사람들이 호응해 주지 않을 뿐만 아니라 오히려 의심하고 비난할 것이기 때문이다.

그러므로 아직 때가 이르지 않았다고 판단되면 사세를 조용히 관망할 필요가 있다. 마치 황소 가죽의 끈으로 어떤 물건을 매어 두듯이, 마음의 중심을 단단히 잡아 두고서 때를 기다리도록 해야 한다. 공자는 말한다. "황소 가죽의 끈으로 단단하게 매어 두는 것은 행동에 나서면 안 되기 때문이다.〔鞏用黃牛 不可以有爲也〕"(「상전」) 물론 감나무 아래에 입 벌리고 누워 감 떨어지기만 바라듯이 해서는 안 된다. 미구에 도래할 개혁의 때를 위해 끊임없이 자신의 힘을 길러야 하며, 사람들의 신뢰를 쌓아 나가야 한다..

六二

때가 무르익었으면 개혁에 나서라.

행동에 나서면 성공할 것이요

과오가 없으리라.

已日 乃革之 征 吉 无咎

육이(六二)는 하괘의 가운데에서 음효로 음의 자리에 올바로 있으므로, 과불급이 없고 바른 덕을 갖고 있다. 또한 (하괘의 가운데에서 그 속성인) 밝은 지혜도 있어서 위로 구오의 호응을 얻고 있다. 그러므로 그는 덕망이나 통찰력이나 사람들의 호응 등 모든 면에서 조건을 완벽하게 갖추었으므로 개혁에 적극적으로 나서야 할 시점에 있다. 다만 (음효라서) 그의 성품이 과감하지 못하고 유약하여 자칫 기회를 놓칠 수도 있다. 그래서 "행동에 나서면 성공할 것"이라고 격려했다.

어떤 일을 개혁하는 데에는 때와 지혜, 사람들의 신뢰와 호응이 필요하지만, 그에 못지않게 과감한 추진력 또한 중요한 요소가 아닐 수 없다. 때가 무르익고 밝은 지혜를 갖고 있으며, 사람들의 전폭적인 호응이 있는데도 우물쭈물하면서 실행에 옮기지 못한다면 일의 실패는 물론 사람들의 비난을 피할 수 없을 것이다. 공자는 말한다. "때가 무르익어 개혁에 나서면 유종의 미를 거둘 것이다.〔已日革之 行有嘉也〕"(「상전」)

옛날의 사례를 하나 들어 보자. 사육신이 세조를 죽이고 단종을 복위하기 위해 거사를 꾸몄을 때의 일이다. 당시 성삼문과 박팽년이 당일 사정이 여의치 않음을 이유로 뒷날로 미룰 것을 강력하게 주장하는 바람에 그 실행이 중지되었다. 결국 동모자 가운데 한 사람이 변심하여 일을 고발했고, 그로 인해 그들은 거사의 실패와 처형을 면할 수 없게 됐다. 그들이 세조의 혹독한 심문을 받는 자리에서 무관 출신이었던 유응부는 다음과 같이 말했다고 한다. "글쟁이들과는 일을 함께 도모할 수 없다더니, (중략) 그대들처럼 꾀와 수단이 없다면 무엇에 써먹겠는가!"(『연려실기술』)

九三
행동에 나서면 실패할 것이다.
제자리만 지키고 있는 것도 위험하다.
개혁의 이야기가 세 번 나오면 믿을 수 있으리라.
征 凶 貞 厲 革言 三就 有孚

구삼(九三)은 하괘의 제일 위에서 때가 무르익었지만, (양효로 양의 자리에 있으므로) 지나친 강성이라서 개혁에 무모하고 성급한 자다. 그러므로 "행동에 나서면 실패할 것"이라고 충고했다. 하지만 그렇다고 해서 "제자리만 지키고 있는 것도 위험하다." 왜냐하면 그것은 개혁의 시대적 요구를 외면하는 일이기 때문이다. 그러므로 자신의 강성과 성급한 마음을 달래면서 사람들에게서 "개혁의 이야기가 세 번 나올" 때까지 기다릴 필요가 있다. 사람들이 그에게 개혁의 일에 나설 것을 여러 차례 요청할 때까지는 행동을 자제해야 한다는 것이다. 이 경우에 상육과의 호응은 고려되지 않는다. 상육은 구오와 가까워서 연대하고 있기 때문이다.

개혁은 과감한 추진력을 필요로 하지만, 그렇다고 해서 강성으로 나서서는 안 된다. 그것은 실패의 또 다른 요인이다. 개혁의 명분이 아무리 정당하다 하더라도 일을 너무 강하게 밀어붙이면 일반인들의 정서에 반하여 지지를 받기가 어렵기 때문이다. 우리는 그 실례를 급진적인 정치 성향과 노조 활동에서 종종 목격한다.

물론 그렇다고 해서 개혁의 일을 망설이기만 해서도 안 된다. "제자리만 지키는" 소극적인 태도는 보수주의에 동조하는 것이나 다름없으므로 사람들의 비난을 면할 수 없다. 그러므로 사태의 추이를 주의 깊게 살필 필요가 있다. 민심의 흐름을 파악하는 것이 그 한 가지 방법이다. 만약 "개혁의 이야기가 세 번 나오면", 즉 개혁의 염원이 사회적으로 공론화되면 일을 맡아 성공적으로 수행할 수 있을 것이다. 공자는 말한다. "개혁의 이야기가 세 번 나오는데, 또 어디로 갈 수 있겠는가.〔革言三就何之矣〕"(「상전」) 개혁 이외의 다른 길을 택하지 말라는 것이다.

九四
후회하지 않으리라.
진정성 있게 사람들을 재삼 일깨우면 성과를 거둘 것이다.
悔亡 有孚 改命 吉

초구에서 구삼까지 아래의 세 효는 개혁에 앞서 가져야 할 과감하면서도 사려 깊은 태도를 주문하고 있지만, 구사부터는 개혁의 본 궤도에서 수행해야 할 과제를 다루고 있다. 구사는 양효로 음의 자리에 잘못 있으므로, 처신이 바르지 못해 개혁의 상황을 정리할 자격을 갖지 못한 것처럼 보인다. 하지만 (양효로서) 강함과 (음의 자리에서) 부드러움의 조화를 얻고, 또 (양효로서) 구오와 뜻을 함께하므로 문제가 없다. 다만 아래에서 그에게 호응하는 자가 없어서 고민스러운 점도 있을 수 있지만, 그 역시 "진정성 있게 사람들을 재삼 일깨우면 성과를 거둘 것"이라고 격려하였다.

참다운 개혁은 제도나 체제를 바꾸는 것만 가지고는 안 된다. 낡은 의식과 가치관을 함께 바꾸는 작업이 병행되어야 한다. 이러한 작업은 지난날의 타성에 젖어 있는 사람들의 거부감을 일으키기도 할 것이다. 낡은 의식을 청산하고 새 시대의 가치를 습득하는 등 자신의 사고 지형을 바꾸는 데에는 긴장과 고통이 뒤따르기 때문이다. 우리 사회가 과거의 유신 독재와 군사 정권을 넘어뜨리고 이제는 민주주의의 제도를 대체로 갖추어 놓았으면서도 많은 사람들이 여전히 비민주적인 의식 수준에 머물러 있는 것도 이 때문일 것이다. 그들이 독재자를 위대한 지도자로 여기고 있는, 웃지 못할 희한한 사실이 이를 잘 말해 준다.

이러한 현실 앞에서 개혁의 의지를 후퇴시켜 과거의 낡은 가치와 적당히 타협하려 해서는 안 된다. 지도자는 새 시대와 사회를 이끌 가치와 이념을 천명하여 그것으로 사람들을 일깨워야 한다. 참다운 개혁은 이렇게 해서만 가능하다. 다만 사람들의 의식은 제도처럼 결코 단시일 내에 개혁될 수 있는 것이 아니므로 성급하게 나서서는 안 된다. 그것은 장구한 시간과 노력을 요하는 만큼 "진정성 있게 사람들을 재삼 일깨워야" 한다. 그 노력은 결코 헛되지 않을 것이며 "후회하지 않을 것이다." 설사 개혁의 과제를 완수하지 못한다 하더라도 사회를 한 단계 끌어울리는 "성과를 거둘 것이다." 공자는 말한다. "사람들을 재삼 일깨우면 성과를 거둘 테니, 그들이 나의 진심을 믿어 따를 것이기 때문이다.〔改命之吉 信志也〕"(「상전」) 아직도 혼란의 와중에 있는 우리 사회에서 지도자들은 이러한 문제의식을 얼마나 갖고 있을까?

九五
대인이 사회를 호랑이의 줄무늬처럼 찬란하게 혁신한다.
점을 칠 것도 없이 신망을 얻으리라.
大人 虎變 未占 有孚

　구오(九五)는 괘의 가장 중심적인 자리에 있으므로 개혁의 주체요, 상괘의 가운데 양의 자리에 양효로 올바르게 있으므로 '대인'의 풍모를 갖는다. 『주역』에서 용과 호랑이는 대인의 상징성을 갖는다. 호랑이는 가을에 털갈이를 통해 줄무늬를 아름답게 갖춘다. 이는 지도자가 호랑이와도 같은 위엄으로 "사회를 호랑이의 줄무늬처럼 찬란하게 혁신함"을 말하고 있다. 이에 아래의 육이는 물론 모든 사람들이 그를 믿어 따른다. 그러므로 그의 개혁은 굳이 '점'(신탁)에 의지할 필요가 없다.

　호랑이는 가을이 되면 털갈이를 한다. 그 털은 지난 봄여름의 것과는 달리 매우 윤기가 나고 무늬가 선명해진다. 사람들은 호랑이의 그와 같은 모습을 보고는 아름다운 줄무늬를 찬탄하면서 그 위엄에 눌릴 것이다. 지도자는 이러한 호랑이와도 같이 역량과 위엄을 가져야 한다. 그래야만 사람들의 존경과 신망을 얻을 수 있으며, 사회의 개혁도 완수할 수 있다. 공자는 말한다. "대인의 혁신이 호랑이의 줄무늬와도 같아 그 문채가 찬란하다.〔大人虎變 其文炳也〕"(「상전」)

우리는 이의 역사적 사례를 무왕(武王)에게서 본다. 그는 성왕(聖王)으로 숭배되는 만큼, 그의 역량과 덕망, 위엄은 부연할 필요가 없다. 혁명에 성공한 뒤 그는 동생이었던 주공(周公)의 보필 속에서 이전 은나라의 신 중심 문화를 인문 중심의 것으로 바꾸어 나갔다. 주나라의 예악(禮樂) 문화가 그것이다. 그것은 마치 털갈이를 한 호랑이의 아름다운 무늬와도 같은 것이었다. 사회의 변혁기에 위대한 지도자라면 이처럼 "호랑이의 줄무늬"와도 같은 새 시대의 이념과 가치를 확고하게 갖고서 실현할 것이다.

上六
군자는 표범의 얼룩무늬와도 같이 자신을 혁신하지만
소인은 얼굴빛을 고치는 데에 그친다.
밀어붙이면 좋지 않다.
올바른 정신을 지키면 성과를 거두리라.
君子豹變 小人革面 征 凶 居貞 吉

상육(上六)은 괘의 마지막 효이므로 개혁의 완결 시점에 와 있다. 다만 이는 상육이 이루어 낸 것이 아니라 구오와 같은 '대인'의 성과물이다. 그러한 사회에서 '군자'는 마치 표범이 계절의 변화에 따라 털갈이를 하듯이 자기 혁신의 노력을 다한다. 이에 반해 '소인'은 혁신의 노력은 없이 겨우 겉으로 "얼굴빛만 고치는 데에 그칠" 것이다. 여기에서 '군자'는 의식 있는 사람을, '소인'은 시류를 쫓는 일반 대중을 가리킨다. 이러한 소인을 못마땅하게 여긴 나머지 그를 혁신하기 위해 "밀어붙이면 좋지 않다." 세상에 모든 사람들이 군자가 될 수는 없는데 그들을 밀어붙이면 반발을 불러일으킬 것이기 때문이다. 다만 대인 군자는 스스로 "올바른 정신"을 지킴으로써 사회의 푯대가 되도록 해야 한다.

사회 각 분야의 지도적 위치에 있는 사람들은 개혁의 시절에 부단한 자기 혁신의 노력과 함께 새 사회의 과제를 지속적으로 추진해야 한다. 사회의 개혁은 그 체제가 바뀌는 것으로 완결되는 것이 아니다. 각 분야에서 사회를 이끌어 나가는 사람들이 구태의 사고방식을 버리지 않는 한 개혁은 도로 아미타불이 되고 말 것이다. 게다가 개혁으로 인해 피해를 입는 보수 세력은 "잃어버린 10년"을 너무 아쉬워하면서 구시대로 되돌아가려 획책할 것이다.

그러므로 지도자는 개혁의 표면적 성과에 만족해서는 안 된다. 개혁은 여전히 사회의 지속적인 과제가 되어야 한다. 특히 개혁에 동참했던 사람들은 개혁의 공로와 이득에 마음을 두지 말고 자기 자신을 먼저 철저하게 혁신하지 않으면 안 된다. 그렇게 하지 않으면 개혁의 진정성을 의심받을 것이다. 사람들은 "그 인물이 그 인물"이라는 비난을 하면서 개혁을 회의하고, 오히려 구시대를 그리워할 것이다. 그러므로 이때야말로 "표범의 얼룩무늬와도 같이 자신을 혁신해야 한다."

사회 개혁에 앞장 선 사람들이 주의해야 할 일이 또 한 가지 있다. 본인은 개혁의 선도자로서 새 시대의 이념에 따라 부단히 자기 혁신을 해 나가야 하지만, 그것을 보통 사람들에게까지 너무 강요해서는 안 된다는 점이다. 그들은 개혁의 성과를 누리려 할 뿐, 군자와 같이 자신의 삶을 혁신하려는 생각을 하지 않기 때문이다. 생활의 안정을 바라는 소시민들에게 그것을 지나치게 요구한다면, 그들은 개혁의 피로감을 느껴 틀림없이 반발할 것이다. 그러므로 지도자는 다만 새 시대의 '올바른 정신'으로 사회의 기강을 확립하여 그들이 알게 모르게 서서히 젖어들게 해야 한다. 공자는 말한다. "군자가 표범의 얼룩무늬와도 같이 자신을 혁신하여 문채가 아름다우니, 소인이 얼굴빛을 고치면서 그를 순순히 따를 것이다.〔君子豹變 其文蔚也 小人革面 順以從君也〕"(「상전」)

50. 쇄신과 성숙

정(鼎)

한 사회의 지도자는 호랑이나 표범과도 같은 대인군자의 위엄과 역량을 가져야 한다. 물론 그것은 타고나거나 저절로 주어지는 것이 아니다. 호랑이와 표범이 산중의 제왕이 되는 데에도 어려서부터 수많은 학습을 거치는 것처럼 우리 역시 끝없는 노력을 통해서만 대인군자의 도량을 얻을 수 있다. 이는 무슨 '지도자 과정'을 밟아 사람들을 관리하고 경영하는 기술을 배워야 한다는 뜻이 아니다. 사람들로부터 인간적 신뢰와 존경을 얻을 수 있도록 평소에 삶을 올바로 가꾸고 다스려 나가야 한다. 진리와 도의의 정신으로 자신을 부단히 쇄신하고 성숙시켜 나가야 한다. 호랑이나 표범과 같은 위엄도 여기에서만 생겨날 것이다.

군자가 "일신 우일신"의 수양 노력을 게을리하지 않는 것도 이러한 이유에서다. 속세의 때를 씻어 자아를 부단히 향상 성숙시키려는 것이다. 물론 그것은 지도자가 되려는 세속적인 목적을 위해서가 아니다. 그의 근본적인 관심은 인간의 고결한 본성을 회복하는 데에 있다. 달리 말하면 평생토록 자아를 닦고 길러 완전한 인격을 성취하는 것이 그의 궁극 이념이다. 지도자의 역량은 그러한 노력의 부수적인 사항일 뿐이다. "군자삼락(君子三樂)"으로 알려져 있는 맹자의 말을 들어 보자.

군자에게는 세 가지 즐거움이 있다. 천하에 왕 노릇 하는 일은 거기에 끼지 않는다. 부모가 다 살아 계시고 형제들이 무고한 것이 첫 번째 즐거움이요, 우러러 하늘에 부끄럽지 않고 아래로 사람들에게 부끄럽지 않은 것이 두 번째 즐거움이며, 천하의 뛰어난 인재들을 가르치는 것이 세 번째 즐거움이다. 군자에게는 이와 같은 세 가지 즐거움이 있다. 천하에 왕 노릇 하는 일은 거기에 끼지 않는다.(『맹자』)

군자의 수양은 비유적으로 말하면 음식물의 날 것을 솥에 넣어 익히는 것과도 같다. 즉 육체의 '날 것'이 욕망하는 대로 살지 않고 자신의 존재 전체를 진리와 도의의 정신으로 쇄신하고 성숙시키려는 것이다. 〈정(鼎)〉괘는 이러한 뜻을 주제로 갖는다. '정'이란 본래 솥을 뜻하는 말이다. 공자는 말한다. "물건을 변혁시키는 것으로는 솥만 한 도구가 없다. 그래서 〈혁〉에서 〈정〉으로 이어졌다.〔革物者 莫若鼎 故受之以鼎〕"(「서괘전」) "〈혁〉은 옛 것을 제거하는 뜻을, 〈정〉은 새 것을 성취하는 뜻을 갖는다.〔革 去故也 鼎 取新也〕"(「잡괘전」)

이를 괘의 구조와 상징과 속성상에서 살펴보자. 〈정〉괘는 하괘 '손(巽)'━━과 상괘 '리(離)'━━로 이루어져 있다. 그 구조상 제일 아래의 음효는 솥의 두 다리요(원래 야외에 설치되는 솥의 다리는 세 개지만 여기에서는 그것을 음효로 상징화했다.), 가운데 세 양효는 솥 내부의 음식물이며, 위의 음효는 솥의 양쪽 귀요, 제일 위의 양효는 그 귀를 꿰어 솥을 운반하는 쇠막대기를 상징한다.

또한 상괘는 불을, 하괘는 나무를 상징한다. 이는 불이 나무에 붙어 타오르는 형상이다. 이를 괘의 구조와 결합시키면 사람들이 솥 아래에 나무를 넣어 불을 지피는 모습을 보여 준다. 불을 때서 솥 안의 음식물을 삶아 익히려는 것이다. 그것을 섭취하여 생명을 보양하기 위해서다. 공자는 말한다. "'솥은 상징적 의미를 갖고 있다. 솥 아래에 나무를 밀어 넣어 불을 때는 것은 음식물을 삶아 익히기 위해서다.〔鼎 象也 以木巽火 亨飪也〕"(「단전」) 이는 자아의 쇄신과 성숙을 은유한다.

한편 하괘 '손'은 겸손한 마음을, 상괘 '리'는 사리통찰의 지혜를 속성으로 갖는다. 이는 자아의 쇄신과 성숙을 위한 조건을 말하려 하고 있다. 진리(와 도의) 앞에서 겸손한 태도와, 그리고 진리를 성찰할 줄 아는 총명한 지혜를 가져야 한다는 것이다. 자신감에 차 있는 오만한 마음은 쇄신과 성숙의 의지를 갖지 않을 것이요, 진리를 외면하는 어리석음은 삶을 잘못된 길로 인도할 것이기 때문이다.

공자는 이러한 뜻을 다음과 같이 말한다. "겸손한 마음에다가 이목이 총명하고, 유연한 정신으로 자아의 향상을 추구하며, 흔들리지 않는 중심으로 굳건하게 나서야 한다. 그러면 삶의 충만감을 얻을 것이다.〔巽而耳目聰明 柔進而上行 得中而應乎剛 是以元亨〕"(「단전」) 여기에서 "유연한 정신"은 "겸손한 마음"에서 나오는 하괘의 또 다른 속성이기도 하다. 마음이 겸손하므로 세상사에 유연할 수 있다. 오만한 마음은 주관과 고집이 강해서 결코 유연할 수 없다. "흔들리지 않는 중심"이란 진리의 정신을 함축한다. 자아의 쇄신과 성숙은 그처럼 겸손하고 총명하며 유연하게 진리를 추구하는 노력 속에서만 이루어질 수 있다.

괘사卦辭

쇄신과 성숙의 정신은 삶에 충만감을 주리라.

鼎 元亨

사람들은 대부분 삶의 의미에 관해 진지하게 생각하거나 고민하려 하지 않는다. 어제 살았던 것처럼 오늘도, 그리고 내일도 속세에 부침하면서 삶의 피상만 핥아댄다. 그들이 허무에 빠지는 이유가 여기에 있다. 삶의 의미를 확보해야 허무를 극복할 수 있는데, 그것에 무관심하기 때문이다. 이는 마치 우족을 장시간 동안 충분히 고아 사골국을 진하게 우려내지 않고, 그저 "소가 헤엄쳐 건너게 하듯 하여" 멀건 국물만 마시는 것이나 마찬가지다. 그렇게 '개념 없이' 살아가므로 당연히 삶의 영양실조를 면치 못한다.

그들은 대신 삶(존재)의 영양제를 부귀영화에서 찾거나, 아니면 그것의 덧없음을 겪은 사람들은 기껏 신에게서 얻으려 한다. 하지만 부귀영화의 허상은 논할 것도 없고, 신의 말씀을 숙고하고 그에 따라 삶의 의미를 진지하게 실현하려 하지 않는다면 그게 무슨 의의가 있을까? 신의 구원만 바라는 기복 신앙이 과연 삶의 영양실조를 면하게 해 줄까? 이와 관련하여 중환자실에서 신앙인들이 죽음의 불안에 더 많이 떨더라는 어느 의학자의 임상 이야기는 시사하는 바가 많다. 그것은 어쩌면 종교가 계시하는바 고결한 인간성을 자신들의 삶에서 밝혀 충만케 하려 하지 않는 데에 기인할 것이다.

이러한 사실은 그 반면에서 우리에게 허무를 넘어 삶의 충만감을 얻을 수 있는 길을 일러 준다. 인간이 왜 고귀한 존재이며, 어떻게 하면 고결하게 살 것인지 등의 문제에 대해 깊이 성찰하면서, 그에 따라 자아를 부단히 쇄신하고 성숙시켜 나가야 한다는 것이다. 세상만사의 '날것' 자체로 만족하면서 '개념 없이' 살아서는 안 된다. 진지한 성찰의 정신으로 삶의 의미를 익히고 그 깊은 맛을 우려내 자아를 쇄신하고 성숙시켜야 한다. 마치 고기를 잘 삶아 먹어 몸을 살찌우듯이 말이다.

동서고금의 성현들은 그러한 삶의 궤적을 실제로 보여 준다. 공자는 말한다. "성인은 음식물을 삶아서 신에게 제사를 올리고, 풍성하게 삶아서 사람들의 삶의 성숙을 돕는다.〔聖人亨 以享上帝 而大亨 以養聖賢〕" (「단전」) 이는 깊은 은유를 담고 있다. 사람들이 음식물을 삶아 그 맛을 우려내서 먹는 것처럼, 성인은 세계와 인간의 의미를 통찰하고 소화하여 그것으로 자신의 존재를 살찌운다. 그는 거기에서 신의 말씀까지 들으면서 경건히 우러르며 감사의 배례를 행한다. 한편으로 사람들이 음식을 이웃과 다정하게 나눠 먹는 것처럼, 그는 자신이 통찰한 삶의 의미로 "사람들의 삶의 성숙을 돕는" 만민 구원의 길에 나선다.

괘상卦象

나무에 불이 타오르는 모습이 〈정〉의 형상이다.
군자는 이를 보고서 삶의 자리를 바로잡고
하늘의 말씀을 경건하게 듣는다.
木上有火 鼎 君子 以 正位凝命

오늘날에는 사람들이 야외 소풍의 자리에서 음식물을 준비하는 데 간단한 등산용 취사도구를 이용하지만, 옛날에는 (특히 인원이 많을 때) 솥을 야외로 운반하여 설치하고 땔나무로 불을 지폈다. 다만 어느 경우에나 주의해야 할 일이 있다. 솥(취사도구)을 불 위에 올바로 걸어야 하며, 불길을 흐트러트리지 않고 솥 아래로 모아야 한다는 것이다. 만약 솥이 삐딱하게 걸려 있거나, 바람으로 인해 불길이 흩어지면 음식물이 넘치거나 설익게 될 것이다.

이 세상 만사만물 어느 한 가지도 무심히 넘기지 않는 군자의 수행 정신이 여기에서도 발동된다. 즉 그는 위와 같은 취사 과정을 보면서 시선을 돌이켜 자신의 존재(자아)를 잘 '익히기' 위한 방도를 생각한다. 이를테면 솥이 올바로 걸린 모습을 보고는 일거일동에서 자신의 '자리'가 올바른지 여부를 되돌아 성찰한다. 『소학』에서 말하는 태교(胎教)의 원리를 예로 들면, "몸을 한쪽으로 기울여 앉지 않고, 삐딱하게 서지 않고, 음식물을 칼로 자른 모습이 반듯하지 않으면 먹지 않고, 좌석이 반듯하지 않으면 앉지 않는다." 『예기』 또한 일거수일투족과 시청언동의 올바른 '자리'를 다음과 같이 훈계한다. "발걸음은 장중하게, 손놀림은 공손하게, 시선은 바르게, 입은 과묵하게, 목소리는 조용하게, 머리는 똑바로, 기상은 엄숙하게, 서 있는 모습은 덕성 있게, 얼굴빛은 엄정하게 하라."

한편 음식물의 섭취는 몸을 보양하기 위한 것만이 아니다. 인간은 동식물처럼 몸으로만 사는 존재가 아니다. 그가 동식물과 다른 점은 정신의 삶에 있다. 조물주가 인간을 이 세상에 내놓은 뜻도 여기에 있다. 그러므로 만약 어떤 사람이 고결한 정신의 보양을 외면한 채 육신의 보중에만 관심을 쏟는다면 그의 삶은 동물적인 수준을 벗어나지 못한다. "하늘의 밝은 말씀을 항상 되돌아보는[顧諟天之明命]"(『대학』) 군자의 모습이 또한 여기에서도 드러난다. 그는 솥에 익힌 음식물을 먹으면서 어떻게 하면 자아를 보양하고 성숙시킬 수 있는지에 관해 생각한다. 그는 그 자리에서, 자신의 존재 깊은 곳에서 울려나오는 '하늘의 말씀'을 경건하게 들으면서 그에 따라 살려 한다.

효사爻辭

初六
솥이 뒤집어졌다.
이참에 솥 안의 음식물 찌꺼기를 쏟아 버리도록 하라.
후처를 얻어 자식을 낳으면 문제가 없으리라.
鼎顚趾 利出否 得妾 以其子 无咎

초육은 솥의 다리에 해당되는데, 음양으로 호응하는 위의 구사(九四)를 향하므로 솥이 뒤집어져 그 다리들이 위로 솟아 있는 모습이다. 속상하기는 하지만 이 기회에 그동안 더러워진 솥의 내부를 깨끗이 청소할 필요가 있다. 그 예를 남자가 상처(喪妻)했을 경우로 들었다. 초육이 음효로서 양의 자리에 잘못 있어서 제 본래의 자리를 얻지 못했기 때문에 본부인을 잃어 삶이 '뒤집힌' 상황을 당했다. 그는 마음속 회한의 '찌꺼기'를 쏟아낼 필요가 있다. 그래서 '후처'를 운운하는 것이다.

매일 똑같은 음식만 먹으면 건강에 해롭다. 마찬가지로 구태의연한 사고방식은 자아의 쇄신을 가로막는다. 그것은 끊임없이 변화하는 세상에 올바로 대처하지 못하기 때문이다. 이는 마치 계절의 변화에 털갈이로만 대응하는 동물들과도 같다. 그들은 심한 더위나 추위를 당하면 폐사하기까지 한다. 사람도 마찬가지다. 시대와 사회의 변화에 아랑곳하지 않고 상투적인 언행을 지어내는 고착된 사고는 도태와 파탄의 요인이 된다. 예를 들면 여전히 좌우의 이념에 젖어 있는 보수적인 사람들은 시대에 밀려 외면당할 것이요, 구시대의 부부관에 얽매어 사는 남자는 결혼의 실패를 면하기 어려울 것이다.

이는 우리에게 하나의 성찰거리를 준다. 생활(일)이 뜻대로 되지 않거나, 다른 사람들과 불화와 갈등을 겪을 경우에는 기왕의 습관적 관념을 털어내고 텅 빈 마음으로 당면의 문제와, 나아가 세상을 새롭게 바라볼 필요가 있다. 예를 들어 보자. 어떤 사람이 사랑하는 아내를 잃어 자신의 삶이 '뒤집히는' 불행을 만났다고 하자. 그것은 그에게 엄청난 고통을 안겨 줄 것이다. 하지만 그렇다고 해서 지난날 소홀했던 결혼 생활을 회한하면서 세월을 보내는 것은 어리석은 일이다. 어서 마음을 추스르고 지금, 이 자리에 충실하면서 "후처를 얻어 자식을 낳아" 행복한 생활을 도모해야 한다. 이는 반드시 재혼하도록 권하는 말이 아니다. 그것은 과거에 매달리는 퇴행적 사고를 빨리 '쏟아 버리고' 건강한 삶의 정신을 회복하라는 뜻을 담고 있다.

이를 은유로 일반화한다면 "솥이 뒤집어졌을" 경우에는 탄식만 하지 말고, "이참에 솥 안의 음식물 찌꺼기를 쏟아 버려야 한다." 일상생활의 모든 일에서 틀에 박힌 습관적 생각과 태도를 떨쳐 버리고 지금, 이 자리에서 요구되는 삶의 정신과 가치를 새롭게 모색해야 한다. 그렇게 자아를 부단히 쇄신하고 성숙시켜 나가지 않으면 안 된다. 공자는 말한다. "솥이 뒤집어졌지만 잘못된 것만은 아니며, 이참에 솥 안의 음식물 찌꺼기를 쏟아 버리는 것은 신선한 재료로 채우기 위해서다.[鼎顚趾 未悖也 利出否 以從貴也]"(「상전」) 여기에서 솥 안에 채울 "신선한 재료"란 자아를 쇄신시켜 줄 고상한 정신 가치를 은유한다.

九二
내 솥 안에 들어 있는 음식물을 동료들이 질투한다.
그들과 거리를 두면 삶을 자족할 수 있으리라.
鼎有實 我仇有疾 不我能卽 吉

구이(九二)는 양효로 하괘의 가운데 있으므로 "내 솥 안에 들어 있는 음식물"과도 같다. 이를 질투하는 '동료들'이란 가까이 있는 초육과 구삼을 가리킨다. 그들이 나의 '음식물', 즉 나의 뛰어난 식견과 역량을 질시하는 것이다. 하지만 그들과 다투면 서로 상처를 입을 것이므로 "거리를 두어야" 한다. 기본적으로 (하괘의 속성인) 공손한 마음으로 삶에 나서야 하며, 한편 음양으로 호응하는 육오를 찾아 자아를 향상하려는 뜻을 잃어서는 안 된다.

내 손 안의 떡이 옆 사람의 질투와 선망거리가 되는 것처럼, 어느 분야에서든 한 사람의 뛰어난 식견과 역량은 남들의 질시를 받는 경우가 흔하다. 그들은 겉으로는 그를 칭찬하고 추켜세우면서도 다른 한편으로는 어떻게든 그의 약점과 결함을 찾아 깎아내리고 싶어 한다. 이는 물론 질투심과 열등감의 소산이다. 이때 그는 그들과 다투려 해서는 안 된다. 다툼은 자칫 이전투구가 되어 자신의 명예를 더럽히는 결과를 자초할 수도 있다.

그러면 그러한 상황에서 어떻게 처신해야 할까? 무엇보다도 "그들과 거리를 둘" 필요가 있다. 그들의 시기와 질투에 초연한 마음을 가져야 한다. 물론 이는 우월 의식에서 나오는 것이어서는 안 된다. 얄팍한 우월감과 자만심을 벗어나 자신의 부족과 문제점을 겸손하게 자성하면서, 이를 계기로 더욱 실력을 쌓고 자아를 쇄신해 나가야 한다. 이처럼 시선을 자기 안으로 집중하면 남들의 칭찬과 질투에 자연히 무관심해지면서 자신의 삶을 자족할 수 있을 것이다. 공자는 말한다. "솥 안의 음식물을 지키면서 조심스럽게 나서야 한다. 그러면 동료들의 질투도 결국 수그러들 것이다.〔鼎有實 愼所之也 我仇有疾 終无尤也〕"(「상전」) "솥 안의 음식물", 즉 자신의 식견과 역량을 더욱 향상시켜 나가되, 조심스러운(겸손한) 마음을 잊어서는 안 된다는 것이다.

九三
솥의 귀가 변형되어 솥을 옮길 수가 없으니
사람들이 그 안의 맛있는 꿩고기를 먹지 못한다.
하지만 머지않아 비가 내릴 것이다.
그러면 안타까웠던 마음도 사라질 테고

마침내 기쁨을 얻으리라.

鼎耳革 其行塞 雉膏不食 方雨 虧悔 終吉

　구삼(九三)은 효의 위치상 솥의 한가운데에 해당되며, 그 양효는 솥 안의 음식물로서 "맛있는 꿩고기"를 은유한다. 다만 그것을 먹으려면 솥을 식탁으로 옮겨야 하는데, 옛날 사람들은 그 귀에 고리를 걸어, 또는 각목을 끼워 그것을 운반했다. 그런데 솥의 귀가 변형되어(망가져) 고리나 각목을 끼울 수 없어서 사람들이 그것을 옮겨다가 그 안의 익은 꿩고기를 먹을 수 없게 됐다. 이는 구삼이 (솥귀의 자리인) 육오와 음양으로 호응하지 않은 데에서 나온 은유다. 그렇기는 하지만 그가 (하괘의 속성인 겸손한 자세로 양의 자리에 양효로 있으므로) 자신(음식물)을 올바로 지킨다면 "머지않아" 사람들이 그를 찾아올 것이다. 이는 마치 음양의 두 기운이 만나 "비가 내리는" 이치와도 같다. 그러므로 이제 그는 남들이 자신을 알아주지 않아 "아쉬웠던 마음도 사라질 것"이며, "마침내 기쁨을 얻을 것이다."

　군자가 자아의 쇄신과 성숙을 기하는 것은 자기만족을 위해서가 아니다. 그는 성숙된 자아로 남들을 구원하려 한다. 『중용』의 표현을 빌리면 그는 "자신의 덕성을 성취하고 실현하여 남들의 덕성과, 나아가 만물의 본성까지 실현"하려 한다. 다만 그는 남들의 구원에 앞서 자아의 성숙(덕성의 성취)이 그 근간이 됨을 알아 그것을 평생의 삶의 과제로 삼는다. 그가 자신의 '솥'(존재) 안에 "맛있는 꿩고기"(고결한 덕성)를 익히는 이유가 여기에 있다.

　하지만 세상(사람들)은 그(의 꿩고기)를 외면한다. 예컨대 공자는 당시 사람들로부터 턱없는 이상을 실현한답시고 땀만 흘리며 돌아다닌다는 비아냥을 듣고 살해의 위협을 당했다. 예수는 십자가에 못 박히기까지 했다. 거창하게 말할 것 없이 우리 자신을 되돌아 살펴보자. 산업 사회 이후 우리의 삶과 사회를 지배하는 것은 전문성과 기능적 합리성이다. 대학의 현실이 이를 확실하게 증언한다. 교수와 학생은 전문적이고 기능적인 지식만을 주고받는다. 대학은 더 이상 지성의 전당이 아니며, 직업 훈련 학교로 전락하고 말았다. "스승과 제자는 없고 선생과 학생만 있다."는 자탄도 이제는 진부한 말이 되어 버렸다.

그처럼 기능적 합리성은 업무의 현장만이 아니라 인간관계까지 지배한다. 직장의 동료 사이는 말할 것도 없고 친구와, 더 나아가 부부조차도 서서히 기능적 관계로 변질되어 간다. 높은 이혼율이 이를 방증한다. 애초에 기대하고 서로 약속했던 부부 생활의 기능이 떨어진다고 여기면 헤어지는 것이 '합리적'이다. 그렇게 순전히 기능으로만 자신을 소개하고 남을 평가하는 인간 소외의 사회가 되다 보니, 인간 존재(솥)의 내용(음식물)을 주고받는 방식(솥의 귀)이 변형될 수밖에 없다. 공자는 탄식한다. "솥의 귀가 변형되었으니, 솥의 의의를 잃고 말았구나![鼎耳革 失其義也]"(「상전」)

하지만 서로 그렇게 기능으로만 대면하면서 행복할 수 있을까? 그처럼 인간이 부재한 '25시'의 상황 속에서 사람들은 존재의 빈곤감을 어떻게 감내할까? 존재의 유대와 풍요는 사랑의 인격으로만 이룰 수 있는데 말이다. 아마도 그들은 '머지않아' 인격의 삶을, 인격으로 교류되는 인간관계를 갈망하게 될 것이다. 오늘날 인문학에 대해 점증해 가는 사람들의 관심이 이의 실증이다. 군자는 그렇게 '머지않아 비가 내릴 것'

을 알아 "맛있는 꿩고기"를 열심히 익히는 사람이다. 세상 사람들이 군자(의 정신)를 받들어야 할 이유가 여기에 있다. 허무한 삶을 면하려면 말이다.

九四
솥의 다리가 부러져 주인의 음식물이 쏟아져 버렸다.
온몸이 땀에 젖는다. 낭패다.
鼎 折足 覆公餗 其形渥 凶

구사(九四)는 괘의 가운데에 놓여 있는 세 양효 중에서 최상위요, 또 (육오의 상징인) 솥의 귀 바로 아래에 있으므로 솥에 가득한 음식물이다. 그러나 양효로 음의 자리에 잘못 있으면서 아래의 초육에게 음양으로 호응하여 내려가려 하므로, 솥에 음식물을 가득 담아 끓이다가 "솥의 다리가 부러져 주인의 음식물을 쏟아 버리는" 불상사를 내고 말았다. 솥의 다리는 초육을 지칭한다.

음식물을 끓이는 데에는 그것에 합당한 크기의 솥을 이용해야 한다. 그렇지 않으면 자칫 음식물이 넘치거나, 심지어는 음식물의 무게로 인해 솥의 다리가 부러질 수도 있다. 마찬가지로 어떤 일을 도모하는 데에는 그 일을 충분히 감당할 만한 식견과 도량을 갖고 있어야 한다. 그렇지 않으면 일의 실패를 면하기 어렵다. 공자는 솥의 다리가 부러져 음식물이 쏟아져 버린 낭패스러운 상황에서 다음과 같은 교훈을 얻는다. "능력도 없는데 자리는 높고, 지혜도 없는데 도모하는 것은 거창하며, 힘도 없으면서 무거운 짐을 지면 불행을 면하기가 어렵다.〔德薄而位尊 知小而謀大 力小而任重 鮮不及矣〕"(「계사전」)

인재의 등용과 발탁도 마찬가지다. 만약 업무를 감당할 만한 능력과 지혜를 갖고 있는 사람이 아니라면 그는 과제와 책임을 다할 수 없을 것이다. 솥의 음식물이 땅에 쏟아지면 사람들이 굶어야 하는 것처럼, 일의 실패는 많은 사람들에게 고통을 안겨 줄 것이다. 그러므로 '주인'의 기대를 충족시켜 주지 못하는 그는 "온몸이 땀에 젖는" 낭패를 면할 수 없다. '주인'이란 포괄적으로 말하면 윗사람을 총칭한다. 공자는 말한다. "주인의 음식물을 엎어 버렸으니, 믿었던 마음이 어떠하겠는가.〔覆公餗 信如何也〕"(「상전」)

이를 정치 사회에 원용하면 국민이 '주인'이요, 위정자는 '종'이다. 그러므로 만약 '종'이 믿음을 배반한다면 '주인'은 그를 물리칠 수밖에 없다. 사실 맹자의 혁명 사상은 이러한 문제의식의 산물이다. 맹자는 어떤 임금에게 묻는다. "신하 한 사람이 그의 직책을 수행하지 못한다면 임금님은 그를 어떻게 하시겠습니까?" 임금이 답한다. "그를 파면시켜야지요." 맹자가 다시 묻는다. "그러면 한 나라의 일을 위임받은 자가 그의 직책을 수행하지 못한다면 그를 어떻게 해야 할까요?"(『맹자』) 이처럼 '땀나는' 질문에 임금은 답변을 하지 못하고 말머리를 돌린다.

참고로 재미있는 일화를 하나 소개하려 한다. 독일의 리하르트 빌헬름이라는 사람이 정신심리학자 칼 구스타프 융에게 자신의 독일어 번역서 『주역(The I Ching or Book of Changes)』의 서문을 써 줄 것을 요청했다. 이에 융은 글을 쓰기에 앞서 간단한 형식의 주역점을 쳐 보았다.

그 책을 의인화하여 "당신을 영문권 세계의 사람들에게 소개하려 하는데, 조언을 해 달라."는 문제의식을 갖고서 말이다. 그 결과 〈정〉괘의 구사효를 얻고는, 그는 "맞는 말"이라고 맞장구를 쳤다. "솥의 다리가 부러져 주인의 음식물이 쏟아져 버렸다"는 효사에 대해 그는 심리학자답게 "서양의 인과론적 사고를 '쏟아 버려야'만 주역의 세계를 이해할 수 있다."고 해석했다. 이어서 그는 똑같은 문제의식으로 재차 점을 쳐 보았다. 역시 같은 대답이 나와야만 그 책을 신뢰할 수 있다는 생각에서였다. 하지만 그 답변은 〈몽〉괘의 괘사 "두 번 세 번 질문하면 나를 얕잡아보는 일이므로 대답하지 않겠다."는 것이었다. 이에 대해 그는 역시 맞장구를 쳤다. 사실 두 번째의 질문은 첫 번째의 것과 달리 『주역』을 정말 믿을 수 있느냐는 새로운 문제의식에서 나온 것이었기 때문이다. 그 밖에도 그는 주역점을 여러 번 친 이야기를 그 서문에서 하고 있다.

六五
솥의 누런 귀에 쇠막대를 얻었다.
솥을 똑바로 놓아야 한다.
鼎 黃耳 金鉉 利貞

유오(六五)는 상괘의 가운데(구멍 뚫린) 효로서 솥의 귀에 해당된다. 그것은 가운데에 있다는 점에서 (앞서 여러 차례 말한 것처럼) 다섯 색깔 중에서 노란색을 상징한다. 그래서 유오를 두고 "솥의 누런 귀"라 했다. 한편 아래에서 그것을 지지해 주는 세 개의 양효는 솥 안에 가득 들어 있는 음식물과도 같다. 공자는 말한다. "누런 귀의 솥 안에 음식물이 가득 들어 있다.[鼎黃耳 中以爲實也]"(「상전」) 이 '음식물'은 성숙한 인격(식견과 역량)을 은유한다. '쇠막대[鉉]'란 단단한 양효의 상구를 가리킨다. 오늘날 옥편은 '현(鉉)'을 '솥귀'로 풀이하는데, 정약용에 의하면 이는 잘못된 것이라 한다. 그 글자는 솥의 귀를 꿰는 막대기나 쇠막대를 뜻하는 말이라는 것이다. 상구가 그것에 해당된다.(『여유당전서』) 쇠막대까지 얻었는데 "솥을 똑바로 놓아야 한다."고 말한 것은 육오가 음효라서 흔들릴 수 있음을, 즉 솥이 엎어질 수 있음을 염려한 충고다. 여기에는 하괘의 속성인 겸손의 정신이 작용하기도 한다.

이제 모든 조건이 갖추어졌다. 솥 안의 음식물이 충분히 익었고, 솥을 운반할 단단한 쇠막대도 얻었다. 그것을 식탁으로 옮겨 올려놓고 먹기만 하면 된다. 그런데 조심해야 한다. 만약 그것을 운반하고 내려놓는 데 부주의하면 음식물이 쏟아져서 먹을 수 없기 때문이다. 그러므로 "솥을 똑바로 놓아야 한다."

이는 지도자가 갖추어야 할 정신을 은유한다. 그는 이제 무르익은 조건 속에서 자신의 성숙한 식견과 역량을 적극적으로 펼칠 수 있게 되었다. 많은 사람들이 또한 그의 활약을 기대한다. 말하자면 잘 익혀진 그의 '음식물(식견과 역량)'이 어서 그들의 식탁(삶)에 올라 요리되어 먹을 수 있을 것으로 침을 삼키고 있다. 지도자로서는 이제 "멍석도 깔렸으니, 나가서 춤만 추면 된다."

하지만 그렇다고 해서 그가 자신의 식견과 역량을 자만하거나 사람들의 호응에 도취해서는 안 된다. 그럴수록 사람들의 목소리에 귀를 열고서 중지를 모아 처사해야 한다. 겸손한 마음으로 변함없이 성숙의 노력을 더해야 한다. 만약 자만의 마음을 갖는다면 사람들의 외면과 버림을 받을 것이다. 마치 주인이 경솔하고 부주의하게도 솥을 잘못 놓아 땅에 쏟아진 음식물을 초청객들이 보고는 실망하고 비난하듯이 말이다. 참으로 성숙한 정신은 익은 벼와도 같이 고개를 숙이며, 자신의 정신이 무르익은 것도 모르고 변함없이 쇄신의 노력을 다한다. 그야말로 "일신 우일신"한다. 사람들이 그를 존경하는 까닭도 여기에 있다.

上九
솥의 옥막대를 얻었다. 크게 보람되며
공덕을 널리 미치리라.
鼎 玉鉉 大吉 无不利

　　상구는 괘의 마지막 효이므로 솥 기능의 완성을 말한다. 그는 "옥(으로 만들어진)막대"로 솥을 운반하여 그 음식물을 사람들에게 나누어 준다. 솥의 운반 수단을 '옥막대'라 한 것은 상구가 양효로 음의 자리에 있어서, 단단하면서도 부드러운 느낌을 주는 옥과 같이 여겨지기 때문이다. 공자는 말한다. "옥막대가 제일 위에서 강함과 부드러움의 절도를 얻었다.[玉鉉在上 剛柔節也]"(「상전」) 여기에 더하여 옥은 불속에서도 전혀 타지 않는다는 점도 감안되고 있다.

위대한 정신은 자신의 성숙한 지혜를 사람들에게 전하는 데 높은 권위나 강단과 같은 딱딱한 자리에 머무르지 않는다. 그는 사람들이 살아 움직이는 거리와 시장까지 누비면서 그들을 일깨우는 목탁이 된다. 신라의 원효(元曉, 617~686) 대사가 그중 하나다. 위대한 정신은 마치 뜨거운 불속에서도 변치 않는 옥처럼, 세속에 머무르면서도 세속에 오염되기는커녕 오히려 빛을 발하면서 사람들에게 삶의 길을 인도한다. 그는 '옥'과 같이 단단한 정신을 갖고 있으면서도 사람들의 마음과 삶에 부드럽게 파고들어 그들을 감화시킨다. 참고로 중국 주돈이(周敦頤)의 「애련설(愛蓮說)」을 읽으면서 그러한 정신을 엿보자. 글귀마다 넘쳐나는 은유를 깊이 음미해 볼 일이다.

(전략) 연꽃은 진흙 속에서 자라지만 진흙에 오염되지 않고, 맑은 물결에 씻기면서도 요염하지 않다. 연꽃의 꽃대가 속은 텅 비었지만 겉은 곧으며, 넝쿨을 뻗지도 않고 가지를 치지도 않으며, 향기는 멀리 갈수록 맑고, 우뚝하고 정결하게 솟아서 멀리서 바라볼 수는 있지만 함부로 가지고 놀 수는 없다. (중략) 연꽃은 꽃 중의 군자다.(후략)

특히 이 글에서 연꽃의 꽃대가 "속은 텅 비었지만 겉은 곧다.〔中通外直〕"는 말은 마음을 텅 비워 만민을 아우르면서도 행동은 올곧게 함을, "넝쿨을 뻗지도 않고 가지를 치지도 않는다.〔不蔓不枝〕"는 말은 세상사에 이리저리 손길을 뻗어 일신의 이익을 도모하지 않고 간결 단아하게 살아감을, 그리고 "향기는 멀리 갈수록 맑다.〔香遠益淸〕"는 말은 인격의 향기가 멀리, 후세에까지 맑게 퍼짐을 은유한다. 인격의 이상을 이처럼 몇 마디로 집약해 놓은 감동적인 말이 또 어디 있을까.

51. 흔들림과 거듭남

진(震)

헤르만 헤세의 『데미안』을 보면 새가 알껍데기를 깨고서 아프락사스 신에게로 날아오른다는 이야기가 나온다. '알껍데기'란 세속의 인간계요, '아프락사스' 왕국은 초월적인 신성의 세계를 뜻할 것이다. 그리하여 작가는 사람들에게 세속의 생활에 안주하지 말고 부단히 자기 초월을 하라고 주문하는 것처럼 보인다. 『성경』의 글귀를 빌려 말하면 "사람이 거듭나지 않으면 하느님의 나라를 볼 수 없다."

하지만 세속의 '알껍데기'를 깨기란 결코 쉬운 일이 아니다. 그것은 모든 낯선 세계로부터 사람들을 보호해 주는 방어막과도 같기 때문이다. 사람들의 삶을 지탱해 주는 상식적 세계관이 바로 그것이다. 상식은 거의 모든 사람들이 동의하고 공유하므로 우리는 그 안에서 편안한 마음을 갖는다. 말하자면 그것은 우리를 보호해 주는 '알껍데기'이다. 만약 그것을 깨트리는 '몰상식한' 짓을 한다면 비난을 면키 어렵다. 그것은 우리의 사고와 삶을 혼란시키기 때문이다. 사람들이 받아들이기 어려운 동성애가 그 하나의 예다.

하지만 상식적 세계관은 커다란 함정을 갖고 있다. 그것은 사람들을 세속에 순응하고 안주하게 하려 할 뿐, 미지의 새로운 세계를 추구하려는 노력을 하지 못하게 막는다. 그들에게 그러한 노력은 '알껍데기'를 깨는 고통일 뿐이다. "사람은 노력하는 한 방황한다."(파우스트)는 사실을 그들은 잘 안다. 그리하여 그들은 세속의 '알껍데기', 달리 표현하면 삶의 두꺼운 구각 속에서 부귀영화나 누리면서 편안하게 살려 한다.

자아의 쇄신과 성숙도 그들에게는 '알껍데기'를 깨는 노력과 고통일 뿐이다. 그들은 묻는다. "왜 꼭 그렇게 힘들게 살려 하는가?" 하지만 이렇게 반문해 보자. "무엇과도 바꿀 수 없는 소중한 삶을 왜 그렇게 상식적으로만 살려 하는가? 세상에 전무후무한 자신의 존재를 아름답게 꽃피우고 싶지 않은가? 하느님의 나라를 보기 위해 거듭나야 하지 않겠는가?" 사실 자아의 쇄신과 성숙은 이러한 자각의 소산이다. "일신우일신"의 정신으로 부단히 거듭나리라는 것이다.

물론 그것은 끊임없는 노력과 방황을 야기할 것이며 고통까지 초래할 것이다. '성장통'은 육체에만 있는 것이 아니다. 마치 나무가 성장하면서 끊임없이 자신의 껍질을 스스로 벗겨 내는 것과도 같다. 불교가 '정진(精進)'을 강조하면서 '고행(苦行)'이라는 말을 덧붙인 까닭도 여기에 있다. 하지만 그것을 두려워해서는 안 된다. 정진은 고행 뒤에 깨달음의 세계를 열어 주기 때문이다. 다만 우리가 다짐해야 할 것은 방황과 고통에도 흔들리지 않고 더욱 분발하는 마음을 확실하게 갖는 일이다.

〈정〉괘 뒤에 〈진(震)〉괘가 놓인 뜻을 우리는 이렇게 생각해 볼 수 있다. 솥이나 그 안의 음식물은 불에 끓으면서 요동을 친다. 즉 '흔들린다.' 마찬가지로 쇄신과 성숙의 노력도 삶을 흔들리게 만든다. 그는 현

실 또는 현존에 안주하지 않고 끊임없이 자신을 흔들어 깨우고 구각을
탈피하면서 거듭나려 하기 때문이다. 당연히 그의 정신은 그러한 흔들
림 속에서 아름다운 삶의 꽃을 피울 것이다. 도종환 시인의 「흔들리며
피는 꽃」을 한 번 읽어 보자.

> 흔들리지 않고 피는 꽃이 어디 있으랴
> 이 세상 그 어떤 아름다운 꽃들도
> 다 흔들리면서 피었나니
> 흔들리면서 줄기를 곧게 세웠나니
> 흔들리지 않고 가는 사랑이 어디 있으랴
>
> 젖지 않고 피는 꽃이 어디 있으랴
> 이 세상 그 어떤 빛나는 꽃들도
> 다 젖으며 젖으며 피었나니
> 바람과 비에 젖으며 꽃잎 따뜻하게 피웠나니
> 젖지 않고 가는 삶이 어디 있으랴

이처럼 삶이 흔들리면서 거듭나는 뜻을 〈진〉괘는 주제로 갖는다. 이
를 괘 안에서 살펴보자. 상하괘가 둘 다 우레를 상징으로 갖는 '진'☳
으로서, 이는 우레가 거듭 일어나는 모습이다. 그런데 그것은 괘의 형
상상 '곤(坤)'☷이 아래에서 '건(乾)'☰과 교감하면서 처음의 효가 양
으로 바뀐 것이다. 이는 자연 현상으로 말하면 음기가 양기와 부딪쳐
일어나는 우레를 상징한다. 그리하여 음기로 잠잠해 있던 '곤'의 세상에

우레와 함께 생성의 기운이 싹튼다. 우레가 대지를 흔들면서 만물이 생명을 진동시킨다. 이는 아래와 같은 은유를 갖는다. 즉 우레와도 같이 삶을 뒤흔드는 충격을 두려워하지 말고, 새롭게 열릴 생성의 세계를 기대하면서 준비하라는 것이다.

참고로 괘의 순서와 관련하여 공자는 다음과 같이 말한다. "(가정에서) 솥을 관리하는 데에는 장남이 제격이다. 그래서 〈정〉에서 〈진〉으로 이어졌다. '진'은 흔들린다는 뜻이다.〔主器者 莫若長子 故受之以震 震 動也〕"(「서괘전」) 〈진〉괘의 상하괘 '진'은 가정 내에서 장남을 상징하기도 한다. 장남은 한 가정의 일을 총괄한다. 그러므로 요리의 도구인 솥을 당연히 그가 관리해야 한다. 이것이 공자의 말뜻이다. 다만 '장남'과 '흔들린다'는 뜻이 어떠한 연관과 맥락을 갖는지 알기가 어렵다. 훗날 주석자들 가운데 〈진〉괘의 주제를 '장남'의 관점에서 말한 사람은 없는 것 같다.

괘사卦辭

뇌성 속에도 형통의 길이 있다.
뇌성이 쳐도 경건한 마음으로 나서면
즐겁게 웃으며 이야기를 나눌 수 있다.
뇌성이 백 리 밖까지 퍼져 사람들을 놀라게 하지만
제주가 제사상에 올리는 숟가락과 술잔을 떨어트리지 못하리라.
震 亨 震來 虩虩 笑言啞啞 震驚百里 不喪匕鬯

삶의 평온을 흔들고 깨트리는 충격적인 일을 당했다 해서 겁먹고 당황해서는 안 된다. 그 순간에도 헤쳐 나갈 길은 있는 법이다. 말하자면 벼락이 쳐도 정신만 바짝 차리면 살아날 수 있다. 사실 아무리 까무러칠 일이라도 대국적인 시각으로, 더 높게는 신의 눈빛이나 섭리의 관점에서 바라보면 항용 일어나는 인간사의 하나일 뿐이다. 가뭄이나 홍수의 피해가 그러하고, 죽음도 모든 생명의 필연적 귀결일 뿐이다.

그러면 뇌성벽력처럼 삶의 지각을 뒤흔드는 사태 앞에서 취해야 할 최상의 방책은 무엇일까? 경건의 정신이다. 마치 제사를 지내는 사람이 제사상에 '숟가락'을 진설하고 '술잔'을 올리듯 진지하고 경건한 마음으로 나설 필요가 있다. 뇌성벽력이 아무리 심하다 해도 신을 우러르면서 제물을 올리는 사람의 경건한 마음을 흔들지는 못할 것이며, 그는 신과 교감하는 환희까지 얻을 것이다. 공자는 말한다. "뇌성 속에도 형통의 길이 있으니, 뇌성이 쳐도 경건한 마음으로 나서면 행복을 얻을 것이다.〔震亨 震來虩虩 恐致福也〕" "뇌성이 백 리 밖까지 퍼져 사람들을 놀라게 하므로 먼 일을 대비하고 가까운 일을 조심해야 한다. 그러면 세상에 나가 종묘사직을 지키는 제주(祭酒)가 될 수도 있다.〔震驚百里 驚遠而懼邇也 出可以守宗廟社稷 以爲祭主也〕"(「단전」)

여기에서 "멀고 가까운" 일은 일차적으로는 "백 리 밖까지" 퍼지는 뇌성을 염두에 둔 말이지만, 꼭 공간적인 의미만 갖는 것은 아니다. 그것은 가까운 현재를 '조심'하고 먼 미래까지 '대비'해야 함을 함축한다. 그와 같은 자세는 일상생활에서뿐만 아니라 '종묘사직', 즉 나라를 다스리는 자리에서도 당연히 요구된다. 말하자면 국민을 경건하게 받들면서 민생의 현장을 조심하고 나라의 미래를 대비할 줄 아는 사람만이

지도자가 될 수 있다. 공자는 말한다. "문밖을 나서서 사람들을 대할 때에는 큰 손님을 대하듯이 하고, 백성들을 부릴 때에는 큰 제사를 받들듯이 해야 한다."(『논어』)

나아가 설사 충격적인 일을 만난다 하더라도 마음의 고요와 평화를 잃지 말고 '즐겁게 웃으며 이야기를 나눌 수 있는' 여유를 갖도록 노력해야 한다. 고 김수환 추기경은 심중하게 말한다. "빛과 고요 속에서 걸으십시오." 물론 이는 뜻대로 될 수 있는 일이 아니지만, 평소 경건의 정신을 꾸준히 기르다 보면 고요와 평화의 세계에 점차 진입할 수 있을 것이다. 세상 전체를 신전으로 여겨 신에게 제사를 지내듯 하면서, 신의 눈빛으로 초연하게 세상을 바라보는 마음은 지극한 고요와 평화를 누리게 해 줄 것이다. 공자는 말한다. "(뇌성 속에서도) 즐겁게 웃으며 이야기를 나누는 것은 경건한 마음으로 삶의 이치를 깨닫기 때문이다.〔笑言啞啞 後有則也〕"(「단전」)

곰곰이 생각해 보면 충격의 고통은 어떤 유형의 것이든 세상의 일과 생각들이 우리 스스로 만들어 놓은 좁은 자아의 공간(벽) 안에서 이리저리 부딪치면서 생겨난다. 그러므로 그 공간을 넓힐수록 충격이 줄어들 것이다. 장자의 글을 읽어 보자. "집의 공간이 여유롭지 않으면 며느리와 시어머니가 얼굴을 마주 대하게 되어 싸움이 벌어질 수밖에 없다. 마찬가지로 마음에 하늘과도 같이 넓은 유희의 공간이 없으면 온갖 정념이 일어나 소란해진다."(『장자』)

그러므로 자아의 공간을 최대한 넓힐 필요가 있다. 만약 신(자연)의 섭리에까지 자아를 상승시킨다면, 즉 자아의 공간을 우주만큼이나 확대할 수 있다면 그처럼 초연한 정신은 '삶의 이치를 깨달아' 세상에 그 어떤 일, 심지어 죽음까지도 충격을 주지 못할 것이다. 지난날 현자들이 '무아(無我)'의 세계를 추구했던 것은 바로 이를 위해서다. 그들은 그렇게 해서 최대의 자유를 누리려 했다. 참고로 많은 설명을 요하기는 하지만, 티베트의 어떤 은자의 아름다운 시를 읽어 보자.

이 자유의 상태 안에서 온유하게 평화로이
나는 개념들 저 너머에 있는, 거칠 것 없는
절대적 차원의 광대함에 이른다.
정신은 본연의 모습으로 되돌아가
공간처럼 넉넉하고 투명하고 고요하며
정신적 노고의 그 해롭고 고통스러운 잔해들이
절로 떨어져 나간다.

투명하고 광대한 하늘,
그러한 상태에 머무를 때는
표현이나 사념들을 초월한,
언어 저 너머의 축복을 느낀다.

모든 것을 포용하는 하늘보다 더 무한한
지혜의 눈으로 고찰하면
니르바나와 삼사라의 현상들이
경이로운 광경으로 펼쳐진다.
이 같은 빛의 차원에서는

노력이란 부질없는 일이요
만사가 고요하고 자연스러운 가운데
절로 이루어진다.
절대의 기쁨이여!

나의 옛 어머니들, 중생을 향한 자비가
나의 깊은 내면에서 터져 나왔다.
빈말이 아닐지니
이제 나는 타인들을 위해 헌신하리라!(『행복, 하다』)

괘상卦象

뇌성이 거듭되는 모습이 〈진〉의 형상이다.
군자는 이를 보고서 두려운 마음으로 자기 성찰과 수행을 한다.
洊雷 震 君子 以 恐懼修省

하늘의 위엄을 두려워하는 사람이라면 뇌성벽력을 예사로 듣지 않을
것이다. 그는 뇌성벽력에서 하늘의 어떤 은밀한 '말씀'을 들으려 할 것이
다. 군자의 성찰 정신이 여기에서도 발동된다. 그는 거듭되는 뇌성벽력
을 들으면서, 마치 하늘이 자신을 향한 꾸짖음인 것처럼 여긴다. 그리
하여 "두려운 마음으로" 지난날의 생활을 반성하면서 자아의 향상을
위해 더욱더 노력한다.

군자의 수행 정신이 여기에서 전개된다. 공자는 말한다. "군자는 천명(天命)을 두려워한다.〔君子畏天命〕"(『논어』) 이 '두려움'은 단순히 천벌을 받을까 겁먹고 위축된 심리 상태를 뜻하지 않는다. 그것은 '천명', 즉 '하늘의 뜻'을 경건히 읽어 행하려는 적극적 의미를 갖는다. 물론 그 '하늘'은 바깥 세계의 초월자를 가리키지 않는다. 그는 자신의 존재 깊은 곳에서 '하늘의 뜻'을 찾아 삶에서 이루려 한다. 그것은 무슨 신비한 비결을 말하는 것이 아니다. 군자는 그것을 도덕 생명의 정신(생명 정신의 개방적 행사 능력)에서 살핀다. '하늘'은 인간에게만 그러한 정신을 부여했다는 것이다. 구체적으로는 사랑과 의로움과 예의와 진리의 정신이다. 그리하여 그는 그러한 정신으로 자신의 삶과 사회를 완성하려 한다. 당연히 그는 그것을 학문과 삶의 궁극 과제로 삼는다. 공자는 말한다. "천명을 알지 못하면 군자라 할 수 없다.〔不知命 無以爲君子〕"(『논어』)

효사爻辭

初九
뇌성이 쳐도 경건한 마음으로 나서면
즐겁게 웃으며 이야기를 나눌 수 있다.
행복을 얻으리라.
震來 虩虩 後 笑言啞啞 吉

효사가 괘사의 한 부분과 거의 같은 것은 초구(初九)가 이 괘의 중심적인 효이기 때문이다. 초구는 양효로서 뇌성이 막 일어날 때, 즉 삶의 충격 초기에 사태의 낌새를 알아차리는 현명한 사람을 지칭한다.

뇌성벽력과도 같은 충격적인 일을 당하면 사람들은 당황한 나머지 곧 인생이 끝나고 말 것 같은 실의와 좌절에 빠지곤 한다. 하지만 인생의 실패는 충격적인 일이 아니라 바로 당황과 실의, 좌절에서 비롯된다. 실의와 좌절이야말로 삶의 질병이다. 현명한 사람은 일이 이미 주어졌다면 그것을 유보 없이 받아들이면서 오히려 거기에서 '하늘'의 뜻을 읽으려 한다. 그는 '하늘'의 뜻을 겸손하게 받아들여 "진인사대천명"한다. 뇌성(충격) 속에서도 "즐겁게 웃으며 이야기를 나눌" 수 있는 행복의 길이 거기에 있다. 참다운 행복은 자신의 삶과 세상에 내재되어 있는 '하늘'(신)의 뜻을 충실하게 따르는 데에서 나오기 때문이다. 공자는 말한다. "뇌성이 쳐도 경건한 마음으로 나서면 행복을 얻을 것이다. 즐겁게 웃으며 이야기를 나누는 것은 경건한 마음으로 삶의 이치를 깨닫기 때문이다.〔震來虩虩 恐致福也 笑言啞啞 後有則也〕"(「상전」)

六二
뇌성에 위기를 느낀다.
갖고 있는 것들을 모두 버리고 높은 언덕에 올라 사태를 조망하라.
잃어버린 것들에 미련을 갖지 말라.
일주일이 지나면 안정을 되찾으리라.
震來 厲 億喪貝 躋于九陵 勿逐 七日得

육이(六二)는 하괘의 가운데 음효로 음의 자리에 바르게 있으므로, 뇌성에 흔들림 없이 삶의 중심을 지켜 올바르게 처신할 만한 인물이다. 하지만 그 뇌성이 바로 가까이 강력한 초구에서 울리기 때문에 "위기를 느낀다." 공자는 말한다. "뇌성에 위기를 느끼는 것은 강력한 힘이 실려 있기 때문이다.[震來厲 乘剛也]"(「상전」) "갖고 있는 것들을 버리라."고 충고한 것은 삶이 흔들리는 자리에서 지난날의 것들에 연연하면 새로운 상황에 적응할 수 없기 때문이다. 그러므로 그때에는 "높은 언덕에 올라"(자신의 현 위치를 벗어나) 일의 형편을 객관적으로 조망할 줄 아는 높은 안목을 가져야 한다. "잃어버린 것들에 미련을 갖지 말라."고 충고한 것도 같은 뜻이다. 그렇게 처사하면 "일주일이 지나면 안정을 되찾을 수 있다." '일주일'이란 여섯 효를 한 번 돌아 상황이 완전히 바뀌는 시점을 은유한다.

지진으로 인해 집 전체에 균열이 생겼을 경우에는 그것을 적당히 수리하는 것으로 그치려 해서는 안 된다. 그것을 허물고 새 집을 다시 지어야 한다. 그렇게 하지 않으면 언제 재앙이 닥칠지 모른다. 마찬가지로 어떤 연유로든 현재의 삶이 크게 흔들릴 때에는 그동안 자신의 삶을 이끌어 온 사고(철학)나 처신의 방식을 냉철하게 되돌아 살펴볼 필요가 있다. 그 흔들림은 자신의 인생관이 이제는 더 이상 유효하지 않음을 뜻할 수도 있기 때문이다. 그것은 새로운 삶의 환경에 적응하는 데 걸림돌이 될 뿐이다. 예컨대 시대적, 사회적 변혁기에 기득권이나 과거의 사고방식을 고집하거나, 부자가 망했는데도 여전히 지난날의 의식에서 벗어나지 못하는 경우를 들 수 있다.

그러므로 삶이 지각 변동을 일으킬 때에는 사회적 입지든 아니면 인생관이든 그동안 자신을 지탱해 준 모든 것들을 과감하게 버리고 "(세계와 삶의) 높은 언덕에 올라 사태를 조망할" 필요가 있다. 지난날의 생활에 미련을 가져서는 안 된다. 변화하는 상황에 바르게 적응할 수 있는 새로운 정신 자세와 삶의 태도를 익혀야 한다. 그러면 다시 안정을 찾을 것이며, 흔들림 속에서도 아름다운 삶의 꽃을 피울 수 있다.

六三

뇌성에 마음이 산란하다.

정신을 차려 나서면 허물거리가 없으리라.

震蘇蘇 震行 无眚

육삼(六三)은 음효로서 잘못되게도 양의 자리에서 뇌성을 들으므로 겁을 먹고 "마음이 산란하다." 공자는 말한다. "뇌성에 마음이 산란한 것은 처신이 바르지 않기 때문이다.[震蘇蘇 位不當也]"(「상전」) 하지만 이를 계기로 자신의 바르지 못한 생활 태도를 반성하면서 '정신을 차려' 삶에 나서면 '허물거리가 없을 것이다.'

삶에 흔들림이 없기를 바라서는 안 된다. 인생은 끝없는 변화의 역정이요, 달리 살피면 흔들림의 연속과 다름없다. 중요한 것은 삶이 흔들린다 해서 정신까지 흔들려서는 안 된다는 점이다. 만약 정신을 똑바로 차리지 않으면 흔들림을 당하여 현기증으로 쓰러지고 말 것이다. 그러므로 삶이 흔들리는 때일수록 올바른 정신을 잃고 있는 것은 아닌지 되돌아보아야 한다. "흔들리지 않고 피는 꽃이 어디 있으랴."고 하지만, 사실 그도 아름다움을 꽃피우려는 정신만은 흔들림이 없을 것이다.

九四
뇌성에 결국 진흙탕 속으로 빠지고 말았구나.
震遂泥

구사(九四)는 하괘의 초구처럼 상괘의 주된 효이지만 초구와 그 함의가 다른 것은 그것이 위아래의 음효들 한가운데에 빠져 있기 때문이다. 그래서 (양효로서) 그의 강한 힘이 밖으로 펼쳐지지 못하고 "진흙탕 속으로 빠지고 만" 모습이 되었다.

어떤 충격으로 인해 삶이 흔들릴 때 긴장과 근심, 위기감을 갖는 것은 자연스러운 심리 현상이다. 하지만 그 때문에 중심을 잃고서 짓눌려서는 안 된다. 만약 근심 걱정의 노예가 되면 그는 새로운 미래의 세계를 결코 열어 나가지 못할 것이다. 아니 흔들리는 삶에 걷잡을 수 없는 마음의 불안과 동요는 그를 우울과 비관에 빠트려 결국 파멸로 치닫게 만들 것이다. 공자는 말한다. "뇌성에 결국 진흙탕 속으로 빠지고 마니, 삶의 빛을 잃었구나.〔震遂泥 未光也〕"(「상전」)

사실 구원의 '빛'만 있다면 어떠한 흔들림도 견디며 이겨 낼 수 있다. '빛'의 상실은 곧 삶의 암흑이요 절망이다. 〈수(需)〉괘(상육효)에서 이미 살핀 바 있지만, 우리는 그 실례를 『죽음의 수용소에서』의 저자 빅터 프랭클의 생생한 보고에서 확인한다. 그에 의하면 많은 수용자들이 바깥 소식통으로 가족의 죽음 사실을 전해 들으면 그들 역시 절망 속에서 죽어 갔다. 이는 달리 살피면 희망이야말로 삶의 강력한 힘임을 일러 준다. 그것은 각종의 의미를 담지하고서 삶을 지탱해 주기 때문이다. 요컨대 희망은 삶의 '빛'이다. 희망이 아무리 덧없다 하더라도 그것은 사람들에게 삶의 이유를 준다. 이를 아름답게 노래한 김영랑(金永郎, 1903~1950) 시인의 「모란이 피기까지는」을 한번 읽어 보자.

모란이 피기까지는
나는 아즉 나의 봄을 기둘리고 있을테요.
모란이 뚝뚝 떨어져 버린 날,
나는 비로소 봄을 여읜 설움에 잠길테요.
오월 어느 날, 그 하루 무덥던 날,
떨어져 누운 꽃잎마저 시들어 버리고는
천지에 모란은 자취도 없어지고,
뻗쳐 오르던 내 보람 서운케 무너졌으니,
모란이 지고 말면 그뿐, 내 한 해는 다 가고 말아.
삼백 예순 날 하냥 섭섭해 우옵내다.
모란이 피기까지는
나는 아즉 기둘리고 있을테요, 찬란한 슬픔의 봄을.

六五

뇌성이 오락가락한다.

위기 속에서도 정신을 잃지 말고

제사를 받들듯이 해야 한다.

震往來 厲 億无喪 有事

　육오(六五)는 멀리 있는 초구에 이어 가까운 구사의 뇌성을 다시 듣기 때문에 "뇌성이 오락가락한다."고 했다. 당연히 그는 또 한 번 위기를 느낄 것이다. "정신을 잃지 말라."고 한 것은 육오가 상괘의 가운데에 있지만 음효로서 양의 자리에 잘못 있음을 두고 행한 충고다. 즉 뇌성 속에서도 흔들리지 말고 마치 "제사를 받들 듯" 경건한 마음으로 중심을 잡으라는 것이다.

　이러저러한 충격적인 일들로 삶이 계속 흔들리다 보면 사람들은 올바른 판단력을 잃고 자칫 매사에 부정적이고 비관적으로 임하기 쉽다. 처사의 정신까지 흔들려 처사의 줏대를 상실하고 만다. 하지만 그러한 충격들을 '하늘'(하느님)의 거듭되는 경종으로 받아들일 수는 없을까? 많은 사람들은 거기에서 자신의 박복한 운명을 원망하지만, 어쩌면 '하늘'은 사람들에게 충격을 주어 운명을 개척해 나가도록 충고하고 있는지도 모른다. 사람들의 삶을 흔들어 그들로 하여금 자신의 잘못된 생각과 행동을 반성하고 고치도록 하려는 것이다. 그것이 '하늘'이 사람을 사랑하는 방식일지도 모른다.

　그러므로 모든 효사의 '뇌성'에서 강조되는 것처럼 아무리 청천벽력과 같은 사태를 당한다 하더라도 '정신을 잃지 말아야 한다.' 마치 '제사를 받들듯' 삶에 경건히 임해야 한다. 제사의 순간에 신명과 통하듯이 뇌성 속에 담겨 있는 '하늘'의 뜻을 경건히 읽어 봉행하지 않으면 안 된다. 역시 "제사상에 올리는 숟가락과 술잔"에 조금도 흔들림이 없는 제사자와도 같이 삶에 경건한 정신만큼 중요한 것은 없다. 공자는 말한다. "뇌성이 오락가락하여 위기를 느낄 때 길에 나서는 것은 위험하다. 위기 속에서 제사를 받들듯이 하면 크게 실패하는 일은 없을 것이다.〔震往來厲 危行也 其事在中 大无喪也〕"(「상전」) 즉 삶이 흔들리는 위기 속에서 무슨 일을 하려고 "길에 나서는 것은 위험하다." 그것은 마치 씨름 선수가 몸의 균형을 잃은 상태에서 상대방을 제압하려는 것이나 마찬가지다. 그는 오히려 역습을 당하고 말 것이다. 그전에 마음의 중심을 잡고 "제사를 받들듯" 삶을 경건하게 추스를 필요가 있다.

上六
뇌성에 마음이 아뜩하여 눈을 두리번거린다.
일에 나서면 낭패를 당할 것이다.
벼락이 내 몸에 와 닿기 전 미리부터 살피면 피해가 없으리라.
혼사를 추진한다면 비난을 들을 것이다.
震索索 視矍矍 征 凶 震不于其躬 于其鄰 无咎 婚媾 有言

상육(上六)은 음효로서 허약한 성격에다가 괘의 마지막이므로 흔들리는 삶을 견디지 못하고 "마음이 아뜩하여 눈을 두리번거린다." 다만 그는 뇌성의 진원지인 초구나 구사와 멀리 떨어져 있다. 그러므로 "벼락이 내 몸에 와 닿기 전에" 그것이 옆의 육오에 떨어질 때, "미리부터 살피면 피해가 없을 것이다." 하지만 그렇다고 해서 '혼사'와 같은 일을 추진해서는 안 된다. "마음이 아뜩하여 눈을 두리번거리는" 그에게 청혼하는 사람이 없을 것이며 (육삼이 상육과 음양으로 호응하지 않음), 그럼에도 그가 혼사를 추진하면 주위의 사람들이 그를 비난할 것이다.

사람들은 어떤 충격적인 일을 당하면 곧잘 평정심을 잃고 허둥댄다. 이는 세상만사를 초연히 조감할, 마치 태풍의 눈과도 같은 정신적 중심을 갖지 못한 데에 기인한다. 공자는 말한다. "뇌성에 마음이 아뜩한 것은 중심을 얻지 못했기 때문이다.〔震索索 中未得也〕"(「상전」) 당연히 그러한 상황에서 '(무슨) 일에 나서면' 낭패를 면치 못할 것이며, 혼사와 같이 다른 사람들과 어떤 관계를 맺으려 한다면 비난을 들을 것이다. 그것은 마치 깊은 계곡의 물을 건너다가 몸의 균형을 잃은 상태에서 옆 사람을 붙잡는 바람에 함께 물에 휩쓸리는 것과도 같다.

그러면 뇌성이 요란한 삶 속에서도 흔들리지 않을 중심을 어떻게 하면 얻을 수 있을까? 사실 그것을 확보하기란 매우 어려울 것이다. 하지만 그것이 우리에게 행복의 자리를 마련해 준다면 우리는 그것을 부단히 추구할 필요가 있다. 그중 긴요한 방법이 공자의 이른바 "자아를 초극하는" 극기(克己)의 노력에 있다. 자기중심적인 사고를 버리라는 것이다. 우리가 수시로 경험하는 것처럼 마음의 흔들림은 대개 '나' 의식에서 비롯된다. 이를테면 우리는 생면부지의 제삼자의 죽음에 대해서는 무심하다가도 정작 자신과 가까운 사람이 죽으면 크게 상심한다. 더 나아가 죽음이 바로 나 자신의 문제가 되면 그것은 곧 천지가 뒤집힐 일이 된다. 그 밖에 불안과 불만, 번뇌, 고통 등 우리의 삶에서 일어나는 갖가지의 부정적 감정들이 모두 '나'(의식)에 기인한다.

그러므로 우리는 어떻게든 '나' 의식을 버려야 한다. 물론 이는 수도승처럼 산중이나 선방(禪房)에 가부좌를 틀고서 해야 할 공부거리가 아니다. 그것은 평소 '벼락이 내 몸에 미치기 전', 즉 충격적인 일을 당하기 전에 일상생활의 대소사에서 자기중심적 생각이나 사리사욕 등 '나' 의식의 발동 여부를 부단히 성찰하고 '극기'의 수행을 함으로써만 얻을 수 있다. 그 자리에서 세상만사를 섭리의 차원에서, 또는 신의 눈빛으로 내려다보는 노력은 이러한 자기 성찰과 수행에 커다란 도움을 줄 것이다. 올더스 헉슬리가 유신론적 관점에서 말한 다음의 글을 읽어 보자.

신성함이란 불명예스러운 것일 뿐만 아니라 훌륭한 측면에서도 분리적 경향이 있는 자아를 완전히 부정하고, 그 의지를 신에게 바치는 일이다. '나', '나를', '나의' 것에 대한 애착이 남아 있는 한 신성한 근본 바탕에 대한 헌신은 존재하지 않으며, 따라서 그것과 결합된 앎 또한 없다.(『영원의 철학』)

여기에서 "신성한 근본 바탕"이란 인간의 신적인 본성(영혼) '천명'을 뜻할 수 있다. "천명을 두려워하는" 군자의 정신은 바로 이러한 성찰과 수행의 관건이 될 수 있다. 모든 일을 '천명(하늘의 뜻)'에 입각하여 살피고 처사하는 것이다. 그러면 죽음 앞에서까지도 태풍의 눈과 같이 마음의 평온과 고요를 얻을 수 있을 것이다. 공자는 말한다. "일의 낭패

속에서도 피해가 없는 것은 미리부터 성찰과 수행을 하기 때문이다.〔雖
凶无咎 畏鄰戒也〕"(「상전」)

52. 머무름의 정신

간(艮)

흔들리는 모든 것은 반드시 멈추게 되어 있다. 이 세상에 영원히 흔들리기만 하는 것은 아무것도 없다. 자연 현상뿐만 아니라 사람의 삶도 마찬가지다. 사람들은 흔들림(혼란) 속에서 누구나 예외 없이 머무름(안정)을 희구한다. 흔들리는 삶 자체를 좋아할 사람은 아무도 없다. 공자는 이러한 뜻을 괘의 순서와 관련하여 다음과 같이 말한다. "만물은 언제까지나 흔들리기만 하는 것은 아니다. 머무르기(멈추기)도 한다. 그래서 〈진(震)〉에서 〈간(艮)〉으로 이어졌다. '간'이란 머무름을 뜻한다.〔震者 動也 物不可以終動 止之 故受之以艮 艮者 止也〕"(「서괘전」) 그리하여 〈간〉괘는 '머무름'의 문제를 주제로 삼는다.

이를 방황의 문제와 관련하여 생각해 보자. "사람은 노력하는 한 방황한다."고 했지만, 그 '방황'은 단순한 떠돌이의 방황과는 차원을 달리한다. 파우스트의 방황은 삶(존재)의 흔들림 속에서 사람됨의 의미를 찾아 머무를 자리를 얻으려는 실존적 고뇌의 필연적인 산물이었다. 그 자리를 발견하기가 결코 쉽지 않기 때문에, 아니 어쩌면 평생 걸릴 일이므로 방황할 수밖에 없는 것이다. 아니 일상적으로 살펴더라도 우리가 살아가면서 남편(부인)으로서, 부모(자식)로서 머물러야 할 올바른 자리를 알기란 얼마나 어려운 일인가. 사실 그러한 앎은 근본적으로는 인간의 자리에 대한 분명한 인식 위에서만 가능할 것이다. 우리가 각종의 자리에서 한없이 흔들리는 것은 그 인식이 불완전하기 때문이다.

정약용은 〈간〉괘에 대해 다음과 같이 말한다. "군자가 세상사를 배워 하늘의 뜻을 깨치려 하는 것은 올바른 자리에 머무르기 위해서다." (『여유당전서』) 여기에서 군자가 머무르고자 하는 '올바른 자리'란 '하늘'이나 신과 같은 추상 세계를 말하는 것이 아니다. 그것은 시간적으로든 공간적으로든 일상생활에서, 특히 진퇴와 거취의 자리에서 취해야 할 바른 도리를 뜻한다. 따라서 저 '자리'는 정태적 관념이 아니라 모든 움직임을 포괄하는 역동성을 갖는다. 공자는 말한다. "'간은 머무름을 뜻한다. 머물러야 할 때에는 머무르고, 나아가야 할 때는 나아가 행동거지에 시의적절함을 잃지 않으면 삶의 길이 밝게 열릴 것이다.〔艮, 止也 時止則止 時行則行 動靜不失其時 其道光明〕"(「단전」) 그리하여 '머무름'의 정신은 "만사만물에 유종의 미를 거두면서 또한 새로운 시작을 열어 준다.〔萬物之所成終 而所成始也〕"(「설괘전」)

이러한 정신을 괘 안에서 살펴보자. 이 괘는 상하괘가 모두 '간(艮)' ☶으로 이루어져 있으며, 그것은 산을 상징한다. 산은 아무리 심한 태풍에도 요지부동하는 무게를 갖는다는 점에서 흔히 중후한 인격으로 은유되곤 한다. "인자(仁者)가 산을 좋아하는〔仁者樂山〕" 것도 이 때문이다. 그러므로 산은 어쩌면 자연 만물 가운데에서 '머무름'의 정신의 대표적인 표상이 될 만하다. 게다가 〈간〉괘는 위아래로 두 개의 산이

겹쳐져 있으므로 그러한 뜻을 더욱 확실하게 함축한다.

괘의 구조를 살펴보자. 8괘상 '간'은 하나의 양효가 위에서, 그리고 두 개의 음효가 아래에서 각자 (음양의) 분수에 맞게 머물러 있다. 또 〈간〉을 64괘상에서 살피면 대응하는 여섯 효들(초효와 4효, 2효와 5효, 3효와 상효)이 모두 음양으로 호응하지 않는다는 점에서 각자 제자리에 확고하게 머무르고 있음을 보여 준다. 물론 8괘가 중복된 나머지의 괘들, 즉 〈건(乾)〉〈태(兌)〉〈리(離)〉〈진(震)〉 손(巽)〉〈감(坎)〉〈곤(坤)〉괘의 여섯 효도 모두 호응하지 않지만, 유독 〈간〉괘에서만 '머무름'의 정신을 말한 것은 '간'의 글자 자체에 그러한 뜻이 담겨 있기 때문이다.

괘사卦辭

마음을 등허리에 두어 몸의 존재를 잊어야 한다.
마당에 내려서도 남들을 바라보지 않는다면
허물없는 삶을 살리라.
艮其背 不獲其身 行其庭 不見其人 无咎

사람들은 저마다 자신의 자리를 모색하고 추구한다. 행불행은 그 자리를 찾아 머무느냐 여부에 달려 있다. 사람들이 자신의 재능과 적성을 고민하는 것도 사실은 삶의 제자리를 얻어 행복을 누리기 위한 노력과 다름없다. 어떤 사람이 세속적 안락의 유혹을 거부하고 고통스러운 행로를 고집하는 것도 그것이 자신의 삶의 자리라고 여기기 때문일 것이다. 예를 들면 성춘향의 순정이나 사육신의 절의가 그러하다. 공자의 말처럼 "어떤 자리에 머무는 것은 그가 삶의 제자리를 얻었기 때문이다.〔艮其止 止其所也〕"(「단전」)

하지만 올바른 자리를 알아 머무르기란 여간 어려운 일이 아니다. 자신의 재능과 적성을 깊이 헤아려야 할 뿐만 아니라 사회생활상 적합한 자리를 찾아야 하기 때문이다. 그것은 개인의 행불행을 좌우하는 것은 물론 사회의 안정과 평화 여부까지 결정짓는다. 말하자면 구성원들이 각자 제자리를 얼마나 얻어 만족하며 살고 있는가에 따라 사회의 치란(治亂)이 달라진다. 이를테면 농민이, 노동자가 자신들의 삶의 자리에 불만을 갖고 있다면 그 사회는 결코 평화롭지 못할 것이다. 과거에 선비들은 이러한 문제의식을 분명히 갖고 있었다. 그들은 흔히 정치의 목표를 "모든 사람들이 각자 삶의 제자리를 얻게끔〔各得其所〕", 또는 "그들이 각자 제자리에 머무르게끔〔各止其所〕" 하는 데에 두었다.

우리는 올바른 자리를 얻기 위해 궁극적으로는 우주 내 인간의 지위와 역할까지 숙고하지 않으면 안 된다. 우주(자연)에 대한 잘못된 인식은 삶의 불행을 초래할 수도 있기 때문이다. 거시적으로 자연의 생태계를 한번 살펴보자. 자연은 만물이 제각각 생명 활동을 하면서 자타 간 화합을 펼치는 오케스트라와도 같다. 그들은 종에 따라, 그리고 같은 종 내에서 각자의 자리에 머물러 자신들의 고유한 존재를 실현함으로써 자연 전체의 균형과 조화로운 생성에 기여한다.

다만 예외적인 종이 하나 있다. 바로 인간이다. 그는 자연 세계 안에서, 만물과의 관계에서 자신이 머물러야 할 올바른 자리를 깨닫지 못하고 오만하게도 만물의 자리를 흐트러뜨린다. 오늘날 생태계의 위기가 이를 여실히 증언한다. 이는 근본적으로 인간의 탐욕에 기인한다. 탐욕이 자연 세계 내 인간의 올바른 자리를 망각하고는 만물을 정복하고 착취하며 파괴하여 생태계의 위기를 야기한다.

개인의 불행과 사회의 혼란도 마찬가지다. 예를 들면 가진 자들의 탐욕이나 개개인의 이기적 욕망이 자신들의 '자리'를 벗어나 한없는 만족을 추구함으로써 삶의 불행이 생겨난다. 달리 말하면 욕망(탐욕)은 올바른 자리에 머무르는 것을 방해하는 주된 요인이다. 특히 자기만족과 안락만을 추구하는 '몸'(육신)의 욕망은 남들을 배려하기는커녕, 사람으로서 머물러야 할 (진리와 도의의) 정신을 내팽개치기 때문에 자아(존재)의 빈곤을 초래할 수밖에 없다. 자아는 남들을 배려하고 더불어 살면서 사람의 도리를 다하는 데에서만 풍요로울 수 있는데 말이다.

그러므로 올바른 자리를 얻기 위해서는 "몸의 존재를 잊어야 한다." 나의 육신이 지어내는 갖가지의 욕망을 떨쳐 버려야 한다. 이를 위해서는 마음을 '등허리'에 두어야 한다. 등허리(척추)는 우리의 몸 가운데 가장 중추적인 기관이다. 척추 디스크 환자들이 잘 보여 주는 것처럼, 그것이 손상되면 일상생활에 많은 지장을 초래한다. 그러므로 평소 물건을 들거나 운동을 하거나, 아니 때로는 사소한 동작에서조차 허리를 조심하지 않으면 안 된다. 자칫하면 다칠 수도 있기 때문이다.

이것이 은유하는 바는 다른 데 있지 않다. '등허리'란 사람의 중추적인 도리와 이념을 상징한다. '몸'(육신)의 욕망에 휘둘리지 말고, 진리와 도의(사랑과 의로움)에 마음을 머물러 두어야 한다는 것이다. 옛 시에 "꾀꼴꾀꼴 우는 꾀꼬리여, 언덕 모퉁이에 머물러 있구나." 하는 구절이 있다. 공자는 이를 두고서 다음과 같이 말한다. "새도 제가 머무를 곳을 아는데, 사람이 되어 새만도 못해서야 되겠는가!"(『대학』) 이 말은 사람이 머물러야 할 올바른 자리를 숙고하게 하려는 뜻을 담고 있다. 한마디로 그것은 진리와 도의의 자리다.

유념해야 할 일이 있다. 올바른 자리를 찾아 머무르려 할 때에는 자신의 자리를 남들의 것과 비교해서는 안 된다는 점이다. 비교 의식은 불행을 낳는다. "마당에 내려서도 남들을 바라보지 않는다면"이라는 은유의 뜻이 여기에 있다. 이를테면 방 안에서 나와 마당에 내려서 삶의 현장에 나서려 할 때, (권력이나 재물, 또는 사회적 지위 등) 남들이 갖고 있는 것들을 눈여겨보기 시작하면 나는 상대적 빈곤감과 함께 질투와 시기심을 품게 될 것이다. 이는 당연히 올바른 자리를 찾아 머무르려는 마음을 방해한다. 나는 자신이 지금 머물러 있는 자리에 열등감을 느끼면서 자신의 자리를 떠나려 할 것이다.

그러므로 올바른 삶, 진정한 행복은 "마당에 내려서도 남들을 바라보지 않고", 오직 자신의 자리에 성실하게 머무르려는 노력 속에서만 실현될 수 있다. 공자는 말한다. "위와 아래가 마주 대응하여 서로 휩쓸리지 않으니, 그래서 몸의 존재를 잊고, 마당에 내려서도 남들을 바라보지 않아 허물없는 삶을 사는 것이다.〔上下敵應 不相與也 是以不獲其身 行其庭 不見其人 无咎也〕"(「단전」) 여기에서 "위와 아래가 마주 대응하여 서로 휩쓸리지 않는다."는 말은 괘의 구조상 상괘와 하괘의 효들이 음양으로 호응하지 않는 모습을 두고 한 말이지만, 이는 사람들이 상하 좌우의 남들에게 휩쓸리지 말고 각자 삶의 제자리를 얻어 머물러야 함을 은유하고 있다.

괘상卦象

산들이 잇따라 있는 모습이 〈간〉의 형상이다.
군자는 이를 보고서 자신의 생각이
지금, 이 자리를 벗어나지 않게 한다.
兼山 艮 君子 以 思不出其位

산들은 크거나 작거나 간에 서로 상대를 침범하지 않고 각기 제자리
에 머무르면서 전체적으로 일련의 웅장한 산맥을 이룬다. 낮은 산이 열
등감을 갖거나, 높은 산이 우월 의식을 갖지 않는다. 그 안의 초목금수
역시 각자의 자리에서 자신의 존재를 실현하는 가운데 산의 생명 활동
에 유기적으로 조화롭게 참여한다. 산의 이와 같은 모습 앞에서 군자의
삶의 정신이 또한 자연스럽게 발동된다. 그는 생각에 잠긴다.

사람도 산이나 초목금수와 마찬가지로 머물러야 할 삶의 자리를 갖
는다. 물론 그 자리는 다양하기 그지없다. 이를테면 가정 내에서는 부
부와 부모와 자식으로서, 사회생활 속에서는 사장과 직원, 선생과 학생
으로서 지켜야 할 자리가 있다. 우리는 그 자리에서 요구되는 이러저러
한 도리(직분과 과제와 의무)를 수행해야 한다. 아니 인간관계에서 설정되
는 자리 이전에, 자신이 당면하고 있는 '지금, 이 자리'의 도리를 다하지
않으면 안 된다. 『중용』은 이를 다음과 같이 예시한다.

군자는 지금 머무르고 있는 자리에서 자신의 도리를 다할 뿐, 그 밖의
일은 바라지 않는다. 부귀의 자리에서는 부귀에 마땅한 도리를 다하고,

빈천의 자리에서는 빈천에 마땅한 도리를 다하며, 야만의 자리에서는 거기에서 마땅한 도리를 다하고, 고난의 자리에서는 거기에서 마땅한 도리를 다한다. 그리하여 군자는 어떤 자리에서나 안락 자족의 삶을 산다.

여기에서 "마땅한 도리"란 당연히 그 '자리'에 따라 다르다. 부귀의 자리에서는 자신의 부귀를 이용하여 사람들에게 사랑의 덕을 베풀고, 빈천의 자리에서는 그것에 굴복하지 않고 자신의 품성을 더욱 고결하게 닦으며, 야만의 자리에서는 야만에 물들지 않고 말과 행동을 더욱 진실하게 하고, 고난의 자리에서는 좌절하지 않고 '하늘의 뜻'을 경청하면서 자신을 더욱 곧추세우는 것, 그것이 "마땅한 도리"다. 어느 자리에서든 그는 도리에 따라 안락 자족하는 삶의 기쁨을 잃지 않는다.

"세상에서 가장 넓은 집에서 살고, 세상에서 가장 바른 자리에 서며, 세상에서 가장 큰 길을 걷는다."(『맹자』)는 대장부의 정신이 이를 웅변으로 말해 준다. 저 '넓은 집'과 '바른 자리'와 '큰 길'은 공간적인 의미를 갖지 않는다. 그것은 대장부의 정신 지평 위로 설계된 존재(인격)의 자리를 함축하고 있다. 이 세상에 사랑만큼 '(존재의) 넓은 집'과, 예의만큼 '(존재의) 바른 자리'와 의로움만큼 '(존재의) 큰 길'은 없다는 것이다. "부귀도 그의 뜻을 어지럽히지 못하고, 빈천도 그의 뜻을 변절시키지 못하며, 권세나 무력도 그의 뜻을 꺾지 못하는"(『맹자』) 것도 이러한 까닭에서다. 그는 세상에서 가장 올바른 삶의 자리에 머무르고 있다고 자부하고 있기 때문이다.

"마땅한 도리"는 사회적 지위나 인간관계상에서만 필요한 것이 아니다. 그것은 당연히 삶의 매 순간에도 필요하다. 이렇게 생각해 보자. 흔히 사람들은 더 이상 존재하지 않는 과거의 일들에 여전히 머물러 회한과 분노와 고통을 스스로 지어낸다. 또 아직 존재하지도 않는 미래의 일들을 미리부터 상상하고 예단하면서 근심 걱정, 불안에 빠지곤 한다. 이러한 태도는 당연히 "지금, 이 자리"의 현존에 집중하지 못하게 함으로써 삶의 생동성과 환희를 잃게 만든다. 그것은 마치 맛있는 음식을 먹으면서도 다른 생각을 하느라 그 맛을 모르는 것과도 같다.

이에 반해 "지금, 이 자리"의 정신은 과거나 미래에 얽매이지 않고 자신의 현존에 집중하여 매 순간 "마땅한 도리"를 다하려 한다. 이는 그가 도덕 정신으로 충만해 있다는 뜻이 아니다. 그전에 그는 마음을 다른 곳으로 내달리지 않고 바로 지금, 이 자리에 '머물러' 자신의 존재와 세계 만물을 최대한 음미하고 성취하려 한다. 그는 삶의 매순간이 시작이자 끝임을 알아 "지금, 이 자리"에 진지하고 오롯하게 나서며, 자신의 생명 감각을 최대한 열어 우주 만물을 몸 안에 흡인하려 한다. 이를테면 연비어약(鳶飛魚躍)의 '하찮은' 풍경에서조차 자연의 눈부신 섭리를 온몸으로 깨달아 감동에 젖으며, 그것을 자신의 삶에서 찾아 실천하려 한다. 군자가 "어떤 자리에서나 안락 자족의 삶을 사는" 까닭이 여기에 있다.

효사爻辭

初六
발꿈치를 움직이지 않으면 허물을 면하리라.
변함없고 굳건해야 한다.

艮其趾 无咎 利永貞

패가 '머무름'을 주제로 하고 있으므로 여러 효들이 신체 기관을 상징적으로 예시했다. 초육(初六)은 괘의 제일 아래에 있으므로 걸음을 시작하는 발꿈치에 해당된다. "발꿈치를 움직이지 않으면"이라고 한 것은 그가 음효로서 허약한 자이기 때문에, 일에 나서지 말고 지금의 자리에 머물러야 한다는 함의를 갖는다. "변함없고 굳건해야 한다."고 강조한 것도 허약함을 염려한 충고다.

모든 일은 처음이 중요하다. 첫 단추를 잘못 꿰면 이후의 일들이 모두 엉망이 되어 버린다. 그러므로 시작을 신중히 하지 않으면 안 된다. 만약 자신의 힘이나 형편상 일에 아직 나서서는 안 될 때라고 판단되면 한 걸음도 내딛지 말고 지금의 자리에 머물러야 한다. 문제는 욕심이다. 많은 사람들은 처음에는 제자리를 지키다가도 욕심에 흔들려 어긋난 처사를 한다. 이는 당연히 허물의 요인이 된다. 그러므로 현재의 자리에 머물러야 할 시점에는 욕심을 버리고 자신의 자리를 "변함없고 굳건하게" 지켜야 한다. 공자는 말한다. "발꿈치를 움직이지 않으면 올바른 자리를 잃지 않으리라.[艮其趾 未失正也]"(「상전」)

六二
장딴지를 움직이지 않는다.
사랑하는 님을 구해 주지 못하니 마음 아프다.

艮其腓 不拯其隨 其心不快

육이(六二)는 초육의 발꿈치 위에 있으므로 다리의 부위상 장딴지에 해당된다. 그는 하괘의 가운데 음효로 음의 자리에 있으므로 자신의 자리에 올바로 머물러 있다. 그래서 "장딴지를 움직이지 않는다."고 했다. "사랑하는 님"이란 구삼을 가리킨다. 그는 하괘에서 유일한 양효이므로 육이가 따르는 '님'에 해당된다. "사랑하는 님을 구해 주지 못하는" 것은 구삼이 (양효로 양의 자리에서) 지나친 강성을 띠고 있어서 육이의 충고를 듣지 않기 때문이다. 그래서 "마음 아프다." 공자는 말한다. "사랑하는 님을 구해 주지 못하는 것은 그가 물러서서 나의 말을 들으려 하지 않기 때문이다.[不拯其隨 未退聽也]"(「상전」)

우리는 머무름과 나아감을 올바로 판단하여 때와 자리가 아니라고 여기면 자신의 중심을 지켜 "장딴지를 움직이지" 말아야 한다. 물론 그렇다고 해서 아주 머물러서 세상만사를 외면하고 자족의 삶만 추구해서는 안 된다. 나의 이 자리는 시간적으로나 공간적으로나 종횡에 걸친 존재의 연쇄 질서상 타자에 의존하고 있기 때문이다. 나는 부모(조상)를, 친구를, 윗사람과 아랫사람을, 나아가 땅과 물과 공기 등 자연 만물을 기다려서만 존재하고 살아갈 수 있다. 거창하게 말하면 "모든 존재가 서로 의존하고 서로 기다리며 서로 낳아 주고 서로 이루어 준다.[相依相待 相生相成]"

이러한 눈빛으로 바라보면 만민과 만물이, 풀 한 포기, 곤충 한 마리까지도 모두 나의 "사랑하는 님"이 아닐 수 없다. 우리가 머물러야 할 가장 고귀한, 인간 본연의 자리가 바로 여기에서 드러난다. 인간애(생명애)의 정신이다. 이는 과거 성현들의 한결같은 가르침에서도 잘 나타난다. 그들이 사랑(자비, 인, 박애)을 강조한 것은 단순한 도덕 이념의 제시가 아니라 인간 본연의 자리에 대한 깊은 깨달음에서 나온 것이었다.

그런데 그 '자리'를, 고결한 사랑의 정신을 알지 못하고 살아가는 사람들이 얼마나 많은가. 오히려 그들은 사랑을 실용 가치가 없는 것으로 여겨 남들에 대해 무관심한 채 오직 자신의 영리영달에만 급급하다. 그들을 "사랑하는 님"으로 여겨 어떻게든 구원하려는 성현들의 마음이 아픈 까닭이 여기에 있다. "물러서서 나(성현)의 말을 들으려 하지 않는" 그들의 어리석음이 너무 안타까운 것이다. 맹자는 탄식한다. "사랑은 사람의 편안한 집이요 의로움은 사람의 올바른 길인데, 사람들이 편안한 집을 비워 두고 머물지 않고, 올바른 길을 버려 두고 걷지 않으니, 슬프구나![仁 人之安宅也 義 人之正路也 曠安宅而弗居 舍正路而不由 哀哉]"(『맹자』)

九三
허리를 움직이지 않으니 등골이 갈라지는 듯하다.
위기감에 속이 탄다.
艮其限 列其夤 厲薰心

구삼(九三)은 하괘의 제일 위에 있으므로 상괘와의 관계에서 살피면 몸의 허리 부분에 해당된다. 허리는 몸의 위와 아래를 잇는 중심적인 자리인 만큼 유연해야 한다. 그런데 구삼이 (양효로 양의 자리에서) 제자리만 강하게 고집하면서 "허리를 움직이지 않아" 상체와 하체의 교량 역할을 거부하고 있다. 이는 상하(좌우)의 사람들과 소통함이 없이 자신의 자리에만 머물러 있는 사람의 태도를 은유한다. "등골이 갈라지는 듯하는" 아픔과, "위기감에 속이 타는" 마음은 그러한 삶의 불행한 결과를 역시 은유적으로 표현한 것이다.

사람의 몸은 수많은 세포에서부터 팔다리에 이르기까지 각 부분이 유기적으로 연관되어 있다. 그것들은 저마다의 자리에서 각기 고유한 기능을 수행하면서도, 서로 혈기와 맥락을 상통하면서 몸 전체의 생명 활동에 기여한다. 한 사람의 건강 여부가 여기에서 판정된다. 그것은 신체 기관들이 각기 고유하면서도 상호 유기적인 활동을 얼마나 잘하느냐에 달려 있다. 질병은 어떤 신체 부분의 기능 약화와, 그로 인해 혈기와 맥락이 상통하지 않음으로써 초래되는 현상이다.

사회도 이와 다를 것이 없다. 한 사회의 건강 여부는 구성원들이 얼마나 제자리를 얻어 소임을 다하는가에 달려 있다. 이상적인 사회는 모든 사람들이 각자 머물러야 할 자리를 얻는 데에서 실현된다. 『예기』는 이를 대동(大同)이라는 이름으로 다음과 같이 예시한다. "노인은 여생을 편안하게 마칠 수 있고, 젊은이는 각자 삶의 자리를 가지며, 어린이는 마음껏 자라고, 홀아비, 과부, 고아, 병든 자 모두 부양을 받으며 살아간다. 남자에게는 할 일이 있고, 여자에게는 결혼의 안식처가 있다."

하지만 사람이 각자 자신의 자리에 머무르는 것만 가지고는 안 된다. 상호 간의 소통이 없이 자신의 자리에만 머무른다면, 사회는 마치 신체 기관들 사이에 혈기와 맥락이 통하지 않아 병든 몸과 같은 꼴이 되고

말 것이다. 예컨대 개인(이기)주의자들처럼 나와 남 사이에 벽을 세우고
서 소통을 거부한다면, 그러한 사람들의 사회는 수많은 기계 부품들로
돌아가는 공장이나 다름없다. 사람들은 거기에서 따뜻한 숨결과 생명
의 온기를 느끼지 못하며 삶의 안식과 평화를 얻을 수 없다. 은유적으
로 말하면 "허리를 움직이지 않으므로 위기감에 속이 타는 것이다.〔艮
其限 危薰心〕"(「상전」) 즉 자신의 자리에만 폐쇄적으로 머물러 남들과 교
류하지 않으므로, 절해의 고도와도 같이 자타 단절의 고독 속에서 자
아(존재)의 위기감을 느낄 수밖에 없다.

그러므로 우리는 자신의 자리에 머무르면서도 열린 마음으로 남들과
인정을 나누고 삶을 소통해야 한다. 사실 한 사람의 자리는 본질적으로
남들과의 관계 속에서만 주어지는 법이다. 선생의 자리는 학생과의 관
계에서, 남편의 자리는 부인과의 관계에서 생긴다. 타자와의 관계를 전
제하지 않는 삶의 자리란 있을 수 없다. 이는 머무름의 정신이 부작위에
그치지 않고, 적극적으로 관계의 도리를 지향하고 있음을 시사한다. 달
리 말하면 머무름의 정신은 "도덕적인 삶을 서로 권하고〔德業相勸〕, 예
의의 정신으로 서로 교류하며〔禮俗相交〕, 잘못을 서로 바로잡아 주고〔過
失相規〕, 어려운 일을 서로 도와주는〔患難相恤〕"뜻을 내포하고 있다.

六四
몸을 움직이지 않으면 허물없는 삶을 살리라.
艮其身 无咎

육사(六四)는 하괘를 벗어나 상괘에 진입했으므로 허리 위 몸통에 해당되며, 음효로 음의 제자리에 머물러 있으므로 "몸을 움직이지 않는다."고 했다. 다만 그는 (음효라서) 강력한 힘을 갖고 있지 못하므로 행복을 적극적으로 성취하지는 못하며, "허물없는 삶"의 정도에 그친다.

앞서 괘사에서 말한 것처럼 사람들이 삶의 제자리에 머물러 안식을 얻지 못하는 것은 대개 몸의 욕망 때문이다. 그들은 자신의 자리에 만족하지 못하고 끊임없이 "몸을 움직여" 바깥 세계의 욕망거리들을 쫓아다니는 것이다. 하지만 행복은 그러한 욕망의 충족에서 생겨나지 않는다. 그것은 오히려 불행을 불러들일 뿐이다. 욕망은 결코 자기만족을 모르고 한없는 자가발전을 통해 확대 재생산하며, 그것의 이기적이고 배타적인 성질은 자타 간 대립과 갈등을 필연적으로 유발하기 때문이다. 그러므로 욕망의 행복은 내가 잡았다고 생각하는 순간 저만큼 달아나 버린다. 그러한 욕망의 노예로 사는 한 우리는 정신의 자유와 행복을 절대로 누릴 수 없다. 정이는 말한다. "군자는 물질을 부리지만, 소인은 물질의 노예로 산다.〔君子役物 小人役於物〕"(『근사록』) 여기에서 '부린다'는 말은 자신을 물질에 종속시키지 않고 오히려 인간의 본연성을 실현하기 위해 그것을 이용한다는 뜻이다.

그러므로 욕망이 지시하는 대로 몸을 움직여서는 안 된다. 욕망을 쫓아 재물이나 권력 등 바깥 사물의 노예로 살지 말고, 자신의 존재 내부에서 인간 본연의 자리를 찾아 머물러야 한다. 공자는 말한다. "몸을 움직이지 말고 자신 안에 머물러야 한다.〔艮其身 止諸躬也〕"(「상전」) 노자 또한 말한다. "명예와 몸 중에서 어떤 것이 중요하며, 몸과 재물 중에서 어떤 것이 소중하며, 얻는 것과 잃는 것 중에서 어떤 것이 문제가 많은가. 무슨 일이든 너무 좋아하면 반드시 큰 힘을 들이게 되고, 많이 소유하면 반드시 잃는 것도 많아지기 마련이다. 만족을 알면 수모를 당하지 않을 것이요, 머무를 줄 알면 위험을 겪지 않을 것이니, 그러면 오래 살 수 있다.〔名與身 孰親 身與貨 孰多 得與亡 孰病 甚愛 必大費 多藏 必厚亡 知足不辱 知止不殆 可以長久〕"(『노자도덕경』)

六五

턱을 움직이지 않는다.

말을 조리 있게 하면 후회할 일이 없으리라.

艮其輔 言有序 悔亡

육오(六五)는 괘의 위치상 턱(얼굴) 부분에 해당된다. "턱을 움직이지 않는다."는 것은 말을 함부로 하지 않는다는 뜻이다. 이는 시종 침묵만 지킨다는 말이 아니다. 그는 (상괘의 가운데에서) 중용의 정신을 얻고 있으므로 때로는 "말을 조리 있게" 하기도 한다. '후회' 운운한 것은 그가 음효로서 나약한 성질을 갖고 있기 때문에 말조심하도록 경계하는 뜻이 담겨 있다.

우리는 행동거지는 물론 말 역시 멈춰야 할 때와 자리를 알아야 한다. 일의 성패나 명예와 치욕이 말 한마디에서 비롯되기 때문이다. 말 좋아하는 자는 말로 망한다. 그러므로 평소 과묵할 필요가 있다. 승려들이 '묵언수행(黙言修行)'을 하는 한 가지 이유도 여기에 있을 것이다.

그것은 말 자체를 꺼려해서가 아니라 말을 참는 법을 배우려는 것이다. 물론 때로 말해야 할 자리에서는 조리를 분명히 세워야 한다.

　침묵이나 말을 참는 것, 또 조리 있게 말하는 것이 저절로 되는 일은 아니다. 그것은 부단한 수행을 쌓아야 한다. 이를테면 내심의 불안이 많은 말을 야기한다는 점에서 평소 마음의 고요와 평화를 위한 수양을 필요로 하며, 세계와 삶의 이치를 올바로 인식하지 못하기 때문에 말이 많아진다는 점에서 진리 탐구의 노력을 해야 한다. 공자는 말한다. "턱을 움직이지 않는 것은 중정(中正)의 덕을 갖춤으로써만 가능하다.〔艮其輔 以中正也〕"(「상전」) 즉 나의 '몸'을 벗어나 세계의 한 중심〔中〕에서 만사를 바라볼 줄 아는 드높은 안목과, 욕망과 사념의 왜곡을 떨치고 사물을 명경지수와도 같이 바르게〔正〕 대면하는 마음을 부단히 길러야 한다. 과거에 선비들은 이를, '격물치지(格物致知)'(사물의 탐구와 앎의 성취)와 '정심(正心)'의 공부를 통해 이루고자 했다. 참고로 『대학』은 '정심'에 관해 다음과 같이 반어법으로 말한다.

　분노가 있으면 마음이 바른 자리를 얻을 수 없고, 두려움이 있으면 마음이 바른 자리를 얻을 수 없으며, 좋아하는 것이 있으면 마음이 바른 자리를 얻을 수 없고, 근심이 있으면 마음이 바른 자리를 얻을 수 없다.

　우리의 마음은 평소 수많은 생각과 감정들로 들끓고 있다. 이미 지나간 과거의 일이나 아직 도래하지 않은 미래의 일, 그 밖에 갖가지의 정념과 잡상들을 마음속에서 되씹고 펼치면서 분노와 공포, 애착과 걱정을 한시도 떨치지 못한다. 세상과 사물을 올바르게 인식하고 처사하지 못하는 커다란 이유가 여기에 있다. 마음에 무언가를 담아 두고 있기 때문에 사물을 왜곡되게 받아들이는 것이다.

'정심'의 공부는 감정이나 욕망, 사념의 편향과 체증, 오염을 닦아 내고 제거하여 마음을 마치 명경지수와도 같이 맑고 밝게 함양하려는 노력이다. 이황의 말대로 "사물이 다가오면 그것을 비추되 담아 두지 않고, 사물이 지나가면 그것을 보내 텅 비우는 맑은 거울"(『퇴계전서』)처럼 마음을 가지려는 것이다. 마음속 쓸데없는 일들을 다 씻어 내어 매사를 맑고 고요한 마음으로 대면하고 처사하기 위해서다. 『채근담』은 이러한 경지를 다음과 같이 아름다운 영상으로 은유하여 보여 준다.

바람이 성긴 대숲에 불어오는데 바람이 지나가면 대숲은 바람소리를 머물러 두지 않고, 기러기가 차가운 연못 위를 날아가는데 기러기가 지나가면 연못은 기러기의 그림자를 남겨 두지 않는다. 마찬가지로 군자는 일이 다가오면 마음이 비로소 나타나고, 일이 지나가면 마음도 따라서 빈다.〔風來疎竹 風過而竹不留聲 雁度寒潭 雁去而潭不留影 故君子 事來而心始現 事去而心隨空〕

上九
성실하게 머무른다.
행복을 얻으리라.
敦艮 吉

상구(上九)는 지금까지의 다섯 효와는 달리 신체의 은유를 취하지 않고, 다만 "성실하게 머무른다."고만 했다. 이는 정신의 머무름을 주제로 하고 있음을 암시한다. 신체를 지배하는 정신이 머물러야 할 높은 자리를 말하려는 것이다. 그것은 성실성이다. 그는 (괘의 마지막 효가 시사하는) 극한의 상황에서도 "성실하게 머무른다." 행복의 원천이 여기에 있다.

성실성은 삶의 최고 덕목이다. 삶에 진지하고 충실한 그 정신이야말로 미덕 중의 미덕이다. 세계와 삶은 성실한 마음에게만 의미 깊고 아름다운 모습을 드러내 보여 준다. 성실성을 결여하면 진(眞)이든 선(善)이든 미(美)든, 아니면 성(聖)이든 모든 가치들은 공허한 것이 되고 만다. 불성실한 마음에는 진리와 도덕과 아름다움과 신앙이 절대로 머무를 수 없기 때문이다. 『중용』은 말한다. "성실성은 일의 끝이자 시작이다. 성실하지 않으면 일이 없는 것이나 다름없다." 그러므로 성실성이야말로 내가 자신의 삶에 바쳐야 할 최선의 도리다.

우리는 일상생활에서는 물론 고난과 역경의 자리에서도 성실하게 머물러야 한다. 그것이 불가피한 상황이라면 어쩔 수 없이 견디려 하지 말고 성실하게 받아들여야 한다. 단순히 견디는 마음은 스스로에게 고통만 가중시킬 뿐이다. 이를테면 그는 사업의 실패에 대해 미련을 버리지 못하고 온갖 회한만 되씹을 것이다. 이에 반해 성실한 받아들임은 그 실패를 마치 '하늘(신)의 뜻'인 양 여기면서 자신의 삶의 자리에 어떠한 미련이나 원망도 없이 성실하게 머무를 것이다.

물론 그가 모든 희망을 포기하고 삶을 체념하는 것은 결코 아니다. 진정한 머무름의 정신은 바로 "지금, 이 자리"에서 "마땅한 도리"를 다

함으로써 미래의 새로운 세계를 열어 나가려는 의지를 갖는다. 자신의 삶의 자리에 불성실한 사람들보다 훨씬 진지하게 그는 "지금, 이 자리"에 내재된 미래의 의미를 찾아 실현하려 한다. 행복의 원천이 바로 거기에 있다. 공자는 말한다. "성실하게 머무르면 행복을 얻으리니, 머무름의 정신에 시종 충실하기 때문이다.〔敦艮之吉 以厚終也〕"(「상전」)

53. 점진의 정신

점(漸)

만물은 움직이면(흔들리면) 멈추고(머무르고), 멈추었다가는 다시 움직인다. 그 변화의 과정은 점진적이다. 그것이 자연의 이치다. 어떤 일이든 결코 돌발적으로 일어나지 않으며 서서히 출현하여 진행된다. 저녁의 어스름이 밤의 어둠으로, 밤의 어둠이 새벽의 여명으로 이행되듯이 말이다. 앞서 〈곤(坤)〉괘에서 인용했지만 그 「문언전」을 다시 한 번 읽어 보자. "신하가 제 임금을 죽이고, 자식이 제 아버지를 죽이는 것은 일조일석에 생기는 일이 아니다. 그 원인들이 점점 쌓여 온 결과다. 그 것을 알아차리지 못한 것일 뿐이다."

공자는 이러한 이치를 괘의 순서와 관련하여 다음과 같이 말한다. "'간(艮)'이란 머무른다는 뜻이다. 하지만 만물이 언제까지나 머물러 있기만 하지는 않는다. 그래서 〈간(艮)〉에서 〈점(漸)〉으로 이어졌다. '점'이란 점차로 진행한다는 뜻이다.〔艮者 止也 物不可以終止 故受之以漸 漸者 進也〕"(「서괘전」) 그리하여 〈점〉괘는 점진의 정신을 주제로 한다.

사물뿐만 아니라 사회의 변화와 역사의 발전도 마찬가지다. 사회와 역사가 갑자기 진보하고 도약하는 법은 결코 없다. 예를 들어 보자. 많은 사람들은 우리가 고도의 경제 발전을 이루었다고 자랑한다. 하지만 그것을 두고 우리 사회가 정말 발전했다고 말할 수 있을까? 지난날 민주주의의 이념과 가치를 희생시키고 정당한 과정과 절차를 무시한 채 독재 정권이 이룬 '압축 성장'은 졸부 심리만 키웠을 뿐, 국민 모두를 정신의 빈곤 상태로 몰아넣으면서 사회의 진정한 발전을 가로막고 있다. 우리의 정신은 여전히 정체되어 있는 것이다.

사소한 사례처럼 보일지 모르지만, 대다수가 책을 읽는 일본의 지하철 승객들과 달리 스마트폰의 화면에 빠져 있는 우리의 승객들에게서는 결코 사회의 발전을 기대할 수 없다. "개천에서 용 난다."는 속담이 있지만, 개천의 냄새가 묻어 있는 용은 이무기의 외형적 변신에 지나지 않는다. 만약 용에도 등급이 있다면 개천의 용은 최하위에 머물 것이다. 그러므로 우리는 용의 휘황한 모습에 자기도취되지 말고 자신의 몸과 마음에, 삶에 깊이 배어 있는 개천의 냄새를 제거하지 않으면 안 된다. 그것은 올바른 삶의 정신을 점차로, 착실하게 확립하는 노력에서부터 시작되어야 한다.

이제 〈점〉괘의 주제를 괘 안에서 살펴보자. 하괘 '간(艮)' ☶은 산을, 상괘 '손(巽)' ☴은 나무를 상징으로 갖는다. 이는 산에서 나무가 자라는 모습을 영상으로 보여 준다. 나무는 점차로 자라며, 그렇게 해서 산도 점점 높아 보인다. 산중의 나무가 하루아침에 갑자기 자라거나 산이 크게 솟아오르는 법은 없다. 거기에는 점진의 정신이 지배한다.

한편 상괘와 하괘는 각각 머무름과 공손함을 속성으로 갖는다. 이를 한 사람의 인격으로 조합하면, 그것은 편안한 머무름의 정신으로 행동거지에 공손한 태도를 보여 준다. 그리하여 머무름의 정신은 욕심에 흔들려 조급하게 일을 서두르지 않고, 공손한 태도는 무슨 일에든 저돌적으로 나서려 하지 않는다. 그는 모든 일을 순리적으로 서서히 진행시켜 나가려 한다. 공자는 말한다. "그의 머무름은 흔들림 없는 중심을 얻었고, 그 중심에 편안하게 머물러 공손하게 나서므로 곤경을 겪지 않으리라.〔其位 剛得中也 止而巽 動不窮也〕"(「단전」) 여기에서 '중심'은 진리와 도의의 올바른 정신을 함축한다. 정말 진리와 도의의 세계에 흔들림 없이 편안하게 머무르고, 세상에 공손하게 나서는 사람은 어떤 일도 곤경거리로 여기지 않을 것이다.

괘사卦辭

점진의 정신을 여자가 시집가는 길에서 지키면 행복을 얻으리라.
올바른 정신을 가져야 한다.
漸 女歸 吉 利貞

남녀의 결합은 점진 정신의 표본을 보여 준다. 그래서 "여자가 시집가는 길"이 예시되었다. 과거 유교의 혼인 예절은 매우 복잡하였다. 그것은 '육례(六禮)'라 하여 예물을 보내는 일에서 시작하여 결혼 당일 신랑이 처갓집에 가서 신부를 자기 집으로 데려오기까지 여섯 단계의 절차를 거쳐야 했다. 혼인은 인륜의 대사인만큼 급작스럽게 진행되어서는 안 되며, 그렇게 소정의 예법을 거쳐 점진적으로 이루어져야 한다고 생각했던 것이다.

오늘날에는 풍속이 전혀 달라졌지만, 결혼이 삶의 행불행을 좌우하는 중대사라는 인식에는 변함이 없다. 그러므로 두 당사자는 서로의 사랑을 차분하게 확인하고 평생을 약속하는 일정한 절차를 갖출 필요가 있다. 게다가 그것은 양가 부모의 최대 관심사이기도 한 만큼 서두르지 말고 신중하게 진행되는 것이 바람직하다. 실제로 흔히 행해지는 두 가족의 상견례나 약혼식은 그러한 의의를 갖고 있을 것이다. 만약 두 남녀가 이러한 과정을 무시하고 표피적 감정과 욕망의 급진 속에서 졸속으로 결합한다면 그 결혼은 실패를 면하기 어렵다. 부모와의 갈등은 둘째 치고, 그러한 사랑은 감정(욕망)의 충족과 함께 서서히 시들해지기 마련이기 때문이다.

이와는 달리 두 남녀가 사랑 속에서 인격으로 교류하고 관계를 깊이 다져나가면서 결합한다면 행복한 결혼 생활을 할 수 있다. 사실 뜨거운 사랑보다는 은근한 사랑이 훨씬 오래가며, 그 기쁨도 더해 가는 법이다. 공자는 말한다. "점차적으로 진행하면 여자가 시집가서 행복을 얻을 것이다.〔漸之進也 女歸吉也〕"(「단전」) 물론 결혼 전이나 후를 막론하고 두 사람은 "올바른 정신"을 가져야 한다. 부부간의 도리에 어긋나는 태도는 말할 것도 없고, 나 자신의 그릇된 사고방식은 불행을 초래할 것이다. 그러므로 바람직한 사랑과 결혼은 두 사람의 점진적인 접근에 더하여 '올바른 정신'을 필요로 한다. 『소학』의 말처럼, "남편은 부인에게 온화하면서 도의를 지키고, 부인은 남편에게 부드러우면서 정도(正道)를 지켜야 한다.〔夫和而義 婦柔而正〕"

일반화한다면 삶과 사회의 지도 원리도 이와 다르지 않다. 벼락치기 공부로 성적을 일시적으로 올릴 수 있을지는 몰라도 그의 실력까지도 그만큼 올라가는 것은 아니다. 급진적인 사회 개혁 역시 사람들의 상식과 일상을 혼란시켜 반발을 불러일으킬 것이다. 인공의 영양 공급을 통한 속성의 농작물이나 단축 시공의 건물이 잘 보여 주는 것처럼 무슨 일이든 '속성'은 부실한 결과를 낳는다. 그것은 정당한 과정과 절차를 무시하기 때문이다.

그러므로 자연이 만물을 생성 변화시켜 나가는 것처럼, 우리도 삶과 사회를 순리에 따라 점진시켜야 한다. 성급하게 목표만 달성하려 하지 말고 과정과 절차를 합리적으로, 차분하게 밟아 나가야 한다. 느림의 미학을 추구할 필요가 있다. 물론 이의 근본 바탕에는 "올바른 정신"이 작동되어야 한다. 그릇된 정신은 그릇된 발전을 초래하기 마련이다. 지난날 "안 되면 되게 하라."는 불도저식 구호 속에서 저질러진 각종 정책적, 사회적 파행이 그 실례다. 우리 사회는 아직도 그 여파를 벗어나지 못하고 있다. 합리적 사고와 민주 정신이 결여되어 있는 것이다. 그러므로 아래의 글은 우리에게 여전히 절실한 충고다. "일을 진행하는 데 합당성을 얻으면 성과를 거둘 것이요, 올바른 정신으로 나가면 나라까지도 바로 세울 수 있다.〔進得位 往有功也 進以正 可以正邦也〕"(「단전」)

괘상卦象

산 위에서 나무가 자라는 모습이 〈점〉의 형상이다.
군자는 이를 보고서 고결한 덕을 닦고

사회의 풍속을 순화한다.

山上有木 漸 君子 以 居賢德 善俗

　나무들이 자라 산을 뒤덮으며 하늘까지 치솟는 것은 하루아침에 되는 일이 아니다. 그것은 긴 세월에 걸친 점진의 결과다. 군자는 그와 같은 모습을 보면서, 돌이켜 학문과 덕이 단시일 내에 성취될 수 있는 것이 아님을 깨닫는다. 그리하여 그는 이황의 말처럼 "진리를 쌓는 노력을 오래도록 하면서〔眞積力久〕", 덕을 "날로 새롭게, 또 날로 새롭게〔日新又日新〕" 닦아 나간다.

　군자의 공부는 책갈피 속에 머물러 있지 않다. 그는 지성인의 책무를 잊지 않고 사회를 진리와 도의가 지배하는 삶의 자리로 만들려 한다. 그가 정치에 관심을 갖는 것도 이 때문이다. 그에게 정치는 결코 입신출세의 방편이 아니라 진리와 도의를 사회에 펼치기 위한 방편이다. 공자는 말한다. "정치란 올바른 정신을 확립하려는 노력이다.〔政者 正也〕" (『논어』) 그러므로 정치는 결코 정치인의 전유물이 아니다. 사람살이 전체가 정치의 현장인 만큼 누구나 정치를 이야기하고 자신의 의견을 주장할 수 있다.

　다만 군자는 정치의 제도권에 참여하지 못할 경우, 사회에 "올바른 정신"을 확립하기 위한 길을 달리 모색한다. 풍속의 순화 노력이 그것이다. 그는 일상생활에서 진리를 탐구하고 도의를 실천함으로써 그 과제를 수행하려 한다. 이황이 은거 생활을 하면서 「도산십이곡」을 지은 이유가 여기에 있었다. 아이들이 평소 그것을 동요처럼 부르면서, 또 사람들이 그것을 들으면서 마음을 각자 순화하기를 바랐던 것이다.

물론 풍속의 순화가 일조일석에 이루어질 수 있는 것이 아님을 군자 또한 잘 안다. 과거에 선비들이 교육에 지대한 관심을 가졌던 까닭이 여기에 있었다. 교육이야말로 사람들의 마음속에 진리와 도덕의 씨앗을 심어 주고 점차로 길러 줄 최상의 수단으로 여겨졌기 때문이다. 그들이 벼슬길에 실망하고 좌절하여 시골에 은거하면서도 학문과 교육을 게을리하지 않았던 것도 이러한 이유에서였다. 물론 그들의 학문과 교육은 오늘날처럼 지식을 습득하고 전달하는 직업적인 것이 아니라, '고결한 덕을 닦고' 실천하기 위한 노력이었다.

효사爻辭

初六
기러기가 점차 물가로 다가간다.
새끼라서 겁을 먹고 소리를 지르지만
잘못될 일은 없다.
鴻漸于干 小子厲 有言 无咎

〈점〉괘 각 효의 '기러기' 형상은 그것이 계절의 점차적인 변화를 알아질서 있게 이동(비행)한다는 사실에 착안한 것이다. "기러기가 점차 물가로 다가감"은 비행에 앞선 초육의 모습을 말한 것이다. 하지만 그가 제일 아래의 음효로서 힘이 없는 데다가 위로 음양으로 호응하는 효도 없기 때문에 물가로 다가가면서 불안감을 떨치지 못하고 있다. 그래서 "새끼라서 겁을 먹고 소리를 지른다." 하지만 물가로 다가가는 것은 비행을 위해서이므로 불가피한 일이며, 그것이 "잘못될 일은 없다."

　　무릇 일의 초보자나 사회의 초년생은 처음부터 안정된 위상과 남들의 신뢰를 얻기가 쉽지 않다. 오히려 그는 경험 부족으로 인해 이러저러한 어려움과 실패를 겪기 마련이다. 이 때문에 그는 수영에 미숙한 자가 처음으로 물가에 다가갈 때처럼 "겁을 먹고 소리를 지르기도" 할 것이다. 하지만 그렇다고 해서 일(사회)에 나서는 것을 꺼려서는 안 된다. 그가 겪는 어려움은 어쩌면 불가피하게 치러야 할 통과 의례이며, 오히려 그 자신을 성숙시켜 줄 바탕이 될 것이다. 그러므로 인내심을 갖고서 자신의 길을 차근차근 열어 나가도록 해야 한다. 공자는 말한다. "새끼라서 겁을 먹지만, 사리로 따지면 잘못될 일이 없다.〔小子之厲 義无咎也〕"(「상전」) 즉 일의 초보자가 "겁을 먹는" 것은 어쩌면 자연스러운 현상이다. 하지만 겁에 질려 뒤로 물러서려 하지 말고, 계단을 밟아 오르듯이 차분히 일을 진행해 나가야 한다. 새끼 기러기가 겁을 먹었지만 하늘로 비상하기 위해 물가로 다가가는 것처럼 말이다.

六二
기러기가 너럭바위로 점차 날아 내려 즐겁게 마시고 먹는다.
만족하리라.
鴻漸于磐　飮食衎衎　吉

"너럭바위"는 육이(六二)의 기러기가 거기에 날아 내려 쉬면서 먹이를 즐기고 있는 자리다. 이는 하괘의 중심에서 음효로 음의 자리에 올바로 있는 그가 상괘 구오의 호응(신뢰와 보상)을 얻은 데에 따른 것이다.

일이나 사회생활에 성공을 거두려면 유연하면서도 중심을 잃지 않는 자세를 취할 필요가 있다. 강경한 태도로 사람들과 대립각을 세워 다투려 하지 말고, 부드럽고 화해롭게 처신해야 한다. 강철은 부러지기 쉬운 법이다. 이는 아무 원칙도 없이 "만수산 칡넝쿨이 얽히듯" 사람들과 적당히 어우러져 지내야 한다는 뜻이 아니다. 화해로운 가운데에서도 자신의 중심을 잃어서는 안 되며 올바른 정신을 지켜야 한다. 중심 없이 세속에 부침하는 무정견의 태도는 사람들의 멸시를 받을 것이요, 그릇된 정신은 일의 패착을 초래함은 물론 삶에 해악을 끼칠 것이다.

이에 반해 유연하고 중심을 지키며 올바른 정신은 마치 너럭바위에 앉아 소풍을 즐기듯이 세상을 관조하며 삶에 나설 것이다. 사실 그러한 그에게 일의 성공과 실패 여부는 그렇게 중요한 일이 아니다. 그전에 그는 올바르고 의미 깊은 삶을 최대의 과제로 여긴다. 그는 이러한 정신을 일상의 한순간도 놓지 않으려 하며, 그에게는 그것이야말로 삶의 성공과 만족의 요건이다.

그렇다고 해서 그가 남들을 외면한 채 자기만족만을 추구하는 것은 결코 아니다. 그가 일상에서 실현하려 하는 올바른 삶의 정신은 이미 사회를 지향하고 있다. 기러기가 먹이를 발견하면 울음소리를 내어 무리를 부르는 것처럼, 그는 "즐겁게 마시고 먹는" 일을 다른 사람들과 함께하려 한다. 말하자면 그는 만인과 즐거움을 함께하는 '여민동락(與民

同樂)'의 정신을 놓지 않는다. 공자는 이러한 뜻을 다음과 같이 함축적으로 말한다. "즐겁게 마시고 먹음은 일없이 배부름만 추구하려는 것이 아니다.〔飮食衎衎 不素飽也〕"(「상전」)

九三
기러기가 점차 고원 지대로 날아간다.
남편은 집을 나가서 돌아오지 않고
부인은 아이를 뱄지만 기를 수가 없다.
불행하다.
도적을 막아야 한다.
鴻漸于陸 夫征 不復 婦孕 不育 凶 利禦寇

구삼(九三)은 산을 상징하는 하괘 '간'의 제일 위에 있고, 괘 전체상에서는 중간이므로 고원 지대에 해당된다. 그곳은 기러기의 휴식처로는 적합하지 않은데, 구삼이 (양효로 양의 자리에서 지나친 강성으로) 거기까지 날아가 내려앉았다. 이는 높은 지위에 오른 사람의 잘못된 행태를 은유한다. 한편 구삼은 가까이에 있는 육사와 음양으로 서로 끌려 하괘의 두 음효를 버리고, 육사는 상괘의 두 양효를 외면하고는 구삼과 결혼을 한다. 하지만 표피적 감정과 욕망에 끌린 결혼은 결코 오래가지 못한다. 그래서 구삼은 "집을 나가서 돌아오지 않는" 남편이 되었고, 육사는 "아이를 뱄지만 기를 수가 없는" 처지가 되고 말았다.(양자가 상괘와 하괘로 나뉘어 있다는 점도 참조) '도적'은 구삼 자신의 부도덕한 마음을 함의한다.

사람들은 사회적 지위나 생활상 안정을 얻게 되면 마음이 점차로 느슨해지면서 무언가 욕망거리를 찾아나서는 경향이 있다. 새로운 긴장과 흥분으로 일상의 권태를 벗어나고 싶어서다. 만약 그것이 예술적 창작 욕구와 같이 삶의 품격을 높여 주는 것이라면 매우 바람직한 일이다. 하지만 남편이나 부인의 외도처럼 사람의 도리에 어긋나는 일이라면 그는 패가망신의 불행을 면할 수 없다. 공자는 말한다. "남편이 집을 나가서 돌아오지 않으니, 자신의 반려를 배반한 그 행태가 추악하고, 부인이 아이를 뱄지만 기를 수가 없으니, 사리에 어긋난 처신의 결과다.〔夫征不復 離羣 醜也 婦孕不育 失其道也〕"(「상전」)

그러므로 마음이 느슨해짐을 느낄 때에는, '도적'과도 같이 은밀하게 파고드는 욕망의 틈입을 막아야 한다. 부도덕하고 탐욕스러운 생각으로 그동안 다져 온 삶의 토대를 흔들어 자신을 추락시켜서는 안 된다. 현재의 삶에 창조적인 활력을 불어넣어 자신을 더욱 점진(향상)시킬 방안을 추구해야 한다. 공자는 말한다. "도적을 막아 조심스럽게 자신을 온전히 지켜야 한다.〔利用禦寇 順相保也〕"(「상전」)

六四

기러기가 점차 나무 위로 날아오른다.

다행히 평평한 가지를 발견한다면 불편이 없으리라.

鴻漸于木 或得其桷 无咎

육사(六四)는 음효로서 구삼의 양효를 올라타고 있으므로 그 모습이 불안하다. 그래서 "기러기가 점차 나무 위로 날아오른다."고 했다. 기러기의 오리발은 나뭇가지를 움켜쥐지 못하므로 그 앉음새가 불안한 것이다. "평평한 가지"란 오리발로도 앉아 편안하게 쉴 수 있는 자리를 은유한다. 그것은 육사가 음효로서 음의 자리에 올바로 있는 데다가 상괘의 '손'이 공손함을 속성으로 갖고 있음에 착안한 것이다.

사람들은 높은 사회적 지위에서 삶의 안정과 행복을 찾으려 한다. 하지만 지위는 득실이 무상한 것이어서, 언제 거기에서 추락할지 알 수 없다. 마치 오리발의 기러기가 가느다란 나뭇가지 위에 앉아 쉬려는 것이나 마찬가지다. 게다가 사회적 지위를 자신의 존재의 표상인 양 착각한다면 틀림없이 불행을 면치 못한다. 그는 지위를 잃는 순간 자아(존재)의 공허감에 빠지고 말 것이기 때문이다. 아니 그전에 지위에 안달하는 마음 자체가 이미 근심 걱정과 불안, 고통의 온상이다.

그러므로 사회적 지위를 넘어 삶의 진정한 안식처를 찾아야 한다. 그것은 바르고 공손한 정신에서만 마련될 수 있다. 그것이야말로 우리의 삶을 편안하게 쉴 수 있는 "평평한 가지"다. 공자는 말한다. "다행히 발견하는 평평한 가지는 올바르고 공손함을 은유한다.〔或得其桷 順以巽也〕"(「상전」) 달리 말하면 지위는 물론 재물이나 권력 등 바깥 사물들로 자아를 성취하려는 그릇된 생각을 버리고 순수 인격으로 세상에 나서는 '올바른' 정신을 가져야 하며, 거기에 더하여 삶에 낮게 내려서는 '공손한' 덕을 갖추어야 한다. 저 높은 허공이 기러기의 안식처가 될 수 없는 것처럼 자신을 높이는 오만한 마음은 어디에서도 삶의 안식을 얻을 수 없다. 그를 용납해 줄 사람은 이 세상 어디에도 없기 때문이다.

九五

기러기가 점차 높은 언덕으로 날아간다.

부인이 3년 동안 아이를 갖지 못했지만

그 무엇도 끝내 부부를 갈라놓지 못할 것이다.

행복을 얻으리라.

鴻漸于陵 婦三歲不孕 終莫之勝 吉

언덕은 기러기가 머무를 수 있는 가장 높은 자리이며, 구오(九五)가 이에 해당된다. (상구는 언덕 위 공중의 세계다.) 그는 육이와 음양으로 호응하는 사이로서 정식 부부와도 같은 사이다. 하지만 그들은 구삼과 육사의 훼방으로 인해 결합하기가 쉽지 않다. "부인(육이)이 3년 동안 아이를 갖지 못하는" 이유가 여기에 있다. '3년'이란 긴 세월을 뜻한다. 그러나 둘 다 위아래에서 올바른 정신으로 중심을 지키고 있으므로, "그 무엇도 끝내 부부를 갈라놓지 못할 것이다."

사람은 높은 자리에 오를수록 유혹거리도 많아지기 마련이다. 그 자리의 힘이 스스로 이런저런 욕망을 불러일으킬 뿐만 아니라 그의 아래나 주변 사람들이 갖가지 방법으로 그의 욕망을 부추긴다. 결국 어떤 사람들은 자신의 본분을 잃고는 자리의 힘만 누리려 한다. 이를테면 조직 생활에서 높은 자리의 권위와 권한만 누리려 하지, 그에 비례해서 커져 가는 책임과 의무에 대해서는 소홀하다. 이는 당연히 남들의 비난을 면치 못할 것이요, 자신을 불행으로 내모는 것이나 다름없다.

그러므로 높은 자리에 오를수록 책임과 의무 의식을 강화하지 않으면 안 된다. 자리가 불러일으키는 그릇된 욕망과 유혹들을 단호히 물리치고, 권위와 권한만 행사하려 하지 말고 자신의 본분에 충실해야 한다. 나아가 자리(직무) 의식을 넘어서 인간(의 본래 자리)과 삶(의 과제)에 관해 깊은 성찰을 할 필요가 있다. 그러한 성찰은 사람의 도리를 다하려는 마음을 자연스럽게 이끌어 낼 것이다.

'부부'의 은유에 담긴 뜻을 이렇게 풀어 볼 수 있다. 사람들은 신혼 시절에는 서로 조심스럽게 호흡을 맞추면서 깨가 쏟아진다. 하지만 기러기가 언덕으로 날아오르듯 부부 생활이 점차 궤도에 올라 안정을 얻게 되면 크고 작은 불화를 겪는 경우가 많다. 이는 대개 서로가 자신의 주장을 내세우면서 주도권을 행사하려는 데서 기인한다. 그리하여 심지어는 "3년 동안 아이를 갖지 못하는" 지경에까지 이를 수도 있다. 여기에서 '아이'란 어린아이는 물론, 그 밖에 부부 생활의 행복한 결실을 은유한다.

이의 해결책은 역시 부부의 중심적인 정신, 즉 변함없는 사랑을 확인하는 일에서부터 시작되어야 한다. 자기 주장만 내세우지 말고 사랑으로 상대방을 관용하고 배려하며 아량을 베푸는 마음을 잃어서는 안 된다. 그러면 "그 무엇도 끝내 부부를 갈라놓지 못할 것이요 행복을 얻어 소망하는 바를 이룰 것이다.〔終莫之勝吉 得所願也〕"(「상전」) 부부뿐만이 아니다. 그 밖에 모든 인간관계에서도 관용과 아량과 배려의 마음이야말로 서로를 긴밀하게 유대시켜 주면서 행복을 누리게 해 줄 요건이다.

上九
기러기가 점차 구름 위로 날아오른다.

그 날갯짓을 본받을 만하다.
행복을 얻으리라.

鴻漸于逵 其羽可用爲儀 吉

많은 괘들에서 상구(上九)는 힘을 상실한 사람이나 국외자 등으로 해석되지만, 〈점〉괘에서는 속세의 모든 자리를 벗어난 초연한 인물을 상징한다. 기러기로 말하면 지상을 떠나 구름 위로 날아오르는 모습이다. 그 날갯짓이 아름다우므로 그것을 우리의 삶에서 "본받을 만하다."고 했다.

사람들은 늙어 가면서 더 탐욕을 부리는 경향이 있다. 노년이 되면 초연하게 삶을 관조할 만도 하건만, 왜 욕심을 버리지 못하는 것일까? 아마 늙어서도 자신의 정체감(존재감)을 잃지 않으려는 간절한 노력일 것이다. 물론 정체감은 노인뿐만 아니라 모든 사람들에게 절실한 문제다. 아무리 초등학생이라 하더라도 자기 반에서 정체감을 느끼지 못한다면 학교를 다니려 하지 않을 것이다.

그런데 노인이 되면 그 문제는 심각해진다. 그는 "장강의 앞물결이 뒷물결에 밀려나듯이" 젊은 세대에게 밀려난다. 그는 힘이 남아돌아도 정년 퇴직을 해야 하며, 가정에서는 자식들에게 주도권을 내주어야 한다. 그러다 보니 그는 자신의 입지가, 즉 정체감이 점점 약화되는 것을 실감할 수밖에 없다. 소속된 조직도 없고, 사회생활상 부장이니 교수니 하는 직함도 반납했으며, 가정에서도 자식들로부터 소외를 당하니, 그러면 이제 나는 누구란 말인가? 내가 늙었다고 사람들이 나를 알아주거나 끼워 주지도 않으니, 나는 다만 "하나의 몸짓에 지나지 않는"(김춘수의 「꽃」) 것처럼 느껴진다. 결국 정체감의 상실은 허무 의식으로 이어질 수밖에 없다.

'노탐(老貪)'의 심리적 배경이 여기에 있을 것이다. 노인이 되면 자신의 정체감을 잃지 않으려고, 또는 그것을 확보하기 위해 조직의 자리나 호칭, 돈 같은 것에 매달리는 것이다. 그것들이 남들에게 그의 존재를 확인시켜 주기 때문이다. 김춘수 시인의 시를 약간 변형시켜 말하면, "그가 나의 이름을 불러 줄 때 / 나는 그에게로 다가가서 / 꽃이 된다." 모든 사람은 그렇게 남들에게 '꽃'이 되고 싶은 소망을 갖고 있다. 하물며 세상에서 밀려나는 노인에게 그 소망은 더욱 간절하고 지극할 수밖에 없다. 그러다 보니 그것이 때로 탐욕의 추한 모습을 띠기도 한다.

하지만 그렇게 탐욕을 부리지 않더라도 자신의 정체성을 찾을 수 있는 길이 있다. 늙음을 소외와 박탈로 여길 일만은 아니다. 마음먹기에 따라 늙음은 오히려 해방일 수도 있다. 온갖 사회적, 가정적 굴레에서 벗어나는 일부터가 얼마나 커다란 축복인가. 그 자리에서 다시 어떤 자리나 호칭, 돈의 구속을 자청하는 것은 어리석고 구차하며, 불행을 자초하는 것이나 다름없다.

물론 그렇다고 해서 텅 빈 들판에 혼자 서 있듯이 해야 한다는 말이 아니다. 해방과 자유의 여유 속에서 참자아를 추구하는 정신의 여행을 해야 한다. 마치 기러기가 구름 위에서만 머무르지 않고 제 고향으로 날아가 안착하듯이 번뇌의 속세를 벗어나 존재의 영원한 안식처를 찾아야 한다. 그와 같이 나이가 들어가면서 탐욕을 버리고 존재의 안식처를 찾아가는 노인의 깨끗하고 초탈한 모습은 얼마나 아름다울까. 공자는 말한다. "그 날갯짓이 사람들의 본보기가 될 만큼 그가 행복을 얻는 것은 그 무엇도 그의 뜻을 어지럽히지 못하기 때문이다.〔其羽可用爲儀吉 不可亂也〕"(「상전」) 즉 돈이나 지위나 명예 따위의 세속적인 "그 무엇"으로도 어지럽힐 수 없는 초탈한 참자아의 정신에서 최상의 행복이 나온다.

54. 결혼의 행복과 불행

귀매(歸妹)

거시적으로 살피면 세상만사가 영원한 생성과 변화의 연쇄 과정에 있지만, 그 안의 모든 일은 시작과 끝이 서로 꼬리를 물고 끝없이 이어진다. 즉 일이 한없이 생성되기만 하는 것은 아니며, 반드시 종결 시점이 있다. 예를 들면 입학 뒤에는 졸업이 있으며, 사업도 언젠가는 마무리가 있다. 출생도 죽음으로 끝난다. 공자는 이러한 이치를 괘의 순서와 관련하여 다음과 같이 말한다. "'점(漸)'이란 점차로 진행한다는 뜻이다. 모든 진행은 반드시 귀결이 있기 마련이다. 그래서 〈점(漸)〉에서 〈귀매(歸妹)〉로 이어졌다.〔漸者 進也 進必有所歸 故受之以歸妹〕"(「서괘전」)

'귀매'란 문자 그대로 여자가 시집간다는 말이다. 과거에 남성 중심의 문화 속에서 여성은 남편의 집(시집)을 인생에서 '돌아가야 할' 곳으로 여겼다. 옛말로 여성은 시집을 가면 죽어도 남편 집의 귀신이 되어야 했다. 〈귀매〉괘는 이를 소재로 하여 결혼의 중요성을 말하려 한다. 결혼을 통해 이루는 가정이야말로 사람들이 몸과 마음을 귀의시키는 최상의 안식처이기 때문이다. 우리는 그것을 퇴근 뒤나, 특히 여행을 마치고 귀가하여 현관의 문을 여는 순간 실감한다.

『주역』에는 남녀의 애정을 언급하는 괘가 4개 있다. 〈함(咸)〉, 〈항(恒)〉, 〈점(漸)〉, 〈귀매(歸妹)〉다. 그중에서도 〈귀매〉괘는 결혼을 정식 주제로 한다. (물론 다른 괘들과 마찬가지로 이 역시 독자의 관심에 따라 다양하게 해석될 수 있다.) 공자는 이를 다음과 같이 철학적으로 성찰한다. "결혼에는 하늘과 땅의 크나큰 뜻이 담겨 있다. 하늘과 땅이 서로 교감하지 않으면 만물이 생겨나지 못한다. 마찬가지로 결혼은 사람의 끝이자 시작이다.〔歸妹 天地之大義也 天地不交 而萬物不興 歸妹 人之終始也〕"(「단전」) 천지의 교감 속에서 만물이 생성되는 것처럼 남녀의 결혼을 통해서만 생명이 영속될 수 있다는 것이다.

여기에서 "결혼은 사람의 끝이자 시작"이라는 말에 유의할 필요가 있다. 그것은 선비들 특유의 존재관을 담고 있기 때문이다. 즉 결혼은 부부의 삶의 '끝'〔종(終)〕이 자식의 새로운 '시작'〔시(始)〕으로 이어지면서 생명을 신진대사하게 해 주는 제도적 장치다. 모든 동식물이 그러한 것처럼 사람도 자신의 씨앗을 세상에 남기려는 본능을 갖고 있으며, 이를 통해 삶의 허무를 벗어나려 한다. 다만 그것을 본능에 내맡기는 동식물과 달리 사람은 결혼이라고 하는 위대한 제도를 통해 그 일을 수행한다. 결혼에 담긴 '하늘과 땅의 크나큰 뜻'이 여기에 있다. (종시(終始) 관념에 대한 상론은 〈고(蠱)〉괘의 괘사 해설 참조)

물론 결혼이 단순히 종족 유지의 방편에 불과한 것은 아니다. 동물과는 달리 사람에게는 심신의 안식처, 즉 따뜻한 가정이 필요하다. 그것은 결혼으로 자동적으로 주어지는 것이 물론 아니다. 예컨대 두 남녀가 감각적인 열정을 사랑으로 착각하여 이룬 가정은 문제의 소지가 많다. 그러한 열정은 감각의 만족과 함께 식기 마련이며, 거기에서는 참사랑의 불씨를 더 이상 키울 수 없기 때문이다. 최상의 안식과 행복은 순수 인격과 맑은 영혼으로 만나는 사랑에서만 가능하다.

이를 괘 안에서 살펴보자. 상괘 '진(震)'☳과 하괘 '태(兌)'☱는 각각 장남과 소녀의 상징을, 그리고 활동성과 기쁨(쾌락)의 속성을 갖고 있다. 이것들을 조합하면 나이 어린 10대의 소녀가 장성한 총각의 활기찬 모습에 반해 그에게로 시집가려는 모습을 보여 준다. 상하괘의 상징을 빌려 말하면 소녀의 열정은 마치 우렛소리(상괘)에 연못의 물(하괘)이 흔들리듯 매우 민감하고 격정적이다. 당연히 여기에는 어떤 문제가 있다. 그들이 감정을 절제할 줄 모르고, 인격 존중의 예의를 무시하면서 서로 성적인 욕망에만 이끌리고 있는 것이다. 그러한 결혼은 불행을 면하기 어렵다.

한편 이 괘는 제2효에서 제5효까지 음양의 바른 자리를 잃고 있다. 초구와 상육이 제자리를 얻기는 했지만 전자는 아래에서 힘을 얻지 못하고, 후자는 위에서 제멋대로 행동하려 한다. 또한 육삼과 육오의 음효가 각각 구이와 구사의 양효를 올라타서 지배하고 있다. 이는 모두 가정 내 부부의 역할에 문제가 있음을 암시한다. 부인이 남편을 존중할 줄 모르고 가정을 제멋대로 좌지우지하려는 것이다. 그러므로 괘사의 말대로 "망측하다. 좋을 일이 없으리라."

괘사卦辭

여자가 시집 길에 나서니 망측하다.
좋을 일이 없으리라.

歸妹 征 凶 无攸利

결혼 상대를 정할 때에는 신중하지 않으면 안 된다. 배우자는 삶의 행불행을 크게 좌우하기 때문이다. 그러므로 마치 자석과도 같이 감각적으로 끌리는 것을 사랑이라고 착각하지 말아야 한다. 인격과 영혼의 깊은 교감이 필요하다. 또한 남녀 간 감정의 과잉을 막기 위해 서로 예의를 갖추는 태도도 중요하다. 원래 예의란 사람들이 감정 내키는 대로 행동하지 말고 절제 속에서 인격을 교류하도록 고안된 규범적 장치다. 『예기』는 말한다. "예에는 감정을 억제시키는 것도 있고 의도적으로 흥기시키는 것도 있다. 우러나는 감정 그대로 행하는 것은 야만의 짓이다. 예의 정신은 그런 것이 아니다." 이를테면 남녀유별의 예는 이성 간에 자칫 방종이나 외설에 흐르기 쉬운 감정과 욕망을 분별의 정신에 입각하여 절제시키려는 것이요, 부모를 잃은 상주에게 술과 고기를 멀리하도록 한 것은 슬픔의 정을 키우려는 의도를 갖고 있다. 술이나 고기는 사람들의 기운을 북돋우고 쾌락하게 만드는 성질을 띠고 있기 때문이다.

위에서 "여자가 시집 길에 나서니 망측하다."고 말한 것은 인격과 예의를 팽개치고 단지 소녀와도 같이 감각적인 열정으로 결혼에 나서는 태도를 지적한 것이다. 공자는 말한다. "기쁨에 들뜨고 흔들려서 시집가려는 여자가 있다. 그것이 망측한 까닭은 처신이 옳지 않기 때문이요, 좋을 일이 없는 것은 감정이 이성에 앞서기 때문이다.〔說以動 所歸妹也 征 凶 位不當也 無攸利 柔乘剛也〕"(「단전」) 이는 물론 여자에게만 해당되지 않는다. 남자의 감각적인 열정 역시 당연히 "좋을 일이 없다."

괘상卦象

연못 위로 우렛소리가 울려 퍼지는 모습이 〈귀매〉의 형상이다.
군자는 이를 보고서 영원한 사랑을 위해 그 저해 요인을 경계한다.
澤上有雷 歸妹 君子 以 永終知敝

우렛소리에 연못의 수면이 가늘게 파문을 일으키듯 어떤 현상에 너무 예민하게 반응하는 사람은 결코 큰일을 할 수 없다. 외적인 조건에 따라 걸핏하면 흔들리는 마음은 판단이나 일의 줏대를 세울 수 없기 때문이다. 이는 물론 그가 철학과 소신을 갖지 못한 데에 기인한다. 그저 '뇌동(雷同)'하듯이 세상사에 얄팍한 감정으로만 반응하기에 그에게서는 사려 깊은 행동과 무게 있는 삶을 기대할 수 없다. 참고로 『연려실기술』에 소개되어 있는 조식의 시를 한 번 음미해 보자.

천섬들이 굉장한 종을 살펴보라.
아름드리 나무로 치지 않으면 소리가 나지 않나니
만고 이래 천왕봉은
하늘은 울어도 산은 울지 않나니.

請看千石鐘　　非大叩無聲
萬古天王峰　　天鳴山不鳴

　남녀의 만남과 결혼도 마찬가지다. 10대의 소년과 소녀처럼 '뇌동'하는 감정에 내맡기는 사랑은 결코 오래가지 못한다. 우렛소리는 이내 잦아들 것이며, 그들은 다른 곳에서 울리는 새로운 우렛소리를 들으면 또다시 흔들리면서 그리로 향할 것이다. 옛말대로 "꽃 떨어지고 색이 바래면" 그들은 새로운 꽃을 찾아 나설 것이다. 그러므로 그들에게서 "영원한 사랑"을 기대하기란 불가능한 일이다.

　이는 남녀의 사랑과 결혼이 어떠해야 하는가를 반면으로 일러 준다. '뇌동'하는 감정에 내맡기지 말라는 것이다. 사랑과 결혼은 역시 인격의 유대와 영혼의 교감 위에서 이루어져야 한다. 그것이 "영원한 사랑"의 조건이다. 그러므로 우리는 사랑을 저해하는 요인들, 예컨대 '뇌동'의 열정이나 인격(영혼)의 타락을 조장하는 세속적 성향을 자신의 내부에서 수시로 점검하고 예방하지 않으면 안 된다. 사랑에서도 자신의 존재를 "일신 우일신"하려는 수행의 노력이 당연히 필요하다. 타락한 인격, 때 묻은 영혼에서는 결코 아름다운 사랑이 꽃필 수 없다. 이는 남녀의 경우를 넘어 살아 있는 모든 것들에 대한 자비와 박애를 지향하는 삶에서도 마찬가지다.

효사爻辭

初九
여자가 첩으로 들어간다.
절름발이의 걸음과도 같지만
시집을 가면 행복을 얻으리라.
歸妹以娣 跛能履 征 吉

초구(初九)는 구사와 음양으로 호응하지 않고, 제일 낮은 자리에 있기 때문에 본처가 되지 못하고 첩과 같은 처지다. "절름발이의 걸음"은 그러한 비정상을 비유한 것이다. 하지만 그는 양효로 양의 자리에 올바로 있으므로 현명한 덕을 갖고 있다. "시집을 가면 행복을 얻으리라."는 말은 그와 같은 덕으로 결혼 생활을 함을 이야기한 것이다. 이처럼 결혼 생활을 괘사와 달리 말한 이유는 초구가 자신의 처지를 잘 알아 현명하고 올바르게 처신하기 때문이다.

세상에는 어떤 이유로 인해 정상적인 경로를 밟지 못하거나 주위의 공개적인 축복을 받지 못하고 어렵게 결혼하는 사람들이 있다. 재혼은 물론 초혼의 경우에도 그럴 수 있다. 겉으로 보면 그들의 결혼 생활은 마치 절름발이가 길을 나서는 것과도 같다. 하지만 그렇다고 해서 그들의 마음까지 '절름발이'는 아닐 것이다. 오히려 그들은 정상의 혼례 절차를 거친 사람보다 더 행복하게 살 수도 있다. 결혼의 행복은 예식 절차의 정상 여부가 아니라, 부부간 사랑의 마음과 인격 존중의 정신에 달려 있기 때문이다. 공자는 말한다. "여자가 첩으로 들어갔지만 변함없는 사랑의 마음을 갖고 있으며, 절름발이의 걸음과도 같지만 행복을 얻는 것은 서로 받들어 주기 때문이다.〔歸妹以娣 以恒也 跛能履吉 相承也〕"(「상전」) 이 '받들어 줌'은 서로에게 헌신하고 봉사하는 태도를 말한 것이다.

이는 조직 생활의 경우에도 해당될 수 있다. 어떤 이유로 인해 조직에서 소외되고 동료들의 따돌림을 받는 사람은 자신이 마치 '첩'이나 '절름발이'처럼 느껴질 수도 있다. 그렇다고 해서 불만하거나 사람들을 원망하려만 해서는 안 된다. 그것은 자신의 마음을 거칠게 만들 뿐이며 인간관계를 더욱 악화시킬 것이다. 무엇보다도 먼저 자신에게 정말 '절름발이'와 같은 비상식적 소행이 있었는지 자성하여 개선하고, 사랑의 마음으로 다른 사람들의 인격을 '받들어 줄' 필요가 있다. 어려운 주문처럼 들리지만, 모든 일은 마음먹기에 달려 있다. 공자는 말한다. "사랑이 먼 것이더냐? 내가 사랑하고자 하면 사랑이 이르리라."(『논어』)

九二
애꾸눈으로 바라본다.
유인의 올바른 정신을 가져야 한다.
眇能視 利幽人之貞

구이(九二)는 육오에게 시집을 가지만, (육오가 음효로서 양의 자리에 잘못 있으므로) 남편이 불량하여 결혼 생활에 성실하지 않다. 이 때문에 구이의 입장에서는 남편한테 외면을 당하여 '애꾸눈'의 처지가 되었다. 우리의 두 눈이 그러한 것처럼 부부는 결혼과 함께 두 눈이 되어 세상을 함께 바라보아야 하는데, 남편이 그 역할을 하지 않기 때문이다. 그렇다고 해서 부인까지 엇나가서는 안 된다. 그러한 태도는 문제를 더 악화시킬 뿐이다. 무엇보다도 "유인(幽人)의 올바른 정신을 가져야 한다." '유인'이란 남이 알아주지 않더라도 올바른 정신을 지키는 사람을 뜻하는 말이다. 부인은 남편의 외면과 박대에도 불구하고 그러한 정신을 잃어서는 안 된다는 것이다. 이는 구이가 양효로 음의 자리에 있어서 올바른 모습을 얻지 못했기 때문에 염려되어 주어진 충고이기도 하다.

결혼 생활을 하다 보면 우리는 종종 배우자의 오해나 편견, 그릇된 사고방식과 부딪치곤 한다. 그의 성격이 아예 비뚤어져 있을 경우에는 견디기가 힘들 수도 있다. 부부 싸움이나 심지어 이혼이 이렇게 해서 생겨난다. 그런데 우리가 그 자리에서 반드시 유념하고 경계해야 할 일이 있다. 부부의 갈등과 반목이 세상과 삶에 대해 뒤틀린 시각을 갖게 만들기도 한다는 사실이다. "마누라가 예쁘면 처갓집 말뚝에도 절하지만", 한순간 사이가 틀어지면 온 세상이 우울하게 보이는 것이 보통의 인정이다.

결국 부부의 갈등과 반목은 자칫 두 사람 모두의 정신을 황폐화하고 삶을 불행하게 만들고 만다. 원망과 분노의 마음은 상대방과의 관계를 더욱 악화시키는 것은 물론 자기 자신에게 스스로 독소를 주입하는 것이나 다름없다. 그러므로 자신의 건강하고 아름다운 삶을 위해서라도 가정생활에 성실하지 않으면 안 된다. 물론 사람이 살다 보면 크고 작은 갈등을 겪지 않을 수 없겠지만, 그때마다 "유인의 올바른 정신"을 환기할 필요가 있다. 상대방의 외면과 무시를 참지 못하여 올바른 삶의 정신을 스스로 버리는 것은 아닌지 자성해야 한다. 공자는 말한다. "유인의 올바른 정신을 가져야 한다는 말은 떳떳한 삶의 길을 변치 말아야 한다는 뜻이다.〔利幽人之貞 未變常也〕"(「상전」)

"유인의 (올바른) 정신"은 일반 사회생활에서도 응용될 수 있다. 원래 '유인'은 올바른 이념과 정신을 갖고 있음에도 남들이 알아주지 않아서 은둔 생활을 하는 사람을 뜻하는 말이다. 주희는 다음과 같이 정의한다. "유인이란 진리를 마음에 품고 올바른 정신을 지키지만 때를 못 만난 사람을 일컫는다." 실제로 선비들은 은거 생활 속에서 흔히, 특히 시에서 이를 자칭하기도 했는데, 거기에는 세상이 알아주지 않더라도 "떳떳한 삶의 길"을 버리지 않겠다는 각오가 서려 있다.

참고로 부부 생활의 문제에 관한 이황의 글을 한 번 읽어 보자. 이 글은 부부 금슬이 좋지 않은 한 제자에게 보낸 장문의 편지다. 그 내용은 지난날 선비들의 부부 생활의 일면을 알려 줄 뿐만 아니라 현재 우리들 자신을 자성하게 해 주는 좋은 자료가 될 수 있다. 그는 "군자의 도는 부부에서부터 시작된다."는 『중용』의 글을 먼저 인용하고는 제자에게 아래와 같이 준엄하게 충고한다.

(전략) 들자하니 공의 부부 금슬이 좋지 않다고 하는데, 어째서 그와 같은 불행을 겪는지 모르겠습니다. 세상에 그런 불행을 겪는 사람들이 적지 않습니다만, 가만히 보면 거기에는 몇 가지 요인이 있습니다. 즉 부인의 성질이 나쁜데 그것을 바로잡기 어려워서, 또는 얼굴이 못생기거나 우둔해서 그럴 수도 있으며, 남편이 방종하거나 그 행실이 나빠서, 또는

애증의 감정이 정상적이 아니라서 그럴 수도 있습니다. 그 밖에도 다 열거할 수 없을 만큼 많을 것입니다. 하지만 크게 사리로 따지면, 그중 성질 나쁜 부인이 스스로 소박당할 만한 잘못을 저지른 경우를 제외한 나머지는 모두 남편이 처신하기에 달렸습니다. 만약 남편이 자신의 문제점을 깊이 반성하고 올바른 처신에 힘써 부부의 도리를 잃지 않는다면 인륜이 무너지거나, 남편으로서 너무 각박하게 군다는 비난을 받는 지경에까지 이르지는 않을 것입니다. 아니 성질이 나쁜 부인이라도 만약 아주 흉악하여 커다란 죄를 지은 경우가 아니라면 알맞은 도리로 처리해야 하지, 뜻밖의 결별에 이르지 않도록 해야 할 것입니다. 옛날에는 부인을 내보내도 부인이 개가할 길이 있었기 때문에 칠거지악의 제도가 시행될 수 있었지만, 오늘날 부인들은 모두 남편을 따라 일생을 마칩니다. 그러니 어찌 마음이나 사리가 서로 통하지 않는다는 이유로 부인을 마치길거리 사람 대하듯이 하거나 원수 바라보듯이 하면서, 그동안 일심동체의 사이가 서로 반목하기에 이르고, 한 이불 속이 천 리만큼이나 벌어져서 자의 도가 시작될 자리를 없애고 만복의 경사를 누릴 근원을 끊을 수 있겠습니까. 『대학』에 "나 자신에게 잘못이 없어야 남을 비난할 수 있다." 했습니다. (중략) 공은 마땅히 반복 숙고하여 자신의 잘못을 고치십시오. 만약 자신을 변화시키지 않는다면 무얼 가지고 학문한다 할 것이며, 어떻게 실천한다 하겠습니까.(『퇴계전서』)

六三
여자가 시집가려고 안달하다가

도리어 첩으로 들어간다.

歸妹以須 反歸以娣

육삼(六三)은 위로 상육과의 관계에서 음양으로 호응하지 않으므로 마땅한 신랑감을 찾지 못하는 여자와도 같다. 이러한 형편에서는 때를 기다려야겠지만, 그녀의 성질이 (음효로 양의 자리에 잘못 있어서) 바르지 못하고, 또 (하괘 '태'의 주된 효로서 그 속성상) 쾌락 지향적이어서 "시집가려고 안달한다." 그 대상은 바로 위에 있는 구사다. 하지만 이러한 여자를 정식의 배필로 맞이하려는 남자는 없을 것이므로, 결국 그녀는 남의 첩으로 들어가기가 십상이다.

남자나 여자나 결혼에 안달하면 좋은 배필을 만나기 어렵다. 그러한 마음은 배우자의 선택과 처신에 신중을 기할 수 없기 때문이다. 게다가 부정하고 쾌락적인 결합은 자신을 정부의 수준으로 스스로 격하시키는 것이나 다름없다. 그 결과는 자명하다. "꽃 떨어지고 색이 바래면" 그동안 달콤하던 쾌락의 맛도 잃어 그들은 서로 등을 돌리고 말 것이다. '첩'의 말로가 이를 잘 말해 준다. 공자는 말한다. "여자가 시집가려고 안달하니 처신이 합당하지 못하다.[歸妹以須 未當也]"(「상전」)

그 밖에 인간관계와 사회생활에서도 마찬가지다. 상대방에게 성급하게 접근하여 그와 인연을 맺으려 한다거나 어떤 자리를 얻는 일에 안달한다면, 설사 일시적으로 소기의 목표를 성취한다 하더라도 끝내는 버림을 받을 것이다. 안달하는 마음은 여기저기에서 실수와 무리를 저지르면서 자신의 문제점을 드러낼 것이기 때문이다. 그러므로 무엇보다도 차분한 마음으로 자신을 올바로 세우고 역량을 키우면서 때를 기다려야 한다.

九四
여자가 적령기를 놓쳤다.
결혼이 늦지만 때가 있으리라.
歸妹愆期 遲歸有時

구사(九四)는 아래로 초구와의 관계에서 음양으로 호응하지 않으므로 역시 마땅한 신랑감을 찾지 못한 여자와도 같다. 그래서 "(결혼의) 적령기를 놓쳤다." 하지만 그녀는 (음의 자리에 잘못 있기는 하지만 양효로서) 굳건한 성질에 현명한 덕을 갖고 있다. 그래서 (육삼처럼) 아무에게나 시집가지 않고 배필이 나타날 때를 기다린다.

결혼 적령기를 놓쳤다고 서둘러서는 안 된다. 그것은 잘못하면 '첩'으로 들어가는 요인이 될 수 있다. 마음의 동요를 일으키지 말고 고상한 덕을 기르면서 때를 기다려야 한다. 자신의 내면을 아름답게 가꾸면 틀림없이 머지않아 좋은 인연을 만날 것이다. 결혼에 중요한 것은 혼기가 아니다. 아름답고 고상한 내면의 덕이야말로 행복한 결혼 생활의 핵심 요건이다. 공자는 그러한 사람을 이렇게 두둔한다. "적령기를 놓친 것은 좋은 배필을 기다려 시집가려는 뜻을 갖고 있기 때문이다.〔愆期之志 有待而行也〕"(「상전」)

六五

제을의 딸이 시집을 간다.

신부의 예복이 잉첩의 화려한 그것만 못하다.

하지만 보름달에 가까우면 행복을 얻으리라.

帝乙歸妹 其君之袂 不如其娣之袂良 月幾望 吉

육오(六五)는 높은 자리이므로 제왕의 딸을 상징하고, 낮은 자리(신부)의 구이와 음양으로 호응하므로 그에게 시집을 간다.(제을의 혼례에 관해서는 〈태〉괘 육오의 효사 참조) 옛날 중국의 풍속상 제왕의 딸(공주)이 시집을 갈 때에는 자신에게 시중을 들면서 남편의 첩 노릇도 하는 젊은 여자를 데리고 갔는데, 이를 '잉첩'이라 한다. 혼례에서 잉첩이 복장을 화려하게 차리는 것과는 달리 공주는 꾸밈없는 예복을 입도록 되어 있었다. 공주에게는 몸치장보다는 내면의 덕이 강조되었기 때문이다. 이는 육오가 상괘의 가운데에 있음을 반영하고 있다. 한편 "보름달에 가까우면"이란 공주의 위상을 고려한 말이다. 음양론상 해는 양기를, 달은 음기를 표상한다. 그중 둥근 보름달은 음기가 극성한 모습으로서, 해와 맞먹으려 하는 교만함으로 해석된다. 이는 부부 관계에서 다음과 같은 은유를 갖는다. 즉 부인(달)은 교만하게 남편(해)과 힘을 겨루려 해서는 안 된다. 그것은 싸움을 유발하기 때문이다. 마치 "보름달에 가까운" 열사나흘의 달처럼, 부인은 자신의 뜻을 다 채우려 하지 말고 남편 앞에서 부드럽고 겸손하게 행동해야 한다. 특히 제왕의 딸이므로 더욱 그래야 한다.

결혼 생활의 행불행은 부부가 어려서부터 살아온 배경에 많이 좌우된다. 두 사람이 처음 만나 사귈 때에는 그 차이를 간과하거나 순수한 사랑을 앞세워 그것을 무시해 버린다. 하지만 함께 살다 보면 이러저러한 대립과 다툼이 생기기 마련이다. 원래 사람마다 개성이 다른 데다가, 그들의 성장 배경이 상이한 취향과 가치관을 형성하여 서로 부딪치는 것이다.

특히 상류와 하류의 출신 배경은 그러한 문제점을 더욱 심각하게 만들 수 있다. 예를 들면 상류 가정에서 자란 사람은 넉넉하고 풍족한 생활이 몸에 배어 있을 것이요, 하류 가정 출신은 무엇이든 아끼고 챙기려 할 것이다. 그러한 두 사람이 한 가정을 이룰 경우에 생길 마찰을 우리는 어렵지 않게 짐작할 수 있다. 재벌의 딸과 서민의 아들이 결합한 가정을 생각해 보자. 물론 그들도 처음에는 사고방식이나 생활 태도의 차이를 오직 순수한 사랑으로 메우려 할 것이다. 하지만 사랑의 열정이 서서히 가라앉게 되면, 그 차이는 점점 두드러지면서 다툼으로 번질 수밖에 없다.

그 해결 방안은 역시 한 가지밖에 없다. 두 사람이 사고방식과 생활 태도를 하루아침에 버릴 수는 없지만, 그래도 각자 그것들을 점차로 고쳐 나가야 한다. 이를 위해서는 상대방의 출신 성분이 보잘것없다 하여 무시하려 하지 말고, 마치 "보름달에 가까운" 열사나흘의 달처럼 겸손하게, 공경의 마음으로 다가가야 한다. 일상의 사회생활에서도 그렇지만 겸손과 공경은 부부의 긴요한 덕목이다. 공자는 말한다. "제을의 딸이 시집가는데 그 예복이 잉첩의 화려한 그것만 못한 것은 정부인의 자리가 가정의 중심으로서 덕을 실천해야 하기 때문이다.〔帝乙歸妹 不如其娣之袂良也 其位在中 以貴行也〕"(「상전」) 말하자면 '잉첩'은 남편의 이목을 끌기 위해 화려한 치장을 할 수도 있지만, 정부인은 겸손과 공경의 덕으로 남편과 교감하면서 화목한 가정을 꾸려 나가야 한다.

겸손과 공경의 덕은 부부 생활을 넘어 모든 인간관계에서도 중요하다. 그것은 특히 사회적으로 높은 지위를 갖고 있는 사람들이 갖추어야 할 덕목이다. 권력이나 높은 지위로 자신을 한껏 꾸며 남들 앞에 나서는 사람은 '잉첩'처럼 불행을 면치 못할 것이다. 화려하지 않게, 자신을 얼마간 감추고 낮추는 "열사나흘 달"의 정신을, 즉 겸손과 공경의 덕을 가져야만 자타 간 타협과 조화, 평화와 공영을 이룰 수 있다. 『시경』은 그 정신을 "의금상경(衣錦尙絅)"이라는 멋진 말로 은유한다. 비단옷을 입을 때에는 그 화려함을 은은하게 가리는 겉옷을 그 위에 걸친다는 뜻이다. 이는 '잉첩'처럼 바깥의 치장에만 신경을 쓰는 나머지 내면의 덕을 가꾸는 일에 무관심한 오늘날 사람들의 행태에 따끔한 충고가 될 수 있다.

上六
부인은 광주리를 들었지만 그 안에는 아무것도 없고
남편은 양을 찌르지만 피가 나오지 않는다.
좋을 일이 없다.
女承筐无實 士刲羊无血 无攸利

상육(上六)은 마지막 효요 아래의 육삼과 음양으로 호응하지 않으므로, 시집을 갔지만 남편과 화합하지 못하는 부인을 은유한다. '광주리'와

'양'의 이야기가 이를 암시한다. 옛날 제사를 지낼 때 부인은 음식을 장만하고 남편은 양을 잡아 그 피를 조상에게 바쳤다. 그런데 광주리가 비어 있고 양의 피가 나오지 않는다는 것은 제사를 지낼 수 없음을, 아니 그전에 부부가 각자의 역할을 하지 못해 파란지경에 이르렀음을 시사한다.

부부간에 주고받을 "아무것"도 없는 가정생활과, "피"가 서로 통하지 않는 관계를 한 번 상상해 보자. 이를테면 지난날 연애 시절의 감정만 추억으로 더듬으면서 습관적으로 주고받는 부부의 사랑은 공허하고 핏기를 잃은 것이나 다름없다. 공자는 말한다. "광주리 속에 아무것도 없으니 빈 광주리를 들고 있구나![上六无實 承虛筐也]"(「상전」) 우리 모두 일상생활 속에서, 부부간에서든 아니면 그 밖에 어떤 인간관계에서든, 자신이 들고 있는 '광주리'의 내용물을 확인해 볼 일이다. 자신의 삶의 '광주리'에 무엇이 들어 있으며, 상대방과 따뜻한 '피'가 통하는 사이가 되기 위해서 무엇을 담아야 할지 고민할 필요가 있다.

55. 풍요의 길

풍(豊)

결혼을 통해 이루는 가정은 우리가 돌아가 평화로운 안식을 취하는 따뜻한 자리다. 그러므로 가정생활에 성실한 사람은 마치 풍년의 농사처럼 삶을 잘 결실할 것이다. 가정생활에서만 그러한 것이 아니다. 직장이나 그 밖에 우리가 소속해 있는 각종의 단체들도 마찬가지로 삶을 풍성하게 일구어야 할 경작지다. 그곳이 안식처가 아니라 해서 불성실하게 임한다면 자신의 삶이 그만큼 빈곤해질 것이다. 『중용』의 말대로 "성실하지 않으면 일이 없는 것이나 다름없기〔不誠 無物〕"때문이다.

물론 현재의 자리에서 안식을 얻지 못하는 사람이 많을 것이다. 하지만 그렇다고 해서 불만을 갖고 업무에 불성실하다면 그의 삶은 쭉정이를 면치 못한다. 그가 퇴근하는 귀갓길에서 가질 수밖에 없을 삶의 회의감과 허전함이 이의 징표다. 이는 경작지가 척박하다고 불만하면서 경작에 소홀한 농부의 모습이나 다름없다. 그러므로 이미 불가피한 상황이라면 그것을 자신이 '돌아갈 자리'로 전폭적으로 받아들여 성실하게 생활해야 한다. 그것이 삶의 풍요를 이룰 수 있는 길이다. 공자는 말한다. "돌아갈 자리를 얻는 사람은 반드시 풍성한 삶을 누릴 것이다. 그래서 〈귀매(歸妹)〉에서 〈풍(豊)〉으로 이어졌다. '풍'이란 풍성함을 뜻한다.〔得其所歸者 必大 故受之以豊 豊者 大也〕"(「서괘전」) 그리하여 〈풍〉괘는 풍요로운 삶의 길을 주제로 내놓는다.

당연한 이야기지만 삶의 풍요는 따뜻한 가정이나 마음에 드는 직장 생활을 하는 것만으로 자동적으로 보장되는 것이 아니다. 관건은 어떤 자리에서든 자신의 삶을 성실하고 소중하게 가꾸는 노력에 있다. 농사에 비유하자면 토질이나 기후가 아무리 좋다 하더라도 작물의 재배에 성실해야만 알찬 수확을 기대할 수 있는 것과도 같다. 토양이 아무리 비옥해도 농사를 게을리하면 굶주림을 면할 수 없는 것처럼 자신의 삶을 가꾸는 일에 소홀하면 자아의 빈곤을 초래하고 말 것이다.

그러므로 삶의 풍요는 아무나 누릴 수 있는 것이 아니다. 일상생활에 성실하게 임해야 하며, 더 중요한 것은 자신의 존재를 무엇으로 가꾸는가에 달려 있다. 밭에 쓸데없는 작물을 기르는 농부는 굶주림을 면치 못한다. 마찬가지로 재물의 취득에만 성실해서는 삶의 풍요를 결코 누릴 수 없다. 인간의 본질은 물질에 있지 않기 때문이다. 그것은 오히려 우리를 불행으로 이끌어 간다. 재물을 숭배할수록 우리의 자아(존재)는 외면당할 수밖에 없다. 이 점은 오늘날 자본주의 사회에서 사람들이 "배고픈 소크라테스보다는 배부른 돼지"의 생활을 추구한 나머지 자아의 빈곤감, 삶의 허무감에 시달리는 현실에서 잘 드러난다.

삶의 풍요를 이루기 위해서는 인간 존재의 본질을 깊이 통찰하는 지혜를 가져야 한다. 〈풍〉괘의 구조는 그러한 뜻을 함축적으로 보여 준다. 그것의 상괘 '상(震)' ☳과 하괘 '리(離)' ☲는 사람의 성품상 각각 활동성과 지혜를 속성으로 갖는다. 이는 삶의 풍요가 지혜로운 생명 활동을 통해서만 이루어질 수 있음을 은유한다. 공자는 말한다. "'풍'이란 풍요를 뜻한다. 밝은 지혜로 활동하므로 풍요한 것이다.〔豊 大也 明以動 故豊〕"(「단전」)

삶이 풍요를 이룰 수 있는 지혜로운 활동은 무엇일까? 그것은 동물과 다른 인간 고유의 면모에서 발견된다. 진리와 도의(사랑과 의로움)의 실천이다. 이를 외면하고 동물적 욕망과 물질적 안락만 추구하는 삶은 자아(존재)의 빈곤을 면할 수 없다. 거기에는 인간의 존엄하고 고결한 본질을 밝혀 실현하려는 노력이 부재하기 때문이다. 삶의 풍요는 진리와 도의의 실천을 통해 인간의 존엄성과 고결성을 실현하는 정도에 따라 달라질 것이다. 역사 속의 성인들은 그 정점을 보여 준다.

괘사卦辭

풍요로운 사회는 삶을 번영케 하리라.
위대한 지도자만이 그 일을 할 수 있다.
걱정만 할 일이 아니다.
중천의 태양처럼 빛나는 정신을 가져야 한다.
豊 亨 王假之 勿憂 宜日中

개인이든 사회의 지도자든 범상한 사람은 삶과 사회의 풍요를 일구어 낼 수 없다. 예컨대 삶의 의미와 가치를 어리석게도 부귀에 두는 사람은 자아의 빈곤을 면할 수 없다. 설사 거기에서 풍요의 기분을 느낀다 하더라도 그것은 지극히 표피적이고 일시적일 뿐이다. 만족을 모르는 욕망은 더 큰 부귀 앞에서 빈곤감을 느낄 수밖에 없다. 욕망은 마치 짠 소금물과도 같아서 들이킬수록 갈증만 키운다. 참다운, 그리고 지속적인 풍요는 오히려 부귀의 욕망을 줄이고 내면의 인격을 가꾸어 진리와 도의를 실천하는 데에서만 성취될 수 있다.

사회도 마찬가지다. 물질 가치만 숭상하는 사회에는 숭고한 인간 정신이 깃들지 못한다. 우리는 그 실상을 우리나라 사람들의 '천민(자본주의)'적인 의식에서 목격한다. 이는 1960년대 이후 지금까지 정치 지도자들이 한결같이 경제(물질) 가치로만 사회를 이끌어 온 데에 기인한다. 사람들은 그들의 말에 현혹된 나머지 올바른 판단력을 잃고 말았다. 그 결과 물질의 풍요 속에 정신의 빈곤은 우리 사회의 피할 수 없는 현상이 되었다. 그야말로 졸부의 정신이 지배하는 사회가 되어 버렸다.

이는 "위대한 지도자"의 중요성을 반면으로 확인시켜 준다. 인간의 존엄성과 민주주의의 정신을 알지 못하고 국민을 경제로만 현혹하는 지도자 아래에서는 절대로 삶과 사회의 풍요를 누릴 수 없다. 우리가 잘 먹고 잘사는 나라라고 하지만 세계에서 자살률이 제일 높고 출산율이 가장 낮다는 사실은 무엇을 뜻하는가. 아무리 먹고사는 문제가 중요하다고 하지만 물질에만 마음을 쏟아서는 안 된다. 위대한 지도자라면 그 위에 존엄한 인간상을 이상으로 세울 것이다. 공자는 말한다. "위대한 지도자만이 그 일을 할 수 있을 테니, 그의 뜻이 원대하기 때문이다.〔王假之 尙大也〕"(「단전」)

물론 우리의 현실이 이렇다고 해서 우리가 "걱정만 할 일은 아니다."

개인의 삶이든 사회든, 아니 문명조차도 영고성쇠가 있는 법이다. 공자는 말한다. "해도 한낮이 지나면 기울고, 달도 차면 이지러진다. 천지도 시절 따라 차고 비는데, 하물며 사람이나 만사만물이야 더 말할 게 있겠는가.〔日中則昃 月盈則食 天地盈虛 與時消息 而況於人乎 況於鬼神乎〕"(「단전」) 그러므로 현재 풍요를 누리고 있다고 자족하기만 할 일이 아니며, 빈곤하다 하여 절망할 일은 더더욱 아니다.

문제는 정신의 빈곤에 빠진 삶과 사회에 어떻게 대응하느냐에 달려 있다. 이제라도 뼈아픈 자각 속에서 풍요의 이념을 새롭게 확립해야 한다. 이를 위해서는 마치 '중천의 태양'이 세상 만물을 두루 비추는 것처럼 인간과 사회를 폭넓게 조망하는 빛나는 지혜를 길러야 한다. 공자는 말한다. "걱정만 하지 말고 중천의 태양처럼 빛나는 정신으로 세상만사를 성찰하도록 해야 한다.〔勿憂 宜日中 宜照天下也〕"(「단전」) 즉 높고 빛나는 정신으로 인간이란 어떠한 존재인지, 참삶의 가치는 어디에 있는지, 사회의 지도 이념은 무엇이어야 하는지 하는 등의 문제를 끊임없이 성찰하고 모색하지 않으면 안 된다. 삶의 풍요를 얻을 수 있는 길이 여기에서 발견될 것이다.

괘상卦象

우레와 번개가 함께 터지는 모습이 〈풍〉의 형상이다.
군자는 이를 보고서 소송 사건을 심리하고 형벌을 집행한다.
雷電皆至 豊 君子 以 折獄致刑

삶이나 사회가 풍요로워지면 사람들의 규범의식이 풀어지는 경향이 있다. 사람들이 풍요를 누리려 하는 나머지 자신을 규제하고 검속하는 데에는 자연히 소홀하기 때문이다. 삶의 방종과 사회의 혼란이 여기에서 비롯된다. 그러므로 풍요 속에서도 자신을 올바른 정신으로 다스리는 긴장된 노력을 하지 않으면 안 된다. 공자가 한 제자에게, "부유하지만 교만에 빠지지 않는" 정도를 넘어서, "부유하면서도 예의범절을 숭상할"(『논어』) 것을 강조한 뜻도 여기에 있었다.

한편 통치자는 풍요로 인한 방종과 환락의 탐닉이 사회 혼란의 한 가지 요인이라는 점을 깊이 인식하여 사회 질서의 확립에 만전을 기해야 하며, 그 일환으로 법의 집행을 엄정하게 해야 한다. 이를 위해 소송 담당자들은 (하괘 '리'의 상징인) 번개의 불빛처럼 날카로운 판단력으로 사건을 심리하고, (상괘 '진'의 상징인) 우레와도 같은 위엄과 권위로 형벌을 엄정하게 집행해야 한다. 사건의 오심과 권위를 잃은 형벌은 사람들에게 법과 공권력을 불신하게 만들 뿐이다.

효사交辭

初九
동지를 만난다면 열흘 동안 함께 지내도 잘못될 일이 없다.
길을 나서면 아름다운 일이 있으리라.

遇其配主 雖旬 无咎 往 有尙

'동지'란 구사를 지칭한다. 초구(初九)와 구사가 둘 다 양효이므로 음양으로 호응하지는 않지만, 삶의 풍요는 밝은 판단력(하괘)과 강한 실천 정신(상괘)을 공히 필요로 하기 때문에 서로를 보완해 주는 '동지'가 된다. '열흘'은 십진법상 마지막 수이므로 오랜 기간을 뜻한다. "길을 나서면"이란 초구가 구사에게로 다가감을 가리킨다.

실천이 뒤따르지 않는 이상(이념)은 공허하고, 이상의 안내 없는 실천은 맹목에 지나지 않는다. 드높은 이상과 불굴의 실천력을 공히 갖추어야 큰일을 성취할 수 있다. 삶의 풍요도 마찬가지다. 삶에서 고매한 이상을 착실하게 추구해야만 아름다운 결실을 이룰 수 있다. 그것은 세계와 인간, 삶에 대한 깊은 통찰에서 나온다. 통찰력을 갖지 못한 사람은 삶의 풍요를 '열흘'이 아니라 단 하루도 누리기 힘들 것이다. 현실에 붙박여 맹목적으로 살아가는 사람에게는 세계와 삶을 음미할 능력이 처음부터 결여되어 있기 때문이다. 이와는 달리 고매한 이상을, 이를테면 진리와 도의를 실천하는 사람은 세계와 인간, 삶의 의미를 풍요롭게, 그리고 오래도록 누릴 것이다.

다만 거기에서도 주의해야 할 점이 있다. 자신의 이상에 매몰되어 자족하거나 편협하게 갇혀서는 안 된다. 보수적이고 편협한 이상은 독선에 지나지 않는다. 예컨대 진리의 이상만 하더라도 높낮이가 있고, 시대적으로나 문화적으로 다양한 실천 양상을 띠는 만큼 열린 마음으로 부단히 새롭게 모색해야 한다. 정치나 종교의 세계에서도 마찬가지다. 공자가 다음과 같이 충고한 까닭이 여기에 있다. "동지를 만난다면 열흘 동안 함께 지내도 잘못될 일이 없지만, 열흘을 넘기면 불행해질 것이다.〔雖旬 无咎 過旬 災也)"(「상전」) 매우 함축적인 은유지만 그 뜻을 '동지'의 문제로 풀어 보자.

우리는 삶의 동지를 만나면 '열흘 동안' 오래도록, 아니 평생 교류하면서 즐거움을 나눈다. 이는 당연히 "잘못될 일이 없으며" 오히려 "아름다운" 일이다. 하지만 만약 "열흘이 넘도록" 그와의 교류에만 빠져 남들과 사귀려 하지 않는다면 그것은 바람직한 일이 아니다. 동지는 여럿 있을 수 있는데 다른 사람들을 외면하는 것은 자신의 삶의 폭을 스스로 좁히는 짓이나 다름없다. 그러므로 그것은 "불행한" 일이다.

마찬가지로 하나의 이상(신앙, 철학)을 오랫동안 모색하고 실천하는 것은 역시 아름다운 일이다. 하지만 자신의 이상만을 존중하고 거기에 매몰된 나머지 다른 시대, 다른 사람의 이상을 백안시하고 부정해서는 안 된다. 그처럼 편협한 태도는 자신의 정신(세계관)을 빈곤하게 만드는 불행의 요인이다. 사람들의 다양한 이상을 접하고 배우면서 자신의 이상을 더욱 높고 풍요롭게 만들 필요가 있다.

六二

차일이 커서 한낮에도 북두칠성을 보겠다.
길을 나서면 의심과 질시를 받겠지만
성심으로 뜻을 펼치면 행복을 얻으리라.
豊其蔀 日中見斗 往 得疑疾 有孚發若 吉

육이(六二)는 하괘가 상징하는 밝음(지혜)의 중심에 있으므로 '한낮'에 해당된다. 그러나 상괘의 육오가 (육이와 음양으로 호응하지 않으므로) 그의 밝은 빛을 가린다. 그래서 "차일이 커서 한낮에도 북두칠성을 볼" 정도로 어둡다. '차일'이란 지난날 시골 잔칫집 마당에서 흔히 보였던 것처럼 햇빛을 가리기 위해 치는 넓은 포장을 말한다. 이처럼 자신의 빛이 가리워진 어둠의 상황에서 함부로 "길을 나서면 사람들의 의심과 질시를 받을 것이다." 그들이 그의 빛나는 능력을 인정하려 하지 않기 때문이다. 그러므로 믿음을 쌓아서 "성심으로 자신의 뜻을 펼쳐 나가야 한다."

어둠의 사회에서는 내가 아무리 풍요로운 정신과 빛나는 이상을 갖고 있다 하더라도 사람들은 그러한 나를 알아주려 하지 않는다. 오히려 그들은 어둠에 타협하지 않는 나를 "의심과 질시"의 눈으로 바라볼 것이다. 어둠에 익숙한 그들의 생각을 나의 빛이 어지럽게 만들기 때문이며, 한편으로 나의 풍요로운 이상이 그들의 정신의 빈곤을 반면의 거울처럼 비춰 주기 때문이다.

이러한 상황에서는 나의 뜻을 강변하면서 그들의 무지와 편견을 공격하고 무리하게 바로잡으려 해서는 안 된다. 그러한 태도는 오히려 자신의 마음을 답답하고 불만족스럽게 만들 뿐이다. 그것은 곧 정신의 풍요를 해치는 요인이기도 하다. 그들의 어둠을 겨냥한 대결 의식을 버려야 한다. 남들의 "의심과 질시"를 받을수록 나는 자신의 올바른 행로를 스스로 신뢰하면서 정신의 삶을 더욱 빛나고 풍요롭게 가꾸어 나가야 한다. 공자는 말한다. "성심으로 뜻을 펼쳐야 하니, 자신에 대한 믿음을 갖고서 해야 한다.〔有孚發若 信以發志也〕"(「상전」)

九三

장막이 크게 드리워져서 한낮에도 잔별들을 보겠다.

오른팔이 꺾였으니 남을 비난할 수도 없다.

豐其沛 日中見沫 折其右肱 无咎

　장막은 차일과 달리 일정한 공간을 위와 사방으로 둘러싸고 있으므로 그 안의 어둠이 더욱 심하다. 그래서 "한낮에도 잔별들을 보겠다."고 했다. (잔별은 북두칠성보다 더 희미하다.) 육이의 '차일'과 달리 구삼(九三)에서 '장막'을 말한 것은 구삼과 호응하는 상육의 음효가 그늘을 더 짙게 드리우고 있기 때문이다. "오른팔이 꺾였다."는 말은 상육의 어둠으로 인해 구삼이 아무 일도 할 수 없음을 은유한 것이다. "남을 비난할 수도 없다."고 한 것은 구삼의 "팔 꺾임"이 상육과 음양으로 호응함으로써 자초한 결과임을 말하려 한 것이다.

　"해도 한낮이 지나면 기울고, 달도 차면 이지러지는" 것처럼, 빛이 밝을수록 그늘이 짙어지는 것처럼, 풍요의 이면에는 반드시 그것을 잠식하는 부정적인 힘이 자라나는 법이다. 삶의 만족감 속에서 생겨나는 긴장의 이완과 게으름이 그 한 예다. 그러한 경향은 우리의 삶에 "(어둠의) 장막을 드리워" 세계와 사물을 명료하게 바라보고 처사할 수 없게 만든다. 잘못하면 넘어져 '오른팔이 꺾이는' 불행까지 당할 수도 있다. 공자는 말한다. "장막이 크게 드리워져 있어서 큰일을 할 수 없다. 오른팔이 꺾였으니 끝내 힘을 쓸 수가 없다.〔豐其沛 不可大事也 折其右肱 終不可用也〕"(「상전」)

우리는 그 예를 오늘날 선진 문명 사회에서 목격한다. 일부 젊은이들은 어른들이 이루어 놓은 풍요 사회에서 삶의 긴장감을 잃은 나머지 자신들에게 강렬한 자극을 줄 무엇인가를 찾아 헤맨다. 마약이나 섹스, 광적인 스포츠 활동이 그 예들이다. 그들은 마치 "오른팔이 꺾인" 사람처럼 자신들의 삶과 세계를 어떻게 영위해야 할지 모른 채 불건전하게, 생명 파괴적으로 방황하는 것이다. 이는 어쩌면 문명의 풍요 가운데 존재의 빈곤 현상이 사회적으로 나타난 모습이라 할 수 있다.

물론 그렇다고 해서 이 시대의 문명을 비난할 일은 아니다. 즉 "남을 비난할 수도 없다." 그것은 우리 자신이 만들어 놓은 것이기 때문이다. 문제는 우리가 자아의 향상과 삶의 성숙을 위해 풍요로운 문명을 건전하게 활용하지 못하는 데에 있다. 이것이 주는 교훈은 분명하다. 풍요의 그늘(장막)을 항상 염려하고 대비하면서 감각적이고 물질적인 것을 넘어 정신의 풍요를 부단히 추구해야 한다는 것이다. 이러한 노력은 한때로 끝나지 않으며, 모든 사람, 모든 시대의 평생 과제가 될 것이다.

九四
차일이 커서 한낮에도 북두칠성을 보겠지만
동지를 만나는 기쁨을 얻으리라.
豊其蔀 日中見斗 遇其夷主 吉

구사(九四)가 육이와 마찬가지로 '차일'과 '북두칠성'의 형상을 갖는 것은 둘 다 육오의 음효와 관련을 갖고 있기 때문이다. 육이는 육오와 음양으로 호응하지 않으므로, 구사는 육오의 바로 아래에 있기 때문에 , 모두 육오의 '차일'에 가려져 있는 것이다. 다만 구사는 괘의 중심 가까이 올라가 있기에 육이처럼 사람들의 "의심과 질시"를 받지는 않는다. '동지'란 초구를 가리킨다.

과학자들에 의하면 사람의 뇌에는 거울 뉴런이라는 세포가 있다고 한다. 남들의 행동을 보면 자기도 모르게 그것을 따라 하고 모방하려는 심리가 거기에서 나온다는 것이다. 하물며 밝고 풍요로운 정신의 삶이 점차 사회적인 화두가 되면, '차일'의 어둠 속에서 살아온 사람들은 그것을 자연스럽게 자신의 문제로 자각하기 시작할 것이다. 마치 그늘 속의 화초가 햇빛을 향하듯이 그들도 정신의 풍요를 소망할 것이다. 오늘날 우리 사회에서 사람들이 인문학에 점점 주목을 더해 가는 현상이 이를 예증한다.

이에 따라 그동안 "의심과 질시"를 받으면서 정신의 길을 외롭게 걸어온 사람은 점차로 주위 사람들의 인정과 지지를 받게 될 것이며, 그는 드디어 "동지를 만나는 기쁨"을 얻을 것이다. 물론 그 기쁨은 그들과 정신의 이상을 공유하고, 그것을 함께 실천하는 데에서 나온다. 공자는 이렇게 말한다. "커다란 차일 안의 자리가 적절하지 않고, 한낮에도 북두칠성을 볼 정도로 어둡지만, 동지를 만나는 기쁜 걸음을 걸으리라.〔豊其蔀 位不當也 日中見斗 幽不明也 遇其夷主 吉行也〕"(「상전」)

六五

남들의 아름다운 모습을 환영하라.

그것은 좋은 일이요 명예로운 일이다.

행복을 얻으리라.

來章 有慶譽 吉

    육오(六五)는 육이와 구사에게 '차일'이 되므로 문제가 많은 자다. 그럼에도 불구하고 "좋은 일이요, 명예로운 일"을 그에게 돌린 것은 그에게 개전의 여지를 주기 위한 충고의 의미를 갖는다. "남들의 아름다운 모습을 환영하라."는 것이다.

    미모든 인격이든, 그 밖에 어떤 면에서든 남의 아름다운 모습을 질투하고 해치려는 사람은 결코 삶의 풍요를 누릴 수 없다. 자기 안에 그처럼 나쁜 심리만 키우는 그는 자신이 갖고 있는 것을 누릴 수 있는 마음의 여유를 갖지 못하기 때문이다. 말하자면 "사촌이 논을 사면 배가 아프다." 이는 근본적으로 '나' 의식에서 비롯되며, 그것은 자타 간 비교와 대립의 의식을 지어낸다. 그리하여 나는 설사 자신이 아름다운 모습을 많이 갖고 있다 하더라도 나보다 더 많은 사람들 앞에서 항상 위축감과 빈곤감을 느낄 수밖에 없다. 그는 그렇게 자신의 존재에 어둠을 조성하는 '차일'을 친다.

    이에 반해 '나' 의식이 적을수록 남들을 포용하는 도량이 클 것이다. 그는 자신을 남들과 비교하려 하지 않기 때문에 그들의 아름다운 모습을 기꺼이 인정하고 환영한다. 그는 남들을 자신의 존재의 품 안에 깊이 아우르면서 그들의 아름다운 모습까지 마치 자신의 것인 양 기뻐한다. 그만큼 그에게는 정신의 풍요가 배가된다.

우리는 그 전형적인 예를 부모 자식이나 연인의 관계에서 목격한다. 너와 나의 사이가 아니라 일심동체의 존재감을 갖는 그들 사이에는 비교(대립) 의식이 없다. 예컨대 부모는 자식의 아름다운 모습을 마치 자신의 것처럼 여기면서 행복해하고 풍요로운 마음을 가질 것이다. 공자는 말한다. "군자는 남의 아름다운 점은 성취시켜 주고, 아름답지 않은 점은 성취시켜 주지 않는다. 소인은 이와 반대다.[君子 成人之美 不成人之惡 小人反是]"(『논어』)

그러므로 우리는 자타 간 비교 대립 의식을 버리고, "남들의 아름다운 모습을 환영해야 한다." 물론 그것은 가식이 아니라 진심에서 우러나와야 한다. 이를 위해서는 자타 대립적인 '나' 의식을 줄이고 또 줄여, 궁극적으로는 무아의 경지에서 삼라만상을 아우르는 신의 눈빛으로 세상을 대면해야 한다. 그것이 나에게도 "좋은 일"이요, 나 자신을 "명예롭게" 만드는 길이기도 하다. 그렇게 남들의 "아름다운 모습"을 환영하고 성취시켜 주는 자리에서 나의 마음은 더할 나위 없는 풍요를 누릴 것이다. 바로 그것이 행복이며, 당연히 남들도 그러한 나를 바라보면서 고취를 받고 행복을 느낄 것이다. 공자는 말한다. "그 행복은 남들에게까지 파급될 것이다.[六五之吉 有慶也]"(「상전」)

上六
고대광실을 짓고 거기에다가 차일까지 쳤다.

집안을 엿보니 괴괴하여 사람 하나 없다.

3년이 지나도록 사람을 볼 수가 없어 흉흉하기만 하다.

豊其屋 蔀其家 闚其戶 闃其无人 三歲不覿 凶

　　상육(上六)은 음효인 데다가, 밝음을 상징하는 하괘에서 가장 멀리 떨어져 있으므로 매우 어리석은 자를 가리킨다. 그는 "고대광실을 짓고", 남들이 들여다볼 수 없도록 "거기에다가 차일까지 쳤다." 하지만 이는 사람들의 접근을 막아 "괴괴한" 집안에서 혼자 살겠다는 것이나 마찬가지다. '3년'은 오랜 기간을 말한다. "사람을 볼 수 없는" 그러한 집안은 흉가나 다름없다. 상육이 구삼과 음양으로 호응하지만 그의 어리석음은 구삼을 받아들일 리가 없고, 구삼 또한 그러한 상육에게 다가가려 하지 않을 것이기 때문에 둘의 호응은 아무런 의의를 갖지 못한다.

　　이기주의는 말할 것도 없고, 개인주의는 나와 남을 분명하게 구분한다. 개인주의자들은 부모 자식 사이에서도 "나는 나고 너는 너다." 어떤 학자는 개인주의에 관해 다음과 같이 말한다. "나는 나 자신을 주변의 모든 것과 분리된 별개의 존재로 간주한다. (중략) 나는 주변의 모든 것과 완전히 다르다고 느끼며, 내가 발 딛고 있는 대지, 그리고 나와 닮은 주변의 존재들과도 나를 동일시하지 않는다. 따라서 나는 모든 피조물과 구분되며, 나 자신에게만 귀속된다. 내가 일차적으로 소유하는 것은 바로 나 자신이다."(『개인주의의 역사』)

　　하지만 우리는 그러한 개인을 머릿속에서나 상상할 수 있을 뿐, 실제로는 남들과 부단히 서로 의존하고 영향을 주고받으면서 살아간다. 말하자면 남은 나의 존재 조건이다. 그런데도 개인을 주장하는 것은 자신의 존재를 스스로 부정하는 것이나 다름없다. 역시 어느 학자는 말한다. "개인주의는 인간의 개인성을 공동화(空洞化)시켰고, 인격에서 형태와 내용을 빼앗아 버리며 파편화시켜 버렸다."(『개인주의의 역사』)

달리 말하면 개인주의는 자아(존재)의 빈곤, 또는 인간성의 황폐화를 초래하는 커다란 요인이다. 그는 "고대광실을 짓고" 남들이 들여다볼 수 없도록 높은 담에 "차일"까지 치고 사는 사람이나 마찬가지다. 그는 거기에서 삶의 풍요를 기대할지 모르나 그것은 환상에 지나지 않는다. 풍요란 결코 넓은 집이나 높이 쌓아 놓은 재물에 있는 것이 아니기 때문이다. 그가 그 안에서 무엇을 누릴 수 있을까?

진정한 풍요는 인간관계의 자리에서만 이루어질 수 있다. 그것은 남들을 향해 나의 존재를 얼마만큼 여느냐에 달려 있다. 우리는 그 양극단을 이기주의자와 성인에게서 본다. 전자는 "고대광실을 지어 차일까지 쳐놓고는" 자신을 그 안에 가둔다. 공자는 말한다. "고대광실이 하늘까지 날아오르는 듯하지만, 집안을 엿보니 괴괴하여 사람 하나 없다. 자신을 가두어 놓았구나!〔豊其屋 天際翔也 闚其戶 闃其无人 自藏也〕"(「상전」) 그는 그렇게 자신의 존재(자아)를 스스로 빈곤하게 만든다.

이에 반해 성인은 인류를, 더 나아가 살아 있는 모든 것을 자신의 존재의 품 안에 깊이 보듬어 안는다. 석가모니와 공자와 예수의 삶이 증언하는 것처럼 그 이상 풍요로운 존재는 없다. 우리는 과연 자신의 존재의 집을 어떻게 짓고 있을까? 맹자의 웅변을 다시 한 번 들어 보자. 이는 우리 존재를 풍요롭게 해 줄 길을 일러 준다.

이 세상에서 가장 넓은 집(사랑)에서 살고, 이 세상에서 가장 바른 자리(예의)에 서며, 이 세상에서 가장 큰 길(의로움)을 걷나니, 뜻을 펼 기회가 주어지면 만민과 더불어 행하고, 그렇지 않으면 혼자만이라도 그 길을 가리라. 이러한 뜻을 부귀도 어지럽히지 못하고, 빈천도 변절시키지 못하며, 위엄과 무력도 꺾지 못할 것이니, 이를 일러 대장부라 한다.(『맹자』)

56. 나그네 인생

여(旅)

사람들은 '풍요' 하면 바로 물질적인 것을 연상한다. 그리하여 부귀영화는 풍요로운 삶의 표상이 되어 버렸다. 하지만 그러면서도 그들은 "푸른 하늘 밝은 달 아래 곰곰이 생각하니 부귀영화가 춘몽 중에 또다시 꿈 같다."(「희망가」)는 탄식을 한다. 왜 그럴까? 그것은 그들이 참삶의 안식처를 잘못 찾고 있는 데에 기인한다. 자신의 내면이 아니라 풍요로운 바깥 생활에서 안식하려니 뜻대로 되지 않는 것이다.

삶의 방황은 이렇게 해서 시작된다. 바깥 것의 풍요를 쫓을수록 내면의 빈곤감이 더해지면서 그에 따라 방황도 심해질 것이다. 파우스트가 더없는 명예를 얻었으면서도 늙은 나이에 자살할 생각까지 한 것도 아마 이 때문이었을 것이다. 그는 젊은 시절 학자로서의 업적과 명예에 집착한 나머지 내면 깊은 곳에서 울려나오는 존재의 목소리에 무관심했던 것이다.

이처럼 재물이든 명예든 권력이든 소유의 풍요를 추구할수록 존재의 안식처는 좁아질 수밖에 없다. 공자는 이러한 이치를 괘의 순서와 관련하여 다음과 같이 말한다. "'풍(豊)'은 풍성함을 뜻한다. 사람들은 풍성함의 끝에 이르면 반드시 안식처를 잃게 된다. 그래서 〈풍〉에서 〈여(旅)〉로 이어졌다.〔豊者 大也 窮大者 必失其居 故受之以旅"(「서괘전」) '여'는 원래 옥편상 나그네, 여행 등의 뜻을 갖지만, 〈여〉괘는 '안식처를 잃은' 방황의 삶을 주제로 한다. 아래에서는 그 뜻을 느슨하게 풀어 방랑의 문제로까지 논의해 보자.

사람은 누구나 삶의 방황을 면할 수 없다. "삶은 자유"라 하지만, 그 '자유'에는 필연적으로 불안과 방황이 뒤따를 수밖에 없기 때문이다. 탄생이란 허허벌판의 세상 한가운데에 내던져진 것과도 같은데, 내가 거기에서 어떠한 삶의 길을 택해야 할지 누구도 교시해 주지 않으며, 그럴 수도 없다. 그러한 실존의 운명으로 태어나서 지금 내가 걷고 있는 삶의 길이 최상의 선택인지 어떻게 확신할 수 있을까. 그러니 사람은 어느 누구도 나그네의 떠돌이 삶을 면할 수 없다. 석가모니가 그러했던 것처럼 성인조차 최후의 깨달음을 얻기 전까지는 방황의 삶을 면할 수 없다.

'방황'이 불안의 심리를 강하게 내포하고 있다면, '방랑'은 그것이 사라지고 유희의 심사까지 갖는 나그네의 모습을 띤다. "역여과객(逆旅過客)"이라는 말이 있다. 사람은 누구나 세상이라는 여관에 잠시 머물다 떠나는 나그네라는 뜻이다. 이는 당나라의 시인 이백(李白, 701~762)의 유명한 「춘야도리원서(春夜桃李園序)」에 나오는 글의 축약어다. 그 글은 이렇게 시작된다. "하늘과 땅은 만물이 잠시 머무는 여관이요, 세월은 영원한 나그네다. 덧없는 인생이 마치 꿈과도 같으니, 즐거움을 누린다 한들 얼마나 되겠는가!〔夫天地者 萬物之逆旅 光陰者 百代之過客 而浮生若夢 爲歡幾何〕"

하지만 그렇다고 해서 나그네처럼 세상을 마냥 떠돌면서 살 수도 없는 일이다. 사람들은 고달프고 신산한 여정에서 자신이 머무를 안식처를 찾기도 한다. 나그네 생활 속에서도 무언가 적극적인 의미와 가치를 찾아 안락을 누리려 하며, 때로는 세상만사를 떨쳐 버린 초월의 경지에서 삶을 쉬고 싶어 하기도 한다. 과거에 유행했던 대중가요의 한 소절은 후자의 예가 될 수 있다. "인생은 나그넷길. 어디서 왔다가 어디로 가는가. (중략) 정일랑 두지 말자. 미련일랑 두지 말자."〈여〉괘는 이러한 문제의식 속에서 나그네의 삶을 주제로 내놓는다.

이러한 전반적인 뜻을 괘 안에서 살펴보자. 먼저 상괘 '리(離)'☲와 하괘 '간(艮)'☶은 각각 불과 산의 상징을 갖는다. 이 둘을 조합하면 산에 불이 일어나 이리저리 번지는 영상이 만들어진다. 터무니없는 발상처럼 보이지만 이는 마치 역마살이 낀 나그네가 한곳에 머물러 있지 못하고 정처 없이 떠도는 모습과도 같다. 그의 마음은 마치 타오르는 불과도 같아서 고착된 생활을 견디지 못하고 허공에 일렁거린다.

한편 인간사 속에서 살피면 상괘는 지혜의 빛을, 하괘는 머무름의 뜻을 함축하고 있다. 이는 나그네 인생의 지침을 은유한다. 일생을 그렇게 무의미하게 떠돌려고만 하지 말고, 세상만사를 높은 곳에서 조망하는 지혜를 키워 자신이 머무를 삶의 자리를 찾으라는 것이다. 머무를 곳을 아는 지혜야말로 나그네 인생을 의미 깊게 해 줄 관건이다. 공자는 말한다. "나그네 시절의 의의가 크다![旅之時義 大矣哉]"(「단전」)

괘사卦辭

나그넷길에서는 뜻대로 될 일이 적지만
떠도는 가운데에서도 올바른 정신을 가져야 한다.
그러면 행복을 얻으리라.

旅 小亨 旅貞 吉

　사람은 누구나 삶의 제자리를 갖지 못하고 방황하는 시절을 보낸다. 그것이 자의든, 아니면 세상에 적응하지 못해서든, 그럴 때에는 무엇 하나 뜻대로 되는 일이 없을 것이다. 아니 방황이야말로 어쩌면 인간의 태생적 운명인지도 모른다. 하지만 인생이 본래 그런 것이라 하여 자신의 삶에 대해 아무런 책임감도 없이 되는 대로 살려 해서는 안 된다. 방황이 자신의 방기로 이어져서는 안 된다.

　방황에도 "올바른 정신"이 있다. 방황하는 가운데에서도 자신을 소중하게 돌보려는 노력을 게을리하지 말아야 한다. 아니 파우스트가 보여 준 것처럼 방황조차도 자신이 머물러야 할 자리를 찾기 위한 노력이어야 한다. 그러한 정신을 잃지 않는다면 방황의 끝에 무언가 소중한 결실을 얻을 수 있을 것이다. "오, 멈춰라 순간이여. 너 참 아름답구나!" (『파우스트』) 하는 황홀경까지는 이르지 못할지라도 말이다.

　그러므로 방황을 염려하거나 부정하기만 할 일은 아니다. 여행을 많이 다닌 사람이 삶의 다양한 풍경을 널리 견문하는 것처럼, 방황은 삶의 지혜를 키워 주고 사람의 속을 깊게 만들어 주기도 한다. 만약 석가모니가 방황을 모르고 시종 왕궁에서 살았다면 그처럼 위대한 사상과 깨달음의 경지를 이룰 수 없었을 것이다. 그러므로 우리는 어쩌면 죽는 순간까지 자신의 본래 면목, 또는 참자아를 찾기 위한 정신의 방황을 자청해야 할지도 모른다. 물론 이는 "올바른 정신"을 전제로 한다.

방황의 자리에서 어떤 것이 "올바른 정신"일까? 공자의 말을 들어 보자. "유연한 정신으로 삶의 중심을 잡아 거친 세상에 나서고, 머무를 자리를 찾기 위해 밝은 지혜를 길러야 한다.〔柔得中乎外 而順乎剛 止而麗 乎明〕"(「단전」) 우리의 삶은 "거친 세상"에서 "머무를 자리"를 알지 못해 방황할 수밖에 없다. 그렇다고 해서 우울증에 빠지거나 좌절해서는 안 된다. 그것을 자신(실존)의 운명으로 받아들이면서, "거친 세상"에 거칠 게 나서지 말고 "유연하게" 나서야 한다. 그러면서 삶의 중심을 잡아야 한다. 한편으로 밝은 지혜를 길러 "역여과객"과도 같은 관조적 심흉을 키울 필요가 있다. 그러면 세상이 아무리 '거칠다' 하더라도 머무를 자리를 얻을 수 있을 것이다. 그 '자리'란 사회생활의 어떤 것 이전에 정신적인 안식처를 뜻한다.

괘상卦象

산 위에 불길이 이는 모습이 〈여〉의 형상이다.
군자는 이를 보고서 형벌의 적용을 공명정대하면서도 신중하게 하고 소송 사건을 지연시키지 않는다.
山上有火 旅 君子 以 明愼用刑 而不留獄

산 위에 불길이 이리저리 번지면서 초목을 태우는 모습에서 군자(통치자)는 범죄 현장을 연상한다. 그것은 이를테면 방화범이 이 집 저 집에 불을 지르고 다니는 것과도 같다. 이렇게 생각하면 범죄자는 사람들의 삶과 사회에 불을 지르는 '불량한 나그네'에 비유될 수 있다. 그 결과 그의 감옥살이는 뿌리를 잃은 나그네처럼 극단적인 삶의 형태에 해당된다.

군자는 이와 같은 일련의 연상 속에서 저 '불량한 나그네', 즉 범죄자를 어떻게 처리해야 할지 숙고한다. 범죄는 당연히 처벌받아야 할 것이다. 하지만 군자가 그 자리에서 깊이 유념하는 일이 있다. 범죄자의 인권이다. 아무리 죄를 저질렀다 하더라도 인간의 존엄성은 보호되어야 한다고 생각하기 때문이다.

이를 위해 그는 두 가지 원칙을 세운다. 형벌의 신중하고 공명정대한 적용과 소송 사건의 신속한 처리이다. 마치 불빛으로 사물을 밝게 비추듯이 명철한 지혜로 사건의 시비곡직을 공정하게 밝혀야 하며, 신중을 기하되 사건의 처리를 지연시켜서는 안 된다는 것이다. 『서경』은 이 원칙을 다음과 같이 천명한다. "혐의가 확실치 않은 사람을 죽이기보다는 차라리 법을 굽히는 것이 낫다." "과실범은 용서해 주고 재범은 엄벌에 처하되 신중에 신중을 기하면서 긍휼의 마음을 갖도록 하라."

효사爻辭

初六

나그네가 구차하게 처신한다.

불행을 자초하리라.

旅瑣瑣 斯其所取災

초육(初六)은 괘의 제일 아래 양의 자리에 음효로 잘못 있어서 제자리를 얻지 못했다. 그래서 그것은 여행의 고단함을 견디지 못해 우선 당장 몸을 쉴 자리만 찾아 "구차하게 처신하는" 나그네를 은유한다. 그가 구사와 음양으로 호응하는 자리에 있기는 하지만, 구사 자신이 (상괘의 성질상) 위로 오르려 할 뿐, 아래의 초육에게 다가가려 하지 않으므로 별 도움이 되지 않는다.

삶이 제자리를 얻지 못하고 헤맬 경우, 많은 사람들은 "구차하게 처신하는" 경향이 있다. 예컨대 힘을 가진 사람에게 아첨하거나, 사람된 도리를 어기면서 일신의 안락과 이익만 도모한다. 하지만 이는 자신을 모욕하는 짓이나 다름없다. 가령 돈 떨어진 여행객이 남들의 눈치를 보면서 이리저리 잠자리와 음식을 구걸하고 다닌다면 사람들이 그를 어떻게 바라볼까? 삶의 불행은 바로 그러한 '구차함'에서 비롯된다.

이는 근본적으로 고결한 삶의 정신이 결여된 데에서 기인한다. 공자는 말한다. "나그네의 구차한 처신은 삶의 정신이 빈곤하기 때문이니 재난을 겪을 것이다.[旅瑣瑣 志窮 災也]"(「상전」) 만약 자신의 인격적 존엄성을 자각하는 사람이라면 아무리 궁박한 처지에 놓인다 하더라도 구차하게 행동하려 하지 않을 것이다. 이에 사람들은 그의 처신을 존경하면서 도움의 손길을 내밀려 할 것이다. 그러므로 삶의 안식처를 잃어 방황하는 순간에도 인간의 위엄을 버려서는 안 된다.

六二
나그네가 숙소에 들어
노자도 받고 충직한 종까지 얻었다.
旅卽次　懷其資　得童僕貞

　　육이(六二)는 하괘의 가운데 음의 자리에 음효로 있으므로, 삶의 중심
을 잃지 않고 올바른 정신을 얻었다. 그러므로 나그네에게 필요한 덕목과
조건을 잘 갖추었다. 하괘의 가운데에 있으므로 "숙소에 들었고", 위로 구
삼의 양효를 받들고 있으므로 "노자도 받았으며", 아래로 초육을 두고 있
으므로 "충직한 종까지 얻었다." 이는 나그네의 편안한 생활을 은유한다.

아무리 인생이 나그넷길이라 하지만, 그렇다고 해서 언제까지나 떠돌
면서 살 수만은 없다. 방황의 순간에도 삶과 세계에 대한 올바른 성찰
의 정신을 늦추어서는 안 된다. 그리하여 초월자든, 자연이든, 아니면
참자아든, 우리에게 생명의 힘과 삶의 평화를 줄 '존재의 숙소(안식처)'
를 찾아야 한다. 설사 그것을 알 수 없다 하더라도 그러한 진지한 노력
이 있는 한, 자신의 일생을 후회하지 않을 것이다. 오히려 나그넷길의
외로움을 함께 나눌 동지를 얻기도 할 것이다. 공자는 말한다. "충직한
종까지 얻었으니 마침내 회한이 없으리라.〔得童僕貞　終无尤也〕"(「상전」)
사실 인생의 회한은 존재의 안식처를 찾으려는 노력은 없이 그저 세파
에 몸을 내맡기는 태도에서 비롯된다.

九三
나그네가 제 숙소에 불을 지르고
충직한 종까지 잃고 말았다.
길이 험난하다.
旅焚其次 喪其童僕貞 厲

구삼(九三)은 양효로 양의 자리에 있으므로 "제 숙소"에 들었다. 하지만 그는 (양효로서) 지나치게 강포한 성품에다가 (하괘의 제일 위에 있으므로) 오만하게도 눈이 높아 숙소를 못마땅하게 여기면서 불질러 버린다. '불'은 구삼의 바로 위 상괘 '리'의 상징에서 취한 것이다. 또한 바로 그러한 성격 때문에 "충직한 종"까지 그를 떠나 버렸다.

사람이 일정한 곳에 삶의 뿌리를 내리지 못하고 오랫동안 방황하다 보면 자칫 마음이 사나워지면서 남들과 부딪치고 세상을 부정하려 든다. 결손 가정에서 자라난 사람들에게 범죄의 가능성이 많은 이유도 여기에 있다. 아니 정상인들조차 종종 일시적으로나마 그러한 심리를 경험할 것이다. 심한 부부 싸움이 그 생생한 현장이다. 그들은 분노를 이기지 못해 집안의 기물들을 때려 부수고, 심지어 집에 불을 지르기도 하며, 끝내는 서로를 잃고 마는 이혼으로 치닫기까지 한다.

그런데 그들의 분노는 단순히 상호 대립의 산물만은 아닐 것이다. 그 근저에는 삶의 안식처를 잃어버린 불만과 위기 의식이 작용한다. 공자는 이렇게 진단한다. "나그네가 제 숙소를 불 지르는 것은 마음의 상처를 입은 때문이요, 여행길에 종을 각박하게 대하니 그를 잃는 것은 당연한 일이다.〔旅焚其次 亦以傷矣 以旅與下 其義喪也〕"(「상전」)

그러므로 마음을 어디 일정한 곳에 두지 못하고 방황할 때야말로 더
더욱 근신해야 한다. 잘못하면 자신의 마음에 스스로 불을 질러 삶을
황폐하게 만들 수도 있다. 방황 중이라도 올바른 삶의 정신을 잃어서는
안 된다. 사실 사람은 누구나 사회생활에서 다소간, 그리고 실존적으로
는 평생 방황을 겪게 되어 있다. 그것이 인간의 태생적인 운명이다. 자
기만 방황에서 면제되기를 바라는 터무니없는 생각을 버려야 한다. "제
법일체유심조(諸法一切唯心造)"라, 모든 일이 마음먹기에 달린 만큼 방
황의 삶조차 겸손하게 받아들이면 그 순간, 그 자리가 바로 안식처가
될 수도 있다. 자신을 낮추고 비워 방황의 순간까지도 '지금, 이 자리'를
전폭적으로 수용하는 겸손의 정신이야말로 행복의 비결이다.

九四

나그네가 쉴 곳을 찾았고 노자도 얻었지만

도끼를 품고 있다.

마음이 유쾌하지 못하다.

旅于處 得其資斧 我心不快

구사(九四)는 상괘의 제일 아래에 있으므로 겸손하고, 또한 초육, 육오
와 음양으로 서로 어울리므로 "쉴 곳"과 "노자"도 얻을 만한 인품을 갖고
있다. 하지만 (양효로 음의 자리에 잘못 있어서) 그의 자리가 바르지 않으므
로 그가 편안하게 머물 숙소는 아니며, 이 때문에 "도끼를 품고서" 사방

경계와 자기방어를 취해야 할 형편이다. "마음이 유쾌하지 못한" 까닭이 여기에 있다. 공자는 말한다. "나그네가 쉴 곳을 찾았지만 바른 자리가 아니요, 노자도 얻었지만 도끼를 품고 있으니, 마음이 유쾌하지 못해서 그런 것이다.[旅于處 未得位也 得其資斧 心未快也]"「상전」)

사람들은 나그네 인생길에서 잠시 쉬어 가는 자리를 영원한 안식처인 것처럼 착각한다. 이를테면 재물과 권력과 사회적 신분과 명예의 자리이다. 그야말로 "빈손으로 왔다가 빈손으로 가는[空手來 空手去]" 나그넷길에서 그러한 것들이 무어라고 그렇게 욕심을 부리고 집착할까. 게다가 남들과 다툼으로써만 얻을 수 있는 그것들을 빼앗거나 빼앗기지 않기 위해서 '도끼를 품는' 마음은 얼마나 모질고 살벌할까. 화담(花潭) 서경덕(徐敬德, 1489~1546)의 시 「술회(述懷)」를 한 번 읽어 보자.

젊어 글 읽을 시절에는 세상의 경륜에 뜻을 두었지만
늘그막에 이르니 안자(顏子)의 가난이 도리어 맛있구나.
부귀는 다투는 사람이 많으니 손 내밀기가 어렵고
숲과 샘은 막는 이가 없으니 몸을 편안히 할 수 있어라.
산나물 캐고 낚시질하여 그런 대로 배를 채우고
달을 노래하고 바람을 읊조리며 마음껏 심사를 펼친다.
배움이 회의(懷疑)를 넘어 유쾌함을 알겠으니
인생 백 년을 헛되게 사는 것은 면했어라.
讀書當日志經綸　　晚歲還甘顏氏貧
富貴有爭難下手　　臨泉無禁可安身

採山釣水堪充腹　　詠月吟風足暢神
學到不疑知快活　　免敎虛作百年人

　여기에서 "안자의 가난이 도리어 맛있다."는 말은 그가 단순히 물질
생활의 궁핍을 체념적으로 자족하겠다는 뜻이 아니었다. 먼저 안자를
칭찬했던 공자의 말을 들어 보자. "훌륭하구나, 안회(顏回)는! 한 그릇
밥과 한 바가지 물로 연명하는 생활의 고통을 남들은 견디지 못하는데
안회는 그 즐거움을 변하지 않으니. 훌륭하구나, 안회는!"(『논어』) 안자
는 끼니를 자주 거를 정도로 가난했다고 하는데, 그가 누렸다는 "그 즐
거움"은 "한 그릇 밥과 한 바가지 물"을 얻는 기쁨이 아니었다. 그것은
빈부를 초월한 안빈낙도(安貧樂道)의 삶이었다. 서경덕은 그러한 "안자
의 가난"을 선택했다. 그에게는 '도(道)', 즉 진리와 도의(사랑과 의로움)의
세계야말로 영원한 안식처였다. 삶의 불안과 불편, 방황은 가난이 아니
라 오히려 그러한 세계를 버리는 데서부터 비롯되는 것이었다.

　"배움이 회의를 넘어 유쾌함을 알았다."고 그가 술회한 것은 이러한
깨달음의 산물이다. 더구나 저 '유쾌함'은 단순히 마음의 상쾌함에 그
치지 않는다. 그것은 어쩌면 부귀빈천의 세계로부터 초탈하여 '도'의 경
지에서 누리는 내면적 자유의 쾌감이었을 것이다. 그는 허망한 부귀로
는 결코 채워지지 않을 "인생 백 년"의 의미를 '도'에서 찾아, "헛되게
사는 것은 면했노라."고 겸손하게 자부했다. 그는 임종 시에 소회를 묻
는 제자에게 "삶과 죽음의 이치를 안 지 오래라, 내 마음이 편안하다."
고 대답했다 한다.

　그가 "달을 노래하고 바람을 읊조리며 마음껏 심사를 펼쳤던" 풍류

의 삶도 여기에서 발원할 것이다. 가난(과 부)을 의식하는 한 누구도 세상을 음미하며 삶의 운치를 누릴 수 없다. 풍류란 현실의 모든 이해득실과 구속을 벗어나 사물을 관조하고 유희하는 삶을 뜻한다. 이러한 풍류 정신이 일으키는 미적 자유와 쾌감은 가난의 불편과 고통을 충분히 상쇄하고도 남음이 있을 것이다. T. 립스라는 학자는 말한다. "미적 감정은 곧 자유에 대한 쾌감이다."(『중국예술정신』)

서경덕에게 그러한 삶의 이면에는 자연이 놓여 있다. "부귀를 다투는" 벼슬길과 저잣거리는 사람들에게 끝없는 긴장과 불안과 걱정을 끼친다. 하지만 자연은 대립과 경쟁의 현실을 넘어 안식과 평화를 제공하는 영원한 휴식처요 존재의 요람이다. 그가 아름다운 산천을 만나면 덩실덩실 춤을 추었다는 일화도 이러한 풍류 정신과 자연관을 배경으로 갖는다.

이와 관련하여 우리 자신을 한 번 돌아보자. 우리는 빌딩 숲의 문명 세계를 삶의 안식처로 삼아 살아가고 있다. 하지만 거기에서는 "마음의 유쾌함"을 결코 느끼지 못한다. 문명 세계를 건설하기 위해 자연을 약탈하고 파괴해 온 우리의 '도끼'가 부메랑이 되어 우리들 자신을 심각하게 위협하고 있기 때문이다. 이는 근본적으로 "나그네가 제 숙소를 불 지르고", 또 "쉴 곳"을 잘못 찾은 데에 기인한다.

그러므로 우리는 더 늦기 전에 자연에 대한 인식을 바꾸어야 한다. 자연을 착취와 약탈과 정복의 대상으로 삼지 말고, 존재의 아늑한 요람이요 삶의 영원한 안식처로 여겨 만물과 더불어 화해롭게 살아야 한다. 자연으로부터 몸을 잠시 얻어 태어나 이 세상에서 살다가 다시 자연으로 돌아가 쉴 나그네라는 사실을 깊이 인식해야 한다. 진정 '유쾌한' 삶은 그러한 깨달음 속에서만 가능할 것이다.

六五

꿩을 잡는 데 화살 한 대면 족하다.

마침내 명예를 얻고

하늘의 뜻을 성취하리라.

射雉 一矢亡 終以譽命

상괘 '리'는 꿩의 상징을 갖기도 한다. 육오(六五)는 상괘의 가운데에서 고명한 지혜를 갖고 있으므로 "꿩을 잡는 데 화살 한 대면 족하다."고 했다. 그러면 "마침내 명예를 얻고 하늘의 뜻을 성취할 것이다." 여기에서 '꿩'은 (그것의 화려한 깃털이 암시하는바) 빛나는 삶을, 화살은 고명한 지혜를 은유한다. 밝은 안식처를 얻는 데 고명한 지혜가 필요하다는 것이다.

"꿩 잡는 게 매"라고 한다. 매는 공중 높이 선회하면서 날카로운 눈으로 들판의 먹이를 식별하여 사냥한다. 마찬가지로 매처럼 날카로운 눈매를 가진 뛰어난 사냥꾼이라면 "화살 한 대로" 단번에 꿩을 잡을 것이다. 즉 한 사람의 사냥 기술은 짐승의 은신처를 살피고 자신의 매복지를 찾을 줄 아는 넓은 안목과, 몸의 중심이 흔들리지 않는 활 솜씨에 달려 있다.

이것이 나그네의 생활에서 은유하는 바는 무엇일까? 고명한 지혜와, 삶의 중심을 잃지 않는 정신 속에서만 참다운 안식처를 얻을 수 있다는 것이다. 무엇보다도 먼저, 매가 공중을 선회하면서 들판을 내려다보는 것처럼, 저 높은 곳에서 세계와 삶을 널리 조망할 줄 아는 드높은 지혜를 가져야 한다. 세상사에 파묻혀 신기루와도 같은 부귀영화를 안식처로 여기는 어리석음에서 벗어나지 않으면 안 된다.

한편 나그네처럼 쓸쓸하고 외로운 상황 속에서도 상심과 불안으로 방황하지 않을 삶의 중심을 확보해야 한다. 그것은 어디에 있을까? 신앙인이라면 바로 신을 떠올릴 것이다. 정말 신은 인간과 만물의 궁극적 근원이라는 점에서 확실한 부동의 중심이며 만인의 영원한 안식처가 될 수 있다. 하지만 기복 신앙에서까지 그런 것은 아니다. 신앙의 목적을 자기 한 몸의 복에만 두는 사람은 신을 이기적인 이용 수단으로만 여기기 때문이다. 그에게 신은 세계의 주인(중심)이 아니라 자신의 삶에 봉사해 줄 종에 지나지 않는다. 그러므로 그는 거기에서 안식을 찾을 수 없으므로 여전히 불안하게 떠도는 나그네의 삶을 면할 수 없다.

참다운 안식은 신의 뜻에 따라 사는 데에서 주어진다. 신이 나에게 삶을 준 뜻을 헤아려 성취하는 것이다. 그것이야말로 신앙인이 이룰 수 있는 최고의 명예요 안식일 것이다. 공자는 말한다. "마침내 명예를 얻고 하늘의 뜻을 성취하리니, 하늘에 다다르리라.〔終以譽命 上逮也〕"(「상전」) 여기에서 "하늘의 뜻"이 과연 무엇인가 하는 물음에는 논의의 여지가 많지만, 과거의 성현들이 밟아 온 삶의 궤적은 어떤 공통점을 보여 준다. 진리와 도의의 실천을 통해서만 "하늘의 뜻"을 성취할 수 있다는 것이다. 그것이 "하늘(나라와도 같은 삶의 행복)에 다다를" 수 있는 길이다. 이는 어떠한 종교를 믿든 사람들이 진정 추구해야 할 참다운 안식처가 진리와 도의의 실천에서만 마련될 수 있음을 일러 준다.

上九

새의 둥지가 불탄다.

나그네가 처음에는 웃음을 짓다가 나중에는 소리를 내서 운다.

경거망동하다가 소까지 잃어버리니

불행하다.

鳥焚其巢 旅人先笑 後號咷 喪牛于易 凶

상구(上九)는 양효로 괘에서 가장 높은 자리에 있으므로 나무 위에 있는 '새'로 상징된다. 그는 아래의 구삼과 둘 다 양효라서 서로 호응하지 않고 있다. 이는 높은 자리에서 안하무인으로 나서는 나그네를 은유한다. 마치 새가 자신의 높은 둥지를 안전하다고 여기면서 아래의 사람들을 거들떠보지도 않는 모습과도 같다. 하지만 사람들은 그 둥지를 끌어내려 불태워 버릴 수도 있다.(이는 상괘 '리'가 원래 갖고 있는 불의 상징에 입각한 것이다.) "나그네가 처음에는 웃다가 나중에는 소리 내서 우는" 까닭이 여기에 있다. 더 나아가 그는 자신이 타고 갈 "소까지 잃어버리는" 액운을 당한다.

여행길에서는 겸손해야 한다. 여행지의 낯선 사람들 앞에서 잘난 체 하는 태도는 미움과 외면을 당할 것이다. 이에 반해 마음을 낮추고 비우는 겸손의 정신은 이방의 정서와 풍물을 넉넉히 누릴 수 있을 것이다. 나그넷길과 같은 인생에서도 마찬가지다. 우리는 세상과 삶에 관해 아는 것이 별로 없다. 그런데도 지적으로나 사회적으로 조금 높은 위치에 있다 하여 잘난 체 하면, 어느 누구도 그런 사람과는 인생의 길동무

를 해 주려 하지 않을 것이다. 자신의 무지와 무능을 자각할수록 우리
는 좀 더 많은 것을 배우고 얻어 세상과 삶을 향유할 수 있다.

그는 처음에는 자신의 자리에 도취되어 "웃음을 지을"지도 모른다.
하지만 사람들이 떠나 텅 빈 삶의 자리에서까지 그가 웃음을 잃지 않
을 수 있을까? 그는 남들과 겸손하고 다정하게 나누는 교류가 행복의
자리임을 뒤늦게 깨달으면서 "소리 내서 울고 말 것이다." 마치 둥지가
불타 사라진 자리에서 새가 깃들 곳을 몰라 슬프게 우는 것처럼 말이
다. 이제 그는 먼 길을 떠나는데 타고 갈 소를 갖지 못한 사람처럼 자신
이 의지하며 동고동락할 사람들을 잃고 말았다. 공자는 말한다. "나그
네로서 오만불손하니 제 집에 불을 지르는 격이요, 경거망동하다가 소
까지 잃으니 끝내 누구도 그의 말을 들어주지 않으리라.〔以旅在上 其義
焚也 喪牛于易 終莫之聞也〕"(「상전」) 이러한 상황에서 그가 안식을 취할
자리는 어디일까?

57. 공손의 허와 실

손(巽)

사람은 자의든 타의든 나그네가 되면 세상으로부터 한발 물러서 이런저런 상념에 젖기 마련이다. 혹은 일시적으로 일상의 구속에서 벗어나 자유를 누리기도 하고, 사회생활상 주도적인 자리에서 밀려나 외롭게 방황하기도 한다. 아예 "인생은 나그넷길"이라 하면서 세상만사를 허무하게 바라보는 사람도 있다. 어떤 경우든 나그넷길은 외롭고 고단하다. 길 위에서는 어느 누구도 낯선 나그네를 따뜻한 마음으로 품어안아 주려 하지 않기 때문이다. 공자는 말한다. "나그네가 제 몸을 붙일 데를 모른다. 그래서 〈여(旅)〉에서 〈손(巽)〉으로 이어졌다. '손'이란 받아들인다는 뜻이다.〔旅而无所容 故受之以巽 巽者入也〕"(「서괘전」)

'손'은 일반적으로 공손, 겸손이라는 뜻으로 쓰이지만, 거기에는 '받아들인다'는 파생적인 의미도 담겨 있다. 겸손한 마음은 세상사를 잘 받아들여 지혜를 쌓는다. 공손한 사람은 남의 의견을 잘 받아들이며, 남에게 잘 받아들여진다. 오늘날 여행객들은 일반적으로 잘 짜인 일정표대로 주마간산하지만, 그들 역시 공손하고 겸손하지 않으면 여행지의 낯선 사람들과 문화가 그들을 받아들이려 하지 않을 것이다. 그렇게 되면 그들은 마음을 어디에도 붙일 수 없다.

공손(겸손)은 또 다른 파생적 의미로, 상황에 따라 알맞게 변통하는 '수시변통(隨時處變)'의 정신까지 내포한다. 공손한 사람은 자신의 식견이나 가치관을 고집하지 않고 어떤 일에든 유연하게 처신하려 하기 때문이다. 공자는 말한다. "손의 정신으로 권도(權道)를 행한다.〔巽以行權〕"(「계사전」) 여기에서 '권(權)'이란 저울을 뜻하며, '권도'란 저울로 물건의 경중을 재듯이 정확한 상황 판단으로 과불급 없이 처사하려는 정신을 말한다. ('권도'의 자세한 의미는 〈항(恒)〉괘 괘사의 풀이 참조) 공손의 의미는 이렇게까지 깊다.

이처럼 공손의 정신은 인간관계에서나 사리 판단에서나 매우 중요한 덕목이다. 자타 간의 만남을 가로막는 거만함과 달리, 공손의 정신은 사람들 상호간 인격의 교류를 촉진시켜 주는 힘을 갖는다. 자신의 의견과 주장으로만 일관하려는 오만함과 달리, 그것은 세상만사에 유연하게 대응하여 최선의 도리를 얻으려 한다. 다만 거기에는 함정이 있다. 그것은 자칫 비굴과 아첨으로 흐를 수도 있다는 점이다. 그러므로 공손의 정신은 올바르게 관리되고 배양 되어야 한다. 이것이 〈손〉괘가 다루고자 하는 주제다.

공손의 정신을 괘 안에서 살펴보자. 그것은 상하괘가 '손(巽)' ☴ 으로 중첩되어 있다. 이는 윗사람이나 아랫사람이나 모두가 서로 공손하게 만나야 함을 암시한다. 즉 공손의 정신은 아랫사람에게만 요구되는 덕목이 아니다. 윗사람 역시 아랫사람에게 공손해야 한다. 참다운 공손은 상하의 관계를 떠나 인격 존중과 생명 외경의 정신에서 우러나온다.

그러므로 그것은 윗사람이 아랫사람에게 명령을 내리는 자리에서도 당연히 실천되어야 한다. 공자는 말한다. "윗사람이나 아랫사람이나 모두 공손한 태도로 명령에 임해야 한다.〔重巽 以申命〕"(「단전」) 이를테면 통치자는 명령에 앞서 국민의 생각과 삶을 존중해야 하며, 국민은 그러한 통치자의 명령을 정중하게 받아들여야 한다.

한편 '손(巽)' ☴은 '건(乾)' ☰의 초효가 변형된 것이다. 이는 하나의 음효가 두 개의 양효 아래에 공손하게 들어가는 모습을, 달리 살피면 두 개의 양효가 하나의 음효를 부드럽게 받아들이는 모습을 보여 준다. 즉 양자가 힘으로 맞서지 않고 서로 공손하고 부드럽게 호응하고 있다. 한편으로 초육과 육사가 각각 (상하괘의 중심인) 구이와 구오의 아래에 있음은 그들의 공손이 과불급에 빠지지 않고 중용의 정신을 지키고 있음을 암시한다. 공자는 말한다. "강자는 올바르게 중도(中道)를 지켜 공손히 뜻을 펴고, 약자는 강자를 공손히 따른다.〔剛巽乎中正 而志行 柔皆順乎剛〕"(「단전」) 이러한 공손의 정신이야말로 모든 인간관계와 일의 성공 조건이다.

괘사卦辭

공손은 삶을 다소 형통케 해 줄 것이다.
하고자 하는 일이 잘 되리라.
현자를 만나 보는 것이 좋다.
巽 小亨 利有攸往 利見大人

공손은 자신을 낮추어 세상에 나서고 머리를 수그려 상대방에게 다가가는 태도를 말한다. 그러므로 그것은 인간관계를 원만하게 해 주고 삶을 성공으로 이끌어 줄 중요한 덕목이다. 하지만 그것은 '향원(鄕原)'의 처세술이기도 하다는 점에서 주의를 요한다. 향원이란 겉으로만 공손하고 예의 바른 사람으로, 그의 공손은 인격 존중과 생명 외경의 정신에서 나오는 것이 아니다. 그는 다만 사람들의 이목에 맞추고 세상에 영합하여 자기 이익을 도모하기 위해 공손하게 행동할 뿐이다. 공자가 "향원은 덕을 해치는 자"(『논어』)라고 말한 까닭도 여기에 있다. 그의 태도는 공손의 진정성과 사이비성에 대한 사람들의 판단을 혼란시키기 때문이다.

그러므로 삶이 공손한 태도만으로 충분한 것은 아니다. 그것은 삶을 '다소' 형통케 해 줄 뿐이다. 참다운 공손은 진리와 도의(사랑과 의로움)의 정신을 줏대로 갖고 있다. 그는 인간(생명)에 대한 깊은 통찰 위에서 진리(도의)를 공경히 받들어 행하려 한다. 그러므로 역설적이지만 그는 불의하고 무도한 세상을 과감하게 비판하고 개혁하려는 준엄한 태도를 보이기도 한다. 예를 들어 보자. 맹자는 당시 사람들이 자신을 두고 임금에게 공손치 못하다는 비난을 하자 다음과 같이 대꾸한다.

제(齊)나라 사람들이 사랑과 의로움을 임금에게 말하지 않는 것은 어째서 사랑과 의로움이 아름답지 않은 것이라 여겨서겠는가. 그들이 마음속으로, "사랑과 의로움을 임금에게 말해서 무엇 하겠는가" 하고 생각해서 그런 것일 테니, 이보다 더 불경한 일이 없다. 나는 요순(堯舜)의 도(道)가 아니면 감히 임금에게 개진하지 않으니, 제나라 사람들 중에 나만큼 임금을 공경하는 사람이 없을 것이다.(『맹자』)

　임금에게 요순의 도를 실천할 것을 요구하는 것을 '공(恭)'이라 하고, 선을 개진하여 사악한 마음을 갖지 못하도록 하는 것을 '경(敬)'이라 하며, "우리 임금은 안 돼." 하고 단념하는 것을 '임금을 해친다.'고 하는 것이다.(『맹자』)

　이처럼 공손은 아랫사람이 윗사람에게 고분고분하기만 한 태도를 뜻하지 않는다. 그것은 진리와 도의를 공경히 받드는 올곧은 정신을 그 안에 내포하고 있다. 위아래를 막론하고 사람들은 일상의 어떤 자리에서나 진리와 도의를 공손히 받들어 실천해야 한다는 것이다. "현자를 만나볼 것"이 권장되는 이유가 여기에 있다. '현자'는 진리(도의)의 표상으로서 사람들은 어떤 일에서나 마음속으로 그에게 자문하지 않으면 안 되며, 때로는 '현자'를 찾아가 상의할 필요가 있다. 이러한 공손의 정신만이 삶을 '크게' 형통케 해 줄 것이다.

괘상卦象

바람이 잇따라 부는 모습이 〈손〉의 형상이다.
군자는 이를 보고서 사람들을 거듭 설득하여 일을 수행한다.
隨風 巽 君子 以 申命行事

〈손〉은 상하괘가 다 같이 바람의 상징을 갖는다. 군자는 이에 대해 바람이 잇따라 부드럽고 살갑게 초목 사이를 파고들어 그들의 생명을 고동시키는 모습을 연상한다. 그는 이러한 '바람의 정신'을 일상의 덕목으로 활용하려 한다. 이를테면 일을 수행함에 있어서 일방적인 명령과 강제로 사람들을 내몰려 하지 않는다. 그들을 부드럽게, 반복적으로 설득하여 그들의 동의와 신뢰를 얻어 내려 한다. 그것은 '풍교(風敎)'나 '풍화(風化)'와 같은 옛말에서 잘 드러난다. 덕행의 '바람[風]'으로 사람들을 가르치고[敎] 감화시키리라[化]는 것이다. 그러한 덕행의 힘을 '풍력(風力)'이라 하기도 한다.

우리의 전통 정서로 알려진 '신바람'도 이러한 '바람의 정신'의 한 유형일 수 있다. 지금은 아련한 추억으로만 남아 있지만, 옛날 농부들은 김매기나 가을걷이를 힘든 줄 모르고 그야말로 신바람 나게 했다. 그들에게 농사는 강요된 노동이거나 돈벌이의 수단에 불과한 것이 아니었다. 그것은 생명의 경작과 결실의 현장으로서, 그것 자체가 유쾌하고 보람된 삶의 과정이었다. 오늘날 이러한 '(신)바람의 정신'이 사라졌다는 사실은 우리의 삶이 매우 따분하고 피곤함을 반증할 것이다. 이제 우리는 생활의 각 방면에서 '신바람'의 창조적 계승 방안을 모색해 볼 필요가 있다. '손'의 정신은 우리에게 그 편린을 제공한다.

효사爻辭

初六
앞으로 나섰다 뒤로 물러났다 하는구나.
무인처럼 굳센 정신을 가져야 한다.
進退 利武人之貞

초육(初六)이 음효로 하괘 '손'의 제일 아랫자리에 있으므로 지나치게 공손한 성품을 갖고 있다. 그래서 그는 매사에 자신감을 갖지 못하고 "앞으로 나섰다 뒤로 물러났다 하면서" 갈팡질팡한다. 그에게 "무인처럼 굳센 정신"이 필요한 이유이다. '무인의 정신'은 초효가 양의 자리라는 점에 입각한 것이다.

세상에 아첨하는 '향원'의 경우는 말할 것도 없고, 공손한 태도가 무조건 좋기만 한 것은 아니다. 그것은 자신의 무지와 무능을 감추기 위한 속셈을 갖는 경우도 많다. 그러한 사람일수록 지나치게 공손하게 나섬으로써 남들의 인정을 받으려 한다. 하지만 그러다 보면 정작 본인은 삶의 주인공이 되지 못하고 남들과 세상에 끌려 다니며 "앞으로 나섰다 뒤로 물러났다" 하기만 할 것이다. 공자는 말한다. "앞으로 나섰다 뒤로 물러났다 하는 것은 삶의 정신이 흔들리기 때문이다.〔進退 志疑也〕"(「상전」) 확고한 삶의 정신(철학)을 갖지 못했기 때문에 갈팡질팡하며 세상에 영합하는 것이다.

그러므로 공손하면서도 "무인처럼 굳센 정신", 즉 흔들림 없는 삶의 정신을 갖지 않으면 안 된다. 물론 그것은 하루아침에 얻을 수 있는 일이 아니며, 평소 세계와 삶을 올바르게 성찰하면서 자아를 확립하는 수행의 노력을 통해서만 가능하다. 훌륭한 무인이 되기 위해서는 오랜 기간의 수련이 필요한 것처럼 말이다. 공자는 말한다. "무인처럼 굳센 정신은 수행을 통해서만 얻을 수 있다.〔利武人之貞 志治也〕"(「상전」) 이는 평소 공손한 성향의 사람들이 유념해야 할 내용이다. 공손은 처세술이 아니다. 따라서 부단한 수행을 통해 고매한 덕(인격)을 확립해야 한다.

九二
평상 아래 공손하게 무릎을 꿇고 있다.
점과 굿을 성대하게 치르니 복을 얻으리라.
허물될 일이 없다.
巽在牀下 用史巫紛若 吉 无咎

구이(九二)는 양효임에도 음의 자리에 낮게 처신하므로 성질에 걸맞지 않게 너무 공손한 태도를 보인다. 평상 위에서 편안하게 휴식을 취하지 못하고 "평상 아래 공손하게 무릎을 꿇고 있다."고 은유한 뜻이 여기에 있다. 하지만 그가 하괘의 가운데에 있으므로 그의 공손은 비굴함과 아부의 소산이 아니다. 그것은 신 앞에 무릎 꿇어 신과 교감하고자 하는 점쟁이나 무당의 공손한 모습과도 같다. 그러므로 복을 얻을지언정 "허물될 일이 없다."

흔히들 "과공비례(過恭非禮)"라 하지만, 지나친 공손이 반드시 나쁜 것만은 아니다. 그것은 누구 또는 무엇을 향한 것이냐에 따라 달라진다. 예컨대 권력이나 재물의 힘 앞에 공손한 태도는 설사 지나치지 않더라도 비굴한 모습을 면치 못한다. 하지만 신을 우러르며 그 앞에 무릎을 꿇는 공손은 아무리 심해도 지나치지 않을 것이다. 우리는 신의 전지전능 앞에서 무지와 무능을 자각하면서 조금이라도 오만불손한 마음을 가져서는 안 되기 때문이다.

그러므로 신명과 통하려는 점쟁이나 접신하는 무당의 공손하고 경건한 태도를 배울 필요가 있다. 온 세상을 신전으로 여기면서 신을 우러르듯 삶에 공손하고 경건하게 나서야 한다. 공자는 말한다. "점과 굿을 성대하게 치러 복을 받는 것은 그의 공손이 내면 깊은 곳에서 발로되기 때문이다.〔紛若之吉 得中也〕"(「상전」) 처세의 필요상 꾸미는 공손은 당연히 배격되어야 하지만, 신을 우러르듯 "내면 깊은 곳"에서 발로되는 공손은 일상의 삶에서 아무리 강조되어도 지나치지 않다.

九三
일그러진 얼굴로 공손하게 나서면서 굴욕을 느낀다.
頻巽 吝

구삼(九三)은 하괘의 제일 위에서 양효로 양의 자리에 있으므로 성질상 공손을 모르는 사람이다. 하지만 상괘, 특히 육사가 공손을 강요하는 상황이라서 그가 "일그러진 얼굴로 공손하게 나서면서 굴욕을 느낀다."

사람들에게 널리 알려져 있는 옛 고사 하나를 들어 보자. 중국 한나라의 창업 공신이었던 한신은 빈천한 출신으로 사람들의 천시와 냉대를 받으면서 자랐다. 어느 날 그는 불량배의 강요로 "가랑이 사이를 기어가는" 굴욕스러운 일을 겪는다. 그 순간 그의 얼굴은 틀림없이 '일그러졌을' 것이다. 하지만 당시 상황에서는 어쩔 수가 없었을 것이다. 훗날 사람들은 이를 일러 "과하지욕(跨下之辱)"이라는 고사로 만들었다.

그처럼 세상을 살아가는 동안 부득이 허리를 굽혀야 할 경우도 있다. 사람들은 그 순간 굴욕감을 느낄 것이다. 하지만 만약 그것이 도리에 크게 어긋나는 일이 아니라면, 얼굴을 일그러트리지 말고 유연하게 대응할 필요가 있다. 자존심의 문제라 하여 뻣뻣하게만 나설 일은 아니며, 자신(의 뜻)을 굽히고 펼치는 일을 자유롭고 유연하게, 즉 "능굴능신(能屈能伸)"해야 한다.

물론 이는 세상과 적당히 영합하라는 말이 아니다. 그 가운데에서도 흔들림 없는 소신과 철학을 가져야 한다. 무협 영화에서 취권의 권법이 겉으로는 제멋대로인 것처럼 보이지만, 자세히 들여다보면 중심의 흐트러짐이 조금도 없는 것처럼 말이다. 이에 반해 "일그러진 얼굴로 공손하게 나서는 굴욕은 삶의 정신이 빈곤한 데에서 생긴다.〔頻巽之吝 志窮也〕"(「상전」) 만약 "삶의 정신", 즉 소신과 철학이 깊은 사람이라면 "가랑이 사이를 기어가야 할" 부득이한 상황에서 얼굴을 일그러트리는 굴욕감을 느끼지 않을 것이다. 길을 가다가 뜻밖에 말 뒷발에 채였다고 인상을 쓰면서 남들 앞에서 창피해할 일은 아니지 않은가.

六四

후회할 것 없다.

사냥을 나가 세 종류의 짐승을 잡으리라.

悔亡 田獲三品

　육사(六四)는 위아래의 양효 사이에 끼어 있고, 또 하괘에서 (초육이 음효라서) 후원해 주는 자가 없기 때문에 후회스러운 일이 생길 법하다. 하지만 상괘의 제일 아래에서 (음효로서 음의) 제자리를 얻어 유순하게 처신하므로 "후회할 것 없다." '사냥' 운운한 것은 풍요한 결실을 은유한 것이다. "세 종류의 짐승"이란 제사용과 손님 접대용, 다른 사람들과 나눌 양식용을 말한다.

　공손의 정신은 오늘날 진취와 도전, 자신의 선전과 광고를 강조하는 세태에서는 쓸모없을 뿐만 아니라 아예 하나의 악덕처럼 여겨지기까지 한다. 남들보다 앞서도 살아가기가 쉽지 않은 터에 자신을 낮추고 남에게 양보만 하다 보면 세상에 나설 자리가 없을 것 같기 때문이다. 그리하여 그것은 이제 기껏해야 성직자들의 삶에서나 발견되는 유물이 되어 가는 경향이 있다.

　하지만 인간은 어떤 존재인지, 어떠한 것이 의미 있는 삶인지 곰곰이 생각해 볼 필요가 있다. 무엇이든 남보다 앞서, 그리고 많이 차지하려는 그악한 심사는 남들과 더불어 사는 삶의 기쁨을 결코 누릴 수 없다. 비유하자면 그것은 여럿이서 함께 사냥을 나갔는데 그중 한 사람이 사냥물을 독차지하여 동행자들은 아랑곳하지 않고 자신의 배만 불리

려는 태도나 마찬가지다. 남들과 서로 양보하고 함께 나누려 하지 않는
그의 행복은 과연 어떤 것일까?

우리는 성직자들이 공손의 정신으로 사는 깊은 뜻을 헤아려야 한다.
창조주인 신 앞에 공손히 무릎 꿇고, 한편으로는 만민과 만물에게 공
손하게 다가가 신의 뜻을 경건히 실천하려는 정신만큼 이 세상에 고결
하고 거룩한 일은 없다. 그러한 정신은 설사 자신이 세상살이에서 남들
보다 뒤진다 하더라도 결코 자신의 삶을 후회하지 않을 것이다. 아니
참삶의 기쁨을 얻을 것이다. 공자는 말한다. "사냥을 나가 세 종류의
짐승을 잡으니, 보람을 얻으리라.〔田獲三品 有功也〕"(「상전」) 즉 참다운
공손은 개인적 처세의 차원을 넘어 남들과 더불어 화해롭게 살게 해
주는 '보람'까지 일구어 낸다.

九五
올바른 정신을 지키면 기쁨을 얻을 것이요
후회 없이 만족할 것이다.
시작은 미미하지만 아름다운 끝을 보리라.
일을 변혁하기 사흘 전부터 사려 깊게 나서고,
그 사흘 뒤까지 주의를 기울이면 좋은 결과를 얻을 것이다.
貞 吉 悔亡 无不利 无初有終 先庚三日 後庚三日 吉

구오(九五)는 양효로서 강건한 성질을 갖고 있으므로 공손과는 거리
가 먼 사람처럼 보인다. 하지만 상괘의 가운데에 양의 자리에 올바르게

있으므로 오히려 건강한, 과불급 없는 공손의 정신을 갖고 있다. 그래서 "올바른 정신을 지키면 기쁨을 얻을 것이요, 후회 없이 만족할 것"이라고 했다. "시작은 미미하다."고 한 것은 강건한 성질로 인해 일의 출발이 순탄치 않음을, "아름다운 끝을 보리라."고 한 것은 건강한 공손의 결과를 말한 것이다. "변혁의 사흘 전후" 운운한 것은 일(의 변혁)에 임해서 취해야 할 자세를 은유한 것이다. 원문에서 (선후(先後)의) '경(庚)'은 원래 십간(十干, 甲乙丙丁戊己庚辛壬癸)의 하나로서, '변경(變更)'의 때를 함의한다. 십간의 순서상에서 살피면 "변혁하기 사흘 전"은 '정(丁)'인데, 이는 '정령(丁寧)'(사려 깊음)의 뜻을 함축한다. "변혁 사흘 뒤"는 '계(癸)'로서, '헤아린다(揆)'는 뜻을 갖는다. 이는 일을 변혁할 때에는 미리부터 숙고하고, 변혁한 뒤에도 주의를 기울여야 함을 은유한다.

이미 말한 것처럼 공손은 목전의 사태나 현실 상황에 다소곳이 순종하기만 하는 무기력한 태도를 뜻하지 않는다. 그러한 공손은 외형을 가장하여 자신의 허약함을 보호하기 위한 술책일 뿐이다. "올바른 (공손의) 정신"은 인격 존중과 생명 외경의 사상에서 발원하며, 이로부터 진리와 도의를 공경히 받들어 행하려 한다. 그러므로 그는 생명 부정적이고 불의무도한 사태 앞에서까지 고개를 숙이지 않으며, 오히려 그것을 과감하게 변혁하려 한다. 달리 말하면 올바른 공손의 정신은 생명을 창달하고 진리를 수호하려는, 강력하고도 진취적인 의지를 갖는다. 당연히 그는 그로써 "기쁨을 얻을 것이요, 후회 없이 만족한" 삶을 살 것이다. 공자는 말한다. "그 기쁨은 내면 깊은 곳의 올바른 정신에서 나온다.〔九五之吉 位正中也〕"(「상전」) "내면 깊은 곳"이란 인간 존재의 심층

또는 근원적인 생명 정신을 말한다.

다만 주의해야 할 점이 있다. 생명을 경시하고 진리를 부정하는 사회를 변혁하는 과정에서 성급한 마음을 가져서는 안 된다는 것이다. 생명의 창달과 진리의 확립은 하루아침에 될 수 있는 일이 아니다. 일의 "시작이 미미할" 수밖에 없는 이유가 여기에 있다. 그러므로 변혁을 도모하기 전부터 사려 깊은 태도를 가져야 한다. 그렇게 시작하여 사후에까지 주의 깊게 관리해 나가면 "아름다운 끝", "좋은 결과"를 얻을 것이다. 물론 이처럼 사려 깊고 주의 깊은 태도 역시 "올바른 정신"에서 나온다.

上九
평상 아래에 공손하게 무릎을 꿇고 있다.
갖고 있던 도끼를 스스로 버렸으니, 올바른 정신인가.
불행하다.
巽在牀下 喪其資斧 貞 凶

상구(上九)는 괘의 제일 위, 마지막 효이므로 윗자리에 있으면서 너무 지나치게 공손한 자다. 그래서 "평상 아래에 공손하게 무릎을 꿇고 있다."고 했다. "갖고 있던 도끼를 스스로 버렸다."고 한 것은 그가 (양효로서 '도끼'와도 같은) 강단진 성격을 버린 채 지나친 공손으로 현실에 비굴하게 아부하는 태도를 은유한 것이다. 중용의 정신을 지키는 구이와 다른 점이 여기에 있다.

부귀 권세의 높은 자리를 얻으면 이제 서서히 물러날 계책을 세울 필요가 있다. 그 자리를 계속 누리고 싶겠지만 그러한 유혹과 욕망을 강단진 결의로 단호하게 끊고 적절한 시점에 아름답게 물러나야 한다. 마치 도끼로 일거에 장작을 쪼개는 것과도 같이 말이다. 그렇지 않고 그 자리에 연연한다면 틀림없이 비굴하리만큼 공손하게 나서면서 온갖 추태를 보이게 될 것이다. 권력자가 앉아 있는 "평상 아래에 공손하게 무릎을 꿇고" 비굴하게 아첨하는 모습이 그 예다.

이는 물론 올바른 공손의 정신이 아니다. 그러한 태도는 마치 장작을 패는 사람이 "갖고 있던 도끼를 스스로 버려" 적 앞에서 자신의 목숨을 지킬 수 없는 것처럼, 남들의 인정과 존중을 받을 수 없을 것이다. 올바른 공손의 정신은 인간(생명)의 존엄성에 대한 자각 위에서 자신의 존재부터 경건히 돌보고 소중하게 지키는데, 그의 비굴한 공손은 부귀 권세를 위해 자신을 스스로 내팽개치기 때문이다. 그가 불행할 수밖에 없는 이유가 여기에 있다. 공자는 말한다. "평상 아래에 공손하게 무릎을 꿇고 앉아 있으니 궁색하기 그지없고, 갖고 있던 도끼를 스스로 버렸으니 정말 불행하다.〔巽在牀下 上窮也 喪其資斧 正乎凶也〕"(「상전」)

58. 기쁨의 나눔

태(兌)

공손한 사람은 남들의 의견을 경청하며 잘 받아들인다. 그러므로 그렇게 교류되는 사이는 서로에게 기쁨을 가져다줄 것이다. 두 사람이 서로 공경히 대면하여 대화를 나누는 모습을 한 번 상상해 보자. 이는 오만한 사람이 자기를 내세우고 남을 무시함으로써 자초할 수밖에 없을 갈등, 고통, 외로움과 잘 대조된다. 이처럼 공손으로 주고받는 기쁨을 공자는 다음과 같이 말한다. "'손(巽)'이란 받아들인다는 뜻이다. 사람들은 서로를 받아들일 때 기쁨을 알 것이다. 그래서 〈손(巽)〉에서 〈태(兌)〉로 이어졌다. '태'란 기뻐한다는 뜻이다.〔巽者 入也 入而後 說之 故受之以兌 兌者 說也〕"(「서괘전」) '태'는 원래 옥편상 기쁨〔悅〕의 뜻을 갖기도 한다.

기쁨에는 건전한 것과 그렇지 않은 것이 있다. 예컨대 자타 간 순수 인격의 교류를 통해 나누는 기쁨은 매우 고상하지만, 남을 지배하고 학대함으로써 얻는 기쁨은 병적이다. 식색(食色)의 욕망을 푸는 기쁨은 자연스러운 것이지만, 그것을 과다하게 추구하는 쾌락은 추하다. 그러면 기쁨의 건전성 여부를 헤아릴 기준은 무엇일까? 아마도 생명 정신에서 찾을 수 있을 것이다. 자타의 생명을 진작하고 창달하는 기쁨은 건전하며, 반대로 생명을 억압하고 파괴하는 기쁨은 불건전함을 넘어서 악질적이다. 〈태〉괘의 주제는 이러한 문제의식 속에서 전개된다.

이를 괘 안에서 살펴보자. 먼저 이 괘는 상하괘가 '태(兌)'☱로 중첩되어 있는데, 그것은 연못을 상징으로 갖는다. 연못은 주변의 초목과 동물에게 물을 제공하여 그들에게 생명의 활력과 기쁨을 준다. 공자는 '태'의 연못에 관해 다음과 같이 말한다. "만물에게 기쁨을 주는 것으로는 연못만 한 것이 없다.〔說萬物者 莫說乎澤〕"(「설괘전」) 게다가 후술하는 것처럼 연못들은 서로 연결되어 물을 주고받으면서 가뭄에도 그 본연의 기능을 행사한다. 그처럼 연못은 만물에게 기쁨을 주며, 연못들이 서로 '기쁨'을 나눈다. 그것은 생명을 창달시켜 주는 기쁨이다.

한편 8괘상 '태(兌)'☱는 두 개의 양이 하나의 음 아래에 놓여 있다. 이는 양이 성질상 위로 오르고 음이 아래로 내려오면서 서로 화합하는 기쁨을 나눈다는 은유를 갖는다. 그 기쁨은 남녀의 결합 같은 단순히 감각적이고 표피적인 것이 아니다. 그것은 생명 창달의 성질을 띠고 있는 만큼 인간 존재의 심층에서 우러나오는 고상한 것이다. 이를테면 사랑하는 두 사람이 인격이나 영혼의 교류를 통해 얻는 기쁨 같은 것이다. 그것이 바로 올바른 기쁨의 정신이다.

괘사卦辭

기쁨을 나누면 기쁨이 배가되리라.

올바른 정신을 가져야 한다.

兌 亨 利貞

   자기 혼자서 누리는 기쁨은 쓸쓸하고 또 가볍다. 수전노가 고액의 은행 통장을 바라보면서 느끼는 기쁨이 그 한 예다. 이에 반해 남들과 함께 나누는 기쁨은 그만큼 커진다. 미국에서 학자들이 이러한 실험을 한 일이 있다고 한다. 여러 사람들에게 얼마만큼의 돈을 주고서 그것을 마음대로 쓰게 한 뒤에 소감을 물었다. 그랬더니 두 유형의 흥미로운 반응이 나왔다. 자신의 옷가지나 음식을 위해 돈을 쓴 사람들은 그 기쁨이 잠깐에 불과했는데, 그것으로 자선 행위를 한 사람들은 그 기쁨이 오래 지속되더라는 것이다.

   이는 참다운 삶의 기쁨이 어떠한 것인지 시사해 준다. 자신에게 기쁨을 주는 일이라 해서 무턱대고 그것을 뒤쫓아서는 안 된다. 기쁨이 자기만의 것인가, 아니면 남들과 함께 나누려는 것인가를 곰곰이 생각해야 한다. "안으로는 건전한 마음에 밖으로는 온유한 태도로 기쁨을 나누는 올바른 정신을 가져야 한다.〔剛中而柔外 說以利貞〕"(「단전」) 즉 기쁨을 독점하려는 불건전한 마음과 자타 대립의 거친 태도를 가져서는 안 된다. 세상을 향해 열린 마음과 자타 간 화해로운 태도로 남들과 함께 기쁨을 나누어야 한다. 그것이 기쁨의 자리에서 요구되는 '올바른 정신'이다.

   공자는 이를 정치의 영역에서 다음과 같이 예시한다. "통치자가 하늘의 뜻을 따르고 백성들의 마음을 헤아려 그들을 기쁨의 길로 인도하면 그들은 생활의 고단함을 잊을 것이요, 국난의 위기 속에서도 기꺼이 목숨을 바치려 할 것이다. 기쁨의 큰 힘은 백성들에게 희망과 용기를 주는 데 있다.〔順乎天而應乎人 說以先民 民忘其勞 說以犯難 民忘其死 說之大 民勸矣哉〕"(「단전」) 여기에서 "하늘의 뜻"이란 만물에게 조건 없이 생명의 기쁨을 주는 자연의 섭리를 말한다. 통치자는 권력욕이나 명예 의식 등 사사로운 욕심을 버리고 오직 국민의 행복(기쁨)을 위해서 봉사해야 한다는 것이다. 그 행복은 물질적인 것에 그치지 않는다. 통치자는 사람들에게 희망과 용기를 주어 그들이 각자 삶을 만족스럽게 성취하도록 해 주어야 한다.

괘상卦象

연못들이 서로 연결되어 있는 모습이 〈태〉의 형상이다.
군자는 이를 보고서 벗들과 함께 학문을 강론하고 또 익힌다.
麗澤 兌 君子 以 朋友講習

여기에서 "연못들이 서로 연결되어" 물을 주고받는 통로는 물줄기나 관개수로가 아니다. 지표면상에서 살피면 그럴 가능성은 별로 없다. 하지만 지하로 내려가 들여다보면 이야기가 달라진다. 연못(저수지, 호수, 습지)들은 거미줄과도 같은 크고 작은 수맥들을 통해 서로 연결되어 물을 주고받는다. 그것들은 그렇게 서로 도움을 주면서 자연의 생태 활동에 참여하여 일익을 담당한다.

군자는 이러한 모습을 상상하면서 되돌아 자신을 성찰한다. 그는 자신의 학문(인격과 도덕)의 '연못'을 어떻게 하면 풍요롭게 할 수 있을지 생각에 잠긴다. 그는 거기에서 벗들과의 학문적 교류에 마음을 모은다. 연못들이 물을 주고받으면서 서로 도와주고 지탱해 주는 것처럼 벗과의 교류는 나의 학문을 향상시켜 줄 소중한 계기이기 때문이다. 당연히 그것은 나에게 고상한 기쁨을 안겨 줄 것이다. 공자가 "배우고 때로 익히면 그 또한 기쁘지 않은가.〔學而時習之 不亦說乎〕" 하고는, 이어 "벗이 멀리서 찾아온다면 그 또한 즐겁지 않은가.〔有朋自遠方來 不亦樂乎〕"(『논어』) 하고 말한 것도 이러한 뜻에서였다. 이 '즐거움'은 만남 자체에서 주어지는 것이 아니다. 거기에는 "배우고 때로 익힌" 내용을 주고받는 학문적 교류의 희열이 담겨 있다. "선비가 벗과 사흘만 헤어져도 눈을 비비고 서로 기다리는〔士別三日 刮目相待〕" 것도 그와 같은 기쁨을 기대해서다.

우리는 여기에서 '벗'을 굳이 동년배의 사람들로 국한할 필요가 없다. 신분과 연령의 고하를 막론하고, 아니 시공을 초월해서 글을 통해 학문과 인격을 교류할 수 있는 사람이면 모두 벗이 될 수 있다. 옛글은 말한다. "뜻을 함께하는 사람을 벗이라 한다.〔同志曰友〕" 이이는 아예 다음과 같이 말한다. "벗이란 도를 벗하는 것이다."(『율곡전서』) 진리의 정신으로 벗을 만나며, 친구의 진리 정신을 벗한다는 것이다.

맹자가 벗의 도리로 '책선(責善)'을 강조한 것도 이러한 뜻에서였다. 벗에게 올바른 삶을 권장(조언, 충고)하고 그릇된 행동을 책망해야 한다는 것이다. 이황은 한 제자에게 말한다. "잘못이 있을 경우에는 당연히 서로 바로잡아 주고 꾸짖어 주어서 잘못을 적게 갖도록 하는 것이 벗의 도리입니다. 친구 간에 적당히 봐 주면서 서로를 저버리는 것은 옳지 않습니다." 이는 제자들이 선생의 글 가운데 잘못된 점을 지적해 주지 않은 것에 서운한 마음을 토로한 글이다. 그는 그렇게 제자들 앞에

서 스승을 자처하지 않고 그들을 벗으로 여겼다. 주희가 한 제자에게
보낸 편지를 읽어 보자.

　(전략) 지난날에는 그래도 장경부(張敬夫)와 여백공(呂伯恭)이 때때로
고맙게도 충고해 주어서 나 자신을 경각시킬 수 있었습니다. 그런데 두
벗이 세상을 떠나고 말아 그러한 충고의 말들을 더 이상 들을 수가 없으
니, 공부의 답보와 태만이 어찌 이 지경으로 되지 않겠습니까. 이제 우
리 자징(子澄, 제자 유청지(劉淸之)의 자)에게 깊이 바라노니, 앞으로 편
지를 통해 통렬하게 일깨워 주십시오. "군자는 사람들을 덕으로 사랑한
다."는 뜻이 바로 거기에 있을 것입니다.(『주자서절요』)

　"군자는 사람들을 덕으로 사랑한다.〔君子之愛人也 以德〕"는 말은 『예
기』의 글이다. 이는 다음과 같이 이어진다. "소인은 고식적으로 사랑한
다.〔細人之愛人也 以姑息〕" 여기에서 '고식적'이란 표피적 감정에 만족하
고 습관화된 사랑에 안주하는 태도를 형용하는 말이다. 그동안 사랑하
고 교유해 온 것처럼 앞으로도 관성적으로 그렇게 지내는 것이다. 여기
에는 사랑과 교유를 더욱, 매일같이 새롭게 하려는 향상의 의지가 없으
며, 그리하여 권태가 뒤따를 수밖에 없다. 사실 이것이 우리 일상인들
의 사랑과 교제의 방식이다.
　이에 반해 군자의 사랑은 '덕'을 근간으로 한다. '덕'은 오늘날의 어법
으로 말하면 인격과 영혼을 뜻한다. 말하자면 자타 간 교류를 통해 고
결한 인격과 맑은 영혼의 세계에 함께 들고자 하는 것이 군자의 사랑이
다. 그러므로 소인의 '고식적인' 그것과 달리, '덕'으로 하는 군자의 사

랑은 갈수록 깊어가면서도 풋풋한 마음이 작용한다. 그것은 자아를 닦고 가꾸는 '수양'의 학문에서부터 시작된다. '벗들과 함께 학문을 강론하고 또 익히는' 기쁨이 여기에서 자연스럽게 우러나올 것이다.

효사爻辭

初九
화해롭게 기쁨을 나누니
삶의 행복을 누리리라.
和兌 吉

초구(初九)는 양효로서 강건하지만 제일 아랫자리에서 겸손하게 처신하므로, 그가 내면의 깊은 인격으로 사람들과 교류하는 기쁨은 오만하지 않으며 건전하다. 또한 그는 상괘(의 구사)와 음양으로 호응하지 않으므로, 편협하게 일부의 사람들하고만 사귀지 않고 열린 마음으로 모든 사람들과 '화해롭게' 교류의 기쁨을 나눈다.

참다운 기쁨은 내면의 깊은 인격에서만 나온다. 부귀공명과 같이 바깥 조건을 기다려서 얻는 기쁨은 허약하기 그지없다. 그것들은 득실이 무상하여 한순간에 잃어버릴 수도 있기 때문이다. "군자가 벗들과 함께 학문을 강론하고 또 익히는" 것을 큰 기쁨으로 여기는 까닭도 여기에 있다. 진리와 도의(사랑, 의로움)의 함양과 실천을 목표로 하는 학문의 교류만큼 서로에게 기쁨을 주는 것은 없기 때문이다. 이 '학문'은 오늘날처럼 전문적이고 직업적인 것이 아니다. 군자의 학문은 "참자아의 완성과 타자의 성취[成己成物]"를 목표로 하는 실천적 인간학이었다.

남들과 나누는 기쁨은 오만한 마음속에서는 결코 생겨나지 않는다. 만약 어떤 사람이 교제의 자리에서 상대방을 낮추어 보고 무시하면서 그것으로 기쁨을 얻는다면 그는 가학 증상의 정신병자와 다름없다. 한편 출세나 사업의 성공을 위해, 즉 처세의 필요에서 남들과 교제하는 기쁨은 가볍기 짝이 없다. 그러한 교제는 계산적이며, 상호 간 이해관계가 다하면 이내 끝나고 말 것이다.

참다운 기쁨은 자타 간 상호 존중의 정신 위에서 인격을 교류함으로써만 얻어질 수 있다. "화해롭게 기쁨을 나누는" 모습이 여기에서 드러난다. 그는 자신의 지식이나 사회적 지위 같은 것을 앞세우지 않고, 현실적 이해득실의 타산을 떠나 사람들을 순수하게 대면한다. 참다운 교류의 기쁨과 삶의 행복이 여기에서 생겨난다. 공자는 말한다. "화해로운 기쁨과 삶의 행복은 진실한 마음에서 나온다.[和兌之吉 行未疑也]"(「상전」) '진실함'이란 사람들과 교류하는 데 아무런 가식도 없이 순수 인격으로 나섬을 뜻한다. 만약 이에 대해 일말이라도 의심을 갖는다면 그들은 결코 기쁨과 행복을 얻을 수 없을 것이다.

九二
진실하게 기쁨을 나누면 삶의 행복을 누릴 것이요
후회 없으리라.

孚兌 吉 悔亡

구이(九二)는 육삼 바로 아래에 있다. 그는 (음효로 양의 자리에 잘못 있는) 육삼으로부터 불건전한 기쁨의 유혹을 받고 있다. 만약 그가 잠시라도 마음을 놓아 육삼의 유혹에 끌리면 '후회스러운' 일을 겪게 될 것이다. 그러므로 그는 (양효로서 하괘의 가운데에서) 굳게 중심을 지켜 기쁨의 자리에 '진실하게' 나서지 않으면 안 된다.

공자는 이런 말을 한 적이 있다. "군자를 섬기기는 쉽지만 그를 기쁘게 하기는 어렵다. 그는 도리에서 벗어난 일에 대해서는 기뻐하지 않기 때문이다. 소인을 섬기기는 어렵지만 기쁘게 하기는 쉽다. 그는 도리에서 벗어난 일이라도 기뻐하기 때문이다."(『논어』) 어째서 아랫사람들이 군자를 섬기기 쉬울까? 그의 마음이 너그럽고 도량이 넓기 때문이다. 이에 반해 소인은 속이 좁고 까다롭지만 비위를 잘 맞추면 그를 기쁘게 하기 쉽다. 하지만 그는 변덕이 심하기 때문에 섬기기가 어렵다.

군자가 아랫사람들로부터 섬김 받는 것 자체를 기뻐하는 것은 물론 아니다. 원래 군자는 올바른 삶의 정신을 중요시하는 만큼 거기에서만 기쁨을 얻는다. 그는 도리에서 벗어난 기쁨의 유혹을 단호하게 거절한다. 공자는 말한다. "진실한 기쁨과 삶의 행복은 올바른 정신을 성실하게 추구하는 데에서 나온다.〔孚兌之吉 信志也〕"(「상전」) 이에 반해 소인은 "올바른 정신"과는 무관하게 기쁨 자체를 추구하므로, 설사 도리에 어긋난 일이라도 그것이 자신에게 기쁨을 준다면 마다하지 않는다. 되돌아서 한 번 생각해 보자. 내가 일상에서 추구하는 각종의 기쁨은 군자적인 것인가, 아니면 소인적인 것인가?

六三
불건전한 기쁨을 추구하니
불행하다.
來兌 凶

육삼(六三)은 음효로 양의 자리에 잘못 있어서 올바르지 못한 성격을 갖고 있는 데다가, 위아래의 양효들에게 눈독을 들이고 있다. 말하자면 음란한 여자다. 그는 자신의 내면은 가꾸려 하지 않고 밖으로 기쁨만 찾아다닌다. 그래서 "불행하다."

우리는 일상생활 속에서 불건전한 쾌락의 유혹을 수시로 받는다. 아니 오늘날 상업 문명이 각종의 욕망을 한없이 조장하고, 나아가 조작하기까지 하는 사회에서 우리는 육체적, 물질적인 쾌락을 제일가치로 숭상하면서 쫓아다니고 있다. 이 시대의 사회 및 생활 구조상 그것을 거부하기란 여간 어려운 일이 아니다. 그것을 거부하면 남들과 어울리는 것, 아니 사는 것 자체를 포기해야 할지도 모른다는 불안과 두려움이 들기까지 한다. 일상생활에서 모든 만남의 자리와 대화의 주제가 그러한 쾌락거리로 거의 채워지고 있기 때문이다.

하지만 밖으로 쾌락거리만을 찾아다니다가 문득 내면으로 돌아와 보면 우리는 허전한 마음을 금치 못한다. 흥분과 욕망의 만족은 잠시일 뿐, 그 끝에는 아무것도 남는 것이 없기 때문이다. 그것은 마치 친구들과 거나하고 왁자지껄하게 술을 마신 다음 날 아침의 허전한 기분과도 같을 것이다. 바로 이것이 우리 삶의 실상이 아닐까? 이 시대의 상업 문명은 그렇게 사람들을 달콤한 쾌락거리로 중독시켜 "참을 수 없는 존재의 가벼움"으로 내몰고 있다.

그러므로 이제라도 사방에서 유혹하는 온갖 기쁨(쾌락)의 환상에서 벗어나야만 한다. 그것이 불행의 요인이라는 사실을 깊이 자각하지 않으면 안 된다. 공자는 말한다. "기쁨을 쫓는 불행은 삶의 자리를 잘못 잡았기 때문이다.〔來兌之凶 位不當也〕"(「상전」) 참다운 기쁨(행복)은 그러한 바깥 것들이 아니라 내면의 깊은 자리, 즉 인격(영혼)에서만 피어오른다. "삶의 자리"를 바로 거기에 정초해야 한다. 그러한 성찰과 노력이 없으면 삶은 불행을 벗어나지 못할 것이다.

九四
기쁨 앞에서 마음이 혼란스럽구나.
건전한 기쁨을 추구하고 불건전한 것을 멀리하면
삶의 환희를 얻으리라.
商兌 未寧 介疾 有喜

구사(九四)는 위로는 양효인 구오를 받들고 있고, 아래로는 음효인 육삼을 올라타고 있다. 그리하여 그는 구오를 따를 것인지, 아니면 육삼을 즐길 것인지 결정하지 못해 "마음이 혼란스럽다." 구오는 "건전한 기쁨"

이요 육삼은 "불건전한 것"이다.

기쁨은 종류를 막론하고 기본적으로 사람들에게 만족스럽고 달콤한 기분을 준다. 사람들이 칭찬과 아부에 약한 것도 그것이 그들을 기분 좋게 해 주기 때문이다. 하지만 칭찬과 아부에 현혹되면 일을 그르친다는 사실은 누구나 잘 알고 있다. 기쁨도 마찬가지다. 어떤 사람이 나를 기쁘게 해 준다 해서 무조건 그를 믿거나, 어떤 일이 기쁨을 준다 해서 경솔하게 그것을 추구해서는 안 된다.

그러므로 평소 일상생활에서 내 앞의 기쁨이 과연 어떤 성질의 것인지 깊이 생각해 보아야 한다. 불건전한 기쁨을 쫓으려 해서는 안 된다. 건전한 기쁨의 추구 속에서만 삶의 환희가 주어질 것이다. 그 기쁨과 환희는 나 자신만의 것으로 그치지 않고 다른 사람들에게까지 자연스럽게 파급되어 나가기도 할 것이다. 웃음이 전염되는 것처럼, "배우고 때로 익히는" 삶의 기쁨과 환희가 멀리에 있는 사람들을 '벗'으로 끌어들이는 것처럼 말이다. 공자는 말한다. "건전한 기쁨과 삶의 환희가 사람들에게도 파급될 것이다.〔九四之喜 有慶也〕"(「상전」)

九五
파멸적인 기쁨에 빠지면
삶이 위태로우리라.
孚于剝 有厲

구오(九五)는 상괘의 가운데 양효로 양의 높은 자리에 올바로 있으므로 당연히 건전한 기쁨을 추구할 사람처럼 보인다. 하지만 위에서 음효로서 불건전한 기쁨만 찾는 상육이 가까이에서 그를 유혹하고 '파멸'시키려 하기 때문에 위와 같이 경계의 말을 했다.

"파멸적인 기쁨"이란 불건전함을 넘어서 자신의 존재(생명)를 파괴하기까지 하는 것을 말한다. 모든 불건전한 기쁨이 파멸적인 요소를 갖고 있기는 하지만, 사소한 것들이 누적되면서 실제로 파멸의 지경에 이르거나, 생명에 직접적인 위해를 끼치기까지 할 것이다. 그것은 그야말로 병적인 쾌락이다. 이의 극단적인 예로 마약 중독자를 들 수 있다.

그뿐만이 아니다. 어느 분야에서든 아랫사람들의 고통은 헤아려 보려 하지 않고 자신의 힘을 과시하기 좋아하는 윗사람들 역시 "파멸적인 기쁨"의 소유자다. 그들이 행사하는 힘이 아랫사람들의 삶을 파괴한다는 점에서, 그것이 결국은 그들의 존재(자리)까지 무너트리고 만다는 점에서 그 기쁨은 '파멸적'이다. 독재자들의 말로가 이를 잘 실증한다.

어쩌면 사람들은 윗자리에 오르면 누구나 다소간 그러한 기쁨의 유혹을 받을 것이다. 그러므로 윗사람은 항상 경계해야 한다. 자신은 그럴 리가 없다고 자만하며 방심해서는 안 된다. "파멸적인 기쁨"은 결코 파멸성을 전면에 드러내지 않고 그의 감각과 생각 속에 부드럽게, 서서히 파고들어 정신을 흐리게 만들고 삶을 파멸시킨다. 공자는 말한다. "파멸적인 기쁨에 빠지는 것은 그가 바로 그러한 자리에 있기 때문이다.〔孚于剝 位正當也〕"(「상전」)

다른 예를 들어 보자. 오늘날 대중은 사방에서 홍수처럼 밀려드는,

현란하고도 교묘한 광고들에 끊임없이, 알게 모르게 현혹당한다. 그것들은 기쁨과 행복을 미끼로 삼는다. "이것은 당신에게 기쁨을 줄 것"이라고 유혹하면서 "소비자가 왕"이라고 치켜세운다. 하지만 이는 오히려 사람들을 소비와 쾌락의 노예로 만들기 위한 책략일 뿐이다. 그들은 이러한 음모를 간파하지 못하고 쾌락적 소비 생활 속에서 자신의 삶을 파멸시켜 가고 있다. "파멸적인 기쁨"에 빠져들고 있는 것이다. 되돌아 살펴보자. 나는 일상생활 속에서 자신의 생명을 진작시키고 자아(존재)를 향상시켜 주는 창조적인 기쁨을 얼마나 추구하고 있는가.

上六
기쁨에 끌려다니는구나.
引兌

상육(上六)은 〈태〉괘의 주효이요 마지막 음효이므로 기쁨을 자제할 줄 모르고 끝까지 추구하는 자다. 그는 육삼처럼 기쁨을 찾아다니는 정도를 넘어서 아예 기쁨에 "끌려다닌다."

『예기』에 이런 말이 있다. "오만함을 키워서는 안 되며, 욕심을 쫓아서는 안 되며, 뜻을 자만해서는 안 되며, 즐거움을 끝까지 추구해서는 안 된다.〔敖不可長, 欲不可從, 志不可滿, 樂不可極〕" 즐거움을 끝까지 추구하면 결국 비애를 맛볼 수밖에 없는 것이 정한 이치이기 때문이다. 학자들은 이에 입각하여 '쾌락주의의 역설'을 말한다.

대학 축제에서 매년 목격되는 현상이 있다. 축제가 끝난 다음 날에도 휴지들이 뒹구는 텅 빈 운동장 한 구석에서 소수의 학생들이 노래를 부르며 노는 모습이다. 아쉽고 허전한 마음을 그렇게 달래는 것이다. 향락의 잔상을 뒤쫓는 그들을 보면 애잔한 마음이 든다. 또 다른 예가 있다. 늙어서까지 젊은 기쁨을 되찾으려고 얼굴을 갖가지로 꾸미며 안달하는 일부 노인들의 모습이다. 인생은 시기에 따라 누릴 수 있는 제가끔의 기쁨이 있을 텐데 그들은 그것을 생각해 보지 않는다. 나이가 들면 세상과 삶을 관조하는 기쁨을 누릴 법도 하건만, 그들은 오직 젊은이들처럼 화려하고 자극적이며 외형적인 기쁨만 찾으려 한다. 그들의 뒷모습이 쓸쓸해 보인다.

정확하게 말하면 학생들이나 노인들이나 모두 기쁨을 추구하는 것이 아니다. 그들은 기쁨의 노예가 되어 기쁨에 끌려다니고 있다. 기쁨도 절제 속에서만 아름다운 여운을 갖는다는 사실을 모른 채 말이다. 결국 그들은 비애와 공허함을 면할 수 없을 것이다. 공자는 말한다. "기쁨에 끌려다니니 빛을 잃었구나.〔上六引兌 未光也〕"(「상전」) 참다운 기쁨은 내면으로 인격과 영혼의 '빛'을 밝히는 노력 속에서만 생겨날 수 있는데 말이다.

59. 삶의 흐트러짐과 수습

환(渙)

속담은 말한다. "한번 웃으면 한번 젊어지고, 한번 화내면 한번 늙는다.〔一笑一少 一怒一老〕" 웃음이 만병의 근원인 스트레스를 풀어 주고 활력을 강화시켜 주는 효과를 갖고 있음을 옛 사람들은 알고 있었던 것이다. 오늘날 '웃음 치료사'라고 하는 전문 직업인까지 있는 것을 보면, 웃음은 질병의 현장에서까지 생명 회복(제고)의 힘을 갖고 있는 것이 확실하다.

그런데 어째서 웃음이 스트레스를 풀어 줄까? 그것은 웃음을 자아내는 기쁜 마음 때문이다. 마음속에 맺혀 자신을 억누르는 어두운 감정과 생각이 기쁨 앞에서 한순간 해소되는 것이다. 그러므로 중요한 것은 웃음 자체가 아니라 기쁨이다. 설령 웃음을 짓지 않더라도 기쁜 마음으로 생활에 임하면 누구나 젊어지고 건강해질 수 있다. 전문가들이 긍정적이고 낙관적인 사고방식을 강조하는 것도 이 때문이다.

웃음 이야기를 좀 더 해 보자. 부처님은 보일 듯 말 듯 고요한 미소를 짓는다. 불상의 조각가들은 웃음을 왜 그렇게 처리했을까? 부처님의 기쁨은 일반인들의 기쁨과는 차원이 다르기 때문이다. 사람들은 농담이나 소망의 성취를 통해 기쁨과 웃음을 얻지만, 부처님은 진리의 근원적 깨달음 속에서 기쁨이 번져 나온다. 그러므로 전자는 지극히 일시적인 것으로서 이내 괴로움과 고통의 세계로 다시 빠져드는 데 반해, 부처님의 기쁨은 생로병사의 고해를 초월하여 영원하다. 부처님의 미소가 그러한 까닭이 여기에 있다. 이처럼 기쁨과 웃음에도 차원의 고저가 있는 만큼, 우리는 무조건 웃음거리만 찾아다니려 하지 말고 고차원의 것을 추구할 필요가 있다.

아무튼 기쁨은 심신의 긴장을 풀어 준다. 공자는 이러한 이치를 괘의 순서와 관련하여 다음과 같이 말한다. "'태(兌)'란 기뻐한다는 뜻이다. 기쁨을 느끼면 마음이 흩어진다. 그래서 〈태〉에서 〈환(渙)〉으로 이어졌다. '환'이란 흩어진다는 뜻이다.〔兌者 說也 說而後 散之 故受之以渙 渙者 離也〕"(「서괘전」) 여기에서 '흩어진다'는 말은 긍정과 부정의 양면적인 의미를 갖는다. 그것은 긍정적으로는 긴장의 이완을 뜻하며, 부정적으로는 지나친 이완으로 인해 마음이 산만하고 흐트러지며, 심지어 문란한 상태까지 함의한다.

이는 긴장의 이완이 항상 좋은 것만은 아님을 암시한다. 방심하면 자칫 일에 대한 주의력과 집중력이 흐트러질 수도 있다. 사실 아무리 "일소일소(一笑一少)"라 하지만 마냥 웃으면서 살 수만은 없는 것이 엄연한 현실이다. 우리의 삶은 갖가지 위해 요소로 둘러싸여 있기 때문이다. 그러므로 생존상에서나 과업의 성취를 위해 적당한 정도로 긴장하지 않으면 안 된다. 이를 위해 기쁨의 자리에서나, 긴장 이완의 때에 그것이 도를 넘어서는지 여부를 자성할 필요가 있다.

이를 괘 안에서 살펴보자. 상괘 '손(巽)' ☴과 하괘 '감(坎)' ☵은 각각 바람과 물의 상징을 갖는다. 이를 조합하면 바람이 불어 물결이 흐트러지는 영상이 나타난다. 바람은 수표면을 흔들어 물에 산소를 공급함으로써 부영양화를 방지해 준다. 때로 태풍은 물을 뒤집어 여름철의 녹조를 해소시키기도 한다. 하지만 우리가 기상 이변에서 보는 것처럼 그것도 너무 심하면 사람들이나 다른 생물들에게 해악을 끼칠 수도 있다. 삶도 마찬가지다. 일상에서 수시로 겪는 것처럼 우리는 기쁨이나 즐거움의 '바람'에 심신이 고무되기도 하지만, 때로는 그것이 지나쳐서 흐트러지고 혼란에 빠지기까지 한다. 〈환〉괘는 이러한 문제의식 속에서 삶의 흐트러짐과 수습을 주제로 내놓는다.

괘사卦辭

흐트러진 심신을 수습하면 삶의 성공을 거두리라.
임금이 종묘에 제사를 지내듯이
큰 강물을 건너듯이 해야 하며
올바른 정신을 가져야 한다.
渙 亨 王假有廟 利涉大川 利貞

흐트러진 마음속에서는 어떤 일도 뜻대로 형통할 수 없다. 그러므로 일에 임해서 먼저 마음을 수습하여 그 일에 집중하지 않으면 안 된다. 이를 위해 제사의 정신을 되살릴 필요가 있다. 과거에 선비들은 제사를 지내기에 앞서 며칠 전부터 몸과 마음을 수습하고 정갈하게 간수했다. 예를 들면 술을 삼가고, 부인 방에 들어가지 않으며, 부정 타는 일을 하지 않았다. (이를 '산재(散齋)', '치재(致齋)'라 한다.) 흐트러진 마음으로는 선조의 신명과 교감 소통할 수 없다는 생각에서였다. 이와 같은 제사의 정신을 선비들은 일상생활에까지 연장했다. 이황의 표현을 빌리면, "일을 할 때에는 마치 제사를 받들듯이 해야 한다.〔承事如祭〕"(『퇴계전서』)는 것이다. "큰 강물"의 비유에 담긴 뜻도 여기에 있다. 강물을 건너듯 신중하고 조심성 있게 일(삶)에 나서야 한다는 것이다.

제사의 정신은 대소 조직의 지도자가 구성원들을 이끌어 나가는 자리에서도 그대로 타당하다. 옛날의 임금을 예로 들어 보자. 〈췌〉괘(괘사)에서 말한 것처럼, 종묘의 제사는 신하들과 백성들을 결속시키는 중요한 역할을 했다. 종묘는 나라의 정신적 상징이요 중심 자리였다. 그러므로 민심이 흐트러졌을 경우 임금은 종묘의 제사를 통해 그들을 다시 결집하려 했다. 그 밖에 그는 거친 물결을 항해하는 배의 선장처럼 흐트러진 민심의 물결을 잠재울 여러 방안을 모색했다. 위대한 지도자는 그렇게 민심의 흐름을 예의 주시하면서 마치 선장이 "큰 강물을 건너듯"(한 나라의 배를 몰아) 조심스럽게 사람들을 이끌어 나간다. 공자는 말한다. "임금이 종묘에 제사를 지내듯이 정사에 임하면 나라의 중심이 잡힐 것이요, 큰 강물을 건너듯 하면 민생을 제도(濟度)하는 공을 이룰 것이다.〔王假有廟 王乃在中也 利涉大川 乘木 有功也〕"(「단전」)

개인적으로나 사회적으로나 흐트러진 생활을 수습하는 데 유념해야 할 일이 있다. '올바른 정신'을 가져야 한다는 것이다. 그릇된 정신으로는 결코 생활을 수습하고 바로세울 수 없다. 예컨대 물질(경제) 가치에 집중하는 것은 "올바른 정신"이 아니다. 만약 그것을 삶이나 사회의 중심 가치(지도 이념)로 세우면 사람들은 각자 그것만 뒤쫓으면서 이리저리 흐트러질 것이다. 오늘날 자본주의 사회에서 사람들이 정신의 혼란과 삶의 방황을 면치 못하는 까닭도 여기에 있다. 『대학』은 말한다. "덕이 근본이요 물질은 이차적인 것이다. 만약 위정자가 근본을 외면하고 이차적인 것을 중요시한다면, 그것은 백성을 다투게 만들고 그들에게 약탈을 가르치는 것이나 마찬가지다."

"올바른 정신"의 소재지는 바로 이 '덕(德)', 즉 인격 가치에 있다. 삶과 사회를 결속하고 건강하게 해 줄 힘은 물질 가치가 아니다. 권력이나 재물과 같이 외재적이고 비인간적인 힘들은 우리의 마음을 더욱 흐트러트릴 뿐이다. 그러므로 세상의 어떤 것에도 흔들리거나 흐트러지지 않을 존엄한 인격과 고결한 영혼으로 세상에 나서야 한다. 그러한 근본의 확립 위에서만 흐트러짐 없는 삶을 살 수 있다.

물론 "올바른 정신"의 확립은 결코 쉬운 일이 아니다. 무한 경쟁과 승부로 가득한 현실 세계는 인격(영혼)보다는 생존과 출세의 처세술을 요구하기 때문이다. 하지만 현실에 굴복하는 나약한 마음은 결코 삶을 성공적으로 영위할 수 없다. 설사 그가 부귀영화를 얻는다 하더라도, 득실이 무상한 부귀영화에만 의미를 두는 삶은 공허하기 이를 데 없다. 그는 그것을 추구할 때부터, 그리고 이제는 그것을 잃지 않기 위해 마음을 끊임없이 '흐트러트려' 번민하고 악착스럽게 세상에 나설 수밖에 없을 것이다. 그것을 성공적인 삶이라 할 수 있을까?

당연히 우리가 추구해야 할 성공적인 삶은 거기에 있지 않다. 그것은 인격을 닦고 영혼을 맑혀 진리와 도의(사랑과 의로움)를 실현하는 데에서만 주어진다. 이를 위해서는 바깥 현실의 갖가지 유혹거리로 인해 흐트러진 마음을 거두고 안으로 들어와 자신의 내면에 깊이 침잠해야 한다. 공자의 말을 들어 보자. "흐트러진 심신을 수습하여 삶의 성공을 거두려면 강인한 정신으로 나서서 험난한 현실에 꺾이지 않고, 유연한 자세로 삶의 자리를 찾아 향상하려는 노력을 해야 한다.〔渙亨 剛來而不窮 柔得位乎外而上同〕"(「단전」) 여기에서 "유연한 자세"란 "강인한 정신"이 자칫 범할 수도 있는 경직성을 경계한 말이다. 휠 줄 모르는 강철 같은 성격은 쉽게 꺾인다. 그러므로 현실에 흔들리지 않을 "강인한 정신"을 지키되 세상과 대립각을 세우지 말고 "유연한 자세"로 삶에서 인격과 영혼, 진리와 도의의 '자리'를 찾아 자아를 부단히 향상시켜야 한다.

괘상卦象

바람이 물 위로 부는 모습이 〈환〉의 형상이다.
옛날 임금들은 이를 보고서 상제에게 제사를 지내고 종묘를 건립했다.
風行水上 渙 先王 以 享于帝 立廟

바람은 호수 위에 물결을 일으킨다. 그 물결이 잔잔한지 아니면 뒤집어지는지는 바람의 세기에 따라 달라질 것이다. 정치의 '바람' 역시 마찬가지다. 잘못된 정치는 민심을 흐트러트리고 사회를 혼란에 빠트린다. 다음과 같은 공자의 말은 여기에서도 그대로 타당하다. "군자는 바람이요 소인은 풀과도 같다. 풀은 반드시 바람이 부는 방향으로 쓰러지게 되어 있다."(『논어』)

위대한 지도자는 나쁜 정치의 '바람'을 일으키지 않는다. 오히려 만물을 소생시키는 봄바람과도 같이, 그는 진리와 도의를 신장하고 민생을 고무한다. 이황은 한 제자에게 이러한 정치 이념을 다음과 같이 강조한다. "모든 백성들이 하나도 빠짐없이 따사로운 봄바람의 생동하는 기운 속에서 삶을 영위하도록 해 주어야 합니다. (중략) 이름 내기에만 힘쓸 뿐 실천을 외면하는 것은 우리가 부끄러워해야 할 일입니다."(『퇴계전서』)

지도자는 이처럼 "올바른 정신"으로 사회의 지도 이념과 정신 가치를 확립해야 한다. 그것이 부재하면 사람들은 각자 제 살 길만 찾아 뿔뿔이 흩어지고 말 것이다. 응집력을 갖지 못한 채 승패의 무한 경쟁만이 난무하는 우리 사회가 그 모습을 잘 보여 준다. 오늘날 정치인들은 이러한 문제의식을 깊이 가져야 한다. 그들이 말로만 떠드는 국민 화합과 사회 통합도 올바른 이념과 가치의 모색에서부터 시작되어야 한다.

이를 위해 지도자는 나라의 근본이자 주인인 국민을 하늘처럼 받드는 '공복'의 정신을 진정으로 갖지 않으면 안 된다. 마치 제사를 통해 하늘의 상제와 조상의 종묘를 받들어 신명과 교감하듯이, 국민에게 경건하고 두려운 마음으로 조심스럽게 다가가 그들의 뜻을 깊이 헤아리고 그들과 진심으로 소통하지 않으면 안 된다. 그동안 나쁜 정치의 '바람'으로 흐트러진 민심을 화합시킬 수 있는 참다운 이념과 정신도 여기에서만 창출될 수 있다.

효사爻辭

初六
너를 구원해 주는 말이 건장하다면
잘 수습되리라.
用拯 馬壯 吉

초육(初六)은 마음(삶)이 막 흐트러지기 시작할 즈음이기 때문에 이를 수습하기가 용이하다. (그래서 초효에서만 '환(渙)'이라는 말을 쓰지 않았다.) 그 자신은 음효이기 때문에 그러한 역량을 갖지 못했지만, (괘의 제일 아래에서) 공손한 성격으로 구이의 강건한 양효, 즉 '건장한' 말에 의지한다면 "잘 수습될 것"이라 하였다. 구이는 하괘의 가운데 효로서 (흐트러지지 않은) 마음의 중심(진리와 도의)을 상징한다.

우리는 평소 자신의 행동거지나 삶이 흐트러지고 있는지 여부에 대해 되돌아 살펴보지 않는다. 기껏 남의 지적과 충고를 받고서야 그것을 자각한다. 그 자리에서 내가 충고를 공손하게 받아들이지 않는다면 나의 행동은 갈수록 흐트러지면서 나중에는 삶의 파탄을 면하기 어려울 것이다. 그것은 마치 내가 먼 길을 떠나는데 친구가 빌려 주는 '건장한' 말을 거절하면서 무리하게 걸어가다가 발병이 나는 것이나 다름없다.

한편 남들이 쉽게 알아채지 못하는 마음의 흐트러짐도 있다. 하지만 남들이 볼 수 없다 하여 그것을 방치하면 수습하기가 점점 어려워져서 부도덕에 빠지고 말 것이다. "바늘 도둑이 소도둑 되는" 것도 따지고 보면 그가 자신의 흐트러진 마음을 초기에 바로잡지 못한 때문이다. 그러므로 자신의 마음이 흐트러지고 있다고 느끼는 순간, 내부의 강력한 힘, 즉 진리와 도의의 정신으로 중심을 잡아 그 마음을 신속하게 다잡아야 한다. 공자는 말한다. "잘 수습되기 위해서는 진리와 도의의 정신을 따라야 한다.〔初六之吉 順也〕"(「상전」) 진리와 도의의 정신이야말로 나를 구원해 줄 "건장한 말"이다.

九二
흐트러질 때 의지처를 서둘러 찾으면
후회를 하지 않으리라.
渙 奔其机 悔亡

구이(九二)는 (물을 상징하고 험난함을 속성으로 갖는) 하괘 '감'의 한가운데에 있어서 후회스러운 자리가 될 수도 있다. 하지만 양효에다가 하괘의 중심을 얻었기 때문에 그 자신이 '의지처'가 되기도 한다.

사람들은 누구나 마음과 삶의 의지처를 갖고 살아간다. 이를테면 가정은 직장의 일로 고단하게 흐트러진 심신을 편안하게 해 주는 중요한 의지처다. 개중에는 재물이나 권력을 삶의 의지처로 여기는 사람도 있다. 물론 그러한 사람은 상실의 염려와 걱정 속에서 마음 편할 날이 없을 것이다. 이는 의지처 여하에 따라서 삶의 행복이 달라질 것임을 시사한다. 그것이 인간적인(인간에게 본래적인) 것일수록 행복은 배가될 것이다. 예컨대 인격 가치가 지배하는 가정은 편안한 의지처다. 진리에 의지한다면 그 기쁨은 더 말할 것이 없다. 이에 반해 비인간적(비인격적)이며, 심지어 반인간적이기까지 한 재물과 권력에서 참삶의 행복을 기대하는 것은 마치 산에 올라가서 물고기를 잡으려는 것이나 다름없다. 아니 그것들은 자아(존재)의 빈곤을 초래하는 주범이다.

이와 관련하여 종교의 문제를 짚어 볼 수도 있다. 신앙인들에게는 신이야말로 최상의 의지처가 아닐 수 없다. 하지만 만약 그들의 신앙이 단지 기복의 수단일 뿐이라면, 신은 그들의 필요를 충족시켜 주는 수단(사물)으로 격하되어 버리고 만다. 그러므로 그들에게서 신의 뜻을 헤아려 실천하려는 경건한 정신을 기대하기란 무망한 일이다. 그러한 신이 과연 삶의 진정한 의지처가 될 수 있을까? 그들에게는 신을 빙자하여 누리는 성직과, 신앙을 통해 기대하는 각종의 이익이 의지처일 것이다. 일상에서 흔히 목격되는바 세속적인 가치의 추구에 열을 올리는 그들의 행태가 이를 잘 말해 준다.

그러면 우리의 삶을 의지시켜 줄 가장 강력한 힘은 어디에 있을까? 앞서 말한 것처럼 그것은 모든 외재적인 사물을 떠난 인간 존재의 핵심, 나의 존재 내부에 있다. 곧 진리와 도의의 정신이다. 그것은 마음이나 행동거지의 흐트러짐을 막아 주며 나를 곧추세워 줄 최상의 의지처다. 석가모니와 공자, 예수를 비롯한 인류의 스승들은 이를 온몸으로 보여 주었다. 그러므로 "흐트러질 때 의지처를 서둘러 찾으면 소망을 이룰 것이다.〔渙奔其机 得願也〕"(「상전」)

많은 사람들은 그렇게 살면 고달플 것이라고 생각한다. 하지만 삶의 문제를 고락으로 따져서는 안 된다. 어떻게 살든 누구나 고통을 피할 수 없다. 중요한 것은 얼마나 유의미하고 가치 있게 사느냐에 있다. 진리와 도의로 사는 사람은 결코 "후회를 하지 않을 것"이며, 오히려 참삶의 행복을 누릴 것이다. 매화나 난초의 꽃이 겨울의 한파를 겪음으로써 실하고 또 그윽한 향기를 풍기는 것처럼, 험한 세상에 굴하지 않는 진리와 도의의 정신은 고상한 인격의 향기를 발할 것이다. 부귀영화나 추구하면서 시세만 따르는 인생은 악취를 풍길지언정 결코 향기를 갖지 못한다.

六三

나를 해체하면 후회 없으리라.

渙其躬 无悔

육삼(六三)은 음효로서 잘못되게도 양의 자리를 지키고 있으므로 그릇된 자아를 갖고 있는 사람이다. 하지만 양효인 상구와 음양으로 호응하면서 그를 지향하므로 자아의 잘못을 자각하면서 그로부터 벗어나려 한다. "나를 해체한다."는 말뜻이 여기에 있다. 나로부터의 해탈은 그 최상의 경지다.

우리의 마음이나 삶을 흐트러트리는 것들은 현상적으로는 재물이나 권력 등 외재적인 사물에 있지만, 그것들을 애써 외면하는 것만으로는 충분하지 않다. 근원적인 요인을 찾아 발본색원하지 않으면 안 된다. 그것은 바로 '나'(자아) 의식이다. '나'는 원래 배타적이고 닫힌 개념이다. 남과 대립되어 있는 '나'는 모든 것을 자기중심적으로, 자신의 이해관계에 입각하여 바라본다. 이기주의는 물론 자의식을 강하게 갖고 있는 개인주의까지 사실 이러한 '나' 의식의 발로 현상이다.

되돌아서 한 번 생각해 보자. 나는 일상생활 속에서 만나는 대소의 일들 앞에서 그것들이 갖는 공공의 가치(사리)나 처사의 올바른 도리를 얼마나 생각하는가. 그보다는 나 자신의 이해득실을 먼저 계산하는 것이 일반이다. 그러다 보니 나는 남과, 세상과 부딪치고 다툴 수밖에 없다. 불안과 슬픔, 분노와 원망 등 모든 부정적 감정들이 바로 이러한 '나'에서 비롯된다. 결국 '나' 의식은 남과의 관계(사회)를 흐트러트리고, 근본적으로는 자타 공동체적인 사람됨을 부정하는 근본 요인으로 작용한다. 중국 여대림(呂大臨, 1046~1092)이라는 학자의 글인 「극기명(克己銘)」을 읽어 보자.

모든 사람이 동등하게 생명의 기운과 몸을 갖고 있는데 남에게 불인한 짓을 하는 것은 어째서인가? 나 의식을 갖고 있기 때문이다. 나와 남을 대립시키고 자타 간에 경계를 만들어 남을 이겨 먹으려는 마음이 제멋대로 일어나므로 삶이 어지럽고 시끄러워진다.(후략) (『고문진보』)

공자가 사랑의 실천 방법으로 "자아를 초극하여 예를 회복할 것〔克己復禮〕"을 강조한 까닭이 여기에 있다. 남들과의 관계나 일 앞에서 '나'를 앞세우지 말고, '나'를 뛰어넘어 예의(사리)에 맞게 행동해야 한다는 것이다. 그러면 우물 안 개구리와도 같던 '나'에서 벗어나 세상을 넓게 바라볼 수 있으며, 남들을 따뜻한 마음으로 깊이 아우를 수 있다. 공자는 말한다. "나를 해체하면 마음이 세계를 향해 열리리라.〔渙其躬 志在外

也]"(「상전」) 삶은 거기에서 후회를 넘어 일대의 환희를 얻을 것이다.

六四
무리를 해체하면 크게 수습되리라.
해체하면 더 커다란 무리를 얻을 것이니
평범한 생각으로는 이해하지 못한다.
渙其群 元吉 渙 有丘 匪夷所思

　〈환〉괘에서는 육사(六四)와 구오만이 상괘에서 음양의 바른 자리를 얻
고 있다. 이는 이들이 흐트러진 민심과 해이해진 사회 기강을 바로잡을
지위와 힘을 갖고 있음을 은유한다. 또한 양자가 아래의 초육, 구이와 음
양으로 호응하지 않음은 그들 모두 '무리'(당파) 의식을 갖지 않음을 함의
한다. "무리를 해체한다."는 말뜻이 여기에 있다. "해체하면 더 커다란 무
리를 얻을" 것이라는 말은 '무리' 의식 없이 공명정대하게 처사하면, 한
'무리'를 넘어 다른 무리의 사람들도 나를 신뢰하며 따르리라는 뜻이다.

　사회의 기강이 흐트러질수록 이기주의와 '무리'(당파) 의식이 더 심해
지는 법이다. 사회가 나를 보호해 주지 못하므로 내 스스로 자신을 돌
보아야 하며, 이해관계를 함께하는 사람들과 무리를 지어 생존을 도모
할 수밖에 없기 때문이다. 달리 말하면 사회를 결속시킬 공명정대하고
공평무사한 정신과 가치의 실종으로 인해 사람들은 당파적인 인간관계
밖에는 자신을 보전할 길을 알지 못한다. 그리하여 그러한 사회에서는

혈연과 지연과 학연 같은 것이 기승을 부리게 된다.

하지만 '무리' 의식도 그 근저에는 개개인의 이기심이 도사리고 있는 만큼, 같은 무리 내에서도 이해관계에 따라 서로 흐트러지기 마련이다. 그것은 마치 손아귀의 모래알이 손가락 사이로 빠져나가는 이치와도 같다. 아니 그들은 자신들의 이익을 지키기 위해 무리 안에서도 서로 대립하고 상쟁하기까지 한다. 동서를 막론하고 정당의 계파는 물론, 종교계의 수많은 종파들이 그 모습을 잘 보여 준다. 무리는 그렇게 무한으로 분열하면서 결국 자타의 공멸을 자초할 수밖에 없다.

이는 집단이나 사회의 결속과 민심의 화합을 위해 지도자가 해야 할 일이 무엇인지 일러 준다. '무리' 의식을 버리고 공명정대하고 공평무사한 정신으로 처사해야 한다는 것이다. 그렇게 해야만 한 무리를 넘어 "더 커다란 무리", 즉 모든 사람들의 마음을 얻을 수 있다. 진정한 사회 통합과 국민 화합도 여기에서만 가능하다. 공자는 말한다. "무리의 해체와 커다란 수습은 공명정대한 정신에서 나온다.〔渙其群 元吉 光大也〕" (「상전」)

九五
임금이 흐트러진 사회를 수습할 때
백성들의 몸에서 땀이 솟게 할 만큼 크게 호령하면
수습에 허물거리가 없으리라.
渙 汗其大號 渙 王居 无咎

구오(九五)는 괘의 중심에 있는 양효로서 흐트러진 사회를 수습할 수 있는 강력한 힘을 가진 임금으로 상징된다. 그는 "백성들의 몸에서 땀이 솟게 할 만큼" 큰 호령을 함으로써 흐트러진 민심을 다잡는다. 여기에서 '호령'이란 법과 정책을 망라하는 은유다.

땀은 체내의 노폐물과 나쁜 기운을 배출시킨다. 그리하여 그것은 흐트러진 체력과 병든 몸을 회복시켜 주는 의의를 갖는다. 지도자가 흐트러진 사회를 수습하여 사람들에게 건강한 삶을 영위하도록 하는 데에도 이러한 이치를 활용할 수 있다. 그는 사람들의 마음과 사회에 누적된 각종 노폐물과 나쁜 기운을 배출시킬 강력한 대책을 시행해야 한다. 병의 뿌리를 남겨 둔 채 대증적 치료나 임시의 처방만 해서는 결코 건강한 삶과 사회를 이룩할 수 없다.

그러면 "백성들의 몸에서 땀이 솟게 할 만큼" 그들의 삶에 배어 있는 나쁜 기운을 배출시킬 강력하고도 근본적인 대책은 어디에 있을까? 그것은 단지 법이나 제도, 정책의 강화에만 있지 않다. 절도범을 사형시킨다 해서 그것만으로 결코 도둑을 근절할 수는 없다. 그전에 사람들의 도덕심을 일깨워 줄 정신 가치를 확립하지 않으면 안 된다. 이를 토대로 하지 않으면 법과 제도도 미봉책에 지나지 않는다. 공자는 말한다. "수습에 허물거리가 없기 위해서는 임금의 위상을 올바로 확립해야 한다.〔王居无咎 正位也〕"(상전) 여기에서 "임금의 위상"이란 통치자의 본분과 과제를 뜻한다.

이 점에서 나라의 기강을 예(禮), 의(義), 염(廉), 치(恥) 네 가지에서 찾았던 선비들의 사회 철학을 참고해 보아도 좋을 것이다. 예의, 의로움

(정의), 청렴함, 부끄러움은 예나 지금이나 사람들의 삶과 사회에 여전히 중요한 정신 가치다. 중국 춘추 시대의 관중(管仲)은 말한다. "이 네 가지 가운데 하나가 무너지면 나라가 기울어지고, 둘이 무너지면 나라가 위태로워지며, 셋이 무너지면 나라가 뒤집어지고, 넷이 다 무너지면 나라가 망한다." 우리 사회는 과연 그중 몇 가지나 갖고 있을까?

上九
흐트러진 사회에서 피를 볼 수 있다.
위험에서 멀리 벗어나면 피해가 없으리라.
渙其血 去逖出 无咎

상구(上九)는 괘의 제일 끝자리에 있으므로 험난함의 속성과 흔들리는 물의 상징을 갖고 있는 하괘 '감'에서 가장 멀리 떨어져 있다. 그리고 그가 속해 있는 상괘 '손'은 공손(조심스러움)의 속성을 갖고 있다. 이는 흐트러지고 어지러운 상황에서 조심스럽게 벗어나 있음을 은유한다. 괘 안에서 상구가 육삼과 유일하게 음양으로 호응하지만, 상황 수습의 힘과 자리(권위)를 갖지 못한 터에 육삼과 손을 잡고 일에 나서면 '피'를 볼 수밖에 없다. 그래서 "위험에서 멀리 벗어날 것"을 충고했다.

사람들의 생각이나 사회 질서 등 모든 것들이 흐트러져 혼란에 빠진 세상이다. 이를 구원할 자리나 힘, 권위를 갖지 못하고, 오히려 사회의 변방에 처해 있는 재야의 지성인이 취해야 할 계책은 무엇일까? 자신의 고상한 이념만 믿어 무모하게 사회 구원의 전선에 나서야 할까? 하지만 누구도 그의 발언을 경청하며 행동을 따르려 하지 않을 것이다. 오히려 "흐트러진 사회에서 피를 볼 수 있으므로 위험에서 멀리 벗어나야 한다.〔渙其血 遠害也〕"(「상전」)

과거에 평소 '치국평천하'의 이념 아래 사회 구원의 과업을 자임했던 선비들이 부득이 은둔을 결행했던 것은 이러한 판단에서였다. 어두운 밤을 촛불 하나로 밝힐 수는 없음을 그들은 알고 있었다. 그렇다고 해서 그들이 세상에 등을 돌리거나 자신의 빛을 끄고 어둠에 동조했던 것은 물론 아니다. 그들 자신만은 어떠한 어둠 속에서도 진리와 도의의 정신을 잃지 않았다. 맹자는 말한다. "옛날 사람들은 사회의 이상을 실현할 자리를 얻었을 경우에는 만민의 삶을 윤택하게 해 주었고, 그러한 자리를 얻지 못하면 자아의 수행을 통해 세상에 빛을 드러냈다.〔古之人 得志 澤加於民 不得志 修身見於世〕"(『맹자』)

오늘을 사는 우리는 이러한 진리(도의) 수호의 정신을 깊이 배울 필요가 있다. 세상이 아무리 흐트러지고 혼란스럽다고 해서 그 정신을 포기하고 세속에 묻혀서는 안 된다. 그것은 곧 삶의 빛을 꺼 버리고, 그동안 자신이 비난했던 어둠에 묻혀 버리는 것이나 마찬가지다. 사람들의 마음이 한없이 흐트러지고 가치가 혼란한 시대일수록 자신의 삶을 진리와 도의의 정신으로 소중하게 가꾸어 어둠을 밝혀야 한다. 그것은 억만년을 빌고 빌어도 다시는 못 가질 자신의 존재와 삶에 대한 책무이기도 하다.

60. 절제의 미덕

절(節)

우리는 살아가면서 심신의 흐트러짐을 방치해서는 안 된다. 설사 그 것이 좋은 의미에서 긴장을 이완시켜 준다 할지라도 그것을 한없이 추 구하면 태만과 방종으로 이어질 수밖에 없다. 그러므로 우리는 항상 적 당한 긴장을 유지하여 지나친 흐트러짐을 예방함은 물론 '좋은' 흐트 러짐조차 절제하지 않으면 안 된다. 공자는 말한다. "'환(渙)'이란 흩어 진다는 뜻이다. 어떤 일이든 끝까지 흩어지게 놓아 두어서는 안 된다. 그래서 〈환〉에서 〈절(節)〉로 이어졌다.[渙者 離也 物不可以終離 故受之以 節]"(「서괘전」) 또한 말한다. "'절'이란 그친다는 뜻이다.[節 止也]"(「잡괘 전」) 그리하여 〈절〉괘는 적당한 정도로 그치는 것, 즉 절제의 미덕을 주 제로 내놓는다.

절제란 욕망의 만족을 더 추구할 수 있지만 그것을 적당한 정도로 조절하고 자제하는 정신이다. 욕망의 끝을 모르면 만족도 없으며, 그 것은 오히려 결핍감만 키운다. 욕망의 참맛은 절제 속에서만 생겨난다. 절제는 욕망을 오히려 감미롭게 만든다. 우리는 그 상반된 실례를 거식

증 환자와 미식가에게서 본다. 아래의 글을 읽어 보자.

절제는 우리가 쾌락의 노예가 되는 대신 주인이 되게 해 준다. 절제는 자유로운 향유로서, 자유마저도 누릴 수 있게 해 주는 한 차원 높은 향유이다. (중략) 술의 노예가 되지 않는다면 술 마시는 즐거움이 얼마나 클 것인가! 욕망의 노예가 되지 않는다면 사랑의 즐거움이 얼마나 클 것인가! 쾌락은 자유로운 만큼 더욱 순수할 수 있으며, 통제된 만큼 더욱 즐거울 수 있다.(『미덕에 관한 철학적 에세이』)

절제의 정신을 괘 안에서 살펴보자. 먼저 상괘 '감(坎)' ☵과 하괘 '태(兌)' ☱는 각각 물과 연못을 상징한다. 연못에 물이 고여 있다. 사람들은 연못에 물이 가득 찬 모습을 보면 어떤 위기감을 느낀다. 물이 넘쳐 주변의 인가와 농작물에 피해를 끼칠 것 같기 때문이다. 오늘날 홍수의 여름철에 대비하여 관계 공무원들이 호수나 저수지의 수량을 적당한 정도로 조절하는 것도 그러한 불행을 예방하기 위해서다. 절제의 정신도 이와 마찬가지다. 넘치는 욕망은 건강에 해를 끼칠 뿐만 아니라 차원 높은 즐거움을 빼앗는다. 그러므로 절제는 건강 요법을 넘어 행복 요법이다.

한편 상괘 '감'은 험난함을, 그리고 하괘 '태'는 기쁨을 속성으로 갖는다. 이는 기쁨(욕망의 만족)을 추구하다 보면 자칫 험난한 꼴을 당할 수 있음을 은유한다. 그것은 사리 판단을 저해하는 경향이 있기 때문이다. 공자는 말한다. "기쁨 속에 험난함이 있음을 알아 지금, 이 자리에서 절제하고, 중용의 정신으로 올바르게 처신해야 한다.(說以行險 當

位以節 中正以通)"(「단전」) 말하자면 기쁨에 휘둘려 그것의 노예가 되어서는 안 된다. 기쁨의 주인으로서 그것을 적절하게 통제해야 한다. 중요한 것은 기쁨의 양이 아니라 질에 있다. 공자가 "즐거워하지만 탐닉하지 않는다.[樂而不淫]"(『논어』)고 말한 것도 이러한 뜻에서였다.

괘의 구조도 한 번 살펴보자. 그것은 음효 셋과 양효 셋이 반반으로 이루어져 있으며, 그중에서도 구이와 구오의 양효가 각각 상하괘의 중심에 있다. 이는 강한 힘이 중심을 잡고서 부드러운 힘과 균형을 유지하고 있는 모습을 보여 준다. 이것이 은유하는 바는 다른 데 있지 않다. 무엇에도 흔들리지 않는 강한 힘으로 삶의 중심을 지키되 세상에 유연하게 나서야 한다는 것이다. 어떤 일이든 강한 힘으로만 밀어붙여서는 안 되며, 그것을 부드러운 힘으로 절제하는 강유겸전(剛柔兼全)의 자세를 가져야 한다. 공자는 말한다. "절제의 행복은 강함과 부드러움이 힘의 균형을 이루면서 강한 힘이 중도를 얻는 데에서 나온다.[節亨 剛柔分而剛得中]"(「단전」) '중도'란 강한 힘이 부드러운 힘으로 절제된 정신을 뜻한다.

나아가 세상만사와 인간관계는 강한 힘과 부드러운 힘의 길항 속에서 전개된다. 낮과 밤, 더위와 추위의 자연 현상이 그러하며, 남녀, 좌우상하의 관계도 마찬가지다. 어떤 일이든 두 힘이 조화와 균형을 이룰 때 안정과 평화를 이룰 수 있다. 어느 일방이 자신의 힘을 믿어 지나치게 나서면 관계의 파탄을 면하기가 어렵다. 특히 강자일수록 약자와의 관계에서 힘을 절제하여 자타 간 화해로운 삶을 추구하지 않으면 안 된다. 행복은 상호 간 힘의 절제와 균형 속에서만 성취될 수 있다.

괘사卦辭

절제는 행복을 누리게 해 주리라.
하지만 고통스러운 절제를 고집해서는 안 된다.
節 亨 苦節 不可貞

절제는 삶의 억압이 아니라 오히려 행복의 향유다. 동서를 막론하고 옛날부터 현자들이 절제를 미덕으로 칭송해 온 까닭도 여기에 있다. 특히 무분별하고 무절제한 욕망의 추구를 조장하고 선동하는 현대 문명 속에서 절제야말로 참으로 소중한 미덕이다. 우리가 과거에 없던 풍요 사회에 살면서도 오히려 옛날 사람들보다도 빈곤감과 결핍감의 불행에 시달리는 것은 절제의 정신을 모르기 때문이다.

그렇다고 해서 고통스러울 정도로 과도하게 욕망을 억압하고 쾌락을 멀리하는 것은 올바른 절제가 아니다. '고통스러운 절제'는 오히려 참다운 절제의 정신에 반한다. 공자는 말한다. "고통스러운 절제를 고집해서는 안 되는 까닭은 그것이 삶의 길을 막아 버리기 때문이다.〔苦節不可貞 其道窮也〕"(「단전」) 그러므로 어떤 형태의 것이든 절제는 고통이 아니라 차원 높은 기쁨(행복)을 누리기 위한 것이어야 한다. 석가모니가 당시 유행했던 고행주의(苦行主義)를 버리고 독자적인 구도의 길을 찾은 까닭도 여기에 있다.

절제의 초점을 거기에 맞춰야 한다. 언행이든 감정이든 절제는 여운과 여유를 남기면서 삶을 음미하게 해 준다. '고통스러운 절제'는 그러할 여지가 전혀 없으며, 오히려 억압과 강박과 생명 부정의 심리만 키울 뿐이다. 그러므로 쾌락주의는 물론 고행주의를 벗어나, 궁극적으로는 인간의 본성(불성, 덕성, 영혼)을 실현하고 의미 깊은 삶을 성취하는 데에 절제의 목표를 두어야 한다. 석가모니가 커다란 깨달음 이후에 대중 앞에서 처음 행한 '중도(中道)'의 설법은 바로 이러한 뜻을 갖는 것이었다.

괘상卦象

연못에 물이 있는 모습이 〈절〉의 형상이다.
군자는 이를 보고서 예법과 제도를 만들고 도덕과 행실을 논한다.
澤上有水 節 君子 以 制數度 議德行

연못이 물을 받아들이는 데에는 한도가 있다. 물이 아무리 많이 흘러들어 온다 하더라도 일정량을 넘어서면 연못은 그것을 흘려보내 버린다. 넘치는 물은 연못의 입장에서는 의미가 없다. 아니 연못을 관리하는 사람은 저수량이 일정한 높이로 차오르면 배수 시설을 통해 물을 방류한다. 제방이 무너지는 것을 예방하기 위해서다.

인생도 이와 마찬가지다. 어떤 일에서나 일정한 한도와 절제 속에서만 의미를 얻을 수 있다. 이를테면 아무리 달콤한 꿀물도 많이 마시면 맛이 물린다. 모든 쾌락도 도를 넘으면 무덤덤해진다. '흘러넘칠' 정도로 무절제한 행동은 대상 사물에 대해 싫증을 자아내면서 거기에서 아무런 의미도 느끼지 못한다. 아니 갖가지의 부작용을 초래한다. 그러므로 절제는 언제, 어느 자리에서나 대상의 참맛을 느끼게 해 주는 미덕이다.

도덕의 의의가 여기에 있다. 그것은 삶의 참맛을 키워 주고 알게 해 주는 절제의 도리다. 우리는 이러한 관점에서 고금의 도덕과 사람들의 행실을 논의해 볼 수 있다. 예컨대 인간관계상에서 말한다면 절제된 행동의 예법은 사람들과의 만남을 아름답고 의미 깊게 해 준다. 과거의 사례를 든다면 남녀유별의 예절은 원래 그러한 의도를 갖는 것이었다. 남녀 간 무분별한 만남은 과도한 쾌락과 방종으로 흘러 사랑의 강도를 떨어트리면서 오히려 두 사람의 관계를 멀어지게 만든다. 오늘날 남녀무별(男女無別)의 사랑이 이를 실증한다. 이에 반해 상대방과 공간적, 심리적으로 일정한 거리[刜]를 두게 만드는 예절은 사랑을 갈수록 감칠맛 나게 해 준다. 두 사람은 그 '거리'를 그리움으로 채워 사랑의 정을 더욱 간절하게 갖기 때문이다. 당연히 그것은 애정이 식어서 생기는 거리감과는 차원이 다르다.

개인의 삶을 넘어 사회를 구조하고 지탱하는 각종의 제도와 기강(예법)도 절제의 정신에 입각하여 확립되어야 한다. 물론 그것은 중용의 정신을 토대로 갖는다. 이를테면 법은 사회 질서를 유지하기 위해 당연히 필요하지만, 그것이 지나쳐 인권과 민생을 침해하는 것이어서는 안 된다. 공자의 말을 들어 보자. "천지가 절도 있게 변화하면서 사계절을 이루어 내듯이, 통치자는 절제를 제도화하되 백성의 재물을 해치거나 그들의 삶에 해악을 끼쳐서는 안 된다.[天地節 而四時成 節以制度 不傷財 不害民]"(「단전」) 달리 말하면 천지의 '절도'가 사계절을 이루면서 만물을 생장하고 성숙시키는 것처럼 통치자는 온 국민이 저마다 행복을 성취할 수 있도록 제도와 사회 기강을 확립하여 절제 있게 운영해야 한다.

효사爻辭

初九
현관문 밖 뜨락으로 나서지 않으면
허물없는 삶을 살리라.
不出戶庭 无咎

초구(初九)는 양효로서 제자리를 얻었으므로 강한 힘을 갖고 있다. 하지만 제일 아래에 처해 있고, 또 위로 구이에 막혀 있기 때문에 아직 나설 때가 아니므로 힘을 절제해야 한다. 그가 육사와 음양으로 호응하기는 하지만, 육사 또한 상쾌의 (속성상) 험난함에 처해 있으므로 도움이 되지 않는다. 출입의 통로인 "현관문 밖 뜨락으로 나서지 않으면"이라는 충고는 이러한 정황을 함축하고 있다.

사람들이 살아가면서 제일 먼저 절제해야 할 것은 말이다. "말 한마디에 천 냥 빚을 갚는"가 하면, 역시 말 한마디가 살인과 전쟁까지도 불러일으킬 수 있다. 실제로 우리는 역사상 수많은 설화(舌禍)와 필화(筆禍)를 알고 있으며, 우리 스스로 일상생활 속에서 말 한마디 잘못함으로써 크고 작은 문제를 종종 겪는다. 그러므로 마치 현관문 빗장을 걸어 잠그듯이 입을 조심하고 단속하지 않으면 안 된다. 이황은 말한다. "입 다물기를 병마개 막듯이 하라."(『퇴계전서』) 공자는 이러한 취지를 다음과 같이 부연한다.

일의 변란은 말에서부터 생긴다. 임금이 말을 조심하지 않으면 신하를 잃고, 신하가 말을 조심하지 않으면 제 몸을 잃을 것이며, 일의 시초를 조심스럽게 진행하지 않으면 유종의 미를 거둘 수 없다. 그러므로 군자는 말을 조심하며, 함부로 나서지 않는다.〔亂之所生也 則言語以爲階 君不密 則失臣 臣不密 則失身 幾事不密 則害成 是以君子愼密而不出也〕(「계사전」)

그렇다고 해서 시종 침묵으로만 일관해야 하는 것은 물론 아니다. 그것은 절제가 아니라 억압일 뿐이다. 불교의 '묵언수행(黙言修行)'도 말을 알맞게 절제하도록 하기 위한 것일 뿐 침묵으로만 살라는 뜻이 아니다. "침묵은 금"이라 하지만, 그것은 때로는 '도금'에 지나지 않을 수도 있다. 말을 해야 할 때 입을 다무는 것은 자기 보호의 위장 술책이기 때문이다. 우리가 평생토록 현관문을 잠그고서 집안에 틀어박혀 살 수 없으며 수시로 바깥 걸음을 해야 하는 것처럼 경우에 따라서는 적극적으로 발언에 나서기도 해야 한다. 공자는 다음과 같이 말한다. "현관문 밖 뜨락으로 나서지 않는다는 말은 문을 열 때와 닫을 때를 알아야 함을 뜻한다.〔不出戶庭 知通塞也〕"(「상전」) 말하자면 말문을 열어야 할 때와 닫아야 할 때를 알아야 한다.

九二
대문 밖으로 나서지 않으면
일을 그르치리라.
不出門庭 凶

구이(九二)는 초구 다음에 있으므로 현관문 밖 대문에 해당된다. 구이는 양효로 하괘의 가운데에서 중도를 지키므로 때에 따라서는 절제 있게 힘을 펼칠 수 있건만, 음의 자리에서 위로 육삼의 음효와 가까이 붙어서 자신의 본분을 망각하고 있다. 한편으로 이 괘의 중심인 구오에게 음양으로 호응하지 않으므로 구오의 절제 정신을 따르려 하지 않는다. 그러므로 그는 하괘 안에서 마치 "대문 밖으로 나서지 않고" 집안의 삶만 즐기는 은둔주의자와도 같다. 한편 하괘의 연못의 상징에 입각하면 초구의 물은 바닥의 것이므로 아직 절약해야 할 때지만, 구이는 적당한 정도로 채워진 물이므로 사용할 수도 있는데 그것을 거부하고 있다.

힘의 절제는 그 자체가 목적이 되어서는 안 된다. 절제는 힘을 올바르게 사용하기 위한 방편일 뿐이다. 그러므로 때가 도래했을 경우에는 그것을 적절하게 행사해야 한다. 마치 사람들이 저수지에 물을 저장해 두었다가 농사철에 요긴하게 쓰듯이 말이다. 그러므로 "대문 밖으로 나서서" 뜻을 펼쳐야 할 때가 되었는데도 집안에 머물러 있다면 그는 일을 그르치고 말 것이다. 즉 지나친 절제는 일의 실패를 면치 못한다.

공자는 이를 두고 다음과 같이 말한다. "대문 밖으로 나서지 않아 일을 그르치는 것은 시의를 잘못 판단하기 때문이다.[不出門庭凶 失時極也]"(「상전」) 이는 시의 판단의 중요성을 다시 한 번 일깨워 준다. 잘못된 시의 판단은 일의 실패는 물론, 경우에 따라서는 삶을 그르칠 수도 있다. 이에 관해 〈간(艮)〉괘에서 공자가 행한 한 말을 다시 한 번 들어 보자. "머물러야 할 때에는 머무르고, 나아가야 할 때는 나아가 행동거지에 시의적절함을 잃지 않으면 삶의 길이 밝게 열릴 것이다."(「단전」)

六三
절제하지 않으면 자탄에 빠지리라.
남을 원망할 수도 없다.
不節若 則嗟若 无咎

육삼(六三)은 음효로 양의 자리에 잘못 있으므로 기본적으로 절제를 모르는 사람이다. 괘의 상징으로 말하면 하괘의 제일 위는 연못의 물이 넘쳐 흐르는 자리이며, 그 속성상으로는 기쁨을 극도로 추구하는 자다. 요컨대 그는 절제를 모르는 쾌락주의자로, 종당에는 "자탄에 빠질 것이다."

무절제하게 쾌락만 추구하는 사람은 끝내 삶의 회한과 자탄을 면하지 못할 것이다. 쾌락의 탐닉은 감각의 마비와 삶의 권태를 조장하여 결국 허무감으로 귀결되기 때문이다. 이에 대해 그는 쾌락을 유혹하는 주변의 친구들이나 이 시대의 상업 문명을 원망하고 싶기도 할 것이다. 하지만 문제는 절제의 정신을 잃은 그 자신에게 있다. 공자는 말한다. "무절제한 행동을 자탄하면서 또 누구를 원망할 것인가.〔不節之嗟 又誰咎也〕"(「상전」)

오늘날 사람들이 일반적으로 겪고 있는 삶의 공허와 회한을 이러한 관점에서 원인 분석해 볼 필요가 있다. 아무리 현대 문명이 온갖 찬란한 욕망거리로 우리를 유혹한다 하더라도, 문제의 근본은 그것들을 거의 맹목적이고 무분별하게 추종하는 우리들 자신에 있다. 달리 말하면 그것은 누구의 탓도 아니며, 자신이 욕망과 쾌락을 무절제하게 추구함으로써 자초한 결과일 뿐이다. 그러므로 사리분별의 힘을 길러 쾌락 지향적인 태도를 크게 자제하면서, 안으로 내면의 진정한 본성을 추구하는 노력을 기울이지 않으면 안 된다.

六四
편안한 절제 속에서 만족을 얻으리라.
安節 亨

육사(六四)는 음효로 유순한 성격에 올바른 자리를 얻었으며, 위로 양효인 구오의 절제의 덕을 따르므로 절제를 '편안하게' 여기는 사람이다. '편안'이라는 말은 절제를 마지못해 억지로 하지 않고 편안한 마음으로 행하는 것을 이른다.

절제는 필요한 것이지만 지나치면 오히려 삶의 정신과, 나아가 생명을 억압하는 요인이 될 수 있으며, 사람을 무기력과 고통에 빠트릴 위험이 있다. 예컨대 성욕의 지나친 억압은 정신 건강을 해칠 수도 있다. 그러므로 절제의 기준을 너무 엄격하고 과도하게 정하지 말고, 생명 정신을 향상시킬 수 있는 적당한 수준을 찾아야 한다. "과음은 만병의 근원이지만, 적당한 음주는 백약의 으뜸"이라는 속담처럼 말이다. 물론 그 '적당한' 수준은 사람에 따라, 그리고 연령에 따라 다를 것이다.

"편안한 절제"란 적당한 수준의 절제를 뜻한다. 그 절제가 '편안한' 까닭은 마음의 여유를 주기 때문이다. 이는 다른 욕망거리에서도 그렇지만, 술자리에서도 흔히 있을 수 있는 일이다. 술을 마셔 본 사람은 안다. 과음은 몸에 불편을 끼치고 후회를 불러일으키지만, 적당한 음주는 인간관계에 활력소가 됨은 물론 후회 없는 즐거움을 가져다준다는 사실을 말이다. 그러므로 절제를 거북하고 부자연스럽게만 여겨서는 안 된다. 그것은 오히려 삶을 향상시켜 주는 미덕이다. 절제를 모르는 태도야말로 자탄과 전락의 요인이다. 공자는 말한다. "편안한 절제 속에서 만족을 얻는 것은 그것이 삶을 향상시켜 주는 길이기 때문이다.〔安節之亨 承上道也〕"(「상전」)

九五
감미로운 절제 속에서 행복을 누릴 것이다.
나아가 사람들의 칭송을 얻으리라.
甘節 吉 往有尙

　구오(九五)는 양효로 괘 전체의 중심적인 자리에 있으므로 절제의 이상을 상징한다. 그래서 "감미로운 절제"라 했다. 이는 절제를 '편안하게' 여기는 정도를 넘어 그것을 즐기는 최상의 경지다. 그것이 "만족을 얻는" 것 이상으로, "행복을 누리고" "나아가 사람들의 칭송을 얻는" 것도 이에 기인한다.

　이 세상에 절제의 덕을 부정하는 사람은 없을 것이다. 사람들은 누구나 건강의 유지를 위해서든, 또는 그 밖의 무엇을 위해서든 생활의 절제가 매우 필요함을 인정한다. 그렇지만 절제의 덕을 지키는 정도는 사람마다 다르다. 그것을 아예 거부하는 사람은 차치하고, 많은 사람들은 마지못해 억지로 절제할 것이며, 적은 숫자이기는 하지만 "편안한 절제" 속에서 사는 사람도 있을 것이다.

그 최상의 수준에서는 절제의 미덕을 완전히 실천하는 성현이 있을 수 있다. 고도의 수행을 거친 그들은 절제 있는 삶에서 '편안함'을 느끼는 정도를 넘어, 적극적으로 그것을 '감미롭게' 즐길 것이다. 전자가 다소 수동적이라면, 후자는 아주 능동적이다. 전자는 절제의 규율을 따르지만, 후자는 절제 있는 행동 자체를 즐기기 때문이다. 달리 말하면 "감미로운 절제"는 그 안에서 자유마저도 누리는 차원 높은 것이다. 공자가 일흔의 나이에 도달했다고 하는, "마음 내키는 대로 행동해도 법도에서 벗어나지 않았다.〔從心所欲不踰矩〕"는 경지가 바로 이러한 절제의 수준을 함축하고 있다.

이처럼 "감미로운 절제"의 미덕은 감정이나 욕망에 도덕심이 흔들리지 않는 수준을 훨씬 넘어선다. 그것은 어쩌면 공자가 쉰의 나이에 "하늘의 뜻을 깨달았던〔知天命〕" 고도의 지혜에서 나올 것이다. 그러한 사람은 자신의 삶의 한 중심에 "하늘(신)의 뜻"을 세우고 또 실현할 것이다. 이에 따라 그는 욕망으로부터 자유로우며, 심지어 욕망까지도 자유롭게 향유할 것이다. "감미로운 절제"의 중심에는 그렇게 "하늘의 뜻"이 놓여 있다. 공자는 말한다. "감미로운 절제의 행복은 삶의 중심 자리에서 나온다.〔甘節之吉 居位中也〕"(「상전」) 여기에서 "삶의 중심 자리"란 '하늘'(신)을 뜻한다. 그는 욕망조차도 '하늘'의 눈빛으로 대면하면서 매사를 "하늘(신)의 뜻"에 따라 절제 있게 행할 것이며, 거기에서 더할 수 없는 행복을 얻을 것이다.

上六

고통스러운 절제를 고집하면 불행해진다.

이를 뉘우치면 불행을 면하리라.

苦節 貞 凶 悔亡

상육(上六)은 괘의 마지막 효요, 또한 속성상 험난한 상괘의 끝에 있다. 그러므로 그는 고통스러우리만큼 지나치게 절제하는 사람이다.

무절제한 삶을 바로잡기 위해 때로는 고통스러운 절제가 필요하기도 할 것이다. 하지만 스토아 학파의 금욕주의나 인도의 고행주의처럼 그것 자체를 목표로 삼아 고집적으로 행해서는 안 된다. 그렇게 해서는 진리의 깨달음과 해탈을 결코 이룰 수 없으며, 팻기 없는 삶의 모습만 드러낼 뿐이다. 따라서 거기에서는 결코 삶의 행복을 얻을 수 없다.

석가모니가 '중도'를 제창했던 까닭도 여기에 있었다. 이는 삶의 모든 영역에 걸친 것이지만, 절제의 관점에서도 그대로 타당하다. 무절제는 물론 고통스러운 절제도 결코 깨달음이나 해탈을 주지 못한다는 것이다. 공자는 말한다. "고통스러운 절제를 고집하는 불행은 그것이 삶의 길을 막아 버리기 때문이다.〔苦節貞凶 其道窮也〕"(「상전」) 그러므로 쾌락은 말할 것도 없고 자신과 남에게 요구하는 고행과 금욕이 과연 "삶의 길"을 막는 것인지, 아니면 열어 주는 것인지 진지하게 성찰할 필요가 있다.

61. 지성이면 감천

중부(中孚)

절제 있는 행동은 사람들에게 믿음을 불러일으킨다. 감각적 충동과 욕망에 삶을 내맡기지 않고 그것을 통제하여 언행의 균형과 조화를 갖추는 사람은 정말 믿음직스럽다. 만약 그 절제가 '감미로운' 수준까지 이른다면 사람들은 믿음을 넘어 그에 대한 공경과 흠모의 마음까지 일으킬 것이다. 그리하여 믿음과 공경은 너와 나를 교감 소통시켜 줄 뿐만 아니라, 서로를 유대시켜 주는 커다란 힘이 된다. 공자는 말한다. "절제 있는 행동은 사람들의 믿음을 얻을 것이다. 그래서 〈절(節)〉에서 〈중부(中孚)〉로 이어졌다.〔節而信之 故受之以中孚〕"(「서괘전」)

'부(孚)'는 옥편상 믿음이라는 뜻을 갖지만, 그것은 언행상 일반적으로 강조되는 신의나 신뢰와는 차원을 달리한다. '부'에는 자신의 온 존재를 내맡기는 지극정성의 마음이 담겨 있다. 거기에 지성스럽다는 뜻까지 있는 것도 이에 연유한다. 그 글자의 깊은 함의가 여기에 있다. 그러한 믿음은 사회생활상 이해타산의 마음을 넘어 자기 존재의 심층에서 나오기 때문이다. 그것은 마치 독실한 신앙인이 신에게 자신의 온 존재를 봉헌하는 지성스러운 믿음과도 같다.

이러한 뜻은 '부'의 어원에서도 잘 드러난다. 그것은 원래 어미새가 발톱〔爪〕으로 새끼〔子〕를 품고 있는 모습을 상형한 것이다. 사실 이 세상에 어미와 새끼(자식)만큼 믿음이 강한 사이는 없을 것이다. 그들은 털끝만큼의 빈틈도 없이 밀착되어 순수하고 정성스러운 마음을 나누며, 말없이 눈빛만 보아도 서로의 뜻을 안다. 〈중부〉괘는 그와 같은 삶의 정신을 주제로 내놓고 있다.

이러한 뜻을 괘 안에서 살펴보자. 이 괘의 상괘 '손(巽)'☴과 하괘 '태(兌)'☱는 각각 바람과 연못의 상징을 갖고 있다. 이를 조합하면 바람이 연못 위에 불어 물결을 일으키는 영상이 나타난다. 이것이 갖고 있는 은유는 다른 데 있지 않다. 보이지 않는 바람의 힘이 물결을 일으키는 것처럼 순수하고 지성한 마음이야말로 사람들을 감동시키고 세상을 움직이는 힘을 갖는다는 것이다. 말하자면 "지성이면 감천이다."

지극정성의 마음이 그렇게 하늘까지도 감동시킬 수 있는 것은 그가 삶에 더없이 진지하고 성실하게 나서기 때문이다. 그는 지극정성이야말로 이 세상에 두 번 다시는 없을 자신의 삶(존재)에 대한 도리요, 자신에게 바칠 수 있는 최대의 경의라고 여긴다. 그리하여 그는 아무리 심한 역경을 당하더라도 자신의 삶에 최선을 다하려 한다. 그는 자신의 현존 자체를 축복으로 여기면서 세상에 겸손하게 나서려 한다. 그러니 하늘도 감동할 수밖에 없는 것이다. 공자는 이렇게 말한다. "기쁘고 겸손한 마음으로 나서니, 지성한 마음이야말로 만민을 감동시키리라.〔說而巽 孚乃化邦也〕"(「단전」) 이는 상하괘가 각각 갖고 있는 겸손함과 기쁨의 속성에 입각한 말이다.

한편 괘의 구조를 살펴보면, 위아래로 두 개씩의 양효 가운데에 두 개의 음효가 놓여 있다. 전체적으로 가운데가 비어 있는 모습이다. 우리의 심신으로 비유한다면 그것은 몸 안에 비어 있는 마음과도 같다. 여기에는 깊은 은유가 담겨 있다. 요컨대 마음을 비우고 살라는 것이다. 우리의 마음은 평소 온갖 잡념, 욕망, 불안, 번민, 사심, 편견 등으로 가득 차 있다. 당연히 이는 사리 판단과 처사에 오류를 야기하며, 나아가 고통과 불행의 근원이 된다. 그러므로 역시 마음을 비워야 한다. 앞서 인용한 바 있지만, 두 편의 아름다운 시를 다시 한번 음미해 보자.

생각이 많으면 정신이 손상되니
마음을 맑게 비워야 양생(養生)할 수 있다네.
어찌하면 이 마음을 옛 우물처럼
맑게, 물결도 티끌도 없게 할 수 있을까.
嘗聞思慮損精神　唯有淸虛可養身
安得是心如古井　湛然無浪亦無塵

귀양살이 닭 울어야 겨우 잠든다지만
나그넷길 기러기 울음에 나도 잠 못 이루네.
우리들은 생각이 너무 많아 문제라
허정(虛靜)과 염담(恬淡)으로 마음을 길러 보세.
謫裏聽鷄方就睡　旅中聞雁亦無眠
吾儕患在多思慮　盍把虛恬養寸田

앞의 것은 이황이 "내 마음속의 일을 먼저 말했다."고 촌평한 작자 미상의 것이요, 뒤의 것은 그가 귀양살이의 제자에게 보낸 것이다. 제자의 귀양살이나 선생의 나그넷길에서 밤늦도록 잠 못 이루고 뒤척이는 가운데 오갔을 생각은 모두 부질없는 것들이었을 것이다. 아니 그 이상으로 "정신을 손상시켜" 지금, 이 자리의 삶에 깊이 있게 대면하고 정성으로 임하는 것을 방해했을 것이다. 그는 이의 처방책으로 "마음을 맑게 비우고", "허정과 염담으로 마음을 길러 보자."고 제안한다. 부질없는 생각들을 떨쳐 고요히 비우고[虛靜], 평화롭고 담박한[恬淡] 마음으로 세상에 나서자는 것이다. 그러한 마음은 귀양살이든 나그넷길이든 주어진 현실을 겸허하게 받아들이면서 세계와 삶을 음미하고 관조하는 여유까지 가질 것이다.

물론 마음을 비운다 해서 '개념 없이', 또는 백치처럼 살아야 한다는 말이 아니다. 잡념과 욕망, 사심 등을 비우되 마음의 한가운데에 진실하고 지성한 삶의 정신을 두어야 한다. 세상을 바로 보며 삶을 올바르게 영위할 수 있는 힘은 거기에서만 나온다. 이러한 뜻은 괘의 구조에서도 읽힌다. 상괘의 중심인 구오와 하괘의 중심인 구이가 이를 상징한다. 이는 가운데가 비어 있는 〈중부〉괘를 두 개의 중심적인 양효가 튼튼하게 지탱하고 있는 모습을 보여 준다. 여기에서 가운데가 비어 있음은 '허정'과 '염담'의 마음을, 양효는 진실하고 지성한 삶의 정신을 은유한다.

공자는 이를 다음과 같이 부연한다. "지성한 마음은 유연함 속에서도 중심에 굳센 힘을 갖는다.[中孚 柔在內 而剛得中]"(「단전」) 여기에서 '유연함'이란 어떤 상황에도 융통성 있게 적응하는 '허정'과 '염담'의 마음을, '굳센' 힘이란 그 무엇에도 흔들리지 않는 지성한 삶의 정신을 뜻한다. 즉 지성한 사람은 아무리 험난한 현실을 만나도 반발하지 않고 '유연하게' 적응하며, 그 가운데에서도 건강한 정신의 삶을 성취하려는 '양생(養生)'의 강한 의지를 갖는다. 어머니(어미 새)의 부드러운 품 안에는 아이(새끼)를 키우려는 강인한 생명 의지가 작용하는 것처럼 말이다.

괘사卦辭

지성한 마음은 돼지나 물고기와도 교감할 수 있다.
기쁨을 얻으리라.
큰 강물을 건너도 좋다.
올바른 정신을 길러야 한다.
中孚 豚魚 吉 利涉大川 利貞

"인생은 만남"이라면 사람들을 만나는 모든 자리에서 지성한 마음만큼 긴요한 것은 없다. 나의 온 존재로 다가가는 마음은 상대방을 감동시키면서 그 역시 자신의 온 존재로 내게 다가올 것이다. 그 이상 만남의 기쁨이 없을 것이다. 이에 반해 거짓되고 불성실한 마음은 어느 누구도 감동시키지 못한다. 오히려 그것은 자타의 관계를 소원하게 만들고 대립 단절시킨다. 존재의 외로움과 슬픔, 빈곤이 거기에서 비롯된다.

온 존재로 다가가는 지성한 만남은 상상 속의 일만은 아니다. 우리는 그것을 일상에서 체험하기도 한다. 남녀 간 진실한 사랑의 자리가 그예다. 성현들은 그러한 마음을 모든 인간관계에서 펼친다. 아니 그는 돼지나 물고기는 물론 풀 한 포기와도 교감하고 상통할 수 있다. 예를 들면 난초는 매우 까다로워서 각별한 보살핌 속에서만 꽃을 피운다고 한다. 이 역시 교감의 한 사례가 될 수 있다. 거기에서 얻는 기쁨은 난초를 키우는 사람만이 알 것이다. 공자는 이러한 뜻을 다음과 같이 말한다. "돼지나 물고기와도 교감하여 기쁨을 얻는 것은 지성한 마음이 그들에게까지 미치기 때문이다.〔豚魚吉 信及豚魚也〕" 오늘날 애완(반려)동물을 키우는 사람들이 갈수록 늘어나는 이유도 여기에 있을 것이다. 이제는 가족 사이에서까지 나타나는 자타 단절의 개인주의적 삶의 외로움을 그들은 동물을 통해서라도 풀려 한다.

삶(존재)의 외로움과 슬픔, 빈곤을 극복할 수 있는 비책이 여기에 있다. 지성한 삶의 정신이 그것이다. 마치 어미새가 알을 품어 지극정성으로 새 생명을 키우는 것처럼, 우리는 지성으로 자신의 삶을 보살펴야 한다. 그것이 나 자신에 대한, 나아가 나에게 생명을 준 '하늘'(신)에 대한 도리다. 또한 자신의 온 존재를 투여하는 지성한 마음으로 사람과 만물을 대면해야 한다. 그것이 "올바른 (삶의) 정신"이다. 그처럼 지성한 마음은 하늘까지도 감동시켜 삶을 아름답게 성취시켜 줄 것이다. 공자는 말한다. "지성으로 올바른 정신을 길러야만 하늘이 호응하리라.〔中孚以利貞 乃應乎天也〕"(「단전」)

지성한 마음은 삶의 역경에 처했을 때 더욱 요구되는 덕목이다. 지성스러운 사람은 마치 물이 바닥에 한 치의 틈도 없이 밀착하듯이 주어진 상황을 원망하거나 불평불만하지 않고 전폭적으로 받아들인다. 그는 원망과 불평(불만)이 번민과 고통만 키운다는 사실을 잘 안다. 그리하여 그는 그처럼 부질없는 마음을 비우고 오직 지성으로 현실에 나선다. 이황이 읊은 것처럼 귀양살이든 나그넷길이든, 그 밖에 어떤 상황에서도 오직 "허정과 염담"의 마음으로 처신하려 한다.

"큰 강물"의 은유에 담긴 뜻이 여기에 있다. 먼저 공자의 말을 들어보자. "큰 강물을 건너도 좋은 까닭은 타고 갈 나무배가 비어 있어서다.〔利涉大川 乘木 舟虛也〕"(「단전」) 물건을 가득 실은 배는 풍랑에 자칫 침몰할 염려가 있다. 하지만 빈 배는 커다란 파도에도 쉽게 뒤집히지 않는다. 마찬가지로 삶의 역경을 헤쳐 나가는 데에도 '빈 배〔虛舟〕'처럼 마음을 텅 비우고 오직 지성으로 나설 필요가 있다. 마음을 비울수록 인생의 고해(苦海)를 건너기가 수월할 것이다. 이에 반해 원망과 불평불만은 지성의 마음을 못 갖게 만들어 결국 자신을 역경과 고통 속에 침몰시키고 말 것이다. 그러므로 역시 "허정(虛靜)과 염담(恬淡)으로 마음을 길러 보세."

괘상卦象

연못 위에 바람이 불어 물결을 일으키는 모습이 〈중부〉의 형상이다.
군자는 이를 보고서 소송 사건을 심리하고 사형을 경감한다.
澤上有風 中孚 君子 以 議獄緩死

바람이 연못에 물결을 일으키는 것처럼 지성한 사람은 사람들의 마음을 감동시키는 힘을 갖는다. 심청이의 헌신적인 효행이 하늘을 감동시켜 아버지의 눈을 뜨게 만들고, 어머니의 지극정성이 탕아를 감화시켜 선행으로 이끈다. 나아가 그들은 많은 사람들의 마음까지 감동시켜 훈훈하게 만든다. 그러므로 우리는 일이 뜻대로 되지 않을 때 남들을 비난하거나 세상을 원망하기 이전에 자신의 정성이 지극했는지 되돌아 볼 필요가 있다.

공자의 제자 증자가 강조한 "일일삼성(一日三省)"의 자세는 여기에서 도 타당하다. 그는 말한다. "나는 매일 세 가지를 반성한다. 남을 위해 일을 하는 데 불성실하지는 않았는가? 친구와 사귀는 데 신의를 잃지 는 않았는가? 스승의 가르침을 실천하지 못한 것은 아닌가? 하는 것이 다.〔吾日三省吾身 爲人謀而不忠乎 與朋友交而不信乎 傳不習乎〕"(『논어』) 이 처럼 성실과 신의와 진리 실천의 노력은 일의 성패 여부를 넘어 그 자 체로 지극한 기쁨을 가져다줄 것이다.

군자는 매사에 그러하지만, 특히 사람들의 시시비비를 가리는 자리 에서 더욱 지성한 마음을 쏟는다. 자신의 판단과 결정이 그들의 권익 과, 심지어 생명까지도 좌우한다는 사실을 잘 알기 때문이다. 달리 말 하면 그는 자신의 마음속에서 일어나는 판단의 '바람'이 남들의 삶의 '연못'에 크고 작은 물결을 일으킨다는 점을 깊이 인식하여 현안의 문제 에 지성한 마음으로 나선다.

소송 사건을 예로 들어 보자. 그는 성심성의를 다해 사안을 심리하 며, 잔인한 범죄자에게는 관용을 베풀어 "사형을 경감한다." 시비선악 의 이원적인 흑백 논리를 넘어 자신의 온 존재로 나서는 그의 지성한 마음은 죄악의 뒷면에 놓여 있는 범죄자의 일생을 들여다보면서 연민 을 금할 수 없기 때문이다. 시인 롱펠로의 말처럼, "적의 숨겨진 과거를 읽을 수 있다면 우리는 그들 각각의 삶에서 그 어떤 적의라도 내려놓게

만들 만큼 가득한 슬픔과 고통을 발견하게 될 것이다." 군자의 처신과
처사가 많은 사람들의 감동과 감화를 불러일으키는 것도 이처럼 지성
한 마음 때문이다.

효사爻辭

初九
안식의 자리를 찾으면 행복을 얻으리라.
만약 다른 뜻을 갖는다면 안식하지 못할 것이다.
虞 吉 有他 不燕

〈중부〉괘는 진실하고 지성한 삶의 정신을 주제로 하고 있는 만큼 각 효
의 언사는 그러한 정신의 여부에 입각하고 있다. 즉 자신의 존재 내부에
지성으로 귀를 기울이는가, 아니면 바깥의 사물에만 관심을 갖느냐에 따
라 그것이 달라진다. 이를테면 바깥의 효와 음양으로 호응하는 효는 부
정적으로, 그렇지 않은 효는 긍정적으로 평가된다. 초구(初九)는 바깥의
육사와 호응하기 때문에 위와 같은 경고를 하고 있다. 초구 자신의 내부
에서 '안식의 자리'를 찾을 것인가, 아니면 바깥의 육사를 쫓으면서 "다
른 뜻"을 갖느냐에 따라 행불행이 좌우된다는 것이다.

사람들은 누구나 심신을 쉴 수 있는 삶의 안식처를 찾는다. 그런데
문제는 그것이 어디에 있으며, 그것을 어떻게 찾느냐 하는 데에 있다.

그들의 행복은 그 대답 여하에 따라 달라질 것이다. 예를 들면 부귀영화를 안식의 자리로 여기는 사람은 빈천한 생활을 불행으로 여겨 견디지 못할 것이요, 천국에서 안식을 찾으려는 신앙인은 하느님의 말씀을 따르는 삶에서 최대의 행복감을 느낄 것이다. 이처럼 안식 관념의 차이가 행복과 불행을 좌우하며 각양각색의 인생 행로를 조성한다.

그러면 "안식의 자리"를 어디에서 찾아야 할까? 사람들은 대부분 그것을 자신의 존재 바깥에서 찾는다. 부귀영화가 그 대표적인 예다. 특히 오늘날 사람들은 물신 숭배의 사조 속에서 재물(돈)만큼 몸과 마음을 편하게 만들어 주는 것은 없다고 여긴다. 그것 앞에서 사랑이나 정의와 같은 인격 가치는 쓸모없는 것이 되고 만다. 하지만 그것은 득실이 무상하다는 점에서 불안하기 짝이 없으며, 영혼의 안식이라는 관점에서 살피면 오히려 장애거리가 된다. 소유에 대한 관심은 영혼을 흐리게 만들기 때문이다.

그러면 참다운 안식의 자리는 어디에 있을까? 우리 자신의 내부에 있다. 나의 존재 깊은 곳, 이를테면 영혼은 부귀영화와 달리 어느 누구도 나에게서 빼앗아 갈 수 없는 영원한 안식의 자리이다. 그러므로 우리는 그것을 회복하려는 노력을 지성스럽게 해야 한다. 행복은 그 노력의 정도에 달려 있다. 공자는 말한다. "안식의 자리를 얻는 행복은 변함없이 지성한 마음에서 나온다.〔初九虞吉 志未變也〕"(「상전」)

만약 존재 내부의 안식처를 외면하고 바깥 사물에서 안식과 행복을 찾으려는 "다른 뜻을 갖는다면", 그는 집 없는 사람처럼 평생 방황할 수밖에 없다. 이는 남의 문제가 아니다. 부귀영화만 뒤쫓는 우리 자신의 모습이기도 하다. 신앙인들이 염원하는 천국도 이러한 관점에서 다시 생각해 볼 필요가 있다. 만약 자기 내부의 고결한 영혼을 회복하려 하지 않고 저 바깥 너머 사후의 세계에서 안식처를 찾는다면, 그는 이 세상에서 집 없는 인간으로 끝없이 방황할 수밖에 없을 것이다.

九二
어미 학이 언덕 모퉁이에서 우니
새끼가 화답을 하는구나.
나에게 고상한 벼슬이 있으니
그것을 너와 함께 나누리라.
鳴鶴在陰 其子和之 我有好爵 吾與爾靡之

구이(九二)는 양효로서 하괘의 한가운데(내면 깊은 곳)에서 굳세고 실한 모습을 띠고 있으므로 진실하고 지성한 사람을 표상한다. 초구의 관점에서 말하면 진정한 "안식의 자리"다. 하지만 그는 육삼과 육사의 두 음효 아래에 있어서 외면을 당하고 있다. "어미 학이 언덕 모퉁이에서 운다." 한 것은 이를 두고 한 말이다. 그렇지만 자신의 존재(삶)에 대해 진지하고 지성한 그의 태도는 이를 개의치 않으며, 바로 이 때문에 초구와 구오 등 원근의 사람들로부터 호응을 얻는다. "새끼의 화답"이 이를 뜻한다. "고상한 벼슬"은 그처럼 사람들이 서로 호응하고 화답하는 가운데 누리는 정신 세계를 은유한다. 그것이 바로 "안식의 자리"이기도 하다.

"어미 학이 언덕 모퉁이에서 우니 새끼가 화답을 한다."고 하지만, 사실 학의 어미와 새끼만 그러한 것이 아니다. 이 세상에 모든 어미와 새끼들이 다 그러하다. 그처럼 그들이 상호 교감하고 화답하는 것은 지성한 마음 때문이다. 그것은 특히 긴박한 상황에서 더 잘 드러난다. 공자는 말한다. "새끼의 화답은 어미의 울음이 지성한 마음을 담고 있기 때문이다.〔其子和之 中心願也〕"(「상전」) 새끼를 부르는 어미의 마음이 지성하므로 새끼가 호응(화답)하는 것이다.

이는 자타 간 교감과 소통의 행복한 삶을 영위하기 위한 방법을 일러 준다. 학의 어미와 새끼처럼 지성한 마음을 가져야 한다는 것이다. 사람들이 살면서 자타 간 단절과 불통의 고통을 겪는 것은 대개 불성실한 마음에 기인한다. 사람들은 그 자리에서 자신의 마음가짐을 반성하기보다는 상대방의 불성실만 탓하려 한다. 하지만 상대방이 화답하지 않는 것은 나의 태도가 진지하고 성실하지 못해서 그러한 경우가 많다. 이를테면 내가 말을 함부로, 거칠게 하면 상대방 역시 함부로, 거칠게 반응한다. 『대학』은 말한다. "말이 거슬리게 나가면 거슬리게 돌아온다." 공자는 이러한 이치를 다음과 같이 말한다.

군자가 자기 집에서 한마디를 하더라도 그 말이 훌륭하면 천 리 밖에서도 호응하는데, 하물며 가까운 곳에서야 말할 게 있는가. 자기 집에서 말이 한마디라도 그릇되면 천 리 밖에서도 비난하는데, 하물며 가까운 곳에서야 말할 게 있는가. 말은 입에서 나와 다른 사람들에게 영향을 미치며, 행동은 아무리 사소하다 하더라도 멀리까지 파급된다. 그러므로 언행은 군자의 삶을 지탱하는 버팀목이다. 버팀목이 어떻게 작용하느냐에 따라 명예와 치욕이 달라진다. 군자가 언행으로 세상을 움직이니, 어찌 언행을 조심하지 않겠는가!〔君子居其室 出其言善 則千里之外應之 況其 邇者乎 居其室 出其言不善 則千里之外偉之 況其邇者乎 言出乎身 加乎民 行 發乎邇 見乎遠 言行 君子之樞機 樞機之發 榮辱之主也 言行 君子之所以動天 地也 可不愼乎〕(「계사전」)

그러면 사람들에게 행복을 가져다줄 교감과 소통의 내용은 무엇일까? 거기에는 여러 가지가 있을 수 있다. 남녀의 사랑이 대표적이며, 정치나 신앙의 세계에서 사람들이 공통으로 갖는 관심도 그 예가 될 수 있다. 자타 간 어떤 (정치적, 종교적) 견해를 공유하고 있다는 생각이 상호 교감 과 소통의 요인으로 작용하는 것이다. 하지만 그러한 교감과 소통은 매 우 취약하다. 그들의 견해는 언제든지 바뀔 수 있기 때문이다. 당파는 말 할 것도 없고, 종파가 세포 분열하듯 하는 현상이 이를 잘 말해 준다.

이는 근본적으로는 그들의 교감과 소통이 외재적인 것(정당이나 종교 집단)을 매개로 하고 있는 데에 기인한다. 그리하여 가령 교회를 벗어나 각자의 일상생활로 돌아가는 순간 그들의 이해 관심사가 달라지고 충 돌하면서 교감과 소통이 불가능해진다. 남녀의 사랑도 마찬가지다. 만 약 겉모습(외재적인 것)에 끌리면서 육감적 만족을 얻는 것을 사랑으로 여긴다면 그들의 교감과 소통도 가벼울 수밖에 없다. 꿀물을 많이 마 시면 그 달콤함을 못 느끼는 것처럼 그러한 만족은 사랑을 점차로 무덤 덤하게 만들고 말 것이기 때문이다.

이와는 달리 참다운 교감과 소통, 그리고 행복은 그 어떤 외재적 조 건도 내걸지 않는다. 그것은 순수한 내면에서만 나온다. 맹자의 이른바 "천작(天爵)", 즉 '하늘이 준 벼슬'이다. 본문에서 말하는 "고상한 벼슬"

이란 이를 뜻한다. 맹자에 의하면 벼슬에는 '하늘이 준 벼슬'과 '사람들끼리 주고받는 벼슬[人爵]'이 있다고 한다. 후자는 어떠한 형태의 것이든 무상하기 짝이 없다. 그것은 하루아침에 빼앗길 수도 있기 때문이다. 그러므로 그것은 나의 존재에 본질적인 것이 아니다. 이에 반해 '하늘이 준 벼슬', 즉 진리와 도의(사랑과 의로움)의 정신은 그야말로 천부의 것이므로 어느 누구도 나에게서 빼앗아 갈 수 없다. 그러므로 그 벼슬은 "고상하며" 영원한 "안식의 자리"다. 진정한 행복의 세계가 바로 여기에서 열린다. 어미 학과 새끼가 그러하듯이 사람들과 진리와 도의의 정신으로 지성하게 교감하고 소통하면서 그것을 "함께 나누는" 삶이야말로 진정한 행복을 얻을 것이다.

六三
짝을 만나서 북 치며 놀다가 그만두기도 하고
울다가 노래를 부르기도 하는구나.
得敵 或鼓或罷 或泣或歌

　육삼(六三)은 음효로 양의 자리에 잘못 있는 데다가 기쁨의 속성을 갖는 하괘의 끝이라서 쾌락만 지향하는 자다. 그는 음양으로 서로 호응하는 상구의 '짝'에서 쾌락의 대상을 발견한다. 그런데 상구 또한 괘의 마지막 효로서 진심과 정성이 부족한 자이므로, 육삼이 그를 믿는 것은 어리석은 일이다. 결국 그는 그 '짝'과 "북 치며 놀다가 그만두기도 하고, 울다가 노래를 부르기도 하는" 등 희비의 감정에 휘말릴 수밖에 없다.

어미 학과 새끼의 사이처럼 지성으로 교감하지 않고, 단지 이익과 쾌락을 얻기 위해 '짝'을 구하는 사람은 불행하다. (여기에서 '짝'은 배우자나 친구, 동료 등을 망라한다.) 그는 상대방과 "북 치며 놀다가 그만두기도 하고, 울다가 노래를 부르기도 하는" 등 가볍게 만날 뿐, 인격의 교류와 영혼의 교감이 주는 기쁨을 알지 못하기 때문이다. 이는 역시 자기 내면(인격, 영혼)의 빛을 찾아 밝히는 일에는 불성실한 채 바깥에서 쾌락거리를 찾는 어리석음에 기인한다.

이는 달리 살피면 그가 자신의 존재에 불성실한 것이나 마찬가지다. 그의 쾌락 지향적인 사고는 '하늘이 준 벼슬', 즉 인간의 고결한 본성을 스스로 은폐하고 파괴하는 짓과 다름없다. 결국 그는 '짝'과의 가볍고 덧없는 만남을 견디지 못하고 방황의 삶을 살 수밖에 없다. 불행하게도 이것이 오늘날 배우자든 친구든 진정한 '짝'을 얻지 못하고 이합집산을 되풀이하는 우리들 삶의 현주소다. 공자는 이러한 문제점을 다음과 같이 지적한다. "북 치며 놀다가 그만두는 것은 자리를 잘못 잡아서 그런 것이다.〔或鼓或罷 位不當也〕"(「상전」) 인간관계의 '자리'를 잘못 잡았기 때문에 그러한 일이 벌어진다는 것이다.

六四
거의 보름달이다.
말이 제 짝을 잃어도 탈을 부리지 않는구나.
月幾望 馬匹亡 无咎

육사(六四)는 구오의 양효 바로 아래에서 음효로 음의 바른 자리에 머물러 있다. 이는 마치 태양[양(陽)]의 빛을 정면으로 받는 밝은 달[음(陰)]과도 같다. "거의 보름달"이란 육사가 구오와 맞먹을 수 없음을 알고 아래로 물러서는 겸손의 뜻을 함축하고 있다. (완전한 보름달은 밤의 어둠을 두루 밝혀 주는 만큼 대낮의 태양과 맞먹을 만하다.) "말이 제 짝을 잃는다."는 말은 육사가 같은 음효인 육삼의 '짝'과 동행하지 않고 구오의 정신을 우러름을 은유한다.

보름달은 사람들에게 아쉬운 마음을 불러일으킨다. 이제부터는 서서히 이지러질 것이기 때문이다. 이와는 달리 열사나흘의 달은 아직 더 찰여지가 남아 있다는 기대감을 준다. 마찬가지로 꽃도 만개한 것보다는 필 듯 말 듯한 봉오리의 상태가 사람들의 기대와 상상력과 기쁨을 더 자극한다. 사람의 경우도 이십대보다는 십대 쪽이 더 생기발랄하게 보인다.

세상사가 다 그렇고 보면 우리가 살아가면서 무엇이든 너무 채우려 해서는 안 될 일이다. "가득 채우면 손실을 부르고, 겸손하면 이익을 얻는다.〔滿招損 謙受益〕"(『서경』) 자신의 빛이 만상을 대낮처럼 환하게 비추는 보름달이나 되는 듯이 자만하지 말고, 아직도 부족한 열사나흘의 달처럼 겸손해야 한다. 지적으로나 도덕적으로나 완벽한 사람은 이 세상에 없기 때문이다.

자만은 지성한 정신의 커다란 적이다. 지나친 자신감은 일에 임해서 조심과 정성을 다하려 하지 않기 때문이다. 지성스러운 태도는 겸손한 삶의 정신 속에서만 생겨난다. 물론 그 겸손은 남들의 칭송을 받기 위한 가식이 아니다. 자신의 불완전이나 부족을 깊이 자각하는 사람은 겸손할 수밖에 없다. 기독교가 사람들에게 무지와 무능의 자각을 강조하는 이유도 여기에 있을 것이다. 그래야만 전지전능한 하느님에게 지성한 예배와 봉헌의 마음을 일으킬 것이기 때문이다.

겸손하고 지성한 삶의 정신은 자신을 남들과 비교하거나 경쟁하려 하지 않는다. 이를 두(세, 또는 네) 마리의 말이 끄는 수레에 비유해 보자. 말들은 옆의 '짝'들과 경쟁하지 않는다. 설사 '짝'이 없다 하더라도 그들은 성실하게 수레를 끌면서 각자 자신의 힘을 다할 뿐이다. 만약 서로 경쟁한다면 그들은 금방 지치고 말 것이며, 어쩌면 각자 자신의 방향을 고집함으로써 수레가 전복될 수도 있을 것이다.

그처럼 "말은 제 짝을 잃어도 탈을 부리지 않는다." 이는 지성한 사람이 남들과 비교하거나 경쟁하지 않고, 오직 내면의 빛을 밝히면서 자신의 삶의 길을 묵묵히 간다는 뜻을 은유한다. 공자는 말한다. "말이 제 짝을 잃었음은 남과 견주지 않고 향상의 길을 걷는 사람을 두고 한 말이다.〔馬匹亡 絶類 上也〕"(「상전」) 이러한 모습은 역시 신앙의 세계에서 잘 드러난다. 진정하고 지성한 신앙인이라면 자신의 믿음을 남들의 것과 비교하거나 경쟁하려 하지 않을 것이다. 그는 오직 하느님만을 우러르며 자기 향상의 길을 걸을 것이다.

참고로 두보(杜甫, 712~770)의 시를 한 번 음미해 보자. "소용돌이 물속에서 목욕하는 해오라기는 무슨 마음을 갖고 있나/ 한 그루 나무에 핀 꽃들은 저 홀로 환하구나.〔盤渦鷺浴底心性/ 獨樹花發自分明〕" 해오라기가 물속에서 유유하게 헤엄치며 노는 것이나 나무가 꽃을 피우는 것은 제 옆의 짝들과 경쟁하면서 자신의 아름다움을 보여 주기 위한 것이 아니다. 그들은 각자 존재의 제자리에서 자신의 생명을 그렇게 발현

할 뿐이다. 이황은 위의 시를 인용하면서, 공부(학문)도 이와 같아야 한다고 강조한다. 인간 존재의 꽃을 피우는 일에 진지하고 성실하게 나서야지, 부귀공명의 바깥 것들에 마음을 빼앗겨서는 안 된다는 것이다.

九五
지성한 마음으로 사람들을 결속시켜야 한다.
그래야만 폐해가 없으리라.
有孚 攣如 无咎

　구오(九五)는 상괘의 한가운데에서 양효로 양의 자리에 올바로 있으므로 지성한 마음의 전형이다. 다만 그것을 개인적으로 자족해서는 안 된다. 그는 지존의 자리에 있으므로 지성한 마음으로 휘하의 사람들을 결속시켜 각종의 사회적 '폐해'를 예방할 책임을 갖고 있기도 하다.

　사람들과 소통하고, 나와 남을 유대 결속시켜 주는 가장 강력한 힘은 지성한 마음에서 나온다. 다시 말하지만 "지성이면 감천이다." 그러한 마음은 특히 대소 조직의 지도자들이 반드시 갖추어야 할 덕목이다. 지도자는 구성원들을 지성한 마음으로 대해야 할 뿐만 아니라, 조직(사회)의 중심에 지성(성실과 신의)의 가치를 확립해야 한다. 그 가치야말로 조직의 크나큰 자본이다. 그것을 결여한 인간관계와 사회는 마치 모래성과도 같아 쉽게 무너지고 말 것이다. 아니 그 이전에 개개인의 삶은 부실하기 짝이 없을 것이다. 공자는 말한다. "사람들을 결속시키는 지성한 마음이야말로 삶의 자리를 바로잡아 주는 핵심이다.〔有孚攣如 位正當也〕"(「상전」)

上九
닭의 울음소리가 하늘까지 뻗친다.
고집을 부리면 불행하리라.
翰音 登于天 貞 凶

상구(上九)는 괘의 제일 바깥에 있는 효이므로, 지성한 마음을 갖지 못하고 외양의 꾸밈으로만 남들의 인정을 받으려는 자다. 닭이 을 때에는 먼저 날개를 치며, 새벽녘 수닭의 울음소리는 허공에 퍼져 "하늘까지 뻗친다." 하지만 그 울음소리만 그러할 뿐, 닭은 날지 못하고 우리 안에 갇혀 있으므로 그 소리가 저 하늘의 실상과 동떨어져 있다. '고집'이란 자신의 잘못을 뉘우치지 않는 태도를 뜻한다.

사람들은 부귀영화의 획득에 지극정성을 다한다. 그것으로 남들 앞에 나서 대접과 존경을 받으려는 것이다. 하지만 그것은 지성한 삶의 정신과 거리가 멀다. 그것은 고결한 영혼이나 밝은 덕성과 같은 인간의 존재 본질을 외면하고 있기 때문이다. 거기에는 오히려 승부욕이나 기만, 술수, 위선 등 불순하고 그릇된 마음만 자라날 것이다. 부귀영화의 자리는 원래 그러한 마음 위에서만 쟁취될 수 있다. 그러므로 그것에 지극정성을 다할수록 그는 도리어 자신의 존재에 불성실할 수밖에 없으며, 알맹이 없는 쭉정이의 삶을 면치 못할 것이다.

그러므로 부귀영화의 화려한 외양에 정성을 들이려 해서는 안 된다. 부귀영화의 꾸밈 속에서 영혼의 삶을 추구하는 것은 마치 하늘을 날고 싶어 하는 닭의 소망과도 같다. 닭이 닭장 안에서 아무리 날개를 치며 울어댄다 해도 그 소리만 "하늘까지 뻗칠" 뿐 하늘을 날 수 없는 것처럼, 부귀영화를 다투는 마음은 결코 '하늘'(신)의 뜻을 알 수 없다. '하늘'의 뜻은 자신의 내면(영혼)에 지성하게 귀를 기울일 때에만 자각할 수 있다.

사람들은 불현듯 깨인 마음에서는 이를 수긍하면서도, 현실에 나서면 여전히 부귀영화의 '고집'을 버리지 못한다. 이는 마치 먹구름의 하늘에 햇빛이 언뜻 비치다가 다시 먹구름으로 뒤덮이는 모습과도 같다. 그러므로 그 고집은 먹구름의 삶을 자초하는 일일 뿐이다. 그것은 붙잡을 수 없는 무지개의 환상이기 때문이다. 공자는 이를 다음과 같이 은유적으로 말한다. "닭의 울음소리가 하늘까지 뻗치지만, 그 소리가 얼마나 오래 가겠는가.〔翰音 登于天 何可長也〕"(「상전」) 이처럼 허공 속으로 이내 사라져 버릴 울음소리를 들으면서 하늘을 두리번거린들 닭을 발견할 수는 없는 일이다.

마찬가지로 자아(존재)를 바깥 세상에서 찾으려 해서는 안 된다. '하늘이 준 벼슬'을 자신의 내면 깊은 곳에서 자각하여 거기에서 진정한 안식의 자리를 얻어야 한다. 그러려면 내 안에 드리운 부귀영화의 "먹구름"을 걷어 내고 "구름 한 송이 없이 맑은 하늘"을 바라보기 위해 "네 마음속 구름"을 지성스럽게 닦아 나가야 한다. 신동엽 시인의 「누가 하늘을 보았다 하는가」를 한 번 음미해 보자.

누가 하늘을 보았다 하는가
누가 구름 한 송이 없이 맑은
하늘을 보았다 하는가.

네가 본 건, 먹구름
그걸 하늘로 알고
일생을 살아갔다.

네가 본 건, 지붕 덮은
쇠 항아리,
그걸 하늘로 알고
일생을 살아갔다.

닦아라, 사람들아
네 마음속 구름
찢어라, 사람들아,
네 머리 덮은 쇠 항아리.

아침 저녁
네 마음속 구름을 닦고
티 없이 맑은 영원의 하늘
볼 수 있는 사람은
외경(畏敬)을

알리라.

아침 저녁
네 머리 위 쇠 항아릴 찢고
티 없이 맑은 구원(久遠)의 하늘
마실 수 있는 사람은

연민(憐憫)을
알리라
차마 삼가서
발걸음도 조심
마음 조아리며.

서럽게
아, 엄숙한 세상을
서럽게
눈물 흘려

살아가리라
누가 하늘을 보았다 하는가,
누가 구름 한 자락 없이 맑은
하늘을 보았다 하는가.

62. 파격의 정신

소과(小過)

일에 지성스러운 사람은 당연히 남들의 신망을 얻을 것이다. 그런데 그들의 신망은 그의 자신감과 자만심을 부추겨 자칫 일을 그르치게 만들기도 한다. 말하자면 "잘한다, 잘한다 하니까 행주까지 풀 먹이는" 식이다. 공자는 이러한 뜻을 괘의 순서와 관련하여 다음과 같이 말한다. "자신감을 갖고 있는 사람은 일을 과감하게 밀어붙인다. 그래서 〈중부 (中孚)〉에서 〈소과(小過)〉로 이어졌다.[有其信者 必行之 故受之以小過]"(「서 괘전」) '소과'란 다소 지나치다는 뜻으로, 이 괘는 그러한 과잉 현상에 어떻게 대응해야 할 것인지를 주제로 삼는다.

개인이나 사회를 막론하고 어떤 생각이나 이념, 사조가 지나치면 문제를 야기하기 마련이다. 그것이 기본적으로 아무리 올바르다 하더라도 과잉에 이르면 폐단을 낳는다. 이를테면 자유도 지나치면 방종으로 흐르고, 평등도 과도하게 강조되면 능력자와 무능력자를 동일하게 대우하는 불평등의 역설을 초래한다. 또한 독실하다 못해 지나친 신앙심은 아집과 독선에 빠질 우려가 있다. 종교 전쟁은 그것의 극단적인 폐단을 보여 준다.

그러므로 우리는 자신의 사고방식이나 생활에 과도한 점이 없는지, 만약 지도자라면 사회를 지배하는 이념이나 가치, 또는 현상이 어느 한쪽으로 편향되지 않는지 수시로 성찰하여 바로잡아 나가지 않으면 안 된다. 그 노력은 사안에 따라서는 상식을 넘어 과도한, 때로는 파격적인 대응을 필요로 하는 경우도 있을 것이다. 특히 그 과잉이 심하거나 고질적일 경우에 더욱 그러하다.

물론 과잉 현상에 대한 과도한 대응은 그 자체로만 보면 문제시될 수 있다. 하지만 전체적인 상황을 고려하면 오히려 그것이 잘못된 사태를 바로잡아 줄 현명한 방법이 되기도 한다. 바로 그것이 중용의 정신에 맞는다. "독을 독으로 제거한다.〔以毒除毒〕"는 파격도 따지고 보면 이러한 뜻을 함축하고 있다. 물론 이를 위해서는 사태와 상황을 폭넓게 인식할 수 있는 높은 안목을 갖추어야 한다. 평범한 의사가 '이독제독'의 시술을 하면 환자는 자칫 목숨까지 잃을 수 있다. 〈소과〉괘는 그러한 안목과 지혜를 말하려 한다.

이를 괘 안에서 살펴보자. 상괘 '진(震)' ☳과 하괘 '간(艮)' ☶은 각각 우레와 산의 상징을 갖고 있다. 만약 어떤 사람이 산 위에서 우렛소리를 듣는다면 어떤 반응을 보일까? 그 소리가 평지에서보다 유난히 크게 들리면서, 그는 평소보다 더 두려운 마음에 몸을 크게 도사릴 것이다. 이는 일상의 행동거지와는 다른, 일종의 '파격적인' 태도다. 그것은 물론 자신의 안전을 도모하려는 방책이다.

한편 이 괘는 네 개의 음효가 바깥에, 그리고 두 개의 양효가 안에 위치한다. 이는 음기(어둠)가 양기(빛)를 안에 가두고서 행세하는 모습을 보여 준다. 이처럼 음기의 과잉 시절에 정상적인 처신은 자신을 위험에 빠트릴 염려가 있다. 공자가 평소 제자들에게 올곧은 언행을 강조하면서도, 난세에서는 "행동은 올곧게 하되 말은 조심하라."(『논어』)고 훈계한 이유도 여기에 있다. 일상의 도리에서 벗어난, 일종의 '파격'을 가르친 것이다.

이는 난세에는 무조건 숨죽이고 지내야 한다는 주장이 아니다. 그것은 불필요하게 지나친 말로 피해를 입을까 염려한 것일 뿐이다. 이때 말의 불필요함 여부는 진리와 도의(사랑과 의로움)에 의해 가려진다. 그러므로 아무리 난세라 하더라도 진리(도의)를 천명해야 할 경우에는 목숨을 걸고라도 말을 해야 한다. 이 또한 공자의 '파격적인' 가르침에 대한 또 다른 파격이 될 수 있다. 옛날 사화 시절에 직언하기를 서슴지 않았던 선비들이 그 예를 실제로 보여 준다. 우리는 여기에서 진정한 파격의 정신을 배운다. 즉 그것은 궁극적으로 진리(도의)를 밝히고 실현하려는 뜻을 잊지 않는다.

괘사卦辭

다소의 파격은 일을 성취시켜 주리라.
올바른 정신을 잃지 말아야 한다.
일을 작게 해야지 크게 하려 해서는 안 된다.
새가 날면서 울음으로 무언가를 말하는구나.
"위로만 오르려 하지 말고 아래로 내려와야 한다.

그러면 큰 행복을 얻으리라."

小過 亨 利貞 可小事 不可大事 飛鳥遺之音 不宜上 宜下 大吉

우리는 무슨 일에서든 원칙과 정도를 지켜야 하겠지만, 때로는 다소의 파격도 필요하다. 아니 세상만사가 원래 지나치거나 모자람의 연속인만큼 파격의 정신은 수시수처에서 요구되는 삶의 지혜일 수도 있다. 일의 성취 여부는 그것을 얼마나 잘 구사하느냐에 달려 있다. 삶의 묘미는어쩌면 거기에 있는지도 모른다. 상투적인 대응이 식상함과 권태감을 불러일으키는 것과는 달리, 파격은 삶에 긴장과 새로움을 주기 때문이다. 이를테면 여행은 일상생활의 '파격'으로서 사람들은 거기에서 활력과 신선함을 얻는다. 공자는 말한다. "다소의 파격은 조금은 지나치게 조처함으로써 일의 성취를 도모하려는 것이다.〔小過 小者過而亨也〕"(「단전」)

하지만 파격이 원칙과 정도를 아예 부정하거나 생활 자체를 파괴하는 것이어서는 안 된다. 그것도 궁극적으로는 진리와 도의의 실천을 통해 건강한 삶의 정신을 제고하고 앙양하기 위한 것이어야 한다. 파격의 "올바른 정신"이 여기에 있다. 그것은 원칙적인 대응을 거부하지만 진리와 도의, 건강한 삶의 정신까지 파괴하는 것은 아니다. 사실 원칙(정도)도 궁극적으로는 그러한 정신을 목표로 한다. 다만 원칙으로는 그 목표를 이루기 어려운 상황 속에서 파격을 행하는 것일 뿐이다. 그러므로 정반합의 논리로 말하면 파격은 원칙〔正〕을 깨트리면서도〔反〕 그것을 아울러서〔合〕 차원 높은 삶의 세계를 지향한다. 우리는 그 모습을 중국의 무협 영화에서 펼쳐지는 '취권'에서 상상해 볼 수 있다.

그러므로 "일(파격)을 작게 해야지, 크게 하려 해서는 안 된다." 지나친 파격은 자칫 일 자체를 혼란과 파행으로 내몰고, 건강한 삶의 정신을 아예 파괴할 수도 있다. 이를테면 일상생활을 적당하게 파격하는 여행은 삶에 활력을 주지만, 마치 역마살이 낀 듯 지나치면 삶의 정신을 해칠 수 있다. 그러한 사람은 현실에 뿌리를 내리지 못하고, 마치 부평초처럼 세상을 떠도는 방랑의 마음을 버리지 못할 것이다.

그러므로 파격 속에서도 현실과의 균형 감각을 잃어서는 안 된다. 말하자면 균형을 깨트리지 않는 파격이어야 한다. 이는 현실의 원칙[正]을 깨트리면서도 동시에 그것을 아우를[合] 줄 아는 유연한 정신 속에서만 가능할 것이다. 파격을 일삼는 강성의 사람에게서는 그것을 기대할 수 없다. 공자는 말한다. "파격 속에서도 올바른 정신을 잃지 말고 시의(時宜)를 헤아려야 한다. 유연한 정신은 시의에 맞춰 일(파격)을 작게 함으로써 좋은 결과를 얻겠지만, 강성의 사람은 본분을 벗어나고 시의를 잃기 때문에 큰일을 할 수 없다.〔過以利貞 與時行也 柔得中 是以 小事吉也 剛失位而不中 是以 不可大事也〕"(「단전」) 실제로 강성의 사람은 자신의 본분을 벗어나는 파격적인 행동을 잘 하여 일의 패착을 초래하는 경우가 흔하다.

파격의 정신은 새의 울음소리에서도 어떤 의미를 읽는다. 새는 하늘 끝까지 날아오르지 않고 숲속의 둥지를 찾아 아래로 내려온다. 새의 안식처는 공중이 아니라 이 땅 위에 있기 때문이다. 인간사의 경우도 마찬가지다. 일상생활에서 상식을 넘어 파격적인 행동을 일삼는 사람은 남들에게 불신을 당하면서 어디에서도 안식을 얻기 어려울 것이다. 그는 마치 이 땅을 버리고 허공에 집을 지으려는 새와도 같으며, 양초로 날개를 만들어 붙여 태양을 향해 날아오르려는 이카로스나 마찬가지다. 공자는 저 새의 울음소리에 담긴 뜻을 다음과 같이 풀이한다. "위로 오르기만 하는 것은 사리를 거스르는 짓이요, 아래로 내려오는 것이 순리다.〔上逆而下順也〕"(「단전」)

요컨대 파격의 정신은 아래의 현실, 일상의 삶 자체를 부정하는 것이 아니다. 그는 다만 어떤 현상의 과잉으로 인해 진부해지고 판에 박힌 일상의 질서를 거부하는 것일 뿐이다. 그는 그러한 일상을 깨트려 그 위에서 생동하는 삶의 세계를 개척해 나가려 한다. 즉 그는 "위로만 오르려 하지 않고 아래로 내려오려 한다." 그는 "위로 올라"(부정) 세상을 조감하고는, 다시 "아래로 내려와"(긍정) 참삶의 안식을 얻으려 한다. 세속을 떠나면서도〔超俗〕좀 더 높아진 안목으로 세속으로 다시 돌아오는〔還俗〕것이다. 그것은 단 한 번으로 끝나는 것이 아니라 수시수처에서 반복될 것이다. 이처럼 일상에 붙박이지 않는 파격의 자유 정신이야말로 진정 커다란 삶의 행복을 얻을 것이다.

괘상卦象

산 위에서 우렛소리가 울려 퍼지는 모습이 〈소과〉의 형상이다.
군자는 이를 보고서 행동은 지나치리만큼 공손하며
상사(喪事)에는 지나치리만큼 슬퍼하며
소비는 지나치리만큼 검소하게 한다.
山上有雷 小過 君子 以 行過乎恭 喪過乎哀 用過乎儉

사람들은 등산길에 산상에서 우렛소리가 평소보다 가깝게, 크게 들리면 지나치리만큼 마음과 행동을 조심하곤 한다. 이는 과잉의 현상에 역시 과잉으로 반응하는 하나의 사례로서, 군자는 거기에서 어떤 삶의 정신을 자각한다. 무엇이든 과잉의 사태 앞에서 그 반(反)가치를 제고하는 '파격'을 행함으로써 사람들과 사회를 올바로 인도하리라는 것이다. 이를테면 그는 보수의 폐해를 바로잡기 위해 진보의 정신을 천명하고, 지나친 우경화를 염려하면서 '좌파'의 정당한 가치를 알릴 것이다. 이러한 파격은 그 밖에 문화와 예술, 종교 등 개인 생활과 사회의 모든 분야에서 행해질 수 있다. 그것은 물론 중용을 회복하기 위해서, 또는 정(正)가치와 반(反)가치를 넘어서는 '합(合)'의 가치를 얻기 위해서다.

다른 예를 들어 보자. 공손이든 슬픔이든 검소든 '지나친' 것은 옳지 않다. 공자도 "지나친 것은 모자란 것과 다를 게 없다.〔過猶不及〕"(『논어』)고 비판한 바 있다. 하지만 만약 사람들이 행동에 교만하고, 부모의 죽음을 슬퍼할 줄 모르며, 낭비벽이 심하다면 문제가 달라진다. 이에 대해 군자는 과불급 없는 공손의 자세가 예의의 정도인 것을 알면서도, 사람들의 교만심을 깨우쳐 주기 위해 의도적으로 "지나치리만큼 공손하게" 행동하는 '파격'을 보일 것이다.

요즘과 같이 순전히 의례적으로만 치러지는 장례식이나 낭비를 부추기는 문화에 대해서도 마찬가지다. 군자는 자신이 상주로서 "지나치리만큼 슬퍼하고", 문상을 가서는 심하게 애도를 표하며, 씀씀이를 남달리 절약할 것이다. 이에 대해 사람들은 "지나치다."고 비난할지도 모른다. 하지만 그의 '파격'은 잘못된 사회 풍조를 바로잡기 위한 것일 뿐이다. 그는 그처럼 파격을 통해 올바른 정신을 확립하려 한다.

효사爻辭

初六
새가 날아오르려 한다.
낭패를 겪으리라.
飛鳥 以凶

초육(初六)은 음효로 제일 아래의 자리에 있으므로 힘을 갖지 못했다. 그런데도 그는 구사에게 음양으로 호응하여 성급하게 위로 오르려 한다. 이는 마치, 아직 다 자라지 못해 둥지에서 양육되어야 할 새(새끼)가 하늘을 날아오르려 하는 것과도 같다. 여기에서 '새'의 영상은 (앞서 괘사의 경우와 마찬가지로) 괘의 형상에서 나온 것이다. 즉 구삼과 구사는 새의 몸통이요, 바깥쪽의 음효들은 새의 양 날개와도 같다. 특히 초육과 상육은 힘없는 날개 끝에 해당된다.

어떤 일에 대해 파격적인 조치가 필요하다 하더라도 우리는 때를 기다려야 한다. 만약 자신이 아직 그럴 만한 능력과 지위와 영향력을 갖지 못했을 경우에는 먼저 나서서는 안 된다. 설사 몇몇 사람들이 호응한다 하더라도 시의를 헤아리지 않고 성급하게 '파격'을 보이면 실패를 겪을 수밖에 없다. 그것은 마치 날개의 힘을 갖지 못한 새가 하늘을 날려다가 땅에 추락하는 것이나 마찬가지다. 공자는 말한다. "새가 날아오르려다가 낭패를 겪으니 어쩔 도리가 없구나.[飛鳥 以凶 不可如何也]"(「상전」) 이는 마음만 앞선 자의 파격적인 행동이 낭패를 자초하는 어리석음을 탄식한 말이다.

참고로 앞서 소개했던 『도(道)와 심리학』의 저자의 이야기를 들어 보자. 어떤 부인이 그에게 찾아와 상담을 요청했다. 지금의 자리보다 더 좋은 직장을 제안받았는데 어떻게 하면 좋을지 모르겠다는 것이었다. 이에 그는 점으로 〈소과〉괘 초육을 얻고는, 그녀에게 지금의 자리에서 경험을 더 쌓도록 조언했다. 그녀가 매우 낙담하는 모습을 보면서 그는 다음과 같이 부연한다.

새는 깃털이 완전히 날 때까지 둥지에 있어야 한다. 그전에 날려고 하면 불행이 온다. 우리는 가능한 한 전통적 방식을 고수해야 한다. 그렇지 않으면 우리 자신과 에너지를 소진시키고 아무것도 얻지 못한다.(『도와 심리학』)

六二
손녀가 할아버지를 지나쳐 할머니를 만나고
신하가 임금과 맞먹지 않고 자신의 본분을 지키면
탈이 없으리라.
過其祖 遇其妣 不及其君 遇其臣 无咎

육이(六二)는 음효의 여성(손녀)으로서 구삼은 아버지, 구사는 할아버지요, 역시 음효의 육오는 할머니에 해당된다. "손녀가 할머니를 만난다."고 한 것은 육이와 육오가 상하괘의 중심에서 음효로서 서로 호응하기 때문이다.(음양이 서로 호응하는 다른 괘들과 달리, 이 괘는 과잉 시절의 파격적인 행보를 주제로 하므로 음효끼리 호응한다.) 이는 육이가 양효인 (구삼과) 구사를 따르지 말고, 같은 음효인 육오의 뿌리를 찾아 돌아가야 한다는 뜻을 함축하고 있다. 여기에는 어떤 과잉 현상에 대응하는 파격이 또 다른 과잉을 초래할까 염려하면서, 고유한 본분을 찾아야 한다는 깊은 은유가 담겨 있다. 여기에서 '할아버지'는 전통적인 남성성을, 그리고 '할머니'는 여성의 고유한 존재성을 상징한다. (구삼, 구사와 달리 육이와 육오는 상하괘의 중심(근본)에 자리 잡고 있기 때문이다.) '신하'와 '임금'은 역시 육이와 육오를 가리킨다. "신하가 임금과 맞먹지 않고 자신의 본분을 지킨다."는 말은 파격의 부당성을 예거한 것이다. 공자는 말한다. "신하가 임금과 맞먹어서는 안 되니, 신하의 본분을 넘지 말아야 한다.[不及其君 臣不可過也]"(「상전」)

1995년에 미국에서 1년간 방문 교수 생활을 한 일이 있었다. 대학 앞 서점에서 책들을 구경하다가 희한한 잡지를 하나 발견했다. 제목이《플레이 걸》이었다. 거기에는 남성의 '물건'들을 여러 각도로 찍은 사진들이 도배되어 있었다. 아마도 그것은 남성용《플레이 보이》에 대항하여 여성들의 성적 호기심을 겨냥해 만든 것처럼 보였다. 당시 어떤 미국인 교수에게 그 이야기를 했더니, 그는 "남성 중심 문화에 대한 반발의 산물"이라고 대답했다. 하지만 그것은 마치 상대방의 폭력을 증오하면서 자기도 모르게 그의 폭력성을 닮는 짓이나 다름없다. 이는 남녀의 인간 관계뿐만 아니라 일상생활 전반에서 유념해야 할 일이다. 어떤 과잉 현상에 대한 반발적 응수가 사태를 정상으로 돌리기는커녕, 오히려 또 다른 유형의 과잉을 초래하는 것은 아닌지 말이다.

여기에서 우리는 오늘날의 사회 현상과 관련하여 하나의 문제를 만난다. "남성 과잉의 시대에 여성이 자신의 권익을 찾고 신장하기 위해 해야 할 일은 무엇인가?" 하는 것이다. 그것은 여자들이 남자들을 닮거나, 남자들과 무엇이든 무조건 똑같이 향유하는 데에 있지 않다. 진정한 남녀평등을 이루기 위해서는 여성을 성적 쾌락의 대상으로만 여기는 남자들의 퇴폐적이고 폭력적인 사고방식과 행태를 비판하면서, 여성 고유의 존재성을 확립하는 데에서부터 시작되어야 한다. "손녀가 할아버지를 지나쳐 할머니를 만난다."는 은유의 뜻이 여기에 있다. '손녀'가 남녀 불평등의 현실에 반발하면서 '할아버지'의 남성다움(남성성)을 배우고 닮으려 하지 말고, '할머니'의 여성다움(여성성)을 되찾아야 한다는 것이다.

물론 여성 고유의 존재성이 과연 무엇인가 하는 문제에 관해서는 논의의 여지가 많다. 혹자는 아예 남성성과 여성성의 차이를 부정하기도 한다. 그러한 논의에는 여자를 지배하려는 남자의 은밀한 권력 의지가 숨어 있다고 비난까지 하면서 말이다. 하지만 우리는 프랑스 어떤 학자의 관찰 보고를 경청할 필요가 있다. 남성도 여성도 아닌 중성의 사조 속에서 사람들은 남성의 단단한 근육과 여성의 섹시한 몸매를 새롭게 선망하고 추구한다는 것이다. 이는 남성성과 여성성의 다름이 자연적인 것임을 시사한다.

그러므로 남녀가 자기 고유의 '다움'(존재성)을 찾아 상호 조화로운 삶을 추구해야 한다는 주장을 부정해서는 안 된다. (물론 그전에 남녀가 동일한 인간이요 평등한 인격이라는 점을 잊지 말아야 한다.) 이렇게 생각해 보자. 모성이 잘 보여 주는 것처럼 공감 능력과 부드러움은 참으로 여성적인 속성이다. 사실 남자에게는 그것들이 약하다. 남자들은 남들과의 대립과 투쟁을 마다하지 않는 강한 힘을 숭상하기 때문이다.

여성의 공감 능력과 부드러움은 남들을 세심하게 배려하고 따뜻하게 보듬어 안는 생명적 활력을 갖는다. 여자들은 이러한 여성성을 길러야 한다. 남자들과 똑같이 힘으로 겨루려 해서는 안 된다. 굳이 승패의 표현을 빌리면 남성을 이길 수 있는 진정한 힘은 여성 안에 있다. 그리하여 남성 과잉의 문화를 여성성으로 '파격'하여 남녀의 평등과 조화를 이루고 새로운 삶의 세상을 만들어 나가야 한다. 앞으로 인류 생활의 향방은 어쩌면 그러한 파격 여부에 따라 달라질 것이다.

九三
세심하게 살펴 방비하지 않으면
어느 결에 해를 입어 불행해지리라.
弗過防之 從或戕之 凶

구삼(九三)은 양의 자리에 양효로서 자신의 강성을 굳게 지키고 있기 때문에 여러 음효의 질시를 받는다. 이는 어둠의 세력이 진리의 빛을 없애려는 상황을 암시한다. 그래서 "세심하게 살펴 방비하지 않으면 어느 결에 해를 입어 불행해질" 것이라고 충고했다. "어느 결"이란 한순간 방심의 틈을 뜻하는 말이다.

무릇 일을 하는데 지나쳐서는 안 되지만, 음특한 힘이 지배하는 세상에서는 특히 세심하게 경계하고 방비하는 노력을 다하지 않으면 안 된다. 그 힘은 한순간 방심의 틈을 타고 마치 병균처럼 침투하여 자신의 생활을 교란하고 해치기 때문이다. 여기에서 '음특한 힘'이란 생명 부정적인 모든 것들을 망라한다. 그러므로 그것은 폭력적이고 부도덕한 것뿐만 아니라, 그 밖에 우리의 삶을 흐트러트리고 타락시키는 모든 요소를 포함한다. 현대 문명이 조장하고 조작하기까지 하는 욕망이 그 하나다. 그것은 사람들의 창조 정신을 고취하기보다는 소비적이고 소모적인 일에만 관심을 갖도록 부추긴다.

우리는 그러한 세상(문명)에 다소 지나치리만큼 '파격'을 감행해야 한다. 밝고 건강한 정신의 삶을 살기 위해서다. 세상에 순응하는 태도는 존재 빈곤의 불행을 면할 수 없다. 이를 심각하게 인식하여 우리의 생활 주변에, 자신의 안팎에 도사리고 있는 음특한 요소들을 예의 경계하고 방비해야 한다. 스팸 메일 수준의 정보(욕망, 지식)는 컴퓨터 안에만 있는 것이 아니다. 그것들은 사방 도처에 널려 있으며, 우리의 정신과 삶에 "어느 결에 해를 입힌다."

그런데도 우리는 그것들을 적극적으로 환영할 정도로까지 방심에 젖어 있다. 바보상자라 일컬어지는 텔레비전에 중독되어 있는 모습이 좋은 예다. 사람들은 고요한 마음과 고적한 삶을 즐길 줄 모르고, 욕망거리나 텔레비전 등 자신을 매몰하고 소외시킬 대상이 없으면 오히려 불안해한다. 이는 그들이 음특한 힘에 지배당해 올바른 삶의 정신을 잃은 데에 기인한다. 그러므로 그것을 역시 "세심하게 살펴 방비하지 않으면 안 된다." 공자의 말처럼 "어느 결에 해를 입게 되면 불행을 어쩌겠는가.〔從或戕之 凶如何也〕"(「상전」)

九四

탈이 없으리라. 지나치게 나서지 않기 때문이다.

지나치면 위험하다.

이를 반드시 유념해야 하며

자신의 생각이 옳다고 고집해서는 안 된다.

无咎 不過 遇之 往 厲 必戒 勿用永貞

구사(九四)는 강한 양효로 음의 부드러운 자리에 있어 음양의 균형을 이루고 있기 때문에 "탈이 없다."고 했다. 음(어둠)의 힘이 과잉한 시절에 자신의 강한 성품을 지나치게 내세우지 않는 것이다. "지나치면 위험하다."거나, 또는 "자신의 생각이 옳다고 고집해서는 안 된다."는 말은 재삼 경고의 뜻을 갖는다. 구사가 초육과 음양으로 호응하는 것은 여기에서 아무런 의의를 갖지 못한다. 초육이 이미 다른 음효들과 어울리고 있기 때문이다.

개인이든 사회든 어떤 일의 과잉 현상을 바로잡기 위해서는 그에 상응하는 반가치를 세워 균형을 잡을 필요가 있지만, 그러한 '파격'의 행보도 너무 지나치면 위험하다. 그것은 또 다른 쪽의 과잉과 편향을 초래할 염려가 있기 때문이다. 이를테면 자본주의의 폐해가 많다 해서 공산주의를 지나치게 강조하는 것은 위험한 일이다. 공자는 말한다. "지나치게 나서지 않는 것은 그 자리가 옳지 않기 때문이다. 지나치면 위험하다는 사실을 반드시 유념해야 하니, 자신의 생각을 끝까지 고집해서는 안 된다.〔不過遇之 位不當也 往厲必戒 終不可長也〕"(「상전」)

그러므로 어떤 일의 과잉 현상을 바로잡기 위해서는 자신의 생각만 내세우지 말고 열린 마음으로 다양한 의견들을 모두 아우를 수 있는 대안의 이념을 모색해야 한다. 이를테면 자본주의와 공산주의의 문제가 그러하며, 또 다른 예로 사회의 보수화에 문제가 있다 해서 보수적 이념이나 가치 자체를 부정하려 해서는 안 된다. 보수와 진보의 이념 논쟁 이전에 인간과 삶의 근본 문제로 돌아가 양자를 아우르는 이념과 가치를 찾아야 한다. 그렇게 하지 않으면 "구부러진 것을 바로잡으려다가 지나치게 곧게 되고 만다."는 교왕과직(矯枉過直)의 또 다른 폐해를 면할 수 없다.

六五

빽빽한 먹구름이 서쪽 지방에서 몰려올 뿐 비가 오지 않는다.
임금이 주살로 굴속의 짐승이나 잡는다.

密雲不雨 自我西郊 公弋取彼在穴

비는 음기와 양기의 상호 작용 속에서 만들어진다. 그러므로 음기만 왕성할 경우에는 비가 형성되지 못하고 먹구름만 뭉치게 된다. '서쪽(지방)'은 방위상 음의 성질을 갖는다. 육오(六五)의 이와 같은 영상은 음효가 과다한 이 괘의 구조를 반영하고 있다. 특히 그것을 육오에서 말한 것은 그의 자리가 하늘 위의 (먹)구름에 유비될 수 있기 때문이다. "임금"은 육오 자신을, 그리고 "굴속의 짐승"은 하괘의 한가운데에 있는 육이를 가리킨다. 육오가 (구삼과 구사의 건강한) 양효들과 어울리려 하지 않고 육이

를 쫓는 모습을 "주살로 굴속의 짐승이나 잡는" 것으로 은유했다. 주살
은 쏘아 맞힌 짐승을 추적하기 위해 그 끝에 가느다란 끈을 매어 둔 화살
의 일종이다. 그것은 육오가 육이와 끊어질 수 없는 연대를 강조하는 뜻
을 함축한다. 이 때문에 '비'가 올 가능성은 거의 없으며, 따라서 땅 위의
농작물이 메말라 죽을 지경이다.

하늘의 "빽빽한 먹구름"처럼 시절이 암울하면 사람들은 밝은 이념으
로 사회를 구원해 줄 위인을 고대한다. 그런데 그러한 시절일수록 현실
의 지도자나 기득권자들은 위인의 출현을 경계한다. 그의 밝은 빛이 자
신들의 어두운 모습을 비출까, 그리고 한편으로는 자신의 힘과 자리를
빼앗을까 두려워하기 때문이다. 그리하여 그는 기껏 "굴속의 짐승"과도
같은 하찮은 인물이나 끌어다가 자신의 이익과 세력을 유지하고 연장
하려 한다. 오늘날 정치권과 언론에서 일컫는 이른바 '수첩 인사'도 그
한 예가 될 수 있다.

결국 사람들은 먹구름을 걷어 낼 생명의 '비'를 얻지 못하여 답답한
마음에 속만 끓인다. 공자는 말한다. "빽빽한 먹구름만 몰려올 뿐 비
가 오지 않는 것은 먹구름이 너무 올라가 있기 때문이다.〔密雲不雨 已上
也〕"(「상전」) 여기에서 "먹구름이 너무 올라가 있음"은 형상적으로는 음
기가 양기와 만나지 않고 하늘 높이 저 혼자 떠 있는 모습을 말한 것이
다. 이는 저 높은 윗자리에서 권력이나 휘두를 뿐, 아래로 내려와 국민
의 고통을 어루만질 줄 모르는 불통의 지도자(음기)를 은유한다.

이를 타개할 방법은 어디에 있을까? 그것을 지도자의 회개에서 기대
할 수는 없는 일이다. "빽빽한 먹구름"과도 같은 그의 몽매함은 높은

자리만을 누리려 하기 때문이다. 이에 대해 사람들은 혁명과 같은, 극단적이고 집단적인 '파격'을 감행할 수도 있을 것이다. 하지만 그것조차 여의치 않다면 방법은 한 가지밖에 없을 것 같다. 훌륭한 지도자의 출현을 기대하기 이전에, 내 스스로 자신의 삶에서 '빛'을 추구하고 한편으로는 사람들을 '빛'으로 일깨우는 노력을 부단히 하는 일이다. 사실은 그것이 근본이다. 우리는 그 실례를 과거에 선비들이 난세에 은둔 생활을 하면서 도학(진리의 학문)과 교육에 열중했던 데에서 본다.

上六
만나 주지 않고 무시한다.
새가 날아오르다가 포수에 걸렸다. 불행하다.
이를 일러 재앙이라 한다.
弗遇 過之 飛鳥離之 凶 是謂災眚

상육(上六)은 음효로서, 움직임의 속성을 갖고 있는 상괘의 마지막에 있으므로 과잉의 형세에 밀려 스스로 끝까지 내닫는 자다. 그는 자신을 제어해 줄 반대의 힘을 "만나 주지(받아들이지) 않고 무시하면서" 한없이 위로만 오르려 한다. 그것은 마치 새가 숲을 버리고 하늘 높이 날아오르는 모습과도 같다. 결국 그는 "포수에 걸려" 죽음을 면치 못한다. '재앙' 운운한 것은 그 모든 일이 스스로 자초한 결과임을 말하려 한 것이다.

나를 비판하고 견제해 줄 사람이 있다는 것은 나 자신에게 매우 행

복한 일이다. 이황의 말처럼 "무릇 나의 의견에 동의하지 않는 이야말
로 정말 나를 도와주는 사람이요, 나를 멀리하고 또 질책하는 이야말
로 정말 나를 존중해 주는 사람"(『퇴계전서』)이다. 비판과 질책은 일면적
이고 편협한 사고의 과잉과 독선을 효과적으로 예방해 주기 때문이다.
만약 남들의 지적(비판, 질책)을 겸허하게 수용하는 열린 마음을 갖지
않으면 결국 불행을 면할 수 없을 것이다. 그러므로 나를 우쭐함과 자
만에 빠트리는 남들의 칭찬(송)을 오히려 독으로 여길 일이다.

　사회도 마찬가지다. 비판을 용납하지 않는 사회는 무너진다. 독선적
인 이념(가치)의 과잉 사회는 사람들의 자유로운 사고와 삶의 정신을 질
식시킴으로써 끊임없이 변하는 상황에 창조적으로 대응할 능력을 잃고
말기 때문이다. 조선 후기 성리학자들의 독존적인 사고방식이 그 사회
를 쇠망의 길로 내몰았던 사실이 이를 잘 예증한다. 다 아는 것처럼 그
들은 실학자들의 '파격적인' 반동 사상을 받아들이지 않고 무시했다.

　그러므로 우리는 개인적으로나 사회적으로나 과잉 현상을 견제하
고 비판해 줄 사람들의 '파격적인' 태도를 환영하면서 그들을 '만나 주
어야' 한다. 그들의 견제와 비판은 오히려 나의 삶과 우리 사회를 건강
하게 만들어 줄 보약이나 다름없다. "입에 쓴 약이 몸에 좋다."는 속담
은 여기에도 해당된다. 그것을 거부하고 무시하는 것은 마치, 자신의 보
금자리인 숲에 장애물이 많다 하여 허공의 하늘을 제멋대로 날아오르
려다가 결국 저격수의 총에 맞는 새의 어리석음과 다를 게 없다. 역사
는 그러한 사례를 종종 보여 준다. 공자는 이를 다음과 같이 논평한다.
"만나 주지 않고 무시하니, 너무 오만하구나.[弗遇過之 已亢也]"(「상전」)

63. 성공의 뒤안

기제(旣濟)

과잉이 좋은 것이 아니라 해서 매사를 적당하게만 하려 해서는 안 된다. 세상사는 때로, 아니 어쩌면 세상만사가 다소간 '과잉'의 노력 속에서만 성취될 수 있기 때문이다. 사실 파격의 행보도 따지고 보면 어떤 과잉 현상에 대한 '과잉'의 반동과 다름없다. 그것은 물론 소정의 목표를 성취하려는 뜻을 담고 있다. 그러므로 과잉 현상의 폐단은 경계해야 하지만, 일의 성취를 위해서는 때로 '과잉'하리만큼 노력할 필요가 있다. 그것이 성공의 요건이기도 하다. 공자는 이러한 뜻을 괘의 순서와 관련하여 다음과 같이 말한다. "남달리 노력하는 사람은 반드시 성공할 것이다. 그래서 〈소과(小過)〉에서 〈기제(旣濟)〉로 이어졌다.[有過物者 必濟 故受之以旣濟]"(「서괘전」) '제(濟)'는 원래 강을 건넌다는 뜻으로서, 문자 그대로 풀이하면 '기제'란 강을 이미[旣] 건넜다는 말이다. 이는 일의 성공(성취)을 은유하며, 성공 이후의 일을 주제로 한다.

흔히 사람들은 일의 성사를 위해 각고의 노력을 다하다가도, 일단 그것이 이루어지면 안심을 넘어 방심하기까지 한다. 드디어 성공했다는 안도감이 긴장을 풀어지게 만드는 것이다. 등산가들이 산에 오를 때보다는 내려오는 길에 조난을 많이 당한다는 것도 이 때문이다. 그러므로 갖가지의 난관이 해결되고 과업이 성취되면, 이제는 또 다른 조심과 노력을 하지 않으면 안 된다. 현재에 만족하지 말고 미래를 내다보는 원려(遠慮)를 갖고서 새로운 시작의 발걸음을 내디뎌야 한다.

이러한 뜻을 괘 안에서 살펴보자. 상괘 '상(坎)'☵과 하괘 '리(離)'☲는 각각 물과 불의 상징을 갖는다. 그것은 불 위에 물이 놓여 있는 형상을 보여 준다. 이는 상괘 '태'☱(연못)와 하괘 '리(離)'☲(불)로 이루어진 〈혁〉괘의 상징과 일견 유사하다. 그런데 연못과 같이 고여 있는 물은 불에 데워질 경우, 마치 연탄불 위에 있는 냄비 속의 물처럼 모두 증발해 버릴 위험이 있다. 달리 말하면 〈혁〉괘의 (연못의) 물과 불은 서로를 변혁시키는 상극 관계에 있다. 그것이 개혁을 주제로 하는 이유가 여기에 있다.

하지만 〈기제〉괘의 상괘는 흐르는 물이다. 그러므로 그것은 불과 상극이 아니라 오히려 조화의 관계에 있다. 그 예로 인체 내의 수기(水氣)와 화기(火氣)를 들 수 있다. 그것들은 상호 조화를 이루어야만 건강을 유지할 수 있다. 말하자면 〈혁〉괘의 물과 불은 상호 부정적인 데 반해, 〈기제〉괘의 그것들은 상보적이요 생성적이다. 물론 이 괘의 물과 불 사이에도 모종의 긴장이 도사리고 있다. 즉 불(화기)이 너무 강하면 물(수기)이 잦아들 것이요, 반대로 물이 넘치면 불이 꺼지고 말 것이다. 한의학에 의하면 전자는 심장병을, 후자는 신장의 약화를 초래한다고 한다. 그러므로 건강을 자신하지 말고 평소 수기를 위로 올리고 화기를 아래로 낮추어 두 기운의 조화를 꾀하는 양생의 노력을 해야 한다. 국선도는 '수승화강(水昇火降)'의 기(氣) 수련법으로 이를 강조한다.

하편 괘의 구조를 보면 여섯 개의 효들이 각자 양효는 양의 자리에, 음효는 음의 자리에 올바로 놓여 있다. 또한 상괘와 하괘의 상관적인 효들, 즉 초구와 육사, 육이와 구오, 구삼과 상육이 음양으로 호응하고 있으며, 특히 육이와 구오 둘 다 하괘와 상괘의 가운데에서 중용의 정신을 지키고 있다. 그 모두가 올바르고 서로 조화를 이루고 있으므로 완전무결하다. 인간관계로 따지면 참으로 성공적이며 완벽하다.

하지만 그러한 상태가 영원히 지속되지는 않는다. 모든 일은 끊임없이 변하는 법이기 때문이다. 달리 말하면 사물들의 조화와 균형은 상황의 변화 속에서 부조화와 불균형의 새로운 국면으로 전개되는 것이 자연의 이치다. 여기에서 부조화와 불균형을 부정적으로만 여길 일은 아니다. 그것은 사물들의 발전과 진화를 이끄는 동력이 되기도 하기 때문이다. 오히려 조화와 균형의 지속은 침체와 무기력을 낳는다.

우리의 삶도 마찬가지다. 일의 성공은 안도의 마음을 넘어 안일과 자만을 낳는 경향이 있다. 당연히 이는 변화하는 상황에 적극적으로 대응하고자 하는 긴장된 자세를 흐트러트린다. 사람들이 흔히 결혼 생활의 권태에 빠지는 것이 그 한 예다. 부부 생활은 차원 높은 사랑의 출발점인 만큼 이전과는 다른 새로운 노력이 필요한데, 그들은 결혼을 사랑의 완성으로 여겨 안주하려 하기 때문에 침체와 무기력을 면치 못하는 것이다. 〈기제〉괘는 이러한 문제의식 속에서 성공 이후의 과제를 주제로 삼는다.

성공 시절에는 누릴 것이 적어진다.

올바른 정신을 가져야 한다.

처음에는 행복하지만 나중에는 마음이 어지러워지리라.

既濟 亨小 利貞 初吉 終亂

　일이 뜻대로 되어 성공을 이루면 영원히 행복을 누릴 것 같지만 결코 그렇지 않다. 성공의 기쁨도 시간이 지나면서 점점 무덤덤해지기 마련 이다. 마치 애인을 얻는 일에 성공하여 자주 만나다 보면 그 감격과 기 쁨이 점점 줄어드는 것처럼 말이다. 부귀영화를 포함한 모든 성공이 다 그러하다. 공자는 이러한 이치를 다음과 같이 말한다. "성공 시절을 누 린다 하지만 조금밖에 누리지 못할 것이다.〔既濟亨 小者 亨也〕"(「단전」)

　게다가 성공 지향의 심리는 새로운 욕망거리를 끊임없이 확대 재생 산하기 마련이므로 행복은 언제까지나 불안한 미래형으로만 있을 것이 다. 이를테면 회사에서 부장과 임원, 사장의 자리까지 노리는 사람은 과장 승진의 기쁨도 잠시일 뿐, 새로운 목표와 걱정으로 마음 편할 날 이 없다. 그처럼 사람들은 행복을 얻으면 그것을 삶의 축복으로 여겨 감사하게 받아들이고 소중하게 누리려 하기보다는, 새롭고 더욱 강렬 한 행복거리를 찾아 나선다. 그러므로 '처음에는 행복하지만 나중에는 마음이 어지러워진다.' 공자는 이에 대해 다음과 같이 진단한다. "처음 에는 행복이 마음을 부드럽게 풀어 주지만, 나중에 이르러 마음이 어 지러워지는 것은 행복의 길이 막히기 때문이다.〔初吉 柔得中也 終止則亂

其道窮也]"(「단사」) 여기에서 "행복의 길이 막힌다."는 말은 현재의 자리에서 더 이상 행복을 누리지 못함을 뜻한다.

그러면 성공의 현장에서 어떻게 하면 행복을 오래도록 누릴 수 있을까? 그것은 성공의 뒤안에서 안일과 자만에 빠지거나 미래에 한눈을 팔지 말고, '지금, 이 자리'의 성공에 감사하면서 그것을 소중하게 받아들이는 마음에 달려 있다. 물론 이는 세심한 노력을 필요로 한다. 기본적으로는 과연 무엇이 참다운 성공이며, 그것을 어떻게 추구하며 지속할 것인지를 진지하게 숙고해야 한다.

가장 기본적으로는 진리와 도의(사랑과 의로움)의 정신으로 문제를 성찰하고 숙고해야 한다. 부도덕하게 이루는 성공은 삶을 불행으로 이끌 뿐이다. 성공의 전후를 막론하고 가져야 할 "올바른 정신"이 거기에 있다. 진리와 도의의 "올바른 정신" 속에서만 "마음이 어지러워지지" 않고 행복의 길이 무한히 열릴 것이다. 공자는 말한다. "올바른 정신을 가져야 한다는 말은 매사를 정당하게 처리해야 함을 뜻한다.〔利貞 剛柔正 而位當也]" (「단전」) 음양(강유)의 여섯 효들이 모두 올바른 자리를 얻고 있는 것처럼, 매사를 정당하게, 즉 진리(도의)의 정신으로 추진해야 한다는 것이다.

괘상卦象

물이 불 위에 있는 모습이 〈기제〉의 형상이다.
군자는 이를 보고서 미래의 환란을 염려하여 미리 방비한다.
水在火上 旣濟 君子 以 思患而豫防之

물과 불은 상극이면서도 상호 보완적이다. 공자는 말한다. "물과 불은 서로를 침탈하지 않는다.〔水火不相射〕"(「설괘전」) 이는 공자가 사물들에서 대립 모순보다는 조화와 상생의 성질에 더 주목하고 있음을 보여주거니와, 여하튼 사람들은 물과 불의 합작으로 음식물을 얻고 건강도 유지한다. 하지만 양자의 조화도 실은 극히 긴장된 것이어서, 한쪽의 과다로 인해 다른 쪽이 부정당하는 결과를 낳기도 한다. 음식을 태우는 일이 그 한 예다.

삶과 사회도 마찬가지다. 설사 행하는 일이 뜻대로 잘 되고 사회가 평화롭다 하더라도, 어느 순간에 혼란과 위기에 내몰릴 수 있다. 비유하자면 건강한 사람도 독감이나 그 밖의 질병을 피할 수 없는 것과도 같다. 평소 조심을 한다 해도 그러한데, 하물며 건강을 자만하여 몸을 함부로 부리면 그 위험은 더할 수밖에 없다. 그러므로 음식물을 끓이는 데 불을 적당히 조절해야 하는 것처럼, 일상생활에서 매사가 과도에 흐르지 않도록 조심해야 한다.

설사 아무리 안정과 평화와 행복의 시절이라 하더라도 적절한 긴장을 유지해야 한다. 불행은 안일과 방심의 순간에 찾아든다. 이황은 임금에게 충고한다. "옛사람들의 말에 태평 사회를 근심하라 했습니다. 태평 사회에는 방비해야 할 근심거리가 없기 때문에 임금이 필시 교만해지고 사치해집니다. 이는 정말로 염려해야 할 일입니다."(『퇴계전서』) 사회뿐만이 아니다. 그의 충고는 개인 생활에도 그대로 타당하다. 군자가 "미래의 환란을 염려하여 미리 방비하는" 까닭이 여기에 있다. 앞서 〈비〉괘에서 인용한 공자의 말을 다시 한 번 들어 보자.

위험은 지금의 자리에 안주하는 마음에서 비롯되고, 파탄은 지금의 성공을 자만하는 마음에서 비롯되며, 혼란은 지금의 평화에 젖어 있는 마음에서 비롯된다. 그러므로 군자는 지금, 이 자리에 편안히 처하면서도 다가올 위험을 잊지 않고, 성공을 누리면서도 미래의 파탄 가능성을 잊지 않으며, 평화 속에서도 미래의 혼란 가능성을 잊지 않는다. 그리하여 안락한 삶과 함께 국가를 보전할 수 있다.(「계사전」)

효사爻辭

初九
마부가 수레바퀴에 제동을 걸고
여우가 강을 건너는데 꼬리를 물에 적신다면
탈이 없으리라.
曳其輪 濡其尾 无咎

초구(初九)는 하괘 '리'의 속성상 불 같은 성질을 갖고 있는 데다, 음효인 육사의 호응을 믿으면서 일에 조심성 없이 나서는 자다. 그러므로 그러한 성질을 억눌러야만 성공의 즈음에 "탈이 없다." "마부가 수레바퀴에 제동을 걸고, 여우가 강을 건너는데 꼬리를 물에 적신다면"이라는 말은 이를 충고하는 은유의 뜻을 갖는다. 여우가 강을 건널 때에는 반드시 제 꼬리를 들어 올린다고 하는데, 여기에서 "꼬리를 물에 적시는" 것은 그가 건너기를 주저한다는 뜻을 암시한다.

일이 잘 풀린다 해서 성공을 성급하게 기대해서는 안 된다. "김칫국부터 마시면 안 된다." 그렇게 들뜬 마음은 너무 앞서 나가다가 자칫 일을 그르치고 말 것이다. 일이 잘 풀릴수록, 마치 "마부가 수레바퀴에 제동을 걸듯", "여우가 꼬리를 물에 적시듯", 차분한 마음과 냉정을 유지해야 한다. 그렇게 하여 일의 과정을 잘 살피면서 한 걸음 한 걸음 조심스럽고 착실하게 내디뎌야 한다. 공자는 말한다. "마부가 수레바퀴에 제동을 걸면 당연히 탈이 나지 않을 것이다.[曳其輪 義无咎也]"(「상전」) 이러한 상황에 딱 맞는 우리의 속담이 있다. "돌다리도 두드리며 건너야 한다."

六二
부인이 타고 나갈 수레의 휘장을 잃어버렸다.
하지만 그것을 찾아 나서지 않아도 일주일 뒤에는 되찾으리라.
婦喪其茀 勿逐 七日得

육이(六二)는 (밝은 지혜의 속성을 갖는) 하괘 '리'의 가운데 음효로 음의 바른 자리를 얻었다. 그러므로 그는 뛰어난 지혜에 더하여 올바른 중용의 덕을 갖춘 재야의 현자다. 하지만 그와 음양으로 호응할 법한 저 위의 구오, 즉 지도자가 성공(태평) 시절에 만족하여 그를 찾으려 하지 않는다. 그러므로 육이의 입장에서는 자신의 사회적 이상을 펼 기회를 얻지 못하고 있다. "부인이 타고 나갈 수레의 휘장을 잃어버렸다."는 은유의 뜻이 여기에 있다. 그를 '부인'이라 한 것은 육이가 음효이기 때문이다. "그것(휘장)을 찾아 나서지 않아도"라는 말은 육이가 구오의 환심을 얻기 위해 그를 찾아가지 않음을 은유한다. 자신의 지혜와 덕에 어긋나는 짓을 하지 않는 것이다. "일주일"은 괘효상 구삼부터 상육을 지나 다시 초구와 육이로 순환한 다음의 일곱 번째 순번에 해당되므로 상황이 완전히 바뀜을 함의한다. 그러므로 "일주일 뒤에는 되찾으리라"는 말은 육이의 지혜와 덕이 언젠가는 반드시 소용되는 때가 올 것이라는 뜻을 은유한다.

혼란한 사회에서는 사람들이 자신들을 구원해 줄 현자의 출현을 갈망한다. 이와는 달리 태평한 사회는 그를 필요로 하지 않는다. 그들은 오히려 그러한 사람의 출현을 불안하게 여기면서 가로막으려 하기까지 한다. 현실에 안주하지 않고 미래를 내다보는 그의 개혁적인 사회 정치 이념이 그들의 삶의 행복과 평화를 깨트릴 것 같은 느낌이 들기 때문이다. 부유한 사람들의 보수화 성향이 이를 잘 말해 준다.

하지만 공자의 말처럼, "위험은 지금의 자리에 안주하는 마음에서 비롯되고, 파탄은 지금의 성공을 자만하는 마음에서 비롯되며, 혼란은 지금의 평화에 젖어 있는 마음에서 비롯되는" 것이 정한 이치이고 보면, 태평 사회에서도 현자는 여전히 중요한 의의를 갖는다. 만약 사람들이 그를 외면하면서 지금의 성공과 평화에 안주하려 한다면 머지않아 삶의 혼란과 사회의 파탄을 면할 수 없다. 일례로 국내외의 몇몇 일류 기업들이 쇠락의 길을 걷는 것도 미래를 내다보는 '현자'를 육성, 활용하지 않았기 때문일 것이다.

그러면 그와 같은 상황에서 현자는 어떻게 처신해야 할까? 그는 사람들이 자기를 모시기 위해 '수레'를 대령하지 않는 것에 안달하거나 불만해서는 안 된다. 안달하는 마음은 잘못된 행보를 초래할 위험이 있다. 예를 들면 그러한 사람은 자신의 뛰어난 능력을 어떻게든 남들에게 알리기 위해 권력자에게 아부하고 세상에 영합하기도 한다. 하지만 그것은 그가 자신의 존재성을 스스로 부정하는 것이나 다름없다.

그는 자신의 지혜와 덕을 더욱더 닦아 나가야 한다. 사람들은, 그리고 사회는 틀림없이 언젠가 그를 원할 것이다. 지금의 성공과 평화에 안주하는 마음에서 초래되는 삶과 사회의 위험을 그의 지혜만이 해결할 수 있기 때문이다. "일주일 뒤에는 되찾으리라."는 말의 숨은 뜻이 여기에 있다. 공자는 말한다. "일주일 뒤에는 되찾을 테니, 네가 중심을 지켜 올바른 길을 가기 때문이다.〔七日得 以中道也〕"(「상전」)

九三
고종이 귀국을 정벌하는 데 3년이 걸렸다.
소인을 기용해서는 안 된다.
高宗 伐鬼方 三年克之 小人勿用

구삼(九三)은 양효로 하괘에서 상괘로 이동할 즈음에 처해 있으므로, 성공의 기반 위에서 무언가 강력하게 새로운 시도를 하는 사람이다. 이를 고종(高宗)의 사례로 말했다. 그는 중국 고대의 상(商)나라를 중흥시킨 임금으로서, 성공적인 내치(內治) 후에 변방에서 소요를 일삼는 오랑캐 나라 귀국(鬼國)의 정벌에 나섰다.

전쟁 이야기가 나왔으니 그 이면을 한 번 들여다보자. 국력이 약한 상태에서 전쟁을 일으키면 당연히 패배를 면할 수 없다. 설사 국력이 강한 나라라 하더라도 수많은 살상과 물자의 소모는 피할 수 없는 부정적 대가다. 공자는 말한다. "3년간의 정벌로 백성들의 삶이 고달프리라.〔三年克之 憊也〕"(「상전」) 그러므로 전쟁에 성공했다 하여 좋아할 일만은 아니다. 예컨대 이스라엘의 전쟁이 그 나라 사람들의 정신을 공황 상태에 빠트리고 영혼을 황폐화시킬 것을 생각하면 그들의 호전적인 태도를 이해하기 어렵다. 그러므로 통치자는 국정의 운영에 전쟁을 부추기거나 백성들의 삶을 고달프게 만들 "소인을 기용해서는 안 된다."

개인의 경우도 마찬가지다. 어떤 일의 성공이 과연 자신의 삶에 어떠한 의의를 갖는지 깊이 생각해 보아야 한다. 그것이 정신을, 영혼을 황폐하게 만드는데도 그 일을 추구해야 하는가? 도대체 무엇을 위한 성공인가? "상처뿐인 영광"이 무슨 의미가 있을까? 이는 온몸에 멍이 드는 격투기 승자의 이야기만이 아니다. 어떻게든 돈과 권력을 거머쥐려는 그악스러운 마음에도 그대로 해당된다. 돈과 권력만 얻을 뿐 사람들이 다 떠난다면, 아니 내 안의 인간성이 파괴되어 버린다면 그 성공이 무슨 의의가 있단 말인가. 그러므로 우리는 어떤 일(의 성공)을 추구하는 데 음모를 꾸며 대는 내 안의 '소인'을 경계하지 않으면 안 된다.

六四

배의 바닥이 샐 경우를 대비하여

그 틈을 막을 헝겊가지를 준비하고 항상 경계해야 한다.

繻有衣袽 終日戒

본문의 (고운 비단) '수(繡)'는 (젖을) '유(濡)'의 오자라는 학자들의 견해를 따랐다. 이 괘는 '물을 건넌다'는 '제(濟)'의 글자를 갖고 있는데, 육사(六四)는 (물을 상징하는) 상괘 '감'의 첫 효이므로 배의 은유를 취했다. 괘 전체상으로 살피면 육사는 이미 하괘를 떠났기 때문에 성공과 안정 시절을 지나, 다음 괘인 〈미제(未濟)〉의 불안한 낌새가 서서히 드러나는 시점이다. "배의 바닥에 물이 샌다."는 은유를 취한 뜻이 여기에 있다. 구오와 상육도 이의 연장선상에 있다.

어부나 배의 선장은 바다에 나갈 때 배가 아무리 튼튼하다 해도 방심하지 않고 각종의 부속 장치를 꼼꼼히 점검한다. 그들은 배가 고장날 경우를 대비하여 그것을 수선할 도구를 챙기기도 한다. 그것이 항해의 상식이다. 삶의 항해도 마찬가지다. 삶의 토대가 아무리 튼튼하고, 삶의 길이 "순풍에 돛단배"라 하더라도 만일의 사태를 대비하지 않으면 안 된다. 등산가가 하산 길을 더욱 조심해야 하는 것처럼, 성공 이후의 마음가짐과 생활에 어떤 '누수' 현상이 생기지 않는지 각별히 "경계해야 한다." "공든 탑이 무너지랴." 하면서 방심하지 말고, 오히려 성공적으로 세워 놓은 삶의 '탑'을 더욱 공고하게 만드는 노력을 계속해야 한다. 공자는 말한다. "항상 경계하는 태도는 염려하는 마음에서 나온다.〔終日戒 有所疑也〕"(「상전」)

九五
동편 사람이 제사에 소를 잡는다.

하지만 서편 사람이 간소한 제사를 지내면서

진정 복을 받느니만 못하리라.

東鄰殺牛 不如西鄰之禴祭 實受其福

"동편 사람"은 구오를, "서편 사람"은 육이를 지칭한다. (방위상 동편은 양에, 서편은 음에 해당되는데, 구오와 육이가 각각 양효와 음효이기 때문이다.) '제사'는 정성을 들여야 할 자리를 염두에 둔 비유다. 구오는 제사 시에 자신의 높은 성공을 환호하는 나머지 제물만 풍성하게 차리려 한다. 이에 반해 지위가 낮은 육이는 제물은 빈약하지만 정성껏 제사를 지낸다. 여기에서 구오와 육이는 두 사람을 지칭하지만, 경우에 따라서는 (육이의 어려운 시절을 지나 구오의 성공적인 지위를 얻은) 한 인물로 여겨질 수도 있다. 공자의 「상전」 내용이 그렇다. 본문의 '약(禴)'은 간소한 제사를 뜻하는 말이다.

제사를 지내는 데 소까지 잡는 것은 엄청난 허례허식이다. 그런 사람은 자신의 부귀를 남들에게 과시하거나, 조상에게 복을 빌려는 이기적인 저의를 갖고 있을 것이다. 하지만 전자라면 사람들은 그의 허세를 비웃을 것이요, 후자라면 조상의 혼령은 그러한 제사를 달가워하지 않을 것이다. 복 받기를 바라는 제사는 부모의 재산을 염두에 둔 자식의 효도나 마찬가지이기 때문이다. 조상의 혼령은 차라리 검소하지만 정성을 다해 지내는 제사를 달게 받으며, 그러한 후손에게만 복을 내려줄 것이다. 『예기』는 말한다. "제사는 나를 낳아 주신 부모님의 은혜에 보답하고 삶의 근원으로 돌아가기 위한 것이다.〔報本反始〕" 그러므로 "제사는 제물이나 장만하면 되는 것이 아니다. 제사자의 정성에서 우러나와 떨리는 마음으로 예를 차려야 한다."(『예기』)

이러한 제사가 은유하는 바는 다른 데 있지 않다. 즉 진지하고 성실한 삶의 정신을 말하려 한다. 사람들은 흔히 자신의 뜻을 이루기 전에는 삶에 성실하게 나서다가도, 일단 성공을 거두고 생활의 안정을 얻으면 자세가 흐트러진다. 그들은 성공의 결과만 누리거나 그 허세에 빠지는 안일하고 자만 섞인 마음을 갖는다. 이를테면 젊은 시절에는 가진 것이 없어도 마음만은 순수했던 삶의 정신이 나이 들어 성공적인 생활에 젖다 보면 세속에 물들어 퇴락해 버린다. 공자는 이를 다음과 같이 은유한다. "동편에서 소까지 잡지만 서편의 시절만 못하다. 진정 복을 받을 테니, 큰 행복이 다가오리라.〔東鄰殺牛 不如西鄰之時也 實受其福 吉大來也〕"(「상전」)

이를 구체적으로 이야기해 보자. 어떤 사람이 (서편의) 달동네에서 어렵게 살지만 검소하고 진실한 삶의 정신을 잃지 않고 있었다. 그는 노력 끝에 성공의 자리에 오르면서 (동편의) 부자 동네로 이사를 한다. 그리고는 "소까지 잡아" 잔치를 베풀면서 자신의 성공을 과시한다. 어느 결엔가 지난날 진실했던 삶의 정신을 잃고 만 것이다. 하지만 그처럼 진실성을 잃은 성공을 과연 행복이라 할 수 있을까? 행복을 쟁취하려는 사람에게는 "진정한 복", "큰 행복"이 다가오지 않는다. 크고 진정한 행복은 성공과 실패라는 바깥 조건을 기다리지 않고 어떤 상황에서도 변함없이 진실하고 순수한 삶의 정신에서만 나오는 법이다.

上六
여우가 강을 건너는데 머리를 물에 적시니

위태롭구나.

濡其首 厲

상육(上六)은 괘의 마지막 음효이므로 나약한 성격에 성공의 끝자락에 머물러 있다. 그래서 "여우가 강을 건너는데 머리를 물에 적신다."고 은유했다. "머리를 물에 적신다."는 말은 익사의 위험을 암시한다. (이는 상괘 '감'이 물의 상징에 험난함을 속성으로 갖고 있는 데에서 나온 것이다.) 주제와 관련하여 말하면 그는 성공에 도취된 나머지 새로운 미래를 추구하지 않는 사람이다.

인생은 산 너머 산이요, 물 건너 물이다. 아무리 어떤 일을 성취했다 하더라도 시시각각 달라지는 환경 속에서 새로운 과제거리가 끊임없이 생겨나기 마련이다. 그러므로 한때의 성공에 도취되어 흐트러지기 쉬운 마음을 다잡지 않으면 큰 낭패를 면치 못할 것이다. 공자는 말한다. "여우가 강을 건너는데 머리를 물에 적셔 위태로우니, 그가 얼마나 오래갈 수 있을까.〔濡其首厲 何可久也〕"(「상전」)

이렇게 생각하면 우리가 일차적으로 넘어야 할 '산'과, 건너야 할 '물'은 바깥 환경 이전에 바로 자신의 마음속에 있다. 성공의 우월감과 자기도취 의식, 그리고 안정된 생활에 대한 집착심 같은 것이다. 성공 속에 "머리를 적시는(파묻는)" 마음 말이다. 당연히 그것은 "일신 우일신"의 진취적인 의식을 약화시켜 실패의 요인이 된다. 그러므로 만약 그와 같은 마음의 장애물을 스스로 제거하지 않으면 성공의 끝자락에서 어느 누구도 삶의 위태로움을 면할 수 없을 것이다.

64. 새로운 시작

미제(未濟)

어느 가수의 노랫말처럼 "인생은 미완성이다." 아니 세상만사가 다 그러하다. 영원한 완성은 없다. 완성이란 일의 단편적이고 일시적인 모습일 뿐이며, 시간의 끊임없는 진행 속에서, 그리고 삶의 전 과정에서 살피면 완성은 새로운 시작의 전 단계에 지나지 않는다. 그러므로 어떤 일을 완성(성공)했다 하여 환호작약할 것 없으며, 새로운 마음으로 또 다른 출발을 준비해야 한다. 공자는 이를 괘의 순서와 관련하여 다음과 같이 말한다. "어떤 일도 끝까지 지속되는 법은 없다. 그래서 〈기제(旣濟)〉에서 〈미제(未濟)〉로 끝을 맺었다.[物不可窮也 故受之以未濟 終焉]" (「서괘전」) 이 '미제'란 문자 그대로 풀이하면, 하나의 강을 건넜더니(기제) 또 다른 강이 앞에 놓여 건너지 못하고 있다는 뜻이다. 이는 모든 일이 완성 상태로만 머물러 있지는 않으며, 그것은 새로운 국면으로 전환된다는 은유를 갖는다. 〈미제〉괘는 이를 주제로 내놓는다.

여기에서 『주역』이 〈미제〉괘를 64괘의 마지막으로 둔 이유를 생각해 볼 필요가 있다. 그것은 인간 만사가, 더 나아가 세상 만물이 끊임없는 변화의 역정 중에 있음을 말하려 한다. 자연의 섭리란 본래 그러한 것이다. 이미 인용한 것처럼, "해가 지면 달이 뜨고 달이 지면 해가 떠서 해와 달이 서로 추동하면서 빛의 세상을 만들고, 추위가 가면 더위가 오고 더위가 가면 추위가 와서 추위와 더위가 서로 추동하면서 일 년 사계절을 지어낸다."(「계사전」) "천지는 만물을 생육하는 큰 사업을 행하며, 그것을 일시로 끝내는 것이 아니라 날로 새롭게 펼쳐 내는 위대한 역량을 갖는다. 만물을 부단히 생성하는 것이 천지의 이치다.〔富有之謂大業 日新之謂盛德 生生之謂易)"(「계사전」) 그러므로 오늘 아침의 태양은 어제와 같지 않으며, 금년 봄의 꽃은 작년과 다르다. 모든 현상과 사물은 부단히 새로운 시작의 역정 속에 있다. 당연히 인생도 하루하루 무의미한 반복이 아니라 시작의 연속이다. 아니 시시각각이 시작이자 끝이며, 끝이자 시작이다.

이는 지난날 선비들이 사물과 세계를 이해하는 데 시간적인 요소를 중시했음을 시사한다. 그들은 공간적 실체 관념보다는 시간적 생성 변화의 관념에 익숙했다. 이를 동서양의 사상적 특징으로 비교해서 말한다면 불변의 '존재'를 규명하는 일에 치중해 온 서양의 학자들과 달리, 유가는 끊임없이 새롭게 펼쳐지는 '생성'의 세계에 주목했다. 한 예로 이러한 차이는 다음과 같은 사실에서 확인된다. 즉 기독교는 천당의 공간을 사후의 안식처로 여기지만, 유가는 과거의 조상과 미래의 후손이라고 하는 시간적 연속성에서 실존의 구원을 기대한다는 점이다. 참고로 방동미(方東美)라는 중국 학자의 다음 글을 한번 읽어 보자.

(유가 사상과 달리 서양 사상에서는) 시간의 중요성은 매몰되었고, 일체

모두는 공간적 그림자로 변해 버렸다. 더욱이 그리스 후기에 천문학으로부터 기하학이 형성되자 곧 공간적 구조에 전체 우주를 집어넣었고, 그 안의 모든 것은 공간적 도량(度量)으로 자연계의 만물을 표현한 것이다. (중략) 서양의 과학과 근대 서양 철학은 베르그송과 화이트헤드 이전에는 모두 시간의 중요성을 이해하지 못했다. 예를 들어 데카르트는 일체 우주의 존재를 안배할 때, 그것을 모두 하나의 좌표 계통 속으로 끌어들여 하나의 공간적 구조를 형성했다. 뉴턴의 고전 과학에서 물질과 공간적 인소는 중요하지만, 시간은 오히려 지위가 없었고, 공간을 유일한 근거로 삼았다.(『원시 유가 도가 철학』)

우리는 이러한 세계관이 선비들의 삶에 미쳤을 영향을 생각해 볼 수 있다. 그것은 그들에게 세계 만물의 끊임없는 생성 변화에 주목하게 하면서 역시 그 안에서 함께 변화해 가는 자신의 존재 및 삶에 관심을 갖게 했을 것이다. 공자는 말한다. "하늘의 운행은 역동적이다. 군자는 이를 본받아 자강불식(自彊不息)한다."(《건(乾)》괘 괘상(卦象)) 아니 〈건〉괘만이 아니라 64괘, 384효가 모두 생성 변화의 뜻을 함축하고 있는 만큼, 그들은 그러한 이치를 인문 가치화하여 "일신 우일신"하면서 삶의 쇄신과 자아의 향상을 위해 부단히 노력했다. 그들이 사람의 '되어 감'(생성)에 주목하여 수양을 평생의 과제로 여겼던 것도 근본적으로는 이러한 세계관에 뿌리를 두고 있을 것이다. 이황은 읊는다.

청산(靑山)은 어찌하여 만고(萬古)에 푸르르며
유수(流水)는 어찌하여 주야(晝夜)에 그치지 않는고.

우리도 그치지 마라. 만고상청(萬古常靑)하리라.(「도산십이곡」)

이제 괘를 한 번 살펴보자. 상괘 '리(離)'☲와 하괘 '감(坎)'☵은 각각 불과 물을 상징으로 갖는다. 이는 〈기제〉괘와는 거꾸로 불이 위에 있고 물이 아래에 있는 모습이다. 불은 위로만 타오르고 물은 아래로만 흘러내려 서로 만나지 못한다. 그리하여 물과 불이 상호 작용 속에서 조화로운 무언가를 성취하는 〈기제〉괘와 달리, 〈미제〉괘는 아무런 생산적인 조화를 이루지 못하고 각기 제 성질대로 뻗어 나간다. 이 괘가 새로운 시작을 주제로 내놓은 이유가 여기에 있다. 물과 불의 새로운 조화를 도모해야 할 과제가 주어진 것이다.

한편 괘의 구조를 보면 역시 〈기제〉괘와는 상반되게 각 효가 하나도 제자리를 얻지 못했다. 즉 여섯 개의 효 모두 양의 자리에 음효가, 음의 자리에 양효가 놓여 있다. 그러므로 어떤 일도 제대로 이루어질 수가 없다. 다만 그럼에도 상괘와 하괘의 대응 효들, 즉 초육과 구사, 구이와 육오, 육삼과 상구가 음양으로 호응하므로 무언가 희망을 가져 봄직하다. 또한 하괘 '감'의 (속성상) 험난함에서 상괘 '리'의 밝음으로 점차 진행하므로 역시 무언가 밝은 미래를 기대하게 해 준다. 이것이 우리에게 주는 가르침은 다음과 같다. 어렵고 혼란한 현실 상황에 당황하거나 주눅 들지 말고 긍정적인 마음으로 삶을 새롭게 시작하라는 것이다.

괘사卦辭

새로운 시작에 형통의 길이 있다.
하지만 어린 여우가 겁 없이 강을 건너다가 꼬리를 물에 적시듯 한다면
잘될 일이 없다.
未濟 亨 小狐 汔濟 濡其尾 无攸利

사람도 마찬가지지만, 꾀가 많다고 하는 여우도 경험 미숙의 어린 시절에는 행동에 신중하지 못하고 만용을 부리는 일이 흔하다. 이를테면 그들은 강을 건너는데 강의 폭이나 깊이, 자신의 힘 등을 요량하지 않고 "겁 없이" 나선다. 결국 그들은 힘에 부친 나머지 "꼬리를 물에 적셔" 익사하고 말 위험이 있다. (여기에서 "꼬리를 물에 적신다."는 은유는 〈기제(既濟)〉괘 초구와 다르다. 〈기제〉에서는 매사에 조심할 줄 아는 늙은 여우의 지혜를 함축하지만, 여기에서는 어린 여우의 무모함을 말하려 하고 있다.) 이에 대해 공자는 말한다. "어린 여우가 겁 없이 강을 건너니, 험한 물길을 벗어나지 못하리라. 꼬리를 물에 적시듯 하면 잘될 일이 없으니, 끝내 성공할 수 없다.〔小狐汔濟 未出中也 濡其尾 无攸利 不續終也〕"(「단전」)
마찬가지로 '어린'(어리석은) 사람들은 신중할 줄 모르고 경솔하게도 자신의 좁은 소견과 욕심만 따르려 하며, 과감한 용기만 앞세운다. 하지만 그것은 실패의 지름길이다. 그는 "겁 없이 강을 건너다가" 익사하고 마는 어린 여우와도 같은 꼴을 면하지 못할 것이다. 그러므로 무슨 일이든 행하기에 앞서 충분히 숙고해야 하며, 올바른 방법을 선택하지 않으면 안 된다. 특히 상황이 여의치 않으면 더더욱 그래야 한다. 그것

이 끝없이 열린 미지의 인생길에서 수없이 (산을 넘고) '강'을 건너는 데 요구되는 "형통의 길"이다. 한마디로 신중(사려 깊음)의 정신이다.

여기에서 말하는 신중함은 비겁이나 소심함, 두려움과는 차원이 다르다. 현실의 제약 조건이나 일의 시시비비를 냉정하게 판단하면서 '미제'의 일을 잘 처리하려는 지혜(상괘 '리'의 속성)를 갖고 있다. 이러한 지혜는 결코 당면한 일에 움츠리지 않으며 상황에 맞추어 유연하게 나설 것이다. 요컨대 신중의 지혜는 유연하게 처사하면서 형통의 길을 모색한다. 공자는 이러한 뜻을 다음과 같이 말한다. "새로운 시작에 형통의 길이 있으니, 그것은 유연한 정신에서 나온다.[未濟亨 柔得中也]"(「단전」)

"유연한 정신"은 세상에 영합하려는 아첨의 뜻과는 거리가 멀다. 거기에는 현실에 굴하지 않고 자신의 목표를 성취하려는 굳은 의지가 담겨 있다. 이를테면 그는 강물의 파도가 거칠다 해서 그 자리에 주저앉아 건너기를 포기하지 않으며, 수심이나 적절한 시점을 신중하게 판단하면서 결연하게 행동에 나선다. 그는 "설령 올바른 자리를 못 얻었다 하더라도 굳건하고 또 유연하게 처사한다.[雖不當位 剛柔應也]"(「단전」) "형통의 길"이 여기에 있다.

괘상卦象

불이 물 위에 있는 모습이 〈미제〉의 형상이다.
군자는 이를 보고서 일을 신중하게 판단하여 제자리에 정돈한다.
火在水上 未濟 君子 以 愼辨物 居方

일이 뜻대로 이루어지지 않을 경우에는 그 까닭을 다각도로 분석할 필요가 있다. 일의 진행 과정뿐만 아니라, 그 일에 영향을 미치는 주변의 요인들이 어떻게 작동하고 있는지 면밀하게 검토해야 한다. 그리하여 일의 잘잘못을 "신중하게 판단하여 제자리에 정돈하지 않으면 안 된다." 음식의 조리를 예로 들어 보자. 자명한 이야기지만 음식을 조리할 때에는 각종 재료는 물론 그것들을 섞어 끓일 물과 불이 기본적으로 필요하다. 그런데 재료들을 아무리 잘 갖추더라도 물을 담은 솥단지가 불 아래에 있다면 음식을 조리할 수 없다. 설사 솥단지가 불 위에 있다 하더라도 재료의 배합 비율이 잘못 되어 있으면 그 음식은 좋은 맛을 기대할 수 없다.

이처럼 일들의 상호 관련과 구조적 성질을 살필 필요성을 느낄 때, 우리는 다음과 같은 일련의 철학적 성찰에 이를 수 있다. 모든 사물들은 다른 것과의 관계 속에서 존재하고 생성되어 나간다는 점이다. 세계는 그처럼 복잡하게 얽히고설킨 사물들의 그물망과도 같다. 물리학자 하이젠베르크는 말한다. "세계는 서로 다른 것들의 연결이 교차하고 중복되며 결합하는 복잡한 사건의 조직처럼 보인다."(『새로운 과학과 문명의 전환』) 그러므로 한 사물을 살필 때, 그것 자체에만 눈을 두지 말고 그것과 직간접으로 연결된 다른 사물들에게까지 시야를 확대하지 않으면 안 된다. 이를테면 한 송이 국화꽃에서 늦가을에 내리는 '무서리'를 볼 뿐만 아니라, 봄부터 울어 온 '소쩍새 소리'와, 한여름의 세찬 '천둥소리'도 들을 줄 알아야 한다.

이처럼 고도의 안목은 어떤 일을 하려 할 때 사전에, 그리고 일의 진행 과정에서 그 일과 직간접으로 연결된 여러 조건들을 "신중하게 판단할" 수 있게 해 준다. 군자가 '신중할' 수밖에 없는 이유는 그것이 뛰어난 식견을 요하기 때문이다. 특히 일이 뜻대로 되지 않을 경우에 그는 본래의 자리에서 어긋난 그 일을 "제자리에 정돈하여" 성공적으로 진행시켜 나갈 것이다. 솥단지(물) 위에 잘못 놓인 불을 솥단지 아래로 내려놓고서 음식을 익히듯이 말이다.

이러한 안목은 사람들이 살아가면서 얻는 이러저러한 '자리'에서도 당연히 필요하다. 많은 경우 일의 실패나 인간관계의 파탄은 당사자들이 올바른 자리를 얻지 못한 데에 기인한다. 가령 무능력자나 부적격자가 높은 자리에 오르면 아랫사람들은 불만을 갖고서 협조하려 하지 않을 것이다. 또는 남편과 부인이 제자리를 지키지 않으면 가정생활이 불행해질 것이요, 선생과 학생이 제자리를 벗어나면 사제 관계가 무너지고 말 것이다. 군자는 인간관계와 사회생활상 그러한 문제점을 "신중하게 판단하여" 모든 사람들이 올바른 자리를 얻게 하려 한다.

효사爻辭

初六
어린 여우가 강을 건너다가 꼬리를 물에 적시니
곤경에 빠지리라.
濡其尾 吝

초육(初六)은 괘의 제일 아래 양의 자리에 음효로 있으므로, 하괘 '감'

의 (속성상) 험한 상황을 타개할 능력을 갖지 못했다. 그가 구사의 호응을 얻고는 있지만 양자 모두 바른 자리를 갖지 못했기 때문에 어떤 일을 해도 실패할 수밖에 없다. 이는 마치, "어린 여우가 강을 건너다가 (힘에 부쳐) 꼬리를 물에 적시면서" 익사할 위험에 처한 것이나 마찬가지다.

아무리 "천 리 길도 한 걸음부터"요, "시작이 반"이라 하지만, 그렇다고 해서 일을 무조건 저지르려 해서는 안 된다. 어떻게 시작하느냐에 따라 그 결과가 달라지기 때문이다. 역량이 부족하고 현실 상황이 불리한데, 자신의 선의만 내세워 일을 시작했다가는 실패를 면하기 어렵다. 하물며 그 일이 헛된 공명심에서 시작되는 것이라면 그는 인간적인 비난까지 받게 될 것이다. 우리는 그 실례를, 순진한 이상으로 사회의 구조적 모순을 척결하겠다고 무모하게 나서는 젊은이들에게서 종종본다. 그들은 무턱대고 강을 건너려는 저 "어린 여우"와도 같다. 공자는 말한다. "어린 여우가 꼬리를 물에 적시는 것은 역시 제가 하는 일의 결말을 생각해 보지 않았기 때문이다.〔濡其尾 亦不知極也〕"(「상전」)

九二
마부가 수레바퀴에 제동을 거니 올바른 도리다.
공을 이루리라.
曳其輪 貞 吉

　구이는 음의 자리에 있지만 양효로서 강한 힘을 갖고 있고, 한편으로 상괘 육오의 호응을 얻고 있다. 그러므로 그는 (하괘 '감'의) 험한 상황을 충분히 타개해 나갈 능력이 있다. 하지만 그렇다고 해서 그는 자신의 역량을 자만하여 함부로 나서지 않는다. 양효의 힘을 자신하지 않고, 하괘의 가운데 음(陰)의 자리에서 중용의 정신으로 시의를 살필 줄 알기 때문이다. 이를 "마부가 수레바퀴에 제동을 거는" 모습으로 은유했다.

난국을 수습하여 공을 이룰 수 있는 역량이나, 자신을 알아주는 이들이 있다 하여 섣불리 나서려 해서는 안 된다. 험한 시절에는 그것도 사람들의 시기 대상이 되기 때문이다. 하물며 그 시절의 득을 보는 소인배들은 그를 갖가지로 비방하고 중상 모략하여 그의 출현을 막으려 할 것이다. 우리는 그러한 실례를 정치 현장에서 숱하게 목격한다.

지혜로운 사람은 그러한 상황을 만나면 "(자신의) 수레바퀴에 제동을 걸고서" 경솔하게 나서지 않는다. 아직은 때가 무르익지 않았다고 판단하기 때문이다. 그는 그 자리에서 자신이 행해야 할 "올바른 도리"가 무엇인지 잘 안다. 그는 어지러운 세상을 진리와 정의로 바로 세우기 위해 안으로 역량을 부단히 키우고 입지를 다진다. 사람들은 틀림없이 머지않아 그를 열망하면서 모시려 할 것이다. 공자는 말한다. "올바른 도리로 공을 이루는 것은 시의를 헤아려 정의를 실현하기 때문이다.〔九二貞吉 中以行正也〕"(「상전」)

六三
큰 강물을 건너지 않고 육로를 택하면 낭패에 빠지리라.

배를 타고 건너는 것이 좋다.

未濟 征 凶 利涉大川

육삼(六三)은 여전히 하괘 '감'의 험한 물길 앞에서 (음효로서) 나약하게도 우회의 '육로'를 택하려 한다. 목적지는 그와 음양으로 호응하는 저 위의 상구다. 하지만 그의 나약한 성격은 그토록 먼 길을 견디지 못하고 고생 끝에 끝내 "낭패에 빠질 것이다." 보다 쉬운 방법으로 "배를 (빌려) 타고 건널" 생각을 해야 한다. 괘효로 따지면 그 '배'란 그가 올라타고 있는 구이를 가리킨다.

우리는 무슨 일을 하는 데 크고 작은 고난과 역경의 "큰 강물"을 수없이 만난다. 삶이란 원래 그런 것이다. 살아가면서 기쁨과 행복만 기대하는 것은 커다란 착각이다. 그러므로 거기에서 도피하려 해서는 안 된다. 도피의 길을 찾는 나약한 마음은 오히려 자신을 더욱 낭패에 빠트릴 뿐이며, 삶의 폭과 깊이를 스스로 축소하는 것이나 다름없다. 고난과 역경이야말로 우리가 그동안 간과해 왔던 삶의 깊이를 알게 해 주는 계기가 되기도 하기 때문이다. 들판에서 야생으로 자란 채소가 비닐하우스 속의 그것보다 훨씬 건강하고 풍부한 영양소를 갖고 있는 것처럼 말이다.

그러므로 파도가 일렁이는 삶의 '강물'에 과감하게 뛰어들어 헤쳐 나가야 한다. 혼자서 힘들다는 느낌이 들면 친구나 스승 등 다른 사람들에게서 용기와 지혜를 배울 수도 있을 것이다. 우리가 위대한 예술과 사상의 세계에 관심을 놓아서는 안 되는 이유도 여기에 있다. 그것은

사람들에게 삶의 용기와 지혜를 길러 주기 때문이다. 예컨대 베토벤의
「운명 교향곡」이나 「환희의 송가」는 사람들에게 삶의 용기와 정화된 기
쁨을 준다. 그러한 노력을 소홀히 하는 사람은 결코 성공적인 삶을 살
수 없다. 공자는 말한다. "큰 강물을 건너지 않고 육로를 택함으로써
낭패에 빠지는 것은 그의 정신 자세가 틀렸기 때문이다.〔未濟征凶 位不
當也〕"(「상전」)

九四
올바른 정신을 가져야 공을 이룰 것이요
후회할 일이 생기지 않을 것이다.
귀국의 정벌에 분발하면 3년 뒤에 왕국이 평화를 누릴 수 있으리라.
貞 吉 悔亡 震用伐鬼方 三年 有賞于大國

　구사(九四)는 하괘 '감'의 험한 상황을 막 벗어나 다소 안정을 얻었다.
하지만 양효로 음의 자리에 잘못 있으므로 "올바른 정신을 가져야" 한다
고 충고를 받았다. '귀국'은 〈기제〉괘 구삼효에서 언급한 것처럼 변방에서
소요를 일삼는 오랑캐의 나라다. 여기에서 "귀국의 정벌"은 변방에서 소
요를 일삼는 오랑캐 나라에 대해 취한 "올바른 정신"의 발로로, 고난과 역
경의 여파를 제거하기 위해 올바른 정신으로 분발하고 또 오랜 인내(3년)
를 할 것을 은유한다.

　흔히 사람들은 고난의 '강물'을 건너면 모든 어려움이 끝난 듯이 마

음을 놓는다. 마치 환자가 퇴원한 뒤에 더 이상 몸을 보중할 생각은 하지 않고 정상인과 똑같이 생활하려는 것과도 같다. 하지만 이는 다시 병을 자초하는 것이나 마찬가지다. 병으로 몸이 쇠약해진 여파가 아직 남아 있기 때문이다. 봄의 해빙기에 안전사고가 많은 것도 마찬가지 이유에서다.

일상의 삶도 마찬가지다. 어려운 상황을 벗어났다 해서 마음을 놓으면 또다시 새로운 어려움에 빠질 수도 있다. 그 상황의 여파와 잔재가 아직 남아 있을 수 있기 때문이다. 그러므로 방심하지 말고 그것을 깨끗이 제거하는 노력을 기울여야 한다. 물론 그 여파와 잔재는 결코 단시일 내에 제거될 수 있는 일이 아니며, 지속적인 관심과 노력을 기울여야 한다. 마치 퇴원한 환자가 쇠약해진 몸의 회복을 위해 보약을 먹고 꾸준한 운동을 해야 하는 것처럼 말이다. 어려운 상황을 넘어선 뒤에 가져야 할 "올바른 정신"이 거기에 있다. 이를 결여하면 다시 곤경에 처하는 등 "후회할 일"이 생길 것이다.

다른 예를 들어 보자. 변방에서 소요를 일으키는 '귀국'을 정벌했다 해서 이내 나라의 평화가 찾아오는 것은 아니다. 전쟁은 수많은 죽음은 물론 민심과 민생의 피폐와 문화의 파괴 등 갖가지의 국가적인 상흔들을 남긴다. 그러므로 그것들을 치유하기 위한 오랜 노력을 기울여야 한다. 역시 그것이 전쟁 뒤의 '올바른 정신'이다. 평화는 그 위에서만 이룩될 수 있다. 공자는 말한다. "올바른 정신을 가져야만 공을 이루고 후회할 일이 생기지 않아 뜻을 이룰 수 있다.〔貞吉悔亡 志行也〕"(「상전」)

六五

올바른 정신을 얻었다.

삶의 기쁨을 알며 후회할 일이 없다.

군자의 빛나는 덕이 믿음을 얻으니

보람을 주리라.

貞 吉 无悔 君子之光 有孚 吉

　　육오(六五)는 (밝음의 속성을 가진) 상괘 '리'의 가운데 효이므로 "빛나는 덕"을 가진 군자다. 여기에서 그가 음효로 양의 자리에 잘못 있음은 문제가 되지 않는다. 오히려 양효와 달리 가운데가 비어 있으므로 (지혜는 마음을 비우는 데에서만 생겨난다.), 그는 자신의 마음을 겸허하게 비운 "올바른 정신"의 군자다. 그가 양효인 구이로부터 호응을 얻고, 구사와 상구의 양효들의 호위를 받는 것도 이 때문이다. 원문에서 앞의 '길'은 육오의 정신상에서, 뒤의 '길'은 행적상에서 말한 것이다.

　　살아가면서 자신이 정당한 자리를 얻지 못했다고 불만만 할 일이 아니다. 불평불만은 자신의 마음만 거칠게 만들 뿐이며, 세상만사 역시 그러한 마음에 거칠게 다가올 것이다. 그러므로 그것은 불행의 씨앗이다. 이에 반해 "올바른 정신"은 설사 부당한 자리에 처해 있다 하더라도 최선을 다하는 기쁨을 잃지 않으며, 후회를 갖지 않을 것이다. 그는 언제, 어디에서도 '지금, 이 자리'의 정신을 잃지 않고 참자아의 실현에 진력하며, 거기에서 삶의 행복을 찾기 때문이다.

　　그러면 "올바른 정신"을 어떻게 하면 얻을 수 있을까? 그 관건은 평소 "빛나는 덕"을 기르는 데에 있다. 그것은 마음을 겸허하게 비우는 노력에서부터 시작된다. 욕망이든 지식이든 자존 의식이든, 그 밖에 무엇으로든 채워진 마음에는 덕이 쌓일 수 없다. 그 마음은 남들과 세상을 받아들일 빈자리, 아량을 갖지 못하기 때문이다. 당연히 그는 남들을, 세상을 따뜻하게 보듬어 안는 사랑도 모를 것이다.

군자는 안으로 "빛나는 덕"을 기르는 일에 집중하지만, 그의 덕은 자연스럽게 밖으로 드러날 것이다. 맹자의 말을 한 번 들어 보자. "군자는 사랑과 의로움과 예의와 지혜의 정신을 마음 깊이 뿌리내린다. 그 깊은 뿌리 위에서 덕성이 얼굴에 맑게, 등에 가득히 드러나고, 팔다리에 펼쳐진다. 그리하여 그의 행동거지는 말없이 사람들을 일깨워 주리라." (『맹자』)『시경』 또한 다음과 같이 말한다. "밝은 덕은 멀리까지 향기를 발하리라.〔明德惟馨〕" 군자가 "빛나는 덕"으로 얻는 믿음과 보람이 바로 여기에 있다. 공자는 말한다. "군자의 빛나는 덕이 사방으로 펼쳐져 보람을 주는 것이다.〔君子之光 其暉吉也〕"(「상전」)

上九
술을 마시면서도 지성한 마음을 간직하니
허물없는 삶을 살리라.
하지만 술에 머리를 적실 지경이면
지성한 마음을 잃고 말 것이다.
有孚于飮酒 无咎 濡其首 有孚 失是

상구(上九)는 괘의 마지막 효이므로 조직(사회)의 변방에 놓여 정당한 대접을 받지 못하는 지성인이다. 그는 양효인 데다가 상괘 '리'의 속성상 밝은 지혜를 갖추고 있다. 그래서 "술을 마시면서도 지성한 마음을 간직한다."고 말했다. 불우한 상황에서도 높은 지혜로 삶을 느긋하게 즐기는 것이다. 그렇다고 해서 "술에 머리를 적실" 정도로 생활이 흐트러지면 안 된다. 그것은 사람들을 미혹에 빠트려 지성한 마음을 잃게 만들기 때문이다.

이황이 기대승에게 보낸 아래의 편지를 한 번 읽어 보자. 기대승은 당시 정치적인 혼란기 속에서 조정의 동료들과 뜻이 맞지 않아 벼슬을 사퇴하고는 고향으로 돌아가서 술로 소일했다. 정치적인 불만을 그렇게 삭이려 했던 것이다. 이에 대해 이황은 다음과 같이 매섭게 충고한다.

옛사람들이라 해서 어찌 위로는 임금을 하직하고 아래로는 동료들과 어긋나는 아픔이 없었겠습니까? 그러나 그들은 "근심과 모순되지 않고 서로 양립하는" 즐거움을 갖고서 실로 호연한 기상으로 태연하게 지냈습니다. 그런데 지금 공의 행동대로라면 고향에 돌아가서도 오두막의 거처를 편히 지내지 못하고, 한 그릇 밥과 한 바가지 물의 맛을 달게 받아들이지 못하여, 우울한 마음에 슬픔과 근심으로 허랑방탕하게 생활함으로써 학문은 성취되지 않고 허물만 쌓일 것입니다. 그렇게 되면 공을 몰아낸 사람들의 큰 비웃음을 어찌 받지 않을 것이며, 이른바 "진리에 뜻을 확고하게 세운다."는 말이 과연 무슨 의의가 있겠습니까. 바라건대 우리 명언(明彦, 기대승의 자)은 이 점을 세 번 되풀이하여 깊이 생각하십시오.(『퇴계전서』)

여기에서 "근심과 모순되지 않고 서로 양립하는 즐거움을 갖는다."는 말은 주희의 글에서 따온 것이다. 주희는 말한다. "성인이 세상을 근심하는 뜻〔憂世之志〕과 천명(하늘의 뜻)을 즐기는 지성한 마음〔樂天之誠〕은 모순되지 않고 양립한다."(『맹자』 주) 쉽게 말해 세상에 대한 근심과 삶의 즐거움은 병행할 수 있다는 것이다. 하지만 그것이 가능할까? 마음이 근심으로 가득한데 어떻게 즐거움이 깃들 수 있을까?

이렇게 생각해 보자. 세상사와 나의 개인 생활은 분명히 별개의 사안이다. 나의 일상생활은 세상과 무관하게 독자의 영역을 갖고 있기 때문이다. 그런데도 만약 어떤 사람이 세상을 걱정하느라고 자신의 생활을 소홀히 한다면 그것은 어리석은 일이다. 예컨대 혼란스러운 정치 현실에 대해 근심하고 울분을 갖는 것은 충분히 이해되지만, 그것을 마음속에 마냥 담아 둔다면 그의 삶은 신산해질 것이다. 근심과 울분으로 덧칠된 심리는 일상의 매사에 요구되는 '지성한 마음'을 잃게 만들기 때문이다. 불교에서 분노를 탐욕, 어리석음과 함께 세 가지의 정신적 독소〔三毒心〕라 하여 경계하는 까닭도 여기에 있다.

그러므로 세상을 진정으로 근심한다면 "술에 머리를 적시는" 것과 같은 미망을 벗어나, 자신이 '지금, 이 자리'에서 해야 할 일이 무엇인지 깊이 생각하지 않으면 안 된다. 우리는 여기에서 "진리에 뜻을 확고하게 세운다."는 이황의 말을 되새겨볼 필요가 있다. 진리는 사회 정치의 현장에만 있는 것이 아니다. 그것은 나의 일거수일투족에서 실천을 기다린다. 그것은 어쩌면 인간에게 과제로 내려진 "하늘의 뜻〔天命〕"이다. 우리는 그것을 깊이 헤아려 성실하게 실천해야 한다. 진정한 행복의 원천이 거기에 있다. "세상을 근심하면서도" "천명을 즐기는 지성한 마음"

의 고차원적인 세계가 여기에서 열린다. 그 마음은 근심 속에서도 "술을 마시는" 여유를 알 것이다.

또 다른 일상의 예를 들어 보자. 오늘날 과학 문명이 갖가지로 저질러 온 자연의 학대와 파괴 현상에 대해 많은 사람들의 근심이 갈수록 커져 가고 있다. 하지만 근심에 그쳐서는 안 된다. 우리 자신이 거기에 직간접으로 동참하고 있는 것은 아닌지 되돌아보면서, 자연을 보호할 방법을 찾아 실천해야 한다. 만물에 내재된 '천명'을 헤아려 모든 생명을 존중하고 외경하지 않으면 안 된다. 풀 한 포기, 벌레 한 마리와도 생명을 교감하며 그들을 보살필 줄 아는 "지성한 마음"을 가져야 한다. "세상을 근심하는" 마음과 별개로 "천명을 즐기는" 삶의 지평이 여기에서 열릴 것이다.

이렇게 생각하면 우리가 정말 근심해야 할 일은 세상에 대한 것 이전에, "지성스러운 마음" 여부에 있다. "술에 머리를 적시는" 무절제한 생활도 따지고 보면 지성스럽지 못한 마음에 기인한다. 공자는 "술에 머리를 적시는 것은 역시 절제를 몰라서〔飮酒濡首 亦不知節也〕"(「상전」)라고 했지만, 사실 그 근저에는 삶에 지성스럽지 못한 마음이 놓여 있다. 만약 "하늘(신)의 뜻"을 헤아리는 지성한 마음을 갖고 있다면, 그는 절대로 자신의 삶을 방탕하고 무절제하게 내몰지 않을 것이다. 그는 아무리 "오두막의 거처"에서 "한 그릇 밥과 한 바가지 물"로 연명한다 하더라도 자신의 신세를 한탄하거나 누구를 원망하지 않을 것이다.

오히려 그는 거기에서 "하늘의 뜻"을 헤아려 간난신고의 역경 속에서도 자신의 삶(존재) 자체를 축복으로 여기면서 "술을 마시는" 여유를 가질 것이다. 그는 자신의 일거일동에서뿐만 아니라, 나아가 자신이 보고 듣는 모든 것들에서 "하늘의 뜻"을 읽으면서 참삶의 행복을 느낄 것이다. 이황이 자신의 죽음을 두고 미리 써 놓은 「묘갈명(墓碣銘)」의 마지막 구절을 읽어 보자. 여기에서 '섭리'란 달리 살피면 "하늘의 뜻"과 다름없다. "근심 가운데 즐거움이 있고, 즐거움 가운데 근심이 있으니, 섭리를 타고 자연으로 돌아가 삶을 마칠 뿐, 더 이상 무엇을 바라리오.〔憂中有樂 樂中有憂 乘化歸盡 復何求兮〕"

인용 문헌

동양원전

『간재선생전집(艮齋先生全集)』

『고문진보(古文眞寶)』

『공자가어(孔子家語)』

『근사록(近思錄)』

『금재집(欽齋集)』

『남명집(南冥集)』

『노자도덕경(老子道德經)』

『논어(論語)』

『대학(大學)』

『도연명전집(陶淵明全集)』

『맹자(孟子)』

『서경(書經)』

『소학(小學)』

『시경(詩經)』

『심경(心經)』

『여유당전서(與猶堂全書)』

『연암집(燕巖集)』

『예기(禮記)』

『율곡전서(栗谷全書)』

『장자(莊子)』

『정암집(靜庵集)』

『주역절중(周易折中)』

『주역(周易)』(정전(程傳), 주자본의(朱子本義), 및 세주(細註))

『주자서절요(朱子書節要)』

『중용(中庸)』

『춘추좌씨전(春秋左氏傳)』

『퇴계전서(退溪全書)』

『하서집(河西集)』

『화담집(花潭集)』

『효경(孝經)』

저·역서

강무학, 『한국세시풍속기』(집문당, 1987)

김기현, 『선비』(민음사, 2009)

김열규 외, 『죽음의 사색』(서당, 1989)

김용준 외, 『기술정보화시대의 인간문제』(현암사, 1994)

동아시아문화포럼, 『동아시아 문화와 사상』 제5호(열화당, 2000)

이긍익, 『연려실기술』(민족문화추진회, 1986)

최명희, 『혼불』(한길사, 1997)

더크 보드, 이명수 옮김, 『중국인은 무엇을 생각하고 어떻게 살아왔는가』(여강출판사, 1991)

디팩 초프라, 레너드 믈로디노프, 류운 옮김, 『세계관의 전쟁』(문학동네, 2014)

마르틴 부버, 윤석빈 옮김, 『인간의 문제』(길, 2007)

마르틴 부버, 표재명 옮김, 『나와 너』(문예출판사, 1992)

마티외 리카르, 백선희 옮김, 『행복, 하다』(현대문학, 2012)

미르치아 엘리아데, 이재실 옮김, 『이미지와 상징』(까치, 2000)

리하르트 빌헬름, 진영준 옮김, 『주역강의』(소나무, 1996)

방동미, 남상호 옮김, 『원시 유가 도가 철학』(서광사, 1999)

벤자민 슈월츠, 나성 옮김, 『중국 고대사상의 세계』(살림, 1996)

빅터 프랭클, 이시형 옮김, 『죽음의 수용소에서』(청아출판사, 2005)

서복관, 권덕주 옮김, 『중국예술정신』(동문선, 1991)

알랭 로랑, 김용민 옮김, 『개인주의의 역사』(한길사, 2001)

알랭 핑켈크로트, 권유현 옮김, 『사랑의 지혜』(동문선, 1998)

앙드레 콩트-스퐁빌, 조한경 옮김, 『미덕에 관한 철학적 에세이』(까치, 1997)

에드워드 윌슨, 권기호 옮김, 『생명의 편지』(사이언스 북스, 2007)

에른스트 카시러, 심철민 옮김, 『상징 신화 문화』(아카넷, 2012)

에른스트 카시러, 최명관 옮김, 『인간이란 무엇인가』(서광사, 1991)

에리히 프롬, 김진홍 옮김, 『소유냐 삶이냐』(홍성사, 1982)

에모토 마사루, 양억관 옮김, 『물은 답을 알고 있다 1』(나무 심는 사람, 2002)

오경웅, 서돈각, 이남영 옮김, 『선학의 황금시대』(천지, 1997)

올더스 헉슬리, 조옥경 옮김, 『영원의 철학』(김영사, 2014)

존 브룸필드, 박영준 옮김, 『지식의 다른 길』(양문, 2002)

진 볼렌, 황익근 옮김, 『道와 심리학』(하나의학사, 1993)

차드 멩탄, 권오열 옮김, 『너의 내면을 검색하라』(알키, 2014)

콜럼 코츠, 유상구 옮김, 『살아 있는 에너지』(양문출판사, 1998)

타라 브랙, 윤서인 옮김, 『삶에서 깨어나기』(불광출판사, 2014)

파스칼 브뤼크네르, 김용권 옮김, 『순진함의 유혹』(동문선, 1999)

패트리셔 에버딘, 윤여중 옮김, 『메가트렌드』(청림출판, 2006)

프리초프 카프라, 이성범·구윤서 옮김, 『새로운 과학과 문명의 전환』(범양사, 1985)

프리초프 카프라, 김용정·김동관 옮김, 『생명의 그물』(범양사 출판부, 1998)

R. Wilhelm, *The I Ching or Book of Changes*(PANTHEON BOOKS)

참고 문헌

고형, 『주역대전금주』(제로서사(중국), 1981)

고회민, 정병석 옮김, 『주역철학의 이해』(문예출판사, 1995)

고회민, 숭실대동양철학연구실 옮김, 『중국고대역학사』(숭실대학교출판부, 1990)

곽신환, 『주역의 이해』(서광사, 1991)

김경방·여소강, 한국철학사상연구회 옮김, 『역의 철학』(예문지, 1993)

남회근, 신원봉 옮김, 『주역강의』(문예출판사, 1997)

다카다 아쓰시, 이기동 옮김, 『주역이란 무엇인가』(여강출판사, 1991)

요명춘 등, 심경호 옮김, 『주역철학사』(예문서원, 1994)

이창일, 『주역, 인간의 법칙』(위즈덤하우스, 2011)

장기성, 『易學大辭典』(화하출판사(중국), 1992)

주백곤 외, 김학권 옮김, 『주역산책』(예문서원, 1999)

가나야 오사무, 김상래 옮김, 『주역의 세계』(한울, 1999)

한국주역학회, 『주역의 현대적 조명』(범양사출판부, 1992)

한국주역학회, 『주역의 근본원리』(철학과현실사, 2004)

황준연, 『실사구시로 읽는 주역』(서광사, 2008)

주역, 우리 삶을 말하다 下

1판 1쇄 찍음 2016년 8월 26일
1판 1쇄 펴냄 2016년 9월 5일

지은이 김기현
발행인 박근섭, 박상준
펴낸곳 (주)민음사
출판등록 1966. 5. 19 (제16-490호)
서울특별시 강남구 도산대로1길 62(신사동) 강남출판문화센터 5층 (우편번호 06027)
대표전화 515-2000
팩시밀리 515-2007
ⓒ 김기현, 2016. Printed in Seoul, Korea
ISBN 978-89-374-3345-0 04140